KB199050

동아시아 해역과 교류의 역사

동아시아 해역과 교류의 역사

이영 편

도서출판 온샘

서 문

본서는 제1부: 왜구·해양과 한일관계, 제2부: 고중세 동아시아의 한일관계, 제3부: 근세근현대 동아시아의 한일관계로 구성되어있습니다. 제1부에는 필자를 위시해 조혜란, 한윤희, 송종호, 윤성익, 이수열, 이근우 그리고 제2부에는 나행주, 정순일, 이재석, 이세연, 고은미, 윤한용, 제3부는 김상준, 김연옥, 서경순, 서민교, 정애영, 이형식 등 여러 분들이 집필해주셨습니다.

원래 필자는 정년을 앞둔 시점에 그동안의 연구 성과를 한 권의 연구서로 발행할 것을 전혀 생각하고 있지 않았습니다. 그런데 뜻하지 않게 나행주 선생님이 주도해, 필자의 연구서는 물론 다른 연구자 선생님들도 협조해 또 한 권의 정년 기념 연구서를 발간하기에 이르렀습니다. 이 작업에 옥고를 내주신 여러 집필자들은 필자가 일본사 연구를 위해 유학길에 오른 1986년 이후 2024년에 이르는 약 40년 가까운 세월 동안 다양한 이유로 인연을 맺게 된 분들입니다.

필자와 비슷한 연구 테마인 왜구 문제, 더 나아가 해양을 매개로 한 한일관계에 관한 연구 논문을 제1부에, 그리고 필자의 연구와는 직접적인 관련이 없이 일본사의 고대 및 중세, 근세 및 근대사 전공자들의 논문을 제2부와 제3부에 모았습니다.

귀한 글을 보내주셔서 개인적으로 뜻깊은 연구서가 간행되는 데 협조를 아끼지 않은 점 감사드립니다. 개성과 자기 주장이 강한 성격이어서 타인에 대한 배려 없이, 자기 생각을 직설적으로, 또 때로는 공격적으로 학회에서나 또는 문장을 통해 표출해왔던 필자였습니다. 그런데 이번 연구서에 글을 내주신 집필자들의 이름 중에는 의외(?)의 인물도 다수 포함되어있어서 놀라지 않을 수 없었습니다. 이 기회를 빌어서 사과와 감사의 뜻을 표하고자 합니다. 아울러 부족한 필자의 과거 행동에 대한 변명으로 들릴 수도 있지만, 처음이자 마지막인 이 기회를 빌어서 다음과 같이 언급하고자 합니다.

일본의 왜구 연구의 역사는 19세기 말부터 시작되어 이미 1세기가 넘는 연구사를 통해 수많은 선행 연구를 축적해왔습니다. 그리고 이러한 선행 연구를 비판적으로 검토하고 그 문제점들을 국제 학회 등 여러 경로를 통해 지적했지만, 일본 학계는 귀를 기울이거나 수용하는 자세를 보이지 않았습니다. 이런 상황에 연구자로서의 겸허한 자세는 결코 미덕이 아니라, 자기 학설에 자신이 없는 것으로 비칠 수 있다는 생각이 들었습니다. 한국의 일본사 연구자로서 제1세대 왜구 연구자임을 자부하는 필자가 해야 할 역할은 일본인들이 구축해온 허구(虛構)의 왜구상(倭寇像)을 철저하게 파괴하는 것에 있다, 고 판단했습니다.

그리고 일본인 왜구 연구자들이 주장해온 수많은 선행 학설은 한중일 삼국의 신진 연구자들로 하여금 왜구 연구에 입문하기를 주저하게 만드는 역기능을 했다고 생각했습니다. 이러한 선행 연구를 철저하게 비판해 새로운 연구의 가능성과 방향을 제시해야한다고 생각했습니다.

지면 관계상 집필자 모든 분과 본인과의 개인적인 관계에 대해서 언급하기는 어렵습니다만, 지난 2020년에 작고한 윤한용 선생에 대한 언급을 하지 않으면 안될 것 같습니다. 동경대학 박사과정에서 학위 논문을 집필 중이던 윤 선생은 완성 직전에 뜻하지 않은 질병으로 귀국을 하게 되었습니다. 그리고 본인이 재직하던 방송통신대학교 일본학과 대학원 학생들을 지도하는 일을 맡게 되었습니다. 온화한 성품의 선생은 학생들의 학업을 성심성의껏 지도해 많은 사람들이 일본 역사학에 관심을 가지는 계기가 되었습니다.

저와 윤 선생, 집필자 모두는 각각 시대와 관심 분야는 다르지만 한 가지 공통점이 있다고 생각합니다. 그것은 한국의 지식계에 일본 역사에 대한 올바르고 정확한 지식을 확산시킨다, 고 하는 것일 것입니다. 본서에 집필자로서 참여하신 여러분들 역시 본인과의 인연보다도 위의 뜻을 같이 하는 동지로서 참여하신 것이리라고 생각합니다.

정년을 맞이하여 '직(職)'은 상실하게 되었지만, 이 뜻을 실행해야한다고 하는 '업(業)'은 끝까지 수행해나가야 한다고 스스로 다짐해봅니다.

다시 한번 이 작업을 기획해주신 나행주 선생님과 귀중한 원고를 집필해주신 여러 선생님들께 감사드립니다.

2024년 9월

이 영

차 례

차 례

차 례

제2부 고중세 동아시아와 한일관계

차 례

차 례

차 례

제1부
왜구·해양과 한일관계

왜구 最極盛期의 始期 및 특징에 관한 한 고찰

이 영

1. 서론

왜구는 고려 고종 10(1223)년에 시작해[1] 도요토미 히데요시(豊臣秀吉)의 海賊停止令(1588년)[2]으로 공식적으로 종식하게 되는 전근대 동아시아 해역에서의 역사 현상이다. 이처럼 약 3세기 여에 걸쳐 전개된 왜구는 14세기 후반, 즉 고려말, 특히 우왕 대(1375~1388)가 최고 극성기였다. 본고는 이 시기 왜구의 침구 양상에 대한 한국 학계의 선행연구 및 최극성기가 시작된 시점과 주요 특징 등에 대하여 검토하고자 한다.[3]

왜구를 최초로 학문적인 연구 대상으로 삼았던 것은 한국과 중국보다 먼저 제국주의의 길로 나아간 일본이었다. 그리고 일본의 왜구 연구는 학문적인 관점에서의 접근이 이루어지기도 전에 帝國 일본의 정치적인 목적에 부응하도록 倭寇像을 왜곡해왔다.[4] 그 결과, 일본의 왜구 연구는 잘못

1) 『고려사』 권22, 세가22, 고종 10년 5월 갑자일 조.

2) 도요토미 히데요시가 天正 16(1588)년에 발포한 해적 행위 금지를 명하는 정책. 그 목적은 첫째로 어민들의 무장을 금지하는 데 있었고 둘째로는 조선 침략을 앞두고 해상 수송 능력의 확보에 있었다.

3) 지면 관계상 이 문제에 관한 일본의 선행연구에 대한 검토는 차후에 시도할 계획이다.

4) 이에 관해서는 이영, 「조선사 편수관(朝鮮史編修官) 나카무라 히데다카(中村栄孝)의 왜구 패러다임과 일본의 왜구 연구」 『일본학』 38, 2014 ; 동 「황국사관과 왜구 왜곡-조선사 편수관 나카무라 히데타카(中村栄孝)의 왜구 왜곡의 배경에 관한 한 고찰」 『한국중세사연구』 40, 2014 ; 동 「일본의 조선사 연구의 권위 나카무라 히데다카(中村榮孝)의 왜구 서술의 논리적 전개와 문제점-『일본과 조선(日

된 프레임을 형성해 지금까지도 그 영향을 미치고 있다.[5] 그런데 한국의 왜구 연구는 근년에 이르기까지 이러한 일본의 영향에서 완전히 벗어났다고 하기 어렵다. 예를 들어, 지금까지의 한국 역사학계는 『고려사』 『고려사절요』 『조선왕조실록』 등 왜구 관련 사료를 토대로 해, 주로 왜구로 인한 피해 및 그 대책에 관해 연구해왔다. 그리고 왜구 발생의 원인이나 그 사회적 실체 등에 관해서는 일본사의 영역에 해당하기에 일본 측 연구에 일방적으로 의존할 수 밖에 없었다. 그런데 한국 연구자들은 일본사에 대한 이해가 부족하였기에 일본의 왜구 연구를 비판적으로 검토하기 어려웠다.

이러한 이유로 한국학계의 왜구 이해는 여전히 적지 않은 문제점들을 안고 있다. 본 고에서 다루고자 하는, 왜구 침구의 최극성기인 고려 우왕대에 전개된 다양한 왜구 현상에 대해서도 역시 적지 않은 오류와 오해가 존재한다. 이러한 문제들은 왜구 연구가 지닌 특수성과도 관련이 있다.[6]

본 고에서는 이 문제에 관한 선행연구가 지닌 여러 가지 문제점들을 비판적으로 검토해 그 옳고 그름을 따지고자 한다. 그리고 이를 토대로 최극성기 왜구의 침구 양상과 그 배경에 대한 한일 양국의 인식에 일대 수정을 시도하고자 한다.

本と朝鮮)』을 중심으로-」『역사교육논집』 56. 역사교육학회, 2015를 참조.

5) 이에 관해서는 이영, 「무라이 쇼스케(村井章介)의 경계인(境界人) 설에 관한 비판적 고찰-「倭寇とはだれか」를 중심으로-」『한국중세사연구』 58, 2019를 참조.

6) 예를 들면, 왜구의 근거지는 일본인데 그들의 주 활동 무대는 한반도와 중국 대륙이었다. 그리고 왜구는 도요토미 히데요시의 임진왜란처럼 영토 내지는 정치적인 야망을 가지고 추진된 군사 행위가 아니라, 단순히 경제적인 가치를 지닌 재화와 사람을 얻기 위해 침공한 약탈 행위였다. 따라서 임진왜란과 달리, 일본에 관련 문헌 사료가 거의 없다고 해도 과언이 아니다. 즉, 왜구와 유관한 주요 문헌 사료들은 거의 대부분 피해국인 고려(조선)와 중국에 偏在 되어 있다. 따라서 왜구 문제를 제대로 연구하기 위해서는 적어도 韓日 또는 中日 두 나라의 地理와 역사에 대한 올바른 이해를 전제로 한다. 그런데 지금까지의 한일 양국의 왜구 연구를 돌이켜보면 이러한 요건을 갖추지 못한 채 연구가 진행되어왔다.

학문적인 가치가 큰 연구는 기존의 선행연구가 착안하지 못한, 참신한 문제 제기에서, 또는 선행연구에 대한 비판적 검토에서 시작되는 경우가 많다. 왜냐하면 선행연구가 제기한 여러 가지 문제는 대부분 왜구의 본질적인 문제와 불가분의 관계를 지니고 있기 때문이다. 따라서 선행연구가 제시한 연구 결과의, 옳고 그름과는 별도로 선행연구가 제기한 여러 문제들을 비판적으로 검토한다고 하는 것은 고려 말 왜구에 관한 새로운 인식의 계기를 제공해 줄 수 있다. 그런 점에서 그 학문적 가치가 크다고 생각한다.

2. 선행 연구의 검토

1) 나종우의 견해

고려 시대 일본과의 관계 및 교류의 역사를 연구한 나종우는 왜구의 침구를 크게 '猖獗期 이전'과 '창궐기'의 두 단계로 나누고 다음과 같이 분류했다.[7)]

〈표 1〉 나종우의 왜구 침구의 시기 구분

창궐 이전	삼국시대 - 고려 시대(1350년 이전)
창궐기	Ⅰ기 또는 초기 (충정왕 2, 1350년 ~ 공민왕 22, 1373년까지)
	Ⅱ기 또는 중기 (공민왕 23, 1374년 ~ 공양왕 4, 1392년까지)

여기에서 나종우는 고려 말 왜구 전체를 창궐기로, 또 창궐기를 'Ⅰ(초)기'와 'Ⅱ(중)기'로 나누고 중기를 왜구의 최극성기로 보았다. 또 최극성기

7) 나종우, 「고려 말의 왜구와 그 대책」『한국 중세 대일 교섭사 연구』, 원광대 출판부, 1996, 99~117쪽. 소위 광개토대왕비문에 보이는 '왜'까지 '왜구'에 포함시키는 것에는 찬성할 수 없다. 이에 관해서는 이영, 「고려 말 왜구의 실상」『잊혀진 전쟁, 왜구 - 그 역사의 현장을 찾아서』, 에피스테메, 2007 참조.

의 始點을 공민왕 23(1374)년을 설정, 최극성기의 상황에 대하여 다음과 같이 서술하고 있다.

> A. … ⓐ중기의 왜구는 초기의 왜구에 비해 연안에서 내지 깊숙이까지 들어오게 되는데, 따라서 초기의 해안 지방의 약탈 방법에서 육지에 옮아옴에 따라 전술도 바꾸어짐을 볼 수 있다. ⓑ초기 침입 시에는 보이지 않던 기병이 보이는 사실이다. … ⓒ우왕 3년(1377) 황산강에서 김해부사 박위와 싸운 패가대만호라는 倭將은 큰 말을 타고 싸웠다고 기록되어 있다. … 이상에서 볼 때 ⓓ왜구는 말을 타고 내지 깊숙이까지 침구를 하고 있음을 볼 수 있는데 어째서 초기의 왜구가 해안 지대만을 습격했는데 중기에 들어오면서 內地까지 습격을 하게 됐는가는 생각해볼 필요가 있다."[8]

위의 A에서 다음과 같은 점이 주목된다. 나종우는 왜구 최극성기의 특징으로 왜구들이 내지 깊숙이 침입해오는 것(ⓐ) 그리고 그 시점을 공민왕 23(1374)년부터라고 했다ⓐ). 또한 최극성기의 중요 특징으로 왜구들의 '기병 활용'을 들고 있다(ⓑ). 왜구가 최초로 기병을 동원한 시기로 우왕 3(1377)년 5월의 사료를 인용하고 있는 것(ⓒ)[9]으로 보아, 이 해를 왜구가 최초로 기병을 동원한 시기로 생각하고 있는 듯하다.[10]

그러나 왜구가 기병을 최초로 활용한 사실이 문헌상에서 확인되는 것은 우왕 2(1376)년 10월이다.[11] 또 나종우는, 왜구들이 중기에 들어와 말을 사용한 것은 한반도의 내지 깊숙이 침투하기 위한 것인 것으로 이해하

8) 앞의 주(7) 나종우 박사학위 논문. 113쪽.
9) 『고려사절요』 권30. 신우1. 우왕 3년 5월.
10) 앞의 주(7) 나종우 박사학위 논문. 113쪽.
11) 이에 관해서는 이영, 「우왕 2(1376)년 10월, 왜구 최초의 기병(騎兵) 동원에 관한 고찰 - 임파현 전투(9월)와 행안산 전투(10월)의 비교 고찰을 통하여 -」 『한일관계사연구』 80, 2023.

고 있는 듯 하다.(ⓓ)

그런데 일반적으로 전근대 동아시아 사회의 戰場에서 기병의 역할은 대략 다음과 같이 정의되고 있다.

> "기병은 고도의 機動性과 강렬한 突擊力을 발휘한다. 戰場의 주도권을 장악해 적의 허점을 찔러 공격을 가함에 있어 기병의 운용은 빠트릴 수 없었다. 즉 장거리 습격·迂迴·포위·기습·遊擊과 伏擊 등과 같은 전법이 기병이 가장 장기로 내세울 수 있는 전법이었다."[12]

기병의 특징으로 고도의 기동성과 강렬한 돌격력을, 그리고 이를 활용한 전법으로 장거리 습격 등 여섯 가지를 들고 있다. 나종우의 왜구가 기병을 동원한 이유로 '내지 깊숙한 곳으로 침구'를 들었던 것은 '장거리 습격'을 의미하며, 그리고 이는 또 '강렬한 돌격력'이 아닌 '고도의 기동성'을 살리기 위한 것이라고 생각할 수 있다.

『고려사』 등 관련 사료에서 왜구들이 기병을 정확하게 언제부터, 그리고 어떠한 목적으로 동원하기 시작했는가를 밝히는 것은 아주 중요한 의미가 있다. 왜냐하면 이는 왜구의 침입이 새로운 단계에 진입했음을 의미하기 때문이다. 그리고 그 배후에는 일본 측의 군사적인 상황 변화와 밀접한 인과관계가 있는 것으로 생각할 수 있기 때문이다. 또한 왜구들이 어떤 기병 전술을 활용했는가라는 것은, 그들의 군사적 성격을 규명하는 데에 중요한 근거 자료를 제공해 줄 것이다.

이상의 나종우의 견해를 구체적으로 살펴보자. 우선 위의 ⓐ에서 나종우가 주장하는 '중기' 즉 공민왕 23(1374)년 이후, 왜구가 내지 깊숙이 침투해왔다고 하지만, 뒤에 제시할 〈표 4〉와 〈표 5〉에서 보듯이 공민왕 23(1374)년은 물론, 우왕 원(1375)년에도 왜구들은 내지 깊숙이가 아니라

12) 「진법(陣法)과 전법의 변천 - 중장갑 기병 시대와 경기병 시대」.

여전히 도서 해안 또는 河岸 지방을 침구하고 있다. 그가 왜구의 기병을 이용한 내륙 침공의 사례로 든 ⓒ, 즉 우왕 3(1377)년 5월의 사료를 구체적으로 살펴보자.

1. 박위는 밀양 사람으로, … 우왕 때 金海府事가 되어서는 왜구를 黃山江에서 공격하여 29급을 베었는데, 적 가운데에는 강물에 뛰어들어 죽은 자들도 많았다. … 적의 괴수 하카타(覇家臺) 萬戶가 큰 쇠투구를 쓰고 손발까지 모두 덮은 갑옷으로 무장하고는 보병을 좌·우익에 따르도록 하면서 말을 달려 전진해 왔다. 말이 진흙탕 속에서 머뭇대는 틈을 타 아군이 맞받아 공격하여 그의 목을 베었다.[13] (후략)

여기서 박위가 패가대 만호가 싸운 '황산강'은 낙동강의 옛 이름이며 그의 관직명도 '김해 부사'이다. 당시 두 무장이 싸운 전장은 낙동강 하류 일대의 오늘날의 김해시 부근으로 생각된다. 따라서 이 사례를 가지고 왜구들이 내지 깊숙이까지 침구해 간 것으로 판단하기에는 설득력이 떨어진다. 또 다른 사례를 보자.

2. 5월. 왜적의 기병 700명, 보병 2,000여 명이 진주를 노략질하니, 양백연이 … 班城縣에서 전투하여 13명의 목을 베었다. … [14]

이 〈사료 2〉는 우왕 5(1379)년 5월의 왜구 침구에 관한 사료다. 여기 보이는 '왜구 기병 700'은 왜구 관련 문헌 사료에서 확인되는 왜구의 기병 숫자 중에서 가장 많은(最多) 숫자다.[15] 그런데 왜구들이 침구한 진주 반

13) 『고려사』 권116, 열전29, 諸臣 박위 전 ; 『고려사절요』 권30, 신우1, 우왕 3년 5월조에 유사한 내용의 기사가 보인다.

14) 『고려사절요』 권31, 신우2, 우왕 5년 5월.

15) 우왕 6(1380)년, 즉 경신년에 침구한 왜구들로부터 말 1600여필을 노획했다. 고

성현(현재의 일, 이반성면)은 해안에서 불과 10km 정도밖에 떨어져 있지 않은 곳이다. 내륙 깊숙한 곳이라고는 하기 어렵다. 해안에서 어느 정도 거리를 '내륙 깊숙한 곳'으로 볼 것이냐는 기준을 정하기 어렵지만, 반성현은 말(馬)이 없어도 '도보'로도 접근할 수 있는 곳이다.[16] 즉, 자신들이 타고 온 배를 接岸시킨 뒤, 도보로 충분히 이동할 수 있는 거리다. 이와 유사한 사례로 다음의 〈사료 3〉을 보자.

3. 왜구의 배가 東江과 西江에 모여서 陽川을 노략질한 뒤 마침내 漢陽府에 이르러 집들을 불태우고 인민을 죽이고 노략질하였다. 수백 리가 소란하고 어수선하였으며, 경성이 크게 진동하였다.[17]

공민왕 22(1373)년 6월, 즉 나종우의 분류에 의하면 아직 '창궐기의 초기'에 해당하는 시기에 왜구들은 동강(임진강)과 서강(예성강)에 모여서 양천(현 서울 양천구 일대), 이어서 한양부(현 서울 시내)까지 쳐들어와 약탈을 자행하였다. 서울에서 가장 가까운 영종도 인근 바다까지의 직선거리는 30km 가까이 된다. 그렇지만 왜구들은 자신들의 배를 타고 한강을 거슬러 올라와 한양부에 가장 가까운 江岸에 배를 정박시키고 도보로 한양부까지 들어온 것으로 생각된다. 즉 반드시 기병을 활용하지 않더라도 이미 공민왕 22(1373)년부터 왜구들은 배를 이용해 하천을 거슬러 올라오

하는 기사가 있지만 이 1600여필이 모두 다 일본에서 배로 수송해온 것인지 여부는 단정할 수 없다.

16) 왜적의 步騎 2700여를 공격해 겨우 13명을 죽이고 그 뒤에는 관련 기사가 일체 보이지 않는 것으로 보아, 이들은 이후 일본으로 돌아간 것으로 생각된다. 침구 시기로 볼 때, 왜적의 기병 700명 역시 고려군과의 전투에서 활용하기 위한 것이라기보다 우왕 3(1377)년 1월 13일, 사가현(佐賀県) 사가시(佐賀市)의 교외인 치후(千布) 니나우치(蜷打)에서 벌어진 전투에서 패한 南朝系의 무장 집단 중 일부가 규슈에서 쓰시마를 거쳐 이곳까지 침구한 것이 아닐까, 생각한다.

17) 『고려사절요』 권29, 공민왕4, 공민왕 22년 6월.

는 방식으로 충분히 내륙 깊숙한 곳까지 침입하고 있었다.

이상, 나종우가 주장한 왜구의 최극성기의 주요 특징은 기병을 활용해 한반도의 내륙 깊숙한 곳을 침공하기 시작한 것이며 그러한 왜구들의 행위가 시작된 시점이 공민왕 23(1374)년부터였다는 것이다. 그런데 왜구들의 최초 기병 동원 시점은 우왕 2(1376)년 9월 또는 10월부터였으며 또 왜구들이 기병을 동원한 목적도 반드시 내륙 깊숙한 곳을 침공하기 위한 것이 아니었음을 확인할 수 있다. 그러면 당시 왜구들이 기병을 동원한 목적은 어디에 있었을까? 이에 관해서는 뒤에서 구체적으로 살펴보기로 한다.

2) 김기섭의 견해

또 다른 왜구 연구자인 김기섭은 "공민왕 21(1372)년부터 왜구의 활동이 최극성기에 접어들고 있었다."[18]고 하며, 1372년 이후의 규슈(九州) 지역의 정세에 대하여 다음과 같이 언급하고 있다.

> B. 1370년대에는 왜구의 발호가 극성을 부리던 무렵으로 懷良親王이 今川了俊에 의해 태재부를 뺏긴 1372년(공민왕 21년)부터 왜구의 활동은 최극성기에 접어들고 있었다. 회량친왕의 征西府는 筑後高良山, 肥後菊池로 후퇴하면서도 끈질기게 반항함에 따라 구주전역이 전란 속으로 들어가서 80년대까지 계속되었다. ⓔ이러한 구주 지역의 정세는 왜구의 준동에 큰 영향을 주었다. 한편 ⓕ이 시기에 와서 주목되는 사실은 왜구의 약탈이 보다 적극적으로 이루어지면서 내륙 깊숙이까지 들어온다든가, ⓖ기병을 사용하면서 대규모화되어 감으로써 그 피해가 커져 갔다."[19]

18) 김기섭, 「14세기 왜구의 동향과 고려의 대응」『한국민족문화』 9, 부산대학교 한국 민족문화연구소, 1997, 25쪽.

19) 앞의 주(18) 논문 25쪽 참조.

즉, 김기섭은 왜구의 침구를 '최극성기'와 '그 전 단계'로 분류, 최극성기는 공민왕 21(1372)년부터 시작되며 그 기준을 '왜구의 내륙 침공'과 '기병의 사용을 통한 대규모화'에 두었다.[20] 김기섭 역시 왜구의 최극성기의 기준을 왜구의 기병 동원을 들고 있는데, 나종우와의 차이점은 기병 동원의 이유로 '나종우=내지 깊숙한 곳으로의 침투'가 아닌 '대규모화'에 방점을 두고 있다.

그렇지만 왜구의 기병 동원이 반드시 대규모화와 직결되는 것이라고는 단언할 수는 없다. 오히려 소규모 왜구의 기병들이 활동이 다수 사료에서 확인된다.[21] 왜구의 기병 동원이 최초로 문헌상에서 확인되는 것은 우왕 2(1376)년 10월에 왜구들이 본격적으로 호남평야를 침공하였을 때의 일이다. 당시 왜구들은 넓은 호남평야를 신속하게 이동하면서 보다 많은 물자를 자신들이 타고 온 배로 수송하기 위해 기병을 동원한 것으로 생각된다.[22]

그리고 ⓔ에서 왜구의 발호를 남북조 내란기의 규슈의 군사 정세와 연동시켜 언급한 것은 필자도 동의하지만, 구체적으로 어떤 상황과 직접적인 인과관계를 지니고 있었는지에 대한 답은 제시하지 않았다.[23] 그리고 ⓕ과 ⓖ에서 왜구의 약탈이 더 적극적으로 이루어지면서 내륙 깊숙이까지 왜구들이 침투하고 기병을 사용해 대규모화되어간 시기를 '공민왕 21(1372)년 이후부터'라고 한 것에 대해서도 검토의 여지가 있다. 예를 들어, 그가 최극성기의 始點으로 파악한 공민왕 21(1372)년부터 우왕 원(1375)년까지의 왜구의 침구 양상에 대하여 살펴보자.

---

20) 앞의 주(18) 논문 25쪽 참조.

21) 뒤의 〈표13. 『고려사』 및 『고려사절요』에 보이는 왜구의 말과 기병 관련 사료〉를 참조.

22) 앞의 주(11) 이영 논문 참조.

23) 이에 관해서는 조만간 별도의 기회를 빌어 논하고자 한다.

〈표 2〉 공민왕 21(1372)년의 왜구 침공 양상[24)]

	월	내 용
①	2	왜구가 白州(황해도 연백)를 노략질하였다.
②	3	왜구가 순천군·장흥군·탐진군·도강군(강진군) 등지를 노략질하였다.
③	4	왜구가 진명창(원산 동남방에 위치한 조창)을 노략질하였다.
④	6	왜구가 강릉부 및 영덕현과 덕원현의 2개 현을 노략질하였다.
⑤		왜구가 안변·함주를 노략질했다.
⑥		왜구가 동계·안변 등지를 노략질하여 부녀자들을 사로잡고 창고의 쌀 10,000여 석을 약탈했다.
⑦		왜구가 또 함주와 북청주를 노략질하였는데, 만호 조인벽이 군사를 매복하여 그를 크게 쳐부수고, 70여 급의 머리를 베었다.
⑧		왜구가 洪州를 노략질하였다.
⑨	7	기미 왜구가 楊廣道를 침략하였다. (『고려사』)
⑩	9	양광도순문사 조천보가 용성에서 왜구와 싸우다가 패하여 사망했다.
⑪	10	신사 왜선 27척이 陽川에 들어와 3일을 머무르니 여러 장수가 병사를 거느리고 나아가 싸웠으나 패했다. (『고려사』)

이 해에는 2, 3, 4, 6, 7, 9, 10월의 7개월간에 걸쳐서 11차례의 침구 기사가 있는데, ②의 3월에 4곳, ④의 6월에 강릉부와 영덕현, 덕원현의 3곳을 제외하면 나머지는 모두 다 한차례 쳐들어와서 1-2 장소를 침구하고 있다. 침구 대상 지역은 대부분 바다와 접한 해안 지방 또는 河岸 지방(양천)이었다. 그리고 위 사료에서 왜구들이 기병을 사용했다고 하는 사실은 물론 왜구가 대규모화되었다고 하는 뚜렷한 사료도 없다. 다음 해의 침공 양상을 보자.

〈표 3〉 공민왕 22(1373)년의 왜구 침공 양상

	월	내 용
①	2	왜구가 구산현을 노략질했다. 경상도 도순문사 홍사우가 수백 명의 목을 베고, 획득한 병장기를 바쳤다.

24) 이하 모든 〈표〉의 내용은 『고려사』와 『고려사절요』를 근거로 작성하였으며 『고려사절요』에 없는 경우에 『고려사』라고 표기하였음.

②	3	왜구가 하동군을 노략질하였다.
③	4	무술 왜구가 가까운 섬에 있었으므로 評理 柳淵에게 명령하여 東江에 나가 鎭을 설치하게 하였다. (『고려사』)
④	6	왜구의 배가 동강과 서강에 모여서 양천을 노략질한 뒤 마침내 한양부에 이르러 집들을 불태우고 인민을 죽이고 노략질하였다. 수백 리가 소란하고 어수선하였으며, 경성이 크게 진동하였다.
⑤	7	왜구가 喬桐(교동도)을 함락시켰다.
⑥		〈공민왕 22년(1373)〉 7월 왜가 西江에 침입하자 城 안의 각 호[烟戶]를 모아 방어에 나가게 하였다. (『고려사』)
⑦	9	왜구가 海州를 노략질하고 목사 엄익겸을 죽였다.

공민왕 22(1373)년에는 2, 3, 4, 6, 7, 9월의 6개월간에 걸쳐서 7차례 침구했다. 매 차례 침구할 때마다, 그 침구 지역 수는 ④의 6월에 양천과 한양부의 두 하안 지역을 제외하면 모두 1곳이며 역시 모두 다 해안 지역이다. 이해의 왜구 관련 사료에서도 그들이 기병을 동원한 사실은 확인되지 않는다. ①의 내용, 즉 '왜구 수백 명을 벤 것'을 근거로 하여 왜구가 대규모화되었다고 주장할 수도 있지만, 이 정도의 사례는 경인년(1350) 2월에도 확인된다.[25)]

이어서 공민왕 23(1374)년의 왜구 침공 상황을 보자.

〈표 4〉 공민왕 23(1374)년의 왜구 침공 양상

	월	내 용
①	3	경상도관찰사가 왜구가 병선 40척을 격파하여 죽은 자가 매우 많다고 보고하였다.
②		왜구가 安州를 노략질하자 목사 박수경이 힘써 싸워서 이들을 물리쳤다.
③	4	임자 왜선 350척이 경상도 합포를 노략질하여 군영의 병선을 불태웠고, 장졸 중 사망한 자가 5,000여 인이나 되었다. 조림을 파견하여 도순문사 김횡을 죽인 후에 사지를 베어 여러 도에 보냈다. (『고려사』)

25) "2월 왜구가 고성·죽림·거제를 노략질하자 合浦千戶 최선과 都領 양관 등이 전투를 벌여 격파하고 적 300여 級을 죽였다. 왜구의 침략이 이때부터 시작되었다." 『고려사』 권37, 세가37, 충정왕 2년 2월조.

④		서해도 만호 이성과 부사 한방도·최사정이 목미도(木尾島)에서 왜구와 싸우다가 패하여 죽었다.
⑤		왜구가 紫燕島를 노략질하였다.
⑥	5	왜구가 강릉과 삼척을 노략질하고 또한 경주와 울주 두 지역을 노략질하였다
⑦	8	8월 정유 왜구가 淮陽을 침략하였다. (『고려사』)
⑧	9	왜구가 安州를 노략질하였다.
⑨	12	왜구가 密城에 침입하여 관청을 불태우고 사람과 물건을 노략질하였다.

이 해에도 3, 4, 5, 8, 9, 12월의 6개월간에 걸쳐서 총 9차례에 침구했다. 침구 지역 수를 보면 ⑥의 5월에 4곳을 침구한 것을 제외하면[26] 모두 평안북도의 안주를 두 차례 침공하는 등, 주로 해안 지방(안주, 목미도, 자연도)와 낙동강 유역의 河岸 지방인 밀성(양)을 각각 1곳씩 쳐들어왔다. 이 해에도 역시 왜구들은 해안 또는 밀성(밀양)과 같은 내륙이라고 하더라도 낙동강으로 연결된 하안 지방을 침구하고 있다. 그리고 이 해의 관련 사료에도 왜구의 기병 동원 사실은 확인되지 않는다. 물론 ③의 350척을 근거로 대규모화를 주장할 수도 있지만 이것이 반드시 기병 동원과 직접적으로 관련이 있음을 확인할 수는 없다.

이어서 우왕 원(1375)년의 왜구 침공 양상을 보자.

〈표5〉 우왕 원(1375)년의 왜구 침공 양상

	월	내 용
①	3	왜구가 경양현을 노략질하므로 양광도도순문사 한방언이 더불어 싸웠으나 패했다.
②	8	경상도부원수 윤승순이 왜구 20명의 목을 베었다.
③		왜구가 낙안과 보성을 노략질하였다.
④		왜선이 德積島와 紫燕島의 두 섬에 크게 집결하였다.

26) 여기서 4곳이라고 하지만 강릉, 삼척과 경주, 울주는 거리가 상당히 떨어져 있어서 한 집단이 두 차례 침구했든지 아니면 별개의 두 집단이 침구한 것으로 생각된다.

⑤	9	왜구가 寧州와 木州 두 지역을 노략질하였다.
⑥		왜구가 瑞州와 結城을 노략질하였다.
⑦	11	양광도안무사 박인계가 왜선 2척을 잡아서 이들을 섬멸하였다.
⑧	12	왜구가 양광도 연해의 주현을 침략하니, 판전의시사 김사보를 병마사로 임명하여 방어하게 하였다.

이 해는 3, 8, 9, 11, 12월의 5개월간에 걸쳐서 총 8차례, 한 차례에 1-2 장소를 침구해왔다. 섬(덕적도와 자연도)과 낙안과 보성, 영주(천안)와 목주(목천), 서주(서산)과 결성(홍성군 결성면) 등 해안 또는 바다에서 가까운 지역을 침구하고 있다. 역시 기병 동원 사실은 보이지 않는다. 역시 여기서도 대규모화는 확인되지 않는다.

이상, 공민왕 21(1372)년부터 우왕 원(1375)년의 약 4년간에 걸친 왜구의 침구를 분석한 결과, 1년 중 약 5~7개월 동안에 걸쳐 주로 도서 해안 지방 내지는 해안에서 멀지 않은, 하천으로 연결된 하안 지방을 주로 침구했다. 이들 하안 지방은 내륙 깊숙한 곳이 아니며 강으로 바다와 연결되어 있다. 또 기병을 활용한 사료나 그러한 정황도 보이지 않는다.

그들은 한 차례 침구 시, 많은 경우 3~4곳, 보통 1~2곳을 쳐들어갔다. 그리고 왜구들은 당시 각 道의 원수를 겸하면서 군사 업무를 총괄했던 도순문사가 지휘하던 군대와 싸워 이기고 있었으며, 350척의 선단에 승선한 병력으로 5천여 명이나 되는 고려군 장병들을 전사시킬 정도로 강력한 전사 집단으로서의 면모를 보이고 있다.

김기섭이 언급한 B의 ⓕ "이 시기에 와서 주목되는 사실은 왜구의 약탈이 보다 적극적으로 이루어지면서 내륙 깊숙이까지 들어온다든가,"라고 했지만, 당시의 침구 대상 지역이 거의 대부분 도서 해안 또는 하안 지역에 한정되어 있어서 1372~1375년의 4년간의 왜구 침구 양상과는 부합하지 않는다.

그리고 350척의 배에 타고 있던 왜구들은 당연히 대규모였을 것으로 생각되지만, 그들이 고려군과 전투를 벌인 곳이 현재의 창원시 마산합포구의 '合浦'였던 것, 그리고 왜구들이 합포 인근 지역을 침공하지 않았던 것을 보면, 특별히 기병의 이용이 필수적이지 않았을 것이다. 즉 왜구의 대규모화는 확인되지만 그것이 기병을 동원한 결과였다든지 또는 왜구의 침략 대상 지역이 예전의 해안 또는 하안 지방에서 내륙 깊숙한 곳으로 변한 것은 아니었다.

그리고 ⓖ의 '기병의 사용'에 대해서도 김기섭은 그 始期를 명시한 것은 아니지만 문맥상으로 생각할 때, '공민왕 21(1372)년' 이후라고 인식하고 있는 듯하다. 그러나 최초 기병 동원이 문헌상에서 확인되는 것은 필자가 별고에서 밝힌 바와 같이 우왕 2(1376)년 10월이다.[27)]

이처럼 고려 말 왜구의 또 다른 연구자라고 할 수 있는 김기섭은 ⓔ의 "이러한 구주 지역의 정세는 왜구의 준동에 큰 영향을 주었다."고 했지만 구체적으로 '구주 지역의 어떠한 정세'가 큰 영향을 끼쳤는가, 에 대해서는 밝히지 않았다. 그러면서 한편으로는 왜구의 기병 활용의 배경에 대한 나종우의 견해, 즉 '조운의 육운화 조치'에 동조하는 입장을 드러내기도 했다.[28)]

그리고 김기섭 또한 나종우와 마찬가지로 우왕 2(1376)년 이후 전개되는 왜구 침구 양상의 큰 변화의 배경에 대해서는 밝히지 못하였다.

3) 이영의 견해

지금까지 살펴본 것처럼, 나종우와 김기섭은 고려 말 왜구의 침공을 그 양상에 차이가 있는 것에 주목해 각각 두 시기로 구분했다. 그런데 당시 고관이자 학자인 목은 이색(1328~1396)은 고려 말 왜구의 침구 양상을

27) 앞의 주(11) 이영 논문 참조.
28) 앞의 주(18) 김기섭 논문 25쪽 참조.

세 시기로 나누어서 파악했다. 이영은 이색의 이러한 구분에 착안해 다음과 같이 정리한 적이 있다.

〈표 6〉 목은 이색의 고려 말 왜구 침구의 세 단계[29]

	이색의 구별	시기(년)	특 징
Ⅰ	밤에 해안에 상륙, 몰래 도둑질	1350~1371	밤에 침구, 낮에는 도주.
Ⅱ	약탈 뒤 바로 철수하지 않고 대낮에 평원을 떠돌며 고려군과 전투를 벌임.	1372~1375	고려군과 왜구의 매년 연속적인 육상 전투 발생
Ⅲ	마치 고려를 점령하려고 하는 수준	1376~1385	수도권 해역에 대규모 왜구의 연속적인 침구

여기서 이색이 제Ⅲ단계, 즉 "마치 고려를 점령하려고 하는 수준"이라고 한 시기는 달리 표현하자면 왜구의 최극성기라고 할 수 있을 것이다. 그리고 이영은 제Ⅲ단계의 근거로 "수도권 해역에 대규모 왜구의 연속적인 침구"를 제시했다. 그런데 이영의 주장을 잘 검토해보면 오류가 확인된다. 즉 제Ⅱ기에 해당하는 공민왕 21(1372)년부터 우왕 원(1375)년까지 왜구가 수도권 해역 일대를 침구한 사례를 정리한 다음의 〈표 7〉을 살펴보기로 하자.

〈표 7〉 공민왕 21(1372)년−우왕 원(1375)년 왜구의 수도권에 대한 침구

	연	월	침구 장소	『고려사절요』
①	72	10	陽川·강화도	권43 공민왕 21년 10월
②	73	04	(東江, 임진강)에 가까운 섬	권44, 공민왕 22년 4월
③		05	(城, 都城)에 가까운 섬	권82, 지36, 병2, 진수
④		06	동강과 서강·양천·한양부	권44, 공민왕 22년 6월
⑤		07	교동(도)	권44, 공민왕 22년 7월

29) 이에 관해서는 이영, 「고려 말 왜구의 침구 양상과 대책」 『동북아문화연구』 31, 2012의 184쪽을 참조.

⑥		07	西江	권82, 권36, 병2, 진수
⑦		09	海州	권44, 공민왕 22년 9월
⑧	74	03	安州	권44, 공민왕 23년 3월
⑨		04	紫燕島	권44, 공민왕 23년 4월
⑩		09	도성 근처	권44, 공민왕 23년 9월
⑪		09	安州	권44, 공민왕 23년 9월
⑫	75	03	慶陽縣	권133, 열전46, 우왕 원년 3월
⑬		09	德積島·紫燕島	권133, 열전46, 우왕 원년 9월
⑭		12	양광도 연해 주현.	권133, 열전46, 우왕 원년 12월

이 〈표 7〉에서 보듯이 양천은 오늘날 서울의 양천구 일대이며, 동강은 임진강, 서강은 임진강에 해당한다. 덕적도와 자연도 역시 서해안의 수도권 해역에 위치하고 있다. 이처럼 수도권 해역에 대한 왜구의 침공은 공민왕 21(1372)년에는 물론, 훨씬 더 거슬러 올라가 충정왕 3(1351)년에도 있었다.[30] 이러한 왜구들의 수도권 해역 일대에 대한 활발한 침구는 고려 조정으로 하여금 여러 가지 대응책을 이끌어내게 했다. 다음 〈표 8〉을 보자.

〈표 8〉 공민왕 22(1373)년-우왕 원(1375)년에 걸친 수도권 침구 왜구에 대한 대응책

	연	월	조치 내용
①	73	10	최영을 육도도순찰사로 삼고 장수와 수령을 黜陟하고 군호를 편성하며 전함을 건조하고, 죄 있는 자는 모두 바로 처단함.[31]
②		10	새로 건조된 전함을 보고 火箭과 火筒을 시험하였고, 밤에는 馬場에 유숙했다.[32]
③		10	최영이 양광도도순무사 이성림이 능히 왜적을 막지 못했음을 이유로 장형에 처한 후 烽卒에 속하게 하고, 그 도진무 지심은 참형에 처함.[33]

30) 왜구들의 수도권 해역에 대한 침구는 초기부터 있었다. 예를 들면, "가을 8월 병술 倭船 130척이 紫燕島와 三木島를 노략질하여 민가를 거의 다 불살랐다."고 하는 『고려사』 권37, 세가37, 忠定王 3(1351)년 8월조의 기사에서도 볼 수 있다.

④		11	명나라 中書省에 자문하여 火藥을 내려줄 것을 청하다.[34]
⑤		윤11	都摠都監을 세워 城 안의 모든 戶를 모아 大·中戶는 5호를 하나로 삼고, 小戶는 10호를 하나로 삼았다. 각 1인을 뽑아 중부·동부는 동강으로 가고, 남부·서부·북부는 서강으로 가서 왜구를 방어하도록 하였다.[35]
⑥	74	01	검교중랑장 이희가 수군 재건을 건의하다.[36]
⑦		01	5부도총도감에서 興國寺에 자리 잡고 각 領과 坊里의 軍器를 점검하였다.[37]
⑧		01	판전객시사 나흥유를 파견하여 일본을 예방하게 했다.[38]
⑨		08	도성의 5부 戶數를 개정하였다. 무릇 가옥의 間架가 20 이상이면 1戶를 삼아 군사 1丁을 내게 하고, 간가가 작으면 혹 5家를 합치거나 혹 3·4가를 합쳐서 1호로 삼았다.[39]
⑩		09	경상도·양광도·전라도 각지에서 군사를 모집하여 翊衛軍이라 일컫고 동·서강에 주둔시켰다. 이에 이르러 西北面의 정벌에 나아가자, 五部坊里의 각 호의 사람과 성 밖의 여러 능(陵)에 속해 있는 雜人을 모아 兩江의 방어에 나가게 하였다.[40]
⑪	75	09	여러 절의 주지승에게서 戰馬 각 1필씩을 징발함.[41]
⑫		09	당시 장졸들이 모두 북방 원정길에 올랐으니, 이에 도성 坊里의 장정과 각 陵戶를 병사로 삼았다. 또한 양광도·전라도·경상도의 군사를 징발하여 우리 태조 및 판삼사사 최영으로 하여금 지휘하게 하여 동강·서강에서 군세를 과시함으로써 대비하게 한 다음, 얼마 후 각 도에 병사들을 돌려보냈다.[42]
⑬		09	각 절의 주지승들에게 戰馬 1필씩을 징발하고, 또 각 사원의 田租를 거두어 군수로 충당했다.[43]
⑭		11	재신·추밀로 하여금 모두 무기를 가지고 숙위하도록 했다. 이보다 앞서 재신·추밀 각 1인이 차례대로 돌아가면서 入直하였는데, 이에 이르러 番次에 관계없이 모두 숙위하게 했다.[44]

31) 『고려사』 권44, 공민왕 22년 10월.
32) 『고려사』 권44, 공민왕 22년 10월.
33) 『고려사』 권44, 공민왕 22년 10월.
34) 『고려사』 권44, 공민왕 22년 11월.
35) 『고려사』 권82, 지36, 병2, 진수.
36) 『고려사』 권37, 병3, 선군.
37) 『고려사』 권81, 지35, 병1 병제.
38) 『고려사』 권133, 권46. 우왕 원년 2월.
39) 『고려사』 권81, 지35, 병1, 병제.

고려 조정은 왜구의 수도권 해역에 대한 침구의 대응으로 함선의 건조를 통한 수군의 재건(① ② ⑥), 개경 내의 주민들을 조직해 왜구의 침입에 대응하도록 했다.(⑤) 그리고 도성 내 5부 戶數를 개정해 병력의 증원을 꾀하였고(⑨), 지방의 군사를 도성으로 올려서 익위군이라 칭하고 동서강에 주둔하게 했으며(⑩), 도성 방리의 장정과 각 능호를 병사로 삼았다.(⑫) 그 외에도 사찰에서 전마를 징수하고(⑪ ⑬), 명나라에 화약 지원 요청을 하고(④), 일본에 禁倭要求使節을 파견했다.(⑧)

이처럼 일본학자들이 조선 시대 왜구 금압에 큰 효과를 거두었다고 한, 군사 및 외교 정책들이 바로 이 시기, 즉 공민왕 21(1372)년에서 우왕 원(1375)년에 걸쳐서 이미 전개되었음을 알 수 있다.

이처럼 "수도권 해역에 대규모 왜구의 연속적인 침구"는 이미 제Ⅰ단계부터 진행되고 있었으며 제Ⅱ단계에는 그런 현상이 한층 더 뚜렷해졌다. 따라서 이것을 가지고 제Ⅲ단계의 기준으로 삼는다면 Ⅱ단계와 구별되지 않는다. Ⅲ단계의 "마치 고려를 점령하려고 하는 수준"이란, "수도권 해역에 대한 위협"보다 훨씬 더 심각한 수준의 침구였다고 해야할 것이다.

3. 왜구 최극성기의 특징

1) 27개월 동안 지속된 침공

그러면 이색은 왜구 침공의 어떤 모습을 보고 "마치 고려를 점령하려고 하는 수준"으로 생각한 것일까? 이 점에 대하여 생각해보자. 왜구 침공의 제Ⅲ단계, 즉 최극성기의 특징에 대한 이색의 인식과 관련이 깊을 것으로

40) 『고려사』 권82, 지36, 병2, 진수.
41) 『고려사』 권82, 지36, 병2, 마정.
42) 『고려사』 권133, 열전46, 우왕 원년 9월.
43) 『고려사』 권133, 열전46, 우왕 원년 9월.
44) 『고려사』 권82, 지36, 병2 숙위.

생각되는 것이 다음의 우왕 3(1377)년 3월의 『고려사절요』의 기사다.

4. 경상도원수 우인열이 보고하기를, "①왜적이 대마도로부터 바다를 덮고 오는데, 돛과 돛대가 서로 바라보고 있을 정도입니다. 이미 군사를 보내어 요충지를 나누어 지키게 하였으나, 적의 형세가 바야흐로 성하고 방어해야 할 곳은 많으니, 한 도의 병사로 군대를 나누어 지키는 것은 형세 상 매우 고립되고 약합니다. 청하건대 助戰元帥를 보내어 요해처를 방비하시기 바랍니다."라고 하였다. ⓜ이때 江華의 적이 京都에 매우 가까이 닥쳐와서 나라에서는 방어를 하느라 겨를이 없었는데, 또다시 이러한 보고가 올라왔으므로 어찌할 바를 알지 못하였다.[45)]

이미 수도권 해역의 강화도를 점령한 왜구들이 수도인 개경 가까이 접근해있는 상황(ⓜ)에 설상가상으로 또다시 대마도 앞바다를 뒤덮을 정도로 많은 왜구의 대규모 선단이 경상도 해안을 향해 몰려오고 있다(①)는 것이다. 즉, 제Ⅲ단계의 침구의 특징은 제Ⅱ단계의 그것과 달리, 다수의 왜구 무리들이 여러 차례 연속적인 波動을 이루며 海溢처럼 몰려오는 것이었다.

그러면 이러한 침구의 특징은 제Ⅱ단계와 다른 어떤 현상을 유발시켰을까? 우왕 3년 3월을 기점으로 시간을 거슬러 올라가 왜구의 침구 양상을 정리한 것이 〈표 9〉다.

〈표 9〉 우왕 3(1377)년 3월 이전부터 우왕 2(1376)년 1월까지 遡及해서 본 왜구의 침구 양상

	연/월	내 용
①	77/03	판개성부사 나세가 상언하기를, "청하건대 군사를 거느리고 강화에 들어가서 왜구를 공격하겠습니다."라고 하였다. (중략) 적은 이에 강화를 버리고 물러나서 수안현·통진현·동성현 등지를 노략질하였으니, 지나가는 곳마다 아무것도 남아있지 않았다.[46)]

45) 『고려사절요』 권30, 신우1, 우왕 3년 3월.

②	77/03	왜구가 밤에 착량에 들어와서 전함 50여 척을 불태웠다. 바다가 낮처럼 밝았으며, 죽은 자가 100여 인이었다. (중략) 왜구가 또다시 강화부를 노략질하였다. [47]
③	77/02	경양을 노략질하고 평택현에 들어가니, 양광도부원수 인해가 더불어 싸웠으나 이기지 못하였다.[48]
④	77/02	왜구가 新平縣(당진군 신평면)을 노략질하였다.[49]
⑤	77/01	왜구가 회원창(현 창원시 합포구)의 品米를 도적질하였다.[50]
⑥	76/12	왜구가 합포의 군영을 불태우고, 양주와 울주 두 지역 및 의창현·회원현·함안현·진해현·고성현·반성현·동평현·동래현·기장현 등지를 도륙하고 불태웠다.[51]
⑦	76/11	왜구가 진주 반성현을 노략질하고, 또다시 울주 회원현·의창현 등지에 침입하여 거의 모두를 죽이고 노략질하였으며, 또한 밀성군 및 동래현을 노략질하였다.[52]
⑧	76/11	왜구가 진주 명진현을 노략질한 뒤 또 함안·동래·양주·언양·기장·고성·영선 등지를 불태우고 노략질하였다.[53]
⑨	76/10	왜구가 진포를 노략질하고는 또다시 강화부를 노략질하여 전함을 불태웠다. 그리고 한주를 노략질하니, 최공철이 그들을 공격하여 100여 명의 목을 베었다. 술과 鞍馬를 하사하였다.[54]
⑩	76/10	왜구가 부령을 노략질하자, 변안열·나세·조사민이 나아가 공격하여 그들을 크게 격파했다.[55]
	76/윤9	**이달은 왜구가 침구하지 않았음.**
⑪	76/09	이때 왜구가 임파현을 함락시키고 다리를 철거하여 스스로 굳게 지키니, 유실이 몰래 사졸들로 하여금 다리를 만들게 하고 변안열은 군사를 거느리고 건너서 안렴 이사영으로 하여금 다리 부근에 복병을 두도록 하였는데, 적이 바라보고서 맞서 공격하자 우리 군대가 패하였다.[56]
⑫	76/09	왜구가 전주를 함락시키니, 목사 유실이 더불어 싸웠으나 패하였다. 적이 물러나 귀신사에 주둔하자 유실이 다시 공격하여 그들을 물리쳤다.[57]
⑬	76/09	왜구가 고부·태산·흥덕 등의 군현을 노략질하고 관청을 불태웠다. 또한 보안현·인의현·김제현·장성현 등지를 노략질하였다.[58]
⑭	76/07	최영이 (중략) 홍산에 이르렀다. 왜구가 먼저 험하고 좁은 곳에 웅거하고 있었는데, 3면이 모두 절벽이고 오직 1개의 길로만 통할 수 있었다. 장수들이 두려움에 겁을 먹어 나아가지 않았다.[59]
⑮	76/07	왜구가 낭산현·풍제현 등지를 노략질하였다. 전라도 원수 유영과 전주목사 유실이 힘써 싸워서 그를 물리치고 약탈한 소와 말 200여 마리를 획득하여 그 주인에게 돌려주었다.[60]
⑯	76/07	왜구가 부여를 노략질하고 공주에 이르렀다. 목사 김사혁이 정현에서 싸우다가 패전하여 마침내 공주가 함락되자, (중략) 적이 마침내 개태사를 도륙하였다.[61]

⑰	76/07	가을 7월. 왜구가 전라도원수의 군영을 노략질하였다. 또한 영산을 노략질하고 전함을 불태웠으며, 나아가 나주를 노략질하고 불을 지르면서 약탈하였다.[62]
⑱	76/06	왜구가 임주를 노략질하였다. 전주도병마사 유실과 지익주사 김밀 등이 힘써 싸워서 물리쳤다.[63]
⑲	76/03	왜구가 진주를 노략질하였다. 조민수가 청수역에서 더불어 싸워 13명의 목을 베어서 바쳤다.[64]
⑳	76/01	봄 정월. 전라도도안무사 하을지가 왜선 1척을 잡으니, 옷과 술을 하사하였다.[65]

앞의 〈사료 2〉, 즉 우왕 3년 3월의 침구는 우왕 2(1376)년 10월부터 시작해 약 6개월 동안 왜구가 한 달도 쉬지 않고 연속적으로 침구하기 시작한 것이었다.(①-⑩)[66] 그리고 우왕 3년 3월 이후 우왕 4(1378)년 12월까지

46) 『고려사절요』 권30, 신우1, 우왕 3년 3월조.
47) 『고려사절요』 권30, 신우1, 우왕 3년 3월조.
48) 『고려사절요』 권30, 신우1, 우왕 3년 2월조.
49) 『고려사절요』 권30, 신우1, 우왕 3년 2월조.
50) 『고려사절요』 권30, 신우1, 우왕 3년 1월조.
51) 『고려사절요』 권30, 신우1, 우왕 2년 12월조.
52) 『고려사절요』 권30, 신우1, 우왕 2년 11월조.
53) 『고려사절요』 권30, 신우1, 우왕 2년 11월조.
54) 『고려사절요』 권30, 신우1, 우왕 2년 10월조.
55) 『고려사절요』 권30, 신우1, 우왕 2년 10월조.
56) 『고려사절요』 권30, 신우1, 우왕 2년 9월조.
57) 『고려사절요』 권30, 신우1, 우왕 2년 9월조.
58) 『고려사절요』 권30, 신우1, 우왕 2년 9월조.
59) 『고려사절요』 권30, 신우1, 우왕 2년 7월조.
60) 『고려사절요』 권30, 신우1, 우왕 2년 7월조.
61) 『고려사절요』 권30, 신우1, 우왕 2년 7월조.
62) 『고려사절요』 권30, 신우1, 우왕 2년 7월조.
63) 『고려사절요』 권30, 신우1, 우왕 2년 6월조.
64) 『고려사절요』 권30, 신우1, 우왕 2년 3월조.
65) 『고려사절요』 권30, 신우1, 우왕 2년 1월조.
66) 그런데 9월과 10월 사이에는 윤9월이 있었지만, 9월과 10월에 침공한 왜구는 동

20개월 동안에 걸쳐 매달 연속적으로 이어졌다.[67] 그 결과, 왜구들은 우왕 2(1376)년 10월부터 우왕 4(1378)년 12월까지 약 2년 3개월, 27개월 동안 한 달도 쉬지 않고 고려를 침구해온 셈이 된다.[68]

이는 김기섭이 왜구의 최극성기로 주목했던 공민왕 21(1372)년, 그리고 나종우가 왜구 창궐기의 제II기(중기)의 始點으로 분류했던 공민왕 23(1374)년 이전, 또는 우왕 2년 10월 이전에는 볼 수 없었던 현상이었다. 공민왕 21년(7개월)·22년(6개월)·23년(6개월)·우왕 원년(5개월)에 비해, 우왕 2년 10월 이후로는 1년 12달 한 달도 쉬지 않고 27개월 동안이나 쳐들어왔다. 그리고 우왕 5(1379)년 1월에 쳐들어오지 않았지만 이후 10개월 동안 연속적으로 침구해왔다. 이하, 왜구의 침구 양상을 정리하면 다음과 같다.

〈표10〉 공민왕 21(1372)년-우왕 12(1386)년까지 침구한 달(●)과 않은 달(×)

1372	×	●		●	●	×	●	●	×	●		●		×	×
1373	×	●		●	●	×	●	●	×	●		×		×	×
1374	×	×		●	●	●	×	×	●	●		×		×	●
1375	×	×		●	×	×	×	×	●	●		×		●	●
연도	1	2	윤2	3	4	5	6	7	8	9	윤9	10	윤10	11	12
1376	○	×		●	×	×	●	●	●	●	×	●		●	●
1377	●	●		●	●	●	●	●	●	●		●		●	●
1378	●	●		●	●	●	●	●	●	●		●		●	●
1379	×	●		●	●	●	●	●	●	●		●		●	×
1380	×	●		●	×	●	●	●	●	●		●		×	×

일 집단으로 추정된다. 이에 관해서는 앞의 주(11) 이영 논문 참조.

67) "12월 왜구가 하동·진주를 노략질하니, 도순문사 배극렴이 병마사 유익환과 함께 협공해 19급 베었고, 泗州까지 추격하여 2급을 베었다."(『고려사』 권133, 열전46, 우왕 4년 12월조)를 마지막으로 왜구가 다시 재침하기 시작한 것은 "정지가 순천 등지를 노략질하던 왜구와 싸워 패하다"『고려사절요』 권31, 신우2, 우왕 5년 2월조)였다.

68) 〈표 10〉 참조.

1381	×	●		●	●	●	●	●	●	●		●		●	×
1382	×	●	●	●	●	●	●	●	●	×		●		×	×
1383	●	×		×	×	●	●	●	●	●		●		●	×
1384	×	×		×	×	×	×	●	●	×		●	●	●	●
1385	●	●		●	●	●	●	●	●	●		●		●	×
1386	×	×		×	×	×	×	×	×	×		×		×	×

이 〈표 10〉에서 보듯이, 우왕 2(1376)년 10월부터 우왕 4(1378)년 12월까지 27개월 동안은 단 한 달도 쉬지 않고 왜구들이 연속적으로 침구해왔다. 또 이를 우왕 5(1379)년 11월까지 연장해보면 총 38개월 동안 우왕 5년 1월의 한 달만 제외하고 총 37개월 동안 쉼없이 연속적으로 침구해온 셈이다. 이를 제Ⅲ단계의 시작점인 우왕 2(1376)년부터 우왕 5(1379)년 12월까지 계산하면 총 48개월 동안 왜구가 침구한 달이 총 6달로 전체의 12.5%에 불과하다.

또 우왕 6(1380)년부터 우왕 9(1383)년까지 왜구가 침구한 달은 총 48개월 중 14개월로 전체의 약 29%에 달한다. 이는 제Ⅱ단계, 즉 공민왕 23(1372)년부터 우왕 원(1375)년까지의 양상과 비교하면 총 48개월 동안 왜구가 침구한 달은 24개월로 전체의 50%에 불과해 그 차이가 명확하다.

2) 침구 지역의 급증 및 공격적인 군사 행동

최극성기(제Ⅲ단계) 왜구의 침구 양상은 27개월 연속해서 침구해왔다고 하는 것 이외에 침구 지역의 숫자가 급증한다든지, 또 '전함을 불태운다'든지 '군영과 관청을 방화한다' 등과 같이 왜구들의 행동에 강한 공격성이 보이는 것 등을 들 수 있다.

다음의 〈표 11〉을 보자.

〈표 11〉 경인(년) 이후의 왜구 침구표[69]

연도	지역	연도	지역	연도	지역	연도	지역
50년	8	61년	11	72년	18	**83년**	**55**
51년	5	62년	2	73년	10	84년	22
52년	13	63년	2	74년	15	85년	17
53년	1	64년	12	75년	13	86년	0
54년	1	65년	6	**76년**	**50**	87년	7
55년	2	66년	3	**77년**	**58**	88년	23
56년	0	67년	1	**78년**	**51**	89년	9
57년	3	68년	0	79년	41	90년	7
58년	12	69년	5	**80년**	**40**	91년	1
59년	4	70년	2	81년	33	92년	0
60년	19	71년	4	82년	25		

즉, 제II단계(1372-1375)의 경우는 왜구가 한 차례 침구했을 때, 많은 경우 3~4 곳, 보통 1~2 곳을 쳐들어갔다. 그 결과, 공민왕 21(1372)년에는 18곳·22(1373)년에는 10곳·23(1374)년에는 15곳·우왕 원(1375)년에는 13곳으로 총 56곳에 달했다. 그런데 이것이 III 단계가 되면 급변한다. 즉 우왕 2(1376)년에는 무려 50곳으로 침구 지역이 급증한다. 그리고 우왕 3(1377)년에는 58곳, 우왕 4(1378)년에는 51곳, 우왕 5(1379)년에는 41곳으로 이 최초의 4년 동안에 침구한 지역수가 총 200곳이나 된다. 즉 제II 단계의 56곳이 III단계의 200곳으로 약 4배 가까운 증가를 보였다.

그리고 뒤이은 4년 동안(1380~1383)에는 침구 지역 수가 40+33+25+55로 총 153곳이나 된다. 이 역시 III단계의 최초의 4년 동안보다는 47곳이 적지만, 제II단계의 56곳의 약 3배 가까운 숫자가 된다. 이는 이색이 A와 B의 제III단계를 "마치 고려를 점령하려고 하는 것"이라고 표현했어도

69) 이영, 「고려 말 왜구와 마산」『잊혀진 전쟁, 왜구-그 역사의 현장을 찾아서』, 에피스테메, 2007에서 〈표〉를 전재함.

이상하지 않다.

이처럼 우왕 2년부터 왜구의 침구 지역 수가 급증하기 시작하는 배경에는 왜구의 기병 동원이 중요한 역할을 했다고 생각한다. 즉, 우왕 2(1376)년 10월에 최초로 왜구가 기병을 동원한 사실이 문헌 사료상에서 확인되는데,[70] 이와 같은 우왕 2년의 왜구 침구는 경인년(1350) 이후 공민왕 21(1372)년이나 공민왕 23(1374)년과 또 다른 차원의, 침공이 시작된 해였다고 할 수 있다.

그런데 앞의 〈표 5〉에서 보듯이, 우왕 2년의 침구는 9월 이전, 이미 7월부터 심상치 않은 양상을 드러내고 있었다. 즉, "전라도 원수의 군영을 노략질하였다. 또한 영산을 노략질하고 전함을 불태웠으며"(⑰) "합포의 군영을 불태우고(⑥)" "전함을 불태우고(② ⑨)" "관청을 불태웠다.(⑬)"등, 단순한 해적의 약탈 행위로는 보기 어려운 '공격적인 군사 작전' 같은 행동을 취하고 있다.

그리고 단순히 양곡을 약탈하는 것에 그치지 않고 군사적인 용도로 사용될 수 있는 말과 군량으로도 활용 가능한 소를 200여 마리나 약탈했다고 하는 것(⑮) 역시 그것들이 병량 및 전쟁 수행 물자라는 점에서 왜구들의 군사적 지향성이 엿보인다.

또한 "왜구가 먼저 험하고 좁은 곳에 웅거하고 최영의 고려군을 유인"(⑭)하고 "왜구가 임파현을 함락시키고 다리를 철거하여 스스로 굳게 지키니,"(⑪)와 같은 소위 '교량 철거 전술'은 헤이안 시대 말기 이후 남북조 시대에 이르기까지 일본 무사들이 사용하던 전술이었다.[71] 이는 남북조 내란기 당시, 일본 무사들이 전형적으로 활용하던 山岳戰·게릴라전의 양상을 그대로 한반도에서 재현한 것이었다. 또 당시 史官이 "공주를 함락하고"(⑯)라는 것에서 볼 수 있듯이, "마치 고려를 점령하려고 하는 수준"이

70) 앞의 주(11) 논문 참조.
71) 앞의 주(11) 논문 참조.

라고 한 것은 결코 이색 혼자만의 생각이 아니었다.

이처럼 예전 제Ⅰ단계의 단순한 도적 행위를 훨씬 초월해, 전문적인 군사 집단의 면모를 보인 왜구로 인해 나라가 점령당할지도 모른다고 하는 위기의식은 고려 조정으로 하여금 우왕 3(1377)년 5월, 마침내 遷都까지 논의하기에 이른다.

앞의 〈표 3〉에서 보듯이, 이미 왜구들은 4-5년 전부터 수도권 해역을 위협하고 있었지만, 왜구로 인해 내륙으로 수도를 옮기는 문제를 고려 조정이 진지하게 논의한 것은 우왕 3(1377)년 5월에 이르러서였다.[72] 최영은 천도에 반대하고 병사를 징발해 군사적으로 대응할 것을 주장하지만,[73] 당시 우왕 조정의 실권자인 이인임이 최영의 주장에 반대한다.[74] 그러자 태조 왕건의 眞殿에서 점을 봐서 '止' 즉 '천도 불가'의 결과가 나왔지만, 점괘를 무시하고 우왕은 재차 왜구에 대한 위협을 내세워 천도 준비 작업에 착수하게 한다.[75] 당시 고려 조정이 느낀 왜구의 위협은 예전과 확연하게 구별될 정도로 심각한 것이었다. 이는 16년 전인 공민왕 10(1361)년 11월 19일에 홍건적을 피해 공민왕이 개경을 버리고 남쪽으로 피난을 떠난 것에 준하는 국가적인 위기 상황이었음을 보여준다.

그러면 이러한 "마치 고려를 점령하려고 하는 수준"이라고 한 고려의 위기의식은 언제까지 지속되었을까? 다시 말해 이색이 지적한 바 왜구 침구의 제Ⅲ단계는 언제까지로 볼 수 있을까? 필자는 우왕 9(1383)년까지로 생각한다. 다음의 〈표 12〉를 보자.

〈표 12〉에서 보듯이 A 단계의 4년 동안에는 왜구가 침구한 달(●)이 42개월로 전체의 87.5%에 달하는데, 침구하지 않은 달(×)은 6개월로 전체의 12.5%에 불과하다. 이는 제Ⅱ단계의 4년 동안의 ○가 24개월로 전체의

72) 『고려사절요』 권30, 신우1, 우왕 3년 5월.
73) 『고려사절요』 권30, 신우1, 우왕 3년 5월.
74) 『고려사절요』 권30, 신우1, 우왕 3년 5월.
75) 『고려사절요』 권30, 신우1, 우왕 3년 5월.

50% vs 87.5%, ×역시 24개월로 50% vs 12.5%로 큰 차이를 보이고 있다.

〈표 12〉 표 11의 내용을 단계별로 정리한 것

	기간	●	%	×	%
제II단계	1372~1375	24	50	24	50
제III단계	A(1376~1379)	42	87.5	6	12.5
	B(1380~1383)	34	70.8	14	29.2
		100	69.4	44	30.6

그리고 B 단계의 4년 동안은 A 단계와 비교하면 ●는 87.5% vs 70,8%로, ×는 12.5% vs 29.2%로 왜구의 침구가 약간 감소하는 경향을 확인할 수 있지만, 제II단계와 비교하면 ○가 50% vs 70.8%, ×는 50% vs 29.2%로 여전히 B 단계가 II단계보다 훨씬 더 왜구의 침구가 격렬하였음을 알 수 있다. 그런데 B 단계가 A단계에 비해 약간 감소하는 경향은 확인되지만 다음에서 보는 것처럼 다른 차원에서 여전히 위협의 심각성은 이어졌다.

이상의 비교를 통해 왜구 침구의 최절정기는 A 단계, 즉 우왕 2년부터 5년이며 B 단계인 우왕 6년부터 9년까지의 침구도 제II단계보다는 더 격렬했음을 알 수 있다.

3) 기병을 활용한 내륙 깊숙한 침공

최극성기 왜구 행동의 특징 중 하나로 '기병을 활용한 내륙 깊숙한 침공'을 들 수 있다. 앞의 〈표 12〉에서 침구 빈도는 A 단계보다 B 단계가 많이 감소했지만, 고려의 朝野가 체감하는 위협 강도는 결코 줄어들었다고 할 수 없었다. 오히려 왜구가 내륙 깊숙한 곳까지 침공해옴으로써 위협 강도는 더 커졌다고 생각할 수 있었다. 그러면 왜구들의 기병을 활용한 내륙 깊숙한 침공은 언제부터라고 할 수 있을까? 필자는 그것을 A 단계에 해당하는, 우왕 4(1378)년 10월에 옥주(충북 옥천)까지 쳐들어온 것으로 생각한다.[76] 이는 왜구가 최초로 옥주에 침구한 사례다.[77] 여기서 당시 왜구들이 말을 이용 내지는 보유하고 있었음을 보여주는 사료를 정리한 다음의 〈표 13〉을 통해 왜구들이 기병을 동원한 목적이 어디에 있었는지 생각해보자.

〈표 13〉『고려사』 및 『고려사절요』에 보이는 왜구의 말과 기병 관련 사료[78]

<table>
<tr><th></th><th>연</th><th>월</th><th>왜구의 규모 및 침구 지역·(상륙 추정 해안)</th></tr>
<tr><td>①</td><td>76</td><td>10</td><td>왜선 50여척. 전라북도 부안군 웅연(곰소)·적현·부녕현·동진교·행안산. “적의 보병과 기마 1,000여명이 幸安山에 올랐을 때” (후략) (서해안)[79]</td></tr>
<tr><td>②</td><td rowspan="4">77</td><td>04</td><td>적이 靈山에 이르러 험준한 산세에 의지하여 스스로 지키니 (중략) 栗浦에서 싸워 적장과 10여 급을 참수하였으며 말 60여 필을 노획하였으나 (중략) 매양 전투에서 적의 말과 병장기를 얻으면 문득 공이 있는 자에게 나누어주니, 사졸들이 다투어 죽음을 무릅쓰고 싸웠다. (남해안)[80]</td></tr>
<tr><td>③</td><td>05</td><td>왜구 100여 기가 남양현·안성현·흥덕현 등지를 침략하였다.[81] (서해안)</td></tr>
<tr><td>④</td><td>05</td><td>강주원수 배극렴이 또 왜구와 더불어 싸우는데, 적의 괴수인 패가대 만호가 보병으로 하여금 좌우를 호위하게 하고 말을 달려 앞으로 나오다가 말이 진창에서 돌아 멈추었으므로, 우리 군사가 공격하여 그의 목을 베었다. (남해안)[82]</td></tr>
<tr><td>⑤</td><td>10</td><td>왜적이 또 寧州·牙州를 침략하자 왕안덕이 홍인계 (중략) 등과 함께 아주에서 싸워 격퇴하고 세 명을 사로잡았으며 병장기와 말 170여 필을 노획하니 우왕이 술을 하사하여 위로하였다. (서해안)[83]</td></tr>
<tr><td>⑥</td><td>78</td><td>07</td><td>왜구가 牙州를 노략질하고 東林寺에 침입하니, 최공철·왕빈·박수경 등이 진격하여 3급을 베고 말 20여 필을 노획하였다. (서해안)[84]</td></tr>
</table>

76) 『고려사』 권133, 열전46, 우왕 4년 10월조. 〈표 13〉의 ⑩.

77) 그로부터 약 2년 뒤인 우왕 6년 7월에 당시 왜구의 총지휘관이었던 어린 아지발도가 이끌었던 본진이 옥주까지 들어왔던 것은 이때의 경험에 의한 것이 아닐까, 라고 생각한다.

78) 이 〈표 13〉은 이영, 「진포구·남해 관음포 해전과 고려 말 왜구 침구 양상의 변화」 『한국중세사연구』 64, 2021의 〈표 3〉의 내용을 일부 수정 보완한 것이다. 각각의 추정 상륙 해안의 근거에 대한 설명 또한 2021년 2월 논문의 〈표 3〉의 주석에 기재되어 있다.

⑦		10	왜구가 沃州·珍同·懷德·靑山·林州를 노략질하니 양광도원수 한방언이 공격하여 2급을 베고, 말 10필을 노획하였다. **(서해안)**[85]
⑧		10	왜구가 영광·광주·同福縣을 노략질하였다. 도순문사 지용기와 순천병마사 정지가 추격하여 玉果縣에 이르렀는데, 적이 彌羅寺로 들어갔다. (중략) 적이 스스로 불에 타 죽었고 말 100여 필을 얻었다. **(서해안)**[86]
⑨	79	05	5월, 왜적의 기병 700명, 보병 2,000여 명이 晉州를 노략질하니, 양백연이 (중략) 班城縣에서 전투하여 13명의 목을 베었다. **(남해안)**[87]
⑩	80	08	"적의 기병이 배씨가 사는 마을로 쳐들어 왔다." "왜구가 京山府를 침략하였다."**(서해안)**[88]
⑪		09	배검에게 술을 대접하고 드디어 鐵騎로 호송하여 주었다. (중략) "장차 光州의 金城에서 말을 먹인 후 북쪽으로 진격할 것이다."라고 하니 온 나라가 떨었다. (중략) 날이 이미 기울었는데 태조가 험한 길에 접어들자 적의 정예 기병이 과연 튀어나왔다. (중략) 나이 겨우 십오륙 세 되는 적장 하나가 있었는데 용모가 수려하고 용맹스럽기가 비할 데 없었다. 백마를 타고 창을 휘두르면서 돌진해오니 (중략) (왜적이) 말을 버리고 산으로 올라가므로 (중략) 노획한 말이 1,600여 필이며 병장기는 헤아릴 수조차 없었다. **(서해안)**[89]
⑫	81	06	왜구가 蔚珍縣을 침략하였다. 권현룡이 적과 싸우다가 창에 맞았으나, 더욱 분발하여 적을 격퇴시키고 20級을 베었으며 말 70필을 노획하였다. **(동해안)**[90]
⑬		09	南秩이 智異山에 있던 왜구의 잔당들을 공격하여, 4級을 베고 말 16필을 노획하였다. **(서해안)**[91]
⑭	82	04	왜적이 丹陽郡에 침략하니 (중략) 80여 級을 베고 말 2백여 필을 노획하였다. 또 한방언 등과 함께 왜적을 安東에서 격파하여 30여 級을 베고 말 60필을 노획하니 (중략) **(동해안)**[92]
⑮		05	邊安烈과 韓邦彦 등이 安東에서 왜구를 쳐서 30여 명의 목을 베고 말 60필을 노획하였다. **(동해안)**[93]
⑯		06	"辛氏는 靈山 사람으로 郞將 辛斯蕆의 딸이다. 禑王 8년(1382)에 왜구 50여 기가 영산을 노략질하자, 신사천은 가족을 데리고 피난을 떠났다." (후략) "왜구가 경산·대구·花園·계림 등지를 침략하였고, 또 通溝縣을 침략하였다. 전법판서 趙浚을 경상도체복사로 임명하였다." **(동해안)**[94]
⑰	83	07	交州江陵道都體察使 崔公哲이 芳林驛에서 왜구를 만나 8級을 베었고, 무기와 말 59필을 빼앗았다. **(동해안)**[95]
⑱		08	왜구 200여 騎가 槐州·長延縣을 노략질하였다. 원수 왕안덕·김사혁·도흥이 맞서 싸워 3명의 목을 베었다. **(동해안)**[96]

⑲		08	왜구 1,000여 명이 沃州縣·報令縣 등을 함락하고, 마침내 開泰寺에 들어갔으며, 雞龍山에 웅거하였다. (중략) 나아가 공격하니, 적이 말을 버리고 산으로 올라갔다. (후략) **(동해안)**[97]
⑳		10	이을진 및 副元帥 권현룡, 兵馬使 곽충보가 洞山縣에서 왜구를 공격하여 20여 級을 베고, 말 72필을 획득하였다. **(동해안)**[98]
㉑		10	交州道按廉使 鄭符가 길에서 **왜구 100여 騎와 마주쳤는데**, 적이 갑자기 정부를 공격하였다. 정부가 적에게서 벗어나 숲속으로 피신하자, 왜구가 (정부를) 수행하던 관리와 군수품, 印章을 모두 약탈해 갔다. **(동해안)**[99]
㉒	85	09	왜구의 배 150척이 함주·洪原·북청·哈蘭北 등을 노략질하여 (중략) 왜구 3명을 연달아 죽인 후 적의 말을 빼앗아 심덕부에게 주었고. **(동해안)**[100]
㉓	88	08	왜구가 咸陽에서부터 雲峰의 八羅峴을 넘어 南原에 이르렀다. 도지휘사 정지가 (중략) 크게 격파하고는 58명의 목을 베고 말 60여 필을 노획하였다. **(남해안)**[101]

79) 『고려사』 열전27, 나세 전 ; 『고려사절요』 권30, 우왕 2년10월.
80) 『고려사』 열전27, 우인렬 전 ; 『고려사절요』 권30, 우왕 3년 4월.
81) 『고려사』 권133, 열전46, 우왕 3년 5월조.
82) 『고려사절요』 권30, 우왕 3년 5월.
83) 『고려사』 열전39, 왕안덕전 ; 『고려사절요』 권30, 우왕 3년 10월.
84) 『고려사』 열전46, 우왕 4년 7월.
85) 『고려사』 열전46, 우왕 4년 10월.
86) 『고려사절요』 권30, 우왕 4년 10월.
87) 『고려사』 열전27, 양백연 전 ; 『고려사절요』 권31, 우왕 5년 5월.
88) 『고려사절요』 권31, 우왕 6년 8월.
89) 『고려사』 열전39, 변안렬 전.
90) 『고려사』 열전47, 우왕 7년 6월조.
91) 『고려사』 열전47, 우왕 7년 9월조.
92) 『고려사』 열전39, 변안렬 전 ; 『고려사절요』 권31, 우왕 8년 4월.
93) 『고려사절요』 권31, 우왕 8년 5월.
94) 『고려사』 열전34, 신사천의 딸 ; 『고려사절요』 권31, 신우2, 우왕8년 6월.
95) 『고려사』 열전48, 우왕 9년 7월조.
96) 『고려사』 열전39, 왕안덕전 ; 『고려사절요』 권32. 우왕 9년 8월.
97) 여기서 『고려사절요』 권32, 우왕 9년 8월. 보령현은 현재의 충북 보은군이다. 이 당시의 왜구가 1000명이었다고 하는 것과 같은 달에 보은과 소백산맥으로 연결

〈표 13〉에서 왜구 집단 속에 말이 보이는 기사는 총 23건이다.[102] 이 중에서 기병을 활용해 고려의 내륙 깊숙이 침공해 들어간 사례로 들 수 있는 것은 ⑦의 옥주 등 충북 내륙 지방·⑩의 경산부·⑪의 전북 남원·⑬의 지리산·⑭의 충북 단양군·⑮의 경북 안동·⑰의 강원도 평창군 방림역·⑱의 충북 괴산군·⑲의 충북 옥주 등·㉓의 경남 함양과 전북 남원 등이다

다른 사례들은 대부분 해안에 위치한 곳이며 또는 내륙이라고 할지라도 하천을 이용해 이동이 가능한 하안 지방이다. 즉 앞의 〈사료 3〉의 한강을 거슬러 올라와 한양부를 침구한 사례와 같다.

특히 주목할 점은 위의 ⑩과 ⑪ 그리고 ⑬은 같은 무리의 이동을 보여주는 사례로, 이들의 최초 상륙지점이 서해안이었는데 내륙을 전전해 경북 경산 일대와 전북 남원 일대까지 침구해들어왔다는 사실이다. 또 ⑭의 단양군에 침구한 왜구들은 같은 달에 평해·삼척·울진·우계 등을 습격한 뒤, 영월·예안·영주·순흥·보주·안동으로 이동한 무리들로 보인다. 이들의 이동 경로는 경북 동해안에 상륙해 충북 내륙 깊숙이까지 이동한 것이다.

이처럼 동해안에 상륙, 내륙 깊숙이 침투해 轉戰하던 왜구들이 당시 고려 朝野에 얼마나 큰 공포와 충격을 안겨주었는지는 다음의 사료를 보면 잘 알 수 있다.

5. 왜구가 강릉부와 김화현을 노략질하고 또 회양부와 평강현을 함락하였다.

되어 있는 춘양(경북 봉화)에 침구한 왜구가 1000여명이었다고 하는 점을 고려할 때, 동일한 집단이 이동한 것으로 생각된다.

98) 『고려사』 열전48. 우왕 9년 10월조 ; 『고려사절요』 동년 동월. 강원도 고성의 고성포에 상륙한 왜구.

99) 『고려사』 열전48. 우왕 9년 10월조 ; 『고려사』 권135; 열전48.

100) 『고려사』 열전29. 심덕부 전 ; 『고려사절요』 동년 동월조. 함주는 오늘날의 함경남도 함흥.

101) 『고려사절요』 권33, 우왕 14년 8월조.

102) 물론 실제로 왜구 집단이 말을 지니고 있었지만 기록되지 않았을 경우를 생각하면 훨씬 더 많았을 것으로 생각된다.

> 경성(京城)에 계엄을 실시하고 평양과 서해도의 정예병을 징집하여 〈경성에〉 들어와 호위하게 하였으며, 전 政堂商議 남좌시… 등을 파견하여 가서 공격하게 하였으나 김화에서 싸워 패배하였다.[103)]

동해에 상륙한 왜구들이 김화(현재의 철원)까지 쳐들어가자, 고려 조정은 개경에 계엄을 실시하고 평양과 서해도의 정예병을 동원해 경성을 호위하게 할 정도였고 토벌대를 파견했지만 패하고 말았다. 또 다음과 같은 기록도 보인다.

> 6. 겨울 10월. 都體察使 최공철이 狼川에 이르자 왜구가 갑자기 튀어나와 습격하여 그 아들을 사로잡았다. 體覆使 정승가가 楊口에서 왜구와 싸웠으나 패배하여 春州로 퇴각하여 주둔하였다. 적이 춘주까지 추격하여 함락하고 드디어 加平縣에 침입하였다. 원수 박충간이 맞서 싸워 물리치고 6명의 목을 베었다. 적이 淸平山에 들어가 웅거하였다. 贊成事商議 우인렬을 도체찰사로 삼고 전 密直 임대광을 助戰元帥로 삼아 가서 공격하게 하였다.[104)]

낭천, 즉 강원도 화천군에서 왜구가 양구 - 춘주(천) - 가평 - 청평산으로 전전하며 고려 토벌대와 싸워 이기는 등 그 위세를 떨치고 있다. 이 〈사료 5〉와 〈사료 6〉의 기사에 왜구의 기병이 확인되지는 않지만 같은 10월달의 『고려사』에 왜구의 기병이 인근 교주도에서 출몰한 기사(〈표 13〉의 ㉑)를 볼 때, 그리고 이처럼 장거리를 이동한 왜구들이 기병을 활용하였을 것임은 충분히 짐작할 수 있다.

---

103) 『고려사절요』 권32, 신우 3. 우왕 9년 9월조.
104) 『고려사절요』 권32, 신우 3. 우왕 9년 10월조.

4. 결론

본 고에서 검토한 내용을 간단히 요약하면 다음과 같다.

〈표 14〉 왜구 침입의 최극성기에 관한 선행연구

연구자	시작	특징	검토 결과
나종우	공민왕 23년 (1374)	① 왜구의 내지 침입	본격적 내륙 침입은 우왕 6(1380)년 이후
		② 기병 활용	기병의 활용과 초기의 내지 침입은 무관함
		③ 최초 기병 - 우왕 3년 5월	문헌상 최초 기병은 우왕 2(1376)년 10월
김기섭	공민왕 21년 (1372)	① 내지 침공	공민왕 21(1372)년 이후에도 여전히 해안 및 하안지역을 침공.
		② 기병 투입 - 대규모화	양자는 직접적인 관련이 없음.
		③ 왜구 발호 - 내란기 규슈의 군사 정세와 연동	구체적으로 어떤 상황과 직접적인 인과관계를 지니고 있었는지 제시하기 않았음.
이 영	우왕 2년 (1376)	① 수도권 해역에 대한 대규모 연속적인 침구	수도권 해역에 대한 왜구들의 대규모 연속적인 침구는 이미 그전부터 진행되고 있었음.
		② 27개월 동안 지속된 침공	우왕 2년 10월부터 동4년 12월까지. 이를 5년 11월까지 연장하면, 1달을 제외하고 총 38개월 동안 연속적으로 침공해옴.
		③ 침구 지역의 급증 및 공격적인 군사 행동	고려 조정은 왜구로 인해 천도까지 심각하게 고려함.
		④ 기병을 활용한 내륙 깊숙한 침공	기병을 활용해 본격적인 내륙 침공은 진포구 해전(1380)과 남해 관음포 해전(1383) 이후 동해안에 상륙하면서.

이상과 같이, 왜구의 최극성기에 관한 선행연구를 검토한 결과, 적지 않은 문제를 발견할 수 있었다. 冒頭에서 언급한 것처럼, 본 고는 선행연구의 오류를 지적하고 비판하는 것에 그치는 것이 아니라, 오히려 이러한 선행연구가 제기한 문제점들을 적극적으로 수용하고 이에 대한 비판적 검토를 통해 그 진정한 실상에 접근하고자 하는 데 그 목적이 있다. 따라서 본 고에서 필자가 제시한 결론 역시 향후 여러 연구자들에 의해 비판

적으로 검토되어져야 할 것이다.

아울러 지면 관계상 본 고에서 검토하지 못했던 문제, 즉 우왕 2(1376)년 이후부터 왜구의 침구가 최극성기에 돌입하게 된 배경, 특히 김기섭이 제기한 바 일본 규슈의 군사 정세와 어떠한 구체적인 관련을 지니고 있는가에 관해서는 조만간 별고에서 밝히고자 한다.

일본 무로마치 막부의 외교적 해명에 등장하는 逋逃와 고려 말 왜구

조혜란

1. 서론

왜구의 사회적 실체와 민족적 구성 및 발생 배경에 관해서는 한·중·일 삼국 연구자들 사이에 논쟁이 활발하게 진행되어왔다.[1)] 이를 간단히 요약하면, 한국과 중국에서 倭寇는 일본인 海賊을 의미하지만 일본학계는 왜구 중에는 일본인만이 아닌 중국인 및 한국인도 다수 포함되어 있었다고 하는 주장을 전개해오고 있다.[2)]

1) 이영, 「고려말기 왜구 구성원에 관한 고찰 - '고려, 일본인 연합론' 또는 '고려, 조선인 주체론의 비판적 검토」『한일관계사연구』 5, 1996 ; 이영, 「왜구=다민족, 복합적 해적설의 허구와 문제점 - 식민사관과 관련하여」『동북아역사논총』 28, 2010 ; 이영, 「여말~선초 왜구 발생의 메카니즘 - 왜구의 실체에 관한 용어 분석을 중심으로」『한국중세사연구』 34, 2012 ; 鄭樑生, 『明代の倭寇』, 汲古書院, 2013.

2) 물론 소위 16세기 왜구에 다수의 일본 거주 중국인들이 포함되어 있었다는 사실을 부정하기 어렵지만 문제는 한국사에서 왜구의 最極盛期라고 할 수 있는 고려 말 왜구에도 일본인만이 아닌 다수의 고려인들이 그 실체였다고 하는 주장을 전개하고 있다는 점이다. 이러한 주장은 다음과 같은 논문에서 확인된다. 網野善彦, 『列島内外の交通と國家』, 岩波書店, 1987 ; 高橋公明「中世東アジア海域における海民と交流」『名古屋大学文学部研究論集』 史学 33, 1987 ; 村井章介, 『日本中世境界史論』, 岩波書店, 2013. 한편, 이러한 주장에 대한 비판으로는 주(1)이 있고, 무라이 쇼스케(村井章介)의 '경계인론'에 대한 비판적 검토로는, 송종호의 「무라이 쇼스케(村井章介)의 〈왜구=경계인〉설에 대한 비판적 검토」(『歷史教育論集』 63, 2017), 이영의 「무라이 쇼스케(村井章介)의 〈왜구=비영주(非領主)·주민(住民)〉설에 관한 한 고찰」(『역사교육논집』 72, 2019)및 「무라이 쇼스케(村井章介)의 境

주지하다시피 '왜구'라는 용어는 '일본'의 蔑稱인 '왜'와 '약탈하다'라고 하는 '구'로 구성되어 있다. 따라서 이러한 용어를 해당시기의 일본의 국내 사료에서 발견하기란 기대하기 어렵다. 당대 일본의 문헌사료에서 왜구에 해당하는 다른 용어를 찾아야 한다. 예를 들면 '아쿠토(悪徒)' '아부레모노(溢物)' 등의 용어를 들 수 있다.[3] 그런데 이러한 다양한 용어 중에서도 주목해야 하는 것이, 지금까지 왜구 연구에서 거의 주목받지 않았던 '逋逃'이다. 이는 고려(조선)와 명나라 조정이 사절을 파견해 왜구에 대해 항의하자, 남북조 내란기 당시 일본의 공권력의 한 軸이라 할 수 있는 무로마치 막부의 규슈단다이(九州探題)가 이를 해명하는 외교문서에서 공식적으로 왜구를 '포도'라고 표현한 것이다.[4] '포도'란, 문자 그대로 (막부의 체포를 피해서) '도주하다' 또는 '도주한 사람'이라는 뜻이다. 여기서 무로마치 막부가 왜구를 가리켜서 '포도' 즉 '자기들의 체포를 피해 도주한 무리'라고 한 것은 다음 두 가지로 해석이 가능하다. 하나는 왜구를 금하는 막부의 명령을 어기고 국경을 넘어 약탈을 일삼는 '단순한 범법자 집단'인 경우이고, 다른 하나는 당시의 내전 상황을 고려할 때, 막부(北朝)에 정치적으로 반대하는 집단, 즉 '남조의 무장 집단'을 의미하는 것으로 생각할

界人설에 관한 비판적 고찰 - 倭寇とはだれか를 중심으로」(『한국중세사연구』 58, 2019)라는 두 논문이 있다.

3) 예를 들면, 고려 고종 14년(1227) 5월, 당시 웅신현에 침구한 왜구(『高麗史』 卷22, 高宗 14年(1227) 5月 2日 庚戌)에 대하여 고려가 일본에 사절을 파견해 항의하자, 당시 일본 측 기록에는 "다자이쇼니(太宰少弐) 무토 스케요리(武藤資頼)가 고려의 항의에 대응하여 고려사절 면전에서 아쿠토(悪徒) 90여 명의 목을 베고 고려의 첩장을 가마쿠라로 보냈다"고 기록하고 있다(『百練抄』 嘉祿3年(安定 元年) 7月 21日條). 이처럼 고려에서 왜구라고 지칭하는 무리들을 당시 일본에서는 "아쿠토(悪徒)"라고 칭하고 있었음을 알 수 있다. 아부레모노 등 왜구와 관련 있는 다른 일본 측 사료용어에 대해서는 이영의 「고려 말기 왜구의 실상과 전개」 『왜구와 고려·일본 관계사』 혜안, 2011, 185~186쪽 주석을 참조할 것.

4) 『高麗史』 卷133, 列傳46, 禑王 3年(1377) 8月. "日本國遣僧信弘來報聘, 書云, '草竊之賊, 是逋逃輩, 不遵我令, 未易禁焉.'" 이에 관한 상세한 검토는 아래 본문 제3장을 참조할 것.

수 있다. 서양사에서의 해적의 개념에 따르면 전자는 '파이렛츠(pirates)', 후자는 '코르세어(corsair)'라고 분류할 수 있다.[5)]

어쨌든 '포도'라는 용어는 14세기 후반 당시 동아시아 해역을 횡행하던 해적인 '왜구'의, 일본 국내에 있어서의 정치·사회적 실체를 표현하고 있는 것이라 할 수 있다. 이처럼 '왜구'라는 역사현상의 원인과 배경 등 그 실체를 해명하는데 결정적으로 중요한 사료 용어인 '포도'의 존재를 다나카 다케오(田中健夫)를 위시한 일본의 왜구 연구자들은 이미 오래전부터 인지하고 있었다. 그것은 이 포도가 실려 있는 외교문서집인 『善隣國寶記』를 다나카가 편집하고 주석까지 달았던 것으로도 알 수 있다.[6)] 그런데 그럼에도 불구하고 그는 이 '포도'가 지니는 의미에 관하여 지금까지 한 번도 구체적으로 고찰한 적이 없다. 무로마치 막부가 고려(조선)와 명나라의 항의에 대해서 공식적으로 해명한 외교문서 속에서 왜구의 실체를 '포도'라고 서술하였고 또 다나카 자신이 그 문서집을 편집하고 주석까지 붙였음에도 이 용어에 대한 구체적인 분석을 일체 하지 않았다는 점은 납득하기 어렵다.

한편, 이영은 한·중·일 삼국의 다양한 왜구 관련 용어를 분석해 각각의 왜구 용어가 사용된 시대적 배경과 그 의미를 고찰하면서 최초로 '포도'에 주목하였고, 거기에 정치적인 의미가 내포되어 있다고 주장한 바 있다.[7)] 그 내용을 간단히 요약하면 "포도는 규슈(九州) 본토에서 전투가 발생했을 때 규슈의 '반란을 일으킨 신하(亂臣)'들이 막부의 체포를 피해 쓰시마·이키 등의 섬으로 도주한 뒤, 그곳을 거점으로 삼아 고려로 침구해

---

5) 이영, 「동아시아의 파이렛츠와 코르세어」 『팍스 몽골리카의 동요와 고려 말 왜구』, 혜안, 2013.

6) 『선린국보기』에는 이 '포도'라는 사료용어가 세 건 확인된다(〈표 3〉 참조할 것). 다나카 다케오는 '포도'의 의미에 대하여 "도망쳐 숨는 것 또는 그러한 사람"이라는 주석을 달았다(田中健夫編, 『善隣國寶記·新訂續善隣國寶記』, 集英社, 1995, 141쪽).

7) 이영, 2012, 앞의 주(1).

간 것으로 이는 왜구 침구에 대한 고려와 명나라의 항의에 대하여 일본의 공권력인 무로마치 막부의 공식적인 해명이었다"는 것이다. 그렇지만 이영의 연구도 '포도'의 의미를 해석하는 데 주력하였을 뿐 이 용어가 실제로 일본의 국내 상황과 어떠한 관련이 있는지 구체적으로 분석 고찰했다고 보기는 어렵다. 따라서 본고에서는 이러한 문제의식에 입각해 구체적으로 고찰하고자 한다.

이와 같은 고찰은 14세기 후반, 한반도를 대거 침공하였던 왜구의 발생 배경 및 근본 원인을 일본이 아닌 고려사회의 내부 모순에서 구하며, 그 결과 고려인도 왜구의 구성원 중 하나였다고 하는 일본 측 주장의 허구성을 입증하게 될 것이다.

2. 겐페이갓센(源平合戦)과 후지와라노지카미쓰(藤原親光)의 고려 도항

왜구는 사료 상 고려 고종 10년(1223)에 최초로 등장해[8] 1580년 도요토미 히데요시의 해적 단속령[9]으로 종식되는, 약 350년 넘게 지속되었던 동아시아의 역사 현상이다. 이처럼 오랜 세월에 걸쳐서 전개된 역사 현상이었기에 각 시대별 왜구의 발생 배경 및 그 실체는 해당 시기의 일본 국내 및 동아시아 국제 정세의 상황에 따라 양상을 달리한다고 할 수 있다.

본문에서 고찰하고자 하는 고려 말 왜구에 대한 무로마치 막부의 공식적인 해명이 '포도'였다고 해서 이 용어를 가지고 모든 왜구 침구의 배경과 원인을 설명할 수 있다고 생각하는 것은 아니다. 예를 들면 '13세기 왜구'(1223~1265)[10]의 침구는 무로마치 시대(1336~1567)의 前代인 가마쿠라

8) 『高麗史』 卷22, 世家22, 高宗10年(1223) 5月 22日, "甲子 倭寇金州".

9) 豊臣秀吉가 天正16년(1588)에 일본 전국에 발포했다(松岡久人, 「海賊衆」 『国史大辞典』 吉川弘文館, 1983).

10) '13세기 왜구'라는 용어를 최초로 사용한 것은 이영이다(이영, 「'경인년 이후의 왜

시대(1185~1333)에 해당한다. 따라서 13세기 왜구를 '포도'라는 용어로 설명하기는 어렵다. 13세기 왜구가 활동하던 시대는 일본 국내에서 내전이 본격적으로 전개되는 시기는 아니었기 때문이다.[11] 실제로 '포도'라는 용어가 최초로 확인되는 것 역시 『고려사』 우왕 3년(1377)의 기록이다.[12] 포도가 '왜구'라는 역사 현상의 배경을 온전히 설명할 수 있는 키워드가 되기 위해서는 고려 말 왜구, 즉 남북조 내란기를 초월해서 적용될 수 있어야 할 것이다.

제3장에서 구체적으로 검토하겠지만 '포도'는 남북조 내란기 당시 무로마치 막부에 저항하던 남조계 무장 집단으로 여겨지고 있다.[13] 이처럼 '포도'라는 용어는 '내란' 또는 '내전'이라고 하는 시대적 상황을 전제로 한다.

소위 겐페이갓센(源平合戦 ; 1180~1185)[14]으로 시작되는 일본의 중세(1185~1567)[15]는 내란으로 점철된 시대였다. 물론 이러한 내란이 일상화되는 것은 가마쿠라 막부의 멸망(1333)에서 비롯되는 남북조내란(1337~1392), 그리고 약 100년간의 전국시대(1467~1568)를 거쳐 도요토미 히데요시의 전국제패(1590)까지의 시기이다. 따라서 '포도'의 개념은 겐페이갓

구'와 내란기의 일본 사회 - 제1절 '13세기 왜구'와 '경인년 이후의 왜구'」『왜구와 고려·일본 관계사』, 혜안, 2011, 127~144쪽).

11) 가마쿠라 시대에 막부와 고토바 상황이 벌인 조큐의 난(1221)과 이후의 혼란상이 '13세기의 왜구'와 관련이 있었을 가능성은 있다. 이에 관해서는 별도의 기회를 빌려 논하고자 한다.

12) 『高麗史』 卷133, 列傳46, 禑王 3年(1377) 8月.

13) 이영, 「'경인년 이후의 왜구'와 마쓰라토(松浦党) - 우왕 3년(1377)의 왜구를 중심으로」 『동양사학회 학술대회 발표논문집』, 2006 ; 이영(2011) 앞의 주(10) 논문 ; 이영, 「여말-선초 왜구(倭寇)의 배후 세력으로서의 쇼니씨(少弐氏)」 『동북아시아문화학회 국제학술대회 발표 자료집』, 2013, 161~182쪽.

14) 헤이안 말기인 1180년(治承4)부터 1185년(元歴2)까지 6년간에 걸쳐 발생한 내란이다(上杉和彦, 『戦争の日本史6 : 源平の争乱』, 吉川弘文館 2007).

15) 중세의 출발을 가마쿠라막부의 성립으로 보는 일반적 인식과 달리, 일본의 중세사학자들은 호겐의 난(1156)으로 보고 있다.

센은 물론 전국시대에까지 확대 적용할 수 있는 것이 되어야 할 것이다. 그런 의미에서 본고에서는 중세의 시작이라고 할 수 있는 겐페이갓센 시기에 이 '포도'의 개념이 적용될 수 있을 것인지 여부에 대하여 살펴보고자 한다.

중세의 서막을 알리는 12세기 말 겐페이갓센 당시 대마도에서 쓰시마노가미(対馬守) 후지와라노지카미쓰가 고려로 도항한 사건을 관련 사료에 입각해 그 내용을 살펴보자.

> A. 23일 을사. 미나모토노 노리요리(源範頼)가 미나모토노 요리토모(源頼朝)의 명을 받아 쓰시마노가미 지카미쓰를 맞이하기 위해 쓰시마 섬에 파견될 무렵, <u>지카미쓰는 헤이케의 공격을 피하기 위해서 3월 4일 고려국으로 건너갔다</u>고 한다. 그러므로 고려에 사람을 파견해야 한다는 것을 그 섬의 재청관인들에게 전달했다. 그런데 오늘 이미 고려에 그 사람을 파견했다. 이 섬의 슈고 가와치고로 요시나가(河内五郎義長)도 지카미쓰에게 서한을 보냈는데, 헤이케가 모두 멸망했으니 의심하지 말고 빨리 귀국하라는 내용이었다고 한다.[16]

A는 『아즈마카가미(吾妻鏡)』[17]의 1185(元暦2)년 3월 23일자 내용이다. 미나모토노 노리요리[18]가 1185년 3월 23일 요리토모의 명을 받고, 쓰시마노가미 지카미쓰를 데려오기 위해서 쓰시마에 파견되었는데, 지카미쓰는 이미 3월 4일 고려로 피신한 상태였다. 그가 고려로 도항하게 된 것은 헤

16) 『吾妻鏡』, 元歷 2年(1185) 3月 23日條. "卄三日 乙巳 參河守範頼 受二品之命 爲對馬守親光迎 可遣於對馬島之處 <u>親光爲遁平氏攻 三月四日渡高麗國</u>云々 仍猶可遣高麗之由 下知彼島在廳 等之間 今日旣遣之 當島守護人河內五郎義長 同送狀於親光 是平氏悉滅亡(訖) 不成不審 早可令歸朝之趣載之云々"

17) 가마쿠라 막부의 역사를 기록한 正史集.

18) 가마쿠라 막부를 창립한 초대 쇼군 미나모토노 요리토모의 동생.

이케(平家)의 공격을 피하기 위한 것이었고, 헤이케가 멸망한 후 그는 귀국했다고 한다.

지카미쓰가 1185년 3월 4일 고려로 건너간 즈음 일본 국내에서는 어떠한 정치·군사적인 상황이 전개되고 있었을까. 당시 규슈에서는 겐지 무사단과 헤이케 무사단 사이에서 소위 겐페이갓센이 진행 중이었다. 그런데 그 전투 중 하나로 1185년 2월 19일, 사누키노쿠니(讃岐国) 야시마(屋島)에서 야시마 전투(屋島の戦い)[19]가 벌어졌다. 이는 같은 해 3월 4일 지카미쓰가 고려로 도항하기 약 15일 전에 발생한 전투이다. 그렇다면 야시마전투와 지카미쓰의 고려 도항은 어떠한 관련이 있을까. 다음 B를 살펴보자.

B. [14일 을축. 미나모토노 (미카와노가미) 노리요리와 가와치고로 요시나가 등이 미나모토노 요리토모의 명에 따라 사자를 고려국에 건너가게 하여, 쓰시마노가미 지카미쓰가 그 섬으로 돌아왔다고 한다. 이는 ①지카미쓰가 2년 전에 쓰시마로부터 상경하려고하던 차에, 헤이케가 교토에서 규슈로 도주해 있었기 때문에 길이 막혀 배를 타고 출항하지 못하고 여전히 쓰시마에 있었다. 그런데 츄나곤 도모모리(中納言知盛)경과 쇼니 다네나오(少弐種直) 등이 책임자로서 지카미쓰에게 야시마로 오라는 명령이 내려졌다. 그래서 규슈 본토와 쓰시마·이키 그리고 쥬고쿠(中国) 지방 등의 무사들이 모두 이 명령에 따랐다. 그러나 ②지카미쓰는 헤이케에 속해 있었지만 홀로 여전히 겐지에게 마음을 두고 있어서 명령에 따르지 않았다. 그러자 세 번이나 대마도로 토벌대를 보냈는데, 소위 다카쓰기 지로(高次二郞), 대부 쓰네나오(大夫經直), 다네나오의 부하 등을 두 번 보냈고, 그 押使로서 무네후사(宗房 ; 다네마스(種益)의 부하)가 한 번 왔다. 이런 무리들이 빈번하게 쓰시마에 와서 쓰시마의 국무를 장악하고 또는 전투를 벌여 목숨을 부

19) 겐지와 헤이시 무사단이 야시마(屋島)에서 벌인 전투, 上杉和彦, 2007, 앞의 주 (14) 저서.

지하기 어려웠기 때문에 풍파를 무릅쓰고 지난 3월 4일 고려 국으로 건너갔다. 이때 임산부를 동반했는데 넓은 광야에 임시거처를 마련하고 아이를 낳았다. 그때 호랑이가 틈을 노리고 쳐들어와 지카미쓰의 부하가 활을 쏘아 그 호랑이를 잡았다. ③고려 국왕이 이 일에 감탄하여 3개국을 지카미쓰에게 주어서 이미 그 나라의 신하가 되었다. 그런데 요리토모가 일본으로 돌아오라는 명령이 있었기에 고려 국왕은 아쉬워하며 귀중한 보물 등을 배 3척에 실어주고 공선을 딸려 보냈다고 한다.[20]

위 B는 A에 기록된 1185년 3월 23일로부터 약 3년 뒤인 1188(文治4)년 6월 14일 『아즈마카가미』의 내용이다. B를 통해서 지카미쓰가 무슨 일로 고려로 건너가게 되었는지 자세하게 알 수 있다. B ①에 의하면, 지카미쓰가 쓰시마에서 교토로 상경하려고 했던 시점은 그가 고려로 도항하기 2년 전인 1183년이다. 그런데 당시 지카미쓰가 교토로 상경하려고 했을 때, 헤이케는 교토에서 규슈로 도피해 있었다.[21] 이로 인해 지카미쓰는 교토로 가려고 했으나 규슈에서 헤이케가 막고 있었으므로 상경할 수 없었다.

교토에서 규슈로 퇴각한 헤이케는 1185년 2월 겐지(源氏)와 전투를 앞두고 규슈 본토와 쓰시마·이키 그리고 쥬고쿠 지방 등의 무사들을 야시마로 불러들였다. 그런데 지카미쓰는 헤이케에 속해 있었지만, 미나모토노

20) 『吾妻鏡』, 文治4年(1188) 6月14日條. "十四日 乙丑 參河守範頼幷河内五郎義長等任受二品命 渡使者於高麗國之間 對馬守親光歸着彼島云々 是去(々)年 ①自當島欲上洛之折節 平家零落于 鎭西之間 路次依不通 不能解纜 猶以在國之處 爲中納言知盛卿幷少貳種直 等奉行 可令參屋島之由及其催 九州二島中國等 皆雖從于平家之方 ②親光獨猶運志於源家之間不行向 仍三箇度被遣追討使 所謂高次二郎大夫經直種直家子兩度 拒押使宗房種益郎等 一箇度也 此輩頻下國 或知行國務或及合戰 難存命之間 凌風波 去三月四日 令越渡高麗國之時 相伴妊婦 仍構假屋 於曠野之邊産生 于時猛虎窺來 親光郎從射取之歟訖 高麗國主感此事 ③賜三箇國於親光 已爲彼國臣之處有此迎歸朝 件國主殊惜其餘波 與重寶等納三艘貢船副送之云々"

21) 鈴木彰·樋口州男·松井吉昭編著, 『木曾義仲のすべて』, 新人物往来社, 2008.

요리토모의 외척이었기 때문에 겐지에게 마음을 두고 있어서 이 명령에 따르지 않았다(②). 그러자 헤이케는 세 번이나 쓰시마로 토벌대를 보냈고, 그 후에도 헤이케 무사들이 빈번하게 쓰시마에 와서 국무를 장악하고 전투를 벌였다. 이에 지카미쓰는 더 이상 헤이케를 피해 도망갈 곳이 없었으므로 고려로 도항하게 되었다. 그 후 A에서와 같이 슈고 가와치고로 요시나가가 '헤이케가 모두 멸망했으니 귀국하라'고 하여 지카미쓰는 귀국하였다. 헤이케는 겐페이갓센의 마지막 전투인 단노우라 전투(壇ノ浦の戦い)[22]에서 겐지에게 패하고 멸망하였다.

지카미쓰가 고려로 도항할 당시 헤이케는 안토쿠(安德) 천황을 모시고 있었고 三種의 神器도 소유하고 있었기 때문에 헤이케 정권을 공권력으로 볼 수 있다. 그런데 공권력인 헤이케 입장에서 보면 지카미쓰는 체포를 피해 도주한 것이므로 포도와 내용상 일치한다. 비록 위 사료에 '포도'라는 용어는 사용되지 않았지만, 공권력인 헤이케의 공격을 피해서 고려로 도항했다는 점에서 왜구의 또 다른 호칭인 포도와의 유사성이 확인된다.

그렇다면 지카미쓰 사례는 포도를 고찰하는 맥락에서 어떠한 의미가 있을까. 겐페이갓센 당시는 아직 왜구가 그 모습을 드러내기 전이므로, 이 사례를 가지고 왜구 자체를 논할 수는 없다. 그렇지만 지카미쓰의 사례는 '포도'를 통한 고려 말~조선 초 왜구 발생의 메커니즘을 이해하는 데 매우 중요한 의미를 지닌다.

즉, 지카미쓰는 ③에서 보듯이 고려에서 3개국을 하사받고 고려 국왕의 신하가 되었으며, 귀국할 때는 고려 국왕이 귀중한 보물 등을 배 세척에 실어 보냈다고 한다. 물론 지카미쓰가 고려에서 3개국을 하사받은 것을 입증할 만한 사료가 있는 것은 아니다. 그렇지만 지카미쓰가 헤이케의 공격을 피해 고려로 도주하려고 생각한 것, 그리고 일본으로 돌아올 때, 고려 국왕이 지카미쓰에게 귀중한 보물을 하사했다는 내용으로 볼 때, 당

22) 上杉和彦, 2007, 앞의 주(14) 저서.

시 고려와 대마도의 관계는 나쁘지 않았을 것으로 생각된다. 지카미쓰 당시는 여몽연합군이 일본을 침공하기 이전이었고, 당시 고려와 일본 양국은 대마도의 進俸을 매개로 우호관계를 유지하고 있었다.[23] 따라서 지카미쓰의 경우는 헤이케의 체포를 피해 고려로 도피했다는 점에서 포도의 성격을 지니고 있었으나, 오히려 고려국의 보호를 받았다.

이처럼 일본 국내에서 내란이 발생해 대마도의 공권력으로서 겐지에게 마음을 두고 있는 쓰시마노가미 지카미쓰가 일본 공권력인 헤이케의 공격을 피해 고려로 도주하였지만, 당시 고려와 대마도의 관계가 원만하였기에 지카미쓰 일행이 왜구로 化하는 일은 없었다. 이러한 현상은 가령 1419년(세종 원년) 조선의 대마도 정벌 후에 조선과 대마도의 사이가 우호적인 관계가 유지된 시기를 보면, 규슈 본토에서는 내전이 단속적으로 지속되었지만 당시 왜구의 침구가 거의 발생하지 않았던 사실과도 부합하고 있다.[24]

3. 남북조 내란과 『고려사』 우왕 3년(1377) 5월조에 보이는 왜구와 포도

다음은 무로마치 막부가 최초로 왜구에 대해 공식적으로 포도라고 언급한 내용에 대해 살펴본다. 포도라는 용어가 언제 어떠한 상황 하에서 처음으로 사용되었는지 다음 사료를 보자.

23) 이영, 「중세 전기(前期)의 고려와 일본 - 진봉관계(進俸關係)를 중심으로」 『왜구와 고려·일본 관계사』, 혜안, 2011.

24) 규슈 본토에서 내전이 단속적으로 지속되었던 것을 알 수 있는 사료는 다음과 같다. 『世宗實錄』 卷37, 世宗 9年(1427) 7月 1日 ; 『世宗實錄』 卷48, 世宗 12年(1430) 5月 19日 ; 『世宗實錄』 卷75, 世宗 18년(1436) 12月 26日. 또한 1419년 이후 왜구 발생 현황에 대한 연구로는 李鉉淙의 「朝鮮初期倭人接待考(上)」(『사학연구』 3, 1959, 31쪽) 및 田中健夫의 『倭寇と勘合貿易』(至文堂, 1961, 8~10쪽)이 있다. 이들에 따르면 1419년 이후 1450년까지 한반도에 왜구의 침구가 없었다.

C. 日本國遣僧信弘來報聘, 書云, "草竊之賊, 是逋逃輩, 不遵我令, 未易禁"[25)]
[일본국에서 승려 신홍을 답례사로 보냈는데 그 글에 이르기를, "그 도적떼들은 (우리에게서) 도망쳐간 무리들로 우리의 명령을 따르지 않기 때문에 금하기가 쉽지 않습니다"라고 하였다.]

위 사료는 1377년(우왕3) 8월에 '일본국' 즉 무로마치 막부의 규슈단다이[26)] 이마가와 료슌(今川了俊)이 승려 信弘[27)]을 고려로 보내서 전달한 것이다. 위 사료 원문의 '逋逃'와 '不遵我令'으로 보건데 이들은 막부의 체포를 피해 도주한 무리들이기에 명령에 따르지 않는 존재였음을 알 수 있다. 그렇다면 당시 이마가와 료슌은 1377년 8월에 어떤 이유로 승려 신홍을 파견하였으며 신홍이 전달한 위의 서신 내용은 어떤 의미를 지니고 있는지에 대하여 좀 더 구체적으로 살펴보기로 하자. 다음의 〈고려 말 왜구 침구표〉를 보자.

〈표 1〉 고려 말 왜구 침구표[28)]

	연도	지역	횟수	집단		연도	지역	횟수	집단
1	1350	8	6	5	22	1371	4	4	3
2	1351	5	3	2	23	1372	18	11	5
3	1352	13	10	7	24	1373	10	6	4
4	1353	1	1	1	25	1374	15	13	7
5	1354	1	1	1	26	1375	13	5	3
6	1355	2	2	1	27	1376	50	15	6

25) 『高麗史』 卷133, 列傳46, 禑王 3年(1377) 8月.
26) 규슈단다이는 무로마치 막부가 규슈 지역에 파견, 행정과 군사 및 외교 업무를 담당하게 했던 직책.
27) 신홍은 료슌의 對 고려정책에서 중추적인 역할을 수행한 인물이다. 신홍은 이마가와 료슌의 부하로 병사를 거느리고 고려에 와서 고려군과 연합해서 왜구와 싸웠다(『高麗史』 卷133, 列傳46, 禑王 4年(1378) 6月).
28) 이영, 『잊혀진 전쟁 왜구』, 에피스테메, 2007, 82쪽.

7	1356	0	0	0	28	**1377**	**58**	**32**	**7**
8	1357	3	3	2	29	1378	51	23	7
9	1358	12	10	2	30	1379	31	22	5
10	1359	4	4	2	31	1380	40	14	5
11	1360	19	5	1	32	1381	33	14	6
12	1361	11	4	2	33	1382	25	8	5
13	1362	2	2	1	34	1383	55	13	6
14	1363	2	1	1	35	1384	19	12	8
15	1364	12	8	5	36	1385	17	11	5
16	1365	6	3	1	37	1386	0	0	0
17	1366	3	3	2	38	1387	7	4	3
18	1367	1	1	1	39	1388	23	9	4
19	1368	0	0	0	40	1389	9	5	3
20	1369	5	2	3	41	1390	7	3	3
21	1370	2	2	1	42	1391	1	1	1

신홍이 고려에 파견된 1377년 8월은 고려에 왜구 침구가 절정에 달한 시기이다. 1377년도에 왜구가 침구한 지역은 58곳으로, 이는 경인년(1350)부터 고려멸망(1392)까지 약 42년 중에서 가장 많은 지역에 왜구들이 쳐들어 왔음을 의미한다.

그런데 바로 이 해 8월에 이마가와 료슌이 신홍을 고려에 파견해서 왜구의 실체가 '포도'라고 해명했다. 일본의 공권력인 무로마치 막부가 규슈 현지에 파견하였고 군사·행정·외교의 최고 책임자였던 이마가와 료슌이 당시 왜구의 실체를 최초로 공식적으로 해명한 것이다. 따라서 이 포도의 실체를 밝히는 것은 우왕 3년 당시 왜구의 실체를 규명하는 것이라고 해도 틀리지 않을 것이다.

그러면 이마가와 료슌이 신홍을 파견해 C와 같이 해명한 배경을 이해하기 위해 고려 우왕 원년(1375) 이후 우왕 3년(1377)에 이르는 려일 양국의 사절 파견에 대하여 생각해보기로 하자.

〈표 2〉 고려 우왕 원년(1375) ~ 3년(1377) 간의 고려·일본 간 사신 왕래

	시기	고려	일본
①	우왕 원년(1375) 2월~ 우왕 2년(1376) 10월	羅興儒를 교토에 파견[29]	
②	우왕 2년(1376) 10월		良柔가 나흥유와 함께 답례사로 고려에 옴[30]
③	우왕 3년(1377) 6월~ [일본에서 사망]	安吉祥을 파견, 금구 약속의 불이행에 항의[31]	
④	우왕 3년(1377) 8월		이마가와 료슌이 답례사로 승려 신홍을 고려에 보냄[32]
⑤	우왕 3년(1377) 9월~ 우왕 4년(1378) 7월	鄭夢周를 大宰府에 파견[33]	신홍과 군사 69명 및 주맹인을 고려에 파견[34]

위에서 보듯이 1375년에 나흥유가 파견되었고(①), 나흥유는 다음 해인 1376년 10월에 귀국한다.[35] 그런데 그의 귀국으로부터 불과 8개월 만에 안길상이 일본에 다시 파견된다.(③) 고려는 왜 불과 8개월 만에 안길상을 재차 금왜 사절로 일본에 파견했던 것일까. 그것은 나흥유가 귀국해 왜구 토벌에 대한 막부 쇼군의 정성이 담긴 서신을 전달받았음에도 왜구의 침구가 사라지기는커녕 오히려 그가 귀국한 바로 다음 달인 1376년 11월부터 왜구가 더 빈번히, 그리고 더 격렬하게 침구했고, 이러한 상황은 다음 해 1377년 5월까지 이어졌기 때문이다(〈표 1〉 참조).

고려의 입장에서는 나흥유가 왜구 금압을 요청하고 귀국한 이후에는 당연히 왜구가 더 이상 침구해 오지 않거나 적어도 어느 정도는 진정될

29) 『高麗史』 卷133, 列傳46, 禑王 元年(1375) 2月.
30) 『高麗史』 卷133, 列傳46, 禑王 2年(1376) 10月.
31) 『高麗史』 卷133, 列傳46, 禑王 3年(1377) 6月.
32) 『高麗史』 卷133, 列傳46, 禑王 3年(1377) 8月.
33) 『高麗史』 卷133, 列傳46, 禑王 3年(1377) 9月.
34) 『高麗史』 卷133, 列傳46, 禑王 4年(1378) 6月.
35) 나흥유의 일본 사행이 지니는 의미에 관해서는 이영의 「고려 우왕 원년(1375)의 羅興儒 일본 使行의 외교적 성과」(『한국중세사연구』 47, 2016)를 참조할 것.

것으로 기대했을 것이다. 더욱이 막부는 왜구 금압을 약속하는 쇼군의 뜻을 담은 편지와 고려 출신의 승려 良柔까지 함께 보내와 일본의 국내 상황에 대하여 상세히 설명했다.[36] 그런데 예상과는 반대로 왜구는 나흥유가 귀국한 바로 다음 달부터 더 격화되기 시작했던 것이었다.[37] 따라서

---

36) 『高麗史』 卷133, 列傳46, 禑王 2年(1376) 10月. […] "其國僧周佐寄書曰, 惟我西海道一路九州, 亂臣割據, 不納貢賦, 且二十餘年矣. 西邊海道頑民, 觀釁出寇, 非我所爲. 是故, 朝廷遣將征討, 深入其地, 兩陣交鋒, 日以相戰. 庶幾, 克復九州, 則誓天指日, 禁約海寇." [그 나라의 승려 주좌(周佐)가 부친 글에 이르기를, "생각하건대 우리나라 西海道의 한 지역인 九州는 亂臣들이 할거하고 있으면서 공물과 세금을 바치지 않은 지가 또한 20여 년이 되었습니다. 서쪽바닷가 지역의 완악한 백성들이 틈을 엿보아〈귀국을〉노략질한 것이지, 저희들이 한 일이 아닙니다. 이 때문에 우리 조정에서도 장수를 보내 토벌하고자 그 지역 깊숙이 들어가 서로 대치하며 날마다 전투를 벌이고 있습니다. 바라건대 구주를 수복하게 된다면 천지신명에 맹세코 해적질을 금지시키겠습니다."라고 하였다.]

37) 『高麗史』 卷133, 列傳46, 禑王2年(1376) 11月 "왜구가 진주 명진현을 노략질하고 또한 함안·동래·양주·언양·기장·고성·영선 등지를 불사르고 노략질하였다" ; 『高麗史節要』 卷30, 禑王2年(1376) 11月 "왜구가 진주 반성현을 노략질하고 또다시 울주 회원현, 의창현 등지에 침입하여 거의 모두를 죽이고 노략질하였으며 또한 밀성군 및 동래현을 노략질하였다" ; 『高麗史』 卷133, 列傳46, 禑王2年(1376) 12月 "왜구가 합포영을 불살랐고 양주·울주 및 의창현·회원현·함안현·진해현·고성현·반성현·동평현·동래현·기장현 등을 도륙하고 불살랐다" ; 『高麗史節要』 卷30, 禑王3年(1377) 1月 "왜구가 會原倉의 品米를 도적질하였다" ; 『高麗史節要』 卷30, 禑王3年(1377) 2月 "왜구가 新平縣을 노략질하였다" ; 『高麗史』 卷133, 列傳46, 禑王3年(1377) 2月 "왜구가 慶陽을 노략질하고 마침내 平澤縣에 침입하였다" ; 『高麗史』 卷133, 列傳46, 禑王3年(1377) 3月 "왜구가 窄梁을 노략질하고 江華 또한 침략하니, 개경이 크게 동요하였다" ; 『高麗史節要』 卷30, 禑王3年(1377) 3月 慶尙道元帥 禹仁烈이 보고하기를, 왜적이 對馬島로부터 바다를 덮고 오는데, 돛과 돛대가 서로 바라보고 있을 정도입니다" ; 『高麗史』 卷133, 列傳46, 禑王3年(1377) 4月 "왜구가 울주·梁州·密城 등지를 노략질하였다" ; 『高麗史』 卷133, 列傳46, 禑王3年(1377) 4月 "왜구가 西江을 침입하였다" ; 『高麗史』 卷133, 列傳46, 禑王3年(1377) 5月 "왜구가 또 강화도를 노략질하였다" ; 『高麗史』 卷133, 列傳46, 禑王3年(1377) 5月 "왜구 100여 기가 南陽縣·安城縣·宗德縣 등지를 침략하였다" ; 『高麗史』 卷133, 列傳46, 禑王3年(1377) 5月 "왜구가 密城을 침략하였다" ; 『高麗史節要』 卷30, 禑王3年(1377) 5月 "왜구가 江華에서부터 공격하여 楊廣道의 바닷가에

고려 조정은 당연히 이에 대한 일본 측의 해명이 필요하다고 생각하고 안길상을 파견[38]했을 것이다. 다음은 안길상이 일본에 가지고 간 서신이다.

D. "우리나라는 귀국과 이웃으로 비록 큰 바다를 사이에 두고 떨어져 있지만 우호관계를 유지하여 왔습니다. 그런데 경인년(1350)부터 해적이 처음으로 나타나기 시작하여 우리 섬 주민들을 못살게 구니, 양국에 피해가 발생하고 있어 우려스럽습니다. 이 때문에 ①병오년(1366)에 만호 김용 등을 보내어 사정을 알리게 하니, 곧 정이대장군의 단속하겠다는 약속을 받아 조금 안정을 되찾을 수 있었습니다. 그러나 최근 갑인년(1374) 이래로 해적들이 또한 마음대로 창궐하니, 판전객시사 나흥유를 보내 자문을 가지고 다시 〈일본에〉 도달해서, 양국의 관계에 적의 침략은 틈을 만드는 실로 불상사라는 뜻을 밝혔습니다. 그 후 나흥유가 귀국의 답신을 가지고 오니 이르기를, '그 도적은 우리 서해의 한 지역인 九州의 亂臣이 서쪽 섬을 할거해 완악하게 노략질을 자행하는 것으로, 실제 우리의 소행이 아니므로 감히 곧 금하겠다는 약속을 드릴 수 없습니다'라고 하였습니다. 이를 참작해 보더라도 ②백성을 다스리고 도적을 단속하는 것은 국가가 당연히 시행해야 할 일이니, 앞서 말한 해적의 침략에 대한 문제는 일단 단속을 약속하였으니 도리 상 따르지 않을 수 없을 것입니다. 두 나라 우호관계의 유지와 해로의 안정은 귀국이 어떻게 처리하느냐에 달려 있을 뿐입니다."[39]

있는 州郡을 함락하였다" ; 『高麗史節要』 卷30, 禑王3年(1377) 5月 "金海府使 葳가 黃山江에서 왜구를 공격하여 패배시켰다. 처음에 왜선 50척이 먼저 김해의 남쪽 포구에 이르러 방을 붙여서 뒤에 오는 적에게 보여 이르기를, '우리들이 마침 바람의 이로움을 만났으니, 황산강을 거슬러 올라가서 바로 密城을 공격하자'라고 하였다"

38) 안길상의 일본 사행의 배경에 관해서는 이영의 「우왕 3년(1377) 정몽주(鄭夢周) 일본 사행(使行)의 시대적 배경」(『일본역사연구』 46, 2017)을 참조할 것.

39) 『高麗史』 卷133, 列傳46, 禑王3年(1377) 6月. " … 本國與貴邦爲隣, 雖隔大海, 或時通好. 歲自庚寅, 海盜始發, 擾我島民, 各有損傷, 甚可憐愍. 因此, ①丙午年間, 差萬

위 사료에서 '1366년 김용과 김일이 일본에 파견된 뒤에는 안정을 되찾을 수 있었다'(①)고 한 것은 무슨 의미일까. 여몽연합군의 일본 침공(1274·1281년) 이후, 최초로 김용이 금왜사절로 일본에 파견되었는데[40] 이에 대한 반응으로 1368년에 대마도의 만호 崇宗經(宗経茂)이 사자를 보내오면서 일시적이나마 왜구도 안정을 되찾은 듯 했다.[41] 따라서 고려로서는 1376년 10월 나흥유가 귀국한 후에도 왜구가 진정될 것으로 기대했을 것이다. 그러나 나흥유가 귀국한 바로 다음 달부터 고려로 침구해 오는 왜구는 더욱 극성을 부렸다.[42] 그 때문에 고려에서는 ②와 같이 강한 어조로 막부에 항의한 것이며, '두 나라 우호 관계의 유지와 해로의 안정은 귀국에 달려있다'고 강조한 것이다.

이에 일본에서는 즉시 신홍을 파견하고, 고려에 침구한 왜구를 가리켜 "그 도적떼들은 우리에게서 도망쳐간 무리들, 즉 '逋逃輩'로서 우리의 명령을 따르지 않기 때문에 금하기가 쉽지 않다"고 해명했다. 고려에서는 이와 같은 일본의 적극적인 자세를 긍정적으로 받아들여 1377년 9월에 정몽주를 보빙사로 파견하였다(〈표 2〉 ⑤).

그런데 신홍이 전달한 이마가와 료슌의 서신 속 '포도배'는 1377년 1월 13일, 규슈 사가현(佐賀県) 사가시(佐賀市) 교외의 치후(千布)와 니나우치(蜷打)에서 이마가와 료슌이 지휘하는 북조군에 대항해서 싸워 패한 정서

戶金龍等報事意, 卽蒙 征夷大將軍禁約, 稍得寧息. 近自甲寅以來, 其盜又肆猖蹶, 差判典客寺事羅興儒, 齎咨再達, 兩國之間, 海寇造釁, 實爲不祥事意. 去後, 據羅興儒齎來貴國回文, 言稱, '此寇, 因我西海一路 九州亂臣, 割據西島, 頑然作寇, 實非我所爲, 未敢卽許禁約.' 得此衾詳, ②治民禁盜, 國之常典, 前項海寇, 但肯禁約, 理無不從. 兩國通好, 海道安靜, 在於貴國處之如何耳."

40) 이에 관해서는 이영의 「14세기의 동 아시아 국제 정세와 왜구-공민왕 15년(1366)의 금왜사절 파견을 중심으로」(『황국사관과 고려 말 왜구』, 에피스테메, 2015)를 참조할 것.

41) 『高麗史』 卷41, 世家41, 恭愍王17年(1368) 7月 11日 ; 〈표 1〉 고려 말 왜구 침구표 참조할 것.

42) 앞의 주(37) 사료 참조할 것.

부(征西府)의 군세였다.[43] 이 치후·니나우치 전투에서 남조 측은 기쿠치씨(菊地氏)의 최대 후원자 겸 동맹자인 아소대궁사(阿蘇大宮司) 아소 고레다케(阿蘇惟武)와 기쿠치 다케야스(菊池武安), 기쿠치 다케미쓰(武光)의 동생 다케요시(武義) 등이 전사하는 큰 피해를 입었다.[44] 그런데 이 전투가 일어난 1377(우왕3)년 1월 13일 직전인 1376(우왕2) 11월부터 12월 사이에 왜구의 침구 지역이 대마도의 対岸인 경상남도 해안가 지방에 집중되어 있는 것은[45], 남조 측이 조만간에 있을 결전을 앞두고 사용할 병량을 긴급히 구하기 위해 침구한 것임을 보여준다.[46]

정리하자면, 1377년 8월에 신홍이 해명한 '포도'는, 치후·니나우치 전투에서 패한 규슈의 난신(즉 기쿠치씨를 중심으로 한 남조 측 무사)들이 결전을 앞두고(1376년 11~12월), 그리고 결전이 끝난 뒤(1377년 1월 14일)에는 대마도와 이키로 일시적 도피를 한 뒤 다음 전투에 대비해 필요한 병량을 확보하기 위해 고려로 침구한 무리들 이었다.[47]

4. 포도의 구성 요건

지금까지 살펴본 바와 같이 고려와 명이 외교 사절을 파견해 왜구의 침구에 대하여 항의하자, 무로마치 막부는 '포도'라는 용어로 공식적으로

---

43) 이영, 2006, 앞의 주(13).

44) 川添昭二, 『今川了俊』, 吉川弘文館, 1964, 109쪽.

45) 이영(2006), 앞의 주(13), 1376년 11월과 12월에 왜구가 침구한 지역은 모두 쓰시마의 대안 지역, 경상남도 남해안 일대 및 인접지역이다(구체적인 내용은 앞의 주(37) 사료 참조).

46) 이영, 2006, 앞의 주(13).

47) 이영(2006), 앞의 주(13) ; 조선 세종 때도 쇼니씨는 규슈전투에서 오우치씨에게 패할 때 마다 대마도로 도피했는데 다음 사료들에서 확인된다. 『世宗實錄』 卷37, 世宗9年(1427) 7月 1日, 丁亥 ; 『世宗實錄』 卷75, 世宗18年(1436) 12月 26日, 丁亥 ; 『世宗實錄』 卷85, 世宗21年(1439) 5月 11日, 戊午.

해명하였다.[48] 그런데 그 포도라는 용어의 실체는 막부에 대항해 싸운 적대적인 무장 집단으로, 1377년(우왕2) 당시 정서부의 기쿠치씨와 쇼니씨[49]를 위시한 규슈의 반 막부 세력(난신)이었다. 고려 말 왜구의 최극성기에 해당하는 1376~1377년(우왕2~3)의 왜구 침구의 배경에 북 규슈와 사가시 교외에서 남조와 북조 간에 전개된 일대 決戰인 치후·니나우치 전투가 있었던 것이었다.

여기서 쇼니씨가 가마쿠라 시대 초기 이래로 북규슈 지방, 즉 지쿠젠(筑前)·부젠(豊前)·히젠(肥前)의 3개 지방과 쓰시마·이키 '二島'의 슈고(守護)로서 군림해 왔다는 사실에 주목할 필요가 있다. 즉 소위 왜구의 근거지로 일본인 학자들이 주장해왔던 '三島'[50] 즉 쓰시마와 이키, 그리고 마쓰우라(松浦) 지방이 모두 쇼니씨의 관할 지역에 포함되어 있는 것이다. 그리고 쇼니씨의 관할 지역이었던 이들 북규슈 지역이 여몽연합군의 일본 침공 당시에도 최대의 피해 지역이었던 사실 또한 왜구의 침구 동기에서 배제시킬 수 없다.

또 하나는 남북조 내란기 당시 쇼니 요리히사(少弐頼尚)의 오른팔로서 규슈 본토에서 군사 부문을 관장했던 소 쓰네시게(宗経茂[51])를 살펴보자. 그는 무로마치 막부의 초대 쇼군 아시카가 다카우지(足利尊氏)로부터 '규슈의 사무라이도코로(侍所)'에 임명될 정도로 뛰어난 무장이었다.[52] 그는

48) 이에 관한 것은 〈표 2〉 및 〈표 3〉을 참조할 것.

49) 이마가와 료슌이 쇼니씨의 당주인 쇼니 후유스케(少弐冬資)를 유살한 소위 '미즈시마의 변'을 일으킨 것이 1375년 8월로, 이후 쇼니씨는 기쿠치씨와 합세해 이마가와 료슌에 대항한다. 쇼니씨가 왜구의 실체인 것에 대한 검토로는 이영(2013), 앞의 주(13)이 있다.

50) 田中健夫, 『中世海外交渉史の研究』, 東京大學出版會, 1959, 9~11쪽 ; 中村栄孝, 『日本と朝鮮』, 至文堂, 1966, 8쪽 ; 村井章介, 『アジアの中の中世日本』, 校倉書房, 1988, 314쪽.

51) 川添昭二, 「南北朝時代における少弐氏の守護代について」 『九州中世史の研究』 吉川弘文館, 1983, 149~150쪽.

52) 이영, 「'경인년 이후의 왜구'와 내란기의 일본 사회」 『왜구와 고려·일본 관계사』

또한 현재 동경의 皇居 광장에 동상으로 서 있는, 일본의 국민적인 충신인 구스노키 마사시게(楠木正成)의 군대와 고베(神戸)의 미나토가와(湊川) 전투에서 싸운 역전의 용사이기도 하다.

이 소 쓰네시게는 1368년(공민왕17)에 고려에 사자를 보내오거나[53] 고려 조정으로부터 쌀 1천석을 하사받기도 하는데,[54] 다음 해인 1369년(공민왕18)에는 거제도와 남해도에 거주하고 있던 왜인들을 대마도로 귀환시키는 배에 대한 세금(かうらいくじ, 高麗公事)을 면제해주는 문서를 남기고 있다.[55]

여기서 또 하나 주목해야 할 사실은 소 쓰네시게의 친동생인 소코(宗香)가 1349년부터 대마도의 總代官이라는 직책으로 대마도 현지에서 활동하고 있었다는 사실이다.[56] 형이 규슈 본토에서 주군인 쇼니 요리히사의 군사 부문을 관장하고 있었던 것[57]과 함께 생각하면 소코가 대마도에서 했던 역할, 즉 주군과 형의 군사 활동을 뒷받침할 병량 확보에 관여하고 있었을 것으로 생각된다. 앞에서 본 1376~1377년(우왕2~3) 왜구의 한반도 침구 시기와 침구 지역이 치후·니나우치 전투와 상통하고 있었던 것처럼, 고려 말 왜구의 침구 상황은 북 규슈의 군사 정세와 상호 밀접한 유기적인 관련을 지니고 있었던 것이다.

이상의 사실을 전제로 하여, 왜구 발생의 주요 요건으로 '포도'를 상정할 때, 이 '포도'에는 구체적으로 어떤 요건을 필요로 하는지에 대하여 생각해보자. 일본의 공권력인 무로마치 막부에 의해 쫓기는 반란 무장 집단

혜안, 2011, 168~169쪽에서 재인용.

53)『高麗史』卷41, 世家41, 恭愍王17年(1368) 7月.

54)『高麗史』卷41, 世家41, 恭愍王17年(1368) 11月.

55) 이영, 201), 앞의 주(52), 169~170쪽.

56) 長節子,『中世日朝関係と対馬』吉川弘文館, 1987, 48~49쪽.

57) 川添昭二, 1983 ; 앞의 주(49).

이라고 해서 모두 다 왜구이고 한반도와 중국 대륙을 침공해올 수 있었던 것은 아니라고 생각한다. 실례로 남북조 시기 반막부 세력은 전국에 산재해 있었지만, 가령 간토(関東) 지방의 무장 세력이 막부의 체포를 피해 도주한다고 해서 그들이 왜구가 되어 한반도로 침공해올 수 있었을까? 아마도 현실적으로 불가능에 가까웠을 것이다.

그렇다면 왜구 발생의 배경으로 '포도'를 상정할 때, 이 '포도'가 성립하기 위해서는 어떠한 요건이 필요할까? 우선 문헌 사료에서 '포도'가 확인되는 사례를 정리하면 다음과 같다.

〈표 3〉 포도 관련 문헌 사료[58)]

①	日本國遣僧信弘來報聘, 書云, "草竊之賊, 是逋逃輩, 不尊我令, 未易禁"	일본국에서 승려 신홍을 답례사로 보냈는데 그 글에 이르기를, "그 도적떼들은 (우리에게서) 도망쳐간 무리들로 우리의 명령을 따르지 않기 때문에 금하기가 쉽지 않습니다"라고 하였다.	『고려사』 권133, 열전 권46, 우왕 3년(1377) 8월
②	"黠民逃誅, 竄伏絶島, 屢出剽掠商船久矣, 今復致此曲, 陋邦豈無意討究焉耶."	간사한 백성들이 誅討를 피하여 외딴섬(絶島)에 도망가 숨어 있으면서 해상(海上)에 자주 나와 商船을 剽掠하는 지 오래 되었는데, 지금 또 다시 이 같은 잘못을 저질렀습니다. 저희 나라에서 어찌 강구(討究)하는 데 뜻이 없겠습니까?	『태종실록』 권21, 태종 11년(1404) 1월 26일
③	"而渠魁遠竄海島, 偸息鯨波, 魚蝦出沒, 莫適其鄕, 舟楫猝不能及, 鋒鏑猝不能加."	왕은 곧바로 군대를 파견하여 그들을 붙잡아 그 선박을 파괴하고 그 무리들을 살육하고 도적의 두목을 붙잡아 사자를 파견해 京師로 압송했다. 그러나 수괴(渠魁)는 먼 바다 섬으로 도주해 숨으니, 해적(魚蝦)이 출몰해 그 지방의 명령에 따르지 않는다. 배를 동원해 급습할 수도 없고 무기도 또한 갑자기 사용할 수 없다.	「永樂帝詔書 日本國王 源道義(足利義滿)充」 『善隣國寶記』 卷中, 永樂 5年(1407) 5月 26日付

58) 이영, 2013, 앞의 주(5), 337쪽.

④	"雖然逋逃亡命, 或竄身於敻絶之海島, 時時出害邊民者."	형벌을 피하여 숨은 자들이 망명해 때로는 몸을 먼 바다의 섬에 숨기고 때때로 나와서 변경의 백성들을 해치는 자가 있을 것이다.	「足利義持書 元容周頌充」『善隣國寶記』, 応永 26年(1419) 7月 20日付
⑤	"至夫寇掠邊圉, 則逋逃之徒, 竄於海島之間者之所爲也, 欲士電滅飇逝, 師還則烏合蟻聚, 而不受吾命者也, 捕而戮之可也, 奚必帶而來哉."	(귀국의) 변경을 약탈하는 것은 곧(우리나라에서) 도주한 무리들(逋逃之徒)이 바다 섬(海島)에 숨어서 하는 짓이다. 이를 토벌하려고 하면 번개처럼 재빠르게 몸을 숨기고 토벌대가 귀환하면 곧바로 또 다시 모여서 나의 명령에 따르지 않는다. 그들을 붙잡아 죽여도 좋다. 일본으로 데려올 필요가 없다.	「足利義持書 元容周頌充」『善隣國寶記』卷中, 応永 26年(1419) 7月 23日付

①에는 '逋逃輩', ②에는 '黠民逃誅', ③에는 '遠竄海島', ④에는 '逋逃亡命', ⑤에는 '逋逃之徒'가 등장한다. 한편, ②와 ③에는 '포도'라는 단어 자체는 보이지 않지만 '포도'의 의미에 가까운 표현을 담고 있다. 그런데 여기서 공통적으로 확인되는 것은 이들 '포도'들이 모두 다 '먼 바다 섬'을 도주지로 정하고 있는 사실이다. 즉 ②는 '絶島', ③과 ④는 '海島', ⑤는 '海島之間'이라 하였다. ①에는 특별한 언급이 없지만, 다음의 〈사료 5〉를 보면 역시 도주 지역이 섬이라는 것을 짐작할 수 있다. 이 섬은 구체적으로 어디를 가리키는 것일까? 다음을 보자.

> E. 鄭地가 上書하여 동쪽을 정벌하기를 자청하며 이르기를, "倭는 온 나라가 도적인 것은 아니라 그 나라에서 반란을 일으킨 民들이 對馬島와 一岐島 두 섬에 나누어 근거하여 合浦에 이웃해 있으면서 수시로 침입하여 노략질하는 것입니다. …"[59)]

59) 『高麗史節要』 卷32, 禑王13年(1387) 8月. "鄭地上書, 自請東征曰, 倭非擧國爲盜, 其國叛民, 分據對馬一岐兩島, 隣於合浦, 入寇無時. 若聲罪大擧, 覆其巢穴, 則邊患永除矣. 且今水軍非辛巳東征蒙漢兵不習舟楫之比也, 順風而往, 則二島一擧可滅 …"

정지는 '일본에서 반란을 일으킨 民들이 대마도와 일기도 두 섬에 나누어 근거하고 수시로 침입하여 노략질 한다'고 기록하고 있다. 고려의 수군 장수로 누구보다도 더 최전선에서 왜구와 싸운 백전노장인 정지가 왜구의 거점으로 대마도와 이키 두 섬을 지적하고 있는 것이다. 또한 다음 사료도 이러한 내용을 뒷받침한다.

> F. 慶尙道元帥 禹仁烈이 보고하기를, ①"왜적이 對馬島로부터 바다를 덮고 오는데, 돛과 돛대가 서로 바라보고 있을 정도입니다. 이미 군사를 보내어 요충지를 나누어 지키게 하였으나, 적의 형세가 바야흐로 성하고 방어해야 할 곳은 많으니, 한 도의 병사로 군대를 나누어 지키는 것은 형세 상 매우 고립되고 약합니다. 청하건대 助戰元師를 보내어 요해처를 방비하시기 바랍니다"라고 하였다. ②이때 강화의 적이 경도에 매우 가까이 닥쳐와서 나라에서는 방어를 하느라 겨를이 없었는데, 또다시 이러한 보고가 올라왔으므로 어찌할 바를 알지 못하였다.[60)]

위 사료는 우왕3년(1377) 3월 우인열의 상서이다. 왜구가 이미 개성 인근 서해 연안에 침구해 온 상황(②)에서 연달아 대마도로부터 다수의 왜구 선박이 몰려오고 있다(①). 이로부터 3개월 뒤인 6월에 고려에서 안길상을 일본에 파견해서 항의하자(〈표 2〉 ③), 일본 측에서 2개월 뒤인 8월에 신홍을 고려에 파견해서(〈표 2〉 ④) 당시 고려에 침구한 왜구 무리를 가리켜 '포도배'라고 공식적으로 해명했던 것이다. 즉 규슈 본토에서 도주한 무장 세력들이 대마도를 거쳐서 고려로 침구해 온 사실이 확인된다. 한편 포도라는 용어로 설명되는 왜구 현상은 조선 초 사료에서도 확인된다.

---

60) 『高麗史節要』 卷30, 禑王3年(1377) 3月. "慶尙道元帥 禹仁烈報, '倭賊自對馬島蔽海而來, 帆檣相望. 已遣兵, 分守要衝, 然賊勢方張, 防戍處多, 以一道兵分軍而守, 勢甚孤弱. 請遣助戰元帥, 以備要害.' 時, 江華之賊逼近京都, 國家備禦不暇, 又得此報, 罔知所爲 …"

G. "일본국 鎭西 源了俊은 조선국 두 侍中相公閣下에게 글월을 올립니다. … 고려로부터 왜구 금압의 요청을 받아 이키·대마도에 힘을 다 했는데 …"[61)]

위 사료는 이마가와 료슌의 서신으로, 료슌이 왜구들의 거점인 이키·대마도에 대해 왜구 금압에 힘쓰고 있다고 조선에 보고하는 내용이다. 여기에서도 왜구의 근거지가 이키와 대마도임을 알 수 있다.

지금까지 왜구에 대한 무로마치 막부의 공식적인 해명에서 언급된 '포도'에 대해 살펴보았다. 이상의 사실을 전제로 '포도'가 성립하기 위한 구성 요건을 다음과 같이 생각할 수 있다.

첫째, 한반도와 인접한 지역, 예를 들면 규슈에서 내란이 발생하거나 또는 그 위험이 고조될 것.

둘째, 이들 지역에서 발생한 내란에서 패한 무리들이 공권력의 체포를 피해 도주할 것.

셋째, 도주한 무리들이 한반도와 가장 인접한 대마도나 이키를 근거지로 하거나 또는 이들 지역을 이용할 수 있을 것.

즉, '포도'가 왜구로 성립하기 위해서는 위와 같은 구체적인 요건, 즉 대마도나 이키, 또는 북 규슈나 야마구치 현(山口県) 일대 등 한반도와 인접한 일본의 지방을 본거지로 하거나 또는 이를 이용할 수 있는 세력이어야 한다. 일본 국내의 반란 세력이 무조건 한반도를 향해 쳐들어온다고 왜구로서의 소기의 목적을 달성할 수 있는 것이 아니기 때문이다. 즉 그들이 침공의 목적을 달성하기 위해서는 한반도의 안전한 바닷길에 대한 정보는 물론, 약탈이라는 목적을 효율적으로 달성할 수 있는 고려의 지리 및 지형에 대한 정보가 필요했을 것이다. 이러한 요건에 가장 부합하는 사람들은 한반도와 지리적으로 인접하고 오랫동안 고려와 교류해온 대마도인들이었다.

---

61) 『太祖實錄』 卷8, 太祖4년(1395) 7月 10日, 辛丑. "日本國鎭西節度使源了俊奉書朝鮮國兩侍中相公閣下. … 蒙諭禁賊之事, 罄力於一岐, 對馬, 已久矣. …"

5. 맺음말

최근 일본학계에 의한 왜구 연구의 문제점은 왜구 문제를 논하면서 해당 시기 일본 국내 정세, 특히 한반도와 지리적으로 인접한 규슈 지역 군사 정세와의 상관관계를 고려하지 않는다는 점이다. 일본학계는 왜구 발생 배경 및 그 실체를 고려(조선)의 국내정세에서 찾고 있다. 이러한 기존 인식을 극복하기 위해, 본고는 무로마치 막부가 고려 우왕 3년인 1377년에 언급한 '포도'라는 용어에 주목해 보았다.

왜구는 사료 상 1223년(고종10)부터 시작해 1580년 도요토미 히데요시의 해적 단속령으로 종식되는, 약 350년 넘게 지속되었던 동아시아의 역사 현상이다. 따라서 왜구의 발생 배경 및 그 실체는 시대에 따라 양상을 달리한다고 할 수 있을 것이다.

1376년 11월부터 1377년에 걸쳐 고려에 왜구의 침구가 가장 극심했던 시기에 무로마치 막부는 고려에 침구하는 왜구를 가리켜 '막부의 체포를 피해 도주한 무리들이기에 명령에 따르지 않는 존재'라며 이들의 실체를 '逋逃'라고 해명했다. 따라서 '포도'는 남북조 내란기 당시, 무로마치 막부에 저항하던 남조계 무장 집단으로 여겨진다. 이처럼 '포도'라는 용어는 '내란' 또는 '내전'이라는 시대적 상황을 전제로 하므로 당시 일본의 국내 정세와 관련하여 고찰할 때 매우 시사하는 바가 크다.

소위 겐페이갓센(源平合戰, 1180~1185)으로 시작되는 일본의 중세(1185~1567)는 내란으로 점철된 시대였다. 물론 이러한 내란이 일상화되는 것은 가마쿠라 막부의 멸망(1333)에서 비롯되는 남북조 내란(1337~1392), 그리고 약 100년간의 전국시대(1467~1568)를 거쳐 도요토미 히데요시의 전국제패(1590)까지의 시기이다. 따라서 본고에서는 중세의 시작이라고 할 수 있는 겐페이갓센 시기에 이 '포도'의 개념을 적용하여 고찰해 보았다.

겐페이갓센 당시 쓰시마노가미 지카미쓰가 1185년 3월 4일 고려로 도항했다. 지카미쓰가 고려로 건너가게 된 것은 1185년 2월 19일, 사누키노쿠니(讚岐国) 야시마(屋島)에서 겐지와 헤이케 무사단의 전투가 벌어졌는데, 당시 일본의 공권력이었던 헤이케는 지카미쓰에게 이 전투에 참전하라는 명을 내렸다. 그런데 지카미쓰는 겐지와 인척관계였으므로 헤이케의 명을 거역하였고, 이에 헤이케로부터 공격을 받자 고려로 도주했다. 이 사례에서 비록 '포도'라는 용어는 쓰이지 않았지만, 공권력인 헤이케 입장에서 보면 지카미쓰가 체포를 피해 도주한 것이므로 왜구의 또 다른 호칭인 포도와 내용상 일치한다.

그렇다면 지카미쓰 사례는 포도를 고찰하는 맥락에서 어떠한 의미가 있을까. 겐페이갓센 당시는 아직 왜구가 그 모습을 드러내기 전이므로, 이 사례를 가지고 왜구 자체를 논할 수는 없다. 그러나 지카미쓰의 사례는 '포도'를 통한 고려 말~조선 초 왜구 발생의 메커니즘을 이해하는 데 매우 중요한 의미를 지닌다.

지카미쓰 당시는 여몽연합군이 일본을 침공하기 이전이었고, 당시 고려와 일본 양국은 대마도의 진봉을 매개로 우호관계를 유지하고 있었다. 따라서 지카미쓰가 헤이케의 체포를 피해 고려로 도피했다는 점에서는 포도와 유사점이 있으나 왜구로 化하는 일은 없었다. 이러한 현상은 세종 원년(1419) 조선의 대마도 정벌 후 조선과 대마도 사이에 우호적인 관계가 구축되자, 규슈 본토에서는 내전이 단속적으로 지속되었음에도 왜구의 침구가 거의 발생하지 않았던 사실과도 부합한다.

그렇다면 왜구 발생의 배경으로 '포도'를 상정할 때, 이 '포도'가 성립하기 위해서는 어떠한 요건이 필요할까? 첫째 한반도와 인접한 지역, 예를 들면 규슈에서 내란이 발생하거나 또는 그 위험이 고조 될 것, 둘째 이들 지역에서 발생한 내란에서 패한 무리들이 공권력의 체포를 피해 도주할 것, 셋째 도주한 무리들이 한반도와 가장 인접한 대마도나 이키를 근거지로 하거나 또는 이들 지역을 이용할 수 있을 것 등이다. 따라서 '포도'가 왜구로 성립하기 위해서는 위와 같은 구체적인 요건, 즉 대마도나 이키, 또는 북 규슈나 야마구치 현 일대 등 한반도와 인접한 일본의 지방을 본거지로 하거나 또는 이를 이용할 수 있는 세력이어야 한다. 침공의 목적을 달성하기 위해서는 한반도의 안전한 바닷길에 대한 정보는 물론, 약탈이라는 목적을 효율적으로 달성할 수 있는 고려의 지리 및 지형에 대한 정보가 필요하기 때문이다. 따라서 이러한 요건에 가장 부합하는 사람들은 오랫동안 고려와 교류해온 대마도인들을 배제하고는 생각하기 어려울 것이다.

정리하자면, 고려 말기, 즉 일본의 남북조 내란기 대규모 왜구들의 한반도 침구를 해명하는 용어로서 '포도'가 성립하기 위해서는, 왜구 금압에 책임을 지는 공권력에 반하는 세력이면서 동시에 국경에 위치하는 섬 대마도와 이키 섬을 통제하는 세력이어야 한다. 이러한 조건을 전제로 하면, '포도' 즉 대규모 왜구의 한반도 침구를 선제적으로 방지하기 위해서 위의 3가지 전제 조건이 성립하지 않도록 하는 다음과 같은 노력이 필요했을 것이다.

첫째 규슈 지역에서 내란이 발생하지 않도록 할 것, 둘째 대마도 또는 대마도를 통제하는 규슈 본토의 세력이 공권력에 반하는 세력이 안 되게 할 것, 셋째 규슈 본토에서 공권력과 싸워 패한 세력이 대마도로 도피해오더라도 그들이 한반도로 쳐들어와 군사행동을 전개하지 않도록 우호적인 관계를 확립해둘 것 등이다. 실제로 일본 국내 정세가 상세하게 알려진 조선 초기에 들어오면 위와 같은 방향으로 외교적 노력이 전개되기도 한다.

한반도로 침구한 모든 왜구를 '포도'라는 용어로 다 설명할 수는 없지만, 고려 말 조선 초 시기에 발생한 왜구 중에는 규슈의 내란에서 촉발된 '포도'의 사례가 상당수 포함되어 있다고 볼 수 있다. 금후 전국시대까지 포함해서 히데요시의 단속령이 내려지기 전까지, 일본 특히 규슈지방의 내전 상황과 관련해 왜구문제를 재 고찰할 필요가 있다. 포도라고 하는 관점에서 15세기의 왜구 문제를 다시 한 번 검토해보고자 한다.

여말선초 피로인 송환에 관한 한 고찰
-〈이마가와 료슌(今川了俊)의 송환 배경= '경제적 수익 목적'설〉에 대한 비판적 검토-

한 윤 희

1. 머리말

고려 말 倭寇는 동아시아 삼국의 전환기에 전개된 역사적 현상이다.[1] 이처럼 중요한 역사적 의미를 지니는 왜구에 관한 연구는 약 1세기여 전부터 일본인들에 의해서 이루어져 왔으며 그 결과 많은 연구 성과를 축적하고 있다.[2] 본 논문은 왜구 연구 중에서도 왜구에 의해 납치된 고려·조선인(이하 '被虜人'이라 함)의 송환에 관한 연구이다. 그런데 피로인에 관한 문제는 왜구의 주체·발생 원인 등과 불가분한 관계를 맺고 있다. 이러한 왜구의 주체·발생 원인에 대해 선행연구는 식량·사람의 약탈과 같이 경제적인 면에서만 고찰해 왔다. 그러나 2000년을 전후로 하여 왜구 발생의 원인에 대해 일본 南朝 세력의 병량미 확보와 연관이 있음을 밝힌 연구가 발표되었는데, 이는 일본의 왜구 인식과 큰 차이를 보이고 있다.[3] 따

1) 여기에서 '동아시아 삼국의 전환기'란 한반도는 고려에서 조선으로, 중국은 원에서 명으로 교체되었으며, 일본은 남북조 내란이 종식되는 등 동아시아 삼국의 정치·사회 전반에 걸쳐 획기적인 변화가 일어난 시기였다.

2) 일본의 왜구 연구사에 관해서는 田中健夫, 『対外関係史研究のあゆみ』, 吉川弘文館, 2003을 참조.

3) 왜구의 주체 및 발생 배경에 관해서는 일본에서 1915년 〈왜구=南朝의 수군〉이라는 학설로 시작되어, 〈왜구=무장 상인단〉·〈왜구=몽고의 일본 침공에 대한 복수〉·〈왜구=対馬·壱岐지역의 경제적 빈곤〉·〈왜구=남조·북조 휘하의 무장 세력〉 등의

라서 왜구 활동의 부산물이라 할 수 있는 피로인 송환에 관한 문제도 새롭게 접근할 필요가 있다.

피로인 송환에 관한 선행연구는 송환 목적에 대해 오로지 경제적인 측면에서만 고찰하고 있다.[4] 이를 〈송환 배경='경제적 수익 목적'〉설이라 하자. 그러나 전술하였듯이 경인년 이후 왜구의 실체 중에는 일본의 남조 세력이 포함되어 있었다.[5] 반면 피로인 송환 주체의 핵심은 쇼군(將軍) 및 규슈탄다이(九州探題)를 비롯한 일본의 북조 세력이었다.[6] 이와 같이 왜구 발생의 주체와 그 부산물인 피로인 송환의 주체가 각각 일본의 남조와 북조였다는 것이 주목된다. 북조가 남조, 즉 왜구를 토벌하고 피로인을 고려에 송환시키는 일은 남조(왜구)의 고려 침구로 인해 발생한 고려·일본 간의 군사·외교적 긴장관계[7]를 완화 내지는 해소시켰을 가능성이 크다. 따라서 피로인 송환의 목적도 경제적인 목적이라는 관점에서 벗어나 재고할 필요가 있다.

여러 학설로 주창되어 오다가 1980년대 후반에는 〈왜구=고려·조선인 주체〉·〈왜구=고려·일본인 연합〉, 1990년대 후반에는 〈왜구=다민족·복합적 해적〉설까지 나오게 된다. 그러다가 2000년을 전후로 하여 이러한 주장에 대해 비판적인 견해가 발표된다. 예를 들면 이 영의 〈경인 이후의 왜구=난신·완고한 백성〉설을 들 수가 있는데, 그는 왜구 연구에서 최초로 구체적인 문헌사료를 근거로 하여 고려 말 왜구 침구의 행위가 규슈(九州) 남조의 행위였다는 것을 밝히고 있다(이영, 「경인년 이후의 왜구와 마쓰라토 - 우왕 3년(1377)의 왜구를 중심으로」『일본역사연구』 24, 2006 등. 구체적인 내용에 대해서는 同, 『팍스 몽골리카의 동요와 고려 말 왜구』, 혜안, 2013을 참조).

4) 秋山謙蔵, 「「倭寇」による朝鮮·支那人奴隷の掠奪とその送還及び売買」『社会経済史学』 2(8), 1932 ; 青山公亮, 『日麗交渉史の研究』, 明治大学文学部研究所, 1955 ; 川添昭二, 『今川了俊』, 吉川弘文館, 1964 ; 同, 「今川了俊の対外交渉」『九州史学』 75, 1982 ; 田中健夫, 『倭寇と勘合貿易』, 至文堂, 1962 등.

5) 이영, 위의 논문, 2006.

6) 본 고의 제2장 참조.

7) 이영, 「동 아시아 국제 질서의 변동과 왜구 - 14세기 후반에서 15세기 초를 중심으로 -」『한일관계사연구』 36, 2010.

이상과 같은 점에서 본 고는 소위 〈송환의 배경='경제적 수익 목적'〉설에 대해서 검토한다.[8] 그런데 선행연구는 피로인 송환에 어떠한 특징이 있는지, 송환이 시대의 변천과 더불어 어떻게 변해갔는지, 그리고 그 변화가 무엇을 의미하는지 등에 대해서는 거의 검토하지 않은 것 같다.[9] 따라서 피로인 송환에 관한 다양한 특징에 대해서도 살펴본다.

우선 선행연구가 왜 료슌의 송환 목적을 경제적 수익을 얻기 위한 것으로 보는 것인지 그 이유를 살펴보고, 다음으로 피로인 송환이 지닌 여러 특징에 대해 검토한다. 그러한 이후에 본격적으로 료슌의 송환 이유에 대해 고찰한다. 본 고는 료슌의 피로인 송환이 당시 왜구 침구로 인해 빚어진 동아시아 국제사회의 긴장관계 해소에 어떤 의미를 지니고 있었는지에 대해 밝히고자 하는 것이며, 이러한 시도는 14세기 말 동아시아의 국제관계를 재조명하는 계기를 제공해 줄 것으로 생각한다.

2. 선행연구의 검토

이마가와 료슌의 송환 목적이 경제적인 대가 획득이라고 주장한 연구자로 아키야마 겐조(秋山謙藏), 아오야마 고료(青山公亮), 다나카 다케오(田中健夫), 가와조에 쇼지(川添昭二) 등을 들 수 있다. 우선 아오야마 고료는 우왕 14년(1388) 7월 료슌이 고려에 피로인을 송환하고 대장경을 청구한 기사[10]를 제시한 후 "方物의 진헌 내지는 피로 송환이 수단이고, 이에 대한 대가[代償] 취득이 목적"[11]이라 말하고 있다. 즉 료슌이 피로인을 송환

8) 지면관계상 이번에는 이마가와 료슌(今川了俊)의 송환 목적만 검토하기로 한다.

9) 이와 관련한 연구로는 関 周一, 「第一章被虜人の境遇と送還」『中世日朝海域史の研究』, 吉川弘文館, 2002을 들 수 있다.

10) "日本國使妙葩關西省探題源了俊遣人來獻方物歸被虜二百五十人仍求藏經"(『고려사』 권137, 열전50, 우왕 14년 7월)

11) 青山公亮, 위의 책, 144쪽.

하고 대장경을 요청했기 때문에 그의 송환 목적이 경제적인 대가 취득이었다는 것이다. 그런데 이는 다음의 다나카 다케오의 주장과 유사하다.

> A. 규슈탄다이 이마가와 료슌은 조선 측의 의뢰에 따라 포로 송환에 노력하고, 수 차례에 걸쳐 수천 명을 송환하였다. 이것은 B.이마가와씨가 왜구와 긴밀한 관계에 있었다는 것을 상상시킴과 동시에 C.포로 송환이라는 것이 단순히 인도상의 문제뿐만 아니라 매우 수지 좋은 사업이었음을 상상시킨다."[12] (※ 밑줄과 알파벳은 인용자에 의한 것임)

위에서 우선 A를 보면 다나카는 피로인 송환을 조선 정부에서 의뢰했다고 언급하고 있다. 그렇지만 이미 고려 말부터 이마가와 료슌에게 피로인 송환을 요청했다고 볼 수 있다. 본 고의 제3장에서 자세히 다루겠지만 우왕 4년(1378) 7월 료슌이 처음으로 고려에 피로인을 송환한 사례[13]에 대해 잠시 검토해보자. 우왕 3년 鄭夢周는 報聘使로 하카타(博多)에 파견된다.[14] 정몽주가 하카타에 왔다는 소식을 듣고 료슌은 히고(肥後, 현재 규슈의 구마모토현)의 진영에서 급거 하카타로 돌아왔다.[15] 당시 정몽주는 료슌과 대면하고[16] 피로인 송환을 요청했을 것으로 생각된다. 왜냐하면 정몽주가 피로인 쇄환을 위해 돈을 다 썼다는 기록이 있고,[17] 피로인을 데려오기 위해 여러 정승들에게 사재 약간씩을 거둔 사실이 있기 때문

12) 田中健夫, 위의 책, 1962, 22쪽.
13) 『고려사』 권133, 열전46, 우왕 4년 7월 ; 『고려사』 권117, 열전30, 정몽주전.
14) 『고려사』 권133, 열전46, 우왕 3년 9월 ; 『고려사』 권117, 열전30, 정몽주전.
15) 中村栄孝, 『室町時代の日鮮関係』, 岩波書店, 1934, 8쪽 ; 川添昭二, 위의 책, 161쪽.
16) 中村栄孝, 위의 책, 8쪽 ; 川添昭二, 위의 책, 161쪽.
17) 정몽주가 일본사행 당시 지은 詩에 "섬 오랑캐 달래느라 황금 다 썼고(游說黃金盡)"라는 기록이 보인다(「洪武丁巳奉使日本作」 『圃隱先生文集』 권1). 이와 관련하여 고혜령도 정몽주가 피로인 쇄환을 위해 돈을 다 썼다고 보고 있다(고혜령, 「倭寇의 침략과 鄭夢周의 日本 使行」 『포은학연구』 8, 2011).

이다.[18] 또 정몽주가 하카타에 간 것은 물론 왜구 침구의 금지 요청을 위해서지만[19] 위와 같이 피로인을 데려오기 위해 분주히 노력했다는 기록이 있기 때문에 우왕 4년 당시 료슌을 만났을 때 피로인 송환을 요청했을 것으로 보인다.[20] 게다가 정몽주와 함께 돌아온 피로인 尹明은 이후 일본에 갈 때마다 반드시 포로를 찾아 데리고 돌아왔다.[21] 정몽주처럼 피로인을 돈으로 사서 데려오든 피로인을 데리고 있던 자를 懷柔해서 데려오든 일본 왕래에 필요한 금전적 비용을 생각한다면 윤 명은 혼자의 힘으로 피로인을 데려올 수 없었을 것이다. 따라서 고려 조정이 일본 측에 피로인 송환을 요청한 것으로 봐야 할 것이다.

다음으로 B에서 다나카는 료슌과 왜구가 긴밀한 관계에 있었음을 상정시킨다고 하였다. 여기에서 다나카는 "긴밀한 관계"라는 애매모호한 표현을 사용하고 있는데, C의 포로 송환이 "매우 수지 좋은 사업"이었다는 부분과 연관 지어 생각한다면 료슌이 왜구에게 피로인을 붙잡아오라고 시킨 후, 그 피로인을 고려에 송환해 수지 좋은 사업을 했다는 것으로써 마치 료슌이 왜구의 배후 세력인 것처럼 표현하고 있는 것으로 생각된다.[22] 피로인을 송환했다고 하는 사실을 가지고 왜구의 배후 세력으로 보는 것은 지나친 억측이 아닐까?[23] 또한 가와조에 쇼지도 다나카의 "수지 좋은 사업"이라는 말을 그대로 인용하고 있는 것을 보면[24] 그도 역시 료슌의

18) 『고려사』 권117, 열전30, 정몽주전.

19) 주(18) 사료.

20) 가와조에 쇼지도 "수백 명의 피로인이 쇄환된 것은 정몽주의 熱意와 이마가와 료슌의 정치력에 의한 것"이라 지적하고 있다(川添昭二, 위의 논문, 35쪽).

21) 주(18) 사료.

22) 아키야마도 왜구를 禁壓하고 피로인을 송환했다는 이유로 이마가와 료슌을 왜구의 배후 세력으로 보고 있다(秋山謙蔵, 「朝鮮人及び支那人の送還と貿易の展開」『日支交渉史研究』, 岩波書店, 1939, 467~469쪽).

23) 왜구의 실체는 남조였고 료슌은 남조를 토벌하는 입장이었다. 따라서 피로인 송환은 남조 토벌의 결과물로 생각할 수 있다. 자세한 내용은 제3장에서 다루기로 한다.

송환 목적을 경제적인 이익 획득으로 보고 있다는 것으로 이해된다.[25)]

이상과 같이 선행연구는 이마가와 료슌이 피로인을 송환하고 대장경을 요청한 점, 그리고 대개의 경우 피로인을 송환했다는 사실을 근거로 경제적인 이익 획득 때문에 피로인을 송환했다고 보고 있다. 선행연구의 주장대로 료슌은 정말 경제적인 이익 때문에 피로인을 송환한 것일까? 제3장에서는 이상과 같은 의문을 해결하기 위해 료슌이 피로인을 송환하게 된 배경에 대해 검토하고, 또한 료슌이 피로인을 송환하고 고려(조선)에 요청한 것이 무엇인지, 즉 그것들이 기존연구가 말하는 '경제적 수익'에 합당한 것인지에 대해서 살펴보는데, 이에 앞서 선행연구가 간과한 피로인 송환의 다양한 특징에 대해 먼저 분석하고자 한다.

3. 피로인 송환의 특징

고려 공민왕대에서 조선 세종대까지 약 70여 년간 이루어진 피로인 송환과 관련하여 어떤 특징들을 지적할 수 있을까? 세키 슈이치(関 周一)는 모든 송환 사례를 모아 여러 가지 표를 작성함으로써 피로인 송환 연구에서는 최초로 송환과 관련한 여러 특징을 밝히려고 시도하였다. 그러나 그러한 노력에도 불구하고 각각의 표에 관한 분석 및 정리가 충분히 이루어

24) 川添昭二, 위의 책, 164~165쪽.

25) 아키야마 역시 료슌이 피로인 송환을 계기로 무역을 하게 되었다고 이해하고 있다(秋山謙蔵, 앞의 논문, 1932, 826쪽). 또한 제2차 세계 대전 이후 일본 최고의 조선사 연구자로 평가받고 있는 나카무라 히데다카(中村栄孝)도 일본이 왜구를 금압하고 피로인을 송환한 것은 어디까지나 '信物의 이윤을 목적으로' 한 것이라 밝히고 있다(中村栄孝, 위의 책, 9쪽). 특히 나카무라는 이 피로인 송환을 계기로 왜구가 海商으로 전환되었다고 보았는데 필자는 이에 대해 비판적인 검토를 한 바 있다. 이에 대해서는 한윤희, 「조선 초 피로인 송환에 관한 한 연구 - 나카무라 히데다카(中村榮孝)의 〈海寇에서 海商(=평화로운 통호자)으로의 전환〉설을 중심으로 -」 『군사』 118, 2021을 참조.

지지 않아 송환에 관한 특징이 제대로 드러나지 않은 것이 아쉽다. 따라서 본 장에서는 송환과 관련한 여러 가지 특징들을 밝히고 그 특징들에서 어떠한 사실을 발견해 낼 수 있는지 검토하는데, 본 고에서 중점적으로 다루고자 하는 이마가와 료슌을 중심으로 살펴보고자 한다. 우선 기본적으로 언제, 누가, 어디에서, 몇 명의 피로인을 송환했는지에 대해서는 아래의 〈표 1〉을 통해 알 수 있다.[26]

〈표 1〉 日本·琉球로부터의 고려·조선인 피로인 송환[27]

No	연월일	송환주체	송환지역	사인	송환된 피로인 수	출전
1	공민12(1363).3.기유	倭國			30여명	『고려사』 권40 『고려사절요』 권27
2	우4(1378).7	九州節度使 源了俊(今川了俊)	筑前	周孟仁	수백 명	『고려사』 권177·133 『고려사절요』 권30

26) 이 표는 세키가 작성한 표(関 周一, 위의 책, 34~37쪽의 〈표 1〉)를 기준으로 재작성한 것이나 이하는 세키의 표와 다른 부분임을 밝혀둔다. ①No.17(세키의 〈표 1〉 No.14) : 필자는 이때 송환된 피로인 수를 659명으로 보고 있는데 반해 세키는 569명으로 보고 있다. 당시 송환된 피로인 숫자에 대해 태조 3년 5월 병인조에는 "일본회례사 김거원이 중 梵明과 더불어 사로잡혀 갔던 본국인 569명을 거느리고 왔다."(『태조실록』 권5, 태조 3년 5월 병인조)고 하였고, 바로 2개월 후인 7월 경술조에는 "일본국 구주절도사 源了俊의 사자가 우리나라에서 보낸 승려 범명과 함께 와서 피로된 남녀 659명을 돌려보냈다."(『태조실록』 권6, 태조 3년 7월 경술조)고 하였다. 이 두 가지 기록에서 명확히 알 수 있는 것은 승려 범명이 피로인을 데리고 온 점이다. 그러나 같은 내용을 두고 그 피로인 수가 처음에는 569명, 다음에는 659명으로 기록되어 있어 하나의 사실을 두 번에 걸쳐 기록한 것으로 보인다. 그런데 이로부터 3개월 후인 태조 3년 10월 정축조에 도당이 료슌에게 보내는 글 중에 "이번에 피로인 7백 명을 돌려보내어 모두 고향에 돌아가게 되니…(생략)"라고 되어 있다. 따라서 569명보다는 659명이 700명에 더 가까운 숫자이기 때문에 659명이 송환된 피로인의 실제 수로 여겨진다. ②필자의 표에서 No.73은 세키의 〈표 1〉에서 누락된 부분이다. ③전체적인 피로인 송환의 상황을 나타내기 위해 세키와 달리 류큐(琉球)를 포함해 재작성하였다. 단 류큐의 송환에 대해서는 추후에 면밀히 검토할 것이다.

No	연월일	송환주체	송환지역	사인	송환된 피로인 수	출전
3	우4(1378).7	九州節度使 源了俊(今川了俊)	筑前	信弘	부녀 20여명	『고려사』 권133 『고려사절요』 권30
4	우5(1379).7	九州節度使 源了俊(今川了俊)	筑前		230여명	『고려사』 권134 『고려사절요』 권31
5	우8(1382).윤2	日本			남녀 150여명	『고려사』 권134 『고려사절요』 권31
6	우9(1383).9	日本			112명	『고려사』 권135 『고려사절요』 권32
7	우10(1384).2	倭			부녀 25명	『고려사』 권135 『고려사절요』 권32
8	우10(1384).8	日本		使	남녀 92명	『고려사』 권135 『고려사절요』 권32
9	우12(1386).7	日本霸家臺(今川了俊)	筑前		150명	『고려사』 권136 『고려사절요』 권32
10	우14(1388).7	日本國使妙葩·關西省探題源了俊(今川了俊)	京都 筑前	人	250여명	『고려사』 권137 『고려사절요』 권33
11	창1(1389).8	琉球国 中山王 察度	琉球	玉之	不明	『고려사』 권137 『고려사절요』 권34
12	공양2(1390).8.정해	琉球国 中山王 察度	琉球	使	37명	『고려사』 권45 『고려사절요』 권34
13	공양3(1391).8.계해	九州節度使 源了俊(今川了俊)	筑前	使	남녀 68명	『고려사』 권46 『고려사절요』 권35
14	태조1(1392).10.정묘	筑州太守 藏忠佳	筑前	藏主宗順	不明	『태조실록』 권2
15	태조1(1392)	琉球国 中山王 察度	琉球	李善	남녀 8명	『태조실록』 권2
16	태조2(1393).6.경인	僧 建哲	壱岐	使人	남녀 200여명	『태조실록』 권3
17	태조3(1394).7.경술	九州節度使 了俊(今川了俊)	筑前	김거원 梵明	남녀 659명	『태조실록』 권5·6
18	태조3(1394).9.병오	琉球国 中山王 察度	琉球	使	남녀 12명	『태조실록』 권6
19	태조4(1395).4.무자	薩摩守總州 藤伊久	薩摩		不明	『태조실록』 권7
20	태조4(1395).4.무자	中伊集院太守 藤原賴久	薩摩		不明	『태조실록』 권7
21	태조4(1395).7.신축	九州節度使 源了俊(今川了俊)	筑前	최용소 宗俱	남녀 570여명	『태조실록』 권8
22	태조6(1397).8.을유	琉球国 中山王 察度	琉球	使	不明	『태조실록』 권12
23	정종1(1399).5.을유	日本國 大將軍	京都	박돈지	백여명	『정종실록』 권1

No	연월일	송환주체	송환지역	사인	송환된 피로인 수	출전
24	정종2(1400).8	駿州太守 源定	肥前	使人	不明	『정종실록』 권5
25	정종2(1400).8	慈雲禪院 住持 天眞	筑前	使人	不明	『정종실록』 권5
26	태종1(1401).윤3	沙彌靈鑑	対馬	使人	不明	『태종실록』 권1
27	태종1(1401).4.정해	慈雲寺 僧 天眞	筑前		不明	『태종실록』 권1
28	태종1(1401).4.정해	対馬守護 宗貞茂	対馬		不明	『태종실록』 권1
29	태종2(1402).7.기유	一岐島知主	壱岐	使人	不明	『태종실록』 권4
30	태종2(1402).9.기유	一岐州知主 源良喜	壱岐		不明	『태종실록』 권4
31	태종3(1403).5.병오	一岐州知主 源良喜	壱岐		不明	『태종실록』 권5
32	태종3(1403).10.임자	(足利義滿)	京都	日本國使	130명	『태종실록』 권6
33	태종3(1403).10.갑술	駿州太守 源圓珪	肥前	使人	不明	『태종실록』 권6
34	태종5(1405).12	宗貞茂	対馬	使人	60명	『태종실록』 권10
35	태종6(1406).2.무자	九州節度使 涉川滿頼	筑前	使人	不明	『태종실록』 권11
36	태종6(1406).8.임진	一岐州知主 源良喜	壱岐	使人	76명	『태종실록』 권12
37	태종6(1406).9.임오	呼子遠江守 源瑞芳	壱岐		不明	『태종실록』 권12
38	태종6(1406).9.임오	鴨打三川守 源傅	壱岐		不明	『태종실록』 권12
39	태종6(1406).9.임오	一岐州守護代 源頼廣	壱岐		不明	『태종실록』 권12
40	태종6(1406).9.임오	一岐州守護代 源擧	壱岐		不明	『태종실록』 권12
41	태종6(1406).10.을사	薩摩州傍官 元師	薩摩	使人	不明	『태종실록』 권12
42	태종6(1406).11.정사	薩摩州守 藤原頼久	薩摩	使人	不明	『태종실록』 권12
43	태종7(1407).3.경오	対馬島守護 宗貞茂	対馬	平道全	不明	『태종실록』 권13
44	태종7(1407).3.경진	志佐殿	壱岐		35명	『태종실록』 권13
45	태종7(1407).5.기묘	一岐州知主 源良喜	壱岐		不明	『태종실록』 권13
46	태종7(1407).9.신해	肥前州平戸島代官 金藤貞	肥前	使人	不明	『태종실록』 권14
47	태종7(1407).9.신해	駿州太守 源圓珪	肥前	使人	不明	『태종실록』 권14
48	태종7(1407).12.을미	志佐殿	壱岐	使	19명	『태종실록』 권14
49	태종7(1407).12.을미	一岐州世官 源良喜	壱岐	使	不明	『태종실록』 권14
50	태종8(1408).3.계해	仇沙殿	肥前	박화	1백명	『태종실록』 권15
51	태종8(1408).5.경신	志佐殿	壱岐	이춘발	28명	『태종실록』 권15

No	연월일	송환주체	송환지역	사인	송환된 피로인 수	출전
52	태종8(1408).5.경오	大内殿(大内盛見)	周防	최재전	44명	『태종실록』 권15
53	태종8(1408).6	一岐州太守 源良喜	壱岐	至疊	23명	『태종실록』 권15
54	태종8(1408).7.을해	駿州太守 源圓珪	肥前	使人	不明	『태종실록』 권16
55	태종8(1408).7.을해	日向州 地公河	日向	使人	不明	『태종실록』 권16
56	태종8(1408).11.경술	丹州守 源延	肥前	使	不明	『태종실록』 권16
57	태종8(1408).11.경신	宗貞茂	対馬	平道全	不明	『태종실록』 권16
58	태종9(1409).9.경인	琉球国 中山王 思紹	琉球	使臣	부녀자 3명	『태종실록』 권18
59	태종10(1410).4.경술	志佐殿 源秋高	壱岐	박화 형부 대랑	29명	『태종실록』 권19
60	태종10(1410).6	肥前州 松浦 宇久源鋭	肥前	使人	不明	『태종실록』 권19
61	태종10(1410).6	肥前州 土官 藤満通	肥前	使人	不明	『태종실록』 권19
62	태종10(1410).7.갑신	薩州 市來親家	薩摩	使人	不明	『태종실록』 권20
63	태종10(1410).10.임자	琉球国 中山王 思紹	琉球	模都結制	14명	『태종실록』 권20
64	태종12(1412).6.갑자	一岐州上萬戶	壱岐	使人	不明	『태종실록』 권23
65	태종13(1413).6.기유	志佐殿	壱岐	사송객인	남녀 7명	『태종실록』 권25·32
66	태종14(1414).윤9.임술	兵衛三甫羅	対馬		不明	『태종실록』 권28
67	태종15(1415).5.신유	一岐上萬戶 道永	壱岐		不明	『태종실록』 권29
68	태종15(1415).12.병자	藤原賴時	薩摩		不明	『태종실록』 권30
69	태종18(1418).5.을해	一岐上萬戶 道永	壱岐	使人	不明	『태종실록』 권35
70	세종1(1419).2.경인	宗祐馬	対馬		1명	『세종실록』 권3
71	세종1(1419).2.경자	宗貞茂子都都熊瓦(宗貞盛)	対馬		2명	『세종실록』 권3
72	세종1(1419).11.경신	日本國王(足利義持) 九州摠兵官(渋川満頼)	京都 筑前	使人	4명	『세종실록』 권6
73	세종2(1420).윤1.임진	都都熊瓦(宗貞盛)	対馬	人	不明	『세종실록』 권7
74	세종2(1420).5.병술	西海道九州前摠管 源道鎭(渋川満頼)	筑前	人	2명	『세종실록』 권8

No	연월일	송환주체	송환지역	사인	송환된 피로인 수	출전
75	세종2(1420).11.기묘	九州節度使(渋川義俊)	筑前		1명	『세종실록』 권10
76	세종2(1420).11.병술	多羅古羅	壱岐	人	9명	『세종실록』 권10
77	세종4(1422).4.정유	摠管源義俊(渋川義俊)	筑前		1명	『세종실록』 권16
78	세종5(1423).4.신유	波知羅沙門	対馬	여문 시라	김삼·박양잠·박기·금순 등	『세종실록』 권20
79	세종5(1423).6.갑자	源道鎮(渋川満頼)	筑前	이라삼 보라	1명	『세종실록』 권20
80	세종5(1423).10.정사	薩摩州太守 久豊	薩摩	김원진	9명	『세종실록』 권22·19
81	세종5(1423).12.임신	日本國王(足利義持)	京都	使人	不明	『세종실록』 권22·23
82	세종6(1424).10.정미	早田左衛門大郎	対馬	使人	1명	『세종실록』 권26
83	세종9(1427).2.경신	藤原頼久	薩摩		3명	『세종실록』 권35
84	세종9(1427).2.경신	平滿景	筑前		1명	『세종실록』 권35
85	세종12(1430).5.갑인	井大郎兵衛	対馬	본인	소근모지와 정덕 등	『세종실록』 권48
86	세종16(1434).1.계묘	兵衛四郎	対馬	본인	1명	『세종실록』 권63
87	세종16(1434).3.임인	三未三甫羅	対馬	본인	1명	『세종실록』 권63

* 송환된 피로인 수의 총계 : 3,566명[28)]

27) 본 표는 피로인이 본인의 힘으로 본국으로 돌아오거나, 고려·조선의 사절단이 피로인을 쇄환한 경우 등은 제외하였고, 오직 피로인이 송환주체에 의해 적극적으로 송환된 경우만 정리한 것이다.

28) 필자는 다음과 같은 기준을 근거로 하여 피로인 數를 산정하였다. ①〈표 1〉의 '송환된 피로인 수' 항목에 나타난 '不明'은 몇 명인지 정확히 알 수는 없으나 단 1명이라도 송환을 했다는 것은 분명하기 때문에 과장을 피하기 위해 최소 1명으로 산정하였다. ②〈표 1〉의 No.1의 '30여명'은 정확한 숫자는 알 수 없으나 30명 이상인 것은 분명하기 때문에 과장을 피하기 위해 최소 30명으로 산정하였다. 이외에 No.3·4·5·10·16·21·23도 같은 방식으로 산정하였다. ③〈표 1〉의 No.2의 '송환된 피로인 수' 항목에 나타난 '수백 명'은 200명~999명까지로 보고 과장을 피하기 위해 최소 200명으로 정하였다. ④〈표 1〉의 No.29의 송환자인 一岐島知主는 아래의 一岐州知主 源良喜와 동일인물로 보고 송환된 피로인 수를 산정할 시 원양희에 포함시켰다. ⑤〈표 1〉의 No.72의 송환은 아시카가 요시모치(足利義持)

위의 표를 바탕으로 송환주체별로 몇 명의 피로인을 송환했는지를 그래프로 나타내면 〈그림 1〉과 같다.

〈그림 1〉 송환주체와 송환된 피로인 수

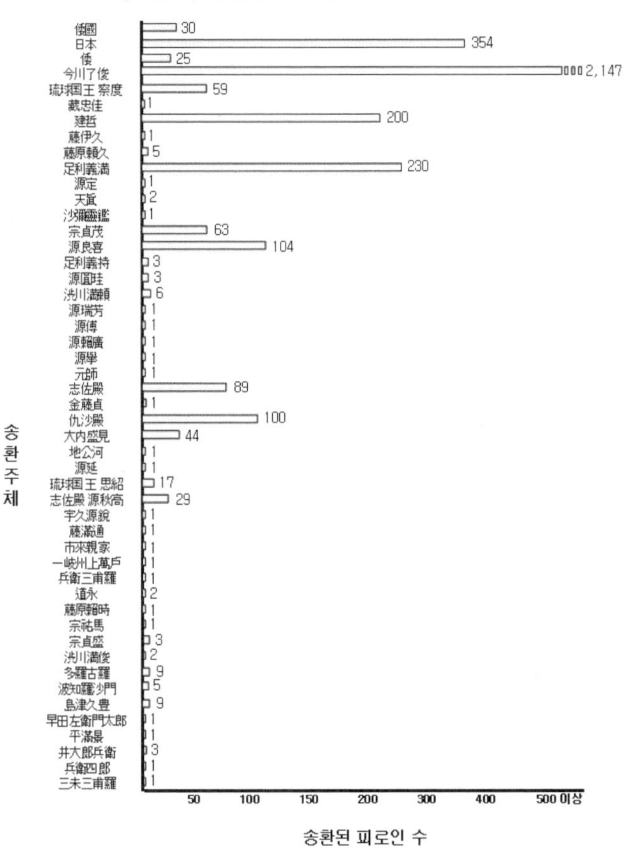

와 시부가와 미쓰요리(渋川満頼), 두 사람이 함께 4명을 송환하였으나 각각 몇 명씩 송환했는지 정확하지 않으므로 피로인을 각각 2명씩 나누어 산정하였다. ⑥ 〈표 1〉의 No.78의 피로인 '김삼·박양잠·박기·금순 등'에서 '등'은 1명 이상을 뜻하지만 과장을 피하기 위해 최소 1명으로 정하였다. 또한 No.85도 같은 기준으로 산정하였다.

한눈에 보아도 송환주체 중 이마가와 료슌이 2,147명이라는 제일 많은 피로인을 송환했음을 알 수 있다. 그런데 피로인을 송환하려면 당연히 피로인이 필요하고 피로인은 약탈·납치와 같은 행위에서 얻어지는 것이므로, 이는 곧 왜구 침구의 결과물이라 할 수 있다. 즉 왜구 침구가 바로 피로인 송환의 전제 조건인 것이다. 따라서 피로인 송환의 양상을 살펴보기 위해서는 왜구 침구에 대한 양상도 함께 살펴보는 것이 타당할 것이다.

경인년(1350) 이후 왜구 침구가 가장 극심한 시기는 1376년~1383년이다.[29] 그러나 1372년부터 갑자기 그 이전에 비해 침구 지역·횟수·집단이 모두 배 이상 증가하여 1375년까지 지속되고 있는 점도 주목된다.[30] 근래의 연구에 따르면 이 두 시기, 즉 ①1372년~1375년, ②1376년~1383년에 이와 같이 왜구 침구가 급격하게 증가하게 된 이유는 일본 南北朝內亂期(1336~1392)의 九州 지역에서의 상황과 관련이 있다. ①1372년~1375년은 료슌이 규슈탄다이에 부임하여 다자이후(大宰府)를 놓고 남조 세력과 쟁탈전을 벌이다가, 72년 8월 다자이후를 쟁탈한 이후에는 본격적으로 남조 세력과 공방전을 벌이는 시기였다.[31] ②1376년~1383년은 소위 '미즈시마(水島)의 變'으로 인해 규슈에서의 남북조간 대립이 격심해지는 시기였다.[32] 즉 료슌이 규슈 현지에 부임하면서 규슈의 격전 상황이 증가, 이것이 왜구의 침구로 이어졌던 것이다.

이처럼 왜구 침구가 급증한 시기와 료슌이 규슈 현지에 부임한 기간(1372~ 1395)이 관련이 있다면 피로인 송환 역시 료슌의 규슈탄다이 현지 부임 기간과 관련이 있지 않을까? 료슌의 규슈탄다이 해임 시기인 1395년을 기준으로 그 이전과 이후에 송환된 피로인 숫자를 그래프로 나타내면

29) 이영, 『잊혀진 전쟁 왜구』, 에피스테메, 2007, 82쪽 〈표 4〉.

30) 위의 책

31) 위의 책 81~96쪽 및 同, 「고려 말 왜구의 허상과 실상」 『대구사학』 91, 2008, 86~91쪽.

32) 주(31) 참조

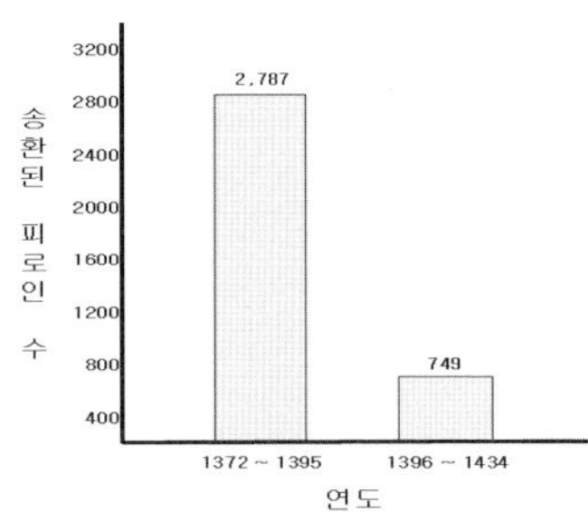

〈그림 2〉 1395년을 전후로 한 피로인 송환

〈그림 2〉와 같다.

피로인은 71년간 총 3,566명이 송환되었는데(〈표 1〉) 그 중 료슌의 규슈 현지 부임 기간에 송환된 것은 전체 피로인 숫자의 약 78%(2,787명)로, 이는 전체 기간(71년)의 약 34%의 기간(24년) 동안에 송환된 것에 해당한다. 반면에 료슌이 해임된 1395년 이후부터 1434년까지 38년간 749명의 피로인이 송환되었다. 이는 전체 피로인 숫자의 약 21%에 해당되는 것이며, 료슌의 규슈 현지 부임 기간과 비교하면 약 4분의 1 정도의 숫자이다. 그런데 〈표 1〉을 보면 송환자 중에 '日本'으로 기록된 사례가 있다(No.5·6·8). 『高麗史』에 기록된 '日本' 또는 '日本國'의 경우 일본의 공식적인 국가명칭으로 쓰였다고 보이기 때문에[33] 이 경우도 역시 당시 막부를 대신하여 외교에 나섰던 료슌의 피로인 송환으로 생각할 수 있다.[34] 따라서 '日本'의 송환도 료슌의 송환 사례에 포함해서 정리하면 아래와 같다.

〈표 2〉 송환 기간과 송환된 피로인 수

	송환 기간	송환된 전체의 피로인 수	료슌이 송환한 피로인 수
㉠	1363~1395년 (총 33년 간)	2,817명 (전체의 약 79%)	2,501명 (전체의 약 70%)
㉡	1396~1434년 (총 38년 간)	749명 (전체의 약 21%)	
	총 71년	총 3,566명	

33) 李領, 「第二章 中世前期の日本と高麗」 『倭寇と日麗関係史』, 東京大学出版会, 1999.
34) '日本'의 송환 시기(〈표 1〉의 No.5·6·8)를 보면 1382~1384년으로, 이마가와 료슌이 피로인을 처음으로 송환한 이후에 연속해서 나오고 있으며, 1388년까지 료슌 이외에 다른 송환주체는 발견되지 않는다. 또한 1384년의 경우에는 인솔자가 '使'이므로 일본의 국가권력, 즉 규슈탄다이 이마가와 료슌이 송환한 것이라 생각해도 무방할 것이다.

㉠과 ㉡의 기간은 총 33년과 38년으로 거의 비슷하다. 그러나 송환된 피로인 숫자를 보면 ㉠의 기간 동안 전체의 약 79%나 되는 숫자의 피로인이 송환되었는데, 사실상 전체 피로인의 약 70%는 료슌이 송환한 것이었다. 이는 곧 규슈탄다이 이마가와 료슌이라고 하는 일본의 국가권력이 피로인 송환의 핵심 주체라는 것을 보여주는 것이다. 한편 〈표 1〉에 보이듯이 료슌이 규슈탄다이에서 해임된 이후 송환주체의 숫자가 늘어나는 것이 눈에 띈다. 그러나 송환주체가 증가되었다고 해서 송환된 피로인 숫자가 늘어난 것은 아니다. 다음의 〈표 3〉을 보자.

〈표 3〉 송환 기간과 송환주체의 수

	송환 기간	송환주체의 수	송환된 피로인 수	송환주체 1명당 송환한 피로인 수 (이마가와 료슌 제외)
㉠	1363~1395	8명[35] (전체의 약 16%)	2,817명 (2,501명은 료슌이 송환)	약 45명[36]
㉡	1396~1434	42명 (전체의 약 84%)	749명	약 18명
			총 3,566명	

㉠의 기간 동안에는 8명의 송환주체가 2,817명의 피로인을 송환하였다. 그러나 송환주체가 8명이라고는 하지만 앞에서 살펴보았듯이 1395년까지는 이마가와 료슌이 혼자 거의 대부분의 피로인을 송환한 것이나 다름없다. 따라서 ㉠의 기간 동안 료슌을 제외한 나머지 송환주체의 경우 1명당 약 45명의 피로인을 송환한 셈이 된다. 반면 ㉡의 기간에는 42명의 송환자가 749명을 송환하였다. 이것은 송환주체 1명당 약 18명의 피로인

35) 1363년~1395년의 송환주체의 수 중에서 료슌과 '日本'은 같은 송환주체라 보고 1명으로 산정하였다.

36) (료슌이 송환한 피로인수를 제외한) 송환된 피로인 수 316명 ÷ (료슌을 제외한) 송환주체의 수 7명

을 송환한 것으로, 료슌(2,501명)과 비교한다면 대략 0.7%의 숫자로써 매우 많은 차이를 나타내고 있다.

1395년 이후 급격히 늘어난 송환주체[37]는 대개 왜구이거나 왜구로 의심되는 자들이었다.[38] 이들 중 일부 송환자는 피로인을 송환하면서 식량 등을 요청하여[39] 그 목적이 경제적인 이익 획득에 있었음을 확인할 수 있다. 즉 송환주체가 경제적인 목적으로 피로인을 송환한 것은 1400년대부터라고 할 수 있다. 따라서 료슌과 기타 송환주체의 피로인 송환은 따로 분리해서 생각할 필요가 있다.

이상 료슌의 규슈탄다이 해임 연도를 기준으로 피로인 송환에 관한 양상을 살펴보았다. 71년간 총 3,566명의 피로인이 송환되었는데 이 중 료슌의 규슈 현지 부임 기간에 전체 피로인의 70%가 송환되었다. 반면에 료슌이 해임된 이후 송환주체의 숫자는 5배 이상 증가하지만 송환된 피로인 수는 4분의 1 밖에 되지 않았다. 그렇다면 료슌은 왜 규슈 현지 부임 기간

37) 1395년 이후 갑자기 늘어난 송환주체의 지역을 보면 대개 쓰시마·이키·히젠 지역이다. 또한 이들은 이후 계속해서 조선에 사절을 파견하는 일본의 통교자이기도 했다. 1400년대 이후 송환자(=일본의 통교자)가 급격히 증가한 이유에 대해 필자는 규슈의 정세 변화에 주목하여 설명하고자 하였다. 이에 대해서는 한윤희, 「조선 태조~태종대 쓰시마(對馬)·이키(壱岐)·히젠(肥前) 지역의 피로인 송환에 관한 한 연구 - 1400년대 피로인 송환자(=일본의 통교자)의 증가 배경과 관련하여 -」『동아시아 문화연구』, 88, 2022 참조.

38) 여말선초 왜구의 실체인 쓰시마(対馬) 소씨(宗氏)와 이키(壱岐)·히젠(肥前)의 마쓰라토(松浦党) 중 일부는 송환자이면서 왜구였고 식량 확보와 무역을 위해 피로인을 송환하였다(한윤희, 『여말·선초 被虜人 송환에 관한 연구』, 한국외국어대학교 석사학위논문, 2011). 이 외에도 피로인 송환의 선행연구는 대개 송환주체의 실체에 대해 왜구이거나 왜구로 의심되는 자들로 인식하고 있다(秋山謙蔵, 위의 책, 1939 등).

39) 예를 들면 태종 10년 4월에 志佐殿 源秋高가 피로인을 송환하는 대가로 造米 5백석 등을 요구한 바가 있다(『태종실록』 권19, 태종 10년 4월 경술조). 이 외에도 소 사다시게(宗貞茂)(『태종실록』 권32, 태종 16년 7월 임진조)나 道永(『태종실록』 권31, 태종 16년 3월 갑오조. 『세종실록』 권1, 세종 즉위년 9월 을축조)이 쌀과 같은 식량을 요청한 사례도 쉽게 발견할 수 있다.

에 3천 명에 가까운 피로인을 송환했던 것일까? 다음 장에서는 료슌의 송환 배경과 의의에 대해 살펴보도록 한다.

4. 이마가와 료슌의 피로인 송환의 배경과 의의

본 장에서는 료슌이 피로인을 송환하고 고려(조선)에 무엇을 요청했는지부터 살펴보고자 한다. 이는 선행연구의 주장처럼 료슌이 정말로 경제적인 목적으로 피로인을 송환했다면 그에 상응하는 반대급부를 고려(조선)에 요청했을 것이기 때문이다. 다음 사료를 보자.

1. (1378년) (정몽주가) 귀국할 때에는 九州節度使가 파견한 周孟仁과 함께 왔으며 뿐만 아니라 포로되었던 윤 명, 안우세 등 수백 명을 놓아 보내게 하였다.[40)]
2. (1378년) 일본의 중 信弘이 왜적과 조양포에서 싸워 적의 배 한 척을 붙잡았는데 도적들은 다 죽이고 왜적에게 포로되었던 부녀 20여 명은 놓아 보내 왔다.[41)]
3. (1379년) 李子庸이 일본으로부터 돌아왔는데 구주절도사 源了俊이 포로당한 우리나라 사람 230여 명을 돌려보냈으며 창과 검과 말을 바쳤다.[42)]
4. (1386년) 일본 覇家臺에서 포로되었던 우리 사람 150명을 돌려보냈다.[43)]
5. (1388년) 일본국 사신 妙葩, 관서성 탐제 원요준이 사람을 보내 그 지방의 토산물을 바치고 납치되었던 우리 사람 250명을 돌려보냈다. 그리고 大藏經을 청구하였다.[44)]

---

40) 주(13) 사료.
41) 『고려사』 권133, 열전46, 우왕 4년 7월.
42) 『고려사』 권134, 열전47, 우왕 5년 7월.
43) 『고려사』 권136, 열전49, 우왕 12년 7월.
44) 『고려사』 권137, 열전50, 우왕 14년 7월.

6. (1391년) 일본 구주절도사 원요준이 사자를 파견하여 내조하여 방물을 바치고 포로되었던 우리 측 남녀 68명을 돌려보냈다.[45)]
7. (1394년) 일본국 구주절도사 원요준의 사자가 우리나라에서 보낸 중 梵明과 함께 와서 (왜구에게) 잡혀갔던 남녀 659명을 돌려보냈다. 또 범명이 원숭이를 바치니, 사복시에 두게 하였다.[46)]
8. (1395년) 日本 回禮使 崔龍蘇가 구주절도사 원요준이 보낸 중 宗俱와 함께 돌아오고, 피로되었던 남녀 570여 인이 돌아왔다.(이하 생략)"[47)] (※ 연도와 밑줄은 인용자에 의한 것임)

〈사료 1~8〉은 료슌이 고려·조선에 피로인을 송환한 사례이다. 료슌은 최초로 피로인을 송환한 〈사료 1〉 이후 10년째 되는 〈사료 5〉와 같이 비로소 대장경을 청구하였다.[48)] 이 외에 그에 관한 기사 중 고려·조선에 무언가를 요청한 사례는 집비둘기 세 쌍[49)]뿐이었다. 이처럼 2천 명 이상의 피로인을 송환하고 대장경을 한두 번 청구한 것을 가지고 '수지맞은 사업'이라 말할 수 있을까? 만약 그가 경제적인 대가를 노리고 피로인을 송환했다면 다른 송환자처럼 경제적인 가치가 될 만한 물품을 요구[50)]했어야 하는 것 아닐까? 또 〈사료 3·5·6·7〉의 밑줄 친 부분처럼 료슌은 피로인을 송환하고 토산물을 고려·조선에 바쳤다. 피로인을 송환하는 것만으로도 충분한 반대급부를 얻을 수 있었을 텐데 경제적인 수익을 바라는 자가 과연 이러한 물품을 바칠 필요가 있었을까?

이상, 선행연구의 주장처럼 '료슌의 송환 목적은 경제적 이익 획득'임

45) 『고려사』 권46, 세가46, 공양왕 3년 8월 계해조.
46) 『태조실록』 권6, 태조 3년 7월 경술조.
47) 『태조실록』 권8, 태조 4년 7월 신축조.
48) 이후 대장경을 한 번 더 청구한다(『태조실록』 권6, 태조 3년 12월 신묘조).
49) 『태조실록』 권6, 태조 3년 10월 임신조.
50) 주(39) 사료 참조.

을 뒷받침해 줄 사료는 확인되지 않는다. 그렇다면 료슌은 무슨 목적으로 피로인을 송환했던 것일까? 료슌이 규슈 현지 부임 기간에 피로인을 송환한 이유를 살펴보기 위해서는 그가 왜 규슈탄다이로서 규슈 현지에 부임되었는지 그 배경부터 살펴볼 필요가 있을 것이다.

경인년 이후 왜구의 침구는 고려 국내에 극심한 피해를 끼쳤고, 고려는 마침내 공민왕 15년(1366) 왜구 禁壓을 요구하는 사절(이하 '禁倭使節'이라 함)을 일본에 파견한다.[51] 그런데 이 금왜사절 파견은 일본 막부에게 상당한 충격을 가하였다. 당시 고려는 금왜 요구가 마치 元 나라 황제의 뜻인 것처럼 꾸며, 일본이 금왜를 위해 적절한 조치를 취하지 않을 경우 군사행동도 불사하겠다고 엄포를 놓았다.[52] 그럼으로써 약 백 년 전의 몽고의 일본침공이 초래한 공포와 위기의식을 다시 상기시킨다고 하는 교묘한 심리전술을 활용했던 것이다.[53]

이때 일본은 남북조 내란의 시기였는데 남조 세력은 규슈에서만 위세를 유지하고 있었다.[54] 막부는 고려의 금왜사절 파견으로 인해 규슈 변경의 해적들이 외침의 명분을 조성하고 있다는 것을 알게 되었고[55] 이로 인해 규슈 평정을 진지하게 생각하게 되었다.[56] 이와 같은 배경에서 막부는 1370년 6월 이마가와 료슌을 규슈탄다이 직에 임명하였다. 료슌의 임무는 왜구 금압이었고 이는 곧 남조 세력의 소탕을 의미하는 것이었다.[57] 그러

51) 『고려사』 권41, 세가41, 공민왕 15년 11월 임진조.

52) 이영, 「14세기의 동아시아 국제 정세와 왜구 - 공민왕 15년(1366)의 禁倭使節의 파견을 중심으로 -」 『한일관계사연구』 26, 2007.

53) 이영, 위의 논문

54) 1361년 7월 남조의 征西府가 다자이후를 장악한 이후 약 9년여간 막부는 아시카가(足利) 一族에게 규슈탄다이를 임명하여 규슈를 평정하려고 하였으나, 료슌 이전에 임명된 규슈탄다이들은 규슈에 진입조차 하지 못하였다. 이에 관해서는 川添昭二, 위의 책을 참조.

55) 이영, 위의 논문, 2007.

56) 川添昭二, 위의 책 및 同, 앞의 논문.

57) 왜구와 남조에 대해서는 李領, 위의 책, 1999 및 이영, 앞의 논문, 2006 참조.

나 그의 왜구 금압의 노력에도 불구하고[58] 왜구 침구는 계속되었다.[59]

이러한 와중에 우왕 4년(1378) 료슌이 처음으로 고려에 피로인을 송환한 것이었다. 이들 피로인은 전 해에 보빙사로 하카타에 갔던 정몽주와 함께 온 것이었다.[60] 그런데 정몽주가 일본에 갔을 당시 료슌과 대면했다[61]는 사실이 주목된다. 료슌은 이때 한창 규슈의 남조 세력과 공방전을 벌이고 있었는데, 히고(肥後)의 진영에 있던 그가 정몽주의 來日 소식을 듣고 급히 하카타로 돌아온 것은 앞에서 서술한 바와 같다. 그런데 이 히고라고 하는 지역은 기쿠치씨(菊池氏)의 근거지이며, 기쿠치씨는 정서장군(征西将軍) 가네요시 친왕(懐良親王)이 규슈로 내려가기 이전부터 남북조가 합일될 때까지 한 번도 남조를 배신한 적 없는 征西府의 핵심 무장 세력이었다.[62] 이처럼 남조의 핵심 세력과 대치중인 상황에서 료슌은 정몽주를 만나기 위해 급거 하카타로 간 것이었다. 그렇다면 료슌은 왜 정몽주를 만나려고 했던 것일까? 이와 관련하여 주목하고 싶은 것이 바로 우왕 2년(1376) 10월 일본 덴류지(天龍寺)의 승려 도쿠소 슈사(德叟周佐)가 고려에 보낸 서간이다.

> 9. "지금 우리나라 西海道 一路의 九州에는 亂臣들이 할거하고 있으면서 벌써 20여 년이나 공납을 바치지 아니한다. 그런데 서변 해도의 완고한 백성들이 이 틈을 타 귀국을 침공하고 있는데, 그것은 우리의 소행이 아니다. 그

---

58) 『고려사』 권133, 열전46, 우왕 4년 6월·7월 ; 『고려사』 권134, 열전47, 우왕 5년 5월 무인조 ; 田中健夫編, 「應永五年諭朝鮮書」 『善隣國寶記 卷中』, 集英社, 1995, 106~107쪽 ; 이영, 「고려 말 대일 외교의 신기조(新基調)와 정몽주의 일본 사행(使行)」 『한일관계사연구』 84, 2024, 18~19쪽.

59) 이영, 앞의 책, 2007.

60) 주(13) 사료

61) 中村栄孝, 위의 책, 8쪽 ; 川添昭二, 위의 책, 161쪽.

62) 기쿠치씨의 남조에서의 활약에 대해서는 川添昭二, 『菊池武光』, 人物往来社, 1966 ; 杉本尚雄, 『菊池氏三代』, 吉川弘文館, 1966을 참조.

러므로 조정에서 장수를 보내 토벌하는데 그 지방에 깊이 들어가서 날마다 서로 싸우고 있다. 이제 구주만 평정하면 해적들은 금할 수 있음을 하늘에 맹세하고 약속하는 바이다."[63]

도쿠소 슈사는 일본 막부의 승려로 그가 보낸 서간은 막부 쇼군의 견해를 나타내는 것이다. 그러나 위의 내용은 규슈 현지의 사정을 잘 알고 있는 규슈탄다이 이마가와 료슌의 정보를 바탕으로 쓰여진 것으로, 료슌의 의견이 반영된 것으로 봐야 한다. 어쨌든 서간의 내용에 따르면 현재 일본은 내란 중인 상황으로 이는 국가기밀에 해당되는 정보이다. 그렇다면 료슌은 왜 자국의 약점을 스스로 노출시킨 것일까?

1372년 5월 明 태조 朱元璋이 보낸 사절단이 하카타에 도착한다.[64] 이 사건으로 인해 쇼군인 아시카가 요시미쓰(足利義満)는 정적인 가네요시 친왕이 '일본국왕'으로서 홍무제의 책봉을 받은 사실을 알게 되었고, 이것은 곧 자신은 일본국왕으로 인정받지 못하고 있다는 사실을 알게 된 것이나 다름없었다.[65] 또한 정서부가 막부와의 싸움에서 이기기 위해 외세(명)를 끌어들일 가능성도 배제할 수 없었다.[66]

---

63)『고려사』 권33, 열전46, 우왕 2년 10월.

64) 명을 건국한 주원장은 1368년에 즉위한 이래로 세 차례에 걸쳐 사절단을 일본에 파견하였으나, 첫 번째 사절단은 해적을 만나 피살당하였고, 두 번째는 정서장군 가네요시에 의해 5명이 살해당하고 2명은 억류당한 뒤 풀려난다. 세 번째는 가네요시의 부하 소라이(祖来)를 데리고 귀국하게 된다. 72년 5월 하카타에 도착한 사절단은 바로 명이 파견한 네 번째 사절단이었다. 이에 대해서는 村井昌介, 「日明交渉史の序幕 - 幕府最初の遣使にいたるまで -」 『アジアのなかの中世日本』, 校倉書房, 1988 참조.

65) 川添昭二, 앞의 논문, 32~33쪽.

66) 하카타에 명 사절이 왔을 때 료슌은 가네요시의 신하 소라이가 명에게 군사를 요청한 것으로 의심하고 이들을 拘禁하고자 하였다(宋濂, 「送無逸勤公出使还鄉省亲序」『宋文憲公全集』 13). 명의 대일 외교와 이에 대한 일본의 대응에 대해서는 村井昌介, 위의 책, 1988 및 이영, 앞의 논문, 2010 참조.

이처럼 남조의 가네요시가 명의 책봉을 받아 언제든 명을 內戰에 끌어들일 수도 있는 상황이었기 때문에 막부는 고려와 양호한 관계를 유지해야 했다. 또한 당시 고려와 일본은 명으로부터 왜구 금압의 위협을 받고 있었으며,[67] 남조가 고려를 침구하여 병력을 회복했기 때문에 막부는 고려의 협조를 얻어 남조 세력의 뿌리를 뽑아야 했다. 이런 점에서 양국은 이해관계가 일치, 함께 왜구를 퇴치해 나갔던 것이다.[68]

따라서 료슌이 자국의 약점을 고려에 스스로 노출시킨 것은 외세의 침구가 우려되는 상황에서 고려와 양호한 관계를 유지하고자 했기 때문이다. 또 도쿠소 슈사의 서간을 보낸 지 약 10개월이 되는 우왕 3년 8월에는 자신의 부하인 信弘을 파견하여 왜구 금압의 어려움을 다시 한번 솔직하게 토로하였다.[69] 이후 고려가 정몽주를 파견하자 료슌은 이를 양국의 관계를 회복하기 위한 좋은 기회라 여겨 남조와의 대치 상황 중에 급거 하카타로 간 것이었다. 료슌과 정몽주의 회담 이후 정몽주가 료슌이 보낸 피로인을 데리고 돌아온 것을 보면, 분명 료슌은 '왜구를 당장에는 모두 금압할 수 없지만 열심히 노력하고 있다'는 성의의 표시이자, 노력의 결과물로서 피로인을 송환한 것으로 생각된다.

정몽주의 귀국 이후 양국 간에 사자 왕래가 빈번하게 전개된다(〈표 4〉). 1383년까지 왜구 침구가 극심했지만[70] 고려는 1380년경 이후 약 10년간 일본에 금왜사절을 파견하지 않는다. 그 이유는 무엇일까?

---

67) 『고려사』 권44, 세가44, 공민왕 22년 7월 20일조 ; 『고려사』 권136, 열전49, 우왕 13년 5월조. 일본에 대한 명의 왜구 침구 금지 요청에 대해서는 佐久間重男, 『日明関係史の研究』, 吉川弘文館, 1992를 참조.

68) 최근 이영은 고려 말 당시 〈고려와 일본의 관계=순망치한의 관계〉라고 보고 있다. 당시 왜구 소탕이 왜 고려와 일본에게 시급히 해결해야 할 문제였는지, 왜 양국은 순망치한의 관계였는지에 대해 목은 李穡의 시를 들며 논하고 있다(이영, 위의 논문, 2024).

69) 『고려사』 권133, 열전46, 우왕 3년 8월조.

70) 이영, 앞의 책, 2007.

〈표 4〉 고려·일본 간 사절 왕래 일람표[71)]

고려			일본			
No.	연월	사절	No.	연월	사절	비고
1	공민15(1366).8	김용				
2	공민15(1366).11	김일				
3	공민17(1368).7	이하생	1	공민17(1368).1	범탕 범류	답례사
			2	공민17(1368).7	使	
			3	공민17(1368).7	使	대마도 만호가 파견
			4	공민17(1368).11	使	대마도 만호 崇宗慶이 파견
4	우1(1375).2	나흥유	5	우2(1376).10	양유	도쿠소 슈사의 서간 전달
5	우3(1377).6	안길상	6	우3(1377).8	신홍	
6	우3(1377).9	정몽주				
7	우4(1378).10	이자용 한국주	7	우4(1378).6	신홍	료슌이 군사 69명 파견
			8	우4(1378).7	주맹인	료슌이 피로인 수백 명 송환
			9	우4(1378).11	使	패가대 왜인이 파견
8	우5(1379).윤5	윤사충	10	우5(1379).2	법인	조빙하고 선물 바침
			11	우5(1379).5	박거사	大內義弘가 군사 186명 파견
9	不明	방지용	12	우5(1379).7	不明	료슌이 피로인 230여명 송환
			13	우6(1380).11	使	탐제장군·오랑병위 등이 파견
			14	우8(1382).윤2	不明	피로인 150여명 송환
			15	우9(1383).9	不明	피로인 112명 송환
			16	우10(1384).8	使	피로인 92명 송환
			17	우12(1386).7	不明	료슌이 피로인 150명 송환
			18	우14(1388).7	묘파, 人	료슌이 피로인 250여명 송환
			19	공양2(1390).5	주능	료슌이 토산물 바침
10	공양3(1391).10	송문중	20	공양3(1391).8	使	료슌이 피로인 68명 송환
			21	공양3(1391).10	도본 등	승려 현교가 파견
			22	공양3(1391).11	使	료슌이 방물을 바침
			23	공양4(1392).6	使	불교 경전을 청구

〈사료 9〉에 따르면 북조의 장수들은 막부의 명으로 규슈에서 왜구와 계속 싸우고 있기는 하지만, 실제로 1377년~1383년까지 왜구 침구는 줄

71) 〈표 4〉는 이영, 앞의 논문, 2007, 121~122쪽의 〈표 5〉와 『고려사』를 바탕으로 재작성한 것임.

어들기는커녕 30~50회로 최고조에 달하고 있다.[72] 이는 일본의 "날마다 서로 싸우고 있다."라는 말을 고려가 충분히 의심할 만한 상황이라 할 수 있다. 따라서 료슌은 막부가 왜구 금압을 위해 최선을 다하고 있다는 사실을 고려 정부에 신뢰시키기 위해 1378년도부터 계속해서 피로인을 송환하고 있다(〈표 1·4〉). 고려 정부에 피로인을 계속 송환한 료슌의 진심이 전해져, 료슌이 피로인을 송환하고 있는 10여 년 동안 고려는 금왜사절을 파견하지 않게 된 것이었다(〈표 4〉).

이상과 같이 왜구 침구로 고조되었던 麗日 간의 군사·외교적 긴장관계가 피로인 송환을 통해 완화되고 있음을 알 수 있다. 료슌의 송환은 경제적인 대가를 바란 송환이 아니었기에 고려의 신뢰를 더욱 얻을 수 있던 것이었다. 여일 간의 군사·외교적 긴장관계 속에서 왜구를 금압하고 피로인을 송환한 이마가와 료슌을 왜구의 배후세력으로 간주한 선행연구는 그의 규슈탄다이 임명 배경과 역할에 대해 잘 이해하지 못한 것이라 할 수 있다.

5. 맺음말

경인년 이후 왜구는 본격적으로 한반도에 침구하여 수많은 고려(조선)인을 붙잡아 갔다. 이들 피로인 중 일부는 고려 말부터 본국으로 송환되었다. 그런데 피로인 송환에 관한 연구는 약 100년 전부터 왜구 연구의 일환으로 이루어져 왔음에도 적지 않은 오류와 문제점을 안고 있었다. 즉 피로인 송환과 관련한 특징에 대해 제대로 검토하지 않았으며, 또한 송환 사실만 가지고 이마가와 료슌을 비롯하여 모든 송환자가 오로지 경제적인 수익을 노리고 피로인을 송환한 것이라 밝히고 있다. 따라서 본 고에서는 문헌 사료와 당시의 고려·일본 간의 외교적 상황을 근거로 과연 선

72) 이영, 앞의 책, 2007.

행연구의 주장처럼 료슌의 송환 목적이 경제적인지에 대해, 또 피로인 송환의 다양한 특징에 대해서도 살펴보았다.

그 결과 송환된 피로인 중 절반이 훨씬 넘는 70%가 이마가와 료슌이 규슈탄다이로서 규슈 현지에 부임해 있던 기간 동안 이루어진 것이었음이 밝혀졌다. 그리고 1395년 이후부터 송환주체가 그 이전에 비해 5배 이상이나 늘어났지만, 송환된 피로인 수는 이전보다 매우 적은 숫자였기에 그 목적에서도 확연한 차이가 존재함을 확인할 수 있었다. 따라서 료슌의 규슈탄다이 해임 시기인 1395년이 피로인 송환의 劃期였다고 할 수 있다. 이어서 료슌이 규슈 현지 부임 기간 동안 왜 3천 명에 가까운 피로인을 송환하였는지를 검토하였다.

이마가와 료슌은 왜구 금압과 남조 세력 소탕의 임무를 띠고 규슈탄다이 직에 임명되었다. 그러나 왜구 금압은 곧바로 실효를 거둘 수 없었다. 계속해서 왜구가 고려를 침구하고 있는 상황에서 료슌은 고려에 여러 차례에 걸쳐 피로인을 송환한다. 그 결과 고려는 막부의 노력을 신뢰하게 되어 약 10여 년간 금왜사절을 파견하지 않게 된다.

결론적으로 피로인 송환은 정몽주가 일본에 왔을 때 고려가 요청하고 료슌이 이에 응하는 형태로 시작되었다. 이후 피로인이 지속적으로 송환되는 것은 정몽주와 료슌의 회담 결과로 형성된 양국 간의 우호 관계가 지속적으로 유지되고 있음을 의미한다. 이처럼 피로인 송환은 왜구 침구로 인해 발생한 麗日 간의 군사·외교적 긴장관계를 완화시켜주는 매개가 되었으며, 이는 곧 고려와 일본이 신뢰 관계를 회복하고 또 구축해 나갈 수 있었던 원동력이었음을 말해주는 것이라 할 수 있다.

정종 원년(1399) 藤時羅老 왜구 집단의 투항과 오에이(応永)의 난
-왜구 투항에 관한 '조선 조정의 회유책'론에 대한 비판적 검토-

송 종 호

1. 머리말

한반도에서 1350년(충정왕2) 이래 전개된 왜구 활동은 1389년(창왕1) 이후 진정되기 시작하여 조선초에 이르러 실질적으로 쇠퇴하는 모습을 보인다. 그 쇠퇴 배경에 관하여 현재 한국·일본의 통설은 '조선 조정의 왜구·왜인에 대한 회유책'을 그 주된 요인으로 지목해 왔다.[1)]

1) 기존 통설적 견해에 관해서는, 中村栄孝, 「室町時代の日鮮関係」『日鮮関係史の研究(上)』, 吉川弘文館, 1965, 163~164쪽(初出: 『室町時代の日鮮関係(岩波講座日本歴史)』, 岩波書店, 1934) ; 田中健夫, 「倭冦の変質と日鮮関係の展開」『中世海外交渉史の研究』. 東京大学出版会, 1959, 14쪽 (初出: 「倭寇の変質と初期日鮮貿易」『國史學』 53, 1950) ; 李鉉淙, 「朝鮮初期 向化倭人考」『歴史教育』 4, 1959, 342~343, 345쪽 ; 田中健夫, 『倭冦と勘合貿易』, 至文堂, 1961, 31쪽 ; 有井智徳, 「李朝初期向化倭人考」『村上四郎博士和歌山大学退官記念 朝鮮史論文集』, 開明書院, 1981, 277쪽 ; 村井章介, 『中世倭人伝』, 岩波新書, 1993, 19쪽(이영 역, 『중세 왜인의 세계』, 소화, 2003, 28~29쪽) ; 韓文鍾, 「朝鮮前期 對馬島의 通交와 對日政策」『韓日關係史研究』 3, 1995, 127쪽 ; 河宇鳳, 「조선 초기의 대외관계 - 일본과의 관계」『조선 왕조의 성립과 대외관계(신편 한국사 22)』, 2002, 375~376쪽 ; 関 周一, 「明帝国と日本」, 榎原雅治 編, 『日本の時代史11 : 一揆の時代』, 吉川弘文館, 2003, 115쪽 ; 佐伯弘次, 「中世の三島地域と東アジア」, 佐伯弘次 編, 『街道の日本史49 : 壱岐·対馬と松浦半島』, 吉川弘文館, 2006, 97쪽 등 참조.

이 통설에 의하면 조선 조정의 '회유책'의 결실은 태조 말기부터 나타났다고 한다. 그 대표적인 사례로 거론되는 것이 1396년(태조5) 12월 羅可溫 왜구 집단(이하 "나가온 왜구")의 투항 및 1399년(정종1) 11월 藤時羅老·藤望吾時羅 왜구 집단(이하 "등시라로 왜구")의 투항이다. 그런데 『조선왕조실록』을 보면 이들 왜구 투항 이전에 조선 조정의 '회유책'이 시행되었다는 명확한 기록은 보이지 않는다. 이 점과 관련하여 필자는, 위 나가온 왜구 투항에 관한 최근 연구[2]에서, 왜구 투항이 조선 조정의 '회유책'이 아니라, 이키(壱岐)·대마도 정벌군 출정이라는 적극적 군사 조치를 배경으로 해서 이루어졌다는 점을 밝힌 바 있다.

위에 언급된 또 하나의 투항 사건, 즉 1399년 등시라로 왜구 투항의 경우는 어떠했을까? 이들은 1399년 9월~10월에 걸쳐 평안도 및 황해도 해안에서 대규모 왜구 활동을 벌였다. 그렇지만 11월 초에 갑자기 투항한다. 이 투항 이전에 이들이 조선 조정 측의 사람들을 만나 회유를 받았다는 기록은 역시 보이지 않는다.

나가온 왜구 투항 사건에 조선 조정의 '회유책'이 작용하지 않았던 점이 해명되었으므로, 이 등시라로 왜구 투항 사건은 조선 조정의 '회유책'이 왜구 투항 과정에 실제로 작용했는지 여부를 확인할 수 있는 더욱 중요한 쟁점이 되었다고 할 수 있다. 만약 등시라로 왜구 투항의 배경이 명확히 규명되고, 여기에서도 조선 조정의 '회유책'이 작용하지 않았던 점이 명백하다면, 왜구 투항에 관한 기존의 '회유책' 통설은 처음부터 다시 검토되어야 하는 결과가 될 수도 있다.

이러한 문제의식을 염두에 두고 본 연구는 등시라로 왜구 투항의 배경에 관하여 심층적으로 고찰하기로 한다. 이하 제2장에서는 등시라로 왜구

---

2) 송종호, 「조선초 왜구의 퇴조와 조선 조정의 '회유책'에 대한 비판적 검토 -1396년(태조 5년) 나가온 왜구 집단의 투항과 김사형의 이키·대마도 정벌군 출진 간의 인과관계를 중심으로-」 『韓日關係史硏究』 78, 2022 (이하 "「나가온 왜구 투항」"), 251~297쪽.

에 관한 사료 내용 및 관련 선행연구를 살펴보고, 제3장에서는 등시라로 왜구 투항 배경을 1399년 일본에서 있었던 '오에이(応永)의 乱'과 관련지어 논증하기로 한다.

2. 관련 사료 및 선행연구 검토

1) 등시라로 왜구 투항 관련 사료

조선초 한반도에서의 왜구 활동은, 1397년(태조6) 9월 4일 이후부터 1401년(태종1) 윤3월까지[3] 약 3년 6개월 동안 '소강기'로 접어든다.[4] 이 '소강기' 동안 관련 사료에서 찾을 수 있는 왜구 활동은 오직 1399년(정종1) 9월부터 10월까지 서북면 및 풍해도에 나타난 것뿐이다.[5] 9월 10일 왜구는 서북면 宣州·博州(평안북도 선천·박천)를 침구해 왔다.[6] 10월 1일에

3) 『태조실록』 권12, 태조 6년 9월 4일 계축 ; 『태종실록』 권1, 태종 1년 윤3월 7일 병신 ; 윤3월 11일 경자.

4) 이 3년 6개월 남짓 동안 한반도에서의 왜구 활동은 소강상태를 보였다가 그 이후 다시 활발해지는 각별한 양상을 보인다. 필자는 이에 '소강기'라는 명칭을 붙이고자 한다. 이러한 일시적인 '소강기'의 존재, 그리고 그에 이은 왜구 활동의 부활이라는 현상은 기존 통설, 즉 '조선 조정의 회유책에 따라, 왜구 활동이 점차 소멸해 간다.'라는 취지에 대한 하나의 반증이라고 생각한다. 이 '소강기'의 개시 및 종료의 배경에는, 일본 측의 조선·명과의 관계 개선 노력이 주된 요인으로 작용했던 것으로 생각한다. 이 시기 '소강기'의 배경 및 양상에 관해서는 별도의 기회에 상세히 논증하기로 한다.

5) 이외에, 1400년(정종2) 3월 무렵 왜구들이 풍해도 해주에서 趙英茂의 군사적 위력에 굴복하여 투항한 사례가 있다(『정종실록』 권4, 정종 2년 4월 1일 병신). 이 왜구들이 등시라로 왜구와 다른 별개의 집단이었다면, 이 역시 이 '소강기'에서 있었던 또 하나의 왜구 활동에 해당한다. 이에 관해서는 향후 별도 기회에 검토한다.

6) 『정종실록』 권2, 정종 1년 9월 10일 정축. 『정종실록』에서의 날짜 기재는 그 전후 시기보다 그 간격이 크다. 따라서 『정종실록』 상의 날짜에 대한 해석에는 더욱 주의를 요한다.

는 풍해도 甕津(황해도 옹진)으로 침입했다.[7] 10월 19일에는 풍해도에서 병선 1척을 불태우고 조선 船軍 50명을 죽였는데, 이때 왜구는 豐州(황해도 송화군) 西村에까지 침입했다고 한다.[8]

그런데 11월 8일 왜구들은 갑자기 조선 조정에 투항을 제안해 왔다. 당시 투항 배경에 관해서 아래 〈사료 1〉을 살펴보자.

> 〈사료 1〉 ⓐ왜선 7척이 서북면 선주에 이르러 항복하기를 청하였다. … 처음에 ⓑ왜구가 大明의 연해 지방을 침략하고 우리 풍해도·서북면 등지에 이르렀는데, ⓒ六州牧 高義弘이 군사를 일으켜 ⓓ삼도의 도적질하는 자들을 쳐서 섬멸한다는 소문을 듣고, ⓔ화가 미칠 것을 두려워하여 마침내 항복하기를 빌었던 것이다. (11월 8일)[9]

위 〈사료 1〉로 볼 때, 조선 조정에 투항한 왜구들은, 먼저 중국에서 침구 활동을 했고 그 투항 직전에는 풍해도·서북면에 있었음이 확인된다(ⓑ 구절). 그 직전인 9월·10월에 풍해도 및 서북면 지역에서 왜구 활동이 있었던 점을 고려하면, 투항을 제안한 왜구들은 9월부터 이 지역에서 왜구 활동을 하던 왜구들과 같은 집단에 속했던 것으로 보인다.

다음으로 투항 후 정황에 관해서는 아래 〈사료 2〉에 서술되어 있다.

---

7) 『정종실록』 권2, 정종 1년 10월 1일 정유.

8) 『정종실록』 권2, 정종 1년 10월 19일 을묘.

9) 『정종실록』 권2, 정종 1년 11월 8일 갑술. 「倭船七艘, ⓐ至西北面宣州請降, 遣降倭仇陸、藤昆招諭之, … 初, ⓑ倭寇侵掠大明沿海之地, 以及我豐海道西北面等處. ⓒ及聞其六州牧高義弘起兵ⓓ擊殲三島之爲賊者, ⓔ恐禍及己, 遂乞降.」 ⓓ구절 중 「擊殲」을 '쳐서 섬멸했다는' 등과 같이 과거 시제로 번역해야 한다는 견해가 있는 듯하다. 그러나 「擊殲」이 1398년 오우치씨의 쇼니씨에 대한 과거 토벌 사실을 가리킨다면, 이렇게 1년여가 지난 과거 사건 때문에 이미 침구 활동을 벌이고 있던 왜구들이 갑자기 투항했을 리 없다. 국사편찬위원회가 인터넷에 게재한 현재 번역처럼 장래의 사건으로 번역하는 것이 맞다고 생각한다. 본 연구 이하 부분에 그 상세한 논증이 있다.

〈사료 2〉 仇陸이 항왜 14명을 데리고 왔다. 구륙 등이 선주에 이르러 ⓕ萬戶 등시라로 등을 보고, ⓖ우리나라가 항복한 사람을 아주 후하게 대접한다고 타이르고, 또한 전하의 어질고 위엄스러움을 말하니, 왜인들이 감동하고 기뻐하여 드디어 항복하였다.[10) … ⓗ만호 등망오시라·船主 彼堅都老 등 60여 명과 잡혀 온 중국인 남녀 21명을 군현에 나누어 거처하게 했다. (11월 25일)[11)]

위 두 사료를 함께 보면, 투항을 제안한 왜구들은 왜선 7척에 탑승한 규모였고, 등시라로·등망오시라 등 2명 이상의 만호급 두목이 인솔하고 있었으며, 그 외에 彼堅都老라는 선주까지 있었던 대규모 집단이었음을 알 수 있다(ⓐ·ⓕ·ⓗ구절).

---

10) 위 〈사료 2〉 ⓖ구절은 기존 통설에서 '조선 조정의 회유책'의 근거로 자주 인용되어 왔다(田中健夫, 『中世海外交渉史の研究』, 15쪽("[회유책의 맥락에서] 1399년 11월에는 왜선 7척이 투항을 청했고") ; 李鉉淙, 앞의 논문, 345쪽("[등시라로 왜구 투항 사료 인용]로써 국왕의 인위와 대우의 두터움을 말하자 안심하고 드디어 투항한 것이라든지 …"). 羅鐘宇, 「韓國中世對日交涉史研究」, 단국대학교 박사학위논문, 1992, 153쪽("1399년 11월에는 왜선 7척이 평북 선주에 이르러 투항하겠다고 하므로 항왜 구륙을 보내어 초유케 하여 14명을 상경시켜 서반 8품 이하를 수직하고, …") 등 참조).

그러나 ⓖ구절의 시점은 이미 등시라로 왜구 집단이 11월 8일에 조선 조정에 투항 제안을 한 후였다. 조선 조정이 이른바 '투항 회유'를 위해 왜구를 미리 접촉한 것이 아니었다. 관련 사료들에 의하면, 조선초 왜구의 투항 및 그 이후 처리 과정은 '왜구의 투항 제안⇒조선의 招諭⇒왜구의 향화 또는 도주⇒조선의 수용(관직 수여·지방 分置 등) 또는 토벌'의 순서로 이루어졌다. 즉 왜구의 투항 제한이 먼저이고, 기존 통설에서 '조선 조정의 회유'라 말하는 '조선 조정의 초유'는 그 나중이었다. 또한 투항을 제안해 온 왜구들에 대해서 조선 조정이 '회유'로 일관했던 것도 아니었다(『태조실록』 권10, 태조 5년 12월 21일 을사. "가는 자는 붙들 필요가 없고 오는 자는 거절할 필요가 없는 것이니, 너의 去就는 오직 너의 마음에 있다." 등 참조). 따라서 ⓖ구절은 기존 통설인 '회유책'론의 근거로 보기 어렵다고 생각한다. 이에 관해서는 별도 기회에 상세히 검토하기로 한다.

11) 『정종실록』 권2, 정종 1년 11월 25일 신묘. 「仇陸以降倭十四人來. 仇陸等至宣州, 見ⓕ萬戶藤時羅老等, ⓖ諭以我國待降附甚厚, 且言殿下仁威, 倭人感悅遂降. … 將ⓗ萬戶藤望吾時羅·船主彼堅都老等六十餘人及所虜中國男婦二十一名, 分處郡縣.」

이들의 투항 배경에 관해서는 〈사료 1〉 ⓒ~ⓔ구절에 "육주목 고의홍이 '삼도의 도적질하는 자들(三島之爲賊者 ; 이하 '三島之賊')'을 쳐서 섬멸한다는 소문을 듣고 그 화가 미칠 것을 두려워해서 투항했다."고 명확히 기재되어 있다. 여기서 "육주목 고의홍"은 서일본 6개 구니(国)[12]의 슈고(守護)를 겸하고 있던 오우치 요시히로(大内義弘)를 의미한다. 즉 〈사료 1〉의 취지는, 등시라로 왜구 집단이 오우치 요시히로의 군세가 '삼도지적', 즉 왜구 세력을 토벌한다는 계획을 입수한 후, 그 '화'가 자신들에게 미칠 것을 두려워하여 조선 조정에 급히 투항했다는 것으로 정리할 수 있다.

2) '회유책'론 주요 연구자들의 선행연구 검토

위 제1절에서 보았듯이, 등시라로 왜구의 투항은 '요시히로의 삼도지적 토벌' 때문이었다고 『정종실록』에 명확히 기재되어 있다. 그런데 아래 제3절에서 언급하는 두 연구자를 제외하면, 예로부터 현재까지 한국·일본의 주요 연구자들은 거의 모두 이에 관해 별다른 고찰을 하지 않았다.

예를 들어 나카무라 히데타카(中村栄孝), 무라이 쇼스케(村井章介), 세키 슈이치(関 周一) 등 중세 한일관계사에서의 주요 일본 연구자들의 경우, 그 주요 저서에서 등시라로 왜구 투항 사건에 관한 언급이 보이지 않는다.[13] 다나카 다케오(田中健夫)(1959), 이현종(1959), 나종우(1992) 등은 등시라로 왜구 투항 사실 자체는 언급하였다. 그러나 '요시히로의 삼도지적 토벌'을 취지로 하는 위 사료 내용은 전혀 소개하지 않고, 기존의 '조

12) 일본 혼슈(本州) 서부의 스오(周防 ; 야마구치 현 동부)·나가토(長門 ; 야마구치 현 서부)·이와미(石見 ; 시마네 현 서부)·이즈미(和泉 ; 오사카 부 남서부)·기이(紀伊 ; 와카야마 현, 미에 현 남부) 및 규슈의 부젠(豊前 ; 후쿠오카 현 동부, 오이타 현 북서부).

13) 中村栄孝, 앞의 책 ; 村井章介, 『中世倭人伝』 ; 関 周一, 『対馬と倭寇 : 境界に生きる中世びと』, 高志書院, 2012 등 위 연구자들의 주요 저서들 참조.

선 조정의 회유책'의 결과로만 그 투항 배경을 설명하고 있다.[14)]

1970년대 이후를 보자면, 〈사료 1〉의 '요시히로의 삼도지적 토벌' 부분을 언급한 연구자로서는 아리이 도모노리(有井智德)(1981), 한문종(2001), 마츠오 히로키(松尾弘毅)(2007·2009)만이 보인다. 우선 일본의 아리이 도모노리와 마츠오 히로키의 견해를 옮기면 다음과 같다.

> (a) 아리이 도모노리(1981): 일본 6주목 고의홍이 군사를 일으켜 [왜구]를 쳐서 섬멸했다는 일을 들은 후, 삼도 왜구는 화가 자신들에게 미칠 것을 두려워하여 급기야 투항을 결심하고, 1399년 11월 배 7척에 분승하여 서북면 선주에 이르러 투항을 청했다. 이에 왕은 항왜 구륙과 등곤을 파견하여 이를 초유하게 했다. 구륙 등은 선주에 이르러 수괴 등시라로 등과 만나 조선국이 투항자를 후대하는 점을 타이르고, 또한 국왕의 仁威를 말하자, 왜인은 감격하여 기뻐하면서 드디어 투항했다.[15)]
>
> (b) 마츠오 히로키(2007·2009): 등시라로 등이 왜선 7척을 이끌고 왜구 활동을 위하여 중국으로 갔는데, 오우치 요시히로가 왜구 토벌의 군사를 일으켰기 때문에 이를 두려워하여 조선에 투항했다.[16)]

위 인용문에 보듯이, 아리이 도모노리와 마츠오 히로키는 등시라로 왜구 투항 사실을 언급하기는 했다. 그러나 위 〈사료 1〉·〈사료 2〉를 단순 번역하는 수준에 머물렀을 뿐, 이에 대한 상세한 해석이나 평가는 없었다. 따라서 이들 연구자들은 기존 통설, 즉 '조선 조정의 회유책'론에 대하여 아무런 비판을 가하지 않고 이를 그대로 따르고 있다.

다음으로 한문종(2001)의 견해를 보자.

---

14) 위 각주 10번 참조.

15) 有井智德, 앞의 논문, 280~281쪽.

16) 松尾弘毅, 「朝鮮前期における向化倭人」『史淵』144, 2007, 38쪽 ; 松尾弘毅, 「中世日朝關係における前期受職人とその変遷」『전북사학』35, 2009, 286쪽.

> 향화왜인의 첫 번째 유형은 조선의 왜구 대책 실시로 투항해 온 항왜를 들 수 있다. … 이러한 유형의 향화왜인으로는 表時羅, 나가온, … 疢六, … 등이 있다. … 한편, 향화왜인 중에는 왜구 토벌에 불안을 느껴 투항해 온 자들도 있었다. … 일본에서 규슈의 오우치 요시히로가 왜구를 섬멸하려 한다는 소식을 듣고 자기들에게 화가 미칠까 두려워하여 조선에 투항하였다. 이 때의 항왜는 등시라로·등망·오시라·피견도로 등을 확인할 수 있다.[17]

한문종은 위와 같이 항왜들을 "조선의 왜구 대책 실시로 투항해 온 항왜"와 "왜구 토벌에 불안을 느껴 투항해 온 자들"로 나누어 서술하면서, 등시라로 항왜를 후자로 분류하고 있다. 〈사료 1〉의 취지를 충실히 반영하여, 등시라로 항왜를 '조선 조정의 회유책'이 적용되지 않는 별도 범주의 항왜로 취급했다. 이 점에서 그는 여타 연구자들보다 한걸음 진전된 모습을 보였다. 다만 그의 연구도 '요시히로의 삼도지적 토벌'에 관한 상세한 고찰에까지 이르지 못한 점은 아쉽다.

요컨대, 등시라로 왜구 집단은 조선초 항왜 중에서 나가온 왜구에 버금가는 대규모 집단이었고, 그 투항 배경도 '요시히로의 삼도지적 토벌'이라고 명확히 사료에 기재되어 있다. 이것은 기존 통설, 즉 '조선 조정의 회유책'론과 충돌하는 모습으로 보인다. 그럼에도 (위 한문종을 제외하고는) 중세 한일관계사의 주요 연구자들은 모두 1970년대 이후 현재까지 등

17) 한문종, 『조선전기 향화 수직왜인연구』, 국학자료원, 2001, 58쪽 ; 한문종, 「조선전기 일본인의 向化와 정착」『동양학』 68, 2017, 157쪽. 〈사료 2〉의 "등망오시라"에 관하여, 한문종은 이를 '등망'과 '오시라' 등 2사람으로 파악하고 있다. 참고로 다무라 히로유키 등 여타 연구자들은 '등망오시라'를 한 사람으로 파악하여 왔다(田村洋幸, 『中世日朝貿易の研究』, 三和書房, 1967, 67쪽 등 참조). "등망오시라"라는 이름은 그 성을 「藤(도, 후지)」 또는 「藤原(후지와라)」, 이름을 「孫四郎(마고시로)」 또는 「孫次郎(마고지로)」로 풀 수 있으므로(「孫四郎」에 관해서는, 趙堈熙, 「『朝鮮王朝實錄』に見られる日本人名の音譯表記法に関する研究(1)」『일어일문학』 91, 2021, 215쪽 등 참조), 필자도 이를 한 사람으로 본다.

시라로 왜구 투항 사건에 전혀 관심을 두지 않았다. 이러한 점에서 본 연구를 통해 등시라로 왜구 투항의 실제 배경을 규명하는 것은 의미 있는 작업이라 생각된다.

3) 강상운·다무라 히로유키의 선행연구 검토

등시라로 왜구 투항에 관하여 진지한 검토를 한 선행연구가 전혀 없었던 것은 아니다. 일찍이 1960년대에 강상운(1966) 및 다무라 히로유키(田村洋幸)(1967)의 연구가 있었다. 이 두 연구는 참고할 바가 크므로, 그 내용을 상세히 살펴보기로 한다.

우선 강상운(1966)의 견해를 먼저 보자. 그 내용이 다소 길므로, 본문에서는 그 요지만 서술하고 원문은 각주로 돌린다.

① 오우치 요시히로의 왜구 토벌은, 실제로는 1397년부터 규슈(九州)에서 펼쳐진 오우치씨 측과 쇼니씨(少弐氏)·기쿠치씨(菊池氏) 간 전쟁이었을 것이다. 오우치씨의 규슈 토벌과 왜구 토벌은 일맥상통한다.

② 등시라로 왜구가, 오우치 요시히로가 규슈 호족과 함께 왜구까지 토벌한다는 소문을 듣고 조선에 투항한 점을 보면, 쇼니씨·기쿠치씨는 왜구와 관련이 있었던 모양이다.

③ 쇼니씨 등이 오우치씨에 의하여 소탕당하면, 왜구들은 그 은신처가 없어지게 되므로 조선 조정에 투항한 것 같다.[18)]

---

18) 姜尙雲, 「麗末鮮初의 韓·日關係史論－韓國과 日本의 今川·大內 兩諸侯와의 關係－」『國際法學會論叢』 11(1), 1966, 28~29쪽.
"①이조실록에 "… 대장군이 大內殿으로 하여금 군사를 더하여 나가서 공격하게 하니, 적이 무기와 갑옷을 버리고 모두 나와서 항복하였다."라는 기록은 왜구를 진압하는 기사가 아니라 규슈 토벌의 이야기라는 주장이 있다. 이 주장에 의하면 오에이(応永) 4년(1397) 9월에 히고(肥後)의 기쿠치 다케토모(菊池武朝)[가] 치쿠젠(筑前)의 쇼니 사다요리(少弐貞頼)와 공모하여 반란을 일으켰는데, … 오우치 요시

위 강상운의 견해는 비록 추측 단계에 머물러 있는 듯 보이지만, 1399년 등시라로 왜구 토벌의 배경은 물론, 고려말-조선초 왜구 주체 논의에도 여러 중요한 실마리를 제공해 준다.

첫째, 그는 '오우치 요시히로의 삼도지적 토벌'이 실제로는 오우치씨의 북규슈에서의 전쟁을 의미한다고 하였다(위 ①번). 한반도에서 등시라로 왜구가 투항한 사건이 일본 북규슈에서의 전쟁 상황과 연관 있다는 점을 시사해 준다. 이에 관해서는 제3장에서 상세히 살펴본다.

둘째, 그는 고려말-조선초 왜구의 실체와 관련해서 쇼니씨(少弐氏)·기쿠치씨(菊池氏)를 지목하고 있다(위 ②·③번). 그는 『정종실록』의 사료만을 기반으로 하여 이러한 추측을 하고 있는데, 이는 탁견이라 생각한다. 실제로 그의 추측은, 1910년대부터 최근까지 쇼니씨·기쿠치씨 등 규슈 남조 세력을 왜구 주체로 지목해온 일본측 연구들,[19] 그리고 고려말 시기

히로는 [그 동생] 미츠히로(満弘)로 하여금 토벌케 했으나 전사했으므로 요시히로가 친히 이를 격퇴한 일이 있다. 이 사실과 [앞에 쓴] 실록 기록이 부합되는 점이 있다. … 당시 왜구와, 규슈[에서] 반기를 든 호족들과 약간의 관계가 있었으므로, 규슈 토벌과 왜구 소탕을 위한 병졸 동원은 一氣相通하는 그 무엇이 있었던 것도 사실이다. ②즉 [등시라로 왜구 투항에 관한 위 〈사료 1〉을 인용한 후] 이렇게 명나라 연해와 우리나라 연해를 침범하던 왜구들이 오우치 요시히로 兵이 三島之賊者, 즉 규슈의 반란 호족과 더불어 왜구까지도 擊殲(공격해 섬멸함)한다는 소리를 듣고 미리 겁이 나서 우리나라에 투항한 것을 보면, 규슈 토호 기쿠치·쇼니 등의 諸族과 소위 왜구와의 관계도 전혀 없지는 않았던 모양이다. ③왜구들로 말하면 자기들을 감싸 주던 규슈의 몇몇 사족들이 오우치 군에 의하여 소탕당하고 나면 은신할 곳이 없는지라 부득이 우리나라에 와서 항복하게 된 것 같다." (인용문 내의 원문자 번호들은 위 본문에서의 요약문과 대응되도록, 필자가 추가한 것이다).

19) 藤田 明, 「明使の來府」『征西將軍宮』, 寶文館, 1915, 360쪽 ; 稲村賢敷, 「前期倭寇に就いて」『琉球諸島における倭寇史跡の研究』, 吉川弘文館, 1957, 10~19쪽 ; 佐藤進一, 「日本国王」『日本の歴史9 : 南北朝の動乱』, 中央公論新社, 2005, 496쪽 (初出 1974) ; 斎藤 満, 「征西府とその外交についての一考察」『史泉』 71, 1990, 60~62쪽 ; 秦野裕介, 「「倭寇」と海洋史観―「倭寇」は「日本人」だったのか―」『立命館大学人文科学研究所紀要』 81, 2002, 91~ 95쪽 ; 森 茂暁, 「南朝と地方との関係」『南朝全史 : 大覚寺統から後南朝へ』, 講談社, 2005, 178~180쪽 등 참조. 이러한 일본 연

한국·일본 사료를 종합적으로 검토하여 쇼니씨·기쿠치씨를 왜구 주체로 지목한 이영의 연구들[20]을 통하여 구체적으로 뒷받침된다.

셋째, 그는 왜구들의 투항 배경을 그들의 은신처, 즉 본거지에 대한 위협으로 파악하고 있다(위 ③번). 이 점 역시 '요시히로의 삼도지적 토벌'이라는 상황을 단순히 전투에서의 승패로만 인식하는 것이 아니라, 왜구의 본거지 및 세력권의 약화라는 측면으로 파악했다는 점에서, 역시 주목할 만하다고 생각한다.

이렇게 강상운은 등시라로 왜구 투항에 관한 『정종실록』 〈사료 1〉을

구자들의 '왜구 남조 주체설'에 대해서는, 제2차 세계대전 전에 일본 제국주의가 그 대륙진출을 정당화하기 위하여 나온 것이므로 이를 인정하기 어렵다는 견해가 있다(尹誠翊, 「帝國 日本의 植民지배와 역사서술 속에서의 倭寇」 『동국사학』 59, 2015, 445~446쪽 등 참조). 필자도 공감하는 부분이 일부 있다. 그러나 구체적으로는 각 연구 별로 그러한 결론에 이르게 된 배경 및 연구의 입론 과정 등에 관하여 개별적으로 세밀하게 검토한 후 그 견해를 엄밀히 취사선택 할 필요가 있다. 그런데 종전 후 일본에서는 제국주의가 물러가고, 왜구의 부정적 측면이 다시 떠올랐다. 이에 따라 일본 연구자들은, 한편으로 일본 국내 왜구 근거지 범위를 축소하였으며, 다른 한편으로 일본인 외에 중국인들 및 고려·조선인들이 왜구에 참여했다는 설을 발전시켰고, 이것이 현재 일본 내 통설이 되었다. 이 과정에서 '왜구 남조 주체설'에 관한 관심은 식어 버렸다(이에 관해서는 아래 각주 23번, 38번도 함께 참조하시오.). 이렇게 '일본인' 왜구의 활동 범위를 축소하려는 연구 경향 역시, 왜구 주체 논의 검토에서 유의하여야 할 점이라고 생각한다.
결국 중요한 것은 그 연구 시기를 戰前·戰後로 구분하는 데 있는 것이 아니라, 각 연구에서 결론이 도출되게 된 사료 및 논리적 근거가 타당했는지 여부를 구체적으로 검증하는 데에 있다고 생각한다. 이에 관해서는 별도 기회에 상세히 서술하기로 한다.

20) 이영, 「'경인년 이후의 왜구'와 내란기의 일본 사회」 『왜구와 고려·일본 관계사』, 혜안, 2011, 126~205쪽 (初出: 李領, 「〈庚寅年以降の倭寇〉と内乱期の日本社会」 『倭寇と日麗関係史』, 東京大学出版会, 1999, 119~192쪽) ; 이영, 「〈경신년(1380) 왜구=기쿠치씨(菊池氏)〉 설에 관한 한 고찰 - 무력의 특징을 중심으로」 『일본역사연구』 35, 2012, 5~40쪽 ; 이영, 「여말-선초 왜구(倭寇)의 배후 세력으로서의 쇼니씨(少貳氏)」 『동북아시아문화학회 국제학술대회 발표자료집』, 2013(이하 "「왜구 배후 쇼니씨」"), 161~182쪽 (재게재: 『팍스 몽골리카의 동요와 고려 말 왜구』, 혜안, 2013); 이영, 『왜구, 고려로 번진 일본의 내란』, 보고사, 2020, 123~255쪽 등 참조.

정확히 인용하면서 그 사료 속에 나온 '요시히로의 삼도지적 토벌'에 관하여 여러 시사점을 주고 있다. 다만 1399년 11월 시점에서 오우치씨의 어떠한 활동이 등시라로 왜구 투항을 이끌어냈는지에 관하여 구체적인 해답을 제시하지 않은 점은 아쉽다.

다음으로 비슷한 시기에 제기된 다무라 히로유키(1967)의 견해를 본다.

> ⓐ [〈사료 1〉 및 〈사료 2〉를 요약 설명한 후] ⓑ[1399년 5월 오우치 요시히로가 왜구 토벌 공적을 조선 조정에 알려온 것은, 1396년~1398년 기간 동안 오우치씨가 쇼니씨·기쿠치씨에 대한] 토벌에 나섰던 사실을 가리키는 것일 것이다. … ⓒ이 영향은 중국·조선에 침입한 왜구에까지 미쳐서, 중국을 약탈한 왜구가 오우치 요시히로의 토벌을 전해 듣고 조선에 투항했다고 한다.[21]

다무라 히로유키도 강상운과 마찬가지로, 〈사료 1〉을 인용하면서 등시라로 왜구가 '요시히로의 삼도지적 토벌' 소식을 듣고 조선 조정에 투항했던 점을 명확히 기술하고 있다(ⓐ부분). 또한 1396~1398년 시기 동안 오우치 요시히로의 왜구 토벌이, 실제로는 북규슈에서 쇼니씨·기쿠치씨와 전쟁을 벌였던 것을 의미한다는 점도 명확히 했다(ⓑ부분). 다만 다무라의 연구도 그 구체적인 분석에 이르지 못한 점에서 미흡한 부분이 있었다고 생각한다.

다무라는 등시라로 왜구의 투항 배경에 관하여, 그들이 중국에서 약탈 행위를 하면서 오우치씨의 토벌 활동을 전해 들었기 때문이라고 서술했다(ⓒ문장). 그러나 이는 시간적 흐름을 생각할 때 수긍하기 어렵다. 생각해 보면 '요시히로의 삼도지적 토벌', 즉 쇼니씨·기쿠치씨에 대한 전쟁은 관련 사료에 근거할 때 (늦어도) 1397년부터 시작되어 있었다. 즉 등시라로 왜구가 한반도 서해안에서 왜구 활동을 시작한 시점(1399년 9월~10월)

21) 田村洋幸, 앞의 책, 362~363쪽 참조.

에는 이미[22] 오우치씨의 '삼도지적 토벌'이 한창 진행되고 있었던 셈이다. 등시라로 왜구가, 2년 전부터 이미 치열하게 이어지고 있던 오우치씨와 쇼니씨(그리고 소씨) 간의 전쟁 상황을 모를 리 없었다. 다무라의 주장은 등시라로 왜구가 이미 알고 있었을 오우치씨와의 전쟁 소식을 이때 다시 들었다는 취지인데, 이것을 이유로 해서 조선에 투항했다고 결론짓는 것은 납득하기 어렵다. 더욱이 등시라로 왜구가 위치한 곳은 평안도 연안으로서, 이곳은 오우치씨가 전투를 수행하던 일본 규슈와 멀리 떨어져 있었다. 그럼에도 등시라로 왜구가 어떻게 위협을 느꼈다는 것인지 그 배경도 따로 해명되어야 한다. 이러한 측면에서 다무라의 견해는 등시라로 왜구 투항 배경을 규명하는 데에 미흡했다고 생각된다.

본 제2장 논의를 요약하자면, 등시라로 왜구 투항 사건에 관해서는 1960년대에 강상운과 다무라 히로유키의 본격적인 연구들이 있었다. 이 두 연구는 『정종실록』에 언급된 '요시히로의 삼도지적 토벌'의 의미를 북규슈에서 오우치씨와 쇼니씨 간 전쟁 상황과 연관 짓고, 그로부터 등시라로 왜구 투항의 배경을 규명하려 노력하였다는 데에서 큰 의미가 있다. 그럼에도 그 이후 한국·일본의 연구자들은 심층적인 연구로 전혀 나아가지 않았다. 오히려 직접적인 사료 내용도 제대로 언급하지 않은 채, 그 투항 배경에 관하여 이를 '조선 조정의 회유책'이었다고 단정했다.[23] 그 결

22) 설령 등시라로 왜구가 중국을 침구했다는 점을 고려해도 마찬가지이다. 중국에서의 침구 활동에 넉넉잡아 1년 이상이 소요되었다고 보더라도 그 출발은 1398년 무렵이 된다. 이때에는 이미 오우치씨 측과 쇼니씨·기쿠치씨 측 사이에 전쟁이 진행되고 있는 시기였다.

23) 1960년대의 본격적 연구 성과가 있었음에도, 그 이후 일본 연구자들이 이 논제를 외면했던 현상은 무엇을 의미할까? 이것은 제2차 세계대전 이후 다나카 다케오 등 일본의 주류 연구자들이 주도했던 연구 경향, 즉 왜구의 실체를 '대마도·이키·마츠우라(松浦)'라는 이른바 '三島'의 영역으로 제한하고, 이를 '일본'과 분리해 내려는 연구 분위기와도 관련된다고 생각된다. 나아가 이러한 연구 경향은 1980년

과 기존 통설로서는 등시라로 왜구가 무슨 연유로 투항했는지에 대해서 적절한 해답을 제시해 주지 못하는 상황이 되었다.

따라서, 본 연구에서는 등시라로 왜구 투항에 관하여 서술한 〈사료 1〉·〈사료 2〉의 내용을 충실히 검토하고, 강상운·다무라 히로유키의 유의미한 연구 결과를 참고할 것이다. 나아가 이들 두 연구에서의 시사점은 수용하면서, 두 연구가 충분히 규명하지 못했던 '요시히로의 삼도지적 토벌'의 구체적인 의미를 규명하고자 한다. 이를 통하여 등시라로 왜구 투항 배경의 진정한 모습이 자연스럽게 설명될 수 있으리라 생각한다.

3. 오에이의 난과 등시라로 왜구 투항

등시라로 왜구는 중국에서의 침구를 마치고 1399년(정종원·오에이(応永)6) 9월부터 평안도 연안에서 침구 활동을 하다가 11월 초에 급히 투항해 왔다. 그 이유는 "오우치 요시히로가 군사를 일으켜 삼도지적을 섬멸한다는 소문을 듣고, 화가 미칠 것을 두려워하여"였다고 한다.

그렇다면 등시라로 왜구는 '요시히로의 삼도지적 토벌'에 관한 소문을 언제 들었을까? 조선 조정에 투항해야 할 정도로 심각한 정보를 입수한 상태에서는, 조선에서 침구 활동을 개시하거나 지속했을 리 없다. 따라서 사료에 나타난 이들의 마지막 왜구 활동 날짜인 1399년 10월 19일 이후[24)]에서야,

대 이후 다나카 다케오의 '고려·조선인 왜구설', 다카하시 기미아키(高橋公明)의 '고려·일본인 연합설', 무라이 쇼스케의 '왜구 경계인설' 등 당시 고려·조선인을 왜구에 편입시키는 방향으로 그 외연을 확장한다. 즉 이러한 맥락에서, 강상운·다무라의 견해를 무시하는 현상에는, 1399년 등시라로 왜구 투항 사건을 쇼니씨·기쿠치씨 관련 논의와는 의도적으로 단절시키거나 그러한 논의를 회피하려는 고려가 있었던 것은 아닐까 한다. 이러한 논의에 관해서는 아래 각주 38번, '삼도왜구' 관련 논의에 관해서는 아래 각주 33번을 함께 참조하시오.

24) 『정종실록』 권2, 정종 1년 10월 19일 을묘. 『정종실록』의 날짜는 왜구 침구 사건이 서울의 조정에 보고된 때를 의미한다. 그렇다면 등시라로 왜구가 위 정보를

이들은 '요시히로의 삼도지적 토벌' 관련 소문 내지 첩보를 입수했다고 보아야 한다. 그리고 그 내용은, 등시라로 왜구가 그 침구 활동을 중지하고 본거지로 빨리 돌아가는 정도로는 해결될 수 없고, 조선 조정에 급히 투항해야만 할 정도로 심각한 위협이어야 한다. 또 그것은 시기적으로 과거에 있었던 사실이 아니라, 1399년 10월~11월 시점에서 등시라로 왜구 또는 그들의 본거지인 대마도[25]에 치명적인 영향력을 갖는 위협이었어야 한다.

위와 같은 조건들을 고려할 때, 1399년 10월~11월 무렵에 오우치 요시히로가 벌였던 일은 무엇이었을까? 그것은 일본 중세사에서 유명한 '오에이의 난'이다. 이것은 서일본의 유력 다이묘(大名)였던 오우치 요시히로가 일본 막부 최고 권력자인 아시카가 요시미츠(足利義満[26])를 상대로 일으켰던 모반 사건이다. 일본 본토에서 일어난 모반 사건이 어떻게 평안도 연안에 있던 왜구 투항에까지 영향을 미쳤던 것일까?

이 질문에 관하여, 본 제3장 제1절에서는 우선 1399년 이전 조선-오우치씨-대마도 간 삼각 관계를 정리하고, 제2절에서는 오에이의 난을 살펴본 후, 제3절에서 이 사건이 어떻게 등시라로 왜구 투항으로 이어지게 되었는지에 관해 고찰하기로 한다.

1) 1399년 이전 조선-오우치씨-대마도 간 삼각 관계

(1) 조선과 오우치씨 간 관계

고려-오우치씨 간 통교 관계는, 1379년(우왕5) 오우치 요시히로가 왜구

입수한 시기는 10월 19일보다 약간 빨랐을 가능성이 있다.

25) 등시라로 왜구의 본거지 및 출신에 관해서는 아래 제3장 제3절 (1)항을 참조하시오.

26) 요시미츠는 1369년 무로마치 막부 제3대 쇼군이 되었다가, 1395년 쇼군직을 아들 요시모치(義持)에게 물려주었다. 그러나 같은 해에 일본 조정의 최고 관직인 太政大臣에 올랐고, 막부 내의 최고 권력은 사망 시까지 그대로 장악하였다.

토벌을 위해 朴居士 및 군사 186명을 고려로 파견했던 일로 시작되었다.[27] 그러나 박거사 파견 이후 오우치 요시히로는 1395년(태조4) 규슈 단다이(九州探題) 이마가와 료슌(今川了俊)의 실각 때까지 고려·조선 조정과 통교 관계에 나선 바 없었다.[28] 여기에는 당시 고려·조선과의 통교를 독점하던 이마가와 료슌의 영향력이 작용했던 것으로 생각한다.[29] 료슌이 1395년 윤7월[30] 실각하자, 그 즉시 오우치 요시히로의 조선 통교 시도는 본격화한다.[31] 그는 그해 12월부터 다시금 매년 1회 이상 꾸준히 조선 조정에 사자를 파견해 왔다. 그리고 오우치씨는 기회 되는 대로 왜구 금압 의지를 조선 조정에 천명했다.[32]

27) 『고려사』 권133, 열전46, 우왕 4년 10월 ; 권134, 열전47, 우왕 5년 5월 ; 권114, 열전27, 제신, 하을지. 가와조에 쇼지 등은, 고려 사신 한국주가 이마가와 료슌에게 파견되었다가 오우치 요시히로의 왜구 정벌군과 함께 귀국했다는 점을 근거로 하여, 요시히로의 왜구 정벌군 파견의 배경에 이마가와 료슌의 지시 또는 상호 협의가 있었다는 견해를 제시했다(川添昭二, 『対外関係の史的展開』, 文献出版, 1996, 169쪽 ; 橋本 雄, 「対明·対朝鮮貿易と室町幕府ー守護体制」, 荒野泰典·石井正敏·村井章介 編, 『日本の対外関係4 : 倭寇と「日本国王」』, 吉川弘文館, 2010, 110쪽 ; 須田牧子, 「大内氏の対朝関係の変遷」 『中世日朝関係と大内氏』, 東京大学出版会, 2011, 48~51쪽 ; 松岡久人, 『大内義弘』, 戎光祥出版, 2013, 125쪽 등 참조). 이 시기 이마가와 료슌과 오우치 요시히로의 협력 관계에 관하여는, 송종호, 「고려말-조선초 대마도와의 통교 공백기(1369~1397)의 배경 및 양상 - 이마가와 료슌(今川了俊)의 대마도에 대한 영향력을 중심으로 -」 『韓日關係史研究』 82, 2023 (이하 "「통교공백기」"), 79~80쪽을 참조하시오.

28) 田中健夫, 「朝鮮との通交関係の成立」 『中世対外関係史』, 東京大学出版会, 1975, 101쪽 등 참조.

29) 송종호, 「통교공백기」, 79~81쪽 참조.

30) 일본 사료에 따른 것이다. 『태조실록』에 의하면, 1396년에는 조선의 曆法에 따라 윤7월 대신 윤10월이 있다. 따라서 일본 사료에서의 윤7월은 조선 역법상 8월에 해당하는 것으로 보인다.

31) 村井章介, 「日本国王源道義」 『日本の中世10 : 分裂する王権と社会』, 中央公論新社, 2003, 201쪽 ; 須田牧子, 앞의 책, 55쪽 등 참조.

32) 『태조실록』 권8, 태조 4년 12월 16일 을사 ; 권9, 태조 5년 3월 29일 병술 ; 권12, 태조 6년 7월 25일 갑술 ; 11월 14일 임술 등 참조.

이러한 과정을 통해 오우치 요시히로는 조선-일본 간 외교에서 주도권을 장악해 간다. 1399년 당시 그의 위상에 관해서는 아래 두 사료를 통하여 명확히 알 수 있다. 먼저 〈사료 3〉을 보자.

〈사료 3〉 ⓐ처음에 三島倭寇[33]가 우리나라의 우환이 된 지 거의 50년이 되었다. 무인년[1398][34]에 태상왕[태조, 필자 주]이 명하여 박돈지를 일본에 사신으로 보냈는데, 박돈지가 명령을 받고 일본에 이르러 대장군[아시카가 요시미츠, 필자 주]에게 말했다. "우리 임금께서 신에게 명하기를, '… 대장군이 정예 군사와 엄한 호령으로 어찌 ⓑ삼도 도적(三島之賊)을 제압하여 이웃 나라의 수치를 씻지 못하겠는가? 대장군은 어떻게 생각하는가?' 라고 하셨습니다."

ⓒ대장군이 흔쾌하게 명령을 듣고 "제가 그들을 제압할 수 있습니다."라 말하고, 곧 군사를 보내어 토벌하게 하였으나, 적과 싸워 여섯 달이 되어도 이기지 못하였다. ⓓ대장군이 大內殿[오우치 요시히로, 필자 주]으로 하여금 군사를 더하여 나가서 공격하게 하니, 적이 무기와 갑옷을 버리고 모두 나와서 항복하였다. (5월 16일)[35]

33) '三島'의 위치에 관하여 한국·일본의 통설은 이를 대마도·이키·마츠우라 지방으로 본다. 이에 대한 유력한 비판으로 이영(2011)의 연구가 있었다(이영, 「〈고려 말·조선 초 왜구=삼도(쓰시마·이키·마쓰우라) 지역 해민〉설의 비판적 검토」『日本文化研究』 38, 2011, 473~503쪽 (재게재: 『팍스 몽골리카의 동요와 고려 말 왜구』, 혜안, 2013)). 필자 역시 기존 통설에는 사료적·논리적 측면에서 여러 문제점이 있다고 생각한다. 또한 '삼도'라는 말은 고려말에 '왜구 근거지'를 의미하는 용어로 생성된 것으로서, 15세기에 작성된 「混一疆理歷代國都之圖」와 『海東諸國記』 「海東諸國總圖」에 근거해 볼 때 이는 대마도·이키·규슈를 의미했다고 생각한다. 이는 아래 〈사료 4〉의 ⓔ구절과도 대응된다. 이에 관해서는 별도 기회에 상세히 논증하기로 한다.

34) 『태조실록』 권12, 태조 6년 12월 25일 계묘. 1397년 12월 조선 조정의 파견 명령이 있었지만, 박돈지의 墓誌에 의하면 그가 실제로 부산 동래에서 일본으로 출발한 것은 1398년(태조7) 3월이었다(李行, 『騎牛集』 권1, 墓誌, 「正憲太夫 檢校參贊議政府事 朴惇之 墓誌」. 「… 戊寅三月, 發東萊, 海雲浦開帆. …」) ; 須田牧子, 앞의 책, 56쪽 참조).

〈사료 3〉은 1397년(태조6) 12월 일본에 파견되었다가[36] 1399년 5월에 조선으로 귀국한 통신관 朴惇之가 조정에 보고한 내용을 토대로 한 것이다. 그 내용은, 조선이 박돈지를 통하여 일본 막부 대장군(아시카가 요시미츠)에게 '삼도왜구' 토벌을 요구했는데, 대장군은 그 토벌에 성공하지 못했지만, 오우치 요시히로를 파견하니 그가 왜구 토벌에 성공했다는 취지이다.

그로부터 2개월 후에 이 〈사료 3〉과 밀접한 관련이 있는 아래 〈사료 4〉가 보인다.

> 〈사료 4〉 … ⓔ요시히로가 규슈를 쳐서 이기고, 사자를 보내어 方物을 바치면서 또 그 공을 아뢰었다. 임금이 요시히로에게 土田을 하사하고자 하다가 … 그만두었다.
>
> ⓕ요시히로가 청하기를, "저는 백제 후손입니다. 일본 사람들이 저의 世系와 저의 성씨를 알지 못하니, 갖추어 써 주시기를 청합니다."라 하였고, 또한 백제의 토전을 청하였다. … 朴錫命 등이 상소하였다. "… 요시히로가 ⓖ도적들을 토벌한 공적이 있고, …" 문하부 낭사 등이 또 아뢰었다. "… 지금 요시히로가 ⓗ도적들을 토벌한 공적을 내세우고 각별히 백제의 후손이라 일컫는다고 해서 토전을 주면, 후세 쟁란의 실마리가 이로부터 비롯될까 두렵습니다. …" (7월 10일)[37]

---

35) 『정종실록』 권1, 정종 1년 5월 16일 을유. 「ⓐ初, 三島倭寇爲我國患, 幾五十年矣. 歲戊寅, 太上王命惇之, 使于日本. 惇之受命至日本, 與大將軍言曰: "吾王命臣曰: '… 大將軍以兵甲之精、號令之嚴, ⓑ豈不能制三島之賊, 以雪隣國之恥! 惟大將軍以爲如何?" ⓒ大將軍欣然聞命曰: "我能制之. 卽遣兵討之, 與賊戰六月未克. ⓓ大將軍令大內殿加兵進攻之, 賊棄兵擲甲, 擧衆出降.」

36) 위 각주 34번 참조.

37) 『정종실록』 권2, 정종 1년 7월 10일 무인. 「… ⓔ義弘伐九州克之, 遣使來獻方物, 且言其功. 上欲賜義弘土田, … 乃止. ⓕ義弘請云: "我是百濟之後也. 日本國人不知吾之世系與吾姓氏, 請具書賜之. 又請百濟土田. … 朴錫命等上疏曰: … 今以六州牧

〈사료 4〉에서 보듯이, 오우치 요시히로는 1399년 7월에 위 왜구 토벌 공적을 내세우면서, 자신이 백제 후손이라는 점을 인정해 주고, 또한 土田을 하사해 달라고 조선 조정에 요청했다.

위 ⓔ구절 "요시히로가 규슈를 쳐서 이기고(伐九州克之)"는 조선의 신하들이 말한 "도적들을 토벌한 공적"(ⓖ·ⓗ구절)과 호응한다. 또한 이는 위 〈사료 3〉에서 "삼도 도적을 제압하여"(ⓑ구절)라는 표현과도 호응한다. 즉 요시히로가 토벌한 "적" 내지 "도적"은 조선을 침구하던 '삼도 도적(三島之賊)'이었던 점, 그리고 이 '삼도 도적'은 '규슈'라고도 불렸다는 점이 확인된다. 따라서 위 제2장 제3절의 강상운 및 다무라 히로유키의 연구에서 보았듯이, 〈사료 3〉에서 조선이 일본 막부에 요구해 성사시킨 요시히로의 '삼도지적' 토벌은, 이 시기 북규슈에서의 분쟁과 관련이 있었다.[38] 이를 더 살펴보자.

이마가와 료슌이 실각한 이듬해인 1396년(오에이3) 4월, 막부가 임명

義弘, 有ⓖ討賊之功, … 門下府郎舍等又上言: "… 今以義弘ⓗ討賊之功, 特稱百濟之後, 錫之土田, 竊恐後世爭亂之端, 兆於此矣. …"」

38) 〈사료 3〉의 '삼도지적 토벌'을 이 시기 오우치씨의 북규슈 승전에 관련된 것으로 보는 것은 1920년대 이래 현재까지 확립되어 있는 통설이다(瀨野馬熊, 「今川大內二氏と朝鮮との關係」『瀨野馬熊遺稿』, 龍溪書舍, 1936, 214~216쪽 (初出: 『朝鮮史學』 1·2·3, 1926) ; 中村栄孝, 앞의 책, 151쪽 ; 姜尙雲, 앞의 논문, 28쪽 ; 田村洋幸, 앞의 책, 362~363쪽 ; 須田牧子, 앞의 책, 59쪽 ; 이영, 「왜구 배후 쇼니씨」, 173~176쪽 ; 平瀨直樹, 『大内義弘』, ミネルヴァ書房, 2017, 127쪽 등 참조). 다만 이러한 견해에 근거하여 〈사료 3〉을 어떻게 해석하는지에 관해서는 연구자들 간 견해 차이가 있다(아래 각주 46번, 48번 참조).

반면 무라이 쇼스케(2003)는 〈사료 3〉에 관하여 "[1399]년에 요시히로와 요시미츠의 군사가 바다를 건너(渡海) 왜구를 토벌했다."고 서술하면서, 오우치씨·쇼니씨 간 전쟁에 근거한 위 통설을 부정하고 있다(村井章介, 「日本国王源道義」, 201쪽). 그러나 1399년에 요시히로 또는 요시미츠의 군사가 조선에 파병되었다는 주장을 뒷받침할 만한 사료는 보이지 않는다. 필자가 아는 한, 그러한 주장이 이제까지 학계에서 제기된 바도 없었다. 그럼에도 중세한일관계사의 대가로 평가되는 무라이 쇼스케가, 사료상 근거도 없이 적극적으로 "바다를 건너"라는 표현까지 쓰면서 무리한 서술을 한 점은 납득하기 어렵다. 이에 관해서는 위 각주 23번을 참조하시오.

한 새로운 규슈 단다이 시부카와 미츠요리(渋川満頼)가 규슈로 내려왔다. 그러자 이 지역 토착 세력인 쇼니 사다요리(少弐貞頼)와 기쿠치 다케토모(菊池武朝) 등이 이에 반기를 들고 봉기했다.[39] 그 이후 북규슈 도처에서, 신임 단다이 시부카와 미츠요리 및 그를 지원하는 오우치 요시히로·오토모 치카요(大友親世) 측과, 예전에 이마가와 료슌을 지지했던 쇼니 사다요리·기쿠치 다케토모 측 사이에 전투가 이어진다.[40]

이러한 상황에서 1398년(오에이5) 윤4월에 막부의 최고 권력자 아시카

---

39) 쇼니씨·기쿠치씨 봉기 시기에 관하여, 기존의 다수 견해는 이를 1397년으로 보아 왔다(姜尚雲, 앞의 논문, 28쪽 ; 本田美穂, 「室町時代における少弐氏の動向－貞頼·満貞期－」『九州史学』 91, 1988, 29쪽 ; 이영, 「왜구 배후 쇼니씨」, 175쪽 ; 平瀬直樹, 앞의 책, 127. 144쪽 ; 荒木和憲, 『対馬宗氏の中世史』, 吉川弘文館, 2017, 43쪽 등). 이에 대하여 그 시기를 1396년으로 본 연구자들도 있었다(田村洋幸, 앞의 책, 363쪽 ; 松岡久人, 『大内義弘』, 137~138쪽 등). 이러한 견해 대립과 관련하여 최근 호리카와 야스후미는 통설적 견해인 1397년 설의 근거가 된 요시히로 조운(吉弘紹曇) 書状(연도 미상 3월 20일자)의 작성 연도를 1397년이 아닌 1395년으로 봄으로써, 통설적 견해인 1397년 설에 반대하였다. 이러한 호리카와의 새로운 견해에 의하면, 쇼니씨·기쿠치씨 봉기 연도는 신임 단다이가 부임했던 1396년으로 보는 쪽이 더욱 타당하다(堀川康史, 「今川了俊の京都召還」『古文書研究』 87, 2019, 95~98쪽 ; 荒木和憲, 「室町期北部九州政治史の展開と特質」『日本史研究』 712, 2021, 5쪽 참조).

40) 堀川康史, 앞의 논문, 96~97쪽 ; 荒木和憲, 「室町期北部九州政治史の展開と特質」, 5쪽 등 참조. 한편 혼다 미호는 이 시기 쇼니씨·기쿠치씨 등 규슈의 남조 측 세력의 움직임을 "반 무로마치 막부 움직임"이라고 평가했다(本田美穂, 앞의 논문, 28~29쪽). 이는 연구자들의 통설적 견해로 보인다(田村洋幸, 앞의 책, 363쪽 등 참조). 그러나 이 시기 쇼니씨·기쿠치씨 권력의 정당성이 막부로부터 수여받은 슈고(守護) 직에서 나온다는 점을 고려하면, 이들 규슈 토착 세력은 그 지역으로 새로 파견된 규슈 단다이에게 반발하였던 것이지, 막부 자체에까지 반대했다고 볼 필요는 없다고 생각된다. 또한 쇼니씨·기쿠치씨 등이 이 시기 즈음에 은밀히 막부 지시를 받았다는 취지의 사료(「応永記」, 「南方記」, 「藤龍家譜」 등) 및 관련 학설들도 있다(佐藤進一, 앞의 책, 500쪽 ; 川添昭二, 「渋川満頼の博多支配及び筑前·肥前経営」, 竹内理三博士古希記念会編, 『続 荘園制と武家社会』, 吉川弘文館, 1978, 345쪽 ; 松岡久人, 『大内義弘』, 144쪽 ; 平瀬直樹, 앞의 책, 145쪽 등 참조). 이것들 역시 쇼니씨·기쿠치씨가 당시 막부에 반대하지 않았다는 근거로 볼 수 있다.

가 요시미츠가 쇼니 사다요리를 토벌하라는 미교쇼(御教書)[41]를 발령했고,[42] 오우치 요시히로는 10월 16일 드디어 스스로 규슈로 내려가 쇼니씨·기쿠치씨 군을 격파했다.[43]

일본의 당시 사료에 의하면, 이 무렵 오우치씨는 7월에 "친제이[규슈] 전투 승리(鎮西合戦勝利)"를 교토에 보고했던 바 있고,[44] 11월에 "금번 규슈 전투 승리(今度九州御合戦御勝利)"를 축하했던 바 있다.[45] 한편 『정종실록』 〈사료 3〉에서는 '일본 막부가 나섰지만 6개월이 되도록 승리하지 못하고, 오우치 요시히로가 나서자 적들이 항복했다.'고 서술되어 있다(ⓒ·ⓓ구절). 막부가 나선 것은 1398년 윤4월 미교쇼와 연결되고, 오우치씨의 승전은 그로부터 6개월 남짓이 지난 그해 11월의 "금번 규슈 전투 승리"로 연결된다고 필자는 생각한다. 그렇다면 〈사료 3〉에서 오우치 요시히로가 조선 사신 박돈지에게 '삼도지적 토벌'의 실적으로 알렸던 것은 바로, 관련 사료에서 1398년 11월 "금번 규슈 전투 승리"로 기록된 쇼니씨에 대한 승전이라 볼 수 있다.[46]

---

41) 일본 중세에, 3위 이상 공경의 가신, 막부의 싯켄(執権) 또는 렌쇼(連署)가 주군 또는 쇼군의 명을 받들어 발급하는 문서를 말한다. 특히 가마쿠라 시대로부터 쇼군 가의 미교쇼는 권위를 갖고 있었다. (『角川日本史辞典』)

42) 「綾部家文書」 渋川満頼施行状 応永五年四月二十一日 (本田美穂, 앞의 논문, 29쪽에서 재인용) ; 같은 논문, 29쪽 ; 荒木和憲, 「室町期北部九州政治史の展開と特質」, 5쪽 등.

43) 「迎陽記」 応永五年十月十六日 (『大日本史料』 7編 3冊. 応永五年十月十六日条, 559쪽) ; 이영, 「왜구 배후 쇼니씨」, 175쪽.

44) 「兼敦朝臣記」 応永五年七月十日 (荒木和憲, 「室町期北部九州政治史の展開と特質」, 5쪽, 21쪽 각주 17번에서 재인용).

45) 「住吉神社文書」 応永五年十一月三十日 大内氏奉行人連署奉書 (荒木和憲, 「室町期北部九州政治史の展開と特質」, 5쪽, 21쪽 각주 17번에서 재인용).

46) 이영(2013)은 아시카가 요시미츠가 1398년 8월에 오우치 요시히로에게 보낸 문서(足利義満書 大内義弘充 応永五年八月日(田中健夫 編, 『善隣国宝記·新訂続善隣国宝記』, 集英社, 1995, 106~107쪽))를 근거로 하여, 요시히로의 '삼도지적 토벌'을 1398년 8월부터 12월 사이에 이루어진 승리로 보았던 바 있다(이영, 「왜구 배후

쇼니씨는 고려말 이래로 왜구 주체 세력이었다.[47] 이러한 점에서 『조선왕조실록』이 '삼도 왜구' 문제(〈사료 3〉 ⓐ구절)와 오우치씨의 쇼니씨에 대한 '삼도지적 토벌'(〈사료 3〉 ⓑ·ⓓ구절)을 연관지어 서술하고 있는 취지를 이해할 수 있다. 즉 조선 조정의 군신 모두가, 규슈에서 오우치씨의 쇼니씨 토벌이 왜구 토벌로서 의미를 갖는다는 점을 정확히 인식하고 있었다(〈사료 4〉 ⓔ·ⓖ·ⓗ구절).[48] 따라서 이 사건을 계기로 오우치 요시히로는 조선 조정으로부터 더욱 큰 신임을 얻게 되었고, 이를 바탕으로 조선 조정과 일본 막부 간의 통교를 중재하는 역할도 적극적으로 수행할 수 있었다.[49]

쇼니씨」, 173~176쪽 참조).

47) 斎藤 満, 앞의 논문, 60~62쪽 ; 秦野裕介, 앞의 논문, 91~95쪽 ; 이영, 「왜구 배후 쇼니씨」, 161~182쪽 등 참조.

48) 이영, 「왜구 배후 쇼니씨」, 176~177쪽 참조. 이와 반대로, 오우치씨의 위 북규슈 전투가 실제로는 박돈지가 요청한 왜구 진압과는 무관했지만, 요시히로가 이를 이용하여 조선의 환심을 사려 했다거나(瀨野馬熊, 앞의 논문, 215~216쪽 ; 中村栄孝, 앞의 책, 151쪽 ; 姜尙雲, 앞의 논문, 28~29쪽 등 참조), 박돈지가 스스로 왜구 진압으로 이해했던 것이라는 견해가 있다(須田牧子, 앞의 책, 59쪽 참조). 그러나 이러한 견해에는 당시 왜구가 쇼니씨·기쿠치씨 등 규슈 남조 세력과 연결되어 있다는 점을 간과한 점에 오류가 있다고 생각한다.

49) 中村栄孝, 앞의 책, 151쪽 ; 田中健夫, 『中世対外関係史』, 106쪽 ; 橋本 雄, 앞의 논문, 110쪽 ; 関 周一, 「「中華」の再建と南北朝内乱」, 荒野泰典·石井正敏·村井章介 編, 『日本の対外関係4 : 倭寇と「日本国王」』, 吉川弘文館, 2010, 102쪽 ; 須田牧子, 앞의 책, 60쪽 ; 松岡久人, 『大内義弘』, 143쪽 ; 伊藤幸司, 「大内氏のアジア外交」, 大内氏歴史文化研究会 編, 『大内氏の世界をさぐる』, 勉誠出版社, 2019, 29쪽 등 참조.
이와 관련하여 박돈지는, 1397년 12월 일본 사행을 떠날 때는 요시히로가 조선에 사자를 파견한 것에 대해 답례하는 "회례사"의 자격이었지만, 1399년 5월에 귀국할 때는 "통신관"의 자격이 되어 있었다(『태조실록』 권12, 태조 6년 12월 25일 계묘 ; 『정종실록』 권1, 정종 1년 5월 16일 을유). 이를 근거로 하여 기무라 다쿠는, 조선 조정은 당초 일본 막부와의 통교에 대하여 관심이 없었지만, 요시히로의 중개에 의하여 비로소 박돈지가 교토로 상경하여 아시카가 요시미츠와 접견했다고 보았다(木村 拓, 「朝鮮初期における室町幕府への遣使の目的」 『朝鮮学報』 255, 2021, 54쪽 참조). 필자도 같은 생각이다.

1399년 7월 10일에 오우치 요시히로는 위와 같은 규슈 토벌의 공을 내세우면서 조선 조정에 대하여, 그가 백제의 후손이라는 점을 인정해 주고, 또한 토전을 하사해 달라고 요청한다(〈사료 4〉 ⓔ·ⓕ구절).[50] 이러한 요청은 결국 거부되었지만, 이때 조선 국왕과 신하들이 이에 관하여 진지하게 고민했던 점만 보아도, 1399년 당시 조선 조정의 오우치 요시히로에 대한 신임의 정도가, 예전의 이마가와 료슌에 대한 신임 이상의 것이 되어 있었음을 엿볼 수 있다.

(2) 조선과 대마도 간 관계

고려-대마도 간 통교 관계는 1368년(공민왕17) 제4대 대마도주 소 츠네시게(宗経茂)의 사자가 고려 조정에 입조함으로써 수립된 바 있었다.[51] 그러나 이듬해인 1369년(공민왕18) 대마도는 이를 파기했고,[52] 조선 건국 이후인 1397년(태조6)까지 약 30년 동안 고려·조선과 대마도 간에는 통교 관계가 없는 '통교 공백기' 상태가 이어졌다.[53]

통교 공백기 중이던 1389년(창왕1) 박위의 대마도 정벌을 계기로 하여, 왜구의 한반도 침구는 수년 동안 소강상태로 접어든다.[54] 이로써 이성계를 비롯한 장차 조선 건국 세력은 대마도 정벌이 왜구 활동을 일시적으로나마 제어하는 효과가 있다고 판단했던 것으로 보인다. 1392년(태조1) 조

50) 『정종실록』 권2, 정종 1년 7월 10일 무인.

51) 『고려사』 권41, 공민왕 17년 7월 11일 기묘 ; 11월 9일 병오.

52) 『고려사』 권41, 공민왕 18년 7월 9일 신축 ; 11월 1일 임진 ; 11월 27일 무오 등 참조 ; 송종호, 「통교공백기」, 72~73쪽 참조.

53) 고려·조선-대마도 간 통교 공백기에 관해서는, 송종호, 「통교공백기」, 69~ 90쪽을 참조하시오.

54) 한반도에의 왜구 침구 빈도는, 박위의 대마도 정벌 직전 해인 1388년에 27회였는데, 그 이후 1389년 12회, 1390년 9회, 1391년 1회, 1392년 2회로 소강상태를 보였다(이영, 『왜구, 고려로 번진 일본의 내란』, 156쪽).

선 건국 이후 왜구들의 한반도 침구가 다시 빈번해지는 모습이 보였으므로,[55] 조선 조정은 해마다 이키·대마도 재정벌을 검토했다. 그에 관한 사료들을 살펴보자.

〈사료 5〉 [왜구를 금압하겠다는 이마가와 료슌의 서한에 대한 조선 조정의 답서에서] 근래에 본국 수군 장수들이 여러 번 해적을 사로잡고 ⓐ舟師 ; 수군를 이끌고 가서 잔당을 쳐서 잡자고 하므로, 조정이 의논하여 장차 이를 허락하려던 차에, 마침 ⓑ그대[료슌, 필자 주]의 말씀을 보고 중지했습니다. … (태조 3년(1394) 10월 11일)[56]

위 〈사료 5〉는 1394년(태조3) 조선 조정이 왜구와 그 잔당을 공격하여 토벌하려 했는데, 이마가와 료슌이 사자를 파견해 만류했으므로 이를 중지했다는 취지이다. 그 정벌 대상 지역이 명기되어 있지는 않지만, 아래 〈사료 6〉 내지 〈사료 8〉을 볼 때 이 역시 이키·대마도로 볼 수 있을 것이다. 료슌이 이때 전달한 메시지에 관해서는 다음 〈사료 6〉에서 이를 엿볼 수 있다.

〈사료 6〉 [이마가와 료슌이 서한을 통하여 이키·대마도의 도적에 대하여 언급한 데 이어] 만약 ⓒ또 〈조선 조정이〉 관군 장수들에게 따로 다른 방도를 내게 한다면 通好하는 길이 끊어질까 염려됩니다. … ⓓ제[료슌, 필자 주]가 서툰 계책이나마 쓰도록 맡겨 주시면, 반드시 〈왜구들이〉 모두 없어져 두 나

---

55) 한반도에의 왜구 침구 빈도는, 1392년 2회에서 1393년 12회, 1394년 14회, 1395년 6회, 1396년 14회, 1397년 13회 등으로 증가한다(송종호, 「조선초 왜구 활동과 조선-일본 관계 연구 - 태조~태종 시기를 중심으로」, 한국방송통신대학교 석사학위논문, 2019, 29쪽).

56) 『태조실록』 권6, 태조 3년 10월 11일 정축. 「比來, 本國水軍將帥累擒海賊, ⓐ請以舟師, 往捕餘黨, 朝議將許之, ⓑ適承來諭乃寢.」

라의 정이 마땅히 좋아질 것입니다. …. (태조 4년(1395) 7월 10일)[57]

〈사료 5〉부터 불과 9개월이 지난 1395년(태조4) 〈사료 6〉을 보면, 조선은 다시금 이키·대마도 정벌을 계획하고 있었다. 이에 이마가와 료슌이 자신이 잘 처리해 보겠으니 이를 중지해 달라는 의견을 표시했던 것이다. 조선 조정은 이마가와 료슌의 이러한 의견을 매번 수용하였는데, 이 점에서도 이 시기 료슌에 대한 조선 조정의 깊은 신뢰를 엿볼 수 있다.

그러나 료슌은 〈사료 6〉 요청을 한 직후인 윤7월에 교토로 소환되었고, 얼마 후 규슈 단다이 직에서 해임된다. 그의 부재로 인하여 조선의 대마도 정벌 의지를 막을 인물은 사라졌다. 이에 관해서는 〈사료 7〉을 보자.

〈사료 7〉 [이키·대마도 정벌군 출정을 전송하는 국왕의 교서에서] 이제 하찮은 섬 오랑캐가 감히 날뛰어 우리 변방을 침노한 지가 3, 4차에 이르러서, 이미 장수들을 보내어 나가서 방비하게 하고 있다. ⓔ그러나 크게 군사를 일으켜서 수륙으로 함께 공격하여 일거에 섬멸하지 않고는 변경이 편안할 때가 없을 것이다. (태조 5년(1396) 12월 3일)[58]

57) 『태조실록』 권8, 태조 4년 7월 10일 신축. 「若ⓒ又以官軍將帥, 別開異途, 恐絶通好之路. … ⓓ等我做拙計, 必無噍類, 方宜陪兩國之款懷哉!」
참고로 국사편찬위원회가 인터넷에 게시한 『조선왕조실록』에서는 「無噍類」를 “지저귀는 무리들이 없어져”로 해석하고 있다. 그러나 「噍類」는 중국어에서 “살아 있는 생물”이라는 의미로 사용되므로(「百度百科」 등), 이는 오역으로 보인다. 실제로 국사편찬위원회의 『조선왕조실록』의 조선초 시기 다른 대목에서 나오는 「無噍類」는 모두 “한 사람도 빠짐없이 없어졌다.”는 취지로 해석되고 있다(『정종실록』 권2, 정종 1년 7월 1일 기사 ; 『태종실록』 권7, 태종 4년 6월 10일 기묘 ; 『태종실록』 권18, 태종 9년 8월 9일 무신 ; 『세종실록』 권73, 세종 18년 윤6월 19일 계미 등). 위 인용문에서도 동일한 의미로 해석하면 되리라 생각된다.

58) 『태조실록』 권10, 태조 5년 12월 3일 정해. 「今蕞爾島夷, 敢肆猖狂, 侵我邊鄙, 至於再四, 已遣將師, 出而禦之. ⓔ然非大興師旅, 水陸相迫, 一擧而殄滅之, 則邊境無時得息矣.」

〈사료 7〉에 보듯이 이듬해인 1396년(태조5) 12월에 조선 조정은 드디어 이키·대마도 정벌군을 실제로 출진시켰다.[59] 그 배경 중 하나로서는, 당시 이마가와 료슌이 사라진 상황이었으므로, 조선 조정의 토벌 시도를 만류할 일본 측 세력이 없었던 점도 작용했다고 생각한다. 이때 대마도로서는 1389년에 이어 겨우 7년 만에 다시 조선 정벌군을 맞아 싸워야 하는 위기를 맞게 되었다. 그러한 위기를 모면하고자 당시 조선 동해안에서 왜구 활동을 벌이던 나가온 왜구 집단은 급히 투항했다.[60] 이로써 조선의 이키·대마도 정벌군은 진군을 멈췄고 대마도 현지에서의 정벌은 없었다.[61] 하지만 조선 조정의 이러한 대마도 정벌군 출진에 의해 그 이후 1401년 초까지 3년 반 남짓 동안 한반도에서의 왜구 활동은 다시 소강기로 접어든다.[62]

〈사료 8〉 [조선 조정이 오우치 요시히로에게 회신한 문서에서, 이키·대마도 주민의 왜구 활동을 비난한 후] 그러므로 우리 수군 장수들이 통분하게 여기지 않는 사람이 없어서 여러 번 청하기를, ⓕ<u>크게 전함을 준비하여 장차 가서 그 죄를 물어서, 바다 섬을 깨끗이 쓸어버려 영원히 혼란의 근원을 없애고자 하였다</u>. 그러나 성상께서 文德으로 먼 곳까지 편안하게 하시고, ⓖ<u>귀국에서도 사자를 보내 來聘하여 도적을 금하는 것으로 말하였기 때문에, 아직 그 일을 정지하는 것이다</u>. … (태조 6년(1397) 12월 25일)[63]

---

59) 송종호, 「나가온 왜구 투항」, 280~282쪽 등 참조.

60) 『태조실록』 권10, 태조 5년 12월 9일 계사 등 참조 ; 송종호, 「나가온 왜구 투항」, 267~293쪽 참조.

61) 같은 논문, 278~282쪽 참조.

62) 한반도에서의 왜구 침구 빈도는, 1393~1397년 각 연도 별로 12, 14, 6, 14, 13회였던 것이, 1398년 0회, 1399년 4회(모두 등시라로 왜구로 추정됨), 1400년 0회로 급감한다(송종호, 「조선초 왜구 활동과 조선-일본 관계 연구」, 29쪽).

63) 『태조실록』 권12, 태조 6년 12월 25일 계묘. 「故我水軍將士, 靡不憤惋, 再三申請, ⓕ大備戰艦, 將欲往問厥罪, 掃淸海島, 永絶亂源. 聖上欲以文德綏遠, 而ⓖ貴國亦遣

위 〈사료 8〉을 보면, 김사형의 정벌군이 출진했던 그 이듬해인 1397년(태조6)에도 조선 조정은 다시 이키·대마도 정벌을 계획했다. 이때에는 이마가와 료슌 대신에 새롭게 조선의 신임을 얻어가던 오우치 요시히로의 만류에 의해 정벌은 실행되지 않았던 점을 알 수 있다.

위 사료들에서 보듯이, 조선은 1394년(태조3)부터 1397년(태조6)까지 매년 대마도·이키 정벌을 계획하였다(ⓐ·ⓒ·ⓔ·ⓕ구절). 그러나 당시 조선 조정으로부터 깊은 신임을 얻고 있던 이마가와 료슌 및 오우치 요시히로는 각기 왜구 금압 의지를 표명하면서 대마도 등에 대한 정벌을 만류했다. 이에 조선 조정은 이를 믿고 정벌 계획을 실행으로 옮기지 않았을 뿐이다(ⓑ·ⓓ·ⓖ구절).

조선이 실제로 정벌군을 출진시켰던 1396년 12월(〈사료 7〉)에 나가온 왜구 집단은 조선 조정에 투항한다. 그러나 그해 12월 말 및 이듬해인 1397년 4월 등 2차례나 대마도로 다시 도주한다.[64] 이 나가온 항왜 도주 사건이 조선 조정과 대마도가 외교적 접촉을 시작하는 계기가 되었다.[65] 그리고 마침내 1398년(태조7) 1월부터 대마도 사자가 조선 조정에 입조한다.[66] 이로써 양국 간의 통교 관계는 재개된 것이다.

이 시기 대마도 내부에서는 같은 해인 1398년 5월부터 11월 사이에 정변이 일어났다. 그 시기까지 대마도주 직을 차지하던 소씨 방계인 니이 나카무라 소씨(仁位中村宗氏 ; 이하 "니이 소씨") 출신의 제6대 소 요리시게(宗頼茂) 대신, 소씨 宗家 출신의 소 사다시게(宗貞茂)가 제7대 대마도주로 취임하는 정권 교체였다(제2차 정변).[67] 이듬해인 1399년 7월 소 사다

使來聘, 諭以禁賊, 故姑寢其事. …」

64) 『태조실록』 권11, 태조 6년 1월 3일 병진 ; 1월 28일 신사 ; 4월 6일 무자. 나가온 항왜 도주 사건에 관해서는, 송종호, 「'조선 조정의 왜구 회유책'론에 대한 비판적 검토 - 태조 6년(1397) 항왜 도주와 군관 처벌의 배경을 중심으로 -」 『韓日關係史研究』 80, 2023, 51~72쪽 참조.

65) 『태조실록』 권11, 태조 6년 2월 27일 경술 ; 3월 25일 무인 ; 5월 6일 정사.

66) 『태조실록』 권13, 태조 7년 1월 1일 기유.

시게는 조선 조정에 서계를 보내와 그의 대마도주 취임을 알리고 왜구 금압에의 의지를 전달하면서,[68] 조선 조정과의 통교 관계를 진전시키고자 했다. 소 사다시게는 그해 9월에도 조선 조정에 사자를 파견함으로써[69] 조선과의 통교 관계를 발전시키고자 하는 의지를 다시 한번 표명했다.

그러나 사료 기록으로 볼 때, 조선 조정은 소 사다시게의 7월 서계 및 9월 사행에 대하여 별다른 반응을 보이지 않았다. 오히려 조선 조정은 같은 시기인 7월 10일에, 대마도에게는 적대 세력이었던, 오우치 요시히로의 백제 본관 및 토전 요청을 진지하게 검토하고 있었다.[70] 조선 조정으로서는 이때까지 여전히 오우치 요시히로 측을 전적으로 신임하는 상황이었으므로, 오우치씨 이외에 왜구 금압을 실현할 일본 내 대안 세력을 고려할 필요성을 느끼지 않았던 것으로 생각된다.

결국 1399년 하반기 시점에서 본다면, 대마도로서는 조선과의 통교 관계를 복원하기는 했지만, 당시 매년같이 대마도 정벌을 기획하고 있는 조선 조정의 입장을 누그러뜨릴 획기적인 계기를 만들지는 못했던 불안한 상황이었다고 할 수 있다.

(3) 오우치씨와 대마도 간 관계

위 (1)항에 서술된 바와 같이, 1399년 당시 쇼니씨와 오우치씨는 1396~1397년부터 줄곧 북규슈 각지에서 치열한 전투를 이어가고 있었다. 이때 쇼니씨 군사의 주력 부대는 치쿠젠 국(筑前国 ; 후쿠오카 현 서부) 슈고다이(守護代)였던 대마도 소씨(宗氏)였다. 따라서 1398년 7월·11월에 있었던 오우치씨의 대승리는 "삼도의 도적"이었던 쇼니씨, 그리고 소씨 측

67) 長 節子, 『中世日朝関係と対馬』, 吉川弘文館, 1987, 44~45쪽 등 참조.
68) 『정종실록』 권2, 정종 1년 7월 1일 기사.
69) 『정종실록』 권2, 정종 1년 9월 10일 정축.
70) 〈사료 4〉 참조.

의 참패를 의미했다. 위 (2)항에 언급된 바와 같이, 바로 이 무렵인 1398년 5월 이후 시기에 대마도 제2차 정변이 일어나 그 지배층이 니이 소씨에서 소씨 종가 출신으로 교체되는 정치적 격변도 있었다. 그러나 쇼니씨를 주군으로 모시면서 오우치씨 등과 맞서 싸운다는 대마도의 기본 방침에는 여전히 변함이 없었다.[71)]

위 (1)항에서 보았듯이, 오우치씨는 일본 전역에서 손꼽히는 유력 다이묘인 동시에, 조선 조정과 일본 막부 양측에 큰 영향력을 미칠 수 있는 세력이었다. 대마도 소씨는 이러한 오우치씨를 전쟁 상대방으로 맞아 싸우고 있었고, 그로부터 참패를 당한 최근 경험도 있었다. 따라서 오우치씨에 대한 경계와 두려움은 상당히 컸을 것이다.

즉 1399년 하반기 당시 대마도 소씨로서는. 일본 국내에서 계속되고 있던 전쟁에서 버거운 상대방이었던 오우치씨, 그리고 바다 건너에서 언제라도 대마도 재정벌에 나설 수 있었던 조선 조정, 이 양측으로부터 모두 군사적 위협을 받는 상황이었다. 게다가 이들 조선과 오우치씨 등 두 세력은 매우 강력한 신뢰 관계로 맺어진 형세였으므로, 대마도로서는 이 두 세력이 양측에서 협공해 올 가능성도 실제 위협으로 느끼는 상황이었다고 할 수 있다.

2) 1399년 오에이의 난

1399년 당시 오우치 요시히로는 일본 6개 구니(国)를 지배하고 있었고,

71) 1380년대 이후 대마도의 지배 구조는 이마가와 료슌과 쇼니씨가 모두 영향력을 행사하는 兩屬的인 상태였다(松尾大輝, 「南北朝期宗氏による対馬支配と少弐氏」『古文書研究』 92, 2021, 31쪽). 이 시기 쇼니씨는 이마가와 료슌에 순응하고 있었으므로, 양속체제 구조에서 비롯되는 갈등도 없었다. 따라서 1396년 이후 북규슈에서 쇼니씨와 신임 단다이 시부카와 미츠요리와의 전투에서 대마도 소씨는 니이 소씨·소씨 종가 모두 쇼니씨를 지지하는 정치적 입장에 변함이 없었다.

일본 중앙 정계에서도 실력자가 되어 있었다. 또한 일본 막부의 조선 통교를 중재할 정도로 조선 통교에서 강력하고 핵심적인 역할을 담당했다. 이러한 요시히로의 국내·국제적 위상으로 인하여, 오우치씨는 일본 막부의 정점에 있는 아시카가 요시미츠에게 경계의 대상이 되었다. 그리고 결국 예전의 도키씨(土岐氏 ; 1390년 타도됨)·야마나씨(山名氏 ; 1391년 타도됨)·이마가와 료슌(1395년 실각함)과 마찬가지로 타도 대상으로 인식되게 되었다.[72] 따라서 요시미츠는 1397년(오에이4) 무렵부터 오우치 요시히로를 강하게 도발한 듯하며,[73] 요시히로가 이에 반발하여 거병했던 것이 바로 1399년(오에이6) 오에이의 난이다.

그 준비 과정으로서 오우치 요시히로는 1399년, 당시 동일본 지역을 통치하던 가마쿠라 부(鎌倉府)의 간토 구보(関東公方) 아시카가 미츠카네(足利満兼)와 은밀히 손을 잡았다.[74] 다른 한편으로, 위 제1절 (1)항에서 본 바와 같이, 같은 해 7월 10일 조선 조정에 백제 왕가의 본관과 토전을 요청했다. 이 중 토전을 요청했던 것은, 오우치 요시히로가 막부에 대한 모반이 실패했을 때 퇴각하여 머물 근거지를 확보하기 위한 목적이었다고 볼 수 있다.[75] 또한 백제 왕가의 본관을 요청했던 것은, 오우치 요시히로

---

72) 川添昭二, 『今川了俊』, 吉川弘門館, 1988, 221쪽 (初出 1964) ; 柳田快明, 「室町幕府権力の北九州支配 - 十五世紀前半の筑前国を中心に -」 『九州史学』 59, 1976, 39쪽 ; 村井章介, 「日本国王源道義」, 198~203쪽 ; 村井章介, 「倭冦と日本国王」, 荒野泰典·石井正敏·村井章介 編, 『日本の対外関係4 : 倭寇と「日本国王」』, 吉川弘文館, 2010, 15쪽 등 참조.

73) 佐藤進一, 앞의 책, 499쪽 ; 川添昭二, 『対外関係の史的展開』, 93쪽 ; 河宇鳳, 앞의 논문, 370~371쪽 ; 村井章介, 「倭冦と日本国王」, 15쪽 ; 松岡久人, 『大内氏の研究』, 清文堂出版, 2011, 15쪽 ; 村井章介, 『増補 中世日本の内と外』, 筑摩書房, 2013, 161~163쪽 (初出 1999) 등 참조.

74) 川添昭二, 『今川了俊』, 223쪽. 가와조에 쇼지는 미츠카네를 "간토 간레이(関東管領)"라 칭했지만, 이는 착오이다. 그 시기 간토 간레이는 우에스기 도모무네(上杉朝宗)였다.

75) 姜尙雲, 앞의 논문, 33쪽 ; 佐藤進一, 앞의 책, 502~503쪽 ; 한윤희, 「조선 초 쓰시마(對馬)·이키(壱岐)·히젠(肥前) 지역의 피로인 송환에 관한 한 고찰 - 1400년대 피

가 모반을 일으키는 경우, 오우치씨 역시 막부 쇼군 가문인 아시카가씨(足利氏) 못지않은 명문 혈통이라는 명분을 갖게 되는 효과를 기대했던 것이라고 필자는 생각한다.

이와 관련하여 이 시기 무렵 전후로, 조선 조정에 대한 오우치씨의 요구 사항이 확연히 변화하는 모습을 볼 수 있다. 그 전해였던 1398년 12월 29일 오우치 요시히로는 '相國大夫人'의 명령을 받아 대장경을 청구했던 바 있었다.[76] '相國'은 아시카가 요시미츠를 의미하므로,[77] 이 때 요시히로는 요시미츠의 지시에 순응하는 모습을 보이고 있었다. 그러나 그로부터 불과 6개월여 후인 1399년 7월 10일, 그는 아시카가 요시미츠에 대한 모반을 염두에 두고 조선 조정에 본관과 토전을 요구하고 있다. 즉 1399년 상반기 중에 오우치 요시히로의 모반 의지가 급속도로 구체화한 것이다. 이 당시 조선 조정으로서는 그의 내심을 정확히 알 수 없었겠지만, 오우치 요시히로의 모반 의지가 일본 열도를 건너와 조선에까지 노출되었다는 사정도 알 수 있다.

요시히로의 이러한 불온한 움직임에 대응하여, 막부는 여러 차례 요시히로에게 교토로 상경할 것을 요구하고 있었다.[78] 그동안 오우치 요시히로는 간토 구보 아시카가 미츠카네 이외에도 이마가와 료슌, 야마나씨, 도

로인 송환자(=일본의 통교자)의 증가 배경과 관련하여-」, 『동아시아문화연구』 88, 2022, 52쪽 등 참조. 나카무라 히데타카도 요시히로의 토전 요구를 "[오에이의 난과] 관련지어 생각하면, 꽤 흥미 있는 사실이다."라고 평가한 바 있다(中村栄孝, 앞의 책, 152쪽).

76) 『태조실록』 권15, 태조 7년 12월 29일 신미.

77) 1395년 아시카가 요시미츠는 일본 조정의 최고 관직인 太政大臣에 오른다. 태정대신의 중국식 명칭이 '相國' 또는 '大相國'이다. '大相國'이라는 호칭은 『태조실록』 권12, 태조 6년 12월 25일 계묘 ; 『정종실록』 권1, 정종 1년 5월 16일 을유 ; 권2, 정종 1년 7월 1일 기사 ; 7월 10일 무인 등에도 보인다. 田中健夫, 『中世対外関係史』, 106쪽도 함께 참조하시오.

78) 「堺記」 応永六年十月十三日 (『大日本史料』 7編 3冊, 応永六年十月十三日条, 131~132쪽) ; 佐藤進一, 앞의 책, 499쪽.

키씨, 교고쿠씨(京極氏) 등 일본 각지의 세력들을 포섭해 놓은 상태였다.[79] 이윽고 10월 13일 교토 남쪽 사카이(堺 ; 오사카 부 사카이 시)에 도착했다.[80] 그 이후 요시히로는 교토로 상경하지 않았으므로 그가 모반한다는 소문이 계속 퍼졌다.[81]

이에 대하여 아시카가 요시미츠는 10월 27일 승려 젯카이 추신(絶海中津)을 사자로 파견했고, 오우치 요시히로는 그에게 모반의 의지를 밝혔다. 즉 선전포고였다.[82] 이튿날인 10월 28일 그는 교토 남쪽에 있는 나라(奈良) 고후쿠지(興福寺) 세력에게도 거병을 요청했다.[83] 11월이 되어 아시카가 요시미츠는 대군을 이끌고 출진하여 11월 29일 요시히로가 있는 사카이 성 공격을 시작했다. 그리고 12월 21일 드디어 요시히로가 패하여 자결함으로써 오에이의 난은 막을 내린다.[84]

이렇게 오에이의 난은 당시 일본 정치 구도의 근간을 뒤흔든 사건이었다. 결과적으로 오우치 요시히로라는 걸출한 정치적 존재가 사라졌으므로, 일본 국내뿐 아니라, 조선-일본 관계 전반에까지 영향을 크게 미치게 된다.[85]

---

79) 村井章介, 「日本国王源道義」, 201쪽 ; 橋本 雄, 앞의 논문, 112쪽 등 참조.

80) 佐藤進一, 앞의 책, 499쪽 ; 松岡久人, 『大内義弘』, 139쪽 ; 平瀬直樹, 앞의 책, 159쪽, 173쪽 등 참조.

81) 佐藤進一, 앞의 책, 499쪽.

82) 같은 책, 499쪽 ; 松岡久人, 『大内義弘』, 139~141쪽 ; 平瀬直樹, 앞의 책, 159~160쪽 등 참조.

83) 松岡久人, 『大内義弘』, 150쪽 ; 平瀬直樹, 앞의 책, 173쪽 참조.

84) 川添昭二, 『今川了俊』, 228쪽 ; 佐藤進一, 앞의 책, 499쪽 ; 松岡久人, 『大内義弘』, 147~152쪽 등 참조.

85) 조선 조정으로서는 일본과의 관계에서 오우치 요시히로라는 든든한 대화 창구를 잃었다. 그 결과 조선 조정은 왜구 통제 등 일본과의 현안을 맡아줄 대화 상대방을 새로 모색해야 하는 과제를 안게 되었다. 그 이후 점차 조선-대마도 간에 신뢰 관계가 형성되기 시작했고, 1407년(태종7) 平道全의 조선 조정 投化를 계기로 양자 관계는 급속도로 발전한다. 이에 관해서는 향후 별도 기회에 상세히 고찰하기로 한다.

3) 등시라로 왜구 투항의 배경

(1) 오우치씨의 공세 강화에 대한 우려

오에이의 난은 1399년 10월부터 본격화된 사건으로서, 시기적으로는 그 다음달인 11월 등시라로 왜구 투항과 직접 연결될 수 있다. 그런데 당시 일본 교토 인근에서 일어난 오에이의 난이 어떻게 조선 평안도 해안에서 왜구 투항을 이끌어낸 것일까? 이러한 의문점을 염두에 두고 앞에서 보았던 〈사료 1〉을 다시 읽어 보자.

> 〈사료 1(재인용)〉 왜선 7척이 서북면 선주에 이르러 항복하기를 청하였다. … 처음에 왜구가 大明의 연해 지방을 침략하고 우리 풍해도·서북면 등지에 이르렀는데, … ⓒ요시히로가 군사를 일으켜 ⓓ삼도의 도적질하는 자들을 쳐서 섬멸한다는 소문을 듣고, ⓔ화가 미칠 것을 두려워하여 마침내 항복하기를 빌었던 것이다.

우선 밑줄친 ⓒ구절의 "요시히로가 군사를 일으켜"는 오에이의 난을 의미한다. 위 제2절에서 언급된 바와 같이 1399년 7월 무렵, 오우치 요시히로의 거사 계획은 이미 조선 조정에까지 영향을 미치고 있었다. 따라서 일본 각지 세력들 사이에도 오우치 요시히로 모반에 관한 소식이 널리 퍼져 있었을 것이다.[86] 10월 13일 오우치 요시히로는 대군을 이끌고 교토

86) 그 해 9월에는 일본 하늘에 客星이 나타나 陰陽師들이 대규모 병란이 있을 것이라 예언하고 있었다(「堺記」 応永六年九月 (『大日本史料』 7編 3冊, 応永六年十月十三日条, 131쪽)). 이 문장 바로 뒤에 오우치 요시히로가 사카이에 왔다는 문장으로 이어지는 것으로 보아, 음양사가 말한 대규모 병란은 요시히로로부터 비롯될 것이라는 의미였다. 이 점에서도 오에이의 난이 발발하기 전부터 이미 오우치씨에 의한 반란에 대한 우려는 상당히 만연해 있었다고 볼 수 있다.

남쪽 사카이에 주둔했으며, 10월 27일에는 요시히로 스스로 모반의 의지를 천명했다. 오우치씨와 막부 간 정면충돌은 당시 일본 국내 정세에서 매우 충격적인 사건이었다. 따라서 그 소식은 다시금 일본 전국에 빠른 속도로 전파되었을 것이다. 그해 9월에 중국 침구를 마치고 한반도 해역으로 들어선 등시라로 왜구 집단도 10월 후반 또는 11월 초 어느 시점에는 그 근거지인 대마도와의 통신을 통하여 이러한 정보를 알게 되었을 것이다.[87] 따라서 등시라로 왜구가 11월 9일 갑자기 투항한 계기였던 요시히로 관련 최신 소식이란 바로 이 오에이의 난에 관한 정보였을 수밖에 없다.[88]

오우치씨가 일본 막부에 대항하여 본격적인 모반을 일으킨 상황이라

87) 등시라로 왜구가 요시히로의 거병 정보를 입수한 경로에 관해 알 수 있는 사료는 없다. 그러나 『정종실록』 〈사료 1〉 및 〈사료 2〉에 근거하면, ① 10월 19일 조선 조정에 보고된 침구 활동 이후 무언가 중대한 사태 변동이 있었고, 그에 따라 11월 8일 등시라로 왜구가 투항할 수밖에 없었다는 점, 그리고 ② 그 투항의 이유는 '요시히로의 삼도지적 토벌'이었다는 점은 확실하다. 즉 등시라로 왜구는 10월 19일(이 날짜는 조선 조정에 보고가 있었던 날을 의미하는 것이므로, 실제 마지막 침구 행위는 그보다 며칠 빨랐을 수 있다) 이후 어느 시점에서 요시히로 거병에 관한 정보를 알게 되었다는 점은 명확하다고 생각한다. 그 경로에 관해서 필자는, (근거 사료는 없으나) 등시라로 왜구가 장기간의 중국 침구를 마치고 대마도로 귀환하는 길에 있었으므로, 중국에서의 침구 실적 및 자신들의 귀환 일정 등을 보고하기 위하여 통신병을 먼저 대마도에 보냈고, 그 통신병이 왜구 본대로 귀환하였을 때에 일본 국내에서의 중대 사건이던 오에이의 난(또는 요시히로의 거병) 소식을 가져갔으리라 추측한다. 이에 관해서는 추가 검토가 필요하리라 생각하지만, 어쨌든 등시라로 왜구가 10월 중순~11월 초에 요시히로 거병 정보를 입수했을 것이라는 결론에는 변함없다고 생각한다.

88) 등시라로 왜구가 10월말~11월초 시점에 오에이의 난의 전모, 즉 오우치 요시히로가 막부를 상대로 반란을 일으켰다는 소식을 정확히 파악하지 못했을 가능성도 있다. 그러나 『정종실록』 〈사료 1〉 기록에 따라, 등시라로 왜구가 '요시히로의 삼도지적 토벌'을 언급했다는 점은 명확하다. 즉 이들이 교토에서 벌어지는 상황을 정확히 몰랐다고 하더라도, 그로부터 와전되어 퍼지고 있던 오우치씨의 대규모 거병 소식은 접했다고 보인다. 따라서 등시라로 왜구가 오에이의 난의 전모를 명확히 입수했든 아니든 상관 없이, 이들이 당시 사정을 북규슈에서 오우치씨의 대규모 공세가 예상되는 상황으로 보았다는 점에서는 결과적으로 별 차이 없다.

면, 서일본 각지에서도 오우치씨 지지 세력과 막부 지지 세력 사이에 격렬한 충돌이 일어날 개연성은 충분했다. 위 제1절에서 살펴본 바와 같이, 규슈에서는 1396~1397년 이래로 쇼니씨·기쿠치씨 측과 오우치씨·규슈 단다이 측 간의 전쟁이 계속되고 있었다. 1399년 10월 당시에도 쇼니씨는 오우치 모리하루(大内盛見 ; 요시히로의 동생, '모리아키라'라고도 읽는다)를 상대로 전투 중이었고,[89] 이때 대마도 소씨 역시 주군인 쇼니씨에 가담하여 북규슈에 주둔 중이었다. 오에이의 난 발발을 계기로 해서 조만간 오우치씨와의 전투가 더욱 격심해질 것은 불을 보듯 명확했다. 위 〈사료 1〉 ⓓ구절의 '삼도지적을 쳐서 섬멸한다는 소문'이란, 오에이의 난으로 말미암아 오우치씨의 쇼니씨·소씨에 대한 공세도 더욱 강렬해질 것이라는 대마도 측의 우려를 의미한다고 생각한다.

등시라로 왜구는 2명 이상의 '만호'가 통솔하고 있었고 오우치씨와의 전투를 걱정하고 있었으므로, 이들은 대마도 소씨 세력 또는 소씨를 섬기는 무가 세력에 속한다고 보인다. 1399년 당시로 보면, 소씨는 쇼니씨 군세의 주력 부대로서, 바로 1년 전인 1398년 7월 및 11월에 오우치씨에게 참패한 경험이 아직도 생생했을 때였다. '오우치씨의 삼도지적 토벌', 즉 북규슈에서 오우치씨와의 대규모 전쟁이 다시 벌어진다면, 그러한 참패에 대한 위기감을 다시금 느낄 수밖에 없는 상황이었다.

(2) 조선-오우치씨의 대마도 협공 가능성에 관한 우려

그러면 위 〈사료 1〉 ⓔ구절에서 등시라로 왜구가 두려워한 "화"는 오에이의 난과 어떻게 연결되는 것일까? 그 해답을 직접적으로 확인할 수 있

89) 有川宜博, 「御領越後入道本仏の戦死」 『少弐氏と宗氏』, 1986, 7쪽(荒木和憲, 『中世対馬宗氏領国と朝鮮』, 山川出版社, 2007, 24쪽 ; 荒木和憲, 『対馬宗氏の中世史』, 45쪽에서 재인용).

는 사료는 보이지 않지만, 이에 관한 필자의 의견을 제시해 보고자 한다.

첫째, 위 (1)항에서 언급된 바와 같이, 왜구가 두려워한 "화"는 우선 그 직전 해인 1398년 7월·11월과 같은 양상으로 쇼니씨·소씨가 규슈에서 오우치씨와 싸워 다시 참패하는 상황을 의미한다고 볼 수 있다. 이 경우 등시라로 왜구로서는 왜구 활동 후 돌아갈 근거지가 없어지는 결과가 될 수 있기 때문에,[90] 등시라로 왜구가 절대로 회피하였으면 하는 상황이 되어 버린다.

그렇지만 아직 오우치씨로부터 결정적인 패배를 당하지 않았던 상황에서, 장차 예상되는 패전의 우려만으로 조선 조정에 투항했다고 보기에는 부족한 감이 있다. 더 엄중한 위협이 있던 것은 아닐까? 이에 대한 필자의 추가적인 試論은 다음과 같다.

둘째, 왜구가 두려워한 "화"는 등시라로 왜구의 근거지인 대마도 본섬이 심각한 타격을 입는 상황도 또한 의미한다고 보는 방법이다. 즉 대마도 본섬이 입을 수 있는 심각한 타격을 회피하기 위해, 조선 연안에 있던 왜구들이 자진하여, 또는 대마도 지배층의 지령에 따라, 조선 조정에 투항했을 것이라는 추론이다.

위 〈사료 5〉 내지 〈사료 8〉에서 본 바와 같이, 국왕 태조를 위시한 조선 조정은 건국 직후인 1393년 이래 매년 대마도 재정벌을 모색하고 있었다. 등시라로 왜구가 그러한 조선 조정 내 상황을 몰랐을 수도 있다. 그러나 당시로부터 불과 10년 전인 1389년 박위의 대마도 정벌이 있었다. 또한 바로 3년 전인 1396년에는 김사형의 이키·대마도 정벌군 출진도 있었다. 이 사건들에 관해서는 대마도의 일반 주민조차도 알았을 수밖에 없다. 따라서 등시라로 왜구 역시 조선의 이러한 대마도 정벌이 또다시 있지 않을까 하는 우려를 갖고 있었을 것이다.

---

90) 이는 '오우치씨의 공격으로 왜구들이 은신할 곳을 잃을 것을 우려하여 투항했다.'는 강상운(1966)의 견해와 맥을 같이 한다(위 제2장 제3절 (1)항 참조).

게다가 그 같은 시기 일본에서는, 조선 조정의 강한 신임을 얻고 있던 오우치씨가 오에이의 난을 일으켰다. 북규슈에서도 오우치씨가 쇼니씨·소씨에 대한 공세를 강화하리라 예상되는 상황이었다. 오우치씨가 예전처럼 대마도 정벌을 만류하는 것이 아니라,[91] 오히려 규슈에서의 전황을 유리하게 만들기 위하여 조선 조정을 부추긴다면, 조선 조정이 대마도 정벌에 나설 개연성은 커진다. 위 제2절에서 살펴본 바와 같이, 실제로 이 시기 오우치씨는, 모반을 감행하는 동시에, 그들에게 호의적인 주변 세력(간토 구보, 이마가와 료슌, 도키씨, 야마나씨, 나라 고후쿠지 등)을 모두 자신의 편으로 가담시켜 전쟁에 나서게 하려는 상황이었다.

물론 관련 사료가 없으므로, 조선 조정 측에서 이 시기에 대마도 재정벌을 추진하였다고 말하기는 어렵다. 그러나 이로부터 30년 남짓 이후의 이야기이기는 하지만, 참고할 만한 사실이 있다. 『세종실록』에 의하면, 오우치씨의 제12대 당주 오우치 모치요(大内持世 ; 요시히로의 아들)가 그 당주 재임 시기인 1431년~1441년 기간 중에 조선과 협공하여 대마도를 정벌하려 했던 것이다.[92] 후대의 사실이기는 하지만, 오우치씨가 언제라

91) 〈사료 8〉에서 보았듯이, 1397년 12월 당시 오우치 요시히로는 조선 조정의 대마도 정벌 시도를 만류했다. 이 당시 요시히로는 기존의 아시카가 요시미츠 막부 체제 하에서 실질적인 규슈 단다이 역할을 하고자 했었기 때문이다. 위 본문 제3장 제2절에서 보았듯이, 막부 체제에 순응하는 그의 입장은 1398년 12월까지 외형적으로는 유지되었던 것으로 보인다. 그리고 이러한 그의 외형적 입장도 1399년 7월 시점에는 이미, 조선에 대한 본관 및 토전 요구로써 변화해 있음을 알 수 있다.

92) 『세종실록』 권104, 세종 26년 4월 30일 기유. 「大内殿 館伴 盧羅加都老가 말하기를, "대마도는 본래 조선의 牧馬地였으므로, 대내전[오우치 모치요, 필자 주]은 조선과 더불어 협공하여 대마도를 조선에 돌려주고자 하였으나, 불행히도 세상을 떠났습니다. 지금의 대내전[오우치 노리히로(大内教弘), 필자 주]은 이 사실을 알지 못합니다."고 하였습니다.(大内殿館伴盧羅加都老言: 對馬島, 本朝鮮牧馬之地. 大内殿欲與朝鮮夾擊, 以本島歸諸朝鮮, 不幸捐世. 今大内殿, 未之知也.)」; 6월 7일 을유 ; 『문종실록』 권9, 문종 1년 8월 24일 기축 등 참조. 스다 마키코(2011) 역시 위 사료를 근거로 하여, 오우치씨가 조선의 군사력을 빌어 대마도를 협공하여 정벌한 후, 조선의 관리 아래 대마도를 복속시킴으로써 쇼니씨의 배후지를 단절시

도 조선을 대마도 협공의 파트너로 삼아 대마도를 공략하려 했다는 점을 엿볼 수 있는 사료라고 생각한다.

1399년 10~11월 대마도는, ① 불과 10년 전 조선의 대마도 정벌에 관한 괴로운 기억, ② 돈독한 관계를 유지하던 조선과 오우치씨 사이에 끼인 지정학적 위치, ③ 오우치씨와 격렬한 전쟁이 지속되는 상태라는 악조건 속에서, 오우치씨로부터 더욱 격렬한 공세가 예상되는 상황에 직면해 있었다. 1399년의 제반 정세는, 1430년대 오우치 모치요의 대마도 협공 계획이 있었던 때와 비교해 볼 때, 지정학적 위치 및 오우치씨와의 전쟁 상태 등 여러 측면에서 흡사했다. 만약 조선 조정이 대마도 정벌에 나선다면, 대마도로서는 북규슈에서 대마도주를 위시한 주력 부대가 오우치씨와 싸우면서, 본거지인 대마도에서는 소수의 잔류 부대가 조선군을 방어해야 하는 절체절명의 위기 상황에 봉착하게 된다. 즉 (조선 조정의 실제 정벌 추진 여부와는 상관 없이) 1399년 당시 대마도로서는 오우치씨가 조선 측에 대하여 대마도 협공을 제안하고 그러한 제안이 실현되는 상황을 우려했을 개연성은 컸다.

이러한 대마도 지배층의 위기감이 등시라로 왜구와 공유되었을 것이라고 생각한다. 즉 〈사료 1〉 ⓔ구절에서 등시라로 왜구가 두려워했던 "화"는, 단지 오우치씨와의 전쟁에서 참패한다는 의미에 머무는 것이 아니라, '오우치씨의 제안으로 조선이 대마도 정벌에 나설 것을 두려워하여'라는 의미가 아니었을까 한다. 따라서 등시라로 왜구는 그들의 본거지인 대마도가 절체절명의 위기에 빠지게 되는 사태를 회피하기 위하여, 1396년 12월 나가온 왜구 집단과 마찬가지로, 조선 조정에 투항하게 되었던 것이라고 필자는 추측한다.

키려 했던 점을 알 수 있다고 하였다(須田牧子, 앞의 책, 63~64쪽). 또한 무라이 쇼스케(1993·1999)도 『문종실록』 사료를 인용하면서 오우치씨의 대마도 협공 제의 사실을 인정하고 있다(村井章介. 『中世倭人伝』, 72쪽((이영 역, 『중세 왜인의 세계』, 85쪽) ; 村井章介, 『増補 中世日本の内と外』, 212쪽 (初出 1999) 참조).

참고로 이 시기 대마도로서는 이마가와 료슌·쇼니씨·소씨 등 그 지배 세력 변동에도 상관없이 줄곧, 그 시기 대마도 내 왜구 세력의 움직임을 자체적으로 통제함으로써[93] 외부로부터의 위기에서 벗어나려 했다. 그 첫 번째 선례가 1389년 박위의 제1차 대마도 정벌 직후부터 관측되는 왜구 활동의 급감 현상이며, 두 번째 선례가 1396년 말 김사형의 제2차 대마도 정벌군 출진 직후에 있었던 나가온 왜구의 투항 및 그 이후 왜구 활동의 급감 현상이었다.[94] 그렇게 1399년 11월 (조선 조정의 실제 정벌 추진 여부와는 상관 없이) 또 한 번의 대마도 정벌군 침공이라는 위기감을 느낀 대마도로서는, 그 시기 한반도에서 활동하던 등시라로 왜구의 침구 활동을 중지시키고 임시방편으로라도 조선 조정에 투항[95]하게 할 필요가 있었을 것이다.

요컨대, 1399년 10월 오우치 요시히로가 일으킨 오에이의 난은, 대마도 세력 및 등시라로 왜구에게 오우치씨의 공세 강화에 대한 우려로 파악되었다. 그리고 나아가서는 오우치씨와 조선 조정의 대마도 협공 위협으로 그 우려가 확대되었을 것으로 필자는 추측한다. 이러한 대마도 세력 및 등시라로 왜구의 위기감이 11월 등시라로 왜구 투항으로 귀결된 것이라고 생각한다.

93) 시기는 다르지만, 대마도주가 대마도 내 왜구 활동을 통제할 수 있었다는 사료상 근거로서는, 예컨대 『세종실록』 권84, 세종 21년 3월 15일 계해 참조. 「왜적 만호 로쿠로지로(六郎次郎)가 중국으로 도적질하러 가고자 소 사다모리(宗貞盛)[대마도주, 필자 주] … 등에게 하직 인사를 하였다. 사다모리 등이 말하기를, "너희들은 조심하여 조선 국경을 침범하지 말도록 하라. 만약 내 말을 좇지 아니하여 혹시 그 경계를 침범한다면, 마땅히 너희 처자식을 죽일 것이다."라 하였다.」 다무라 히로유키(1967)도 같은 취지의 견해를 밝힌 바 있다(田村洋幸, 앞의 책, 317~318쪽 참조).

94) 이 시기 왜구 활동 추이에 관해서는, 위 각주 54번, 62번을 참조하시오.

95) 왜구의 '임시방편으로서의 투항'에 관해서는, 송종호, 「나가온 왜구 투항」, 289~291쪽 등을 참조하시오.

4. 맺음말

1399년(정종원) 11월 등시라로 왜구 투항의 배경에 관하여, 『정종실록』은 이를 명확하게 '오우치 요시히로의 삼도지적 토벌로 인한 화가 미칠 것을 두려워해서'였다고 기록하고 있다. 이 사료 기록에 관하여 강상운(1966)과 다무라 히로유키(1967)의 선구적 연구들이 상당히 의미 있는 견해들을 제시한 바 있었다. 그럼에도 '조선 조정의 회유책'론을 중심으로 한 기존 통설에서는 전혀 반향이 없었다.

본 연구에서는 『정종실록』에서 말하는 '오우치 요시히로의 삼도지적 토벌'이 1399년 10월~12월에 있었던 오에이의 난, 즉 오우치 요시히로가 일본 막부에 대항하여 일으킨 전국적인 모반 사건과 관련 있음을 밝혔다. 그리고 등시라로 왜구가 두려워했던 '화'란 우선, 오우치씨가 북규슈에서 진행 중이던 쇼니씨·소씨에 대한 공세를 강화하고 그 결과 대마도 세력이 크게 패할 것이라는 위기감을 의미한다고 해석했다. 이에 더하여 대마도 세력 및 등시라로 왜구는, 오우치 요시히로가 조선 조정에게 대마도를 협공하자고 제안할 개연성을 크게 보고 그 경우 본거지 대마도에 초래될 극심한 위기를 우려했다는 취지의 試論도 함께 제시했다. 즉 대마도로서는, 당시 일본 국내에서 강력한 위상을 갖고 있으면서 대마도와는 치열한 전쟁 상태를 지속하고 있던 오우치씨, 그리고 대마도 재정벌 기회를 모색하며 대마도를 위협하던 조선 조정, 이 두 세력이 손잡고 북규슈와 대마도 본섬의 대마도 세력을 협공해 오는 상황을 두려워했다고 보인다.

조선초 한반도에 침구했다가 투항한 왜구들 중 『조선왕조실록』이 그 지도자의 이름을 명확히 기재했던 대규모 왜구 집단은 나가온 및 등시라로 집단 등 두 개뿐이다. 필자의 예전 연구와 종합해 보면, 이 두 왜구 집단은 모두 조선 조정의 대마도 정벌로 초래될 위기에서 벗어나고자 그 임시방편으로 조선 조정에 투항해 왔던 것으로 보인다. 즉 조선초 대규모 왜구 투항의 가장 큰 배경에는, 왜구 근거지인 대마도를 토벌하려는 조선

조정의 강력한 의지 및 실행력, 그리고 왜구의 근거 세력인 쇼니씨·소씨 토벌에 열중했던 일본 오우치씨와 조선 조정이 유지해 온 돈독한 통교 관계가 있었다고 말할 수 있다. 여기에 기존 통설에서 말하는 '조선 조정의 회유책'은 보이지 않는다. 그렇다면 조선초 항왜가 '조선 조정의 회유책'에 호응하여 조선 임금의 덕에 감화함으로써 귀화하였다는 취지의 기존 서술은 다시 검토되어야 하지 않을까.

조선초 항왜는 이 시기 향화왜인이 발생하게 된 최초의 유형인 동시에, 그 대표적인 유형의 하나였다. 항왜가 어떠한 배경에서 발생했는지를 명확히 규명해야만, 이들 항왜에 대한 조선 조정의 제반 정책, 항왜 및 향화왜인들의 행동 양식 등 제반 문제를 정확히 해명할 수 있을 것이다. 이 쟁점들에 관한 재검토가 필요하다고 생각한다.

후기왜구와 을묘왜변

윤 성 익

1. 머리말 - 20년 전과 현재의 을묘왜변관

1555년(명종 10) 음력 5월, 70여 척의 배를 타고 온 왜구들이 전라도에 상륙해 달량성을 함락시켰다. 오랜 동안 평안했던 탓에 조선군은 대비가 부족했고 각 지역을 수비하던 지휘관들도 겁을 먹고 도망가는 등 조선군은 왜구의 침입에 적절히 대응하지 못했다. 그 때문에 왜구들은 음력 5월 하순까지 별다른 저항도 받지 않은 채 전라도 남부의 각지를 유린했다. 이런 사태를 맞이해 조선조정은 호조판서 李浚慶을 도순찰사로 임명하고 중앙의 정예부대를 동원해 왜구를 토벌하도록 해 반격에 나섰다. 이준경의 형인 전부부윤 李潤慶은 음력 5월 25일 영암에서 왜구 100여 명을 죽이는 승리를 거두었는데, 이를 기점으로 왜구들은 물러나 배를 타고 바다로 도망쳤다. 그 후 왜구의 선단은 27일 가리포에 침입해 그 다음날 가리포와 회령포를 함락시키고 鹿島를 포위했다. 그 뒤에는 다시 金堂島로 물러났는데 조선군이 이를 추격하자 마침내 패주했다. 이 일련의 사건을 乙卯倭變 혹은 達梁倭變이라고 부른다.

종종 을묘왜변은 임진왜란 이전 조선에서 발생한 최대의 왜구 사건으로 불린다. 그렇지만 국내에서의 을묘왜변에 대한 전문 논저가 그렇게 많은 편은 아니다.[1] 이런 기존의 연구 성과들은 서술의 중점을 왜변의 전개

1) 宋正炫, 「莞島와 倭寇 - 李朝時代를 中心으로 -」 『湖南文化研究』 4, 1966 : 「乙卯倭變에 대하여 - 康津周邊을 中心으로 -」 『湖南文化研究』 12, 1982 ; 金炳夏, 「乙

과정과 그 대처방안에 두고 있기 때문에 왜변 그 자체의 성격이나 이 사건을 구체적으로 어떤 사람들이 일으켰는지에 대해서는 상대적으로 소홀히 다루어져왔다.

즉, 대부분의 기존연구에서는 왜변의 발생 이유에 대해서 서술할 때 직접 원인에 대한 고찰 없이 을묘왜변이전의 왜구 및 왜변에 대해서 서술하면서 을묘왜변도 그 연속선상에서 발생한 것으로 설명해왔다.[2] 즉 일본인의 침입이라는 전통적인 왜구에 대한 관념 속에서 을묘왜변 역시 고려말부터 계속된 왜구 사건의 일환으로 파악하고 있었다. 이와 같은 이해 아래에서는 특별히 을묘왜변의 성격이나 '그들이 누구였는가?'에 대한 논의는 필요치 않았다. 그리고 을묘왜변을 그 이전의 三浦倭亂과 蛇梁鎭倭變의 연속선상에서 파악하는 것이 한국사학계의 일반적인 경향이었다고 할 수 있다.[3]

이런 문제의식 속에서 필자는 과거에 을묘왜변이 이전의 '왜인' 특히 쓰시마(對馬)의 왜인과는 무관한 후기왜구에 의한 사건이었다는 취지의

卯倭變考」『耽羅文化』 8, 濟州大學校 耽羅文化硏究所, 1989 ; 鄭暎錫, 「조선전기 湖南의 倭變에 대하여 - 乙卯倭變을 중심으로 -」『朝鮮大 傳統文化硏究』, 1994-1 ; 문준호, 「조선 명종대 을묘왜변에 관한 군과 정부의 대응」『군사』, 국방부 군산편찬연구소, 2017-6 ; 정현창, 「을묘왜변의 제주성전투 연구:사찬사료를 중심으로」『지방사와 지방문화』 25(2), 역사문화학회, 2022 ; 홍기표, 「을묘왜변 제주 대첩의 재조명과 역사적 의의」『제주도연구』 59, 제주학회, 2023.

이외에 을묘왜변의 배경 및 당시 상황과 관련된 논저로는 다음과 같은 것이 있다. 박병익, 「소재 노수신(蘇齋盧守愼)의 「피구록(避寇錄)」 연구(硏究)」『한국시가문화연구』 29, 한국시가문화학회, 2012 ; 이영, 「황당선의 출현과 조선의 대응 - 가정 왜구의 한반도 침공(을묘왜변: 1555년)의 역사적 전제 -」『일본문화연구』 65, 동아시아 일본학회, 2018.

2) 鄭暎錫, 「조선전기 湖南의 倭變에 대하여 - 乙卯倭變을 중심으로 -」『朝鮮大 傳統文化硏究』, 1994-1, 2~8쪽. 宋正炫, 「乙卯倭變에 대하여 - 康津周邊을 中心으로 -」『湖南文化硏究』 12, 1982, 13쪽. 金炳夏, 「乙卯倭變考」『耽羅文化』 8, 濟州大學校 耽羅文化硏究所, 1989, 76쪽. 한편 宋正炫의 「莞島와 倭寇」(『湖南文化硏究』 4, 1966)에서는 조선 고종대의 사실도 언급하고 있는데, 이는 왜구에 대한 관점을 잘 보여준다고 생각된다.

3) 河宇鳳, 「朝鮮前期의 對日關係」『講座韓日關係史』, 玄音社, 1994, 282쪽.

논지를 밝힌 바 있다.[4] 그리고 이를 통해 을묘왜변은 그 이전의 삼포왜란-사량진왜변 및 그 이후의 임진왜란과는 연속선상에서 파악해서는 안 된다는 점을 강조했다. 당시 고등학교 국사교과서에서는 을묘왜변을 다음과 같이 서술했었다.

> 왜군의 침략
>
> 15세기에 비교적 안정되었던 일본과의 관계는 16세기에 이르러 대립이 격화되었다. 일본인의 무역 요구가 더욱 늘어난데 대하여 조선 정부의 통제가 강화되자 중종 때의 3포 왜란(1510)이나 명종 때의 을묘왜변(1555)과 같은 소란이 자주 일어났다. 이에 조선은 비변사를 설치하여 군사 문제를 전담하게 하는 등 대책을 강구하였고, 일본에 사신을 보내어 정세를 살펴보기도 하였다. 그러나 16세기말에 이르러 국방력은 더욱 약화되고 일본 정세에 대한 인식에서도 붕당간의 차이를 보이는 등 국론이 일치되지 않아서 적극적인 대책이 강구되지 못하였다.
>
> 일본은 전국 시대의 혼란을 수습한 뒤 철저한 준비 끝에 20만 대군으로 조선을 침략해 왔다(1592). 이를 임진왜란이라고 한다.[5]

그런데, 20년이 지난 현재도 위와 같은 식의 서술 및 인식에는 큰 변화가 없다고 보인다. 현행 고등학교 한국사 교과서(2015년 검정)에서의 해당 부분은 다음과 같다.

> 그러나 3포에 머무르는 일본인의 수가 많아지고 일본과의 교역으로 경제적 부담이 가중되자 조선은 무역 규모를 제한하는 등 일본인에 대한 통제를 강화하였다. 이에 불만을 품은 일본인들은 3포왜란(1510)이나 을묘왜변(1555)

4) 윤성익, 「'後期倭寇'로서의 乙卯倭變」 『한일관계사연구』 24, 2006.
5) 국사편찬위원회·국정도서편찬위원회, 『고등학교 국사』, 교육인적자원부, 2004, 111쪽.

과 같은 무력시위를 반복하였고 조선과 일본의 교역은 점차 쇠퇴하였다.[6)]

고려 말부터 왜구의 침입은 심각한 문제였다 …. 16세기에 들어 삼포왜란, 을묘왜변 등 왜인의 소란이 자주 일어났으나 조선은 국방 강화를 위한 제대로 된 대책을 마련하지 못하였다. 한편, 일본에서는 도요토미 히데요시가 전국 시대를 통일하였다.[7)]

16세기 들어 왜인이 자주 소란을 일으키는 가운데 3포왜란과 을묘왜변이 일어났다. 조선은 국방 문제를 담당하는 비변사를 설치하였지만 국방력을 강화할 수 있는 적극적인 대책을 마련하지 못하였다.[8)]

출판사에 따라서는 삼포왜란과 을묘왜변의 기술이 없는 경우도 있는데[9)], 위의 내용들은 과거의 국정교과서 내용에 비해 양은 줄었지만 대체적인 취지는 동일하다고 할 수 있다. 왜구나 왜변은 왜인 혹은 일본인의 행위였고 사건이 일어난 원인은 조선의 무역통제에 불만을 품었기 때문으로 설명하고 있다.

교과서뿐만 아니라 일반인들이 쉽게 접할 수 있는 백과사전류의 서술도 20년 전과 변화가 없다. 한국의 역사문화에 대한 가장 대표적인 백과사전인 『한국민족문화대백과사전』에서는 다음과 같이 서술하고 있다.

---

6) 최준채 외, 『고등학교 한국사』, 금성출판사, 2020, 66쪽.
참고로 금성출판사의 『동아시아사』(최현삼 외, 2018)에서도 "3포(부산포·제포·염포)에 거주하는 일본인들이 무역확대를 요구하자, 조선 정부는 이들에 대한 통제를 강화하였습니다. 이에 반발한 일본인들은 3포왜란(1510)과 을묘왜변(1555) 등 소란을 자주 일으켰습니다."(89쪽)라고 서술하고 있다.

7) 최병택 외, 『고등학교 한국사』, 천재교육, 2020, 69쪽.

8) 한철호 외, 『고등학교 한국사』, 미래엔, 2020, 65쪽.

9) 동아출판사판 및 비상교육판.

> 을묘왜변의 배경은 조선과 일본 사이의 외교 관계가 원활하지 못한 점과 일본 국내 사정의 혼란에서 일어났다 … 일본의 서부 지방에 사는 연해민들이 이웃인 우리 나라와 명나라에까지 침입해 노략질하면서 국제 관계가 순탄치 못하였다. 이와 같은 혼란은 도요토미(豐臣秀吉)가 전국시대를 통일할 때까지 계속되었다. 을묘왜변은 이와 같은 환경 속에서 왜구의 약탈 가운데 규모가 큰 것이었다 … 그러나 일본 내의 혼란은 더욱 심해 왜구의 침입은 여전했으며, 도요토미가 통일할 때까지 계속되었다. 그와 동시에 왜구의 침탈은 대규모적인 임진왜란으로 이어져 조일 양국간의 통교는 파탄되었다.[10]

을묘왜변은 왜구 즉 일본인의 침략이라는 것이 이 사건의 본질이자 원인이라는 설명이다. 아울러 이 사건이 장기적으로는 임진왜란이 터지게 된 배경 중의 하나가 되었던 것으로 인식하고 있다.[11]

을묘왜변이 발생했던 1555년은 중국 대륙에서 후기왜구의 활동이 정점에 이르렀을 때였다. 嘉靖倭寇로도 불리는 이 무렵의 왜구가 그 이전의 전기왜구와 가장 큰 차이점을 보이는 것은 왜구의 인적구성이었다. "대저 眞倭는 3할이며, 倭에 따르는 자[從倭]가 7할이다."[12]라는 문구에서 잘 나타나

10) 「민족문화대백과사전」 https://encykorea.aks.ac.kr/Article/E0042945, 2024년 7월 12일 검색.

11) 국방군사연구소, 『한민족전쟁통사3』, 국방군사연구소, 1996, 71~76쪽에는 을묘왜변에 대해 다음과 같이 서술하고 있다.
"1555년(명종 10) 왜인들이 전남 해안 일대를 공격한 변란. 1544년의 사량진왜변으로 정미약조가 체결되면서 조선에 왕래하는 倭人에 대한 벌칙과 통제가 강화되자 이들의 경제생활은 큰 타격을 받았다. 따라서 조선과 倭人 사이에 충돌이 빚어질 소지가 남아 있었다. 1555년 5월 11일 왜구의 선단 60여 척이 명나라 해안 지역을 약탈하고 귀환하던 도중에 전라도 해안을 침입하였다 … 대마도주와 일본 막부도 조선의 왜구 금압 정책에 협조하여 1557년에는 왜인에 대한 통제 규정을 조건부로 다소 완화시켜 주기도 하였다. 그러나 이러한 조치 이후에도 조선에 대한 왜인의 침입은 계속되어 1592년 임진왜란 발발의 원인 중 하나가 되었다."

12) 『明史』 322권, 外國3, 日本傳, 嘉靖33年, "大抵眞倭十之三, 從倭者十之七."

는 것처럼 후기왜구의 상당수는 '가짜 왜[僞倭]'나 '가장한 왜[假倭]'로 표현되는 중국인 혹은 중국대륙 출신자들이었다. 후기왜구는 현재 한국사교과서에서 서술되어있는 것처럼 '일본인'이라고 쓰기에는 곤란한 점이 많다.[13]

을묘왜변이 그 이전의 왜구들과는 성격을 달리하는 '후기왜구' 사건이었다는 필자의 주장은 과거와 동일하다. 다만, 당시 성급한 판단을 내렸다고 반성되는 적지 않은 부분이 있다. 무엇보다 자주 되돌아보게 되는 것이 왜변을 일으켰던 주체(실행체)와 사건 발생의 원인이라는, 왜구 문제의 핵심적인 부분이다. 이에 대해서는 최근 수정된 견해를 제시한 적이 있는데[14] 이 역시도 미진하다고 생각되는 점이 있고 더욱 신중히 처리해야 할 필요성을 체감했다. 을묘왜변이 후기왜구에 의해 발생했다는 흐름 속에서 을묘왜변의 원인과 누가 일으켰는가에 대한 문제를 다시 한번 고찰토록 하겠다.

2. 을묘왜변 이전의 후기왜구와 조선

왜구에 대한 범위와 대상을 어떻게 설정할지에 대해서는 학자들마다 약간의 차이가 있다. 앞서 보았지만 한국에서는 왜구를 일본인의 침략이

---

13) 국사편찬위원회가 인터넷에서 제공하는 '우리역사넷'의 「교과서용어해설」에는 '을묘왜변'에 대해서 "을묘왜변은 1555년(명종10) 5월에 일본 선박 70여 척이 달량포 밖에서 정박하고 있다가 갑자기 상륙해 백성들을 약탈하고 성을 공격하는 사건에서 시작되었다. 당시 일본은 혼란기를 겪으면서 여러 세력들이 주변 지역에 대한 약탈 활동을 재개했다. 이들은 후기왜구로 불리기도 하는데 명의 연안 지역은 물론 조선의 연안 지역도 약탈했다. 왜구들의 침입 중 규모가 가장 컸던 것이 바로 을묘왜변이었다."고 서술하고 있다.
(http://contents.history.go.kr/front/tg/view.do?treeId=0105&levelId=tg_003_1380&ganada=%EC%95%84&pageUnit=10 검색일 : 2024년 7월 12일)
'후기왜구'를 명시했지만, 이 내용으로는 후기왜구의 인적구성은 종래와 같이 왜인(일본인)이라고 생각할 수밖에 없을 것이다.

14) 윤성익, 「1555년 '을묘왜변 제주대첩'에 관하여 - 달량왜변과의 차별성 및 을묘왜변의 실행 주체 -」 『한일관계사연구』 83, 2024.

나 그에 준하는 행위로 간주하여 고대로까지 시기를 소급하거나 근현대 시기의 침략행위에까지 사용하는 경우도 종종 있다.[15] 그러나 일본에서는 보통 왜구의 활동시기를 13세기부터 16세기로 설정하고 이에 대해 다시 前期倭寇와 後期倭寇로 나누어 구분한다.[16]

16세기는 후기왜구의 활동시기에 해당하는데, 이 시기 왜구의 주 활동무대는 그 이전과는 달리 중국대륙이었다. 흔히 '北虜南倭'라고 표현되는 왜구의 피해는 이 시기 明朝에 심각한 위협이 되었다.[17] 16세기에서도 특히 후기왜구는 嘉靖年間(1522~1566)에 집중되기 때문에 중국에서는 嘉靖倭寇, 혹은 嘉靖大倭寇라고 불리기도 한다.

이 후기왜구는 전기왜구와 여러 면에서 다른 모습을 보이는데, 그 가운데 인적구성의 변화는 가장 두드러진 차이 가운데 하나이다. 『明史』의 다음 구절은 16세기 명대 왜구의 인적구성에 대한 대표적인 사료로 자주 인용된다.

> 대저 眞倭는 3할이며, 倭에 따르는 자[從倭]가 7할이다.[18]

말 그대로 왜구 가운데 실제 일본인이 차지하는 비율이 3할이며 나머

15) 尹誠翊, 「21세기 동아시아 국민국가 속에서의 倭寇像」 『明清史研究』 23, 2005, 194~198쪽.

16) 한편 다나카(田中健夫)는 전기왜구와 후기왜구의 구분 및 용어 사용에 대해 두 시기의 왜구는 그 발생원인·활동지역·구성원 및 주체, 활동의 내용 및 성격이 완전히 다른 별개의 것이기 때문에 전기왜구와 후기왜구의 명칭을 각각 '14·5세기 왜구'와 '16세기 왜구'라고 명명할 것을 제의한 뒤(田中健夫, 「「前期倭寇」「後期倭寇」というよび方について」 『日本歴史』 404, 1982 및 『對外關係と文化交流』, 思文閣出版, 1982) 이후 자신의 논저에는 '14·5세기 왜구'와 '16세기 왜구'라는 용어를 사용했다. 그러나 여전히 전기왜구와 후기왜구라는 용어가 폭넓게 사용되고 있다.

17) 岸本美緒·宮嶋博史, 『世界の歴史 12 - 明清と李朝の時代 - 』, 中央公論社, 1998, 153쪽.

18) 『明史』 322권, 外國3, 日本傳, 嘉靖33年, "大抵眞倭十之三, 從倭者十之七."

지는 중국인이라는 것이다. 이 외에도 후기왜구에 중국인이 다수를 차지했다는 사실을 전하는 사료는 상당히 많다.[19] 이와 같은 사료를 근거로 가정시기의 왜구, 혹은 이를 확대해 명대 왜구의 구성원과 주체는 중국인 중심이며 중국인 주체의 활동이라는 시각이 일본과 중국의 학자들에 의해 전개되었고 일본에서는 중·고등학교의 역사 교과서에 쓰여 질 정도로 일반화되어 있다.

또한 중국에서도 1980년대부터 자본주의 맹아론의 부각과 함께 명대의 사회경제적 발전의 하나로 왜구를 주목하면서, 왜구는 중국인 중심 활동으로 왜구 활동은 사무역 발전·자본축적을 이루었다는 측면에서 관심을 두었다.[20] 이에 가정시기의 왜구를 중국인 사무역 집단으로 파악하고 심지어 왜구라는 명칭자체를 사용하지 않는 경우도 있다.[21] 중국에서는 이를 '倭寇新論'이라고 표현하기도 한다.[22]

---

19) 수적 비율에 대한 몇가지 예를 들면 다음과 같은 기사들이 있다.
"今之海寇, 權計數萬, 皆托言倭奴, 而其實出于日本者不下數千, 其余則皆中國之赤子無賴者入而附之耳, 大略福之漳郡, 居其大半, 而寧詔往往亦間有之." (『籌海圖編』)
"名雖倭夷, 而沿海奸民, 實居其半." (胡宗憲, 「題爲獻愚忠以圖安攘事疏」『明經世文編』, 266권)
"倭寇侵犯, 其中數多福建, 浙江幷江南, 江北, 直隸之人, 或奸豪射利之徒, 或勇悍無耻之衆, 倭寇之內, 華人所居七八." (鄭曉, 「重大倭寇乞處錢粮疏」『明經世文編』, 217권)
"閩倭寇止十二·三耳, 大抵皆閩亂民也." (趙炳然, 『与徐存翁』, 『明經世文編』, 253권)
"其間眞倭十之一, 余皆閩浙通番之徒." (「邊裔典」『古今圖書集成』)
"盤据興化之倭寇, 數雖不少, 大抵倭賊十三四耳, … 攻入壽寧·政和·松溪的倭寇, … 內山賊十六七也." (趙炳然, 「與徐存翁」『明經世文編』, 253권)
20) 윤성익, 『명대 왜구의 연구』, 경인문화사, 2007, 3~7쪽.
21) 李金明의 경우는 '倭寇는 海寇이다'라고 하면서 後期 '海寇'라는 표현을 사용하고 있다(李金明, 『明代海外貿易史』, 中國社會科學出版社, 1990, 「內容提要」). 한편, 日本의 佐久間重男의 경우도 倭寇라는 명칭대신 '嘉靖海寇'라는 명칭을 사용하고 있다(佐久間重男, 『日明關係史の研究』, 吉川弘文館, 1992, 258쪽). 그러나 당시 倭寇와 海寇를 동일한 개념으로 사용하였는지는 의문이며, 구분될 필요가 있다고 생각된다(尹誠翊, 「明代 倭寇論에 대한 재고찰」『明淸史硏究』 14, 2001 참조).
22) 樊树志, 「"倭寇"新论 : 以"嘉靖大倭寇"为中心」『复旦学报』 2000-1.

다만 이러한 왜구신론이 큰 반향을 일으켰다고 해서 전통적인 왜구관이 크게 퇴조한 것은 아니다. 특히 1990년대부터 중국정부에서 강력히 추진한 중화민족의 주장과 애국주의 역사교육의 영향은 왜구 문제에도 큰 영향을 주었다. 2005년 이후 「구론」과 「신론」 사이에 논전이 벌어져 결과적으로는 왜구를 일본인의 침략으로 규정하는 「구론」이 정론이 되었다. 현재 중국의 역사교육 현장에서도 왜구는 '일본의 무사·상인, 海盜'라고 규정된다.[23] 그렇다고 해서 사료에 명기되어 있는 후기왜구 중 중국인의 존재를 부정할 수는 없다. 이 시기의 왜구가 기본적으로는 일본인의 침략 행위라면서도 왜구의 수적 비율은 오히려 중국인이 많았다는 일견 모순처럼 보이는 논지를 펴는 것[24]처럼 후기왜구에서 중국인이 수적으로 많았다는 점 자체는 부정하기 어렵다.

왜구활동을 중국인 주체로 보는 또 다른 이유는 왜구를 이끌었던 지도자, 즉 '왜구의 두목' 가운데 중국인 혹은 중국대륙 출신자들이 많았다는 점이다.[25] 후기왜구의 발생 원인이나 성격을 밀무역 혹은 사무역 강행이라고 설명하는 경우도 많은데, 이런 주장은 중국인 왜구 지도자 가운데 밀무역에 종사하던 사람들이 많았다는 사실에 기초한다. 그리고 가정시기 왜구가 갑자기 증폭된 직접 원인도 사무역에 대한 명조의 엄격한 탄압 때문이기도 했다.

〈표 1〉 가정시기 왜구의 침구회수[26]

가정년도	2(1523)	3	12	13(1534)	14	19	21	24	26	27(1548)	28	29	30	
침구회수	1	1	1	1	1	2	1	1	2	2	1	1	2	
가정년도	31(1552)	32	33	34(1555)	35	36	37	38	39	40(1561)	41	42	43	44
침구회수	13	64	91	101	68	25	32	56	15	22	20	18	5	3

23) 人民教育出版社, 『教师教学用书 中国历史 七年级下册』, 人民教育出版社, 2017, 190·205쪽.

24) 高揚文·陶琦 主編, 『明代倭寇史略』, 中華書局, 2004, 20~21쪽.

25) 주요 倭寇 지도자와 출신지(윤성익, 『명대 왜구의 연구』, 경인문화사, 2007, 82쪽).

1548년(가정 27) 밀무역의 중심지였던 雙嶼가 관군의 탄압으로 괴멸되고 주요 밀무역자들이 관군에 의해 체포되거나 도망쳤다. 이후 밀무역자들은 무장을 강화하고 폭력적인 행위를 증대해 가는데, 그 대표적인 인물이 흔히 '왜구왕'으로 불리는 王直(혹은 汪直)이다. 鹽商 출신인 왕직은 쌍서가 괴멸되기 이전부터 해외무역에 종사했는데, 특히 일본과 깊은 관계를 맺고 있었다.[27] 예를 들어 포르투갈인의 다네가시마(種子島) 표착으로 일본에 鐵砲를 전하게 된 것도 왕직에 의해서라는 것이 거의 정설로 되어 있다.[28]

성명	출신지	성명	출신지
鄧文俊	미상	林道乾	惠來
馬二郎	日本(?)	林碧川	徽州
毛烈	浙江 鄞縣	林鳳	廣東 饒平
尙乾	日本	張璉	廣東 饒平
徐海	徽州 歙縣	鄭宗興	廣東 東莞
蕭顯	南直隷	曾一本	福建 紹安
辛五郎	日本 大偶(?)	陳東	日本 薩摩(?), 徽州(?)
沈南山	福建 漳州	陳世榮	澄海 大家井
嚴山老	福建 海澄	何亞八	廣東 東莞
葉麻	浙江 桐鄕 혹은 日本(?)	許棟	廣東 饒平, 徽州(?)
吳平	福建 紹安	許瑞	澄海
王直	徽州 歙縣	許朝光	廣東
林國顯	廣東 饒平	洪迪珍	福建 漳州
丘古所	日本(?)	阿士機	日本

26) 田中健夫, 『倭寇 - 海の歷史 - 』, 教育史歷史新書, 1982, 205~207쪽의 표를 참조로 작성.

27) 郑舜功, 『日本一鑑』, 「窮河話海」 6권, 海市. "王直 ; 於乙巳歲(嘉靖24)往市日本, 始誘博多津倭助才門等三人來市雙嶼."

28) 철포의 전래에 대한 사료인 『鐵砲記』에는 1543년 다네가시마에 도래한 배에 탑승한 '五峯'이라는 이름의 大明儒生과 필담했다는 기록이 있다. 오봉은 왕직의 호인데, 이 사람이 왕직이었는지에 대해서는 이를 부정하는 견해도 있는데, 여타 사료에 의해서도 그 선박이 왕직과 어느 정도 관련성을 가지고 있다는 것은 인정되

쌍서를 떠난 왕직이 근거를 둔 곳은 일본의 고토(五島)였다.[29] 고토를 근거로 왕직은 중국으로의 사무역, 혹은 약탈행위를 했는데, 왕직 자신은 히라도(平戶)에 居宅을 두고 생활했다. 히라도의 왕직은 부하 2000여 명을 이끌고 사치스러운 저택에서 살면서 항상 비단옷[緞衣]를 입었으며 항구에는 300여 명을 태울 수 있는 큰 선박을 띄우고 36島의 逸民을 지휘하여 王者와 같은 생활을 보내 徽王이라고까지 불렸다고 한다.[30]

그러나 〈표 1〉에서 알 수 있듯이 1551년(가정 30)까지 왜구의 침구활동은 미미했다. 왜구, 즉 가정대왜구가 폭발한 것은 1553년을 전후로 한 시점이다. 왕직은 가정 30년 라이벌 세력이라고 할 수 있는 陳思盻 집단을 공격해 멸하고 그야말로 해상의 패권을 장악했었다. 그리고 舟山열도 定海부근의 瀝港(列港·烈港)을 새롭게 밀무역의 중심지로 삼았는데, 1552년(가정 31)에 浙江연안 등지에서 약탈활동을 벌였던 왜구의 소굴을 역항이라고 판단한 明軍이 그 다음해인 1553년(가정 32), 역항 및 왕직 집단에 대한 대대적인 공격을 가해 역항은 궤멸하고 왕직은 다시 일본으로 돌아가 은거하게끔 되었다.[31]

이후 왜구의 활동이 중국에서 창궐하게 되는데, 왕직 집단 외에도 많은 중국인 지도자들에 의해 지휘된 왜구 집단이 활동했다.[32] 특히 1555년(가정 34)부터 본격적으로 활동을 시작한 徐海·陳東·葉麻(혹은 麻葉) 등 사쓰마(薩摩) 지역을 중심으로 한 세력은 왜구 활동을 한층 더 격화시켰다. 이들 집단의 대표격인 서해는 한 때 왕직의 부하였는데 독립해 왕직과 비견되는 왜구의 두목이 되어 수만의 무리를 이끌기도 했다.[33]

고 있다.

29) 『汪直傳』(撰者不明, 百部叢書集成本), ""直更造巨船, 連舫柵木爲樓櫓入倭, 據薩摩洲之松浦津, 僭號曰 京, 自稱曰 徽王. 部署宗滿·惟學·東爲將領, 汝賢·滶爲腹心, 而三十六島之夷皆其指使. 時時遣夷漢兵十餘道, 流劫濱海郡縣延□數千里."

30) 田中健夫, 『倭寇 - 海の歷史 - 』, 教育史歷史新書, 1982, 134쪽.

31) 『籌海圖編』 8권, 「寇踪分合始末圖譜」.

32) 『籌海圖編』 8권, 「寇踪分合始末圖譜」.

을묘왜변이 발생한 1555년은 중국대륙에서 이렇게 왜구의 침구가 그야말로 절정을 맞고 있던 때였다. 따라서 을묘왜변을 살펴보기 위해서는 중국 내지 동아시아 해상에서의 후기왜구 활동을 종합적으로 고려할 필요가 있다. 鄭舜功, 『日本一鑑·窮河話海』「流逋」의 내용[34]에서 1555년과 그 직전의 왜구상황을 정리하면 다음과 같다.

〈표 2〉 가정 34·35년의 왜구상황

<table>
<tr><th>연도</th><th>내 용</th><th>비 고</th></tr>
<tr><td rowspan="6">가정33년
(1554)</td><td>賊首·徐海, 倭를 꾀어 直隸·浙江에 入寇</td><td>『籌海圖編』: 徐碧溪?</td></tr>
<tr><td>賊首·呉徳宣, 왜를 꾀어 柘林에 屯</td><td>『籌海圖編』: 呉徳宣은 王直의 배하?</td></tr>
<tr><td>蕭顯, 왜를 꾀어 嘉定을 습격</td><td>『籌海圖編』: 5월 관군에게 멸</td></tr>
<tr><td>王阿八, 왜를 꾀어 蘇州를 습격</td><td>『籌海圖編』: 阿八王, 何亞八과 동일인?</td></tr>
<tr><td>劉鑑, 왜를 꾀어 常熟을 습격</td><td></td></tr>
<tr><td>許二·許四, 番夷를 끌어들여 廣東을 휩쓺</td><td></td></tr>
<tr><td rowspan="7">가정34년
(1555)</td><td>巡按浙江監察御史·胡宗憲, 독약(毒剤)을 써서 왜구를 王江涇에서 독살(4월)</td><td></td></tr>
<tr><td>*夏4월 辛卯, 鄭舜功 渡日.</td><td></td></tr>
<tr><td>賊首·許二, 廣東 해상에서 王濡(汝賢;王直의 조카)·徐洪(徐海의 동생)과 동행해 일본에 가서 王直·徐海·沈門 등과 만나고자 함.</td><td></td></tr>
<tr><td>許四, 몰래 가족을 데리고 許二의 배가 돌아오는 것을 기다려 함께 일본(倭)으로 가려 함.</td><td></td></tr>
<tr><td>賊首·林碧川, 왜를 꾀어 直隸·浙江에 入寇</td><td>沈南山 및 日本人·烏魯美他郎 등과 입구, (『籌海圖編』 33년?) 9월 出海했다가 해상에서 관군에게 포획</td></tr>
<tr><td>王一枝(王直의 양아들, 阿九), 왜를 꾀어 入寇, 湖墅의 민가 27,000여 채를 불태우고 일본으로 돌아감</td><td>『嘉靖東南平倭通錄』: 5~7월 湖墅(滸墅;太湖北岸)에서 왜구의 침구</td></tr>
<tr><td colspan="2">*林碧川 : 『籌海図編』 寇踪分合始末圖譜 鄧文俊·沈南山과 병칭. 일본의 陽哥(呼子?)에 屯.</td></tr>
</table>

33) 『浙江通志』(嘉靖40年刊本), 60권, 「經武志」, "海乃偕辛五郎, 聚舟結黨, 衆至數萬, 入南畿浙西諸路, 據柘林·乍浦. 餘衆數千, 寇王江涇."

34) 郑舜功, 『日本一鑑·窮河話海(下)』(海上丝绸之路基本文献丛书), 文物出版社, 2022, 23~26쪽.

	工部右侍郎·趙文華, 王直을 초무하기 위해 일본에 사람을 파견	蔣洲·陳可願, 11월 11일 五島 도착
	許二의 배, 일본에 이르러 京泊의 津에 정박. 王濡는 王直, 徐洪은 徐海, 본인은 沈門과 高洲에서 만남	京泊의 津 : 鹿児島県 川内市의 항구. 高洲 : 大隅의 高須, 鹿児島県 鹿屋市
	許二, 중국으로 돌아갈 때 小琉球에 들러 섬의 나무를 훔치다가 섬사람들에게 살해됨	

1555년이 가정왜구의 극성기라고 불리는 것처럼 왜구 활동은 그 어느 때보다 활발했는데, 주의할 점은 이 때 활동한 왜구집단이 매우 다양했다는 것이다. 각 왜구집단은 협력적으로 행동하기도 했지만 때로는 적대적인 경우도 있는 등 왜구집단은 그야말로 다양했다.

위의 표에서 자주 묘사되는 것처럼 중국인 출신의 지도자는 일본에서 왜인을 꾀어[勾引] 중국으로 가서 약탈이나 밀무역을 했고 그 결과물을 다시 일본으로 가져왔다. 서해가 柘林에 거점을 두었던 것처럼 한 곳에 거점을 두고 주변 지역으로의 약탈을 펼치는 경우도 많았는데, 그렇게 기존에 활동하던 왜구에 '새로운 왜구[新倭]'가 합류하기도 했다.[35] 이처럼 당시 동아시아의 해상은 많은 왜구집단 혹은 이에 준하는 선박들이 왕래하고 있었다.

중국으로 약탈이나 밀무역에 나서던 왜구의 출발지는 일본 九州의 연안·도서지역이었고 그 항로에 인접한 조선의 해역은 이러한 상황과 무관할 수 없었다. 16세기 중엽부터 조선의 연안에는 荒唐船이 자주 출몰한다. 황당선이란 倭船인지 唐船(중국선)인지 불분명했던 선박에 대한 조선에서의 명칭이었다.[36]

35) 예를 들어 1555년(가정 34) 『명 세종실록』의 4월 7일, 5월 1일, 5월 12일, 6월 12일조에는 기존의 왜구에 新倭가 와서 합세했던 정황이 기록되어있다.

36) 荒唐船에 대해서는 高橋公明, 「十六世紀中期の荒唐船と朝鮮の對應」 『前近代の日本と東アジア』, 吉川弘文館, 1987. 참고

〈표 3〉 명종 연간에 출몰한 주요 荒唐船[37)]

연/월	출몰지역	선박수	국적 및 주요내용
元/7	전라도 흥양	3	중국인. 왜인으로 오인 되어 108급 참획
元/8	제주도 대정현	1	중국인. 무역으로 일본에 왕래. 326인
元/8	전라도 馬島	1	중국선. 일본과의 무역선
2/1	백령도·대청도 등	?	황당인 40인, 정박해 집을 짓고 대장간 설치해 배를 수리.
2/11	울진	1	불명.
7/5	제주도 정의현 천미포	1	왜선(황당대선). 상륙·침구. 170여인.
8/6	경기도 龍妹鎭	1	불명. 군관을 찔러 죽임.
9/5	비양도·보길도 일대	4~5	황당선과 왜선. 왜인(30)과 중국인(2) 표류·포획. "黑衣" → 포르투갈인?
9/6	황해도 해상	1	왜선(?). 왜인 15급 참획. 왜물·왜서계 탈취.
11/7	태안군 禿津	1	왜선(?).
14/5	남포현	1	왜선. 군관 1명·군사 6명 피살.
14/6?	전라도 仇助島	1	"建龍大旗, 善放鐵丸, 機械非常, 體樣異凡" → 포르투갈선?

황당선의 국적 판별이 쉽지 않았던 이유는 우선 그 탑승원의 신분이 명확하지 않았기 때문이다. 明人이면서 倭服을 한 사람의 경우도 있고, 실제 왜인도 포함되어 있었으며, 국적을 알 수 없는 사람들이 혼합되어 있는 경우도 있었기 때문이다. 이런 황당선 역시 후기왜구의 일면을 잘 보여주는 것이지만, 근본적으로 황당선은 해적인지 상선인지를 그 자체만으로 판단할 수 없는 성질의 것이었다. 다만, 이들이 당시 중국의 정세와 무관하지 않았을 것이라는 점은 쉽게 알 수 있다.

을묘왜변이 일어나기 1년 전인 1554년(명종 9) 음력 6월의 황당선은 당시 상황의 일면을 보여준다. 이 배에는 일본인과 중국인이 섞여 있었는데, 이 때 공초한 내용은 다음과 같다.

37) 윤성익, 『명대 왜구의 연구』, 경인문화사, 2007, 231쪽.

倭人 絲二老 등이 공초하기를 "저희는 일본 銅興에 사는 사람으로 중국인 蔡四官 등과 같이 명나라에서 매매하기 위해 博多州의 사람과 동흥 사람 및 平居島 사람들과 함께 章[漳]州府에 도착하여 매매하고 돌아오는 길에 배가 파선하였습니다. 동흥 사람인 平田大藏 등 20인과 박다주의 時世老와 채사관 등은 三板船을 붙잡고 이에 의지하여 떠내려 오다가 해안으로 올라왔습니다."고 하였다. 왜인 千六 등은 "저희는 일본 평거도 사람으로 銀兩을 가지고 湖州 땅에서 매매하고 돌아올 때 난파되었는데, 唐人 채사관 등은 돌아올 때 박다주 배를 타고 있던 사람으로 난파된 왜인인 줄 잘못 알고 같이 싣고 왔습니다."라고 하였으며, 왜인 仁王 등은 "중국인 孫美 등이 우리나라[日本]에 오고 싶어 하여 함께 왔습니다."고 하였다.[38]

이와 같이 당시 해상에는 중국인과 일본인이 자유롭게 결합하며 활동하고 있었다. 이런 황당선 및 왜선이 조선에서 간혹 왜구사건을 일으켰는데, 이들 왜구 사건은 주의해 살펴봐야할 점이 있다.

을묘왜변을 전후한 시기 제주도에서는 적지 않은 왜구 사건이 발생했는데, 그 사건들은 을묘년의 왜구를 이해할 수 있는 좋은 정황증거가 될 수 있다. 이를 정리하면 〈표 4〉·〈표 5〉와 같다.

〈표 4〉 을묘왜변 이전 제주도에서의 왜구 사건[39]

	사료명	기록 시기 (음력)	왜구 규모	지역	비 고
1	탐라기년	1540년(중종 35) 8월	왜, 침입	미상	목사 權軫과 판관 韓瑾 파직
2	탐라기년	1552년(명종 7) 5월	왜, 침입	川尾浦	왜적 30명 한라산 잠입, 왜적 望古三夫羅 체포

38) 『명종실록』 16권, 명종 9년, 6월 8일(정축).

39) 제주특별자치도 제주연구원 편, 『을묘왜변과 제주대첩』, 제주특별자치도 제주연구원, 2022, 144~146쪽의 표를 일부 수정·보완.

3	명종실록	1552년(명종 7) 5월 30일	왜선 1척	천미포	절반이 중국인. 식량과 배를 애걸했으나 들어주지 않아 접전. 1차 천미포 왜변
4	명종실록	1554년(명종 9) 5월 25일	왜선 1척	천미포	제주목사 남치근. 왜인, 汲水 위해 상륙 의복은 중국의 것과 비슷. 2차 천미포 왜변(?)
5	명종실록	1554년(명종 9) 6월 8일	왜인 23명	飛陽島	章州에서 매매하고 돌아오다가 배가 난파. 왜인 23명, 중국인 2명
6	탐라기년	1554년(명종 9) 7월	2척 포획	미상	*5·6월의 사실을 기록?
7	명종실록	1555년(명종 10) 7월 2일		제주성	을묘왜변
참고	명종실록	1565년(명종 20) 11월 9일			南致勤이 제주목사였을 때, 왜선5~6척이 唐物을 가득 싣고 풍랑을 만나 제주도로 표류해 와서 정박했는데, 왜인들을 전부 죽이고 재화를 자신이 차지.

〈표 5〉 金秀文의 제주목사 재임 중 왜구 토벌 공적

순번	『명종실록』의 기록	왜구 규모	전 과	비 고
1	명종 10년 7월 6일	1천여 인	斬獲甚衆	6월 27일 제주대첩
2	명종 10년 9월 12일	배1척?	참 54급	총통으로 적선을 불 지름 중국인 許秀 압송
3	명종 11년 6월 14일	배4척?	4척 포획. 사로잡아 목을 벤 수 (제주33·정의31·대정 33)	계본 3개
4	명종 11년 6월 15일	배1척?	1척 포획, 참 33급	3과는 별도의 계본
3·4	명종 11년 6월 17일	*왜선 5척은 중국에서 도적질을 하다가 바람을 만나 표류해 온 자들		
5	명종 11년 7월 15일	배12척	2척 포획, 참 75급	많은 병기. 作賊之倭
참고	명종 12년 7월 5일	배26척		경내에 정박. 도적질 뒤 귀환하는 자.

위의 기록에서 먼저 주목해야할 점은 왜구집단(혹은 이에 준하는 집단)이 나타났던 시기가 대체로 음력 5월부터 8월 사이였다는 것이다. 또한 〈표 3〉에서도 보이듯이 이것은 비단 제주도에만 국한되는 것이 아니다.

당시 일본에서 중국으로의 항해는 음력 3월의 淸明부터 음력5월까지, 음력 9월의 重陽부터 10월까지가 가장 유리해서 중국의 바다를 방어하는 사람들[防海者]은 3·4·5월을 한 사리[大汛]로 삼고 9·10월을 작은사리[小汛]로 여겼다. 그리고 그 중간의 시기인 단오(음력 5월 5일)부터 중추(음력 8월 15일)까지는 반대로 중국의 동남연안에서 일본으로의 항해가 유리한 시기였다.[40] 『명종실록』에서도 "복건성 상선이 일본을 왕래한 것은 꼭 여름과 가을 사이"[41]라고 되어있다.

물론 음력 5월부터 8월까지의 사이에 일본에서 중국으로의 항해가 불가능한 것은 아니었고 중국으로 향하던 선박이 조선에 흘러들어오는 경우도 있었다.[42] 1552년 음력 7월, 崇明에서 명군에 투항했던 왜선은 "조선의 경계에 들어갔다가 탈출해 바람을 따라 (숭명현 인근 해상에) 7일 만에 이르렀다."고 진술하기도 했다.[43] 그렇지만 표의 내용으로 알 수 있듯이 조선에 나타났던 것은 대부분 중국에서 일본으로 향하던 선박이었다. 조선의 연안에 나타나 때로는 지역의 관헌에게 토벌(?)되었던 왜선이나 황당선들은 중국에서 밀무역 혹은 약탈을 한 뒤 귀중한 화물을 싣고 일본으로 향하던 배들이었다.

그리고 또 한 가지 주의해야할 점은 그 선박들이 제주도를 비롯한 조선

40) 『주해도편』 2권 「倭國事畧」

41) 『명종실록』 13권, 명종 7년 7월 3일(계미)

42) 예를 들어 명종 8년 6월, 오우치(大內)가 명에 파견했던 견명선이 풍랑의 영향으로 제주도를 거쳐 진도로 와서 정박한 일이 있다(『명종실록』 14권, 명종 8년 6월 12일(정해)).

43) 鄭若曾, 『江南經略』 3卷, 「崇明縣」 '崇明縣倭患事迹', "七月, 倭船泊縣境. 時有倭船飄至崇明沙, 飢且困, 剽掠海濱. 有巡檢給之, 曰, 棄爾兵則與爾船. 賊投刀海中, 擒獲二十餘人. 自言船主龔十八與倭通販, 飄入朝鮮界, 朝鮮人襲之, 死戰脫, 風便七日至此." 1552년 황당선이나 왜선이 조선에 표류해 접전했다는 기록은 제1차 천미포왜변이 유일하므로 이들이 말한 '朝鮮界'가 구체적으로는 제주도를 가리킨다고 여겨진다. 즉 천미포왜변을 일으켰던 사람들 중 일부는 다시 중국으로 표류해갔던 게 된다.

의 연안에 나타났던 것은 풍랑 등의 이유로 예정했던 항해가 불가능했기 때문이었다는 것이다. 〈표 4〉·〈표 5〉에서처럼 을묘년 이전 제주도의 대표적 왜구사건인 1552년의 (1차)천미포왜변[44], 1554년 6월 비양도의 황당선, 1556년 김수문이 포획한 5척의 왜선, 그리고 남치근이 부정을 저질렀다는 사건들은 모두 공식적으로 표류가 확인되었으니 말할 것도 없고 1554년 5월 천미포의 왜선(2차 천미포왜변)도 식수를 확보하려고 정박·상륙했던 것으로 이들 선박들이 일종의 비상사태에 빠져있었다는 것을 알 수 있다.[45]

항해에서 식량과 식수의 확보는 무엇보다도 중대한 문제이다. 당시 일본에서 중국으로 항해할 때는 각 사람당 물 400근, 약 800주발[椀]을 가져와 매일 6주발의 물을 사용했는데, 부족할 경우를 대비해 항상 아껴서 사용했다고 한다.[46] 일본의 고토부터 중국 浙江연안까지는 빠르면 5~6일에 도착할 수 있었는데,[47] 식수도 이런 점들을 고려해 배에 실었다. 그런데 여름철에는 물이 빨리 상하기 때문에 특히 주의할 필요가 있었다.[48]

표류 등 정상적인 항해가 이루어지지 못해 예정했던 것보다 항해가 길어지면 생존을 위해 식수와 식량을 어떻게 해서든 확보해야한다. 그것이 평화적으로 이루어지지 않았을 경우에는 1552년 천미포왜변을 통해 잘 알 수 있듯이 폭력이 동원되기도 한다. 그런데 문제는 당시 조선에서는 "표류하는 왜인을 한 번도 돌려보내지 않았을 뿐만 아니라, 변방 장수는 그들을

44) 앞 각주의 내용처럼 숭명에서 항복했던 사람들도 왜와 무역하다가 폭풍(飄)으로 조선에 들어갔다고 진술하고 있다.

45) 해당 기사의 사론(史論)에서는 "지금 제주의 왜는 우리의 국경을 침범한 것이 아니라 배 한 척이 표류해온 것으로 다만 힘없는 한 척의 상선에 불과한 것"이라며 남치근의 행동을 비판하고 있다.(『명종실록』 16권, 명종 9년 5월 25일(갑자))

46) 『주해도편』 2권, 「倭船」.
일본에서 중국으로 향하는 배는 五島에서 취수한 뒤 바다를 건너 下八山(馬鞍열도 ; 상해 동동남 해상)·陳錢(舟山島)을 지나면 반드시 하선해 물을 길었다고 한다.

47) 『주해도편』 12권, 「經略二」, '御海洋'

48) 『주해도편』 2권, 「倭船」, "冬寒稍可耐久, 若五六月, 蓄之桶中二三日即壞, 虽甚清洌不能过数日也."

죽여 상 받기를 구"[49]하는 상태였다. 중국인들은 사정이 그나마 조금 괜찮았지만, 왜선이나 황당선의 표류자들이 조선의 땅에 상륙해서 평화적으로 필요한 물건을 구해 항해를 계속할 수 있는 방법은 사실상 없었다.

3. 누가 을묘왜변을 일으켰는가?

1) 고토(五島) 중심의 후기왜구-王直 집단이었는가?

왜구사건을 다룰 때 실태를 파악하기 어려운 까닭은 대부분의 기록이 피해자 측에 의해 이루어져 있기 때문인데, 을묘왜변도 예외는 아니다. 그런데, 을묘왜변은 여타 왜구 사건에 비해 왜변을 일으킨 사람들이 누구였는지를 밝힐 수 있는 상당히 구체적이고 명확한 사료상의 증언들이 존재한다. 문제는 이런 증언들이 서로 모순되는 경우가 있기 때문에 무엇을 믿을 것이며 어느 정도까지 신뢰 가능한가에 있다.

을묘왜변이 일어나기 2년 전인 1553년(명종 8) 쓰시마에서 다음과 같은 서계를 조선조정에 올렸다.

> 근년에 西戎이 蜂起하여 중국 상인과 합심협력하여 명나라를 쳐서 州郡의 보물을 탈취하고 貴人의 자손을 잡아갔습니다. 해마다 이런 사정을 진술하였으나 귀국에서는 신들의 말을 터무니없는 거짓말로 여기니 부끄럽기 그지없습니다. 근년에 귀국 해변이 평안한 것은 신들의 힘입니다. 금년에는 서융이 수천 척의 배를 몰고 명나라로 갔다는 말을 듣고 卞勅에 매복하였으니 귀국의 해변이 보호받을 수 있는 것입니다. 지금 일본의 소망을 다 들어주신다면 신들은 기쁜 마음으로 섬을 지켜 西海를 진압하여 충절을 바칠 수 있을 것입니다.[50]

49) 『명종실록』 15권, 명종 8년 7월 24일(무진).
50) 『명종실록』 18권, 명종 8년 윤3월 10일(병진).

여기서 西戎이란 규슈의 서쪽지역을 의미하는 것으로, 이 지역의 사람들이 明人과 협력해 명으로의 왜구활동을 하고 있음을 쓰시마측이 조선에 보고한 것이다. 아울러 이들이 조선에 대해 침구할 가능성도 내비치고 있는데, 이에 대해 조선조정에서도 "족하의 글 속에서 말한 서융이 명나라 상인과 결탁하여 명나라의 남변에서 난을 일으켰다는 것은 이미 들었다."[51] 고 답했다. 즉 이와 같은 상황을 조선에서도 어느 정도는 파악하고 있었던 것이다. 그리고 이 무렵부터 조선 연안에서 증가한 황당선의 활동이 그 판단근거의 하나였음은 쉽게 추측할 수 있다.

이와 같은 쓰시마의 정보 제공은 을묘왜변이 발생하기 직전에도 이루어졌다. 즉, 을묘왜변이 발생하기 2달 전 쓰시마는 다음과 같이 조선에 보고했다.

> 근년 서융이 마구 일어나 먼 대명국에까지 배를 타고 건너가기를 수없이 합니다 … 또 전하기를, '일본국 서융들이 지난 10월부터 올봄까지 대명을 침략하기 위해 다투어 건너 간 것이 수만 척이다.'라고 했습니다. 자세히 서융들이 음모한 것을 들어보건대 '귀국 바다로 해서 대명에 간다면 바다 길이 매우 가까우므로 먼저 귀국 바다로 건너가야만 대명을 침략할 수 있다.'고 한다니, 만일 우리 바다를 지나게 된다면 모조리 죽이어 충성을 바칠 것입니다. 훤하게 하늘이 내려다보고 있으니 이 일은 헛된 말이 아닙니다. 단단히 연해변을 신칙하여 병비를 갖추게 해야 할 것입니다.[52]

쓰시마에서의 이와 같은 보고는 당시 명에서 왜구활동이 격화되고 있던 사실과 부합한다. '수만 척'이라는 표현은 다소 과장된 측면이 있지만, 1555년은 왕직 집단에 이어 서해 등 사쓰마를 중심으로 한 세력도 활발하

---

51) 『명종실록』 18권, 명종 8년 윤3월 10일(병진).
52) 『명종실록』 18권, 명종 10년 3월 20일(을묘)

게 활동하던 시기이다. 그렇지만 쓰시마에서 실제로 을묘왜변과 같은 사건이 터질 것을 미리 알고 이런 경고를 조선 측에 보냈는지는 확실하지 않다. 특히 당시 쓰시마는 동아시아 해상에서 활동하던 왜구에 직접 영향력을 끼칠 수 있는 상황이 아니었다. 다만 이런 경고는 두 달 뒤에 을묘왜변으로 현실화 되었다.

을묘왜변을 일으킨 사람들이 서융, 즉 규슈 서쪽 지방을 중심으로 한 사람들이었음은 왜변이 발생한 그 다음해인 1556년(명종 11) 쓰시마에서 파견한 調久의 진술을 통해서 알 수 있다. 문답내용이 다소 길지만 당시 상황을 알려주는 중요한 내용이 들어있으므로 모두 옮긴다.

> \- 어느 지역 왜인이 노략질을 하려고 하는가?
>
> "四州와 五幸山 등처에 사는 사람들입니다."
>
> \- 그 말을 어디에서 들었는가?
>
> "올 정월에 博多州에 가니 赤間關·薩摩州 등지의 사람들이 와서 말하였습니다. 중국 사람으로서 五峯이라 일컫는 자가 賊倭를 거느리고 중국에 入寇하려 한다고 하였습니다."
>
> \- 너는 오봉을 보았는가?
>
> "平戶島에서 보았습니다. 3백 여 명을 거느리고 큰 배 한 척을 타고 있었는데 늘 비단 옷을 입고 다녔습니다. 그 무리가 대략 2천 명쯤 되었습니다."
>
> \- 그가 포로가 되어 그곳에 있게 된 것인가, 아니면 스스로 도적이 되기 위해 들어간 것인가?
>
> "처음에는 물화의 교역 때문에 일본에 왔다가 적왜와 결탁하여 왕래하면서 노략질을 하고 있습니다."
>
> \- 지난해에 노략질한 것은 어느 지역 사람의 짓인가?
>
> "阿波·伊豫·讃岐·土沙 4주 사람들과 오행산 왜인들이 무리를 지어 와서 노략질하였습니다."
>
> \- 지난해 적왜 중에도 대마도 사람이 있는 것 같았다는데 어째서 이렇게

했는가?

"이는 本島의 왜인들이 신축년간에 제포 등지에서 매매하다가 죄를 짓자 오행산으로 도망가서 이들과 함께 노략질을 한 것입니다."[53]

조구는 을묘왜변을 일으킨 세력을 五幸山과 阿波·伊豫·讚岐·土沙의 4주 사람들이라 하고 있다. 五峯은 왕직의 호이고 五幸山은 五島로 보아도 문제는 없을 것이다. 즉, 조구의 말대로라면 고토에 근거를 두었던 왕직 집단 내지 그 지역의 왜인들이 4주 즉 시코쿠(四國)의 사람들을 끌어들여 을묘왜변을 일으켰던 것이 된다. 당시 중국으로의 왜구와 동일하게 을묘왜변도 이와 비슷한 형태, 즉 중국인들이 일본인을 끌어들인[勾引] 형태[54]로 이루어졌던 것이다.[55]

이와 같은 사실은 을묘왜변 당시의 기록을 통해서도 알 수 있다. 먼저 왜변발생 직후 조선조정에서 그 대책을 논의할 때, 왜구들의 선박에 대해 다음과 같이 언급하고 있다.

> 전에는 倭船은 얇은 판자로 만들었기 때문에 부수기가 매우 쉬웠는데 지금은 중국인들과 교통하여 배를 아주 견고하게 만들었으므로 총통으로도 부술 수가 없습니다.[56]

---

53) 『명종실록』 18권, 명종 11년 4월 1일(기축).

54) 嘉靖期 倭寇의 침구사실을 다룬 기록을 보면 中國人이 倭人을 끌어들여 침구했다는 식의 기록이 많다. 예를 들면, 『籌海圖編』에는 嘉靖 19년 賊首李光頭許棟引倭聚嶼港爲巢, 27년 正月 海寇許二 引倭入寇, 33년 海寇何亞八等引倭人入寇, 37년 賊首洪澤珍 引倭入寇 등 海寇가 倭寇를 끌어들였다는 '引倭' 혹은 '勾倭' 형식의 표현이 다수 등장하고 『明 實錄』 등 왜구관련 사료에도 이런 표현이 많다.

55) 왜변발생 직후 조선조정에서의 대책 논의 중에 鄭士龍은 "이 왜놈들은 중국에서 도적질하여 이득을 취한다음 우리 변방에 침범해 온 것인데 …"(『명종실록』 18권, 명종 10년 5월 18일(신해))라고 말하고 있다.

56) 『명종실록』 18권, 명종 10년 5월 16일(기유)

왕직은 일본으로 간 뒤에 선박을 직접 건조하여 사용하였다. 왜변 발생 전, 여러 황당선이나 왜변에 사용된 배는 이와 같은 중국인의 기술을 통해 만들어진 배였던 것이다.[57] 또한 왜구들은 종종 화포 및 총포를 사용했는데 이 기술 역시 중국인들에게 배운 것이었다.[58]

한편, 음력 5월 13일 달량이 함락되며 왜구에 항복했던 영암군수 李德堅은 얼마 뒤 풀려났는데, 왜구들은 이덕견 편으로 조선 측에 서계를 보내면서 군량 30섬을 요구했다.[59] 이 서계는 말뜻을 자세히 알 수 없었지만 공갈과 위협의 말들이 많았는데, 왜인들은 이덕견에게 "너희 나라가 우리들과 교분이 매우 두터웠는데 요사이 3~4년 동안에 우리나라의 죄도 없는 사람들을 많이 죽였으니 이제는 원수가 되었다."고 말하였다고 한다.[60] 이 역시 을묘왜변이전 황당선과의 연관성을 알 수 있는 대목으로 이에 대해 조선조정도 "근년 이래로 바다를 지나가는 왜선들을 모두 공격하여 살해했으므로 그들의 원망이 깊어진 것이다."[61]라고 인식하였다.

또한 이덕견이 가지고 온 서계의 다음과 같은 점에서도 을묘왜변을 일으킨 집단의 성격을 알 수 있다.

> 또 그들의 서계에 '서울의 官家에까지 가겠다.'는 등의 말이 있는데, 이 말

57) 『日本考』(明 李言恭·郝杰 著, 汪向榮·嚴大中 校注, 中華書局, 2000年版), 1권, 「倭船」, "日本造船與中國異. … 故倭船過洋, 非月餘不可. 福建沿海奸民買舟於外海, 貼造重底, 渡之而來, 其船底尖能波浪, 不畏橫風·鬪風, 行使便易, 數日卽至也."

58) 魚叔權 纂, 『稗官雜記』 1권, "복건 사람이 銃砲를 가지고 가서 왜인에게 가르쳤으므로 왜인이 총포를 쏘게 된 것은 이때부터이다."
南九萬, 『藥泉集』 24권, 家乘 '五代從祖資憲大夫漢城府判尹兼知訓鍊院事五衛都摠府都摠管公墓誌銘', "왜적들은 명나라 해적들에게 총과 탄환을 사용하는 법을 새로 배워서 탄환 한 발이 4~5명을 관통하고 두세 겹의 갑옷을 꿰뚫으니, 막아 낼 수가 없었다."

59) 『명종실록』 18권, 명종 10년 5월 19일(임자).

60) 『명종실록』 18권, 명종 10년 5월 19일(임자).

61) 『명종실록』 18권, 명종 10년 5월 19일(임자).

> 은 모두 중국에서 사용하는 말이니, 이번에 침범해 온 자들 중에 또한 반드시 중국 사람이 있거나 그렇지 않으면 이번 왜인은 필시 중국에도 익숙하게 다니는 자들일 것입니다. 또한 왜인들은 '嘉靖'이란 연호를 쓰지 않는데 이번에는 '가정 34년'이라고 했으니 더욱 의심스럽습니다.[62]

서계에서 사용된 표현 방식을 통해 조선조정에서는 이것을 중국인이나 중국과 관련을 맺은 사람이 썼다고 생각했는데, '가정'이라는 연호를 사용하고 있는 것으로 보아 서계를 쓴 사람이 중국인이라고 보는 편이 자연스러울 것이다. 이와 같은 사실들은 을묘왜변을 일으켰던 왜구들이 중국인이 다수 포함되어있던 전형적인 후기왜구였다는 것을 잘 보여준다.

그렇지만 그 왜구들이 조구의 말처럼 왕직 집단이었다고 단정하기에는 증거가 부족하다. 또한 왕직 집단이 아닌 다른 사람들의 행위였다는 증언들도 있다. 이 때문에 을묘왜변의 실행주체가 왕직이 이끌었던 후기왜구들이었다는 결론에 대해서는 신중히 검토할 필요가 있다.

2) 사쓰마(薩摩) 중심의 집단이었을까?

왕직 스스로의 주장을 전하는 유일한 사료로 전하는 것이 그가 명조정에 올린 일종의 탄원서이다. 여기서 그는 본인이 그 이전에 약탈행위를 전혀 하지 않았다고 주장하며 조선에서의 약탈사건에 대해서도 다음과 같이 언급했다.

> 舊年 4월, 敵船 대소 천 여 척이 … 깊이 들어가 부대를 나누어 약탈했습니다. 다행히 … 바람에 막혀 장기간 머무르게 되어 식량도 다하였습니다. 결국 本國 五島지방으로 물러나, 가옥을 제 맘대로 불태운 후에 서로 씹어 삼키

62) 『명종실록』 18권, 명종 10년 5월 19일(임자).

며[呑噬] 자멸해버렸습니다. 단지 그 사이 먼저 渡海할 수 있었던 자들은 이미 중국에 도착했습니다. 나머지 무리들은 순풍을 타고 해상에서 흘러 다니며 남으로는 琉球를 침구하고, 북으로는 高麗를 약탈한 후, 본국 菩蘼州로 돌아간 무리 또한 있었습니다.[63)]

'菩蘼州'란 '薩摩州'를 의미하는 것으로 왕직은 중국에서의 약탈행위는 물론 조선[高麗]·류큐에 침략한 것도 본국이 '살마주'였던, 즉 사쓰마를 근거로 하는 무리가 저지른 것이라고 항변했다. '구년 4월' 고토에 해적이 습격했던 일은 사가라(相良)씨의 기록인『八代日記』1555년 4월 25일 조에 관련 내용이 있고[64)] 을묘왜변 직후인 음력 6월 쓰시마에서 보내온 서계에 "賊船 1천여 척이 吾島 등의 섬에서 도적질을 한 다음에 90여 척이 세 무리로 나누어 떠났으니 반드시 조선으로 향했을 것이다."[65)]라는 내용도 동일한 사건을 말한 것 같다. 이 때 조선에서의 대규모 왜구사건은 을묘왜변 밖에 없으므로 왕직은 을묘왜변을 사쓰마의 왜구집단이 일으킨 것이라고 증언했던 셈이다.

사쓰마의 왜구라면 이 시기 수만의 무리를 이루었던 徐海와 陳東·葉明의 연합집단을 의미한다.[66)]『주해도편』에는 이들 집단에 속한 일본인의 출신지를 '徐海 : 和泉·薩摩·肥前·肥後·津州·對馬, 陳東 : 肥前·筑前·豊後·

---

63) 采九德 撰,『倭變事略』(叢書集成初編 中華書局, 1985), 4권 附錄 (98~99쪽), "舊年四月, 賊船大小千餘, 盟誓復行深入, 分投搶擄. 幸我朝福德格天, 海神黙祐, 反風阻滞, 久泊食盡, 遂劫本國五島地方, 縱燒廬舍, 自相呑噬. 但其間先得渡海者, 已至中國地方. 餘黨乘風順流海上, 南侵琉球北掠高麗, 後歸聚本國菩蘼州者 尙衆."

64)『八代日記』(東京大学史料編纂所所蔵謄写本) "(天文24년 4월) 同廿五日, 五嶋ニヲイテセキ船(関船)ト申候而, 盗船五嶋ウク(宇久)殿ノ役人ナル(奈留)殿ト云方ノ宿所悉破候て雑物取候."

65)『명종실록』18권, 명종 10년 6월 14일(정축).

66)『주해도편』8권「寇踪分合始末圖譜」, "乙卯丙辰之亂, 海爲之首, 陳東葉明爲之輔, 衆至數萬."

和泉·博多·紀伊, 葉明 : 筑前·和泉·肥前·薩摩·紀伊·博多·豊後'이라고 하고 그 중 특히 진동의 부하에 '薩摩人'이 많다고 되어있다.[67] 서해가 중국으로의 침구에 나서게 된 것은 사쓰마 사람들의 부추김에 의해서였는데,[68] 1554년 "대함대가 편성되어 가고시마(鹿児島)를 出帆해 중국의 해안에 있는 많은 마을들이나 인구가 매우 많은 도시를 파괴했다"[69]는 내용도 서해 집단과 관계있을 것이다.

1555년 서해는 약탈활동 뒤 음력 7월 이후(혹은 9월)에 중국을 떠났는데, 진동은 그 이전 일본으로 돌아왔다고 한다. 관련이 있을지 모르겠지만, 그 전해에 "탐라에서 도망친 살마주의 왜인"이 "내년 봄바람이 순탄할 적에 크게 병선을 출동하여 명나라를 침략하겠다고 공공연히 말하는데 실은 귀국 탐라도에 뜻이 있는 것이다."[70]라는 일종의 뜬소문이 있기도 했다. 또한 을묘왜변이 일어난 1555년 음력 5월은 兪大猷 등에 의해 왜구가 王江涇에서 크게 패배한 시점이기도 하다.[71]

그런데 그로부터 50년이 흐른 뒤, 을묘왜변을 일으킨 것은 사쓰마의 사람들이었다는 또 다른 증언을 李德馨으로부터 전해들을 수 있다. 이덕형은 고토·쓰시마와 관련해 임진왜란으로 조선에 건너왔을 한 倭將에게 들은 내용이라며 다음과 같이 말한다.

> 대마도는 齊浦·巨濟와 서로 가깝고, 전라도와 이웃하고 있는 곳으로는 被蘭島·薩摩州·五島 등이 있는데, 오도·살마는 농사는 힘쓰지 않고 오직 해적질만 일삼는데 鳥銃을 잘 만듭니다. 어떤 왜장이 말하기를 '義洪·石蔓子·沈安

67) 『주해도편』 8권 「寇踪分合始末圖譜」.

68) 『閩書』(崇禎刊配補鈔本) 246권, 「島夷志」, "先是, 徐惟學者貸夷人金, 以其姪子海爲質. 惟學死, 夷求海金. 令取償於寇掠. 海乃偕辛五郎, 聚舟結黨, 入南畿·浙西諸路."

69) 東京大学史料編纂所 編, 『イエズス会日本書翰集 – 譯文編之2(下)』(日本関係海外史料), 東京大學史料編纂所編纂, 2000, 175쪽.

70) 『명종실록』 17권, 명종 9년 12월 19일(을유).

71) 『明史』 18권, 「世宗本紀」 2, 嘉靖 34年, 5月 甲午.

道라는 자들이 오도·살마의 추장들인데 을묘년 변란은 살마의 왜적이 한 짓이며, 李大源이 죽은 것은 오도의 왜적이 한 짓이라고 하였습니다. 그들은 내란이 많이 일어나지만 해적질은 더욱 극심히 합니다.[72]

이 증언은 왕직의 주장을 뒷받침한다고 할 수 있다. 왕직의 유명세 때문에 왕직의 이름을 사칭해 약탈이나 밀무역을 했던 경우도 있었고[73] 『명사』「일본전」이나 『주해도편』의 내용 중에는 엄연히 왕직과는 관계없는 일들도 왕직의 행위인 것처럼 서술된 경우가 있다. 이 때문에 왕직 스스로의 발언을 사실로 인정해 왕직이 약탈행위를 한 적이 없으며, 『명종실록』의 조구가 한 말은 실제로는 서해 등이 저질렀던 '流逋의 入寇'를 모두 왕직의 짓으로 간주한 것으로 확실한 근거가 없다는 지적도 있다.[74]

그렇지만, 제반 사료를 종합해 생각해보면 왕직이 약탈행위를 전혀 안 했다고는 생각할 수 없고 그의 탄원서는 죽음에 몰린 왕직이 자신의 무고함을 일방적으로 주장했던 것이기 때문에 내용 전부를 신뢰하기는 어렵다. 고토를 공격했던 해적이 사쓰마의 적선이었다는 왕직의 주장 자체가 일단 뚜렷한 근거가 없고, 굳이 조선에의 침구를 언급한 것도 부자연스럽다. 또한 조선에의 약탈사건을 왕직이 알고 있었다는 자체가 오히려 의심스러운 부분이기도 하다. 반면 고토가 조선에서의 왜구사건에 관련이 깊었다는 사실을 부정하기는 어렵다.[75] 이덕형에게 말했던 왜장이 어느 지

---

72) 『선조실록』 133권, 선조 34년 1월 17일(병진).

73) 王世貞 撰, 「倭志」『御倭史料汇編 制1冊』, 全国图书馆文献缩微复制中心, 2004, 8쪽, "其姓名常借他船, 以是凡有入掠者, 皆云直主之, 蹤跡詭秘, 未可知也."

74) 李獻璋, 「嘉靖年間における浙海の私商及び舶主王直行蹟考(下) : 海禁下に自由を求める一私商の生涯」『史学』 34-2, 三田史学会, 1961, 80~82쪽.

75) 『명종실록』 20권, 명종 11년 3월 22일(신사).
후에 李恒福은 왜적에 대한 방비책을 상소하며 "五島는 대마도 오른쪽에 있는데 땅도 작고 토지도 척박하며 人戶는 1천도 못되고 백성들은 恒業이 없어서 販賣로 생활을 하기 때문에 출몰하면서 노략질하는 것이 다른 왜적보다 더욱 극심하다

역 출신이었는지 알 수 없지만, 이덕형의 말처럼 내란이 잦았던 일본의 상황을 생각하면 사쓰마와 관계가 좋지 않았던 사람의 일방적인 주장일 수 있다. 그렇지만 왕직의 주장과 더불어 사쓰마가 주체였다는 또 다른 증언인 셈이기 때문에 전혀 무시할 수도 없다.

3) 四州와 관련된 쓰시마의 정보조작

한편, 조구의 증언도 잘 생각해보면 결국 일방적인 주장일 뿐이다. 더군다나 그가 말한 정보의 출처를 잘 생각해볼 필요가 있다. 조구는 왜구와 관련해 크게 두 가지 사실을 전했다. 첫 번째는 賊倭가 앞으로 노략질을 할 것이라는 내용이고 두 번째는 을묘왜변의 주모자에 대해서였다. 조구는 대마도주의 서계를 가지고 조선에 파견되었는데, 그 내용은 "일본의 傳來에 따르면 東夷·西戎이 중국을 침범하고자 西海에 띄운 크고 작은 배가 수백 척인데, 그들은 은밀히 의논하기를, 「전에 중국을 노략질할 때는 패하지 않았는데 지난해 초에 조선에 갔다가 패한 것은 대마도가 날마다 통신하여 조선에 알렸기 때문이니 지금 奇計를 내어 먼저 대마도를 치고 동이·서융의 용감한 자들을 모아 밤낮으로 조선을 노략한다면 어찌 성공하지 못할 리가 있겠는가?」"[76]라는 것이었다. 잘 생각해보면 이런 '은밀한 내용'을 대마도주가 알고 있는 것이 이상할뿐더러 대마도가 조선에 소식을 알려서 조선에서 패했다는 말은 확연한 거짓이다.

한편, 조구가 말한 노략질하려는 왜인에 대한 정보는 하카타에서 "赤間關·薩摩州 등지의 사람들"에게서 들은 말이라고 했다. 오우치(大內)씨의 적간관은 왕직과 그다지 관계가 나빴을 리 없지만,[77] 사쓰마라면 얘기가

는 것이었습니다. 평시 우리 변경에서 노략질하는 零賊들의 태반은 이 섬에 사는 자들입니다."라고 말하고 있다(『선조실록』 121권, 선조 33년 1월 28일(계유)).

76) 『명종실록』 20권, 명종 11년 2월 30일(기미)

77) 다만, 1555년 9월 23일 히라도에서 보낸 가고(B. Gago)의 서한에는 "야마구치(山

다르다. 물론 당시 왜구에 참가한 사람들의 출신지는 다양했고 특정지역의 사람들이 꼭 어느 한 집단에만 속해있던 것은 아니었다. 특히 사쓰마는 왜구의 출신지 중 대표적인 곳이었고[78] 과거 왕직의 밀무역활동과도 깊은 관계에 있었다. 그러나 이 시기의 사쓰마라면 앞에서도 보았지만 왕직 집단과는 라이벌 혹은 적대관계였던 서해 집단의 모체가 되었기 때문에 아무래도 정보의 출처를 의심해볼 필요가 있다.

또한 이때는 왕직의 초무를 위해 일본에 파견되었던 蔣洲와 왕직 사이에 互市를 조건으로 한 협의가 한창 진행 중에 있었다. 1555년 음력 11월 장주와 만났을 때 왕직은 자신이 도적이 아니라며 약탈행위를 극구 부인했는데,[79] 이런 상황에서 왕직이 중국이나 조선으로의 약탈을 계획했을 리 없다. 조구가 말한 첫 번째 정보는 신빙성이 많이 떨어진다.

두 번째의 을묘왜변을 일으킨 것이 '오행산과 4주의 왜인'이라는 정보의 출처도 첫 번째와 같다면 역시 신빙성에 문제가 있을 수 있다. 특히 '4주', 즉 시코쿠를 거론한 부분이 이상하다. 세토나이카이의 무라카미(村上)씨를 비롯한 시코쿠의 해상세력이 왜구에 참여했던 것[80]은 사실이지만,

---

口) 사람들이 중국인을 매우 경멸해, 그들이 중국에 건너간다면 이를 점령할 것"이라는 문구가 있다(東京大学史料編纂所 編, 『イエズス会日本書翰集 - 譯文編之2(下)』(日本関係海外史料), 東京大學史料編纂所編纂, 2000, 89~90쪽). 여기서의 '중국인'이 누구를 의미하는지, 경멸하는 이유가 무엇인지는 알 수 없는데, 이 서한에서는 일본 및 히라도와 관련해 비교적 상세한 내용을 전하면서도 당시 히라도에 있었을 왕직이나 중국인들에 대한 기술은 전혀 없다.

78) 王世貞 撰, 「倭志」『御倭史料汇編 制1冊』, 全国图书馆文献缩微复制中心, 2004, 11~12쪽, "前此入寇者, 多薩摩·肥後·長門三州之人, 其次則大隅·竺前·竺後·博多·日向·攝摩·津州·紀伊·種島, 而豐前·豐後·和泉之人亦間有之. 蓋因商於薩摩而附行者, 蓋日本之民, 有貧·有富·有淑·有慝, 富而淑者, 或附貢舶, 或因商舶而來. 其在寇舶, 率皆貧而惡."

79) 『주해도편』 9권, 「大捷考」 '擒獲王直'(嘉靖三十六年十一月).

80) 예를 들면 다케코시(竹越與三郎)의 『倭寇記』(1938)에 인용된 고노(河野)씨의 家傳(小宮山綏介가 佐藤信継의 年記를 바탕으로 한 기록. 우와지마(宇和島)의 미시마신사(三嶋神社) 소장 『豫章記』로 추정된다)에는 중국대륙으로 약탈활동에 나섰던

왕직과 밀접한 관계에 있었던 것은 역시 규슈의 여러 지역이었다.

그런데, 을묘왜변을 누가 일으켰는지에 대한 또 다른 증언이 1555년 말 조선에 전해진 적이 있었다. 「日本國 西海路 上松浦 唐津太守 源勝」 명의의 서계에서는 다음과 같이 말하고 있다.

> 근년에 우리나라의 도적이 명나라에 가서 죄를 저질러, 여러 사람을 죽이고는 진귀한 물건을 탈취하였는데, 그 적선에 몇 사람이 타고 있었는가는 알 수 없습니다. 그 60여 州 가운데 四州가 있는데 이 사주의 賊黨은 우리나라[我邦]에도 왕래하는 장삿배로 죄를 저지르는 일이 예부터 있었습니다. 우리 임금[我大王]도 그들을 막기 어려우니 진실로 方外의 무리입니다. 그러나 금년 봄에 명나라로 가려는 적선 1백 척이 西海의 五島에 도착해서는 포구와 나루마다 널려 있으면서 强弱을 엿보아 죄를 저질렀는데 그 밖의 적선이 도합 1천여 척이나 됩니다 … 그 중에 사주의 적 70여 선이 조선으로 나가려고 하므로, 五島太守가 우리 임금에게 아뢰었더니 우리 임금이 크게 노하여 … 군사들이 명을 받들고 봄부터 돌아오는 배를 기다렸더니 지난 7월 하순에 歸國하던 배가 큰 바람의 患難을 만나 더러는 넓은 바다 속에 침몰되고 더러는 여러 섬으로 표류하여 물과 식량이 다 떨어졌었습니다. 신이 지키고 있는 唐津에도 1척이 표류해 왔는데 거기에는 70여 명이 타고 있었습니다. 그중 30여 명은 목을 베고 30여 명은 바다에 빠뜨려 죽였으며 배는 태워 버렸는데, 신의 용감한 군사 10여 명이 전사하였으니 몹시 애석합니다 … 신이 지키는 당진에만 국한 된 것이 아니라 平戶島에 1척, 大島에 1척, 對馬島에 1척 등 도합 1백여 명의 목을 베고 그 나머지는 바닷 속에 빠뜨려 죽였습니다. 그러자 우리 왕이 크게 충성스럽게 여겨 벼슬을 내리고 祿을 받게 하였습니다. 신이 죽인 자 중에 兵符를 목에 건 자가 있었는데, 이 부신이 무슨 맹서에 쓰는 것인지 모르겠으나 틀림없이 귀국에서 쓰는 데가 있는 것인 듯합니다 … 조선에

구체적 정황이 나타나있다.

서 전사한 자들을 따르는 무리와 친족이 사주의 일당을 거느리고 조선으로 건너가서 지난날의 치욕을 씻겠다고 하므로 우리 왕은 크게 노하여 西海路의 포변에 대해서도 엄히 방어하라는 명이 있었으니, 군사들의 노고를 언급하여 알리지 않을 수 없습니다. 그래서 呼子에 사는 盛滿[81)]을 이웃에 사는 정의로써 당진에 달려가게 하여 귀국에 충성을 다하기 위해 군사를 재촉하여 한 번 싸워 공을 이루었습니다. 그러므로 이편에 병부만을 보내고 그 밖의 귀국의 활과 화살 및 토산물은 비록 많다 하더라도 모두 일반적인 것이기 때문에 보내지 않습니다 … 가을에 명나라에 가려는 적선이 많았는데, 내년 봄에는 또 귀국에 갈 것이 틀림없습니다. 성곽을 지켜 태평의 기반을 단단하게 하시기 바랍니다.[82)]

가라쓰(唐津)를 지배했던 것은 가미마쓰라(上松浦)의 영수였던 하타(波多)씨로 1471년 이키를 점령하는 등 15세기후반부터 16세기 중반까지 전성기를 맞이했다. 그런데 16대 당주 하타 사코(波多 盛)가 후계자 없이 1547년 급사하면서 후계권을 두고 내분이 일어나 1555년은 권력의 공백기라고 할 수 있는 상태였다. 시마바라(島原)의 아리마(有馬)씨로부터 양자로서 맞아들여져 17대 당주가 되었던 하타 치카시(波多 親)는 1557년이 되어서야 입국했다.[83)]

즉, 이 때는 '唐津太守'라고 할 만한 실재의 인물이 없었다. 조선은 원승의 공적을 인정해 그의 요청대로 圖書를 주었는데[84)] 그 이후는 원승과 관련된 기록이 없다. 한편 그가 파견했다는 源盛滿은 이후 1558년(명종

81) 원문은 "知于玆呼子之住, 盛滿以隣里之好". 『국역 조선왕조실록』에는 "아들 盛滿을 불러"라고 되어있지만, '呼子(よぶこう)'는 가라쓰(唐津) 북쪽의 해안 지역으로 남북조시대부터 전국시대까지 요부코(呼子)씨가 지배했다.

82) 『명종실록』 19권, 명종 10년 12월 7일(정유)

83) 玄海町史編纂委員會 編, 『玄海町史 上卷』, 佐賀県玄海町教育委員会, 1988, 「後期波多氏の時代」 634~639쪽.

84) 『명종실록』 19권, 명종 10년 12월 15일(을사)

13)까지 매년 조선에 와서 왜구의 침공 위협을 알리곤 했다. 그런데 원승의 서계 내용에서 원성만은 요부코(呼子)에 거주했던 것으로 되어있지만, 뒤에 조선조정은 그를 '대마도의 왜인'으로 파악했다.[85]

이전부터 조선과 통교하던 쓰시마 이외의 왜인, 즉 '深處倭' 명의의 통교자들이 실은 쓰시마에서 파견했던 '僞使'였던 것[86]처럼 「唐津太守 源勝」은 대마도주 소 요시시게(宗 義調)가 만들어낸 가공의 인물이었다.[87] 가짜 명의로 위사를 파견해 일단 조선에서 도서를 받으면 도서는 쓰시마 하에 두어지고 쓰시마 사람들이 이를 이용해 조선과 통교를 지속했다.[88] 1572년부터 1575년까지, 1580년부터 1586년까지 쓰시마에서 조선으로 도항했던 모든 선박이 기재된 『朝鮮送使国次之書契覚』[89]에는 통교명의자로 「源勝·源盛滿」이 올라있다.[90]

삼포왜란 및 사량진왜변의 여파로 통교권이 축소된 뒤 쓰시마는 이를 회복하려고 노력해서 1554년 심처왜 명의의 受圖書人 15명 및 受職人 26명의 통교권을 획득했었다.[91] 을묘왜변은 쓰시마에게 통교단절의 위기이자 동시에 통교권익 확대의 기회이기도 했다. 음력 8월 쓰시마에서 "7월 26일 적선 4척이 서해에서 와서 대마도로 통과하므로 도주가 배를 출동시켜 1척을 추격, 왜인 25명의 목을 베었다"며 '嘉靖乙卯三月日羅州所納兵

---

85) 『명종실록』 24권, 명종 13년 2월 11일(기축)

86) 長 節子, 「三浦の乱以前対馬による深処倭通交権の入手」 『中世国境海域の倭と朝鮮』, 吉川弘文館, 2002 참조.
이키·마쓰라 및 고토와 조선의 통교, 쓰시마의 위사 문제 등에 대해서는 松尾弘毅, 『中世玄界灘地域の朝鮮通交』, 九州大学出版会, 2023 참조.

87) 荒木和憲, 『対馬宗氏の中世史』, 吉川弘文館, 2017, 212쪽.

88) 田代和生·米谷 均, 「宗家旧蔵「図書」と木印」 『朝鮮学報』 156, 1995-07, 94쪽.

89) 長 正統, 「「朝鮮送使国次之書契覚」の史料的性格」 『朝鮮学報』 33, 1964, 106쪽.

90) 米谷 均, 「16世紀日朝関係における僞使派遣の構造と実態」 『歴史学研究』 697, 1997, 4쪽 및 7쪽.

91) 米谷 均, 「16世紀日朝関係における僞使派遣の構造と実態」 『歴史学研究』 697, 1997, 2~3쪽.

謍上'이 쓰여 있는 우산과 머리를 보내왔던 적극적인 행동[92]은 왜구의 정보제공과 더불어 조선조정에 쓰시마의 역할과 존재의의를 잘 보여줄 수 있었을 것이다. 이런 상황에서 그들이 새롭게 만들어낸 '원승의 遣使'도 심처왜의 명의를 사칭한 권익 확대책의 일환이었을 것이다.[93]

서계 내용으로 돌아가 생각하면 어쨌든 이들이 달량왜변의 왜구들과 접촉이 있었던 것은 확실하다. 그들이 돌려보낸 兵符[發兵符]는 달량성에서 元績이 敗死했을 때 잃어버린 57개 중의 일부이기 때문에 완벽한 증거가 된다. 다만, 조선조정에서도 의심했던 것처럼 그것을 입수한 경로가 서계의 내용 그대로였는지는 확신할 수 없다. 그에 의하면 7월 하순에 풍랑으로 표류해온 배를 공격했다는 것인데, 가라쓰(唐津) 외에 히라도(平戶)·오시마(大島)·쓰시마(對馬)에 각각 1척씩 표류했다고 함으로 총 4척이 된다. 그런데 이것은 앞선 8월 쓰시마에서 전해왔던 왜구선박의 추격상황과 시기 및 전체 선박수가 일치한다.

음력 7월 말에 태풍으로 표류했을 가능성이 있지만 을묘왜변을 일으켰던 왜구의 선박이 그 때까지 계속해서 바다를 항해하고 있었다고는 보기 어렵다. 도리어 다른 목적의 항해, 예를 들면 고토 등 일본의 집결지에서 그들의 본래 근거지로 회항하던 중이었을 수도 있다. 사실 요부코(呼子)나 가라쓰(唐津)도 왜구집단의 근거지로 여겨지던 곳들이었다. 이미 죽은 사람들의 목을 베어 보낸 것이 아닐까하는 조선 史官의 의심도[94] 일리가 있다.

원승의 서계에는 더 따져볼 내용도 많지만, 일단 여기서 주목하려는 것은 조선을 침공했던 왜구에 대해 '고토(五島)에서는 출발했지만 고토와는 무관한 四州 사람들이었다'고 주장하는 부분이다. 조구의 증언과 같이 서계에는 고토와 사주가 등장하면서도 '五島太守'를 등장시키며 고토와의

92) 『명종실록』 19권, 명종 10년 8월 12일(갑술).

93) 中村栄孝, 『日鮮関係史の研究 下』, 吉川弘文館, 1969, 203쪽.

94) 『명종실록』 19권, 명종 10년 8월 14일(병자).

관련성은 부정했다. 당시 오도태수에 해당하는 인물, 즉 고토의 지배권자는 우쿠 스미사다(宇久純定)였는데, 원승을 가장해 쓰시마는 고토 및 우쿠씨가 왜구와 무관하며 오히려 일본국왕[我大王]과 원승(당진태수)·오도태수가 적극적으로 왜구를 방지하고 토벌했다는 주장을 펼치고 있다. 그리고 그 대가로 조선에 새로운 통교권을 요청했던 것이다.

이런 모습은 조선전기에 일본의 여러 사람들이 왜구의 금압을 공적으로 내세우며 조선에 통교권을 요청했던 것과 꼭 닮아있다. 조금 다른 점은 왜구의 구성원이 자신의 통치 영역과는 전혀 무관한 사주의 주민들이었다는 주장이다. 이에 앞서 8월 동일한 왜구의 선단을 추격·토벌했다던 쓰시마에서 소식을 전할 때는 누가 왜구였는지에 대한 얘기는 전혀 없었다. 사건이 발생하고 3개월이나 지난 뒤에서야 갑자기 왜변이 四州 사람들'만'의 행위였다고 꼭 잡아 지목한 것은 역시 일종의 책임전가이자 미래에의 포석은 아니었을까?

1560년대에 쓰시마는 가짜 일본국왕사를 조선에 파견해 수도서인 30명 명의의 통교회복을 시도한다.[95] 원승의 서계에 등장하는 일본국왕·경극전·오도태수 등은 쓰시마에서 조선으로 파견했던 위사의 명의자들이기도 했다. 왜구를 기준으로 보면 사쓰마는 고토의 라이벌 지역이었지만 쓰시마는 사쓰마 인물들의 명의도 사용했다. 조선에서 사쓰마에 대한 이미지가 나빠지는 것은 쓰시마에게도 좋지 않은 일이었다. 반면 사주는 쓰시마와 그다지 관계가 없던 곳이었다. 책임을 돌리기에 '사주의 왜인'은 매우 적당한 상대였다.

조구의 증언과 원승의 서계를 종합해 생각하면 고토에 근거를 두었던 중국인들이 여러 왜인을 이끌고 노략질에 나섰던 것이기 때문에 원승의 서계 내용처럼 직접적으로 '오도의 왜인'은 이 사건과 무관했을 지도 모른

95) 米谷 均, 「16世紀日朝関係における僞使派遣の構造と実態」『歴史学研究』697, 1997, 3쪽.

다. 그러나 중국에서의 왜구상황을 고려하면 앞에서도 보았던 것처럼 고토 자체가 전혀 관련이 없었다고는 할 수 없을 것이다.

그렇다고 조구의 말만으로 왕직 집단이 을묘왜변을 일으켰다고 확정적으로 결론을 내리기는 어렵다. 또한 이덕형의 전언이 조금 힘을 실어주기는 해도 왕직의 주장을 받아들여 사쓰마-서해 집단이 일으켰다고 단정할 수도 없다. 결국 현재로서 확언할 수 있는 것은 을미왜변이 중국인과 일본인으로 구성된 후기왜구에 의해 발생했다는 사실까지로 현 단계에서는 이 정도의 결론으로 만족해야 할 것 같다.

4. 을미왜변의 특수성

1) 왜구의 목적은 무엇이었나?

반복해 말하지만 1555년은 중국의 가정왜구가 극성을 이루었던 때였다. 을묘왜변이 발생했던 이후에도 중국에서는 계속해서 왜구가 맹위를 떨쳤다. 그렇지만 같은 시기에 조선에서 대규모 왜구가 육지에 상륙해 본격적으로 약탈활동을 벌인 것은 을묘왜변 딱 1번뿐이다. 왜 그 뒤에는 이런 유형의 사건이 발생하지 않았을까? 조선군에게 격퇴당하고 큰 피해를 입어서 좌절한 왜구가 조선에의 약탈을 단념했던 것이었을까? 하지만 중국에서는 왜구들이 큰 패배를 당한 이후에도 왜구들의 약탈활동은 계속되었다. 더군다나 을묘왜변 때 왜구들이 조선군에게 회복하지 못할 정도의 큰 피해를 입었던 것은 아니었다. 음력 5월 25일 영암에서 왜구가 패배한 이후 바다로 퇴각했지만, 이 때 왜구들은 "스스로 물러갔다"고 볼 수 있다.[96)]

96) 盧守愼, 『穌齋集』 10권, 「碑碣」 "有明朝鮮國大匡輔國崇祿大夫議政府領議政兼領經筵弘文館藝文館春秋館觀象監事李公神道碑銘 幷序", "당시는 백성들이 전쟁을 알

을묘왜변은 "(음력) 5월 11일 왜선 70여 척이 달량 밖에 와서 정박했다가" 상륙한 것으로 시작했지만, 실은 그 이전에 "왜선 11척이 바다 섬에 나타났다가 상륙하여" 가리포 첨사 李世麟이 이를 兵使 元績에게 알렸었다.[97] 즉 왜선이 처음 목격된 곳은 가리포-완도 주변의 해상이었다. "이 왜놈들은 중국에서 도적질하여 이득을 취한 다음 우리 변방에 침범해 온 것"[98]이라는 말처럼 이곳에 갑자기 나타났던 이유는 이들이 중국에서 출발해 서남쪽 해상으로부터 항해해왔기 때문이다. 조선에 나타났던 시점이나 항로는 그 이전 조선에 나타났던 황당선들과 동일했다.

그렇지만 이전과 달랐던 것은 을묘왜변의 왜구들은 대규모의 집단이었고 이들이 해상에 출몰한 뒤 곧바로 육지에 상륙해 전방위적으로 약탈활동에 나섰던 점이었다. 약탈활동이라는 점에서 같은 시기 중국대륙에서의 왜구활동과 차이가 없었고 군과 민간인을 대상으로 한 잔악한 행위도 별다른바 없었다.[99]

지 못하여 지레 겁을 먹고 놀라 흩어졌기 때문에 적을 무찔러 평정한 공적이 없었다. 이에 공은 소장을 올려 스스로 자신의 공을 貶下하고 석고대죄를 하였는데, 이로부터 왜적이 스스로 패하여 달아나고 백성들이 안정되었다."

柳成龍의 『雲巖雜錄』(『대동야승』 수록) 「朋黨」, "을묘년(1555, 명종 10)의 왜구는 개나 쥐 같은 좀도둑에 불과하였는데도 원근이 모두 놀라고 벌벌 떨어 호남 지방이 거의 보전되지 못할 뻔하였다. 만약 적이 스스로 물러가지 않았다면 그 형세가 또한 지탱하기 어려웠을 것이다."

宋正炫, 「乙卯倭變에 대하여 - 康津周邊을 中心으로 -」 『湖南文化研究』 12, 14쪽에서는 "5월 11일 달량에 침입하여 전라도 남해연안지방을 약탈했던 왜구는 5월 25일의 영암전을 고비로 자진 물러났다."고 서술하고 있다.

97) 『명종실록』 18권, 명종 10년 5월 16일(기유)

98) 『명종실록』 18권, 명종 10년 5월 18일(신해)

99) 진도에서 난을 당해 피난생활을 했던 盧守愼의 『避寇錄』을 통해 왜구로 인한 피해와 참상의 상황을 엿볼 수 있다. 박병익, 「소재 노수신(蘇齋盧守愼)의 「피구록(避寇錄)」 연구」 『한국시가문화연구』 29, 한국시가문화학회, 2012) 참조. 특히 영암성을 공격할 때는 왜구들이 포로들을 끌고 성 아래에 와서 목을 베어 던지기도 하였다고 한다(『穌齋集』 9권, 「碑碣」 "有明朝鮮國資憲大夫兵曹判書李公神道碑銘幷序").

후기왜구가 중국에서의 밀무역, 혹은 약탈의 주 대상으로 삼았던 것은 비단·도자기와 같은 고가의 귀중품이나 화약의 원료였던 硝石 등과 같은 禁輸品이었다. 일본에서 귀중했던 이들 물건을 중국에서 일본으로 가져가 대량으로 채굴되던 銀과 교환하고 다시 은을 중국으로 가져가면 막대한 이익을 거둘 수 있었다. 이와 같은 경제적인 목적이 후기왜구 활동의 動因이었다는 것에 큰 이의는 없을 것이다.

을묘왜변도 약탈이라는 면에서는 중국대륙에서의 왜구와 크게 다를 바 없다. 또한 약탈을 통해 그들이 모종의 이익을 얻었을 것이므로 침구의 이유 또한 동일하게 생각할 수 있다. 다만 보통 이야기되는 왜구가 좋아했던 종류의 물건들을 조선에서는 얻기 어려웠다. 을묘왜변에서 약탈해간 물건들은 주로 軍糧과 兵仗器들이었다.[100] 물론 민가도 약탈해 재물들을 약탈해갔으므로[101] 그 외의 물건들도 약탈의 대상이었겠지만 가장 눈에 띄는 점은 무엇보다 군량이었다. 특히 포로가 되었다가 풀려난 이덕견이 가져온 왜구의 서계에는 군량 30석을 요구하는 내용이 있었다.[102]

이 30석은 당시 戰況을 생각하면 요구액 치고는 너무 적게 느껴진다. 음력 5월 28일 가리포에서는 왜구가 군량 100석을 탈취했고[103] 조구는 을

『연려실기술』 11권 「명종조 고사본말」의 '을묘왜변'조에는 "왜적이 영암으로 진격할 때 노약자와 사로잡은 자녀를 배에 싣고 약탈한 붉은 칠을 한 목판을 뱃전에 나열하여 방패로 삼으니, 햇빛에 붉은 빛이 번쩍이므로 우리 군사가 멀리서 바라보고 그 위세를 두려워하였는데, 八公山草木과 다를 것이 없었다. 적이 패하여 배를 띄우고 도망가려 할 적에 배 가운데에 사로잡힌 우리 자녀가 일시에 통곡하여 천지를 진동하였는데, 여러 장수들은 왜적이 저들의 패함을 슬퍼하여 통곡하는 것으로 오인하였으니, 참으로 한층 더 가소로운 일이다."(『해동야언』)는 일화가 소개되어있다.

100) 『명종실록』 18권, 명종 10년 5월 26일(기미), 5월 28일(신유), 5월 30일(계해), 6월 8일(신미), 8월 19일(신사).

101) 『명종실록』 18권, 명종 10년 5월 30일(계해).

102) 『명종실록』 18권, 명종 10년 5월 19일(임자).

103) 『명종실록』 19권, 명종 10년 8월 19일(신사).

묘왜변과 왜구에 대한 정보제공만으로도 조선조정으로부터 30석을 받아갔다.[104] 을묘왜변 때 왜구의 수를 정확히는 알 수 없지만 선박의 수가 70여 척이었으니 그 직후 제주도에 나타났던 선박 수 40여 척, 상륙인원 1,000여 명의 왜구[105]들보다는 훨씬 많았을 것이다. 왜구가 영암을 공격할 때 1衛 1천여 명을 나누어 나주의 통로를 가로 막았다는 기록[106]이 있고, 당시 해남현감으로 해남성 방어전에서 승전했던 邊協은 훗날 宣祖가 당시 왜구의 수를 묻자 '배 70척에 군사가 약 6,000명 정도'였다고 대답했다.[107]

30석이 결코 적은 양은 아니지만 1,000명이 10일 정도면 소비할 양이다. 을묘왜변의 왜구집단이 2,000명 이상이었다면 조선에서 퇴각해 일본으로 항행할 때 소비할 정도의 분량 밖에는 안 된다. 왜구들은 여러 지역을 돌아다니며 더 많은 식량을 약탈했지만, 만약 이 30석이 당초 왜구들의 핵심 목표였다면 결국 상륙해서 약탈에 나섰던 근본적인 동인은 당장에 필요했던 '식량 확보'에 있었다고 할 수 있다. 영암에서의 패배 이후 왜구들이 스스로 물러난 것은 당초 목표를 충분히 달성했기 때문이었을 것이다.

항행을 지속할 식량 확보가 목적이었다면 을묘왜변 때의 왜구는 조선에 도래한 시기, 항로뿐만 아니라 조선에 나타났던 이유도 그 이전의 황당선들과 비슷했다고 생각할 수 있다. 그렇지만 풍랑과 같은 항해조건의 악화로 70여 척의 대규모 선단 전체가 항행불능 상태에 빠져 동시에 조선

---

104) 『명종실록』 20권, 명종 11년 4월 18일(병오).

105) 『명종실록』 18권, 명종 10년 6월 28일(신묘) ; 『명종실록』 19권, 명종 10년 7월 6일(무술)

106) 『명종실록』 18권, 명종 10년 5월 30일(계해).

107) 『선조실록』 23권, 선조 22년 8월 1일(병자). 단지, 변협은 그 뒤에 "倭船은 그다지 크지 아니하여 중국 배에 미치지 못하므로 한 척에 1백 명밖에 실을 수 없습니다. 1백 척이면 1만 명이니 1만 명밖에는 더 나오기가 어려울 듯합니다."라는 말을 하고 있다. 즉, 변협이 밝힌 6,000명은 그가 실제로 목격한 것이 아닌 단순한 추정한 치라고 생각된다.

으로 흘러들어왔다고는 생각하기 어렵다.

당시 중국대륙에서는 왜구가 극성을 이루었던 것과 동시에 明軍에게 큰 타격을 입던 때이기도 했다. 명군의 공세에 왜구들은 도망쳐 바다로 나가기도 했는데, 명군의 계속된 추격으로 바다에서 또 다시 큰 타격을 입는 경우가 종종 있었다.[108] 을묘왜변을 일으켰던 왜구들은 중국에서 일본으로 가던 중이었지만, 이런 중국에서의 상황을 고려하면 그들이 약탈한(혹은 밀무역으로 거래한) 물품을 배에 가득 싣고 일본으로 귀환하던 중이었는지는 알 수 없다. 상식적으로 생각하면 중국에서 획득한 귀중한 화물을 실은 상태에서 굳이 조선을 경유해 성공의 보장도 없는 약탈행위를 한다는 것은 이치에 맞지 않는다. 또한 70여 척이 동시에 나타났다는 것은 중국에서 출발할 때부터 목적지가 조선이었을 가능성이 높다. 이런 상황을 종합해 고려하면 을묘왜변을 일으킨 왜구들은 불만족스러운 중국에서의 결과를 조선에서 해소할 생각이었던 것은 아니었을까?

2) 왜 두 번째 침공은 없었을까?

을묘왜변의 구체적인 실행집단이 누구였는가와 마찬가지로 현 단계에서 1555년 전라도 및 제주도에서 이루어진 대규모 왜구의 약탈행위가 돌발 상황에 빠진 왜구선단이 우발적으로 벌였던 일이었는지 아니면 처음부터 약탈을 목적으로 한 계획된 침공이었는지를 확실하게 결론 내리기는 어렵다고 생각한다. 그런데 을묘왜변이 어떤 이유에서 발생했는지 이상으로 의문이 가득한 것은 그 이후 왜구들이 그와 비슷한 대규모 침공을 두 번 다시는 감행하지 않았던 까닭에 대해서이다. 앞서 언급했지만 중국에서의 상황을 생각하면 한 번의 실패로 좌절해 다시 시도하지 않았다고

108) 『명 세종실록』 421권, 가정 34년 4월 27일, 5월 21일, 6월 11일, 7월 21일, 8월 9일, 윤11월 8일.

는 설명할 수 없다.[109)]

다시 하지 않았던 이유에 대해서도 관련 사실들을 종합한 추정을 통해 두 가지 정도를 생각할 수 있을 것 같다. 첫 번째로는 조선에서의 약탈 성과가 기대에 못 미쳤기 때문일 수 있다. 일종의 동일한 기회비용에 대해 조선에서의 약탈품은 왜구들에게 그다지 매력적이지 않았을 것이다.

그러나 이런 이유로는 돌발적인 상황에서 발생하는 왜구사건을 설명할 수 없다. 을묘왜변이후 조선에서 왜선이 정박하고 상륙해 식량을 약탈하는 사건이 다시 발생한 것은 가정왜구가 거의 종막을 맞이하던 1564년(명종 19)이었다.[110)] 1557년경부터 왜구의 주 활동지역이 福建으로 변화하면서 항로에 변화가 생기는 것도 이유는 되겠지만, 하지 않았던 또 다른 요인을 생각해 볼 필요가 있다.

두 번째의 이유로 생각할 수 있는 것은 을묘왜변 이후 왜구들에게 '하지 말라'는 외부의 압력 내지는 요청이 있었을 가능성이다. 1556년(명종 11) 겨울, 硫黃島 태수 則忠이 그 해 4월 적선 한 척을 만났는데(得逢賊船一隻) 그 배에 실린 무기가 모두 조선의 물건이었다면서, 圖書를 준다면 적선이 조선에 가지 못하게 막겠다는 내용의 서계와 함께 조선의 활과 화살 등을 보내왔다.[111)] 칙충의 요구를 조선조정에서는 거절했는데 6년이 지난 뒤 이번에는 을묘왜변 때 약탈했던 것으로 생각되는 兵書를 보내며 다시 도서를 요청했다.[112)] 두 번째 요청도 조선은 받아들이지 않았는데, 3년 뒤인 1565년(명종 20) 12월에 또 다시 도서를 요청해왔다.[113)] 물론 이번에도 조선은 거절했다.

---

109) 金炳夏, 「乙卯倭變考」『耽羅文化』8, 1989, 103쪽에서는 제주대첩에서 "대승함으로써 왜구의 창궐을 종식시키는데 결정적 계기가 되었다."고 평가하고 있다.

110) 『명종실록』 30권, 명종 19년 5월 18일(기미).

111) 『명종실록』 21권, 명종 11년 12월 2일(정해).

112) 『명종실록』 28권, 명종 17년 11월 5일(을유).

113) 『명종실록』 31권, 명종 20년 12월 27일(경인).

『명종실록』의 史臣은 이 일에 대해 "병기와 병서가 본시 우리의 것이었다면, 전일에 도적질하였던 자들이 硫黃島人이었다는 것은 분명하다. 전일 도적질해 간 물건을 가지고 오늘 와서 공로를 요구하는 자료로 삼으니, 조정을 우습게보며 업신여김이 심하다 하겠다."고 논했지만, 이번에도 실제로는 쓰시마에서 보낸 가짜 명의의 위사였다.[114] 처음 도서를 요구해 왔을 때 예조가 "지난 해 도둑질하고 돌아가는 배에 우리나라의 병기 등의 물건을 여러 섬의 倭酋들이 나누어 감추었다가 서로 잇달아 와서 바치면서 자신들이 여러 적왜에게 빼앗았다며 重賞을 바라는 것"[115]이라고 했는데, '여러 섬'이 아니라 실제로는 쓰시마가 단독으로 여러 번에 걸쳐 조선을 상대로 연극을 펼쳤던 것이다.

을묘왜변을 빌미로 10년 뒤까지도 여러 방법을 사용하며 끈질기게 요구할 정도로 쓰시마에게 조선의 도서는 큰 가치가 있었다. 도서의 획득과 유지를 위해서는 아무래도 조선에서 더 이상 왜구사건이 발생하면 곤란했을 것이다.

왜구를 이끌었던 중국인들과 일본에서 그들이 근거를 두었던 해당 지역의 유력자는 밀접한 관계에 있었다. 한편 쓰시마의 소씨는 후기왜구를 억제하기 위해 이키나 고토열도 등지의 영주들과 일정한 관계를 유지했다.[116] 특히 하카타(博多)를 지배하던 오우치(大内)씨나 오토모(大友)씨와는 항상 우호관계를 맺을 필요가 있었고 실제로도 그런 관계를 지속했다.[117] 쓰시마의 바람이 이런 중층적인 관계 속에서 왜구에게 작용했던 것은 아니었을까?

114) 米谷 均, 「16世紀日朝関係における僞使派遣の構造と実態」 『歴史学研究』 697, 1997, 4쪽.

115) 『명종실록』 21권, 명종 11년 12월 2일(정해).

116) 関 周一, 『日朝関係史』, 吉川弘文館, 2017, 146~147쪽.

117) 米谷 均, 「16世紀日朝関係における僞使派遣の構造と実態」 『歴史学研究』 697, 1997, 12쪽.

한편, 명과는 달리 당시 조선과 일본 사이에서는 제한적이기는 하지만 평화적인 무역이 가능했다. 1564년(명종 19) 사관원은 다음과 같이 당시 실정을 말하고 있다.

> 왜구들이 海路를 통해 上國을 노략질한 뒤면 明珠·寶貝·진기한 비단[珍錦繡]·金銀 등이 모두 釜山浦에 모입니다. 때문에 수령이나 변방의 장수 및 장사치들까지도 쌀이나 베를 수레에 싣거나 몸에 지고서 끊임없이 부산포[本鎭]로 몰려듭니다. 심지어는 다른 도[他道]의 수령들까지도 배로 운반해 오거나 육지로 수송해 와서 物貨를 교역하여, 남녘 백성들의 명맥을 모두 왜구의 손아귀에 들게 합니다.[118)]

이처럼 중국에서 왜구가 약탈한 물건은 쓰시마의 통교자들에 의해 조선으로 옮겨져 다시 고가로 거래되었다. 그리고 조선의 재화·물건들은 그 반대의 경로로 일본에 유입되었다. 일본에서 필요로 했던 조선의 물건은 굳이 위험성이 큰 해적행위가 아니었어도 충분히 획득 가능했던 것이다.

5. 맺음말

을묘왜변은 중국과 일본을 오가며 활동하던 후기왜구들이 일으킨 사건이었다. 을묘왜변이 발생했던 전후시기의 후기왜구는 중국출신의 사람들이 일본에 근거를 두고 일본인들을 규합해 중국으로 가서 약탈이나 밀무역 활동을 했었다. 다만 후기왜구의 활동양상은 매우 다양해서 1555년의 시점의 중국에서는 流賊化하는 양상도 나타났고 여러 왜구 집단이 연합해 활동하기도 했지만 때로는 적대해 항쟁하는 경우도 있었다.

후기왜구의 활동목적을 한 마디로 정리하면 약탈이나 밀무역 등의 불

118) 『명종실록』 30권, 명종 19년 10월 23일(임진).

법행위를 통해 경제적 이익을 얻으려고 한 것이었다고 할 수 있다. 사실 이런 점에서는 전기왜구와 크게 다를 바가 없다. 또한 중국인이 주도하고 중국인이 다수였다고는 해도 이들은 일본[倭]과 일정한 관계성을 갖고 있었다. 이 때문에 피해를 입은 쪽에서는 자연스럽게 후기왜구의 침략행위를 그 이전의 왜구사건, 이후의 임진왜란과 연속선상에서 이해하게 된다. 임진왜란 시기에 조선조정에서 을묘왜변이 자주 비교의 대상이 되었고 그 이후 일본인들의 한반도 침략사-다른 말로 간단히 줄이면 '倭寇'나 '倭變'-에서 을묘왜변은 고려 말·조선 초 왜구-삼포왜란과 임진왜란의 사이를 잇는 중요한 사건이 되었다.

그렇지만, 을묘왜변은 분명히 그 이전의 왜구사건들이나 임진왜란과는 구분되는 사건이었다. 특히 조선의 대일무역통제나 일본인, 특히 쓰시마 사람들의 통교권 확대요구와는 무관하게 발생한 사건이었다. 왜구들이 조선조정에 공식적으로 요구했던 것은 군량 30석이 전부였다. 사건 직후 쓰시마가 이를 이용해 통교권 수복을 획책해 일부 성공했던 것은 을묘왜변 이후의 부수적인 결과였을 뿐이며, 을묘왜변의 결과나 영향이 임진왜란이 발발하게 되는 요인으로 작용했던 것도 아니었다. 을묘왜변은 후기왜구들이 조선에서 일으켰던 극히 예외적이고 특수했던 사건이었을 뿐이다. 다만, 을묘왜변 때의 후기왜구들이 정확히 어떤 사람들이었는가에 대해서는 고려해봐야 할 점들이 많다.

1556년(명종 11) 음력 4월, 왜인 安國이 要時知를 보내 7~8세의 어린아이를 쇄환했다.[119] 조선 초에 포로의 쇄환이 조선과의 통교를 위한 수단으로 사용되었던 것과 같은 취지에서의 행동이었을 것이다. 그런데 아이를 조사해보니 '중국어를 조금 이해하고, 왜어를 능숙히 구사했는데'[120] 조선어는 알지 못했던 것 같다.[121] 이 때문에 조선조정에서는 이 아이가 조선

119) 『명종실록』 20권, 명종 11년 4월 18일(병오).

120) 『명종실록』 20권, 명종 11년 5월 8일(을축).

의 아이가 아닐 것이라는 의심도 했는데, 사간원에서는 이에 대해 "말하는 이들이 '연해의 鮑作干들이 邊將의 侵奪에 견디다 못해 왜인에게로 들어가는 것으로 침탈을 피하는 방법으로 삼는다.'고 합니다. 만약 그것이 사실이라면 우리나라 사람이 장차 저 倭 땅에서 자손을 키우게 될 것입니다. 그 아이들이 倭語만을 아는 것이 하나도 이상할 것이 없을 것인데, 어떻게 지난해 변방 백성이 처음으로 왜인에게 잡혀갔고 그 전에는 한 사람도 그곳에 잡혀간 자가 없다고 말할 수 있겠습니까?"[122]라며 조선아이일 가능성도 열어두고 일을 처리하도록 간했다.

안국이라는 사람은 정체가 불분명해서 조선조정에서는 그가 실제 인물이 아닐 수도 있다고 의심했는데, 그가 보냈던 요시지는 장차 나이든 여인[壯女]도 쇄환하겠다고 말했지만 그 뒤에는 관련 기록이 없다. 아이가 어떻게 되었는지도 알 수 없는데, 그 아이가 조선인이었든 왜인이었든 7~8세라는 나이에 중국어와 일본어를 이해할 수 있던 환경에서 자랐다는 점이 흥미롭다. 사간원의 말처럼 왜인의 땅에 스스로 들어간 사람은 아닐지라도 왜구의 근거지였던 고토에는 많은 조선인들이 살고 있었는데,[123] 중국인과 일본인이 혼합된 집단인 후기왜구가 그 아이의 삶의 배경에 있었다고 할 수 있다.

포로로 잡혔다가 풀려난 이덕견은 왜구 중에 "우리나라 말을 조금 이해하는 자"가 있었다고 했다.[124] 말이 능숙하지는 않았던 것으로 보아 조선인은 아니라고 생각되는데 조선조정에서도 그 사람은 조선과 자주 왕

121) 『명종실록』 20권, 명종 11년 5월 14일(신미).

122) 『명종실록』 20권, 명종 11년 5월 14일(신미).

123) 『선조실록』 22권, 선조 21년 11월 17일(병인).
林悌의 『南溟小乘』(1577년 11월부터 4개월간의 제주도 여행기)에는 사공 德乭의 사연이 짧게 소개되어있는데, 그는 일찍이 왜구에게 끌려가 7년 동안 五島에서 살다가 작은 배를 얻어 타고 고국(제주도?)으로 돌아왔다고 한다(윤성익, 「설화를 통해 본 '제주도의 왜구'」 『도서문화』 56, 2020, 442~445쪽).

124) 『명종실록』 18권, 명종 10년 5월 19일(임자).

래하던 사람일 것으로 추정했다. 그렇지만 위에서 보았던 것처럼 다른 방식으로 조선어를 익혔을 수도 있다.

그런데 정작 이덕견은 왜구집단에 다수가 있었을 것으로 생각되는 중국인에 대한 목격담 같은 것은 남기지 않았다. 이덕견이 풀려난 직후에 참형에 처해지기 때문에 후일담을 남길 수 없었던 때문이기도 하겠지만 결국 가장 중요한 부분은 알 수 없는 채로 을묘왜변의 왜구가 어떤 사람들이었는지에 대해서는 이덕견이 들고 온 서계에서 사용된 단어를 가장 큰 단서로 삼고 당시 중국에서의 왜구상황을 통해 추측할 수밖에 없다.

『명종실록』에는 기록이 없지만 변협의 비문에는 해남전투에서 왜구에게 포로로 잡혀있던 중국인을 탈환해 명으로 돌려보냈고 황제가 이를 가상히 여겨 은과 비단을 하사하는 등 賞讚하였다는 내용이 있다.[125] 이 내용만을 보면 을묘왜변시 왜구집단에는 자의건 타의건 다수의 중국인들이 속해있었다고 추측할 수 있다. 이와 관련해 을묘왜변 이후 조선에서 명으로 중국인 포로들을 쇄환하고 황제가 은과 비단을 하사했다는 기록이 명 『세종실록』 가정 35년(1556) 11월 15일조에 있다.[126] 여기에는 이윤경의 이름이 거론되고 있는데 이윤경의 비문에도 “왜적이 중국을 침노하였다가 돌아갈 적에 邊將이 가로막고 벤 머리가 100級이었다. 이와 함께 붙잡힌 중국인 100여 명을 풀어서 돌려보내자 황제가 칙서를 내렸는데 공에게까지 포상이 미쳤다.”[127]고 되어있다.

125) 李廷龜, 『月沙集』 42권, 「神道碑銘 상」, ‘贈 左議政 行工曹判書 邊公 신도비명 병서’. 『연려실기술』 18권, 「宣祖朝 故事本末」 ‘명신’에서도 변협에 대해 “을묘년 왜란에 해남현감으로 한 번 교전하여 크게 이겨, 명나라 사람으로 왜적의 포로가 되었던 자를 잡아서 명나라로 보내니, 천자가 가상하게 여겨 은과 비단으로 상을 주었다.”고 되어있다.

126) 명 『세종실록』 441권, 가정 35년 11월 15일. “倭船四艘, 自浙直敗還, 飄泊至朝鮮境. 朝鮮國王李峘, 遣兵逆擊于海中盡殲之, 得中國被虜并助逆者三十餘人. 至是因遣陪臣沈通源等入賀, 以聞并歸我俘 上嘉其忠順, 賚銀幣仍賜璽書, 褒奬通源及獲功人李潤慶等, 皆厚賜而遣之.”

그렇지만 이윤경의 비문에는 이 일이 1556년 여름에 있었던 일로 되어 있고 명 『세종실록』에도 왜선 4척이 풍랑으로 조선에 이르렀던 것으로 되어있기 때문에 을묘왜변과는 관계없는 일이었다. 변협은 을묘왜변이후 장흥부사로 승진했는데 1556년 음력 7월 왜선을 포획한 기록이 있다.[128] 이런 사실들을 종합하면 변협의 비문 내용은 1556년의 일을 착각한 것일 수 있다. 결국 변협의 비문은 을묘왜변 때 왜구집단에 다수의 중국인이 있었다는 확실한 증거가 될 수 없다. 이처럼 정보가 많다고 해서 그것이 사실인지의 여부는 여러 채널을 통해 확인할 필요가 있다.

다른 시기의 왜구사건과 비교해 을묘왜변과 관련된 정보는 꽤 많은 편이다. 특히 기본 사료인 『명종실록』은 왜구에 대해 다양하고 상세한 정보를 전해준다. 그렇지만 왜구 자체에 대한 내용의 대부분은 외부로부터의, 게다가 출처도 불분명한 간접정보이거나 추측에 의거한 것들이다. 뿐만 아니라 각 사건에 대한 기록도 그다지 명확하지 않을 뿐 아니라 지방 및 외부(주로 쓰시마)로부터의 보고에 기초한 내용을 그대로 믿기 어려운 경우도 많다.

따라서 각 사료의 내용들을 정밀히 숙고해야할 필요가 있다. 특히 누가 사건을 일으켰는지에 대해서는 여러 증언들이 대립하는 만큼 관련 사실들을 종합해 판단할 필요가 있다. 필자는 얼마 전까지도 조구의 말과 당시의 상황 증거를 토대로 을묘왜변은 고토에 근거를 두었던 왕직 집단이 주도했던 것으로 결론을 내렸었다.[129] 그렇지만 사쓰마의 행위였다는 『선조실록』의 내용을 발견한 뒤에는 이 결론에서 크게 후퇴할 수밖에 없었다. 이덕형의 정보도 출처가 불분명하지만 '자신이 아닌 사쓰마였다'는 왕직의 호소를 뒷받침할 새로운 증거였기 때문이다. 을묘왜변을 누가 일

127) 盧守愼, 『穌齋集』 9권, 「碑碣」, '有明朝鮮國資憲大夫兵曹判書李公神道碑銘 幷序'.

128) 『명종실록』 21권, 명종 11년 7월 17일(계유).

129) 윤성익, 「1555년 '을묘왜변 제주대첩'에 관하여 - 달량왜변과의 차별성 및 을묘왜변의 실행 주체 -」 『한일관계사연구』 83, 2024, 108쪽.

으켰는가? 라는 질문에 대해 현재로서는 '중국인과 일본인이 연합해 활동했던 후기왜구'라고 밖에 대답할 수 없는 것도 이 이유에서이다.

이처럼 아직도 을묘왜변이나 후기왜구에 대해서는 풀어야할 숙제가 많이 남아있다. 또한 어딘가에 묻혀있는 사료나 새로운 증거가 나올 가능성도 여전히 많고 그를 통해 이전의 주장이 크게 변화할 여지도 많다. 앞으로 본고의 많은 부족한 부분이 채워지기를 기대한다.

16세기 동아시아해역의 군수물자 유통: 일본열도와 왜구

이 수 열

1. 16세기 왜구론의 현재

1) 16세기 왜구에 대한 일본 학계의 평가

다나카 다케오(田中健夫)는 패전 후 일본 학계에서 왜구 연구의 새로운 방향성과 틀을 제시한 연구자이다. 1982년에 발표한 책에서 그는 왜구 연구에서 '바다의 시좌'의 필요성을 강조하며 16세기 "왜구 발생의 온상"으로 민간무역을 허락하지 않는 명조의 해금정책, 중국 연해 지역 鄕紳층의 경제적 욕구, 그리고 1523년의 寧波사건으로 인한 중일 간 합법 무역의 단절 등을 들었다.[1] 이러한 인식의 저변에는 당시 동아시아해역에 팽배한 민간무역 욕구와 그것을 인정하려들지 않는 명조의 해금정책이라는 구도가 깔려 있었다. 이후 다나카는 논의를 확대하여 16세기 왜구를 동아시아 통상권 안에서 국가나 민족에 구애받지 않고 활동하는, "자유의 민"으로 구성된 다민족 교역 집단으로 자리매김했다.[2]

다나카의 연구를 계승한 무라이 쇼스케(村井章介)는 왜구를 국가와 민

1) 田中健夫, 『倭寇: 海の歴史』, 講談社學術文庫, 2012, 111~116쪽(원저는 教育社, 1982).

2) 田中健夫, 「倭寇と東アジア通交圏」, 朝尾直弘 외 편, 『日本の社会史 Ⅰ: 列島內外の交通と國家』, 岩波書店, 1987 179쪽.

족을 초월한 "마지널 맨(경계인)"으로 규정했다. 그가 생각하는 왜구는 동아시아 해역민으로서의 정체성을 갖고 "명조의 해금체제를 공동화시키고 '환중국해 지역'의 일체성을 성숙시켜간 사람들"[3]로, 무라이는 이러한 왜구의 탈경계적 특징 속에서 "현대의 '초국경화'를 선취하는 성격"[4]을 발견했다. 다나카 다케오가 초석을 깔고 차세대 연구자들이 심화시킨 동아시아 통상권의 한 주체로서의 16세기 왜구상은 그 뒤 일본 학계에서 정설로 자리잡아갔다.[5]

왜구 연구는 그 뒤 왜구 자체에 대한 평가를 넘어 일본의 통일정권=근세국가에 대한 재평가로까지 이어졌다. 대표적인 일본 근세 대외관계사 연구자 아라노 야스노리(荒野泰典)는 "중국인 상인을 중심으로 일본, 조선, 류큐, 동남아시아 연안 세력, 그리고 새로 등장한 유럽 세력" 등에 의한 "정치적 관계를 동반하지 않는 '통상'"관계를 '왜구적 상황'이라고 명명했는데, 그는 일본의 통일정권(도요토미 히데요시, 도쿠가와 이에야스)이 발포한 해적금지령의 목적이 일본을 '왜구적 상황'에서 탈피시켜 국제사회에 정당한 국가권력으로 인지시키고, 국가 간 무역을 부활시켜 동아시아 해역의 "지속가능한 평화를 실현"[6]시키는 데 있었다고 말했다. 이러한 인

---

3) 村井章介, 『中世倭人傳』, 岩波書店, 1987, 200쪽(무라이 쇼스케, 이영 역, 『중세 왜인의 세계』, 소화, 2003).

4) 村井章介, 『國境を超えて: 東アジア海域世界の中世』, 校倉書房, 1997, 27쪽.

5) 일본의 왜구 연구에 관해서는 이영, 『팍스 몽골리카의 동요와 고려 말 왜구: 동아시아의 파이렛츠(PIRATES)와 코르세어(CORSAIRS)』, 혜안, 2013 ; 『황국사관과 고려 말 왜구: 일본 근대 정치의 학문 개입과 역사 인식』, 에페스테메, 2015 ; 「민중사관을 가장한 식민사관: 일본 왜구 연구의 허구와 실체」 『일본문화연구』 45, 2013 등이 대표적인 연구이다. 그 외에 남기학, 「중세 고려·일본 관계의 쟁점: 몽골의 일본 침략과 왜구」 『일본역사연구』 17, 2003 ; 윤성익, 「21세기 동아시아 국민국가 속에서의 倭寇像」 『명청사연구』 23, 2005 ; 송종호, 「무라이 쇼스케(村井章介)의 〈왜구=경계인〉설에 대한 비판적 검토」 『역사교육』 63, 2017 ; 이수열, 「왜구론의 행방: '바다의 역사'와 일본 중세 대외관계사」 『해항도시문화교섭학』 21, 2019 등이 있다.

6) 이상, 荒野泰典, 「唐人屋敷の設置はなぜ·一七世紀までずれこんだか: 近世日本國際

식은 후지키 히사시(藤木久志)의 연구, 즉 도요토미 히데요시가 발포한 海賊停止令을 평화=질서 유지를 위한 법령으로 평가하는 '도요토미 평화령(豊臣平和令)'[7]과 궤를 같이 하는 것으로, 1980년대에 들어 진행되기 시작한 일련의 역사상 수정 움직임 중 하나였다.[8]

2) 몇 가지 의문과 이 논문의 목적

일본의 왜구 연구는 중국인 다수설을 근거로 일본의 수동적인 위치를 강조하고, 16세기 왜구를 동아시아해역의 '상업의 시대'의 한 주체로서 정의했다. 그 과정에서 왜구의 모습은 종래의 폭력적인 침략자에서 동아시아 통상권의 교역자로 변해갔다. 그러나 이러한 왜구상은 중국이나 한국 사회의 역사 인식과 커다란 괴리를 보이고 있다.

만약 16세기 왜구가 중국인 주도였고, 일본이 단순히 "근거지와 구성원을 제공"[9]하는 수동적인 위치에 머물렀다면 명조는 왜 몇 번이나 일본에 사절을 보내 왜구 금압을 요청했을까? 당대 중국에서는 일본 관련 서적이 다수 발간되었는데,[10] 그 이전에는 볼 수 없었던 이런 현상이 일어

關係論構築の一階梯として」, 弘末雅士 편, 『海と陸の織り成す世界史: 港市と內陸社會』, 春風社, 2018, 126쪽, 131쪽, 127쪽.

7) 藤木久志, 『豊臣平和令と戰國社會』, 東京大學出版會, 1985.

8) 나리타 류이치(成田龍一)는 『近現代日本史と歷史學: 書き替えられてきた過去』, 中公新書, 2012에서 1980년대에 들어 출현한 몇 가지 개국(開國) 관련 연구가 "자신감에 찬 일본상"(37쪽)을 제시했다고 말했다. 그러나 이는 근대사에 한정된 것이 아니라 일본사 전반에 해당하는 현상이었다.

9) 田中健夫, 村井章介 편, 『増補 倭寇と勘合貿易』, ちくま學藝文庫, 2012, 210쪽(원저는 至文堂, 1961).

10) 당시 중국에서 발간된 '防倭書'에 관한 연구로 차혜원, 「중국인의 '南倭' 체험과 壬辰전쟁(1592-1598): 『籌海圖編-重編』을 중심으로」 『역사학보』 221, 2014 ; 홍성화, 「명대 가정년간 해상세력의 형성과 분화: 『일본일감』을 중심으로」 『역사와 경계』 113, 2019.

난 이유는 무엇인가? 당시 명 조정과 왜구 진압 관계자, 일본 연구서 등은 왜구 발생의 온상으로 일본열도 전역을 지목하고 있었다. 그리고 이런 상황은 1570년 전후 명조가 해금정책을 완화했을 때도 기본적으로 변화가 없었다. 명은 포르투갈을 체제 내부로 끌어들이면서도 일본을 끝내 통상권 밖으로 구축했다. 왜구를 통제할 수 있는 중앙정권이 부재한 일본을 여전히 동아시아 국제질서의 교란 요소로서 인식했기 때문이다.

16세기 왜구에서 일본의 수동성을 강조하는 근거로 이용되는 '眞倭 3할, 從倭 7할'이나 '華夷同體'는 왜구의 겉모습에 불과하다. 16세기 동아시아해역의 상황을 이해하기 위해서는 다민족 구성을 강조하여 '왜구적 상황'이란 말 속에 왜구를 해소시킬 것이 아니라 그들이 "어떤 집단과 결합했으며, 그 무력과 경제력의 공급처는 어디였고, 약탈품을 순환시켜주는 배후망은 어떻게 작동했는지를 구체적으로 묻는 작업"[11]이 필요할 것이다. 국가와 지역의 문제는 16세기 왜구를 파악하는 데 여전히 중요한 요소인 것이다.

왜구는 각 지역 간의 가치의 차이를 이용하여 가능하면 합법적으로, 여의치 않을 경우 불법적인 방법을 동원해서 이익을 추구하는, '상업의 시대'를 상징하는 인간유형이었을 뿐 동아시아 해역세계에 귀속의식을 가진 '자유민'이 아니었다. 히라도(平戶)의 王直은 '徽王'을 자칭하고 있었고, 같은 徽州 출신 胡宗憲의 회유로 귀국을 결심한다.[12] 한편 시마즈(島津) 씨, 오우치(大內) 씨, 모리(毛利) 씨, 오토모(大友) 씨, 마쓰라(松浦) 씨, 사가라(相樂) 씨, 소(宗) 씨 등은 투철한 지역 지배자 의식에 입각한 채 왜구선 파견을 통한 영역 발전과 지배권 보전을 꾀하고 있었다. 그들은 얼마 안 가 시작된 동아시아 국제전쟁에서 침략의 최전선에 섰던 인물이기도 했다.

11) 박경남, 「이영(李領)의 왜구 주체 논쟁과 현대적 과제」『역사비평』122, 2018.
12) 왕직의 '徽商'으로서의 정체성에 관해서는 조영헌·채경수, 「海商 王直의 興亡과 徽州 네트워크」『명청사연구』44, 2015.

왜구를 탈국가적 자유민으로 평가하는 것은 초국경 시대라는 현대적 문제 관심을 16세기에 과도하게 반영시킨 낭만주의적 역사 해석에 불과하다.

도요토미 히데요시나 통일정권을 "평화로운 통교 무역의 보호자·조직자"[13]로서 평가하는 '도요토미 평화령'도 오늘날 한국과 중국 사회의 일반적인 역사상과는 물론 당대의 인식과도 크게 상충하는 것이다. 임진전쟁은 萬曆 왜구라고 불리었고, 그것은 嘉正 왜구의 연장선상에서 받아들여졌다. 설사 히데요시가 자신의 행동의 궁극적인 목적을 교역 질서의 복원, 유지에 두고 있었다 하더라도, 당시 그것을 신뢰하는 국가는 동아시아에 존재하지 않았다.

이 논문은 16세기 왜구의 군수물자 유통, 그 중에서도 화기와 焰焇(硝石) 무역을 통해 일본 학계가 제출한 16세기 왜구상을 비판적으로 재고하는 것을 목적으로 한다. 종래 중일 무역은 주로 은과 생사 교환을 중심으로 서술되어왔다. 은과 생사의 교환이 "당시 동아시아에서 가장 이익을 많이 내는 무역"[14]이었고, 그런 만큼 양 지역 사이의 교역에서 중요한 위치를 차지하고 있었던 점은 틀림없는 사실이다. 그런데 당시 중국의 법률은 생사와 같은 민간 필수품[15]을 유출했을 때는 "'생계형' 범죄로 취급하여 비교적 가벼운 형벌인 杖刑 1백"으로 처벌한 데 비해, 정치군사적 위협이 되는 군수품이나 사람(=노예)의 경우 교형·참형으로 대응하고 있었다.[16] 흑색화

13) 荒野泰典, 「日本型華夷秩序の形成」, 朝尾直弘 외 편, 『日本の社会史 Ⅰ: 列島内外の交通と國家』, 앞의 책, 191쪽.

14) 岸本美緒, 『東アジアの「近世」』, 山川出版社, 1998, 39쪽(기시모토 미오, 노영구 역, 『동아시아의 근세』, 와이즈플랜, 2018).

15) '장군사(將軍絲, Emperor's silk)'의 예에서 알 수 있듯이 생사를 반드시 '민간 필수품'으로만 간주할 수는 없다. 일본의 통일권력은 광산과 생사 유통을 직접 장악함으로써 경제적 기반을 다져나갔고 거기에서 발생하는 이익으로 전쟁에 필요한 물자와 인력을 동원했다. 이런 상황은 에도 막부가 안정될 때까지 지속되었다.

16) "무릇 말·소·군수·철제품·銅錢·緞匹·紬絹·絲綿을 사사로이 가지고 국경을 나가 매매하거나 바다에 들어간 자는 杖刑 1백에 처하고 挑擔馱載[운반]하는 자들은 1등을 감한다. 화물과 배와 수레는 모두 관이 몰수하고 3/10은 신고한 자에게 상

약을 만들 때 가장 중요한 성분인 염초의 밀무역에는 그런 만큼 많은 위험과 이익이 따랐다. 한편 염초 확보는 鐵砲(이하 조총)[17] 전래를 계기로 화기의 시대에 돌입한 戰國시대 일본에서 전쟁의 승패를 좌우하는 결정적인 요인이 되었다. 보병과 군수물자 동원 능력이 승패를 가르는 전쟁 형태의 변화 속에서 전국다이묘들은 기존의 유통망에 의존하거나 스스로 왜구선을 파견하여 염초를 확보했다. 그 뒤 중국이 일본에 대해 호시(互市) 허락 여부를 논의할 때 염초가 민감한 사안이 되는 것은 그러한 이유에서였다.

이하에서는 16세기 왜구 발생의 결정적인 배경이라 할 수 있는 동아시아해역에서의 은 시대의 개막을 간단히 살펴본 뒤, 포르투갈 세력이 들여온 유럽식 화기를 계기로 한 동아시아의 화기혁명과 그 일환으로서의 조총 전래, 그리고 그것이 가져온 전국시대 하 전쟁 형태의 변화와 왜구의 염초 무역에 대해 언급하고자 한다. 이러한 작업을 통해 일본열도와 16세기 왜구의 관련성이 어느 정도 밝혀지기를 기대한다.

2. 은 시대의 개막과 동아시아해역

1) 은 시대의 개막

하카타(博多) 상인 가미야 주테이(神屋壽禎)가 이와미(石見) 은 광산을

으로 준다. 만약 인구와 군기를 가지고 국경을 나가거나 바다에 들어간 자는 絞刑, 그로 인해 국내의 사정을 누설한 자는 斬刑에 처한다." 『大明律』 卷15, 「兵律·關津」, '私出外境及違禁下海' 6a. 한지선, 「洪武年間의 對外政策과 '海禁': 『大明律』 상의 '海禁' 조항의 재분석」 『중국학보』 60, 2009. 276쪽에서 재인용.

17) 철포는 글자 본래의 뜻으로는 철제 대포를 말한다. 그러나 일본에서는 주로 소형 수총(手銃)을 철포라고 했고, 대형포는 대철포, 石火矢(불랑기포), 大筒 등으로 불렀다. 중국이나 조선에서는 화승총=철포를 조총이라고 불렀다. 이에 관해서는 中島楽章, 「一五四〇年代の東アジア海域と西歐式火器: 朝鮮·双嶼·薩摩」, 中島楽章 편, 『南蠻·紅毛·唐人: 十六·十七世紀の東アジア海域』, 思文閣出版, 2013 ; 宇田川武久, 『鐵砲傳來: 兵器が語る近世の誕生』, 講談社, 2013(원저는 1990).

발견한 것은 1526년의 일이었다. 이후 1533년 조선에서 연은분리법(灰吹法)이 도입되면서 일본의 은 생산량은 폭발적으로 증가했다. 구도영의 연구에 의하면 일본 은이 관무역품으로 조선에 들어오기 시작한 것도 이 무렵의 일로, 그 양은 1538년에 5,040냥, 1542년에는 80,000냥에 이를 정도였다. 그 사이 조선의 은 가격은 8분의 1 수준으로 하락했고, 서울과 각 지역에서는 "마치 면포를 사고팔듯" 은을 거래했다고 한다. 일본 은의 대량 유입은 대명 밀무역 폭증을 가져왔고, 당시 은 유출 금지를 통해 밀무역 근절을 추구했던 조선의 정책에 혼란을 초래했다.[18] 그때까지 동아시아의 변방에 머물고 있던 "동해의 한 小國이 세계 무역의 초점으로 각광받게 된 이유는"[19] 오롯이 은에 기인하고 있었다.

일본 은은 아시아해역의 물자와 사람의 흐름을 바꿔놓는 계기가 되었다. 동아시아해역에서는 인도, 동남아시아산 물산과 중국산 견직물, 도자기 등이 廣州를 중심으로 거래되는 남북 간 교역이 주류를 형성하고 있었다. 간혹 일본과 중국 사이를 오가는 遣明船이 있었지만 일본의 주된 무역루트 또한 한반도를 통한 남북 간 교역이 중심이었다.[20] 그러나 일본 은을 계기로 한 "동아시아에서의 은 시대의 본격적인 개막"[21]은 남북 간 교역에 더해 동서 간의 흐름을 본격화시켰다. 1540년부터 조선 연안에 출현하기 시작한 황당선은 그러한 사람과 물자의 동서 간 이동이 낳은 현상

18) 이상, 구도영, 『16세기 한중무역 연구: 혼돈의 동아시아, 예의의 나라 조선의 대명무역』, 태학사, 2018, 162~165쪽. 이와미 은광 개발에 관해서는 本多博之, 『天下統一とシルバ-ラッシュ: 銀と戰國の流通革命』, 吉川弘文館, 2015, 6~30쪽 ; 村井章介, 「銀と鐵砲とキリスト教: 中近世移行期の世界史的意味」, 村井章介, 『國境を超えて: 東アジア海域世界の中世』, 앞의 책, 119-125쪽.

19) 朝尾直弘, 『天下一統』(大系日本の歷史 8), 小學館, 1988, 233쪽.

20) 무로마치(室町)·전국(戰國) 시기, 서부 일본 일대에 광대한 지배 영역을 구축한 '唐物大名' 오우치 씨의 경제적 기반도 조선무역을 통해 얻어진 것이었다. 伊藤幸司, 「大内氏のアジア外交」, 大内氏歷史文化研究會 편, 『室町戰國日本の覇者 大内氏の世界をさぐる』, 勉誠出版, 2019.

21) 岸本美緒, 『東アジアの「近世」』, 앞의 책, 7쪽.

중 하나였다.[22] 당시 일본 은이 중국으로 흘러들어간 이유가 江南지역의 상품경제 발전, 변경 지대의 "상업 붐"[23] 등으로 인해 중국 국내 은 수요가 높아졌기 때문이라는 사실은 여러 연구가 지적하고 있는 바와 같다.

은 시대의 개막은 지구 뒤편에서도 진행되고 있었다. 1566년부터 실용화된 수은 아말감법으로 포토시(Potosi) 은광의 은 생산량이 급증했다. 스페인이 아시아 무역의 거점으로 마닐라(Manila) 시를 건설하기 시작한 것은 1571년의 일이었다. 그 뒤 은은 마치 "문을 두드리고 돌아다니는 근대의 使者처럼"[24] 세계를 순환하며 각 지역 사회를 변화시켜갔다. 16세기 왜구는 이러한 지구적 차원의 은 순환 속에서 생겨나 성장해간 동아시아해역의 밀무역 집단 중 하나였다.

2) 포르투갈의 아시아 진출

1543년 포르투갈 세력이 중국인 밀무역상과 함께 규슈(九州) 최남단의 섬 다네가시마(種子島)에 도착해 조총을 전한 것은 비약적인 은 생산량의 증가로 인해 일본열도 서부 지역이 동아시아해역의 주요 무역 거점의 하나가 되었기 때문이다. 이후 규슈 전역에 중국선, 포르투갈선 등이 입항했고, 双嶼가 함락된 뒤에는 거점을 일본으로 옮긴 중국인 밀무역상이 거주

22) 황당선에 관해서는 高橋公明, 「一六世紀中期の荒唐船と朝鮮の對應」, 田中健夫 편, 『前近代の日本と東アジア』, 吉川弘文館, 1995 ; 이영, 「황당선의 출현과 조선의 대응: 가정 왜구의 한반도 침공(을묘왜변: 1555년)의 역사적 전제」 『일본문화연구』 65, 2018.

23) 중국 변경지대의 상업 발전에 관해서는 岸本美緖, 『東アジアの「近世」』, 앞의 책 ; 岩井茂樹, 「十六·十七世紀の中國邊境社會」, 小野和子 편, 『明末淸初の社會と文化』, 京都大學人文科學硏究所, 1996 ; 岩井茂樹, 「邊境社會と'商業ブーム'」, 岩井茂樹, 『朝貢·海禁·互市: 近世東アジアの貿易と秩序』, 名古屋大學出版会, 2020 ; 홍성구, 「明代 北邊의 互市와 朝貢」 『중국사연구』 72, 2011.

24) 増井經夫, 『中國の銀と商人』, 硏文出版, 1986. 田中優子, 『近世アジア漂流』, 朝日新聞社, 1990, 149쪽에서 재인용.

하는 唐人町이 생겨나기 시작했다.[25] 후일 일본으로 끌려간 姜沆이 "唐船과 硫球·南灣·呂宋 등지의 상선의 왕래가 끊이지 않는다"고 한 히젠(肥前)이나, "저자 거리는 거의 반이 중국 사람들이요, 唐船·密船이 쉴 새 없이 들락거리며 묵는다"[26]고 묘사한 사쓰마(薩摩)의 풍경은 은으로 들끓는 규슈의 항구와 당인정의 모습을 전해주는 증언이다.

포르투갈 세력이 처음 아시아해역에 진출한 것은 시기를 거슬러 올라가 15세기 말, 16세기 초의 일이었다. 1510년 고아(Goa)를 점령한 포르투갈은 다음해 말라카(Malacca)를 정복함으로써 중국 시장 진출을 위한 교두보를 마련하는 데 성공했다. 그 뒤 포르투갈선은 1517년 광주 앞바다에 모습을 드러내 둔문도(屯門島)에 상륙했다. 포르투갈은 국가 간 통상을 요구했지만, 포르투갈의 강압적인 태도, 예를 들어 둔문도에 형장과 비석을 설치하거나 수군의 제지를 뚫고 珠江 진입을 시도하는 등의 행동이 명조를 자극하여, 결국 둔문해전(1521~1522)이 발발했다.[27]

중국과의 합법 무역이 불가능해진 포르투갈은 그 뒤 중국인 밀무역 세력과 연대하여 쌍서로 진출했다. 福建 출신의 鄧獠가 포르투갈인(番夷)를 유인하여 쌍서에 밀무역 시장(私市)을 연 것이 1526년,[28] 許 씨 형제가 포

25) 小葉田淳, 「近世初期中國人の渡來·歸化の問題」, 小葉田淳, 『金銀貿易史の研究』, 法政大學出版會, 1976에 의하면 당시 당인정은 규슈 각지나 야마구치(山口)는 물론 오다와라(小田原), 가와고에(川越) 등과 같은 일본 동부 지역에도 만들어졌다고 한다. 당인정 소재지가 조카마치(城下町)와 겹치는 경우가 많았던 사실은 전국다이묘와 중국인 밀무역상, 왜구 세력과의 관계를 말해준다. 한편 동남아시아 각지에 日本町이 만들어진 것도 이 무렵의 일이다.

26) 이을호, 『국역 간양록』, 한국학술정보, 2015, 87~88쪽.

27) 홍성화, 「전쟁과 사절: 屯門海戰과 明朝의 대외정책변화」 『사림』 61, 2017.

28) "절강의 海商은 복건의 鄧獠에서 비롯되었고, 처음에 (鄧獠는) 안찰사옥의 죄인이었다. 嘉靖丙戌(1526), (鄧獠는) 탈옥한 뒤 도주하여 바다를 통하여 외국으로 갔고, 番夷를 유인하여 절강 앞바다의 쌍서항에서 私市를 열었고, 南澳(廣東省 汕頭市) 사람인 盧黃四 등과 어울려서 그들 세력에 의지하여 사사로이 통번하여 교역하였다." 『日本一鑑』 「窮河海話」 卷6 「海市」, 2838쪽. 홍성화, 「명대 가정년간 해상세력의 형성과 분화」, 앞의 논문, 160쪽에서 재인용.

르투갈인(佛郞機國夷人)을 말라카에서 불러들여 쌍서에서 교역하기 시작한 것은 1540년의 일이었다.[29] 얼마 안 가 일본에 조총을 전하는 배에 동승하고, 고토(五島)와 히라도에 밀무역 거점을 구축하게 되는 왕직이 섭종만(葉宗滿) 등과 함께 광동(廣東)에서 거선을 만들어 염초(硝), 유황(黃), 생사(絲), 면(綿) 등의 금수품을 일본, 시암(Siam), 동남아시아 등지에 내다판 것도 1540년의 일이었다.[30] 이처럼 은 시대의 개막은 동아시아해역의 물류와 인류를 크게 바꿔놓았는데, 그 중심에는 중국인 밀무역상, 왜구 세력, 포르투갈인 등이 있었다. 황당선 보고에 보이는 "붉은 수건으로 머리를 싸매기도 하고 비단으로 옷을 만들어 입기도 한 이상한 복장의 사람"[31]들은 당시 동아시아해역을 오가던 밀무역 선박의 다민족적 구성을 말해주는 사례이다.

---

29) "嘉靖庚子(1540), 許一(松)·許二(楠)·許三(棟)·許四(梓)는 불랑기국(포르투갈) 이인들과 결탁하여 [이 夷人들은 正德年間에 와서 광동에서 교역을 하러 왔지만, 해도부사 王鋐驅이 쫓아내서 물러난 후에, 이에 (그들은) 滿刺加(말라카)를 점령하고 통치하니, 許一 형제가 드디어 말라카에서 그들을 불러들였다] (포르투갈인과) 절강 바다와 연락이 끊이지 않았으며, 또한 雙嶼·大茅 등의 항구에서 교역했으니, 이로써 동남 연해안 분쟁의 단서가 시작되었다." 『日本一鑑』「窮河海話」卷6「海市」, 2838쪽. 홍성화, 같은 논문, 161쪽에서 재인용.

30) "嘉靖十九年, 時海禁尙弛, 直與葉宗滿等之廣東, 造巨艦, 將帶硝黃, 絲綿等違禁物, 抵日本, 暹羅, 西洋等國, 往來互市者五六年, 致富不貲, 島人大信服之, 稱爲五峯船主." 『籌海圖編』卷9, 「擒獲王直」, 619쪽. 홍성화, 같은 논문, 166쪽에서 재인용. 왕직이 허동(許棟)의 회계 담당으로서 쌍서 무역에 참가하는 것은 1544년이었다.

31) 『중종실록』 104권, 중종 39년(1544) 7월 5일 임인. 황당선 보고에는 "黑衣"나 "異服"이란 말도 유출하는데, 이에 대해 中島楽章, 「一五四〇年代の東アジア海域と西歐式火器」, 앞의 논문은 16세기 스페인 남성의 겉옷으로 흑색이 압도적으로 많았기 때문에 포르투갈도 같았을 것이라고 추정하고 있다. 또 포르투갈의 회화 자료에 보이는 포르투갈 선원은 붉은 색 두건을 쓰고 있는 경우가 많다고 한다. 122~124쪽.

3. 동아시아의 화기혁명

1) 전통 화기에서 불랑기포로

일본에 조총이 전래된 루트에 관해서는 제설이 분분하지만[32] 포르투갈이 들여온 유럽식 화기가 동아시아 전역에 전통 화기를 대신하는 화기혁명을 가져온 것은 분명한 사실이다. 1511년 포르투갈이 말라카를 점령했을 때 그곳에는 이미 2,000문 이상의 청동제 화기가 있었는데, 그 대부분은 중국식 총포이거나 서아시아, 인도에서 온 전통식 화기였다고 한다. 당시 동남아시아 각지의 정권은 다양한 경로를 통해 화기와 군사기술을 도입하고 있었다.[33] 이러한 상황에서 1511년 포르투갈이 고아에 설립한 화기공창 Arsenal de Goa는 그 뒤 아시아의 화기 제조 거점으로 성장해갔다.[34] 고아에서 생산된 유럽식 포르투갈 화기는 동남아시아 대륙부 왕조와 항시국가로 흘러들어갔는데, 당시 攻城戰이 드물고 밀림 전투가 많았던 동남아시아 현지에서는 구조물 파괴를 목적으로 하는 대형포보다 인명 살상을 주목적으로 하는 조총이나 소형 旋回砲가 주로 거래되었다고 한다.[35]

둔문해전 전후 포르투갈 화기를 처음 접한 중국에서도 1520년대부터 대형 後裝式 선회포(불랑기포)가 급속하게 보급되어갔다. 불랑기포는 여러 개의 子砲를 순서대로 본체에 장착하여 연속 발사가 가능했다. 또 전

32) 왜구를 통한 전래를 주장하는 대표적인 연구로 宇田川武久, 『東アジア兵器交流史の研究』, 吉川弘文館, 1993.

33) 포르투갈 화기의 아시아 전파에 관해서는 中島楽章, 「一五四〇年代の東アジア海域と西歐式火器」, 앞의 논문 ; 中島楽章, 「銃筒から佛郎機銃へ: 十四-十六世紀の東アジア海域と火器」 『史淵』 148, 2011.

34) 中島楽章, 「一五四〇年代の東アジア海域と西歐式火器」, 앞의 논문, 109쪽. 포르투갈은 이후 말라카와 마카오(Macau)에도 화기공창을 설립했다.

35) 中島楽章, 「銃筒から佛郎機銃へ」, 앞의 논문.

통 화기(대형 총통, 大將軍砲, 碗口砲)에 비해 사정거리가 길고 폭발력, 기동성, 정확도가 뛰어났기 때문에 명조는 각지에 불랑기포를 배치하고 이를 국가가 직접 제조, 관리하는 방식을 취했다.[36)]

중국의 유럽식 화기 수용은 동남아시아와는 달리 대형포가 중심이었는데, 그것은 인명 살상보다 성벽이나 군선, 왜구선 등과 같은 구조물 파괴를 목적으로 하는 전쟁 목적의 차이에서 비롯하는 현상이었다.[37)] 이러한 사정은 조선의 경우도 대동소이했다.[38)] 중국과 조선이 소형 화기 수용에 적극적으로 나서게 되는 것은 임진전쟁에서 일본군의 조총의 위력을 경험하면서부터였다.[39)]

동남아시아에서 생산된 포르투갈 화기는 이후 여러 경로를 통해 아시아 전역으로 전파되어갔다. 중국 관헌에 나포된 밀무역선이나 조선 근해의 왜구선과 황당선에서 불랑기포를 비롯한 화기가 발견되는 것은 그러한 이유에서였다. 이 과정 속에서 "쌍서는 각 지역의 무역선이 탑재한 화기가 모여들고 전파되는"[40)] 일대 무역 센터로 성장했다.[41)]

---

36) 中島楽章, 「一五四〇年代の東アジア海域と西歐式火器」, 앞의 논문, 103쪽. 명조는 화기 제조를 軍器局과 兵杖局으로 한정하고 민간 제조를 엄금했다. 화약 원료인 염초와 유황의 사적 거래도 금지했다. 久芳崇, 『東アジアの兵器革命: 十六世紀中國に渡った日本の鐵砲』, 吉川弘文館, 2010, 154쪽.

37) 岸本美緒, 『東アジアの「近世」』, 앞의 책, 50쪽.

38) 허선도, 『朝鮮時代 火藥兵器史硏究』, 일조각, 1994, 199~210쪽.

39) 久芳崇, 『東アジアの兵器革命』, 앞의 책.

40) 中島楽章, 「一五四〇年代の東アジア海域と西歐式火器」, 앞의 논문, 100쪽.

41) 제프리 파커는 16-17세기에 세계적으로 진행된 화기 기술의 발전, 소형 화기 보급, 전쟁 형태의 변화를 '군사혁명(Military Revolution)'이라고 칭하고, 그것을 유럽 절대주의 국가 성립의 중요한 요인으로 평가했다. ジェフリ・パーカー, 大久保桂子 역, 『長篠合戰の世界史: ヨーロッパ軍事革命の衝撃 1500-1800』, 同文舘出版, 1995, Geoffrey Parker, *"The Military Revolution: Military Innovation and the Rise of the West, 1500-1800"*, Cambridge University Press, 1988. 이러한 논의는 기시모토 미오, 홍성화 역, 「동아시아·동남아시아 전통사회의 형성」 『역사와 세계』 45, 2014에서 말하는 아시아 사회에서의 프로토(proto, 原) 국민국가 형성의 문제를

2) 전국시대 일본의 전쟁

조총 전래 후 60년이 지나 편찬된 「鐵砲記」는 여전히 일본의 화기 역사를 논할 때 중요한 사료이다. 조총 전래의 현장인 다네가시마는 오늘날과는 달리, 당시 중국 동남 연안에서 류큐(琉球), 시코쿠(四國)를 거쳐 기나이(畿內)에 이르는 남해로(南海路)와, 분고(豊後)까지 북상해 기나이로 가는 세토나이카이(瀨戸內海) 항로의 결절점이었다.[42] 1543년 왕직과 포르투갈 상인이 들여온 조총은 다네가시마에서 모조품이 만들어지고, 이후 기슈(紀州) 네고로(根來)의 僧兵과 사카이(堺)의 무역상을 통해 중심지대로 전파되었다.

포르투갈의 여행가 페르낭 멘데스 핀투(Fernão Mendes Pinto)는 그가 다네가시마에 체재한 5개월 동안 이미 600여 정의 조총이 만들어졌고, 1556년 무렵 분고(Bungo, 豊後)에 3만 정이, 일본 전역에는 30만 정의 조총이 있었다는 전언을 소개하고 있다.[43] 이 말을 액면 그대로 받아들이기는 어렵지만, "약식 훈련밖에 받은 적이 없는 아시가루(足輕, 보병)의 역할이 증대"[44]하는 전쟁 형태의 변화로 전국 하의 다이묘들이 새로운 병기 도입에 필사적이었던 것은 엄연한 사실이다. 정치적 중심의 붕괴와 내전 확산은 전쟁의 대규모화와 전투 인원의 확대를 초래했고, 그 결과 전쟁은 더 이상 전문적인 무사집단 간의 싸움이 아니라 보병 동원과 물자 확보 능력에 따라 승패가 좌우되었다. 이때 조총은 이렇다 할 군사 훈련 없이

생각할 때도 참고가 된다. 주로 상업의 측면에 치우쳐왔던 상업=군사집단의 대두에 관한 연구를 '군사혁명'의 관점에서 재고하는 일은 앞으로의 과제이다.

42) 中島楽章, 「ポルトガル人の日本初來航と東アジア海域交易」 『史淵』 142, 2005.

43) 페르낭 멘데스 핀투, 김미정·정윤희 역, 『핀투여행기 下』, 노마드북스, 2006, 119쪽.

44) ピーター·A·ロージ, 本野英一 역, 『アジアの軍事革命: 兵器から見たアジア史』, 昭和堂, 2012, 65쪽, Peter A. Lorge, "*The Asian Military Revolution*", Cambridge University Press, 2008.

활을 대신하여 사용할 수 있는 최적의 병기였다. 왜구 대책을 위한 海防 차원의 대형 화포 도입이 주를 이루었던 중국이나 조선과 달리, 일본의 경우 조총이 중심이 되었던 이유는 보병에 의한 육상 전투가 전국시대의 일반적인 전투형태가 되었기 때문이다.

그렇다고 일본에서 대형 화포 수요가 없었던 것은 아니다. 분고의 오토모 소린(大友宗麟)이 1560년 쇼군 아시카가 요시테루(足利義輝)에게 이시비야(石火矢, 대포)를 바친 예[45]가 있지만, 이는 군주와 신하 간의 의례적 교환의 성격이 강했다. 1568년 소린이 크리스트교 포교 허락을 조건으로 예수회에 불랑기포를 요구한 사례[46]는 실전용이라고 할 수 있지만, 그것은 바다에 면한 지역을 지배하는 오토모 씨가 왜구 활동과 관계가 깊은 '바다의 영주'였기 때문이다.

주로 세토나이카이를 무대로 벌어진 일본의 해전은 적선을 파괴하거나 침몰시키기보다 나포하는 것을 목적으로 하는 경우가 대부분이었다.[47] 그런 만큼 대형포를 탑재하는 일은 드물었다. 중세적 권력의 해체를 꾀하는 오다 노부나가(織田信長)와 그에 대항하는 정토진종(淨土眞宗) 혼간지(本願寺) 세력 간의 싸움이었던 이시야마합전(石山合戰)에서, 혼간지 편에 선 세토나이카이의 무라카미 수군(村上水軍)과 모리(毛利) 수군이 서전의 승리에도 불구하고 결국 패배한 이유도 대포로 무장한 노부나가 진영의 구키(九鬼) 수군에 대적할 수 없었기 때문이다. 다이묘와의 계약관계에 따라 행동할 뿐 家臣團에 들어가는 일이 거의 없었던 세토나이카이의 '海賊衆'들은 일종의 소자본 가족경영 집단으로 고가의 대형 화포를 구입할 여력이 없는 상태였다. 그들이 독립성을 잃고 전국다이묘의 '水軍'으로 편입되는 것은 통일정권이 수립되는 과정에서의 일이었다. 1588년 규슈를 제압

45) 宇田川武久, 『鐵砲と戰國合戰』, 吉川弘文館, 2002, 166쪽.
46) 宇田川武久, 『鐵砲傳來』, 앞의 책, 95쪽.
47) ピーター・A・ロージ, 『アジアの軍事革命』, 앞의 책, 67-70쪽.

한 도요토미 히데요시가 물류 장악을 위해 발포한 해적금지령으로 세토나이카이 해적의 시대는 종언을 맞이하게 된다.[48)]

4. 조총과 염초

1) 조총의 자체 생산

기록에 나타나는 한 전국 내전에서 조총이 처음 사용된 것은 1549년 시마즈 씨 휘하 군대가 조총을 발사해 "사람들의 이목을 놀라게 한" 구로가와사키(黑川崎) 전투에서였다.[49)] 이후 1554년 오다 노부나가: 활과 조총을 합쳐 500정, 1554년 다케다(武田) 씨: 조총 300정, 1558년 호조(北條) 씨: 조총 500정 등과 같이 조총 사용은 해를 거듭할수록 늘어갔다. 1555년에는 모리 씨 휘하에 20-50명 규모의 조총부대(鐵砲中間, 鐵砲放)가 편성되었다. 전국 내전에서 조총 사용은 1568년 노부나가가 사카이를 세력하에 두면서부터 확연하게 늘어나는데, 1570년 노부나가 군이 오사카의 혼간지 세력과 대치했을 당시 양측은 각각 조총 3,000정씩을 보유하고 있었다고 한다.[50)] 이러한 폭발적인 증가의 이면에는 조총의 자체 생산화가 있었다.

조총을 자체 생산하기 이전 화기는 고가의 수입품이었다. 「鐵砲記」는 다네가시마 도키타카(種子島時堯)가 포르투갈 상인으로부터 조총을 구입한 사정을 "도키타카는 가격이 비싸 미칠 수 없었음에도 蠻種의 조총 두 자루를 구해 가보(家珍)로 삼았다"[51)]고 기록하고 있다. 그러나 얼마 안 가

48) 세토나이카이 해적에 관해서는 山内譲, 『瀬戸内の海賊: 村上武吉の戰い』, 新潮社, 2015 ; 宇田川武久, 『戰國水軍の興亡』, 平凡社, 2002.

49) 『舊記雜録前編』 巻48, 「貴久公御譜中」, 鹿児島縣, 1980 ; 中島楽章, 「一五四〇年代の東アジア海域と西歐式火器」, 앞의 논문, 156쪽에서 재인용.

50) 이상, 宇田川武久, 『鐵砲傳來』, 앞의 책 ; 宇田川武久, 『鐵砲と戰國合戰』, 앞의 책.

조총은 국내 수요의 폭발적인 증가에 힘입어 자체 생산품으로 대체되어 갔다.

당시 일본에서 조총 생산의 3대 거점은 전래 초기부터 관여한 사카이와 네고로, 그리고 오미(近江)의 구니토모(國友)였다. 왜구 연구자 오타 고키(太田弘毅)는 급속한 조총 생산 증가의 비결로 日本刀 제작 기술을 들고 있다. 일본도는 그 예리함과 견고함으로 중국 사회에서 정평이 나 있었는데, 실제로 견명선 무역에서 일본도는 5배 이상의 가격으로 판매되는 인기상품이었다.[52] 오타는 일본의 높은 도검 기술이 견고함이 생명인 총신 제작으로 전용되었을 것으로 추정하고 있다.[53]

앞서 이야기한 것처럼 노부나가 군의 조총 사용이 급증하는 것은 1568년 사카이를 복속시키면서부터였다. 최초의 본격적인 조총 전투로 알려진 1575년의 나가시노(長篠) 전투를 전환점으로 사카이의 물자 동원력을 등에 업은 노부나가는 최고 권력자(天下人)의 위치에 오르게 된다. 당시 사카이는 조총과 화약은 물론 전투용 武具와 병량미, 藥種·서적·도자기와 같은 唐物, 동남아시아산 향신료, 南蠻物 등이 거래되는 기나이 지역의 일대 유통 중심지였다. 예수회 선교사 가스파르 코엘료(Gaspar Coelho)가 묘사한 것처럼 사카이는 "일본 전국에서 가장 부유하고, 토지가 넓고, 다수의 부유한 상인이 살고, 자유도시로서 큰 특권과 자유"[54]를 누리는, 말하자면 일종의 '경제자유특구'와 같은 공간이었다. 또 부근의 아비코(我孫子)가 중세 이래 금속공업의 중심지였던 점도 거들어 사카이는 조총 제조를 위한 기술적 기반도 함께 갖추고 있었다.[55] 화기와 화약의 보급창이자

51) 歷史學硏究會 편, 『日本史史料 2 中世』, 岩波書店, 1998, 415-416쪽.

52) 村井章介 외 편, 『日明關係史硏究入門: アジアのなかの遣明船』, 勉誠出版, 2015, 405쪽.

53) 太田弘毅, 『倭寇: 商業·軍事史的硏究』, 春風社, 2002, 439쪽.

54) 永原慶二, 『戰國の動亂』(日本の歷史 14), 小學館, 1975, 280쪽에서 재인용.

55) 같은 책, 95쪽. 리보중, 이화승 역, 『조총과 장부: 경제 세계화 시대, 동아시아에서의 군사와 상업』, 글항아리, 2018, 154쪽에는 1528년 사카이에서 중국 화총을

다양한 군수물자의 공급처였던 사카이를 지배하는 일은 전국 내전에서 승리하기 위한 필수불가결한 전재였던 것이다. 사카이 복속 후 노부나가 군의 조총 사용이 급증하는 것은 바로 그러한 이유에서였다.[56)]

일본열도 전역에서 사카이로 물자가 모여드는 양상은 사카이의 크리스천 豪商 히비야 료케이(日比屋了珪)의 족적에서 유추가 가능하다. 무역을 위해 규슈와 사카이를 오가던 그가 방문한 지역은 히라도, 분고와 같은 밀무역선의 입항지였다.[57)] 당시 일본열도의 물류는 교토와 사카이의 호상들이 규슈 연안 밀무역선 입항지나 당인정 소재지로 가서 밀무역상이나 왜구들이 가져온 물자를 구입하고, 그것을 남해로나 세토나이카이를 통해 기나이 지역으로 들여오는 구조였다. 그때까지 정치에 대해 중립적인 태도를 취함으로써 '도시 자치'를 지켜오던 사카이 상인(堺衆)들은 노부나가의 무력 앞에 굴복하고 통일권력에 군수물자를 공급하는 어용상인으로 전락했다. 당대에 열린 "황금의 茶會"는 天下人과 어용상인들이 만나는 문화의 장이자 군수물자 거래의 장이기도 했다.[58)] 여기에 참가한 사카이 상인으로는 센노 리큐(千利休), 쓰다 소규(津田宗及), 이마이 소큐(今井宗久),

---

모방한 작은 동총(銅銃)이 제조된 사실이 소개되어 있다. 리보중은 그것이 별다른 효력을 발휘하지 못한 이유로 화약제조법의 부재를 들고 있는데, 어쨌건 이 사실은 사카이가 최신 문물의 도입에 얼마나 적극적이고 선진적이었는지를 보여준다.

56) 군수물자 수요의 증대와 비례하여 다이묘들의 광산 개발이 이어졌다. 내전에서 승리하기 위해서는 사카이의 물류를 장악하는 것 못지않게 무역통화가 산출되는 금광, 은광을 독점할 필요가 있었다. 岩生成一, 『鎖國』(日本の歴史 14), 中央公論社, 1974(원저는 1966), 129쪽에 따르면 에도 초기까지 금산 60곳, 은산 40곳이 개발되었다. "천하통일과 금은 산출은 당대 사람들에게 떼려야 뗄 수 없는 현상으로 인식"되고 있었다. 朝尾直弘, 『天下一統』, 앞의 책, 233쪽.

57) 岡本真, 「堺商人日比谷と一六世紀半ばの對外貿易」, 中島楽章 편, 『南蠻·紅毛·唐人』, 앞의 책, 182~184쪽. 잘 알려진 사실이지만 마쓰라 가(松浦家)의 자료 『大曲記』에 의하면 히라도는 교토와 사카이의 상인이 모여들어 마치 '서쪽의 교토'와 같았다고 한다.

58) 차를 매개로 한 권력자와 호상의 관계에 대해서는 朝尾直弘, 『天下一統』, 앞의 책, 175~180쪽.

고시니 류사(小西隆佐)·고니시 유키나가(小西行長) 부자 등이 있었다. 이후 조선 침략이 가시화되면서 하카타 상인 시마이 소시쓰(島井宗室), 가미야 소탄(神谷宗湛, 이와미 은광 발견자 가미야 주테이의 손자)도 참가하게 된다.

2) 염초

『日本一鑑』은 가정 왜구가 가장 치열했을 무렵 왜구 발생의 원인과 대책을 찾고자 직접 일본을 방문한 鄭舜功의 기록이다.[59] 그는 일본의 조총 생산지로 사쓰마의 보노쓰(棒津, 坊ノ津의 오기), 히라도, 분고, 이즈미(和泉, 사카이가 있는 지역) 등지를 들며, 단 일본 철의 강도가 약해 주로 시암(暹羅) 철과 福建 철이 사용되고 있다고 했다.[60] 오늘날 일본 학계에서 왜구를 軍事史의 시점에서 바라보는 거의 유일한 연구자인 오타 고키는 정순공이 거론하는 조총 제작지가 『籌海圖編』에서 말하는 왜구 출신지와 대응하고 있는 점에 주목하여 "화기 브로커"였던 왕직이 시암, 복건, 일본을 오가며 철을 공급했을 것이라고 추정했다.[61] 이런 견해는 당시의 동아시아해역 상황을 고려할 때 매우 자연스러운 것이라고 할 수 있다.

당시 동아시아해역에서 유통되던 군수물자로는 화기 이외에도 납(鉛, 총탄 재료), 유황(화약 연료), 철, 면(병사들의 의복[62], 조총 심지, 돛), 鹿皮

---

59) 『日本一鑑』에 관해서는 홍성화, 「명대 가정년간 해상세력의 형성과 분화」, 앞의 논문.

60) "手銃初出佛郎機國, 國之商人始教種島之夷, 所作也, 次則棒津平戶豊後和泉等處通作之, 其鐵既脆不可作, 多市暹羅鐵, 作之也, 而福建鐵向私市彼, 以作此." 『日本一鑑』「窮河海話」卷1, 「器用」「手銃」. 太田弘毅, 『倭寇』, 앞의 책, 369쪽에서 재인용. 중국에서는 이 중에서도 분고산 조총이 유명했다고 한다. 같은 책, 439쪽.

61) 太田弘毅, 『倭寇』, 앞의 책, 425~457쪽.

62) 太田弘毅, 같은 책. 면이 군수품으로 수입된 사실에 관해서는 永原慶二, 『戰國の動亂』, 앞의 책도 지적하고 있다. 보온성이 높고 습기를 잘 흡수하는 면은 세탁이 간편한 점도 거들어 兵衣로서 최적이었다. "조총과 면의 도입·보급은 거의 평행하면서 진행되어 군사·경제·사회의 광범위한 분야에 혁명적인 충격을 가져왔다."

(갑옷), 牛角(활) 등이 있었는데, 조총의 자체 생산화를 이룬 일본의 입장에서 유황과 함께 중요한 화약연료인 염초를 확보하는 일은 시급하고도 절대적인 과제였다.

흑색화약은 염초 75%, 유황 10%, 숯 15%의 배합으로 만들어지는 분말로, 그 중 가장 중요한 염초의 주요 산지는 중국의 四川, 山西, 山東 지역과 시암 등지였다.[63] 岩焰鑛床이 없는 일본은 유황, 숯을 자체 조달할 수 있었지만, 염초의 경우 미생물을 이용해 생산된 소량의 인공초석 외에는 전량 수입에 의존하고 있었다. 전국다이묘들이 염초 확보에 혈안이 될 수밖에 없는 이유는 여기에 있었다. 1567년 오토모 소린이 마카오의 예수회에게 은 1관목 혹은 "귀하가 지정하는 금액"을 지불할 것을 약속하며 매년 양질의 염초 200근을 요구한 일이나,[64] 1570년 사카이 상인 이마이 소큐가 히데요시의 지시로 염초 30근을 조달한 사실[65] 등은 조총 사용의 비약적인 증가로 말미암은 염초 부족 사태를 말해주는 사례이다.[66]

염초가 생산되지 않던 일본과 조선에서 인공적으로 염초토를 채취하는 유일한 방법은 古土法이었다. 그것은 마구간이나 일반 가옥의 마루 밑 흙에 동물의 배설물을 섞어 말리는 작업을 여러 해 반복해서 염초를 얻는 방법이었다.[67] 그러나 5년이 지나 겨우 염초토를 채취할 수 있는 기나긴

永原慶二, 같은 책, 99쪽.

63) 太田弘毅, 같은 책, 310~312쪽.

64) 村上直次郎 역, 柳谷武夫 편, 『新異國叢書 一』, 雄松堂書店, 1969 ; 宇田川武久, 『鐵砲傳來』, 앞의 책, 41쪽에서 재인용.

65) 宇田川武久, 같은 책, 89쪽

66) 하네다 마사시(羽田正)는 당시 다이묘들이 크리스트교를 수용한 한 원인이, 개인적인 차이는 있지만, 중국산 상품과 염초와 같은 군수물자를 포르투갈 상인으로부터 입수하는 데 있었다고 말했다. 하네다 마사시, 이수열·구지영 역, 『동인도회사와 아시아의 바다』, 선인, 2012, 118쪽.

67) 板垣英治, 「五箇山の塩硝」 『大學教育センタ-紀要』 18, 1998 ; 민병만, 『한국의 화약 역사: 염초에서 다이너마이트까지』, 아이워크북, 2009, 261~262쪽에는 조선의 화약 제조 방법이 소개되어 있다.

공정인 데다, 한 번 취토한 흙은 수년 혹은 수십 년이 지나서야 다시 사용이 가능한 난점을 안고 있었다.[68] 조선의 화약 병기 발달에서 화기보다도 화약이 문제였고 그 중에서도 염초 확보가 가장 난관이었다거나,[69] 조선의 화약기술 부진 이유에서 원료 구득난이 큰 비중을 차지하고 있었다는 지적[70]에서 알 수 있듯이 조선도 화약 원료 구입에 차질을 빚고 있었다.

중국의 염초 수출 통제는 매우 엄격했다. 리보중은 1374년 명조가 왜구 진압 명목으로 고려에 염초 30만 kg, 유황 12만 kg을 제공했다고 소개하고 있지만,[71] 양도 양이거니와 같은 해 공민왕의 화약 공급 요청을 명조가 거절했던 사실[72]로 미루어보아 그것은 매우 의심스럽다. 이강욱의 연구에 의하면 공민왕의 요구를 거절한 洪武帝는 그 뒤 다시 입장을 바꿔 고려가 염초 50만 근과 유황 10만 근을 조달해오면 그것을 화약으로 만들어 보내줄 것을 약속했다고 한다.[73] 명조는 염초 유출을 엄격히 통제했을 뿐만 아니라 화약 제조 기술이 새나가는 데 대해서도 민감하게 반응하고 있었다. 중국의 염초 통제 정책은 왜구 진압을 위한 일시적인 공급 외에는 임진왜란 시까지 지속되었다고 보아야 할 것이다. 조선의 염초 공식무역이 허용된 것은 1606년에 들어서의 일이었다.[74]

염초는 17세기에 들어서도 "20배"의 이익을 낳는 대표적인 고수익 밀무역 상품이었다.[75] 윤성익의 연구에 따르면 중국 연해 지역민들이 해금

68) 민병만, 같은 책, 267쪽.
69) 허선도, 『朝鮮時代 火藥兵器史硏究』, 앞의 책, 238쪽.
70) 민병만, 『한국의 화약 역사』, 앞의 책, 121쪽.
71) 리보중, 『조총과 장부』, 앞의 책, 153쪽.
72) 『고려사』 권44, 공민왕 23년(1374) 6월.
73) 『고려사』 권44, 공민왕 23년(1374) 12월 임자일 ; 이강욱, 「고려말 麗·明 관계의 동향과 수군정비」 『군사』 90, 2014.
74) 민병만, 『한국의 화약 역사』, 앞의 책, 199쪽. 17세기 한중간의 염초무역에 관해서는 허태구, 「17세기 朝鮮의 焰硝貿易과 火藥製造法 발달」 『한국사론』 47, 2002.
75) "焰硝, 金鐵皆二十倍於土價" 『明實錄』 「神宗實錄」 만력 40년(1612) 3월 辛丑. 太田弘毅, 『倭寇』, 앞의 책, 341쪽.

을 어기면서도 밀무역에 참가한 이유는 그만큼 이윤이 컸기 때문이었는데, 당시 해외 무역을 통해 얻을 수 있는 이익은 "10배"[76], 일본의 경우는 "100배"[77]에 이를 정도였다고 한다. 윤성익도 지적하고 있는 것처럼 이는 과장된 표현일 수도 있지만 어쨌건 일본이 기타 지역에 비해 훨씬 많은 이익을 기대할 수 있는 지역이었다는 점은 분명하다 할 수 있다. 이런 점에서 "화약 원료 브로커"[78]였던 왕직이 염초 무역에 가담한 것은 당연한 일이었다. 조총이 일회성 상품이었던 데 비해 염초는 조총이 사용되는 한 영속적인 판매를 기대할 수 있는, 위험이 따르지만 매력적인 상품이었다. 鄭若曾은 왜구의 화기 능력을 저하시키기 위해서는 염초 통제가 필요하고,[79] 그런 조건이 충족된다면 호시 허락도 가능하다는 제안을 했지만,[80] 당시 전국 하 일본의 현실은 중국의 입장과는 상관없이 염초가 절대적으로 필요한 상황이었다.

우다가와 다케히사(宇田川武久)는 염초가 초기의 수입 일변도에서 후기

76) "海上行劫, 而實我奸民勾引之, 奸民所闌出犯禁物, 得利十倍, 走之如鶩矣" 『閩書』(崇禎刊配補鈔本) 卷246, 「島夷志」, 東番夷人. 윤성익, 『명대 왜구의 연구』, 경인문화사, 2007, 137쪽에서 재인용.

77) "但姦民有假給由引, 私造大船越販日本者矣, 其去也, 以一倍而博百倍之息, 其來也, 又以一倍而博百倍之息" 『漳州府志』(崇禎元年刊) 卷9, 「賦役志」 下, 洋稅考 ; 윤성익, 같은 책, 137쪽에서 재인용.

78) 太田弘毅, 『倭寇』, 앞의 책, 345쪽.

79) "閩縣知縣仇俊卿云, 火器所及, 能加于數百步之外, 今海寇所恃, 全在火器, 緣硫黃出於琉球, 諸夷製造, 又多巧, 思惟 硝中原所産, 嚴其禁約, 不許人下海潛通, 以資其用, 則彼失所恃, 擒之亦易矣" 『籌海圖編』 卷13, 「兵器」. 太田弘毅, 『倭寇』, 앞의 책, 313쪽에서 재인용.

80) "出海하는 자들은 관문의 입구에서 엄격히 조사하여 焰硝 등을 가지고 나가지 못하게 하고, 화물을 가지고 입항하는 자들은 관이 抽稅하여 군수품으로 충당하면, 어찌 華夷가 서로 이익이 되지 않겠는가. 그리고 海烽이 평안하지 않겠는가. 이것을 일러 '不治'한 것을 다스린다고 하는 것이다. 지금 廣東市舶司의 西洋人에게 이 법을 적용하고 있는데, 만약 東洋島夷(=日本)에게 이 법을 적용하여 廣東互市에 오게 한다면, 안될 것이 없을 것이다." 『籌海圖編』 卷12 「開互市」 ; 홍성화, 「전쟁과 사절」, 앞의 논문, 365쪽에서 재인용.

로 가면서 어느 정도 국산화되었을 가능성을 내비쳤지만,[81] 도요토미 히데요시가 조선 침략을 앞두고 염초와 납을 구입하기 위해 이와미 은광에 자금 조달을 지시한 일이나,[82] 17세기 초 어느 시점에서 도쿠가와 이에야스가 시암 국왕에게 보낸 서한에서 “대포와 화약이야말로 능라 비단보다 더 바라는 것”[83]이라고 솔직하게 털어놓은 사실에서 알 수 있듯이 화약 부족 사태는 계속되고 있었다. 추정에 지나지 않지만 일본에서 염초 부족이 해소된 것은 1615년 도쿠가와 정권이 도요토미 세력을 완전히 무너뜨리고 나서부터였을 것이다. 그 근거는 1616년 히라도를 출항해 반탐으로 가는 네덜란드 동인도회사 선박에 철환 49,812근, 유황 8,250근, 그리고 2,225근의 염초가 실려 있었기 때문이다.[84] 권력 집중을 이룬 이에야스에게 화약은 국내 정치의 안정을 위해서 도리어 위험한 물자가 되었던 것이다.

5. 일본열도와 왜구

내전 하의 일본열도는 왜구 물자가 대량으로 거래되고 소비되는 일대 시장이었다. 전국다이묘들은 전쟁을 수행하기 위해 중국인이나 포르투갈 상인을 통하거나 직접 왜구선을 파견하여 군수물자를 입수했다. 16세기 왜구를 단순히 “자유의 민”에 의한 “통교무역사의 문제”[85]로 다룰 수 없는

---

81) 宇田川武久, 『鐵砲傳來』, 앞의 책, 154쪽.

82) 岩生成一, 『鎖國』, 앞의 책, 145쪽.

83) Satow, E. M., “Notes on the Intercourse between Japan and Siam in the Seventeenth Century”, *Transactions of the Asiatic Society of Japan* 13, 1885. 카를로 치폴라, 최파일 역, 『대포 범선 제국: 1400-1700년, 유럽은 어떻게 세계의 바다를 지배하게 되었는가?』, 미지북스, 2010, 131쪽에서 재인용.

84) 加藤榮一, 『幕藩制國家の形成と外國貿易』, 校倉書房, 1993, 51쪽. 일본의 염초 수출은 1616년과 1617년의 일본-마닐라(呂宋) 간 무역에서도 발견할 수 있다. 岩生成一, 『南洋日本町の研究』, 南亞細亞文化研究所, 1940, 302-304쪽.

85) 田中健夫, 『東アジア通交圏と國際認識』, 吉川弘文館, 1997, 275쪽.

이유는 여기에 있다.

국가 간 무역이 단절된 이후에도 서부 일본의 다이묘들은 '사적 견명선'을 파견하고 있었다. 가게 도시오(鹿毛敏夫)는 그러한 사적 견명선이 "위사(僞使) 견명선"과 "왜구 밀무역선"의 세 가지 성질을 동시에 갖고 있었다고 지적하며, 일본 고지(弘治) 연간(1555~1558)에 파견된 두 차례의 사적 견명선의 사례를 소개하고 있다.[86)]

분고(豊後)의 오토모 소린은 왜구 금압의 宣諭使로 1555년과 1556년에 일본에 파견된 정순공과 蔣洲[87)]의 귀국길에 使僧을 동행시켜, 1557년 견명선을 파견하는 데 성공한다. 한편 오우치 요시타카(大内義隆)가 사망한 이후 오우치 가를 계승한 오우치 요시나가(大内義長)도 1556년 피로 중국인과 함께 입공했다. 이러한 배들은 지역 다이묘들이 파견한 사적 견명선으로, 국왕 간 통교만을 인정하는 중국의 입장에서 볼 때 명백한 불법선이었다. 결과적으로 오토모 견명선과 오우치 견명선은 감합 불비 등의 사유로 조공을 거절당했는데, 후자의 경우 사용된 모조 일본국왕인이 정식 금인으로 인정되었음에도 불구하고 국왕 명칭의 불일치로 일어난 사태였다.

영파 입항을 거절당한 오토모 선은 그 뒤 조공과 공무역을 포기하고 연안을 남하하여 福建省 浯嶼에 출현해 밀무역을 강행하고 돌아갔다. 이는 오우치 선의 경우도 마찬가지였다.[88)] 가게 도시오는 이러한 사실을 소

86) 鹿毛敏夫, 『アジアのなかの戰國大名: 西國の群雄と經營戰略』, 吉川弘文館, 2015, 32~50쪽.

87) 여기서는 자세히 소개할 수 없었지만 당시 명조의 '南倭대책'과 장주 파견 등에 관해서는 차혜원, 「16세기, 명조의 南倭대책과 封·貢·市」 『동양사학연구』 135, 2016 ; 차혜원, 「16세기 국제질서의 변화와 한중관계」 『동양사학연구』 140, 2017.

88) 일본과 중국에 남아 있는 왜구 관련 회화 자료를 적외선 촬영한 결과 왜구선 깃발에 '弘治' 연호가 보이는 사실이 드러났다. 가게 도시오는 하나의 가설로서 정식 금인에도 불구하고 왜구 활동을 강행한 오우치 선에 대한 중국 사회의 충격이 회화 자료의 '弘治' 연호로 이어졌을 가능성을 들고 있다. 鹿毛敏夫, 「'弘治'年旗 倭寇船と戰國大名水軍」, 須田牧子 편, 『「倭寇圖卷」「抗倭圖卷」をよむ』, 勉誠出版, 2015.

개한 뒤 당시 견명선을 파견한 다이묘들의 행동양식을 "영파에서 정식 조공무역선으로 인정을 받으면 일본국왕사선으로서 명조의 조공의례에 따라 행동하고, 인정을 받지 못하면 남방지역으로 이동해 사무역(밀무역)을 하고 귀국하는 것"이었다고 말하며, 그러한 종류의 견명선의 숫자가 정식 견명선의 "수배"[89]에 달했을 것이라고 추정했다.

당시 동아시아해역에서는 합법적인 교역선과 비합법적인 왜구선이 따로 존재하는 것은 아니었다. 통일정권이 존재하지 않았던 전국시대 일본에서는 지역의 자립화가 진행되고 있었다. 보병과 물자 동원 능력이 승패를 좌우하는 전쟁 형태의 변화 속에서 전국다이묘들은 다량의 군수물자를 필요로 했지만, 그것들은 대부분 수출 금지 품목에 해당했고, 자유로운 민간 무역이 가능한 상황도 아니었다. 전국다이묘들이 파견한 사적 견명선과 그 외에도 다수 존재했을, 지역 권력을 등에 업거나 주된 수요처로 하는 '코르세어'(corsair, 공인된 해적)[90]로서의 왜구는 16세기 동아시아해역에서의 왜구 활동과 일본열도의 깊은 관련성을 말해주고 있다.

명조의 조공-해금체제는 1557년 포르투갈의 마카오 거주를 허락한 것을 시작으로 서서히 완화되었다. 1560년대 말 중국인 해상의 동남아시아 도항이 허락되고, 1571년이 되면 몽골과의 조공무역이 재개되었다.[91] 1571년에는 포르투갈의 마카오-나가사키 무역과 스페인의 마닐라 건설이 시작되었다. 이러한 일련의 과정을 거치면서 명조는 은 공급처를 기존의 일본에서 포르투갈과 스페인으로 대체해갔다. 홍성화가 정확하게 지적한 것처럼 명은 "관리하기 무척 어려운 일본인(왜구) 세력의 파트너로 역시

89) 鹿毛敏夫, 『アジアのなかの戰國大名』, 앞의 책, 50쪽.

90) 이영, 『팍스 몽골리카의 동요와 고려 말 왜구』, 앞의 책은 개인적 이익을 목적으로 하는 '비공인 해적=파이렛츠(pirate)'와 배후에 국가나 종교가 버티고 있는 '공인된 해적=코르세어'를 구분하는 서양사의 예를 원용해 왜구를 코르세어로 파악할 것을 제안하고 있다. 이는 16세기 왜구에도 적용이 가능하다.

91) 홍성구, 「明代 北邊의 互市와 朝貢」, 앞의 논문.

귀찮은 존재인 포르투갈을 선택·배치함으로써 해외 교섭으로 인한 모순과 알력을 본토로부터 분리"[92]시킨 것이었다. 이러한 중국과 일본 간의 국가 없는 교역 관계는 근대까지 계속되었다.

한편 일본열도에서는 도요토미 히데요시가 규슈를 평정함으로써 통일정권의 무역 독점 정책이 현실성을 띠게 되었다. 1588년에 발포된 해적금지령은 그때까지 독자적으로 행동해온 해적들을 수군으로 편입시키거나 백성화함으로써 기나이-세토나이카이-규슈·나가사키의 물자 수송을 안정화하기 위한 "환경 정비"로서, "'정권 주도의 물류'를 무역 면에서 실현하기 위해 장애가 되는 '해적'들의 주체적 활동을 금지"[93]하는 데 그 목적이 있었다. 따라서 그것은 동아시아해역의 '지속가능한 평화를 실현'하기 위한 '바다의 평화령'이 아니라 해외 무역 독점과 국내 수송망 장악을 위한 국내용 정책으로 보아야 할 것이다.[94]

은 시대의 개막과 함께 태어나 전국 내전 속에서 성장해간 16세기 일본열도의 왜구 세력은 해역질서의 변화와 통일정권의 성립으로 점차 그 존재 기반을 잃어갔다.

---

92) 홍성화, 「16-17세기 포르투갈의 對동아시아 무역의 성쇠: 마카오를 중심으로」『역사와 경계』 105, 2017.

93) 本多博之, 『天下統一とシルバ-ラッシュ』, 앞의 책, 125쪽.

94) 미키 세이이치로(三鬼清一郎)는 『大御所 徳川家康: 幕藩體制はいかに確立したか』, 中央公論新社, 2019, 204쪽에서 '도요토미의 평화'는 '부시의 평화'나 '트럼프의 평화'와 다름없는 것으로, 히데요시를 찬미하기보다 평화의 본질을 물을 것을 주문했다.

『해동제국기』의 일본국·유구국 지도에 대하여

이 근 우

1. 머리말

1471년에 신숙주의 책임 하에 편찬된 『해동제국기』는 15세기를 중심으로 한 한일관계사 연구의 핵심적인 사료 중 하나이다. 내용 중에 대마도에 대한 상세한 정보가 가장 주목을 받고 있지만, 일본, 대마도, 일기도, 유구국 등의 지도 역시 중요한 가치를 지닌다.[1] 「일본본국지도」, 「일본대마도지도」와 「일기도지도」, 「유구국지도」 등은 각각 최초의 인쇄지도들이다.[2] 인쇄 여부를 떠나서 대마도, 일기도, 유구국 지도는 각 지역을 독립적으로 그린 가장 오래된 지도이기도 하다. 특히 대마도 지도는 대단히 구체적인 지리정보를 담고 있으며, 지도제작이라는 관점에서 보면, 일본

1) 『해동제국기』의 일본 지명을 중심으로 한 언어학적인 연구로 濱田敦, 「海東諸國紀に記錄された日本の地名等について」 『人文硏究』 5, 大阪立 大學大學院文學硏究科, 1954. 지명 비정을 중심으로 한 中村英孝, 「鮮初の文獻に見えた日本の地名のついて」 『靑丘學叢』 9, 1933·1934. 유구사의 관점에서 접근한 東恩納寬惇, 「申叔舟の海東諸國紀に見れたる琉球國圖について」 『史學』 16-3, 1937. 지도사의 관점에서 접근한 秋岡武次郞, 『日本地圖史』, 1955 ; 田中健夫, 「海東諸國紀の日本·琉球圖 - その東アジア史的意義と南波本の紹介」 『海事史硏究』 通号45, 1988 ; 이찬, 「해동제국기의 일본 및 유구국지도」 『문화역사지리』 4, 1992 ; 田中健夫, 「『海東諸國紀』の日本·琉球圖」 『東アジア通交圈と國際認識』, 吉川弘文館, 1997 ; Kenneth R. Robinson, 「海東諸國紀の地圖の一考察」(前近代日本の史料遺産プロジェクト硏究集報告集), 2001·2003 ; 엄찬호, 「해동제국기의 역사지리적 고찰」 『한일관계사연구』 27, 2008 등이 있다.

2) 이찬, 「해동제국기의 일본 및 유구국지도」 『문화역사지리』 4, 1992, 1쪽.

이 18세기에 가서 획득할 수 있었던 내용을 늦어도 15세기 중엽 이전에 확보하고 있었다.[3] 「일본본국지도」 역시 현재 남아있는 비슷한 시기의 일본 지도와 비교해 보면, 새로운 정보를 담고 있는 지도임을 알 수 있다. 『해동제국기』는 서술 내용뿐만 아니라, 여러 장의 지도를 싣고 있다는 점에서도 새롭게 평가해야 할 문헌임이 분명하다.

이미 엄찬호는 『해동제국기』의 역사지리적 고찰이라는 논문에서 『해동제국기』에 대하여 다음과 같이 언급하고 있다.

첫째는 해동제국기의 서두 부분에 실려있는 지도로 「해동제국총도」를 비롯하여 총9점이 실려 있다. 이 지도들은 삼포지도를 제외하고는 일본의 행기식 지도를 따르고 있으면서도 최신의 정보를 수록하고 있는 점, 해로의 里程이 상세한 점, 섬들이 자세히 그려있는 점, 대마도와 일기도가 상세히 묘사되어 있는 점 등의 특징을 가지고 있다. 특히 중세 일본과 관련된 지도로 가장 오래된 지도라는 점에서 중요성을 지니고 있다.

둘째, 해동제국기는 어떠한 자료보다도 방대한 지명을 수록하고 있어 일본의 지명연구나 중세언어 연구의 큰 초석이 될 것이다. 본문에서는 조선에서 일본 및 유구에 이르는 도로리수를 기록하며, 중요한 기착지점들을 명시하고 있고, 또 외교 관계 속에서의 관련있는 각지의 지명을 기록하고 있다. 아울러 지도에도 다수의 지명이 기록되어 있어, 중요한 자료가 되고 있다.

셋째, 해동제국기에는 본문과 지도에 각지역 간의 거리가 비교적 상세하게 기록되어 있다. 이러한 풍부하게 표시된 해로교통을 중심으로 한 거리표시는 중세의 동아시아 항로 연구나 해상교역 연구에도 도움이 될 것이다.[4]

이처럼 『해동제국기』의 역사지리 및 지도에 대한 연구는 상당한 진전

3) 이근우, 「해동제국기의 지리정보와 이예」 『한일관계사연구』 51, 2015, 33~ 70쪽.
4) 엄찬호, 「해동제국기의 역사지리적 고찰」 『한일관계사연구』 27, 2008, 103~131쪽.

을 보이고 있지만, 여전히 지도의 성격이나 유래, 그 정밀도 등에 대한 논의는 충분하지 않은 점이 없지 않다. 그나마 대마도 지도는 지명의 비정, 특이한 형태에 대한 해명이 일부 이루어진 상태이다. 또한 대마도 지도에 실린 많은 지명에 대한 정보를 제공한 인물이 조선 전기 대일외교에서 크게 활약한 李藝일 가능성이 제기되기도 하였다.[5] 유구국 지도에 대해서도 『해동제국기』의 지도와 현재 오키나와 현립 박물관에 소장되어 있는 유구국도의 바탕이 된 지도의 존재에 대해서도 주목하게 되었다.[6] 그러나 「일본본국지도」는 행기도에 속하는 지도라는 인식이 일반적이고[7], 규슈 지도나 일기도 지도는 지명에 대한 비정 이외에 깊이 논의된 바가 없다. 이 글에서는 먼저 「일본본국지도」가 행기도로 규정할 수 있는지를 검토해 보고, 규슈 지도와 일기도 지도의 특징, 「유구국지도」와 동일한 모본에서 유래한 것으로 보이는 오키나와현립 박물관 소장 「유구국도」를 소개하고자 한다. 이러한 작업을 통해서 『해동제국기』에 수록된 여러 지도의 편집 과정을 살펴보고자 한다.

2. 行基圖와 「日本本國之圖」

『해동제국기』에는 일본 本州의 모습을 보여주는 두 장의 지도가 있다. 하나는 「해동제국총도」의 혼슈 부분이고 또 하나는 「일본본국지도」이다. 이 두 장의 지도는 이미 지적되어 있는 것처럼 일본의 行基圖 형태와 유사하다. 그래서 이를 중세적 행기도라고도 부른다. 그러나 행기도와 다른 점이나 추가된 정보도 적지 않으므로, 그 특징을 구체적으로 살펴볼 필요가 있다.

---

5) 黑田智, 『なぜ対馬は円くかかれたのか』, 朝日新聞出版, 2009 ; 이근우, 「대마도의 지리정보와 李藝」 『한일관계사연구』 51, 2015.

6) 이근우, 「『해동제국기』의 「유구국지도」와 오키나와현립박물관 소장 「유구국도」」, 『동북아역사논총』 51, 2016.

7) 이찬, 앞의 논문, 2쪽.

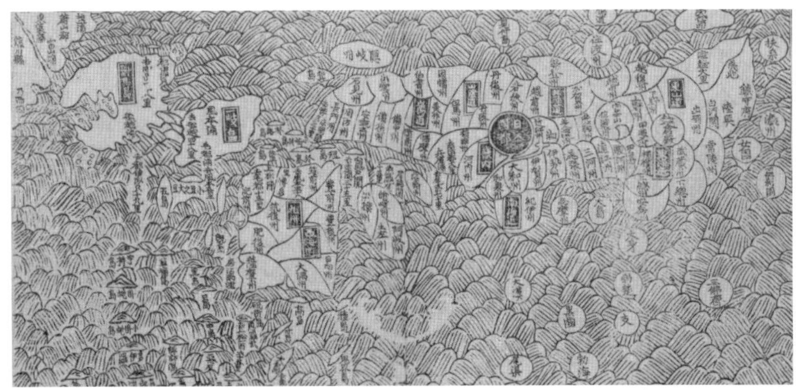

〈그림 1〉『해동제국기』「해동제국총도」

먼저 일본에서 행기도라고 부르는 지도와 『해동제국기』의 「일본본국지도」의 차이를 명확하게 하기 위하여 행기도의 내용과 특성을 살펴보고, 다음으로 「일본본국지도」의 내용을 검토해 보고자 한다.

1) 京都 仁和寺의 行基圖

교토의 인화사에 보존되어 있는 일본도는 대표적인 행기도이다. 일본국 수도가 山城國에 위치한 점에서 이 지도가 794년(延曆 13) 이후에 제작된 것임을 알 수 있다. 이 지도에는 トウカイタウ(東海道), トウセンタウ(東山道), ホクリロタウ(北陸道), セムツムタウ(?)(山陰道) 등 七道의 이름이 假名로 기록되어 있다.[8] 동산도는 近江 美濃 飛驒 信濃 上野 下野 (出羽) 그리고 陸奧로 이어지는 두 줄로 된 선으로 연결되어 있다. 각 국의 국명이 한자와 가나로 기록되어 있고, 국에 소속된 군의 수도 보인다.[9] 예를 들어

8) 七道는 일본 고대 율령제 하에서 지방을 구획하는 명칭이자 각 지방으로 연결되는 도로를 뜻하기도 하였다. 이근우, 「일본 고대의 驛路와 공문서 전달 시스템」 『한국고대사연구』 63, 2011.

9) 일본 고대 율령제 하의 지방행정단위로 50여 개의 國이 있고, 그 아래 다시 郡과

美作國은 10군, 播磨國은 12군, 近江國은 24군로 표시되어 있다. 산성국과 근강국의 경계에는 アフサカノセキ(大坂關)가, 육오국에는 シラカワノせき(白河關)가 보인다. 이 백하관은 하야국에서 출우국의 秋田城으로 가는 길목에 위치한 곳이다.

동해도는 志摩·伊賀·伊勢·尾張·參河·遠江·駿河·伊豆·甲斐·相模·武蔵·安房·上總·下總·常陸의 15國이다. 지마에는 2군, 미장과 삼하에는 각각 8군, 이두는 3군, 갑비 4군, 무장 21군, 안방 · 상총 · 하총에 각각 11군, 상륙에는 12국이라고 기록되어 있다. 안방의 남쪽 바다에는 イツノ大嶋가 보이는데, 이는 伊豆大島로 생각된다.

북륙도에는 若狹·越前·加賀·能登·越中·越後·佐渡·出羽國의 7개 국이 속해 있으며, 월전에는 6군, 능등에는 4군, 월후에는 8군, 좌도에는 3군이라고 기록되어 있다. 그 중에서 출우국은 712년(和銅 5)에 설치될 때 동산도에 속해 있었으나, 이 지도에서는 북륙도에 속해 있다. 또한 가하국은 823년(弘仁 143)에 월전국에서 분치되었으므로, 지도 제작이 823년 이후의 정보를 반영하고 있음을 알 수 있다. 지도의 왼쪽 끝에는 다음과 같은 기록이 있다.

> 일본 팔도. 五畿 5개국, 동해도 15개국, 동산도 8개국, 북륙도 7개국, 산음도 8개국, 산양도 8개국, 남해도 6개국, 서해도 11개국, 이상 68개국. 행기보살이 지으셨다.
>
> 동서 2870리, 남북 517리. 군의 수 578, 향의 수 3770리. 사람 수 69억 11만 9652인.
>
> 嘉元 3년 大呂□□□需之所□□□□[10)]

里(혹은 鄕)가 있었다.

10) 「日本八道 五畿 五ヶ国.
東海道十五ヶ国 東山道八ヶ国 北陸道七ヶ国
山陰道八ヶ国 山陽道八ヶ国 南海道六ヶ国 西海道

물론 인화사의 행기도는 9세기 당시에 제작된 것은 아니고 후대에 모사된 것이지만, 다음과 같은 특징을 지적할 수 있다. 1) 국의 위치 및 국에 속한 군의 수를 기록하였다. 2) 각 도는 가나로 각 국의 이름은 한자와 가나로 기록하였다. 3) 그 결과 국이 설치되지 않은 미지의 영역은 지도에 보이지 않는다. 4) 칠도라는 인식 아래 각 도에 속한 국의 수와 이들은 연결하는 도로 즉 驛路를 뜻하는 선이 그어져 있다. 5) 국 명 옆에 동산·동해와 같이 속해 있는 도를 기록한 경우가 있다.

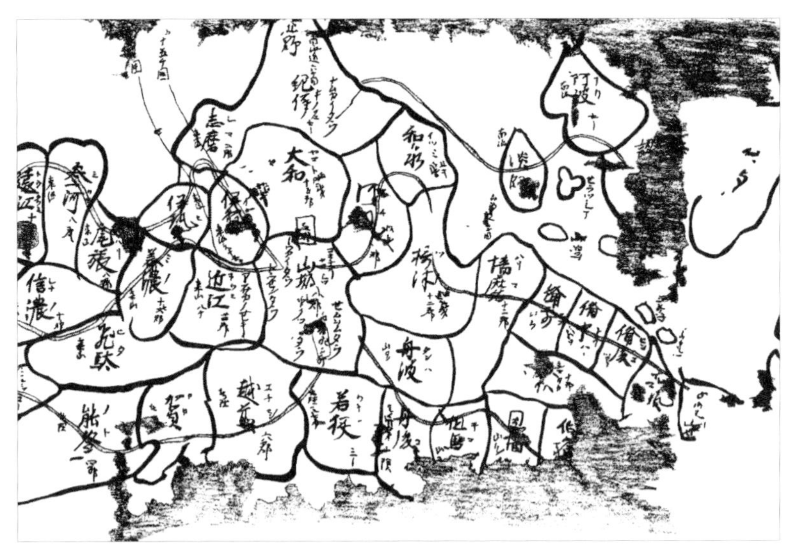

〈그림 2〉 京島 仁和寺 行基圖 서쪽 확대(상하역전)

十一ヶ国 以上六十八ヶ国
行基菩薩御作
東西二千八百七十里 南北五百什七里
郡数五百七十八 郷数三千七百七十里
人数六十九億一一万九千六百五十二人
嘉元三年 大呂□□□需之所□□□□

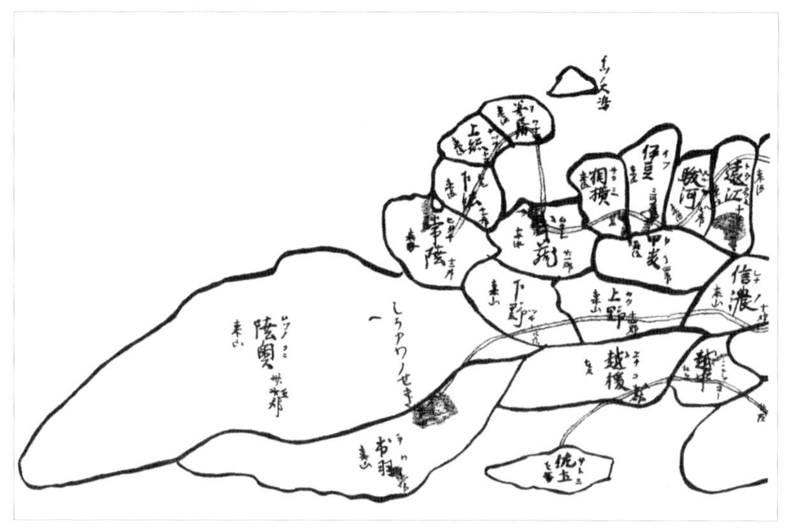

〈그림 3〉 京島 仁和寺 行基圖 동쪽 확대(상하역전)

2) 「日本本國之圖」

이제 앞의 행기도와 조선 초기에 道安이 가져온 것으로 추정되는 「일본본국지도」를 비교해 보자. 우선 행기도에서는 칠도의 구분에 따른 도로 표시가 보이지만, 「일본본국지도」에서는 산양도에만 보이고 다른 곳에서는 보이지 않는다. 행기도는 칠도의 구분과 국의 위치 및 이름, 국에 포함된 군의 수에 가장 큰 관심을 나타내고 있지만, 「일본본국지도」에는 칠도와 국의 관계가 분명하지 않고, 국의 일본식 이름이나 군의 수도 보이지 않는다. 그런 점에서 「일본본국지도」를 단순한 행기도로 보는 시각에는 문제가 있음을 알 수 있다.

「일본본국지도」에는 本州 서단의 赤間關에서 淀川에 이르는 항로 중간에는 竈戶關 尾路關 兵庫浦 등이 있고, 지도와 『해동제국기』 본문에도 아래와 같이 그 거리가 명기되어 있다. 이처럼 육로와 수로의 거리를 명기한 점은 행기도에서는 보이지 않는 새로운 요소이다. 고대에는 육로의 간선이라고 할 수 있는 역로 상에 일정한 간격으로 말을 갈아타고 숙박할 수 있는 驛이 설치되어 있기 때문에 지역 간의 거리는 큰 의미가 없었다. 그러나 중세 이후의 육로나 수로는 통행의 안전을 기대할 수 없는 경우도 있고, 특히 수로의 경우는 일정한 간격으로 기항할 포구가 있어야 하기 때문에 거리를 비롯한 지리정보가 더 중요해졌다. 따라서 「일본본국지도」에는 항로·포구·거리를 기록하게 된 것이다.

> 築島 이곳에서 國都까지 18리(180리)이다.
> 尾道關에서 이곳까지 70리(700리)이다.
> 尾路關 竈戶關에서 이곳까지 35리(350리)이다.
> 竈戶關 赤間關에서 이곳까지 35리(350리)이다.
> 赤間關 博多부터 이곳까지 20리(200리)이다.

적간관은 현재의 下關(시모노세키)을 뜻한다. 혼슈의 남서단에 위치한 해상교통의 중심지로 좁은 해협 사이로 조류로 급하게 흐르는 곳으로도 유명하다. 단노우라전투 때 바다에 투신한 崇德 천황을 제신으로 하는 赤間神宮이 위치하고 있기 때문에 적간관이라고 한 것이다. 조호관이 왕경에서 가깝기 때문에 上關이라고 하였고, 적간관이 가장 멀리 위치해 있기 때문에 下關이라고 한 것이다.

조호관은 竈門關이라고도 쓰며 현재 山口縣 熊毛郡 上關町에 있던 일본 중세의 해상의 관문 및 항구이다. 이곳은 熊毛半島, 佐護島, 馬島, 長島로 둘러싸인 천혜의 양항이다. 해상 교통의 중심지이자 海民으로 불리는 바다에서 삶은 영위하는 사람들의 근거지이기도 하였다. 이 해민은 해상세력 혹은 해적으로 활동하기도 하였다. 실제로 이러한 해민들을 水軍 혹은 海賊衆이라고 불렀다. 특히 이 지역을 중심으로 한 수군을 毛利水軍이라고 부르며, 임진왜란 당시 조선을 침략해 온 일본 수군의 주력 중 하나였다. 모리수군은 주로 병참과 해상수송을 담당하였다.[11]

尾路關(오노미찌노세키)는 備後國 御調郡 현재의 廣島縣 尾道市이다. 瀨戶內海의 거의 한가운데 위치하는 최소 폭 200m의 좁은 수로에 위치하고 있다. 이곳 역시 일본 최대의 해적이라고 불리는 村上水軍의 근거지였다. 중세에는 주로 山名氏가 지배하였고, 명과의 무역이 활발해지면서 遣明船의 경유지가 되었고, 명 및 조선의 유물도 다수 발견되는 곳이다.

또한 일본국도라고 표시된 큰 원 안에 위에서 시계방향으로 國王殿, 天皇宮, 畠山殿, 細川殿, 武衛殿, 山名殿, 京極殿, 山城州라는 주기가 보인다. 한편 東國에는 1439년까지 있었던 鎌倉殿이 표시되어 있다. 이 또한 室町時代의 將軍家와 管領家 등을 반영하고 있는 동시에, 도안이 가져온 지도가 성립된 시기를 알려주는 중요한 단서이기도 하다. 이에 대해서 「혼일강리역대국도지도」에서는 지명으로 겸창만 보이고 「일본본국지도」처럼 겸창전이라는 표기도 없고 이를 특별히 강조하지 않았다.

종래에 보이지 않았던 국 내부에 포함된 지명(山口, 築島) 및 大內殿과 같이 해당 지역의 守護大名도 표기되기 시작하였다는 점에서도 행기도와는 구별된다. 또한 琵琶湖나 富士山을 표시하고 그에 대한 넓이나 높이에 대한 정보를 기록한 것이나, 산·강 그리고 중요한 포구를 표시한 점에서도 변화를 확인할 수 있다.

〈표 1〉 행기도와 「일본본국지도」의 비교

항목	仁和寺 행기도	「일본본국지도」	비고
제작 및 필사 연대	鎌倉時代 1305년	室町時代 1453년 이전	
道 표시	八道(畿內+七道)	七道[12]	畿內
道名 표기	가나로 표기	漢字로 표기	
驛路 표시	山城(國)에 이르는 七道를 두 줄 도로 표시	山陽道 일부	(赤間關~大內殿~) 도로표시

11) 藤田達生, 「秀吉と海賊大名」 『中公新書』 2146, 2012, 110~126쪽.

國名 표기	漢字+가나	漢字, 國을 州로 표기	
郡의 정보	郡의 수 기재	없음	
國 이외의 地名	없음	津輕大里·鎭守府·夷地·秋田城·山口·大河·湖	
關	シラカワノセキ	白河關·赤間關·竈戶關·尾路關	白河關(공통)
浦	없음	賓任浦·長濱浦·三尾開浦·小濱浦	
北海道	없음	夷島	
管領	없음	畠山·細川·武衛·小名·京極殿	室町時代 정보
大名	없음	大內殿·鎌倉殿	室町時代 정보
自然	없음	富士山·(琵琶)湖·(淀江)	
가상의 섬	없음	見付島·雁道·扶桑·瀛州·羅刹國·女國·支·大身·勃楚·勃海·黑齒	羅刹國·三佛齊는 실재하는 것으로 보기도 함.
주안점	행정정보	항해를 위한 지리정보	

이처럼 『해동제국기』의 「해동제국총도」 및 「일본본국지도」는 현재까지 전해지는 행기도를 비롯하여 「혼일강리역대국도지도」의 일본도와도 일정한 거리가 있다. 도안은 博多의 息濱을 근거지로 주로 유구국과 교역하는 俗僧이자 상인이었다. 「일본본국국도」 및 「유구국지도」에 보이는 항로는 다름아닌 도안 등을 위시한 박다상인들의 항로였다고 할 수 있다.[13] 도안이 가져온 지도는 조선 초기에 박돈지가 입수한 지도와는 다르며, 일반적인 행기도와 상당히 다른 지도로 판단된다. 현재의 후쿠오카를 중심으로 한 해상교역을 바탕으로 한 지식과 미지의 세계 혹은 불명확한 세계에 대한 의식까지도 투영하고 있는 것으로 볼 수 있다.

그런 점에서 仁和寺에 있는 행기식 지도가 1305년에 제작된 것이지만

12) 南海道가 현재의 紀伊半島 서쪽에 표시되어 있다.
13) 佐伯弘次, 「室町後期の博多商人道安と東アジア」 『史淵』 140, 2003, 31~ 49쪽.

이는 어디까지나 고대의 지도의 흔적에 불과하다. 『해동제국기』의 지도는 명실상부한 중세 일본의 지도라고 할 수 있으며, 제작 시기는 室町幕府가 성립된 이후이다. 행기도가 행정정보에 바탕을 둔 것이라면, 「일본본국지도」는 교역을 위한 지리정보를 바탕으로 한 중세적인 지도라고 할 수 있다. 『해동제국기』의 지도 속에는 조선 초기 통신사들의 실제 항해 경험도 포함된 것으로 볼 수 있을 것이다. 좀더 과감히 추측한다면, 「유구국지도」가 제작된 것으로 추정되는 1452~1453년에서 멀지 않은 시기일 것이다(후술).

또한 이들 지도는 일본에서는 찾아볼 수 없는 일본 전체 지도, 규슈 지도, 일기도 지도이다. 일본 중세의 지도는 토지의 경계, 구분, 莊園의 범위, 측량도, 鄕村圖, 灌漑圖, 宮城圖, 參詣圖 등 국한된 범위의 사례들만 남아 있다.[14)]

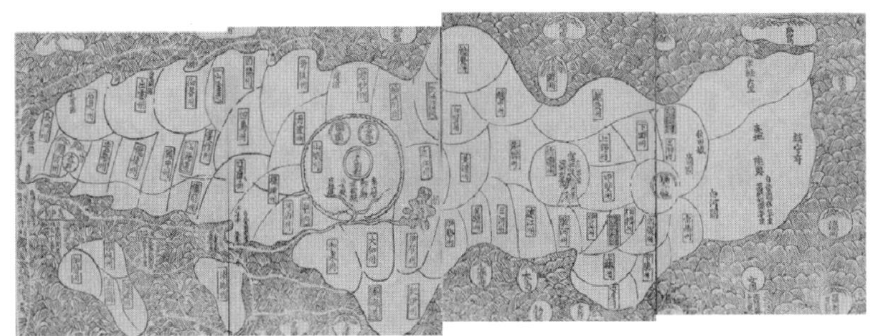

〈그림 4〉『해동제국기』「일본본국지도」

3. 「日本本國之圖」의 북해 항로

『해동제국기』의 「일본본국지도」는 앞 장에서 설명한 것처럼, 고대적인 행기도가 아니라 중세적인 일본지도라고 할 수 있다. 그 대표적인 특징이

14) 金田章裕·上杉和央, 『日本地圖史』, 吉川弘文館, 2012, 9~14쪽.

항로를 표시한 것이다. 일본의 고대는 驛路와 傳路를 중심으로 한 육상을 중심으로 한 교통망을 가지고 있었다.[15] 그러나 중세에 들면서 지방에 대한 중앙집권적 통제력이 사라졌고, 역로와 전로를 유지할 수 없게 되었다.[16] 그 대신 등장한 것이 해안을 중심으로 각 지역 간의 상호협조를 통해서 유지되는 수로와 해로였다. 그 중에서도 本州의 北岸을 항해하는 항로에 주목할 필요가 있다.[17]

1) 북해 항로

「일본본국지도」에는 여러 갈래의 항로가 표시되어 있다. 그 중에서도 간선 항로라고 할 수 있는 것은 규슈 서쪽 끝의 赤間關을 기점으로 瀨戶內海·四國·淡路를 거쳐 大阪의 淀川·紀伊半島에 이르는 항로이다. 그밖에도 博多와 琉球의 大島(奄美大島)에 이르는 항로, 四國의 讚岐와 淡路·紀伊 등을 연결하는 항로가 보이는데, 그런데 이들 항로 중에는 조선 통신사들이 항해한 적이 없는 곳도 포함되어 있으며, 이는 道安의 일본지도를 반영한 것으로 보인다.

한편 本州의 북안 항로(북해 항로)도 흥미롭다. 本州의 서쪽 끝에 있는 賓任浦(賓重의 오기, 현재 肥中)[18]를 시작으로 長濱浦, 大河, 三尾開浦, 湖, 大河, 小濱浦라는 지명이 보이고 그 바깥쪽으로 항로가 표시되어 있다.

石見州 長濱浦는 현재의 島根縣 濱田市(浜田市) 長濱町(長浜町)이다. 현재의 濱田市 안에 周布村·石見村·長濱村이 포함되어 있다. 周布村은 石見州 刺史 등의 직함으로 조선에 사신을 보낸 周布兼貞·周布和兼 등의 근거

15) 이근우, 「일본 고대의 驛路와 공문서 전달 시스템」, 2011.

16) 近江俊秀, 『道路誕生』, 青木書店, 2008, 220~222쪽.

17) 本州의 西岸이라고도 볼 수 있으나, 『해동제국기』에 보이는 北海라는 표현에 따라 北岸이라고 하였다.

18) 田中健夫, 『海東諸國紀』, 岩波文庫, 1991, 33쪽.

지이다.[19]

出雲州의 大河는 島根縣 江津으로 생각된다. 에노가와(江の川)의 하구에 있는 포구이고, 에노가와는 산음도 지역에 있는 가장 큰 강이므로 大河라는 표현에 어울린다.

出雲州의 三尾開浦는 島根縣 八束郡에 있던 美保關町을 가리킨다. 현재는 松江市에 속해 있다. 현재는 島根縣 米子市에서 서북쪽으로 境港市에 이르는 반도가 그 건너편에 美保關이 있다. 長濱浦로부터 약 150km 정도 떨어진 곳이다.

伯耆州의 湖는 三尾開浦와의 거리 등을 고려하면, 鳥取縣의 東鄕池와 湖山池가 후보가 될 수 있다. 포구시설이 있는 곳이라는 조건을 고려하면 인근에 鳥取港이 있는 湖山池일 가능성이 높다.[20]

因幡과 丹波의 경계에 그려져 있는 大河는 현재의 兵庫縣 북부에 속하는 矢田川과 圓山川(円山川)일 가능성이 높다. 시전천 하구에 香住라는 포구가 있지만, 시전천은 대하라고 부르기에는 부족함이 있다. 지도에는 但馬州가 내륙에 그려져 있으나, 원래 단마도 바다에 접한 곳이므로 대하는 단마주에 표기되어야 하며, 圓山川은 단마에 속한다. 단마와 단후는 경계를 접하고 있고 원산천에서 동쪽으로 얼마 떨어져 있지 않은 단후에 속하는 久美濱일 가능성도 있다. 대하가 丹後半島로 생각되는 돌출부의 서쪽에 표시되어 있기 때문이다. 그러나 대하라는 표현을 중시하여 일단 원산천으로 비정해 두고자 한다.

小濱浦는 若狹州 현재의 福井縣 遠敷郡 小濱町으로 추정된다. 이는 福岡을 기점으로 하여 本州의 북안을 항해하는 해상교역의 결절점으로 볼 수

19) 『조선왕조실록』에서는 세종 8년부터 周布兼貞이 보이고 문종 때부터 연산군에 걸쳐서 周布和兼이 보인다.

20) 田中建夫는 美保灣 또는 出雲의 宍道湖나 中海로 추정하였으나, 伯耆州에 표기된 점에서 鳥取縣 지역일 것이다. 田中健夫, 「『海東諸國紀』の日本·琉球圖」 『東アジア通交圈と國際認識』, 吉川弘文館, 1997.

있을 것이다.

2) 수린의 항로

『해동제국기』의 「일본본국지도」에 왜 이 항로가 그려져 있는 것일까? 단순히 도안의 지도에서 옮겨그린 것에 불과한 것일까? 그 해답은 『해동제국기』 본문 속에 들어 있다. 「日本國紀」 畿內五州 조에는 다음과 같은 기록이 있다.

> 이때 우리나라의 세조께서는 바야흐로 일본국왕에게 통신하기를 의논하고 있었는데, 풍파가 험하고 수로가 먼 관계로 諸酋의 사신을 통하여 通問하고자 하였다. 이때 館에 있던 자로서는 壽藺이 그중에서 조금 사리를 이해하므로 드디어 명령하여 國書와 예물을 주어서 국왕에게 보내고, 또 예조에 명하여 大內殿과 賴永을 書狀으로 開諭하고 호송하여 賜物을 함께 보내었다. 문정(文正) 1년 병술(1466, 세조 12) 5월에 명령을 받고 돌아갔는데, 경인년(1470, 성종 1)에야 다시 왔다. 수린이 보고하기를,
>
> "그해 6월에 上松浦에 돌아가서 배를 수리하고 행장을 준비하여 정해년(1467, 세조 13) 2월에 상송포에서 國都를 향하여 떠났습니다. 수도에서 병란이 일어나자, 해적이 사방에 그득하여 南海의 길이 막혔으므로, 北海를 경유하여 4월이 되어서야 若狄州에 도착할 수 있었습니다. 국왕에게 馳報하니, 국왕이 군사를 보내어 맞이하였습니다. 그러나 도적이 종횡하므로 혹은 샛길을 따라서 가고, 혹은 머물러 지체하면서 온갖 고생을 다 겪고 60일 만에야 국도에 도착하여 서장과 예물을 국왕에게 전달하고 東福寺에 묵고 있었습니다.
>
> 국왕은 이때 細川殿 진중에서 山名殿과 서로 겨루고 있는 실정이어서 답서를 써서 줄 경황이 없었으므로 무자년(1468, 세조 14) 2월에 와서야 답서를 받게 되었습니다. 국왕은 答使가 없을 수 없다는 점에 대하여 다시 의논토록 한 뒤에 또 (細川)勝氏에게 명하여 방물을 준비하고 사신을 보내게 하였습니

다. 승씨는 자기가 서장을 만들어 心苑東堂을 보내어 수린과 함께 왔습니다." 하였다.

또 수린이 또 보고하기를, "대내전에 보내는 서신과 賜物을 사람을 시켜 전송하도록 하였는데 그만 海賊에게 약탈당하였습니다."하니, 그의 말에는 진실성이 결여되어 다 믿을 수가 없었다.[21)]

이처럼 1466년부터 1470년에 걸쳐 승려 수린이 세조의 명을 받아 室町幕府의 장군에게 서한과 예물을 보내는 일을 수행하였다. 이때 그는 남해 즉 瀨戶內海를 지나는 항로를 사용하지 못하고, 북해 즉 本州의 산음도 해안을 따라 항해하였던 것이다. 수린은 북해를 경유하여 2개월만에 若狹州(본문은 若狄으로 되어 있다. 와카사)에 도착하였다고만 하였으나, 「일본본국지도」에는 약협주에 小濱浦가 보인다. 이곳은 현재도 小濱(小浜)이라고 표기하며, 국도 27번, 지방도 33번과 367번을 이용하여 바로 교토로 들어갈 수 있다. 그 전체 거리는 약 80km이다. 수린이 약협주에 도착하여 국도로 들어갔다면, 바로 이 소빈포를 이용하였을 것이다.

『해동제국기』가 완성된 지 얼마 되지 않은 시점에도 이 항로는 확인된다(성종 7년 1476). 바로 『조선왕조실록』 성종 7년 7월 26일조에는 다음과 같이 대마도 선위사로 파견된 金自貞이 견문을 치계한 내용이 실려 있다.

(6월) 초10일 一岐州에 사는 護軍 三甫郞大郞이 술과 안주를 가지고 와서 위로해 주었습니다. 신이 일본국의 병란이 어떠하냐고 문의하였더니, 대답하

21) 『해동제국기』 「일본국기」, (전략) "文正元年丙戌五月, 受命而去, 庚寅乃來. 壽藺言其年六月, 還上松浦, 修船備行裝, 丁亥二月, 自上松浦發向國都. 都中兵起, 海賊充斥, 南海路梗, 從北海而往. 四月始到若狄州, 倭訓臥可沙 馳報國王. 國王遣兵迎之. 然盜賊縱橫. 或從間道或留滯. 備經艱苦凡六十日. 而得達國都. 致書與禮物于國王. 館于東福寺. 國王方在細川殿陣中. 與山名殿相持. 未暇修答. 至戊子二月. 受答書. 國王更議不可無答使. 又命勝氏. 備方物遣使. 勝氏自爲書. 遣心苑東堂等. 與壽藺偕來. 壽藺又言. 大內處書與賜物. 使人傳送. 爲海賊所掠. 其所言多浮浪. 不可盡信."

기를, '양국이 해자를 깊이 파고 성채를 세워서 지금까지 서로 버티어 승부가 결정되지 않았습니다.' 하였습니다.

또 묻기를, '우리나라의 사선이 국왕이 있는 곳에 도착할 수 있겠습니까?' 하였더니, 대답하기를, '南路의 군사는 질서가 없고 산만하며 기강이 없으니 해적들에게 약탈당할 것입니다. 만약 一岐州에서 北海를 경유하여 간다면 바람이 순편하면 8일 만에 若狹州에 도착할 수 있을 것이며, 약적주에서 육로로 3息)을 가면 伊麻豆站에 이르는데, 여기서 배를 타고 수로를 경유하여 3식을 가면 沙可毛道站에 이르게 되고, 여기서 육로로 1식을 가면 국왕이 거처하는 곳에 이르게 됩니다. 그래서 博多·一岐의 장사꾼들이 모두 이 길을 경유하여 왕래합니다. 大國에서 만약 통신사를 파견한다면 내가 마땅히 길을 인도하겠습니다.'고 하였습니다.[22)]

남로는 해적들 때문에 약탈의 위험이 있었고, 북해를 경유하면 8일 만에 야협주에 도착할 수 있다고 하였다. 그곳에 육로로 3식을 가면 이마두(이마즈)에 도착할 수 있다고 하였는데, 이곳은 현재 今津으로 비파호의 서안에 있는 수상교통의 요지이다. 비파호에는 북쪽의 鹽津, 동쪽의 彦根·米原, 남쪽에 있는 草津·大津 등의 요지가 있다. 이곳에서 배로 남쪽으로 내려가서 坂本에서 내리면 다시 육로로 교토 동쪽 산지를 넘어 교토로 들어갈 수 있다.

「일본본국지도」와 「일본국기」 및 『성종실록』 내용을 조합해 보면, 출발지인 上松浦에서 규슈 서북단의 角島(賓任浦, 賓重浦, 豊浦郡 豊北町 肥

22) 『성종실록』 성종 7년 7월 26일 정묘조 (전략) "初十日, 一岐州護軍三甫郞大郞持酒肴來慰. 臣問日本國兵亂何如, 答曰, '兩國深溝樹柵, 至今相持, 勝負未決.' 又問, '我國使船可以得達國王處乎?' 答曰: "南路兵亂, 散無統紀, 必爲海賊所掠. 若自一岐州由北海而行, 則風便八日可到若狹州, 自若狹州陸行三息, 至伊麻豆站, 乘船由水路行三息, 至沙可毛道站, 陸行一息, 至國王處. 博多·一岐商販人皆由此路往來. 大國若遣通信使, 我當指路矣."" (하략)

中)을 거쳐, 역시 조선에 사절을 파견하고 있는 周布氏의 영역인 長濱浦(현재의 濱田市)를 지나, 出雲의 大河(江津市)와 三尾開浦(현재의 美保關 일대), 伯耆의 湖(湖山池), 因幡(실제로는 但馬)의 大河(현재의 圓山川 주변으로 추정)을 거쳐 若狹의 小濱浦(현재의 小濱市)에 이른 것으로 보인다.

이곳에서 다시 육로로 伊麻豆(今津)에 이르렀다고 하였다. 이곳은 현재 滋賀縣 高島市 今津으로 琵琶湖의 서안에 있는 포구이다. 小濱에서 今津에 이르는 육로는 丹後街道(현재의 27번 국도)를 따라 서북쪽으로 나아가다가 上中에서 다시 若狹街道(현재의 303번 국도)를 따라 진행하는 루트이다.

伊麻豆에서 다시 수로로 沙可毛道에 도착한다고 하였다. 沙可毛道는 滋賀縣 大津市 坂本이다. 이곳에서 국왕이 거처하는 곳까지 1식에 갈 수 있다고 하였는데, 현재의 사카모토에서 교토시의 무로마찌까지 약 20km이다. 小濱에서 今津까지 약 32km를 가는 데 3식이 걸리는데, 20km를 1식에 가기는 쉽지 않았을 것이다. 거리가 멀지 않다는 의미가 담긴 것으로 보인다. 수린이 瀨戶內海의 항로를 항해가 어렵다는 것을 알고 즉각 북해로 항로를 결정한 것으로 보아, 이 항로는 이전부터 사용되고 있었던 것으로 보아야 할 것이다. 실제로 이 항로는 고대부터 사용된 항로이기도 하다.

그렇다면 이 항로는 수린이 항해한 경로를 『해동제국기』 편찬시에 기존에 조선이 가지고 있던 지도에 추가한 것일까? 그렇게 보기는 어렵다. 왜냐하면 「일본본국지도」와 「일본구주지도」 등에는 수린의 항해 경로나 조선 사신들의 항해 경로와 관련이 없는 여러 항로들이 표시되어 있기 때문이다. 예를 들어 三尾開浦에서 隱岐島·因幡에서 隱岐島에 이르는 항로, 淡路에서 紀伊로 가는 항로, 福岡에서 奄美大島로 가는 항로 등은 조선이 가지고 있던 지도에 원래 표시되어 있었던 것으로 보인다. 그리고 그 지도는 바로 후쿠오카의 상인이자 유구국의 사신을 자처했던 도안이 가지고 온 지도일 것이다.

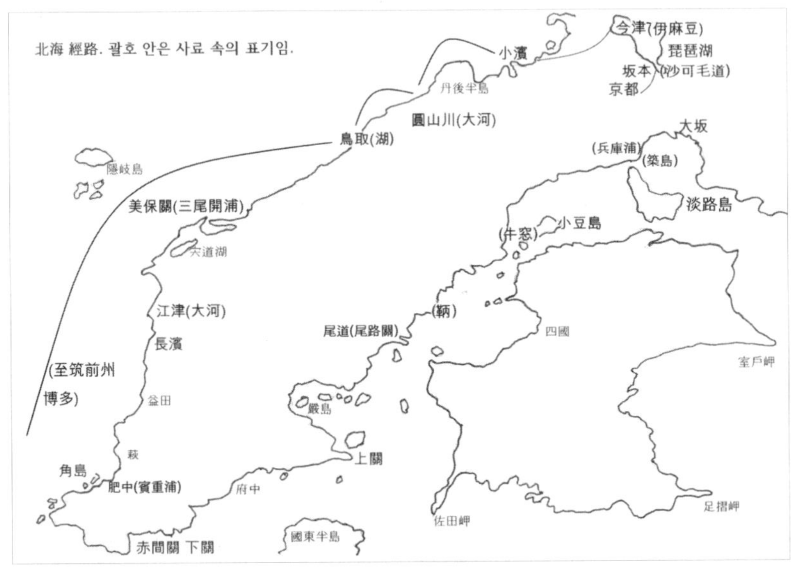

〈그림 5〉「일본본국전도」의 北海 항로(瀨戶內海를 중심으로 조감한 지도임)

4.「日本國西海道九州之圖」

『해동제국기』의 규슈 지도 역시 규슈 전체의 형태를 비교적 유사하게 보여주고 있다. 물론 해안의 굴곡은 대마도 지도나 일기도 지도와 같이 자세하지 않지만, 지역 명칭을 비롯하여 당시의 행정적인 정보는 충분히 담고 있다.

1) 지명

우선 규슈 지도에서 지명의 편재 현상에 주목할 필요가 있다. 규슈 지역에서 筑前州(筑前國) 등과 같은 광역의 지명 이외에 기재되어 있는 지명은 많지 않다. 조선과의 교류가 빈번하였던 宗像神社나 博多의 筥崎·石城 등도 보이지 않는다. 이에 대해서 하카타에서 서쪽으로 가면서 愁未要時,

佐志, 鴨打, 呼子, 上松浦, 下松浦, 志佐, 田平 등의 지명이 보인다. 이 지역은 일기도를 분할하여 통치하는 송포지역 세력들의 근거지이다. 동시에 조선을 침략해온 왜구들의 근거지였고, 한편으로는 사자를 보내어 토물을 바치는 등 조선과 활발하게 교류하는 지역이기도 하였다.

〈표 2〉『해동제국기』「일본서해도구주지도」에 보이는 지명

九州 지역 지명	현재 지명	일본 음가	壹岐島 分治
文字關	福岡縣 北九州市 門司	모지	
博多	福岡市 博多區	하카타	
愁未要時	福岡市 博多區 住吉	스미요시	
佐志	佐賀縣 唐津市 佐志	사시	○
鴨打[23)]	佐賀縣 東松浦郡 北波多村 일대	카모우찌	○
呼子	佐賀縣 唐津市 呼子町	요부코	○
上松浦	東松浦郡 唐津市 伊萬里市 동부	마쯔라	
下松浦	長崎縣 松浦市 伊萬里 서부	마쯔라	
志佐	長崎縣 松浦市 志佐	시사	○
田平	長崎縣 平戶市 田平	타비라	
圓木郡	長崎縣 東彼杵郡	소노키	
天草津	熊本縣 天草郡	아마쿠사	
三隅湍津	熊本縣 宇城市 三角町 三角瀨戶	미스미	
房泊兩津	鹿兒島縣 南薩摩市 房津	보노쯔	
房御崎	鹿兒島縣 南薩摩市 坊の岬	보노사키	
山河浦	鹿兒島縣 指宿市 山川	야마가와우라	
左我關	大分縣 大分市 佐賀關	사가노세키	

23) 현재 일치하는 지명은 없으나, 佐賀縣 東松浦郡 北波多村 平野로 비정하는 견해가 있다. 무사의 씨족명은 鴨打氏가 있으며 波多持의 아들 至가 처음으로 鴨打라는 씨를 칭하게 되었다고 한다. 波多는 唐津半島의 서남쪽 일대이며, 16세기 초에 鴨打秀가 肥前國 蘆 씨에 입성하였다.

〈그림 6〉『해동제국기』 구주 지도의 도서

예를 들어 松浦의 경우는 『조선왕조실록』 태종 8년 6월 28일 을사조에는 下松浦 三河守가 사자를 보내어 예물을 바친 것을 시작으로, 명종 10년 12월 7일 정유조에서 上松浦 唐津太守 源勝이 서계를 올린 기사까지 지속적으로 조선과의 관계를 유지한 지역이다.

田平의 경우도 태종 4년 7월 17일 병진조에 田平殿 源圓珪가 토물을 바쳤으며, 이후 연산군 10년 1월 17일 기묘조에 肥前州 田平寓鎭 源朝臣 憚正少弼 弘이 토물을 바쳤다는 기사가 보인다.

이처럼 규슈 지도는 조선의 입장에서 필요한 정보들이 반영되어 있다. 이에 대해서 博多나 宗像神社와 같은 곳은 교역을 하러 오기는 하지만, 왜구들의 거주 지역은 아니기 때문에 상대적으로 그 중요성이 적었다고 할 수 있다.

2) 도서

규슈 지도에서 가장 주목할 점은 북쪽 바다에 나타나는 섬들이다. 규슈 북부에는 당시 항로 상에 위치한 중요한 섬들이 적지 않다. 일기도에서 당진반도(동송포반도)로 가는 항로의 길목에 무령왕 탄생의 전승이 서린 加唐島를 비롯하여, 신라에 파견되는 사신이 머무른 장소이기도 하였던 神集島가 있으며, 博多灣 안에도 玄界島, 能古島, 志賀島 등이 있다. 그런데 규슈 지도에는 그런 섬들은 전혀 보이지 않고 의외로 작은 섬들이 나타난다. 서쪽으로부터 於路島, 藍島, 小崎於島, 於島, 短島의 다섯 섬이 그것이다.

於路島(오로시마)는 현재의 小呂島이며 일기도에서 동쪽으로 약 24km 떨어져 있는 작은 섬으로, 남북 약 1.3km, 동서 약 500m에 불과하다. 藍島(아이시마)는 현재의 相島로 福岡縣 糟屋郡에 속한다. 지명 표기는 일본식 훈독 표기이다. 於島(오오시마)는 福岡縣 宗像市에 속하며 宗像市로부터 약 8km 앞바다에 떠 있다. 宗像神社의 中津宮이 있는 섬이며, 지명의 표기는 조선식 음차표기로 생각된다. 小崎於島(오자키오시마)는 현재의 沖ノ島(오키노시마)로 종상신사의 沖津宮이 위치한 곳이다. 邊津宮으로 불리는 육지의 종상신사와 바다에 있는 두 섬의 신사를 직선으로 연결하면, 한반도로 항해하는 항로에 해당하므로, 항해의 안전 등을 기원하는 신사로 일찍부터 존재하였다. 가장 동쪽에 있는 短島는 위치로 보아 현재의 地島[24)]로 추정된다.[25)] 地島는 九州 지도에 그려져 있는 섬이고 위치가 大島의 옆인 것으로 보아 角島라고 보기 어렵다.

이 섬들을 중심으로 상정할 수 있는 항로는 沖ノ島와 福岡(宗像) 지역으로 이어지므로, 『삼국지』 위서 동이전 왜인조 이래의 한반도 남부-대마도-일기도-唐津半島 혹은 絲島半島로 이어지는 항로와는 구별된다. 宗像市 지역을 결절점으로 하는 항로는 出雲이나 大和 지역에서 한반도로 가

24) 현재의 福岡縣 宗像市 地島.

25) 이를 本州 서단의 角島(쯔노시마)로 추정하는 견해도 있다. 田中健夫, 『海東諸國紀 朝鮮人の見た中世の日本と琉球』, 岩波文庫, 1991, 35쪽.

는 항로 혹은 博多에서 출운 지역으로 가는 항로로도 기능한 것으로 보인다. 『해동제국기』가 편찬된 시기에는 대마도는 少貳氏와 宗氏, 일기도는 松浦地域 세력들이 각각 장악하고 있었으므로, 하카타나 혼슈에서 조선으로 올 때는 주로 이 항로를 사용하였을 것으로 생각된다.

그밖에도 地島의 동북쪽 끝에 文字關(모지노세키) 주변에 自赤間關·指赤間關이라는 기재와 항로 표시가 보인다. 自赤間關은 바로 동쪽에 혼슈의 下關 방향에서 오는 항로이며 지도상으로 희미한 선이 보인다. 指赤間關은 하카타 및 문자관에서 하관으로 가는 항로를 표시하는 것으로 보인다. 남쪽으로 뻗은 항로는 혼슈 쪽에서 오는 항로와 합쳐져 남쪽으로 이어지는데, 유구국과의 교역로일 것이다.

愁未要時에서는 3개의 항로가 뻗어나오고 있는데, 북쪽으로 뻗은 것은 藍島와 於島·短島 사이를 지나 指赤間關의 항로와 연결된다. 서북서 방향으로 뻗은 항로는 藍島 아래를 지나면서 2개로 나뉘는데, 북쪽으로 올라가는 항로는 指出雲州라고 표기되어 있으며 小崎於島와 於路島 사이를 지난다. 그대로 서북서로 진행하는 항로는 指岐世渡浦라고 되어 있는데 於路島의 서쪽을 지나 壹岐島의 世渡浦로 연결되는 항로이다.

愁未要時에서 서쪽으로 뻗은 항로는 下松浦에서 다시 2갈래로 나뉘는데, 계속 서쪽으로 진행하는 항로는 五島列島 및 제주도 방향으로 가는 항로이고, 남쪽으로 급격하게 꺾이는 것은 규슈 남쪽을 지나 유구국으로 연결되는 항로일 것이다.

규슈 지도의 가장 큰 특징은 일본식 지명 표기와 조선식 지명 표기가 혼재하고 있다는 사실이다. 규슈의 9주는 모두 일본식 지명 표기로, 筑前州, 筑後州, 肥前州, 肥後州, 薩摩州, 大隅州, 日向州, 豊後州, 豊前州로 되어 있다. 또 지역마다 그 지역의 유력 무장 가문도 기록하였다. 축전주 博多 지역에는 小二殿(少貳氏), 上松浦와 鴨打 아래에는 千葉殿과 節度使, 비후주에는 菊池殿, 풍후주에는 大友殿 등이 보인다. 이런 표기도 조선식과 일본식이 혼재한다.

赤間關, 文子關(현재의 門司), 博多, 佐志, 鴨打, 呼子, 上松浦, 下松浦, 志佐, 田平, 園木郡, 天草津 등의 지명도 모두 일본식으로 나타난다. 그러나 博多 서쪽의 愁美要時는 일본 지명 住吉(스미요시)에 대한 조선식 음차 표기이다. 규슈 내부에서 확인되는 유일한 조선식 표기 지명이다. 그런데 도서 지역에서는 조선식 음차 표기가 혼용되고 있다. 즉 규슈 지도는 일본식 지명표기가 주로 사용되었다는 점에서 일본에서 제작된 지도를 바탕으로 하고 있는 것이라고 볼 수 있다. 하카타 지역의 승려이자 상인이었던 도안은 일본과 유구 두 나라의 지도 모사본 4건을 바쳤고, 이를 하나는 궁궐에 들이고 나머지는 의정부, 춘추관, 예조에 보관하였다.[26] 후술할 바와 같이, 『해동제국기』에 도안이 바친 유구국 지도가 실린 것으로 보아 규슈 지도 역시 도안이 바친 일본 지도를 바탕으로 한 것일 가능성이 크다.

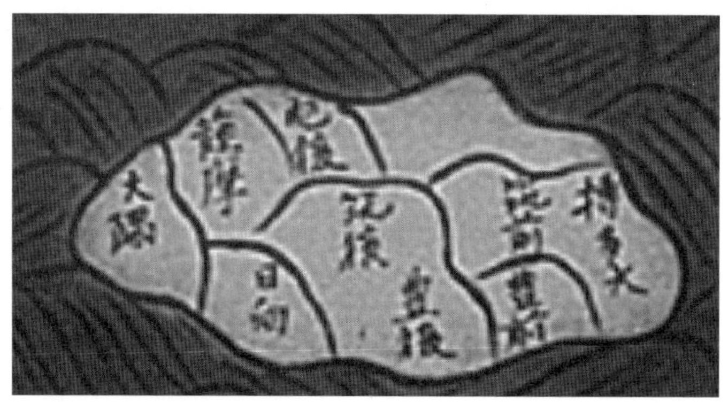

〈그림 7〉「혼일강리역대국도지도」 규슈 부분

『조선왕조실록』에서 조선 전기에 입수한 일본 지도에 관한 기사는 두 차례가 보이는데, 최초에 입수한 지도를 반영한 것이 「혼일강리역대국도지도」이다. 그런데 이 「혼일도」의 규슈 지역 지도를 보면 규슈의 형태가

26) 『朝鮮王朝實錄』 端宗 一年(1453) 七月 四日 己未/禮曹啓: "日本僧道安齎來日本·琉球兩國地圖. 摸畫四件, 粧褙成簇, 一件入內, 其餘分藏于議政府·春秋館及本曹." 從之.

전혀 다르다. 「혼일도」의 규슈 지역은 타원형에 가까운 모습이다. 그러나 『해동제국기』의 규슈의 형태는 직사각형에 가까우며 里良河나 屋木河의 河口나 上松浦와 下松浦 사이나 天草津 지역처럼 깊이 만입한 해안선을 나타내는 등, 한층 정밀해지고 있다.

또한 博多(하카타)의 지명이 博多大(원래 博加大)로 나타나고, 筑前은 보이지 않고, 그 대신 이웃한 肥前의 國名을 적어놓고 있다. 이처럼 「혼일도」의 일본 지도 자체가 이른바 行基式 지도이며, 강을 비롯한 내부 지명, 그리고 해당 지역을 지배하는 무사가 표시된 『해동제국기』의 규슈 지도와 다르다. 따라서 규슈 지도는 1453년에 조선이 새롭게 입수한 지도에 의거한 것이 거의 확실하다.

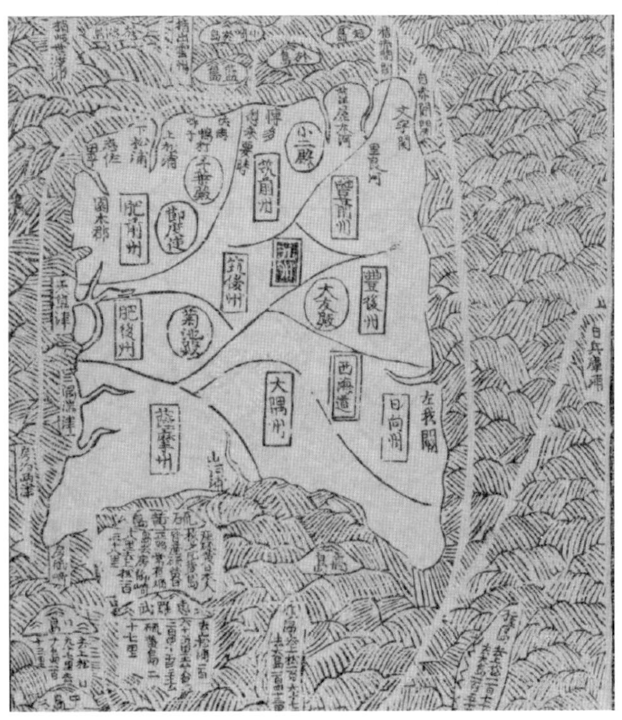

〈그림 8〉『해동제국기』 규슈 지도

그러나 그대로 옮긴 것은 아님을 알 수 있다. 조선이 관심을 가진 부분은 조선식 지명·인명 표기가 추가되어 있다. 예를 들어 少貳氏를 小二殿이라고 한 것을 대표적인 조선식 표기이다.[27)]

5. 「日本國一岐島之圖」

『해동제국기』는 고려 말부터 조선 초기에 걸쳐 준동하였던 왜구 및 일본으로부터 오는 사절을 통해서 고조된 일본·유구국에 대한 관심의 결과물이라고 할 수 있다. 계해약조(1443년)를 통해서 조선을 침구하는 왜구는 현저하게 줄었지만, 삼포왜란과 같은 사건을 통해서도 알 수 있듯이 여전히 조선이 해결해야 할 대외적인 과제의 하나였다. 또한 일본 열도의 각지에서 끊임없이 찾아오는 사절들의 실태를 파악하고 이를 접대하는 것도 외교적인 현안이었다고 할 수 있다.[28)] 이러한 이유로 촉발된 일본열도에 대한 관심은 당연히 『해동제국기』의 전반적인 내용과 여러 지도에도 반영되었을 것이라고 예측할 수 있다.

예를 들어 왜구의 소굴이자 기해동정의 정벌 대상이기도 하였던 대마도의 경우는 82개에 달하는 포구 이름이 기재되어 있다. 『해동제국기』의 대마도 지도는 대마도만을 그린 현존하는 가장 오래된 지도이자 동시에 최초로 간행된 인쇄지도이기도 하다. 대마도의 형태는 심하게 왜곡되어 있지만, 왜구의 소굴이었던 淺藻灣은 상대적으로 정확하게 그려져 있다. 그렇다면 일기도 지도는 어떨까?

27) 『조선왕조실록』에 태종 2년부터 선조 36년까지 126차례에 걸쳐서 나타난다. 『일본행록』·『국조보감』 등에도 보인다. 이에 대해서 일본에서는 少貳氏를 小二殿으로 기록한 사례가 없다.

28) 한문종, 「朝鮮前期의 受圖書倭人」 『한일관계사연구』 5, 1996.

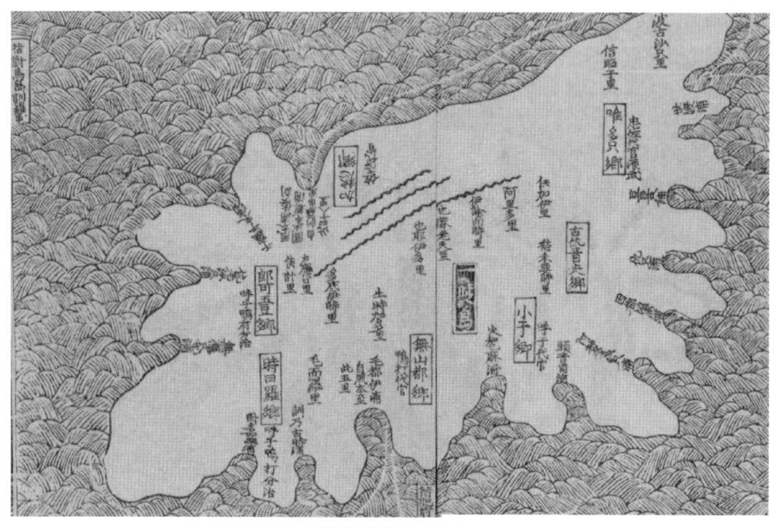

〈그림 9〉 『해동제국기』의 일기도 지도

1) 지명

일기도 지도에는 7개의 鄕名과 13개의 里名과 14개의 浦口名이 기록되어 있다. 단순비교로는 대마도 지도에 비해서 파악된 지명이 훨씬 적다. 그러나 두 섬의 면적을 기준으로 판단하면 오히려 일기도 지도 쪽이 더 많다. 대마도는 면적이 708.5㎢이고 해안선의 길이는 915km이다. 한편 일기도는 각각 133.8㎢, 167.5km이다. 면적과 해안선 길이에서 일기도는 대마도의 1/4에 불과하다. 그런데 대마도에는 82개의 지명(군명 제외)이 기록되었고, 일기도에는 27개의 지명이 기록되어 있다. 일기도의 면적은 대마도 면적의 1/4에 불과하지만 파악된 지명은 1/3에 가깝다. 즉 일기도 쪽의 지명이 면적 대비로 판단하면 더 많이 기재된 셈이다.

또한 일기도 지도에는 佐志代官, 志佐代官, 呼子代官, 鴨打代官, 呼子鴨打代官, 呼子鴨打分治와 같이 규슈 북부의 松浦 지역 세력이 일기도를 나누어 지배하는 상황에 대해서도 밝히고 있다(그림 9 참조).

지금까지 일기도 지도의 가치에 대해서는 크게 주목하지 않았지만, 지도에 담긴 정보는 결코 대마도 지도에 뒤지는 것이 아님을 알 수 있다. 이는 조선이 대마도뿐만 아니라, 일기도에 대해서도 깊은 관심을 가지고 있었음을 보여준다. 다만 『해동제국기』의 체재상, 대마도 지도와 마찬가지로 2쪽에 걸쳐서 지도를 실으면서, 일기도 쪽이 공백으로 처리된 부분이 많으므로 시각적으로 성글게 보였을 뿐이다.

남북이 좀더 긴 일기도를 책의 형태 때문에 동서로 길게 그리면서 발생한 왜곡을 감안하면, 각 지역의 지리적인 위치도 상당히 정확하다(그림 10 참조). 일기도의 북단에 위치한 間沙毛都(風本)에서 시계방향으로 돌면 남쪽으로 꺾이는 곳에 波古沙只가 있다. 동쪽 해안에서 첫 번째로 나타나는 지명이 世渡浦(瀨戶)인데 현재의 지형에서도 깊게 만입한 형태로 나타난다. 두 번째 지명은 豆豆只(筒城)인데, 世渡 다음으로 깊게 만입한 곳이다. 仇只(久喜)와 因都應而(印通寺)는 위치가 뒤바뀌어 있다.

〈표 3〉『해동제국기』壹岐島의 지명

분류		해동제국기	일본음가	일본 지명	비 고
1	鄕	加愁	카스	可須	勝本町 大字
2		唯多只	유타케	湯岳	那賀村 大字
3		古仇音夫	코쿠부	國分	那賀村 大字
4		小于	쇼오	庄(觸)	武生水町 庄觸
5		無山都	무샤오즈	武生水町	武生水町
6		時日羅	시와라	志原	志原村
7		郎可五豆	나가오쯔	?	那賀村?
1	里	波古沙只	하코사키	箱崎	箱崎村
2		信昭于	신죠오	新城	勝本町 大字
3		侯加伊	후카에	深江	田河町 大字
4		阿里多	아리타	當田(아타리타)	那賀村
5		伊除甫時[29]	이사부시?	鯨伏	鯨伏村
6		愁美要時	스미요시	住吉	那賀村 大字

7		也麻老夫	야마노부	山信	那賀村
8		也那伊多	야나기다	柳田	柳田村
9		牛時加多	우시카타	牛方(觸)	柳田村
10		多底伊時	타테이시	立石	鯨伏村 大字
11		侯計	후케	布氣	立石 동북방
12		毛而羅			
13		戶應口	혼구	本宮	鯨伏村 大字
1	浦	世渡	세토	瀨戶	箱崎村 大字
2		豆豆只	쯔쯔키	筒城	石田村 大字
3		仇只	쿠키	久喜	志原村 大字
4		因都溫而	인쯔우지	印通寺	石田村
5		阿神多沙只	아시다사키	芦田崎?	
6		頭音甫	쯔보	坪(觸)	初山村
7		火知也麻	하찌야마	初山	初山村
8		毛都伊	모토이	本居? 本町?	武生水町
9		訓乃古時	후나코시	船越?	渡良村
10		臥多羅	와타라	渡良	渡良村
11		無應只也	무기야	麥谷(觸)	渡良村
12		仇老沙只	쿠로사키	黑崎	沼津村 大字
13		于羅于未	우라우미	?	
14		間沙毛都(風本)	카자모토	風本	勝本町

阿神多沙只는 현재 미상 지명으로 되어 있지만, 지명의 배열 순서를 보면 久喜와 印通寺가 모두 현재의 石田町(이시다)에 속하므로 阿神多(아시다)는 伊神多(이시다, 石田)의 오기일 가능성이 있다. 일기도 지도에는 필사되는 과정에서 생긴 것으로 보이는 오자가 '呼子鴨有分治(有는 打의 오자)', '伕加伊(伕는 侯의 오자), '忠佐代官源武(忠은 志의 오자)'와 같이 확인된다. 也耶伊多(야야이다)의 耶 역시 那의 오자이며, 也那伊多(야나이다)로

29) 濱田敦,「海東諸國紀に記錄された日本の地名等について」『人文研究』5, 大阪立大學大學院文學研究科, 1954, 247쪽.

보면 柳田(야나기다, 야나이다)로 볼 수 있다.

일기도 최남단인 火知也麻(初山, 하찌야마)는 일기도 지도에서 그 특징을 제대로 드러내지 못하고 있지만, 頭音甫(坪, 쯔보)와 火知也麻(初山, 하찌야마) 사이의 만곡이 정남쪽으로 표시되어 있어서 이 지역이 남쪽을 나타내고 있다. 이어지는 臥多羅(渡良, 와타라)와 無應只也(麥谷, 무기야)는 남서쪽으로 표시되어 있어서 역시 이 반도가 남서쪽에 위치하고 있음을 보여준다.

〈그림 10〉『해동제국기』의 일기도 지도 속의 지명

한편 訓乃古時(船越)는 배를 육지로 끌어서 반대쪽으로 넘기는 곳을 뜻하며, 현재의 鄉ノ浦町 麥谷觸의 船越公民館이 있는 곳으로 비정할 수 있다. 이곳은 육지의 폭이 좁고 낮아서 배를 끌어서 넘길 수 있는 조건을 갖춘 곳이다. 地峽의 폭은 600m 정도이고 지대가 낮아서 충분히 배를 끌어서 넘길 수 있었을 것으로 보인다.

仇老沙只(黑崎로 추정)와 于羅于末(裏海로 추정)는 현재에 이에 해당하는 지명을 찾을 수 없으나, 鄉ノ浦町 里觸과 新田觸 사이에 黑崎釋迦堂이 있으며, 바다로 크게 돌출한 지형으로 보아 鄉ノ浦町의 小牧西觸에서 里觸을 거쳐 新田觸 일대로 비정하여도 문제가 없을 것이다.

于羅于末 역시 해당하는 지명을 찾기 어렵지만, 육지로 깊이 만입한 바다라는 뜻과 間沙毛都(카자모토) 서쪽에 해당하는 곳으로 현재의 勝本町 坂本觸이 유력하다.

물론 일기도 지도의 지명 정보가 모두 정확한 것은 아니다. 예를 들면 豆豆只(筒城)과 함께 같은 만 안에 위치한 侯加伊(深江)가 내륙부의 里로 되어 있는 점이나, 仇只(久喜)와 因都溫爾(印通寺)의 위치나 火知也麻(初山)과 頭音甫(坪)의 위치가 뒤바뀐 점은 杜撰이라고 할 것이다. 그러나 당시의 지도 제작 수준을 감안할 때, 일기도 지도는 대단히 정밀한 지도라고 하지 않을 수 없다. 일본의 경우는 일기도에 대한 자세한 지도가 제작되는 것은 17세기 이후의 일이다. 일본보다도 200년 이상 앞선 시기에 조선은 이미 일기도의 지리 정보를 정밀하게 파악하고 있었던 것이다.

2) 항로

일기도 지도에도 항로가 표시되어 있다. 일기도 동안의 世渡浦(瀨戶)로부터 博多로 가는 항로(指筑前州博多)와 일기도의 북안을 우회하는 항로가 있다. 후자는 일기도 서북안의 風本浦로 이어진다. 풍본포는 일본음으로는 間沙毛都라고 되어 있는데, 이는 間은 뒤에 오는 음을 濁音으로 만들므로 '카자모토' 즉 風本과 같은 음이 된다. 현재 寫本에는 대마도로 가는 항로가 보이지 않으나 이곳에서 訓羅串까지 48리(480리)라고 되어 있어, 風本에서 대마도의 訓羅串(船越, 舟越)로 가는 포구임을 확인할 수 있다. 또한 대마도의 船越을 訓羅串이라고 조선의 한자음 표기방식을 쓰고 있다.

대마도 남서안의 毛都伊浦로부터도 2개의 항로가 뻗어 있는데, 동남쪽의 항로는 肥前州의 上松浦로 이어지는 것(指肥前州上松浦)이고, 서쪽으로 뻗은 항로는 風本浦로 이어지는 것이다. 풍본포까지는 거리가 5리(50리)라고 하였다.

그런데 풍본포에서 대마도 선월까지는 직선 거리가 약 60km인데, 48리 즉 192km라고 하여 3배 이상 먼 거리로 기록하였다. 毛都伊浦(현재의 鄉の浦)에서 風本浦(勝本浦)까지는 5리 20km라고 하였는데, 실제 거리는 약 19km 정도이다.[30)]

이처럼 일기도에는 각각 博多, 對馬島, 上松浦와 연결되는 3곳의 포구가 있었다. 하카타와 연결되는 世渡浦는 志佐에서 관장하였을 것이다. 『해동제국기』「일기도」에서 "志佐代官 源武가 주관한다. 무자년(1468, 세조 14)에 圖書를 받고 한 해 동안에 배 1, 2척을 보내기로 약속하였다. 서장에는, 壹岐 守護代官 眞弓 兵部少輔 源武라 일컬었다."고 하였다.

上松浦와 風本浦로 가는 포구인 毛都伊浦는 無山都鄉(武生水鄉)에 속하는데 이곳은 "鴨打代官이 주관한다."고 하였다. 風本浦는 加愁鄉에 속하는데 "佐志大官이 주관한다."고 하였다.[31)]

志佐는 松浦市 志佐町 일대이고, 鴨打는 그 위치를 정확히 비정할 수는 없으나 唐津半島의 呼子와 佐志 사이의 지명이었다. 당시 조선은 松浦 지역의 세력이 일기도를 나누어 지배하고 있다는 사실을 잘 알고 있었고,

30) 부산과 대마도 간의 거리가 48리 혹은 480리로 되어 있는 기록이 많은데, 이는 일본측의 관념적인 거리를 그대로 반영한 것으로 보인다.

31) 『해동제국기』「日本國記」「壹岐島」.

어느 지역을 누가 지배하는지를 일기도 지도 속에 표시하였다.

이처럼 자세한 지도를 제작할 필요가 있었던 것은 일기도가 송포 지역을 거점으로 하는 왜구들이 장악한 지역이었고, 왜구들에게 붙잡혀 간 조선 백성들이 일기도로 끌려간 경우가 많았기 때문이다. 한편 송포 지역의 여러 세력들이 빈번하게 조선에 사자를 파견하였기 때문이기도 하다.

일기도 지도는 전체 지명이 모두 조선식으로 표기되어 있다는 점에서 규슈 지도와 비교되며, 일기도 지도가 대마도 지도와 마찬가지로 조선에서 제작하였음을 보여주는 증거라고 할 수 있다.

6. 「琉球國之圖」[32)]

『해동제국기』의 「琉球國之圖」 역시 유구국 전 지역을 상세하게 나타낸 역사상 최초의 인쇄 지도이다. 이 지도는 도안이 조선에 가져온 유구도와 관련이 있을 것이라는 사실은 일찍부터 지적되어 왔으나[33)], 『해동제국기』의 「유구국지도」(A)와 거의 흡사한 지도가 오키나와현립박물관에 소장되어 있다는 사실이 몇 년 전에 밝혀졌다.

1) 도안이 가져 온 博多·薩摩·琉球相距地圖

이러한 유구국에 관한 지도로서 처음 언급된 것이 1453년(단종 1년) 하카타의 상인이자 유구국의 사절을 자처하고 조선을 찾아온 승려 도안이 가지고 온 지도이다. 예조는 단종 1년 5월 11일에 도안에게 연회를 베풀

32) 「유구국지도」에 관한 내용은 『동북아역사논총』 51(2016)에 「『해동제국기』의 유구국지도와 오키나와현립박물관 소장 유구국도」라는 제목으로 소개한 내용을 정리하여 다시 수록하였다.

33) 東恩納寬惇, 「申叔舟の海東諸國紀に見れたる琉球國圖について」 『史學』 16-3, 慶應義塾大學, 1937, 338~442쪽.

어주면서 도안이 한 말을 적어서 아뢰었다.[34] 그 중에 '博多·薩摩·琉球相距地圖(B)'가 보인다. 이 지도야말로 『해동제국기』 「유구국지도」(A)와 같이 박다 살마 유구 사이의 거리를 나타낸 지도일 것이다. 도안은 하카타의 상인이었고, 상선을 타고 유구국까지 교역을 하러 다녔고, 이때 유구국 중산왕이 자신이 데리고 있던 조선인을 도안의 배에 태워 돌려 보낸 것이다.

이때 도안은 「日本琉球兩國地圖」(C)을 가져왔다고 하였다. 그래서 이를 모사하여, 1벌은 궐내에 들이고, 나머지는 의정부, 춘추관, 예조가 보관하였다고 한다.[35] 이 C지도가 아마도 B지도와 같은 지도일 것이다. 만약 C지도가 일본과 유구를 각각 그린 지도였다면, 전체를 지칭할 때도 각 4벌이라고 하고 이들은 나누어 보관할 때도 각각이라고 말했을 것이기 때문이다. 예조에서 도안이 유구국의 사정을 B지도를 가지고 설명하였는데, 그 지도는 다시 가져가고 전혀 다른 지도를 4벌이나 주었다고 보기도 어렵다. 또한 『해동제국기』의 A지도는 도안이 가져와서 예조 등에 보관되어 있었던 C지도를 바탕으로 한 것으로 볼 수 있을 것이다. 이는 오키나와현립박물관의 「琉球國圖」(D)가 확인되기 전까지는 가능성이 높은 추정에 불과하였다. 그러나 「유구국도」가 발견됨으로써 A지도와 D지도가 거의 유사한 지도임을 알 수 있게 되었다. D지도는 1609년 유구국이 살마번에 편입되기 이전의 상황을 반영하고 있는 점 등에서 단종 대에 도안이 가져온 지도(B)의 또 다른 사본으로 생각된다.[36]

---

34) 『朝鮮王朝實錄』 端宗 元年 五月 十一日 宴琉球國 中山王使者道安于禮曹. 禮曹錄道安之言以啓 "一, 去庚午年, 貴國人四名, 漂泊于臥蛇島, 島在琉球, 薩摩之間, 半屬琉球, 半屬薩摩. 故二名則薩摩人得之, 二名則琉球國王弟, 領兵征岐浦島而見之, 買獻國王, 王置于闕內, 厚加撫恤. … 一, 琉球國與薩摩和好, 故博多人經薩摩往琉球者, 未有阻礙. 近年以來, 不相和睦, 盡行擄掠. 故却從大洋迤邐而行, 甚爲艱苦. 今我等出來時, 商船二艘, 亦被搶擄. 因示博多, 薩摩, 琉球相距地圖.

35) 『朝鮮王朝實錄』 端宗 一年(1453) 七月 四日 己未/禮曹啓: "日本僧道安齎來日本, 琉球兩國地圖. 摸畫四件, 粧褙成簇, 一件入內, 其餘分藏于議政府, 春秋館及本曹." 從之.

36) 秋岡武次郎, 『日本地圖史』, 河出書房, 1955.

2) 沖繩縣立博物館의 琉球國圖[37)]

1980년에 이미 島尻勝太郎이 오키나와 현립박물관의 「유구국도」가 『해동제국기』와 관련이 있을 것이라는 사실을 언급하였고, 『浦添市史』(1981)에 일부가 영인되어 수록되었으나, 크게 주목을 받지 못하였다. 2003년에 安里進이 首里城硏究會에서 이 지도가 『해동제국기』「유구국지도」의 같은 계통의 지도일 가능성을 지적하였다.

「유구국도」는 현립박물관이 1978년에 시내의 모처에서 구입한 것이라고 한다. 채색지도로 지도 왼쪽 위에 "琉球國圖 奉納 天滿宮廣前 元祿九丙子 八月吉辰", 왼쪽 아래에는 "松壽菴 竹森道悅奉上／熊本伊右衛門入道圓齋七十一歲書焉"이라는 내용이 쓰여 있다. 이를 통해서 이 지도가 1696년(元祿 9)에 竹森道悅이 九州 대재부 천만궁에 봉납하였으며, 지도를 그린 사람은 승려인 圓齋라는 사람임을 알 수 있다.

다케모리 도에쯔는 福岡藩 黑田家의 家臣의 한 사람으로 조부는 竹森新右衛門次貞[(1550~1621)이고, 아버지는 新右衛門利友(1599~1674)이며 1625년 경에 태어난 것으로 추정된다. 19세 때 교토에 가서 의술을 배우는 한편, 藤原惺窩의 아들인 羽林集陰으로부터 經史를 배웠다고 한다. 이후 五島에서도 활동하였고, 후쿠오카로 돌아와 貝原益軒 및 그 제자 竹田春庵과도 교유가 있었으며, 1699년(원록 12)에 죽었다.

「유구국도」의 지도가 갖는 특징은 1609년 살마번이 유구국을 침공하기 이전의 상황을 보여주는 점이다. 흔히 유구사 연구에서는 1609년 이후를 近世琉球, 그 이전부터 12세기 경까지 古琉球라고 하는데, 고유구보다는 혹은 국가가 성립된 것이 중세이므로 중세유구라고 부르는 편이 온당

37) 오키나와 현립박물관 소장 琉球國圖에 대한 조사성과는 深瀨公一·渡辺美季, 沖縄縣立博物館所藏琉球國圖(琉球大學, 2004)에 의거하였다. 자세한 내용은 해당논문을 참고하기 바란다.

할 것이다. 薩摩藩을 통해서 일본의 영향력 아래 놓인 유구국은 1696년(元祿 9)에 國繪圖로서 유구국도를 작성하였다.

중세유구와 근세유구의 차이점은 첫째, 원래 유구국에 공조를 바치던 奄美諸島가 살마번의 직할지가 되었다는 점, 둘째, 16세기 중엽부터 南蠻貿易이라고 불리던 동남아시아 여러 나라와의 무역이 쇠퇴하였다는 점이다. 중세유구에서는 琉球 本島人, 日本人, 江南人이 잡거하는 상태였으며, 남만의 선박도 那覇에 입항하였다. 또한 御物城(見物具足)은 강남과 남만의 물품을 보관하는 창고로 기능하였다. 그러나 奄美諸島가 더 이상 공조를 바치지 않고 남만무역의 중심이 坊津와 長崎로 옮겨가면서 사람, 선박이 붐비고 물품이 넘쳐나던 중세 유구는 쇠퇴하였다.

구스쿠라고 불리는 유구국의 성채도 「유구국도」에 보이는 것처럼 중세유구에는 여러 개가 존재했지만, 근세유구에서는 수리성, 今歸仁구스쿠(17세기까지), 中城 정도였다.

「유구국도」(D)와 『해동제국기』의 「琉球國之圖」(A)의 가장 큰 차이는 사찰과 신사에 대한 기록이다. D지도에는 國聖寺 慶禪寺 法音寺 護國寺 波上熊野權現이 기록되어 있다. 파상웅야권현은 현재의 波上宮으로 추정되지만, D지도가 모사되던 1696년에는 이들 사찰은 모두 廢寺가 된 상태였다. 그러나 이들 사찰과 신사에 대해서 「유구국지도」(A)에서는 대부분 기록하지 않았다.

또한 琉球內 즉 琉球의 영역은 喜界島, 奄美大島, 沖永良部島, 思柯美, 伊平屋島, 伊是名島라고 명시하고 있다. 특히 思柯美가 日本과 唐土의 경계이며 至大島二十五里라고 하였으므로, 사가미가 엄미대도 주변임을 알 수 있다.

한편 『조선왕조실록』에도 등장하는 臥蛇島는 "半屬琉球, 半屬薩摩"로 되어 있다. 『해동제국기』에서도 分屬日本琉球라고 하였다. 이를 통해서 臥蛇島가 속한 도카라열도 해역이 15세기 중엽의 중세 일본과 유구의 경계임을 알 수 있다.[38]

波上護國寺가 세워진 것이 1523년 이후인데, 「유구국도」에 이 정보가 없는 것으로 보아, 16세기 후반 이전의 상황을 보여준다. 한편 지도에 표시된 長虹堤(石橋)가 건설된 것이 1451~1452년 사이이므로, 「유구국도」의 제작은 1452년 이후임을 알 수 있다. 그런데 이 지도를 도안이 1453년에 조선에 가져온 것이다.

「유구국도」(D)는 항로를 붉은색 선으로 나타내었다. 남규슈와 엄미대도 사이는 大隅半島 東岸에서 種子島 屋久島의 연안을 거쳐 토카라열도를 거쳐 엄미대도에서 이르는 항로와 薩摩半島 西岸에서 口永良部島를 경유하여 토카라열도를 넘어 엄미대도에 이르는 항로, 薩摩半島 西岸에서 토카라열도 서안을 우회하여 남하하여 엄미대도에 이르는 3가지 항로가 있다. 다시 엄미대도로부터 남쪽으로 뻗어나가 德之島를 거쳐 那覇에 이른다. 那覇에서는 서쪽으로 항로가 표시되어 있어서, 久米島를 거쳐 花島까지 이어져 있다. 서쪽으로 연결되는 항로는 강남(중국), 남만(동남아시아)과 연결된 항로로 판단할 수 있다.

「유구국도」는 당시로서는 지리표시에 있어서도 대단히 자세한 지도이자, 일본과 유구국 사이의 해역의 분할, 항로까지도 기록한 주목한 지도이다.

3) 「琉球國之圖」와 「琉球國圖」의 차이

그러나 『해동제국기』의 「琉球國之圖」(A)와 오키나와 현립박물관의 「琉球國圖」(D) 지도는 몇 가지 점에서 차이가 난다. 먼저 A지도는 上松浦·琉球·薩摩를 기준으로 거리를 나타내고 있다. 예를 들면, 去上松~里, 去大島~里, 去琉球~里, 去薩摩州~里 등과 같이 표기하였다. 이에 대해서 『琉球國圖』는 博多·琉球·薩摩를 기준으로 기록하였으며, 그 거리도 自博多, 至琉球와 같이 나타내었다. 이는 도안이 조선의 예조에서 보여준 B지도의

38) 村井章介, 「中世国家の境界と琉球·蝦夷」 『境界の日本史』, 1997.

명칭과도 잘 부합된다. 그래서 A지도가 왜 하카타가 아니라 상송포로 되어 있는지가 문제가 된다. 도안이 조선에 바친 지도 B를 『해동제국기』 편찬 단계에서 어떻게 왜 수정·개편하였는지를 밝혀야 한다.

이미 도안으로부터 입수한 B지도를 조선의 관점에서 새롭게 정리할 필요가 있었을 것이고, 또한 목판본으로 제작하여 인쇄하는 단계에서 기술적인 제약도 고려할 필요도 있었을 것이다.[39] 기존의 연구성과를 바탕으로 몇 가지 의견을 덧붙여 보고자 한다.

먼저 왜 기준지점이 하카타에서 上松(浦)로 바뀌었을까? 이는 아마도 조선의 입장에서 상업이나 교역의 중심인 하카타보다 왜구의 거점 중 한 곳이고 대마도-일기도-상송포로 이어지는 항로의 종점인 상송포를 중시했을 가능성이 있다. 『해동제국기』의 「日本國西海道九州之圖」에서 규슈 북부의 지명으로 기록하고 있는 것은 博多 志佐 鴨打 呼子 上松浦 下松浦 佐志 田平 등이다(그림 3, 그림 4 참조). 하카타와 비교하면, 鴨打 呼子 佐志 田平 등은 작은 어촌에 불과하다. 그러나 이곳은 조선 전기의 왜구의 근거지였고, 일기도를 분할해서 지배하는 세력들이었다. 이들 지역에는 조선의 관직을 받은 왜인들도 있었다. 하카타와의 상업적인 교류보다 왜구 대책에 부심하고 있었던 조선으로는 유구국과의 관계에 있어서도 하카타의 상인과는 차이가 있었을 것이다. 유구와의 관계에 있어서도 조선은 왜구에 붙잡혀 간 백성들의 쇄환이 일차적인 목적이었고, 유구국과의 교류는 큰 관심사가 아니었다.

도안이 가지고 온 B지도(A와 D지도의 원본)는 하카타 지역 혹은 하카타 상인의 시선에서 만들어진 것이라고 할 수 있다. 그러나 『해동제국기』의 「유구국지도」(A)는 왜구와 왜구에게 붙잡혀간 조선인 쇄환이라는 시선에서 만들어진 것이라고 볼 수 있다. 그 결과, 조선에서는 하카타를 기준으로 한 B지도를 입수한 다음, 왜구의 거점 중 하나인 상송포를 기준으로

39) 深瀬公一郎·渡邊美季, 「沖繩縣立博物館所藏『琉球國圖』」, 琉球大學, 2004, 167쪽.

개서하였을 가능성이 높다.

또 한 가지 주목해야 할 것은 조선의 고위 관인으로서 유일하게 유구국을 다녀온 인물이 있었다는 점이다. 바로 『해동제국기』의 「日本國對馬島之圖」와도 깊은 관련을 맺고 있는 이예이다. 그는 1416년 유구국을 왕환하였다.[40] 당시 조선의 관인들은 외국에 사절로 파견되면, 반드시 왕환 과정과 획득한 정보에 대한 보고서를 제출하였다. 그 중에서는 항로의 방향이나 거리를 상세히 표시한 것들이 적지 않다. 조선에서 유구국으로 갈 경우 후쿠오카를 거칠 필요가 없이, 대마도·일기도에서 상송포·오도열도를 경유하여 가는 편이 자연스럽다. 그러므로 이예의 유구 왕환 보고서가 상송포를 기점으로 하였을 가능성이 있다.

또한 D지도에서는 日向國 大隅國 薩摩國 등으로 되어 있는 지명이, 「유구국지도」(A)에서는 日向州 大隅州 薩摩州로 되어 있다. 또한 D지도에서는 慶禪寺 國聖寺 法音寺 波上熊野權現 護國寺 등의 사찰과 신사 이름이 보이지만, A지도에서는 전혀 보이지 않는다. 이는 불교를 배척하고 유교를 장려하는 조선의 國是에 따른 것으로 이해할 수 있을 것이다.

『해동제국기』의 「유구국지도」(A)는 오키나와 현립박물관 소장 「유구국도」(D)는 공통적으로 1453년에 도안이 조선에 제출한 「博多·薩摩·琉球相距地圖」(B)를 바탕으로 제작한 것일 가능성이 대단히 크다. 실물은 존재하지 않지만, 두 지도의 비교를 통해서 원본이 된 지도가 1452~ 1453년 사이에 제작되었다는 사실도 확인할 수 있게 되었다.

40) 『朝鮮王朝實錄』 太宗 十六年 一月 二十七日, "遣前護軍李藝于琉球國. 上聞本國人爲倭所擄, 轉賣琉球國者甚衆, 命遣藝請刷還. 戶曹判書黃喜啓曰: "琉球國水路阻遠, 且今遣人, 煩費甚多, 莫如不遣." 上曰: "懷土之情, 本無貴賤之殊. 借使貴戚家有如此被擄者, 豈計劇費?""
『朝鮮王朝實錄』 太宗 十六年 七月 二十三日, "壬子/琉球國通信官前護軍李藝還. 推刷國人爲倭寇所擄, 轉賣于琉球國者四十四人以來. 有全彦忠者, 慶尙道咸昌縣人也. 歲乙亥年十四, 被擄轉賣, 今隨藝還, 父母已俱歿, 欲追喪其親, 上憫之, 賜裌衣二, 單衣一, 正五升布十四, 米豆幷十五石以遣之."

한편 유구국에 속한 해역을 A지도에는 '屬琉球'라고 하였으나, D지도에는 '琉球內'라고 하였다. D지도가 모사된 1696년에는 유구가 薩摩藩에 신속되기에 이르렀으므로, 일본인의 입장에서 '屬'이라는 용어를 피하고 '內'라고 개서하였을 가능성이 있다. 유구가 살마번에 포함되어 있다고 보았기 때문일 것이다.

이처럼 A·D지도는 B지도를 원도로 하면서도 부분적으로 변개를 가하였음을 확인할 수 있다. 또한 D지도는 A지도와 비교하였을 때 일부 오자로 보이는 글자도 있다. A·B·D 지도의 상호관련성에서 대해서 이제부터 보다 자세하게 연구할 필요가 있다. 덧붙여 D지도의 발견으로『해동제국기』의 사료적인 가치가 재확인되었다고 할 수 있다. 설령 D지도가 원도인 B지도에 가깝다고 하더라도, A지도가 제작된 것은 1471년이고 D지도가 모사된 것은 1696년으로 200년 이상 차이가 나기 때문이다.[41]『해동제국기』에 수록된 유구국 지도를 다시금 주목해야 할 이유이다.

7. 맺음말

이 글에서는 먼저 일본의 행기도와『해동제국기』「일본본국지도」를 비교하여, 후자가 고대적인 행기도가 아니라 중세적인 일본지도라는 사실에 주목하였다. 칠도 및 국·군에 대한 육지에 대한 관심이 사라지고, 대신 항로 및 항로 상의 중요한 경유지를 표시하고 있다는 점에서 고대적인 행기도로부터 중세적인 지도로 변모하고 있음을 확인할 수 있었다. 이 지도는 도안이 가지고 온 지도로 생각되며, 종래의 행기식 지도와 일정한 차이가 있음을 밝혔다.

다음으로 규슈 지도는 지명의 표기 양상으로 보아 역시 일본에서 입수한 지도를 바탕으로 한 것으로 생각된다. 그 중에서도 1453년 도안이 가

41) 東恩納寬惇, 앞의 논문, 339쪽.

져온 일본지도일 가능성이 크다. 도안이 가져온 지도는 행기식 지도에서 한 단계 진전된 것으로, 규슈 지역 전체의 윤곽도 상대적으로 실상에 가까워졌다고 할 수 있다. 또한 항로 상의 중요한 포구, 섬, 곶 등이 표시되어 있으며, 지도 작성 당시의 해당 지역 유력 무사 가문의 이름도 보인다.

또한 『해동제국기』의 일기도 지도가 대마도 지도와 마찬가지로 조선에서 제작되었을 가능성을 지명 표기를 통하여 추론하였다. 또한 지금까지 위치를 비정하지 못하였던 仇老沙只(黑崎, 구로사키)와 訓乃古時(船越, 후나코시)를 찾을 수 있었다.

「유구국지도」 역시 도안이 가져온 지도이며 일부 내용을 수정하여 『해동제국기』에 수록한 것으로 보인다. 「유구국지도」와 동일한 계통의 사본인 「유구국도」가 오키나와현립박물관에 소장되어 있다.

이처럼 『해동제국기』의 지도는 조선이 제작한 대마도 지도와 일기도 지도를 비롯하여, 일본에서 제작된 지도에 조선이 획득한 혹은 관심을 가진 정보를 추가한 「일본서해도구주지도」, 조선의 관심 밖에 있는 정보로 대체하거나 생략한 「일본본국 지도」·「유구국지도」의 3가지로 나누어 볼 수 있다. 또한 이들 지도는 일본에서 유례를 찾을 수 없는 일본의 중세지도들이다.

제2부

고중세 동아시아와 한일관계

한반도제국과 왜국의 사신외교
-백제·신라의 대왜외교의 형태와 그 특징-

나 행 주

1. 머리말

외교의 실패는 전쟁!!

외교는 국가 상호간의 이해절충의 교섭과정이며, 그 외교의 성패를 가르는 중차대한 임무를 띠고 외국에 파견되어 상대국과 교섭하는 실무 담당자가 바로 사신(사자)이다.

고대 동아시아제국의 국제관계 특히 고대 한일관계사에 있어서 한반도와 일본열도의 국가·왕권 간의 정치적 교류·교통(즉 외교교섭)에는 다양한 형태가 존재한다. 즉 가장 일반적인 외교형식으로서의 사신파견을 통한 사행외교(①)가 있고, 특수한 형태로서 '질'(②)이나 왕족(③)의 장기간에 걸친 파견을 통한 특별외교(소위 특사외교), 그리고 혼인(④)을 매개로 한 화친외교 등이 존재한다. 백제와 왜국 간에는 ①,②,③,④의 사례가 전 시대에 걸쳐 확인되며, 신라와 왜국 간에는 ①,②의 사례, 특히 ①의 형태가 그 중심을 이루고 있음이 확인된다(후술).

종래, 한반도제국과 왜국(일본) 간의 이러한 외교 형태상의 차이에 주목하여 특히 신라와 구별되는 백제의 대왜외교의 특징을 왕족외교[1], 질체제[2], 혼인관계 즉 화친[3]에 주목해 왔다.[4]

---

1) 김현구, 『고대 한일교섭사의 제문제』, 일지사, 2009 ; 연민수, 『고대한일관계사』, 혜안, 1998 ; 동, 『고대한일교류사』, 혜안, 2003 등.

2) 나행주, 「왜왕권과 백제·신라의 질 -왜국의 질 도입·수용의 의미-」 『일본역사연

본고에서는 우선 외교관계에 있어 사신이란 어떤 존재이고 그 조건이나 자격은 어떠하며 그 구성은 어떻게 이루어졌는지 등 사자(사신)에 관한 기본적이고 기초적인 사항들에 대해 검토를 행하고, 이어서 신라와 백제의 대왜외교의 성패는 과연 어디에서 유래하는가 하는 문제관심에서 한반도제국의 대왜외교의 형태 및 성격과 그 특징을 살펴보기로 한다. 특히, 백제와 신라의 대왜외교의 차이점을 살펴보기 위해 우선 시기적으로는 大化改新을 경계로 하여 『일본서기』의 시대인 天武·持統期까지로 한정하고, 그 대상은 백제와 신라의 사례를 중심으로 검토를 행하며, 외교형태로서는 ①,②,③,④의 사례를 통해 추구해 보기로 한다.

2. 외교에 있어서의 사자·사신

1) 외교 담당자 사신이란?

국가 간의 외교에 있어 사신·사절이란 어떤 존재인가?

구』 24, 2006 등.

3) 김기섭, 「5세기 무렵 백제 渡倭人의 활동과 문화 전파」 『왜5왕 문제와 한일관계』 경인문화사, 2005 ; 홍성화, 「4~6세기 백제와 왜의 관계 - 일본서기 내 왜의 한반도 파병과 백제·왜의 인적교류 기사를 중심으로 -」 『한일관계사연구』 36, 한일관계사학회, 2010 등.

4) 최근에 제시된 왕족 및 질에 관한 종합적인 논고로 김영심(2008), 김병곤(2012) 등이 있으며, 질로 파견된 인물에 관한 개별연구로는 곤지(이재석(2001), 정재윤(2008))와 김다수(이재석(2010))에 관한 연구가 있다. 신라의 질 미사흔에 관해서는 채미하 2012 논문이 최근 제출되어 있다. 김병곤, 「왜 개신정권의 출현과 김춘추의 사행」 『신라사학보』 25, 2012 ; 채미하, 「堤上의 未斯欣 구출과정과 신라의 성장」 『신라사학보』 25, 2012 ; 김영심, 「백제의 '君'號에 대한 시론적 고찰」 『백제연구』 48호, 2008 ; 정재윤, 「백제 왕족의 왜 파견과 그 성격 - 곤지를 중심으로 -」 『백제연구』 47호, 2008 ; 이재석, 「5세기말 곤지의 도왜시점과 동기에 대한 재검토」 『백제문화』 30, 2001 ; 이재석, 「일본서기 대화5년의 신라사 김다수에 관한 소고」 『동아시아 속의 한일관계사 (상)』 제이앤씨, 2010.

우선, 이와 관련해서 欽明朝(540~570) 성립 이후 실로 오랜만에 來倭한 신라사의 발언이 주목된다.[5)]

대가야의 멸망을 눈앞에 둔 560년 9월, 신라가 왜국의 欽明조정에 사신을 파견하고 있다. 이 신라사는 532년의 금관가야 병합 이후 신라가 왜국에 파견한 사실상 최초의 사절이라 할 수 있다.[6)] 그런데 560년에 래왜한 나말(11위) 신분의 신라사신은 그 지위·신분이 결코 높지 않음에도 불구하고 왜국 측으로부터 특별한 대우(빈대·빈례)를 받았는데, 귀국길에 앞서 그 신라사는 기쁜 마음으로 다음과 같은 주목할 만한 발언을 하고 있다.

> "조부(調賦)를 바치는 사자는 나라에서 귀중하게 여기지만 사람들은 뒤에서 경멸합니다. **사자에게 백성의 운명이 달려있는데도** 뽑아 쓰는 것은 **비천하고 낮은 사람이어서 왕정의 폐해**가 이로 말미하지 않음이 없습니다. 바라건대 **좋은 집안의 자제를 뽑아 사자**로 삼으시고, **비천한 사람**을 사자로 삼지 마십시오." (흠명기 21년 9월조)

백성의 운명이 달린 국가의 중차대한 임무인 외교를 담당하는 사자의 중요성과 함께 사자의 인선에 있어서는 특히 고귀한 신분의 인물을 선발해야 한다는 점을 말해주고 있다. 물론 이 신라사의 발언은 신라사 자신의 의견이라기보다는 왜국 측의 의향이 다분히 반영된 말하자면 신라에 전하는 왜국의 메시지에 다름 아니다.

물론 이러한 사자에 대한 기본적인 인식은 중국과 주변국의 외교에 있어서도 확인된다. 예를 들면, 일찍이 漢代의 흉노는 한과 빈빈하게 외교교섭을 가졌었는데, 흉노의 單于는 한과의 외교사절 파견에 있어서 "非得漢

5) 흠명기 21-9조 및 동 22년조의 기사 참조.
6) 『일본서기』 흠명기 원년조에 四國使 즉 고구려·백제·신라·임나의 동시조공 기사가 있으나 그 신빙성에 대해서는 의문이다.

貴人使, 吾不與誠語(한의 사자가 귀인이 아니라면 나는 그와 성심으로 대화하지 않겠다)"라고 말하고, 자신도 한에 귀인을 사절로 파견했다고 전한다.[7] 즉, 한과 흉노의 외교 사례에서도 모름지기 국가를 대신하는 사신은 고귀한 존재를 뽑아 보내지 않으면 안 된다는 점을 잘 말해주고 있는데, 이는 말할 것도 없이 사신의 파견주체 즉 국왕의 몸을 대신하는 존재가 바로 사신이기 때문일 것이다.

그런 만큼 국가 간의 외교현장에서는 종종 파견되는 사자·사신의 신분·지위가 중대한 외교문제로 대두되는데, 이 또한 말할 나위도 없이 선발된 사자의 지위와 신분은 곧 파견국의 상대국에 대한 국제인식을 그대로 반영하는 것이기 때문일 것이다. 따라서 그 정도(즉 사자의 경중) 여하에 따라 상대국에 신뢰를 주기도 하고, 때로는 불신을 초래하기도 한다. 특히, 후자의 경우는 애써 찾아온 사자에 대한 대우에 그대로 나타난다. 그리고 때로는 그 결과가 국가 간의 극한 대립상황으로 이어지기도 한다.

우선 이와 관련한 사례를 몇 가지 살펴보기로 한다.

사례1) 계체기 23년 3월 시월조[8]

이 경우는 파견된 사절의 관위가 너무 미천해 충분한 대우를 받지 못한 사례인데, 임나왕이 개최한 소위 안라고당회의에서 백제와 신라가 파견한 백제사와 신라사의 신분이 낮아 결국 고당에 오르지 못하는 처우를 받고 있다.

사례2) 흠명기 22년 1월조 및 동 22년 시세조[9]

왜국에 파견된 신라사가 이전과 다른 대우 즉 향응의 횟수가 적음에 불만을 갖고 사자가 귀환한 사례이다. 후자는 왜국에서 신라사가 백제사

---

7) 坂元義種, 『古代東アジアの日本と朝鮮』, 吉川弘文館, 1978 참조.
8) 계체기 23년 3월 시월조.
9) 흠명기 22년 1월조 및 동 22년 시세조.

와의 爭長(서열 다툼)으로 귀국한 사례이다.

즉 561년, 전년에 이어 신라가 왜국에 사신을 파견한다. 그런데 왜국이 이전에 파견된 나말(제11위) 신분의 신라사를 후대했던 것과는 달리, 이번에는 나말보다 그 지위가 더 높은 급벌간(급찬, 제9위) 신분의 사자가 파견되었음에도 불구하고, 이에 대한 왜국 측의 대응(신라사의 향응)은 결코 충분하지 않았다. 이에 신라사는 그 대우에 불만을 품고 분해하며 그대로 귀환하고 있다.

신라가 전사인 나말보다 상급의 관위인 급찬을 사신으로 파견한 것은 물론 나름대로 왜국의 의향을 고려한 조치로 이해된다. 그러나 왜국의 입장에서는 여전히 급찬의 관위를 지닌 사절은 충분한 빈대를 받기에는 부족하다고 인식했다고 할 수 있다. 결국 신라가 파견한 사신의 신분·지위(관위)를 둘러싼 신라와 왜국 간의 상호 인식의 차이가 분명히 나타나고 있다고 할 수 있다.

또한, 같은 해에 파견된 또 다른 신라사(관위는 大舍)는 왜국 측이 사절을 안내하는 과정에서 백제사보다 자신을 뒤에 위치시켰기 때문에 이에 불만을 토로하고 귀국하고 있다. 이 사례도 역시 왜국 측의 외국사자(신라사신)에 대한 사자의 지위·신분을 고려한 처우의 일례이자 동시에 외교사절 사이에 발생한 국가 간의 爭長·爭禮의 일례라 할 수 있다.

그런데 이 신라사의 행동은 단지 신라사의 자존의식에 기초한 쟁장사건에 그치지 않고 뜻하지 않은 결과를 초래하고 있다. 즉, 신라와 왜국 간의 긴장관계로 이어져 신라가 왜국(일본)의 공격에 대비하여 안라지역에 성을 쌓는 등의 방비태세를 갖추기에 이른다(흠명기22년 시세조).

사례3) 지통기 3년 4월조[10)]

持統천황 3년(689), 신라는 급찬(9위) 김도나(金道那)를 天武천황의 弔喪

10) 지통기 3년 4월조.

使로서 일본에 파견하고 있다. 그런데 이번 사절은 전년에 있었던 일본의 견신라사(告喪使)에 대한 신라 측의 대우문제와 관련해 외교문제가 되고 있다. 여기서 일본 측이 문제로 삼은 것은 이전 天智천황의 경우는 신라가 조상사로서 일길찬(제7위) 김살유를 파견했는데, 이번에는 그보다 관위가 낮은 급찬(제9위)의 인물을 천무천황의 조상사로 파견했다는 점이다.

또한 일본 측의 고상사에 대한 신라 측의 대응에 대해서도 문제를 제기하고 있다. 즉 전년에 천무천황의 상을 알리기 위해 파견한 고상사(田中朝臣法麻呂)에 대해 신라 측에서는 蘇判(제3위)의 인물이 대응을 했는데, 이에 대해 왜국 측은 이전 孝德천황의 고상사 파견의 경우 신라 측에서 翳湌(제2위)인 김춘추가 대응했던 점을 들어 전례를 무시한 조치로 문제시 하고 있다. 이처럼 국가 간의 외교에 있어 파견되는 사신이 지닌 관위(위계)의 차이는 외교문제로 비화하는 경우가 있다.

사례4) 속일본기 천평보자 4년(760) 9월조 및 동 7년(763) 2월조

일본과 신라 간에는 종종 외교사절이 지닌 신분을 둘러싸고 문제가 발생하고 있다.

우선, 신라 조공사가 **경사(輕使)**라는 이유로 왜국(일본)이 방환한 사례가 확인된다.[11)]

『続日本紀』巻廿三 天平宝字四年(七六〇)九月癸夘≪戊子朔十六≫

九月癸夘. 新羅國遣級湌金貞巻朝貢. 使陸奥按察使從四位下藤原惠美朝臣朝獵等問其來朝之由. 貞巻言曰. 不脩職貢. 久積年月. 是以. 本國王令齎御調貢進. 又無知聖朝風俗言語者. 仍進學語二人. 問曰. 凡是執玉帛行朝聘. 本以副忠信通礼義也. 新羅既無言信. 又闕礼義. 弃本行末. 我國所賎. 又王子泰廉入朝之日. 申云. 毎事遵古迹. 將供奉. **其後遣小野田守時. 彼國闕禮. 故田守不行使事而還歸.**

11) 『속일본기』 천평보자 4년(760) 9월조.

王子尚猶无信. 况復輕使. 豈足爲據. 貞卷曰. 田守來日. 貞卷出爲外官. 亦復賤人不知細旨. 於是. 告貞卷曰. 使人**輕微**不足**賓待**. 宜從此却迴. 報汝本國. 以**專對之人**. **忠信之礼**. **仍舊之調**. **明驗之言**. 四者備具. 乃宜來朝.

천평보자 4년(760) 9월, 신라사 급찬 김정권(金貞卷)이 來日했는데, 일본 측은 이전(753년)에 파견한 일본의 견신라사 小野田守(종5위하)에 대해 신라가 취한 태도, 즉 일본국사가 來朝하였으나 태도가 오만하고 무례하여 인견하지 않고 귀국시킨 일[12]에 대해 문제를 제기하고 있다. 이에 신라사 김정권은 "田守來日, 貞卷出爲外官. 亦腹賤人不知細旨"라고 답해 일본 측을 또한 화나게 하고 있다. 이에 일본 측은 "使人輕微, 不足賓對"라고 말하고 있다. 즉 이는 사인이 경미한 신분의 경우라면 賓對할 수 없다는 것으로 외교사절로서 고위고관을 요구하고 있는 것이다.

김정권이 귀국한 후 3년이 지난 천평보자 7년(763) 2월, 급찬 김체신이 다시 來日하였다. 일본 측이 이전에 파견된 신라사 김정권과의 약속 사항에 대해 묻자, 김체신은 "承國王教唯調是貢. 至于余事, 非敢所知"라고 답했는데, 이 또한 일본 측으로부터 "是乃爲使之人, 非所宜言"이라 비난을 받았고, 마침내는 "非王子者, 令執政大夫等入朝"라 하여 왕자나 집정대부의 파견을 요구하고 있다.

결국, 파견된 사절의 지위·신분이 경미한 경우에는 충분한 대우를 받지 못하며(使人**輕微**不足**賓待**), 상대국에 신뢰를 주는 사자는 그 조건으로서 4가지 요소(**專對之人, 忠信之禮, 仍舊之調, 明驗之言**)를 갖추어야 한다는 것이다. 즉 국가 간의 외교가 성립되기 위해서는 전권을 위임받은 사자(專使)가 忠信의 예를 갖추고 구례에 따른 예물을 갖추며 명확한 의사를 표하는 것이 필요하다는 점을 말해주고 있는 것이다.

12) 『삼국사기』 신라본기9, 경덕왕 12년(753) 8월조. 경덕왕 원년(742) 10월에도 신라가 일본국의 사신을 받아들이지 않고 있다.

2) 사자의 조건·자격(능력)과 사절의 구성

(1) 사자의 조건과 자격

손자병법에서 말하는 '知彼知己면 百戰不殆(不敗)!'는 국가 간의 외교에 있어서도 그대로 통용된다. 따라서 외교교섭에서 최대한의 외교성과를 거두기 위한 방책으로 사절 파견국은 외교사절의 선발(인선)에 충분히 궁리하고 세심한 주의를 기울일 필요가 있다.

사례1) 『삼국사기』 신라본기9 효성왕 2년2월조[13]

사신외교에 있어 사자선발 시의 고려사항으로 상대국의 실정을 적확하게 파악한 후에 그에 적합한 인선을 하는 것이 필요하다. 외교는 상호의 이해관계를 조정하고 상대를 설득하여 최대한 자국의 이익을 실현하는 장이기 때문이다. 그런 만큼 사자의 인선·선발에는 세심한 주의가 필요하고 또 주의를 기울이고 있다. 이와 관련한 대표적인 사례로 중국 당의 견신라사 파견시의 사절 인선의 경우를 들 수 있다.

즉 당의 황제 현종은 개원 25년(737), 신라왕 김흥광(성덕왕)이 죽자, 당조정은 左贊善 大夫인 형도(邢璹)에게 鴻臚寺의 少卿(외무차관)을 겸하게 하여 신라에 파견, 弔祭와 다음 국왕의 책봉을 행하게 하였다. 주목되는 점은 형도의 출발에 즈음해 현종황제가 직접 "신라는 군자의 나라로 書記를 아주 잘 알며, 중국과 유사하다. 경은 학술이 있고 강론에 뛰어나 이번 사절에 선발되었다. 그곳에 가서 잘 경전을 선양하고 대국 유교의 번창함을 알리길 바란다."고 말하고 있는 점이다. 또한 형도의 부사로는 바둑의 명인 率府兵曹의 參軍인 양계응(楊季鷹)이 선발되었는데, 그 이유는 신라에 바둑의 명인(고수)이 많다는 소문이 있었기 때문이었다.[14]

---

13) 『삼국사기』 신라본기9, 효성왕 2년 2월조.

즉, 중국(당)이 신라에 사신 파견 시 사신의 자격·조건으로 유교에 뛰어난 문인·지식인, 바둑의 달인을 우선적으로 고려하여 견신라사의 정사와 부사로 임명하고 있다. 소위 문화외교를 위해 대사와 부사의 인선에 있어 외교 대상 즉 상대국 신라의 사정을 충분히 감안하여 인선을 하고 있음을 잘 보여주고 있는 것이다.

이처럼 당은 신라에 학문이나 바둑이 성행함을 전제로 하여 그에 상응하는, 아니 그 이상의 실력을 지닌 학자나 바둑의 명인을 외교사절에 임명하는 등 상대국의 국정에 맞춘 외교사절을 파견하고 있다. 즉 당은 외교정책을 성공적으로 수행하기 위해 충분한 전략 하에 사절을 인선해 파견하고 있음을 알 수 있다. 또한 이 사례는 외교사절이 지닌 자국에서의 신분(관직)이 국가 간의 외교에 있어 중요한 의미를 지닌다는 점도 함께 보여주고 있다. 즉 형도에게 鴻臚寺의 少卿을 겸하게 하고 있는 것이 바로 그것이다.

물론, 이러한 세심한 외교전략은 외교성과에 그대로 나타나고 있다. 즉 다름 아닌 당의 사신 형도에 대한 신라 측의 후대[15]와 신라에서 당으로의 사은사 파견[16]으로 이어지고 있고, 신라의 바둑 고수들이 모두 양계응의 아래에 들었다[17]고 한다.

아울러, 이처럼 외교사절로서의 임무를 성공적으로 수행한 형도는 이후 4월에도 당의 견신라사로 재차 파견되어 노자 도덕경 등 문서를 신라왕에게 바치고 있으며, 귀국길에는 신라왕으로부터 황금 30량, 포 50필, 인삼 100근을 하사받고 있다.[18]

이러한 당사의 경우와는 반대로, 때로는 파견된 사신의 지위나 그에

14) 『구당서』 권199상, 동이전 신라국조 및 『삼국사기』 신라본기9 효성왕 2년 2월조.
15) '王厚贈璹等金寶藥物' (『삼국사기』 효성왕 2-2조).
16) '遣金元玄入唐賀正' (『삼국사기』 효성왕 2-3조).
17) '國高奕皆出其下' (『삼국사기』 효성왕 2-2조).
18) 『삼국사기』 효성왕 2년 4월조 및 동 3년 정월조.

대응하는 상대역의 지위(관위나 직위), 또는 상대국 사신에 대한 대우(취급)가 문제가 되어 외교마찰을 불러일으키는 요인으로 작용하는 일이 종종 있으며, 이는 결국 외교목적(사행목적)이나 외교교섭의 성패를 좌우하기도 한다.

이와 관련한 사례를 들면 다음과 같다.

사례1) 계체기 23년(529) 4월 시월조[19]

안라에 파견된 近江毛野臣이 천황의 칙서를 전하기 위해 신라왕과 백제왕을 불렀으나 백제와 신라가 왕을 대신해 신분이 낮은 자를 파견하였기 때문에 결국 칙을 선포하지 않았다고 한다. 결국 이 사례는 사자의 신분이 문제가 되어 외교활동이 성사되지 못한 사례라 할 수 있다.

사례2) 흠명기 5년(544) 정월조[20]

외교대상인 사자의 신분 문제로 인해 결국 외교교섭이 성사되지 못한 사례인데, 544년(흠명5) 정월, 백제 성왕(성명왕)이 임나문제를 논의하기 위해 두 번째로 임나와 일본부에 사신을 보내어 임사집사와 일본부 집사를 소집하였으나, 이에 불응하였고, 후에 임나와 일본부가 신분이 낮은 자를 백제에 보내어 결국 외교협의가 이루어지지 못하고 말았다.

외교현장은 국가 간의 자존의식이 부딪히는 현장이기도 한다. 그것은 국가 간의 외교의 장이 때로는 상호간의 자존의식 발로의 장이 되기도 하기 때문이다.

우선, 외교현장에서의 爭禮·爭長 사례로는 앞서 살펴본 흠명조의 왜국에서 있었던 신라사와 백제사의 자리다툼 사례[21]와 사신에 대한 대우(향

19) 계체기 23년(529) 4월 是月조.
20) 흠명기 5년(544) 정월조.
21) 흠명기 22년 시세조.

응)에 불만을 품고 귀국한 신라사의 경우[22]를 들 수 있다.

전자는 왜국에서 신라가 백제를 상대로 문제를 제기한 경우이며, 자존의식의 발로인 석차문제로 인한 사신의 귀국은 결국 외교문제로 비화되어 양국의 긴장관계를 야기하는 결과로 이어지고 있다(전술). 즉 지나친 자존의식이 때로는 외교의 실패를 낳았다고 할 수 있다.

후자는 향응문제로 인해 신라사가 화를 내고 귀국한 경우로 이는 결국 외교교섭의 실패를 시사하고 있는데, 그 배경에는 역시 신라사의 자존의식이 자리하고 있다고 할 수 있다.

다음으로 저명한 사례로서, 당 조정에서 발생한 사건으로 왜국(일본)의 견당사가 신라에 대한 자존의식에서 문제제기를 한 경우이다. 즉 753년 1월 당조 蓬萊宮 含元殿에서 거행된 朝賀의식 석상에서 일본의 견당사 부사 大伴古麻呂가 신라사의 석차를 문제 삼아 변경을 요구하고 있다(『続日本紀』天平勝宝6年正月30日条). 아울러, 신라와 발해 간에도 쟁장사건이 발생하고 있다. 즉 발해 측의 신라에 대한 문제제기이다. 897년 발해왕자인 大封裔는 元旦朝賀의 의식에서 신라의 사자보다 상석을 차지하려고 석차의 변경을 요청하였으나, 당이 이를 불허하고 있다. 이에 대해 신라가 당에 감사의 상표문을 보내고 있는데, 그것이 바로 저명한 최치원의 문장인 '謝不許北國居上表'이다.[23]

이상의 사례는 어디까지나 제3국의 외교의 장에서 표출된 자존의식의 발로로 인해 발생한 해프닝의 경우라 할 수 있는데, 다음에 보는 경우는 보다 직접적으로 당사국 간의 외교현장에서 발생한 사례로서 이는 곧 외교의 실패로 귀결된다. 이하의 사례가 그 대표적인 경우이다.

---

22) 흠명기 22년 1월조.

23) 이에 대해서는 濱田耕策, 「古代韓国の文献と文字資料に表れた倭·日本」(『한일양국, 서로를 어떻게 기록했는가?』, 2016년 한일문화교류기금 한일국제학술대회, 2016) 참조.

사례1) 당사 高表仁의 왜국에서의 사례

630년에 파견된 일본 최초의 견당사에 대해 당은 그 답사로서 632년에 고표인을 왜국에 파견한다. 일본서기 서명기 4(632)년 8월조에는 고표인의 래왜기사가 보이고 있고, 632년 10월에는 고표인 일행이 難波에 도착하여 정박하였고, 이에 왜국 측이 당의 사절을 맞는 안내자 즉 掌客을 파견하고 있다.[24] 이어 다음 해 1월에는 외교사행을 마치고 고표인이 귀국길에 올랐다고 전하고 있다.[25] 이처럼 일본서기의 관련기사를 통해서는 당사 고표인의 왜국사행이 성공적으로 마무리 된 것으로 인식되나, 『구당서』 왜국전에 관련기사가 있어 주의를 요한다. 이를 통해 고표인의 대왜외교사행의 결과를 알 수 있다. 즉,

> 貞觀五年, 遣使獻方物. 太宗矜其道遠, 勅所司無令歲貢, 又遣新州刺史高表仁持節往撫之. 表仁無綏遠之才, 与王子爭禮, 不宣朝命而還.(구당서 왜국전)

이에 따르면, 서명 4년(632)에 래일한 당사 고표인이 왜국의 왕자(혹은 왕)와 예를 다투어 조명을 전하지 못하고 그대로 귀국하고 말았다. 즉 당사와 왜국 측의 트러블로 인해 당시의 외교교섭이 실패로 돌아가고 말았던 것이다. 외교사절의 무능이 비난을 면치 못하는 이유이다. 즉 '고표인에게는 제번을 위무할 재능이 없었다(表仁無綏遠之才)'고 힐책하고 있는 것이다.

사례2) 왜국(일본)의 견신라사 小野田守의 외교 실패 사례[26]

①경덕왕 원년(742) 10월조, 일본국사가 이르렀으나 받아들이지 않았

---

24) 서명기 4년 10월조.
25) 서명기 5년 정월조.
26) 『삼국사기』 경덕왕 원년 10월조 및 동 12년 8월조.

다(不納).

②경덕왕 12년(753) 8월조, 일본국사가 이르렀는데 오만하고 무례하여 왕이 이를 보지 않고 돌려보냈다(王不見之乃廻).

①의 일본국사가 누구인지는 구체적으로 알 수 없으나 742년 10월에 도착한 일본의 견신라사는 결국 신라 측이 받아들이지 않아 부여된 외교 업무를 수행하지 못하고 그대로 귀국하고 있다. 신라가 일본국사를 그대로 돌려보낸 이유가 무엇인지에 대해서도 같은 해 2월에 파견된 신라의 견일사 일행(사찬 김흠영 등 187인)의 대응과 어떤 관련이 있을 것으로 추측되지만, 구체적인 사정은 알 수 없다.

②의 경우는 이때 파견된 일본국사가 누구인지, 왜 일본국사를 신라 측이 수용하지 않은 것인지 등 비교적 상세한 사정을 알 수 있다. 이때의 일본의 견신라사에 대해서는 일본 측에 대응기사가 있기 때문이다. 즉『속일본기』천평승보 5년(753) 2월9일조에 종5위하 小野田守를 견신라대사로 임명하는 기사가 보인다. 이를 통해 8월에 도착한 일본의 견신라사는 小野田守로 보아 틀림이 없고, 그가 신라에서 외교업무를 수행하지 못하고 되돌아온 이유에 대해 『삼국사기』는 사자의 태도가 오만하고 무례했기 때문이라고 직접적으로 기록하고 있는데,[27] 이는 田守가 신라에서 자존의식을 내세운 결과로 이해된다. 아울러, 田守가 애써 외교상대국인 신라에 가서 자존의식을 드러낸 이유는 무엇일까. 그 중요한 배경의 하나는 전술한 753년 1월에 당의 蓬萊宮 含元殿에서 열린 朝賀의식의 자리에서 발생한 일본사와 신라사의 자리다툼 소위 爭長사건이 아닐까 생각된다.[28] 결국, 田守의 행동은 그 연장선상에서 나온 것으로 이해되며 양국의 자존의식이 외교의 현장에서 직접적으로 표출된 결과인 것이다.

27) 이와 관련해 『속일본기』 천평보자 4년(760) 9월 16일조에는 **'其後遣小野田守時. 彼國闕礼. 故田守不行使事而還歸.'**이라 적고 있다.

28) 『속일본기』 천평승보 6년 1월 30일조, 『善隣國寶記』, 『東大寺要錄』本願章 등.

이상은 외교사절로 파견된 사신이 상대국 조정에서 직접적으로 자존의식을 표출하여 외교목적·외교교섭에 실패한 경우인데, 결국 이는 사신의 무능이 낳은 외교실패의 사례라고도 할 수 있다. 외교의 장에 있어 때로는 外交辭令이 필요한 이유이다.

사례3) 흠명조의 신라사 귀국 사례[29)]

561년에 來倭한 신라사가 왜국에서 자신에 대한 대우에 불만을 품고 귀국한 사례도 결국 외교실패의 사례라 할 수 있다. 동시에 백제사와 쟁장으로 불만을 품고 귀국한 또 다른 신라사의 사례도 마찬가지로 이해된다.

사례4) 왜국의 견수사 오노노 이모코(小野妹子)의 사례[30)]

일본 최초의 견수사 小野는 608년 귀국길에 백제를 경유하게 되는데 백제에서 수 양제의 국서를 분실하는 사건(백제인의 국서탈취사건?)이 발생한다. 이에 대한 비난이 제기되고 군신들은 이모코에게 流刑을 결정하나 천황은 이를 받아들이지 않는다(추고기). 결국 정치적 판단으로 인해 오노노 이모코의 중대한 과실은 미봉되었으나, 외교사절로서의 책무를 완수하지 못한 사례라 할 수 있다.

이와는 정반대로 사자가 겸비한 능력이 외교현장에서 어떻게 작용하는지를 잘 보여주는 사례가 바로 김춘추의 경우이다. 김춘추는 상대국에 외교사신으로서의 능력이 높이 평가되고 있는 대표적인 사례인데, 孝德紀 대화3년 시세조에 따르면 '質'로 來倭한 김춘추에 대해 수려한 용모와 아울러 뛰어난 말솜씨(화술)가 있었다고 기록하고 있다.[31)] 당시의 왜국의 지배층에게 강하게 각인된 이 두 가지 요소(즉 용모와 화술)는 그야말로 외

29) 흠명기 22년 1월조 및 동 시세조.
30) 추고기 16년(608) 6월조.
31) 효덕기 大化3년 시세조.

교관이 겸비해야 할 가장 중요한 사항을 단적으로 말해주고 있는 듯하다.

말할 것도 없이 수려한 용모는 상대에게 호감을 주고, 유창한 언변은 상대를 끌어들이는 요인으로 크게 작용했을 것이다. 즉, 외교의 장에서 이 두 가지 요소는 상대측을 설득하는 데 유리하게 작용했을 것이라는 점은 쉽게 상상할 수 있으며, 사실 신라 측은 이러한 점을 충분히 인식한 위에서 質의 대상으로서 김춘추를 선정해 파견했을 것이다. 그리고 그 결과가 바로 왜국 내에 비로소 구축된 신라의 질 체제에 다름 아니다.[32] 앞에서 살펴 본 사례 가운데 신라 효성왕 대에 파견된 당사 형도의 사례가 상기된다.

이상, 외교를 위해 파견된 사신·사절을 둘러싼 제문제를 관련 사례를 들어 살펴보았다. 결국, 이상의 검토를 통해 외교사행을 담당하는, 외교교섭의 성패가 달린 사자가 갖추어야 할 구비조건으로서는 전술한 것처럼 專對의 人(전권대사)·忠信의 禮·明驗의 言·仍舊의 調(예를 갖춘 예물)[33]가 기본적으로 필요하며, 여기에 사자 개인이 지닌 능력으로서의 높은 학문적 소양과 재능, 그리고 뛰어난 화술(언변)과 수려한 용모도 외교사행을 성공으로 이끄는 요인으로 크게 작용하고 있음을 확인하였다.

(2) 사절의 구성 및 규모

사절단은 기본적으로 그 책임자와 일반 구성원으로 이루어지는데, 사신단의 책임자 즉 대표자는 대사와 부사이다. 부사는 혹은 소사라고도 부른다.[34] 사절단의 실질적인 실무를 담당하는 것으로 보이는 지위로서 中

32) 김춘추 파견으로 이루어진 왜국 내 신라의 질 체제 성립과정에 대해서는 나행주, 2006 참조.

33) 『속일본기』 천평보자 4년 9월 16일조.

34) 서명기 2년 3월조의 백제사와 고구려사의 구성을 보면 사절단이 대사와 소사(부사)로 구성되어 있음을 알 수 있다. 또한 齊明기 2년(656) 8월 8일조의 고구려사의 경우도 대사 達沙, 부사 伊利之로 구성되어 있다. 아울러, 이 고구려사에 대한 답사로서 파견된 왜국의 견고구려사도 대사 膳臣葉積, 부사 坂合部連磐鍬, 大判

客이 존재한다. 백제의 질 장복 일행으로 중객이 확인되고[35], 효덕기 대화 5년 시세조의 신라의 질 김다수 일행 가운데에도 중객 5인이 보이며, 천무천황 2년(674) 8월조의 신라의 하등극사 김승원 일행에도 중객이 보이고 있다. 다음으로 사절단의 하급관리라 할 수 있는 下客도 사절단의 구성원으로 확인된다. 대당사인=수사 배세청의 경우에 하객 12인을 동반하고 있다.[36]

백제 사절단의 경우에는 參官이라는 존재도 확인된다.[37] 참관은 사절단의 지위를 나타내는 것인지, 아니면 관직을 나타내는 것인지 불명이나, 參軍(참관)의 직위를 지닌 인물이 당에서 신라에 보낸 사절단의 부사로 파견된 사례[38]나 5~6세기의 백제, 고구려, 왜국에서 중국에 파견하는 사신에 보이는 장사, 사마, 참관(참군)의 사례[39]를 참조하면 혹은 사절단의 3등관의 역할을 하는 존재로서 본래의 명칭이 參軍官이라는 점에서는 문관적 성격보다는 무관적 성격을 지닌 존재가 아닐까. 적어도 중객보다는 중요한 위치를 차지하는 사절단의 상층 구성원이 아닐까 추측된다. 또한, 민달기 12년 시세조에도 참관의 존재가 확인되는데, 이 경우는 백제의 송사(送使) 사절단의 관직명으로 생각된다. 즉, 日羅를 왜국으로 보내는 송사 사절단의 일행 중에 보이고 있는데, 은솔이 대사, 참관이 부사의 역할을 한 것으로 추측된다.

아울러 敏達紀 12년 시세조를 통해 송사의 경우도 기본적으로 대사와 부사의 체제를 갖추고 있고, 여기에 항해책임을 맡은 타사(柁師), 노를 젓는 수수(水手) 등이 사절단을 구성하고 있었음을 알 수 있다.

官 犬上君白麻呂, 중판관 河內書首(궐명), 소판관 大藏衣縫造麻呂 등으로 구성되어 있다.

35) 황극기 원년 8월조.
36) 추고기 16년 4월조.
37) 황극기 원년 8월조.
38) 『삼국사기』 신라본기 효성왕 2년 2월조.
39) 『梁書』 고구려전 등.

사절단의 구성과 관련해 마지막으로 가장 낮은 신분이자 일반잡무를 맡아보는 존재로서 傔人(雜傔人)이 있다.[40] 이 겸인은 종자와 같은 지위로 이해되는데, 참고로 「延喜式」大藏條에 견당사 파견에 동반하는 견당학생·학문승에게는 관비로 傔從을 붙이고 있고, 그 외에도 傔人을 승선시키고 있다.

이상을 통해 사절단의 구성은 기본적으로 그 책임자인 대사와 부사, 대사와 부사의 수행원 역할이자 실질적인 대외 실무를 담당한 참관·중객·하객, 그리고 일반잡무나 노무를 담당한 겸인=종자로 구성되었다고 할 수 있다. 그런 만큼 사절단의 구성 인원은 일정 정도의 규모를 지녔다고 할 수 있는데, 종자37인이나 총규모 80명, 100명, 150명 등의 사례가 확인된다.[41]

언어를 달리하는 국가 간의 외교업무를 수행하는데 있어 통역의 문제를 빼놓을 수 없다. 따라서 사절단의 구성에는 통역관의 역할을 하는 통사도 존재했을 것이다. 통사는 사료상 譯語 또는 通事로 표시되는데, 왜국 최초의 견수사 오노노 이모코(小野妹子) 파견 시의 사절 구성에 통사가 보이고 있고[42] 649년에 래왜한 신라의 질 김다수 사절단의 일행 중에도 譯語 1명이 존재하고 있다.[43] 거슬러 올라가면 통역(통역사)에 관한 기록은 雄略紀 7년 시세조의 백제에서 왜국에 파견한 각종 재기 중에 보이는 전문 통역사 譯語 묘안나(卯安那)의 존재가 그 최초이다.

그렇다면 이 이전 시기의 백제·신라와 왜국 간의 외교교섭에 있어 의사소통은 어떻게 이루어졌을까.

40) 황극기 원년2월조의 백제사 일행에 겸인이 확인되며, 효덕기 대화5년 시세조의 신라 질 김다수 일행 중 雜傔人 16인이 존재하고 있다.

41) 『일본서기』 사이메이(齊明)천황 2년(656) 8월 8일, 고구려가 達沙 등을 보내어 進調하였다고 하는데, 그 규모는 대사 達沙, 부사 伊利之 등 총 81명이었다.

42) '以鞍作福利爲**通事**' (추고기 15년 7월조).

43) 효덕기 대화5년 시세조.

이와 관련해 윤공기 42년 11월조에는 흥미로운 기사가 보인다. 왜국에 파견된 신라사(윤공천황의 조상사)가 의사소통(언어)의 문제로 감금되는 해프닝이 발생하고 있다. 전문 통역의 필요성이 제기되는 대목이다. 이를 전제로 생각해 보면, 웅략기 7년 시세조의 백제가 왜국에 파견한 전문 통역사 譯語 卯安那 파견 이전에는 기본적으로 왜국에 파견된 백제·신라사가 모국어가 아닌 일본어를 직접 사용하지 않았을까. 왜국의 견백제사나 견신라사도 역시 상대국의 외교현장에서는 일본어가 아닌 한국어를 사용하지 않았을까.

왜냐하면, 특히 왜국의 경우에 있어서 대외외교·대외교섭의 임무는 주로 도래계 씨족들이 담당하고 있었기 때문이다. 예를 들면, 吉士씨의 경우는 민달기 4년(575)4월조에 의하면 吉士譯語彦, 吉士金子, 吉士木蓮子 등이 각각 신라·임나·백제에 파견되고 있고, 특히 吉士譯語彦을 통해서는 吉士씨가 기본적으로 역어 즉 한국어와 일본어의 통역 역할이 가능한 씨족집단임을 시사하고 있다. 또한 대표적인 도래계 씨족인 倭漢씨의 경우도 외교업무에 관여하고 있다. 그 일족인 倭漢書直씨가 642년에 래왜한 백제와 고구려사에 직접 응대하고 있으며[44], 왕진이 일족인 船史씨의 경우도 수사 배세청 일행의 掌客으로 船史王平이 활약하고 있다.[45]

3. 백제·신라의 대왜 사신외교

1) 백제사와 신라사의 지위 및 신분

기본적으로 외교사절(사자·사신)은 왕의 몸을 대신하는 존재이다. 따라서 통상적으로 고귀한 신분(왕자·왕제·왕족·骨族)이나 고위급 신분의 인

44) 황극기 원년 2월조.
45) 추고기 16년 6월조.

물이 사자로 선정되는 이유도 여기에 있다. 앞서 살펴본 흠명조(흠명기 21년 9월조)에 래왜한 신라사(나말)의 발언이 다시 상기되며, 이미 사자의 낮은 신분으로 인한 외교실패 사례로 지적한 바 있는, 계체기(期)에 칙을 전하는 임무를 띠고 勅使로 파견된 근강모야신의 발언도 역시 비천한 신분의 사자에 대해 외교상대가 되지 못함을 언급하고 있는 것으로 보인다. 즉 사자의 4조건 가운데 專對의 인물 즉 전권대사에 대해 지적하고 있는 것으로 이해된다. 마찬가지로 성왕대의 외교사례, 즉 임나와 일본부가 백제에 하급 관리를 파견하여 결국 외교가 성립되지 못한 사례도 궤를 같이 한다.

그럼에도 불구하고, 실제로 외교업무를 위해 파견된 사절의 지위·신분(그 상징이 관위·관직)은 당해시기의 현안의 중대사 즉 외교사안의 비중에 따라 때로는 고위급, 중급의 인물을, 경우에 따라서는 하급의 관인을 사자로 임명하여 외교교섭을 행하고 있는 경우가 보통이다. 그리고 이 사자의 관위는 물론 파견 당시의 상대국에 대한 파견국의 국제인식이 그대로 반영되어 있다고 할 수 있다. 여기서 백제와 신라가 왜국(일본)에 파견한 백제사와 신라사의 관위를 비교해 보기로 한다.

우선, 백제와 신라가 왜국에 파견한 사절에 대해 그 관위를 표로 정리해 보면 다음 〈표 1〉과 같다.[46]

우선, 〈표 1〉에서 보는 것처럼, 백제의 경우는 전체 29사례 중 반 이상을 고위급의 달솔(2위) 8회, 중위급의 나솔(6위) 7회가 차지하고 있어서 백제가 왜국에 상당한 비중의 사절을 파견하고 있음을 알 수 있다. 이는 백제에 있어서 외교교섭 대상으로서 왜국의 중요성을 시사하고 있다.

46) 〈표 1〉과 〈표 2〉는 사카모토 씨가 작성한 사절관위표를 기초로 작성했다. 사카모토, 1978 참조.

〈표 1〉 백제의 대외사절 위계표

위계	견왜(일)사 횟수	견수사 횟수
*왕족(왕자/왕제/왕질 등) **질(왕자/왕제/달솔)	전지/(주군)/곤지/(마나군)/ 사아군/혜/아좌/풍장/교기 무자/장복/(意斯)	
(1)좌평	3	1
(2)달솔	8	
(3)은솔	2	
(4)덕솔	3	
(5)간솔	3	1
(6)나솔	7	
(7)장덕	2	
(8)시덕	1	
계	29	2

〈표 2〉 신라의 대외사절 위계표

위계	견왜(일)사 횟수	견수·견당사 횟수
*왕족(왕자/왕제/왕질 등) **질(왕자/왕족/사찬/급찬)	4[김춘추/김충원/김양림/ 김태렴(가왕자)] 4[미사흔/김춘추/김다수/미무]	
(1)이벌찬		1
(2)이찬		4
(3)잡찬		
(4)파진찬	1	2
(5)대아찬	3	3
(6)아찬	2	1
(7)일길찬	3	
(8)사찬	**15**	1
(9)급찬	**12**	3
(10)대나말	7	4
(11)나말	**10**	1
(12)대사	2	
계	55	20

나아가 백제가 견왜(일)사로 파견한 사례 29사례 중 26사례, 즉 거의 대부분이 나솔(6위) 이상이며, 더욱이 19사례가 귀족계층이라 할 수 있는 간솔(5위) 이상임을 확인할 수 있다. 즉 백제의 대왜사절은 전체의 과반 이상이 간솔(5위) 이상의 상급관료, 전체의 거의 대부분이 나솔(6위) 이상의 중급~고급 관리가 담당하고 있는 것이다. 여기에 신라와 비교되는 백제의 왜국(일본) 중시 태도가 잘 나타나 있다.

신라의 경우는 어떠할까. 우선, 전체 55사례 중 그 빈도에 있어 눈에 띄는 것은 사찬과 급찬, 그리고 나말의 경우이다. 즉 전체 55회 중 이 3개의 관위가 반을 넘어 거의 3분의 2에 육박하는 총 37회를 차지하고 있는 점이 주목된다. 그 구체적인 내역을 살펴보면 제8위인 사찬이 15회로 가장 많고, 이어 제9위인 급찬이 12회, 그리고 제11위인 나말이 10회를 차지하고 있다. 전체적으로 신라의 대왜외교 담당자는 8위에서 11위에 걸친 중하급 관위의 인물이 선발되고 있음을 확인할 수 있다.

나아가, 〈별표 1~9〉를 통해 확인되는 것처럼, 신라의 대왜외교를 담당했던 사절의 주요 관위를 시기별로(645년 대화개신 전후와 660년 백제멸망 전후) 나누어 보다 구체적으로 살펴보면, 또 다른 하나의 특징을 확인할 수 있다.

즉, 중급 관위에 해당하는 사찬은 15회 중 1회, 급찬은 12회 중 2회만이 645년 이전에 파견되었고, 나머지 대부분은 645년 이후, 특히 백제멸망 이후의 신라사가 차지하는 관위이다. 이에 대해 하급관위에 해당하는 나말(11위)의 경우는 10회가 모두 大化改新 이전에 파견된 신라사가 지닌 관위이다. 즉, 대화개신 이전의 신라의 대왜외교를 담당하는 신라사의 지위는 기본적으로 하급관료인 제11위 나말 신분의 인물이 그 중심을 이루고 있었던 것이다.[47]

---

47) 참고로, 4번째 빈도를 차지하는 제10위 대나말의 경우는 7회 파견이 확인되는데, 모두 천무·지통조 이후에 진조사 등의 부사(천무기10-10조)나 송사(천무기13-12

한편 신라의 왕족으로 왜국에 파견된 인물은 천일창의 사례를 예외로 하면 402년의 미사흔의 질로서의 래왜가 그 최초이자 645년 이전의 유일한 사례이다. 645년 이후의 사례는 질 김춘추가 최초이며 이후의 왕자 래왜(래일) 사례로서는 천무·지통기의 사례가 2건(675년의 왕자 김충원과 695년의 왕자 김양림) 더 확인된다.

이상을 통해 大化전대의 推古朝를 중심으로 하는 대왜외교에 있어서 신라가 왜국에 파견한 사신의 관위는 나말(11)이 그 중심을 이루고 있음을 확인했다. 즉 신라의 대왜 외교업무는 하급관리가 담당하고 있었음을 알 수 있는데, 이는 당시의 왜국에 대한 신라의 대외인식·국제인식을 그대로 나타내는 것이라 할 수 있다.

그런데, 645년을 전후해 신라의 대왜인식, 다름 아닌 신라사의 관위에 변화가 나타난다. 즉 신라는 대화개신 이후의 왜국 내 정권교체와 이에 따른 대외정책상의 정책변화에 부응해, 왜국에 대한 국제인식 및 중요성이 반영되어 그 결과로서 대왜사절의 관위가 11위의 하급에서 6, 7위 이상의 중급관위로 상승하고 있다. 이후 신라의 대왜외교는 기본적으로 8위(사찬), 9위(급찬)의 인물이 담당하게 된다.

그런데 주목되는 것은 개신정권 성립 이후 왕족 김춘추가 '질'로 파견되었고, 김춘추 파견 이후는 신라의 대왜외교 담당자가 사찬(8)·급찬(9)급으로 상승하고 있는 것이다. 즉, 신라의 대왜(대일)외교는 대화개신을 전후로 크게 성격에 변화가 나타나고 있는데, 그것을 상징하는 것이 신라 파견의 견일사의 신분(관위) 차이이다. 동시에 이는 외교대상으로서의 신라의 일본(왜국)에 대한 국제인식=중요도를 나타내고 있는 것이기도 하다.

그 배경은 물론 대화개신 정권의 탄생 이후 신라와 왜국(왜왕권) 간에 새로운 외교관계가 성립되었기 때문이며, 결론적으로 왜국 내 신라의 소

조)로 파견되고 있다. 아울러 신라사의 관위 변천에 대해서는 新川登龜男, 『日本古代文化史の構想』, 名著刊行會, 2004 참조.

위 질 체제가 성립한 결과라 할 수 있다.

다만, 그럼에도 불구하고 백제의 왕족·질 외교와의 차이는 여전하다고 할 수 있다. 즉 비록 양국 정권의 이해관계 일치에 의해 왜국 내 신라의 질 체제가 성립되었지만, 그 질의 중심이 최초의 질인 김춘추 이후에는 왕족이 아닌 중급 관료(그 위계가 사찬(8위)인 김다수와 급찬(9위)인 미무)라는 점에서 일정한 한계를 보이고 있다. 이는 물론 백제의 질체제 즉 왕족외교가 왜국 내에서 여전히 정상적으로 기능하고 있는 점과도 밀접하게 관련된다.

마지막으로, 왜국에 파견된 백제사와 신라사의 지위·신분의 차이를 확인하고, 아울러 시기별 사절의 신분 변화를 보기 위해 〈표 3〉을 작성했다.

〈표 3〉 시기별 백제·신라사의 지위(관위)

시기(연차)	백제사(최고/처저)	신라사(최고/최저)	비고
계체기-안한·선화기	*일반사 장군(관직)/장덕(7) 혹은 시덕(8)	*일반사-불명	
흠명기	*질-왕자(혜) *고상사-왕자(혜) *일반사 달솔(2),장군(직위)/ 시덕(8)	*조상사-불명 *일반사 급찬(9)/나말(11)/대사(12)	
민달-용명-숭준기	*일반사-불명	*일반사-나말(11)	
추고기	*왕자(아좌) *일반사-불명 *송사-불명	*일반사-나말(11)/ (임나사) 대사(12)	
서명기	(*질-왕자) *일반사 달솔(2)/덕솔(4)	*일반사-불명 *송사-불명	
황극기	*질-왕자/달솔(2) *조상사-불명 *일반사-대좌평(지적)?/ 불명	*하등극사-불명 *조상사-불명	

효덕- 제명기	*조상사-불명 *일반사-좌평(1)/달솔(2) *송사-불명	*질-왕족/사찬(8)/급찬(9) *일반사-불명 *조상사-불명	
천지기	*일반사-달솔(2)	*일반사-사찬(8)/급찬(9)	
천무기		*왕자 *하등극사-한아찬(5) *조문사-일길찬(7) *일반사-아찬(6)/급찬(9) *송사-한나말(10)/귀간(외4)	
지통기		*왕자 *조문사-급찬(9) *일반사-불명	신라 조문사의 관등 및 방물이 전례를 벗어난다는 이유로 방환

위 표에서 확인되는 특징을 간단히 정리해 보면, 우선 백제사의 경우는 흠명조에서 천지조에 이르기까지 일관되게 달솔(제2위)이라는 최고급 신분의 사자가 파견되고 있다. 왜국에 파견된 백제사의 최고위의 신분(지위나 관위)을 시기별로 보면, 계체기-장군(직위), 흠명기-왕자, 추고기-왕자, 서명기-달솔, 황극기-대좌평, 효덕조-좌평, 제명조-좌평과 달솔이 확인된다. 전체적으로 백제 16등 관위 중 제2위인 달솔 신분의 인물이 대왜외교의 일선에서 활약하고 있음이 확인된다. 무엇보다도 이는 백제가 일관되게 왜국을 대외정책의 중요한 대상으로 인식하고 있었음을 말해준다.

다음으로 신라사의 경우는 가장 큰 특징으로서 대화개신을 기점으로 큰 변화가 있음이 확인된다. 즉 추고조를 중심으로 하는 大化前代에는 대왜외교를 담당하는 신라사의 관위는 17등 관위 중 제11위인 나말이 그 중심을 차지하고 있어 기본적으로 하급관료가 대왜업무를 담당했음을 알 수 있다. 그런데 대화개신 이후에는 대왜외교 담당자의 관위가 제8위 사찬 및 제9위 급찬급의 인물로 2~3단계 상승하고 있음이 확인된다. 즉 대화개신 이후의 시기에는 중급관료가 대왜외교 업무를 담당하고 있는 것이다. 이는 신라의 대왜인식의 변화를 말해주는 것이며, 동시에 대왜정책의 비중이 그만큼 높아졌다는 점을 시사하고 있다. 그렇다면 이러한 변화를 초래하게 된 가장 큰 이유는 무엇일까? 이미 그 결론을 제시한 것처럼, 그것은 왜국 내 신라의 질 체제 구축에 의한 신라의 대왜정책 전환 및 대왜인식의 변화에 따른 것이다.

2) 사신외교의 결과

백제와 신라는 자국의 대외(외교)전략에 기초하여 왜국(일본)을 대상으로 한 치열한 외교공세를 펼쳤다. 그 결과를 간단히 정리해 보면 다음과 같다(〈별표 1-9〉각 시기별 국제관계연표 참조).

백제의 대왜외교 결과(성공)는 왜국의 백제에 대한 ①**직접적인 원군 파견과 군수물자 등 지원**[48], ②**영토의 할양과 하사**[49], ③**왕의 책봉·책립** 등으로 나타나고 있다. ③의 사례를 적기하면 다음과 같다.[50]

(가) 應神紀2년, 이 해에 백제 辰斯王이 즉위하여 貴國 천황에게 무례하였다. 그래서 기각숙녜 등을 파견하여 그 무례함을 꾸짖었다. 이에 백제국은 진사왕을 죽여 사죄하였다. 기각숙녜 등은 阿花를 왕으로 세우고 돌아왔다.

(나) 應神紀16년, 이 해에 백제 阿花王이 죽었다. 천황이 直支王을 불러 "그대

48) 웅략기23-시세조, 계체기6-4조, 동9-2조, 흠명기7-1조, 동9-10조, 동11-2조, 동12-3조, 동14-6조, 동15-5조, 동17-1조, 동23-8조, 천지기 원년 정월 및 5월조, 동2년 3월 및 5월조 등.

49) 응신기16-시세조, 웅략기21-3조, 계체기6-12조, 동10-9조, 동23-3조, 효덕기 대화원년7월조 등.

50) 『일본서기』에 보이는 백제에 대한 영토할양과 하사, 백제왕의 책봉·책립에 대해서는 그 사실성 문제나 의미 등에 대해 별고에서 상론할 예정이나, 우선은 羅幸柱, 「古代朝·日關係における「質」の意味－特に百済の「質」の派遣目的を中心として－」『史観』 134, 1996 및 연민수, 「고대일본의 한국관계기록과 사례연구」『한일양국, 서로를 어떻게 기록했는가?』, 2016년 한일문화교류기금 한일국제학술대회, 2016 참조.

는 나라로 돌아가서 왕위를 이으라."고 말하고 東韓의 땅을 돌려주면서 보냈다.

(다) 雄略紀23년, 백제 文斤王이 죽었다. 天王은 昆支王의 다섯 아들 중 둘째인 末多王이 어린데도 총명하므로 內裏로 불러 친히 머리와 얼굴을 어루만지며 은근하게 훈계하고 그 나라의 왕으로 삼았다. 이에 병기를 주고 筑紫國의 군사 500인을 함께 보내어 나라까지 호송하게 하였다. 이가 東城王이 되었다.

(라) **天智紀원년, 대장군 大錦中 阿曇比邏夫連 등이 수군** 170**척을 이끌고 豊璋 등을 백제국에 보내고 풍장에게 왕위를 계승시키는 칙을 선포**하였다.

신라의 대왜외교 결과(실패)는 왜국의 다음과 같은 대응으로 나타나고 있다. 즉, ①**신라정토군의 파견 및 정토 움직임**[51], ②**신라사의 방환·불납**으로 나타나고 있다. ②의 사례를 들면 다음과 같다.

(가)『日本書紀』卷二十敏達天皇九年 (五八〇) 六月
九年夏六月. 新羅遣安刀奈末. 失消奈末進調. **不納**以還之.

(나)『日本書紀』卷二十敏達天皇十一年 (五八二) 十月
十一年冬十月. 新羅遣安刀奈末. 失消奈末進調. **不納**以還之.

3) 백제와 신라의 대왜외교 형태 및 특징

(1) 사절의 종류

국가 간의 외교업무를 수행하는 사자·사신은 그 역할이나 성격에 따라

51) 숭준기4-11조, 추고기3-7조, 동8-시세조, 동10-2조, 동11-4조, 동31년 시세조 및 동년 11월조, 효덕기 백치 2년(651) 시세조 등

분류하면, ①일반사절과 ②특별사절[고상사·하등극사·조상사(조문사)], ③송사, ④특사외교[질·왕족·혼인(和親)] 등으로 구분할 수 있다.

①일반사절은 그 파견목적이 보통 '진조' '조공' '來朝' 등으로 표현되는 통상의 외교사절이며, ②특별사절은 자국왕의 죽음을 알리는 고상사, 상대국 왕의 죽음을 위로하는 조사(조문사·조상사), 그리고 새로운 왕의 즉위를 축하하는 하등극사가 있으며, ③은 사절의 왕래 즉 교통편을 담당하는 送使인데, 이 경우 자국의 사신을 상대국에 보내는 일과 상대국 사신의 귀국을 돕는 송사의 일을 함께 수행한다. ④는 외교특사로서의 성격이 강한 것으로 그 성격이나 사자의 신분에 있어 ①,②,③의 경우와는 두드러진 차이가 인정된다.

①의 경우가 통상의 일반사절인데 반해 ②는 특별한 경우에 파견되는 사절이다. 그런 만큼 ②의 경우는 ①에 비해 의례적인 성격을 다분히 띠고 있다. 따라서 우호국가 간에는 물론 적대적인 국가 간에도 종종 ②의 사절의 왕래가 확인된다.

기본적으로 양국의 우호적 관계를 상징하는 것이 왕의 상을 알리는 고상사와 즉위를 축하하는 하등극사의 왕래이다. 전왕의 상을 조문하기 위해 파견하는 弔使(조문사)는 동시에 다음왕의 즉위를 축하하는 하등극사의 역할을 수행하는 경우도 있어서 양자는 표리관계로 이해해도 좋을 것이다. 그리고 국제정세의 안정기에 이러한 성격의 사절 왕래는 상대국에 대한 최대의 우호적 표시이기도 한다.

우선, 백제와 왜국의 경우를 보면, 555년(흠명16-2조)에 백제가 왕자 혜를 왜국에 파견하여 부왕 성왕의 죽음을 알리고 있다. 사료상 확인되는 최초의 고상사의 사례이다. 왜국에서 백제로의 고상사 파견도 확인된다. 舒明천황의 상을 알리기 위해 파견된 고상사 아즈미노무라지(阿曇連)의 경우가 그것이다.[52] 아울러 황극기 원년 정월조의 서명천황을 위한 백제

52) 山尾幸久, 『古代の日朝關係』, 塙書房, 1989 ; 연민수, 1998 등.

의 弔使, 효덕기 백치5년 시세조의 효덕천황을 위한 조사파견 사례를 전제로 생각하면, 백제와 왜국 간에는 기본적으로 조상사(고상사는 물론)의 상호 파견이 있었음을 알 수 있다.

다음으로 신라와 왜국의 경우를 보자.

먼저 자국왕의 죽음을 알리는 고상사에 관해서는 지통기 3년 5월조를 통해 왜국이 신라에 효덕천황의 고상사 및 천무천황의 고상사를 파견했음을 알 수 있고, 신라 측에서는 693년 1월에 神文王의 고상사(『일본서기』), 700년 11월에 孝昭王 母의 고상사(『속일본기』), 그리고 703년 1월의 효소왕의 고상사(『속일본기』) 파견 사례가 확인된다.

다음으로 조상사에 관한 기록은 폭넓게 확인된다. 즉, 신라가 왜국에 파견한 조상사 즉 弔使 파견 사례로는 윤공기 42년 정월조 및 11월조의 윤공천황의 조상사, 흠명기 32년 8월조의 흠명천황에 대한 조상사, 황극기 원년 10월조의 서명천황에 대한 조상사, 효덕기 백치5년 시세조를 통해 고·백·신이 모두 효덕천황의 조상사를 파견했음이 확인된다. 그리고 지통기 3년 5월조를 통해 천지천황 및 천무천황에 대한 조상사 파견 사례도 확인된다. 아울러, 위 사례 가운데 황극 원년(642)에는 조상사와 하등극사를 함께 파견하고 있고, 672년 천무의 즉위 시에도 하등극사와 함께 천지의 조문사를 보내고 있다.

결국 이상의 사례들을 통해서 왜국과 신라 간에는 적대관계를 유지하는 시기에 있어서도 기본적으로 고상사 파견에 대해 조상사 파견이 이루어졌음을 확인할 수 있다.

(2) 대왜외교의 형태와 그 특징 - 질·왕족외교 및 화친

한반도제국과 왜국(일본) 간의 외교에 있어서 두드러진 특징이자 동시에 백제·신라가 왜국을 대상으로 하는 외교사례 가운데 일반사행의 외교성과를 규정하는 결정적인 요인으로 작용하는 요소가 바로 질·왕족외교 및 혼인을 통한 화친관계의 차이라 할 수 있다. 바꾸어 말하면, 대왜외교에 있어서 백제와 신라의 결정적인 차이는 질 외교, 왕족 외교, 그리고 화친관계의 성립 유무이자 그러한 관계의 안정적이고 장기적인 지속 여부라 할 수 있다.

우선, 양자의 차이를 살펴보기 위해 사료상 확인되는 백제와 신라의 질·왕족·혼인의 사례를 표로 정리해 보면 다음과 같다.

〈표 4〉 백제의 왕족·질·혼인(화친) 관련표

연번	대상 및 신분	파견-귀국시기	파견-수용주체	비고(성격 등)
①	직지(전지):왕자/태자	397-405	아신왕-응신	질
②	신제도원:王의 妹	428?-	전지왕(구이신왕/비유왕?)-응신	화친(전지왕의 누이)
③	주군:왕족	인덕조 (41년 3월)	비유왕?-인덕	왕족
④	지진원:왕족	?-458이전?	비유왕-웅략	화친
⑤	적계여랑:왕족	458-	개로왕-웅략	화친(모니부인의 딸)
⑥	곤지군:왕제	461-475(477)?	개로왕-웅략	왕족
⑦	의다랑:왕족	?-501	동성왕?-무열	왕족/왜국에서 사망
⑧	마나군:왕족(非骨族)	504-505?	무령왕-무열	왕족/取質
⑨	사아군:왕족(骨族)	505-513?	무령왕-무열/계체	왕족/왜국에서 사망
⑩	진모선문:덕솔(4)	547-547/8?	성왕-흠명	(질)
⑪	삼귀:장군·간솔(5)	554-554/5?	성왕-흠명	(질)
⑫	혜:왕자	555-556	위덕왕-흠명	왕족, 고상사
⑬	아좌:왕자·태자	597-?	위덕왕-추고	왕족
⑭	(풍장:왕자·태자)	(631-661)	(무왕-서명)	질
⑮	무자:달솔(2)	?-642이전?	무왕(혜왕 혹은 법왕)?-서명(혹은 추고)?	질
⑯	장복:달솔	?-642	무왕-서명	질
⑰	교기=풍장:왕자	642-661	의자왕-황극	질
⑱	의사:달솔	645-?	의자왕-효덕	(질)/처자 파견 의뢰

〈표 5〉 신라의 왕족·질·혼인(화친) 관련표

연번	대상 및 신분	파견-귀국시기	파견-수용주체	비고(성격 등)
①	천일창(왕자)	(전28년) 수인기	? - 수인	왕족(왕자)
②	불명(아찬 急利女)	312(흘해왕3)	흘해왕 - 응신?	혼인·화친
③	미사흔(왕자)	402~418(도귀)	실성왕 - 인덕?	질(왕자)
④	김춘추(왕족)	647~647	진덕왕 - 효덕	질(왕족)
⑤	김다수(사찬)	649~654?	진덕왕 - 효덕	질(사찬)
⑥	미무(급찬)	655~655(사망)	무열왕 - 제명	질(급찬)

우선, 〈표 4〉와 〈표 5〉에서 확인되는 것처럼, 양국의 질·왕족·화친(혼인) 관계의 차이점을 정리해 보면 다음과 같다.

먼저 질·왕족의 경우, 그 횟수(빈도)에서 차이가 확인된다. 신라의 경우 질·왕족외교가 총 5회 확인되나, 백제의 경우는 총 16회 확인된다. 혼인을 통한 화친관계의 사례도 신라는 1회(〈표5〉의 ②)에 그치나 백제의 경우는 3회(〈표4〉의 ②, ④, ⑤) 있었다. 질 체제·왕족외교가 유지된 시기 및 기간에서도 두드러진 차이가 존재한다. 신라의 경우는 왜국 내에 신라의 질 체제가 실질적으로 기능한 기간은 647년(김춘추)부터 655년(미무)까지의 약 10년 정도이나, 백제의 경우는 397년부터 661년(풍장귀국)까지 약 270년 가깝게 항상적으로 유지되었다.

즉, 백제의 경우는 397년의 백제 최초의 질 전지(직지)의 파견 이후 풍장에 이르기까지 아화(아신)왕대에서 의자왕대(왜국의 응신조에서 천지조)에 이르는 390년대에서 660년대까지 약 270여 년간 장기적이고 지속적으로 질·왕족이 왜국에서 외교활동을 펼치고 있었다. 이에 대해 신라의 경우는 402년 최초의 질 파견을 통한 질 체제 구축이 시도되었으나 미사흔의 逃歸가 상징하듯이 결국 불발로 끝난 후 긴 공백기를 거치게 되었고, 마침내 645년에 이르러 大化改新정권의 탄생에 의한 대외정책 전환을 배경으로 김춘추의 질로서의 래일에 의해 왜국 내에 신라의 질 체제가 성립되기에 이른다. 그러나 647년에 공식적으로 성립한 신라의 질 체제는 불과 10여년이 채 지나지 않은 655년에 이르러 결국 종지부를 찍게 되는데, 여기에는 긴박한 국제정세의 변화가 주요인으로 작용하였다.

결국, 이러한 차이가 전절에서 본 백제와 신라의 대왜외교 성과(성패)의 차이로 귀결되는 것이 아닌가 생각되며, 일반사절의 외교활동 성과도 마찬가지로 왜국 내의 질 체제 지속 유무와 깊은 상관관계를 지니고 있다고 할 수 있다.

그렇다면 질과 일반사절의 차이점은 무엇일까. 그것은 양자의 사절로서의 성격(①)과 신분·지위 및 그 대상(②), 파견기간(상대국에서의 체재기간)(③), 파견목적(④) 등에서 뚜렷하게 나타나고 구별된다.

①파견된 질의 성격은 그 질을 파견한 국왕의 몸을 직접적으로 대신하거나 체현하는 최고·최상급의 '외교특사'이며, 현대적 의미의 각국 주재 '대사관'(질 사절단은 각국 주재 대사관을 방불케 하는 것으로 질은 곧 '대사'에 해당하는 존재)이라 할 수 있다.

②질이 이러한 성격을 지닌 존재이기 때문에 당연히 질로서 선택되는 대상은 신분적으로도 상당한 지위에 있지 않으면 안 되는데, 보통 왕의 근친을 비롯한 최고위층에 속하는 인물이 그 대상이 된다. 즉 파견국의 왕자나 왕제(혹은 왕녀) 등의 왕족계층이거나 최고급 귀족 혹은 그 자제가 일차적인 대상이 된다. 일반 외교사절의 경우 보통 중하급의 관위를 지닌 관인이 사자로 임명되는 것과는 구별되는 차이라 할 수 있다. 그리고 질의 대상이 보통 왕족이나 귀족 신분이기 때문에 귀국 길에 오를 경우 당연한 조치로 일정한 규모의 호송병(위송병)을 파견하는 것이 국제적 관례라 할 수 있다.[53)]

③일회성의 외교임무를 띠고 단기간의 일정으로 파견되어 임무 수행

53) 전지의 경우는 왜병 100여명, 곤지의 왕자 동성왕(479~500) 귀국 시에는 축자의 병사 500명, 그리고 성명왕의 왕자 혜 귀국 시에는 병사 1천 명 정도가 귀국길에 함께하고 있다.

후에 곧바로 귀국하는 일반사절과 달리, 질은 중장기적인 전망 즉 장기적인 국가적 대외전략 하에서 보내지기 때문에 당연히 상대국에서의 중장기간의 체재·상주를 대전제로 하여 파견된다. 따라서 보통의 경우 질의 대상인물이 만약 처자가 있을 경우에는 파견 시에 가족을 동반하는 것이 일반적이다. 대표적으로 곤지와 풍장(교기)의 경우를 들 수 있는데, 곤지는 '旣而有五子'(웅략기 5년 7월조)라 하여 이미 5명의 자식이 있었고 또한 파견 시에 형 개로왕으로부터 부인을 내려 받았다고 전하며, 풍장(교기)은 '翹岐將其妻子' '乃遣人葬兒於石川'(황극기 원년 5월조) 이라 기록하고 있어서 처자식의 동반과 자식의 죽음을 알려주고 있다. 의사의 경우는 후에 처자식의 파견을 요청하고 있다(효덕기 대화원년7월조).

따라서 ④의 외교임무에 있어서도, 청병이나 지원요청 등 파견되는 시점에서 발생한 긴급한 외교현안을 해결하기 위해서나 혹은 물과 인, 정보의 제공·교환 등 통상의 외교업무를 위해서, 조상사 등의 의례적인 예방을 위해 파견되는 일반사절과는 달리, 질의 경우는 중장기적인 대외전략·전망 하에서 책정된 목표를 달성하기 위해 파견된 것으로, 질·왕족외교는 말하자면 로열패밀리 간의 장기간의 교류를 통해 양국 간에 깊은 유대관계를 형성하는 역할을 하는 것이 가장 큰 목적이자 주요한 외무임무라 할 수 있다.

다음으로, 왕족외교와 질 외교는 과연 차이가 있는가. 질과 왕족의 차이, 즉 질과 왕족의 구분이 가능한가에 대해 살펴보기로 한다.

결론을 먼저 말한다면, 백제의 대왜외교에 있어서 '질'외교와 '왕족'외교는 본질적으로 다른 의미를 찾기 어렵다. 무엇보다도 사료상의 '질' 표기를 보아도 뚜렷하게 구별되지 않는다. 『삼국사기』의 경우, '질'로 표기된 인물은 백제의 경우는 전지와 풍장에 한하며, 신라의 경우는 미사흔이 유일하다. 일본서기를 보면 質로 규정된 백제의 인물 중 왕족으로는 풍장의 경우가 유일하다. 결국, 풍장만이 『삼국사기』와 일본서기에 질로 나타나고 있고, 전지의 경우는 『삼국사기』에만 질로 보이고 있는 것이다. 전지 이후에 파견된 곤지나 왕자 혜 등에 대해서는 직접적으로 질로 표기되고 있지 않다. 신라의 사례로는 왕족으로서는 미사흔(왕자)과 김춘추(왕족)의 경우만 質로 표기되고 있는데, 전자는 『삼국사기』와 일본서기에 공통적으로 보이며, 후자는 일본서기에서만 질로 보이고 있다. 결론적으로, 〈표 4〉와 〈표 5〉에서 제시한 다수의 사례 중에서 사료상 質로 표기된 백제와 신라의 왕족신분의 인물은 전지와 미사흔, 풍장과 김춘추 4명뿐이다.

즉, 우리가 흔히 사용하는 용어나 개념으로서 질 외교와 왕족외교의 구분이 모호하다. 따라서 질외교=왕족외교라고 이해해도 커다란 지장은 없을 것이다. 단지 엄격하게 구분하고자 한다면, 왕족이 로열패밀리로 그 대상이 한정되는데 대해 질의 경우는 왕족+비왕족(즉 귀족) 신분의 인물이 그 대상에 포함된다는 점에 차이가 있을 뿐이다.

나아가 질로 명기된 비왕족의 경우를 보면, 백제의 질은 제2위의 달솔 신분의 귀족계층의 인물인 무자와 장복에 대해 질로 표기되고 있고, 신라의 경우는 결코 귀족계층이라 할 수 없는 관위 8-9위의 인물인 김다수와 미무를 질로 표기하고 있다. 질의 신분을 통해서도 양자의 차이를 확인할 수 있다. 즉, 백제의 질의 신분은 왕족+고위귀족이며, 신라의 경우는 왕족+중급관인이라 할 수 있다. 따라서 백제의 경우는 백제의 질=왕족외교라는 등식이 성립하나, 신라의 경우는 질=왕족외교라는 등식이 결코 성립하지 않는다고 말할 수 있다.

마지막으로, 신라와 구별되는 백제의 대왜외교의 특징인 질=왕족파견을 통해 추진한 질·왕족외교의 의미는 무엇인지를 알아보기 위해 관련 사료를 확인해 보기로 한다.

무엇보다도 사료상 '질' 파견이 지닌 역사적 의미를 어떻게 규정하고 있는가를 확인할 필요가 있다.

백제 최초의 질로 397년에 파견된 전지의 경우는 『삼국사기』와 일본서기, 광개토대왕비문에 관련기사가 보이고 있는데, 각각 '王與倭國結好'(아화왕 6년5월조) 즉 '結好', '脩先王之好'(응신기 8년 3월조 소인 백제기) 즉

'修好', '與倭和通'(영락 9년조) 즉 '和通'으로 기록하고 있다.[54] 전지 귀국 후 약 60여년 뒤에 보이는 왕제 곤지의 파견 목적을 일본서기는 '以脩兄王之好'(웅략기 5년 7월조) 즉 '修好'라 적고 있다. 전지의 래왜목적과 동일한 표현이다. 신라 최초의 질인 미사흔의 파견(402년)에 대해 『삼국사기』는 '與倭國通好'(신라본기 실성이사금 원년 3월조) 즉 '通好'라 기록하고 있다.

이상을 통해 결국 국가 간의 질=왕족의 파견목적은 結好, 脩好, 和通, 通好에 있었다고 할 수 있다.

그런데, 550년대의 고구려와 신라의 정치적 동맹관계를 일본서기는 '通和'(흠명기13년 5월조)라 규정하고 있다. 광개토왕비문에서 백제와 왜국의 정치적 결합을 말하는 '화통'과 동일한 의미일 것이다. 마찬가지로 『삼국사기』는 650년대의 백제 의자왕에 의한 왜국과의 관계강화를 '通好'(의자왕 13년〈653〉 8월조)라 특필하고 있다. 또한 일본서기 계체기 10년(516) 9월조에는 백제와 왜국, 즉 무령왕대의 왜국(계체조)과의 관계를 '結好'로 표기하고 있다. 더 나아가 일본서기 계체기23년(529) 3월조에서는 가라와 신라의 혼인관계 성립을 '結儻' 으로 표기하고 있어 주목을 요한다. 이는 혼인을 통한 화친관계의 성립도 기본적으로 질의 파견과 동일한 정치적 의미를 지녔음을 시사하고 있기 때문이다.

이상을 통해 얻어진 결론은 다음과 같다. 즉 질·왕족 파견의 의미는 국가 간의 가장 우호적이고 가까운 동맹관계를 나타내는 개념인 '수호' '결호' '화통' '통화'로 규정할 수 있으며, 혼인을 매개로 한 화친관계의 성립도 '結儻'으로 표현되고 있어 결국 질·왕족 파견과 혼인을 통한 화친은 정치적으로 동일한 의미를 지닌 외교의 가장 중요한 형태라 할 수 있을 것이다.

---

54) 단, 광개토대왕비문 영락9년조에서 말하는 백제와 왜국의 '和通'은 399년의 사건을 말하는 것이 아니라 2년 전인 397년에 있었던 質 전지의 왜국 파견을 말하는 것으로 이해하지 않으면 안 된다. 고구려가 질을 매개로 한 백제·왜 양국의 관계 강화를 인식한 시점이 바로 399년이 아닐까 생각된다.

4. 결어를 대신해

> "외교(국제관계)는 영원한 우방도 영원한 적도 없다. 그렇다. 신라와 왜국(일본)의 관계가 그러하다. 국제관계에도 영원한 우방이 있다. 그렇다. 바로 백제와 왜국의 관계가 그렇다."

이상, 서론에서 제시한 문제관심에 입각해 본론에서는 외교에 있어 사자·사신이란 어떤 존재이며, 그 자격·조건은 어떠한지, 그리고 사신외교의 결과는 사신의 능력에 따라 어떻게 귀결되는지, 그 성패를 가르는 요인은 무엇인지 등에 대해 주로 왜국을 대상으로 한 백제와 신라의 외교사례를 중심으로 살펴보았다.

그 결과를 결론적으로 말하면, 백제의 대왜외교는 성공의 결과를, 신라의 대왜외교는 실패의 결과를 낳았다고 할 수 있다. 그리고 이러한 왜국을 대상으로 한 백제와 신라의 대왜외교의 성패는 결국 '질' 체제='왕족외교의 성립·지속 유무라 할 수 있고, 백제의 대왜 사신외교의 성공 배경은 바로 장기간에 걸쳐 지속된 '질' 체제='왕족'외교의 결과라 할 수 있다.

백제와 왜 양국 간에 사소한 트러블(예를 들면, 504년의 마나군의 '取質' 발생 등)이나 사건(백제에 의한 왜계백제관료 日羅 살해〈민달기 12년 시세조〉 및 백제의 왜국 견수사 국서 탈취〈추고기 16년 6월조〉), 그리고 백제에 대한 왜국 내부의 강한 불신감(추고기 31년 시세조의 '百濟是多反覆之國'이라는 언설)이 존재함에도 불구하고 백제멸망 시까지 기본적으로 (對신라)우호친선·동맹의 관계가 지속된 사례는 세계외교사에 있어서도 매우 희귀한 경우라 할 수 있을 것이다.

흔히 이해가 첨예하게 대립되는 국제관계·외교에 있어서는 '영원한 우방도 영원한 적도 없다'고 말해진다. 고대의 외교에 있어서는 바로 신라와 왜국의 경우가 이에 해당한다. 그러나 이 말은 고대 백제와 왜국의 관계에서는 결코 해당되지 않는 死語에 불과하다.

대립과 갈등이 온존하고 있는 작금의 한일관계·외교에 있어 필요한 외교상의 典範을 찾고자 한다면 그것은 바로 고대 한일관계 속에 나타난 백제와 왜국(일본)의 외교에 있지 않을까 생각된다.

지면 관계상 충분히 검토하지 못한 사항들이 많이 남아있다. 우선 금후의 과제의 하나로서 왜국을 대상으로 한 한반도제국의 대외외교·대왜교섭에 대해 기존의 연구 성과[55]를 참고하면서 각 국가별, 각 시기별로 외교현안 및 교섭과정을 개별 구체적이고 종합적으로 검토할 필요가 있다. 특히, 본고에서 중시한 왕족·질·화친(혼인)의 각 사례들에 대해서도 개별 구체적으로 검토할 필요가 있다.

다음으로, 구두외교냐 문서(표문)외교냐의 문제, 즉 고대한일 간의 외교에 있어서 국서(표문)외교와 구두외교의 문제도 검토가 필요하다. 예를 들면, 왜국(일본)의 경우에 있어서 대중국외교는 기본적으로 국서(표문)외교였다. 이는 5세기 왜5왕에 의한 남조외교 사례나 견수사 오노노 이모코(小野妹子)의 국서분실 사건, 저명한 일출처 국서(수서 왜국전), 동천황·서황제의 문면(일본서기 추고기) 등을 통해 이해된다. 대고구려외교는 570년대 왕진이에 의한 고구려국서 해독 에피소드를 통해(민달기 원년5월조), 백제와의 경우는 흠명조의 성왕에게 보낸 조서를 통해(흠명기 2년4월조 등) 기본적으로 표문외교가 이루어지고 있었음을 시사하고 있다. 대신

55) 김현구, 「백제와 일본 사이의 왕실외교」 『백제문화』 31, 공주대학백제문화연구소, 2002 ; 연민수, 「백제의 대왜외교와 왕족」 『백제연구』 27, 1997 ; 김은숙, 「6세기 후반 신라와 왜국의 국교 성립과정」 『신라의 대외관계사 연구 - 신라문화재학술발표회논문집』 15, 1994 ; 정효운, 「6세기 동아시아 정세와 '이와이의 난'」 『일어일문학연구』 43, 2002 ; 이근우, 「일본열도의 백제유민에 대하여」 『한국고대사연구』 26, 한국고대사학회, 2002 ; 서보경, 「5세기말 6세기 초 한반도제국과 왜국의 관계」 『선사와 고대』 18, 2003 ; 홍성화, 「4~6세기 백제와 왜의 관계 - 일본서기 내 왜의 한반도 파병과 백제·왜의 인적교류 기사를 중심으로 -」 『한일관계사연구』 36, 한일관계사학회, 2010 ; 박재용, 「고대 일본 藤原氏와 백제계 渡倭人」 『백제연구』 54, 충남대백제연구소, 2011 등의 훌륭한 연구 성과가 제출되어 있다.

라외교는 추고기 29년 시세조에 최초의 표문외교 기사가 확인되는데, 그렇다면 그 이전은 구두외교의 시대였다고 할 수 있다. 왜 신라의 경우만 그러한가? 이 또한 검토를 요하는 흥미로운 문제이다. 금후의 과제로 삼기로 한다.

〈별표 1〉 계체조·안한조·선화조 국제관계연표

연차	백제	신라	왜국
계체3(509)			2월, 왜 백제에 견사[穗積臣押山]
6(512)	12월, 조공사, 表로 임나4현을 요청		4월, 축자국의 말 40필 제공
7(513)	6월, 견사(장군), 5경박사 단양이 파견, 기문 땅을 요청		(*7월, 백제태자 순타 사망[薨]) 11월, 기문·대사를 백제에 사여
9(515)			2월, 백제에 수군(舟師) 500인 제공 백제사(은귀장군) 귀국에 송사 파견
10(516)	9월, 견사(장군), 기문 건에 감사, 5경박사 한고안무(단양이와 교체) 파견. 견사(장군), 結好		
23(529)	3월, 가라의 다사진을 요청 (*가라, 왜의 조치에 반발, 신라와 結黨,즉 신라왕녀와 혼인함)		3월, 왜, 백제에 다사진을 賜함 (*24-9, 임나사 래왜, 왜, 임나에 견사[調吉士])
안한1	5월, 견사조공, 상표(脩德(시덕?8)/都德(장덕?7))		
선화2			10월, 임나·백제 구원군 파견

〈별표 2〉 흠명조 국제관계연표

연차	백제·(고구려)	신라	왜국
540 (흠명1)	8월, 조공사 [고·백·신·임 조공]	8월, 조공사 [고·백·신·임 조공]	
541	7월, 백, 안라에 견사(나솔(6))		
542 (흠명3)	7월, 견사(나솔(6))[하한의 임나의 정무를 주청, 상표]		
543	9월, 견사(나솔(6) 등)[扶南財物과 奴 2구를 바침]		11월, 백제에 견사(津守連)
544 (흠명5)	2월, 임나에 견사(시덕) 3월, 견사(나솔(6)) 上表[任那之政에 관해]		
545	5월, 견사(나솔(6)) 상표 9월, 임나에 견사(호덕)		3월, 백제에 견사(膳臣)
546 (흠명7)	6월, 調貢使(나솔(6))		정월, 백제에 양마 70필, 선 10척 제공

연차	백제·(고구려)	신라	왜국
547	4월, 견사{덕솔(4)}, [구원군 요청/학자,오경박사 등 교대파견]		
548 (흠명9)	4월, 견사{간솔(5)} [이전 요청한 원군 파견 보류 요청]		6월, 신라에 견사 10월, 백제에 축성인부 370인 제공
549	4월, 견사{나솔(6)}[狛奴 10구 보냄] 6월, 백제사{장덕(7)/고덕(9)} 일행 귀국		
550 (흠명11)	4월, 왜국 사자의 귀국 시에 고구려 奴 6구를 보냄, 별도로 사자에게 노 1구를 내림		2월, 왜, 백제에 견사 矢 30구 제공
551			3월, 왜, 백제에 麥種 3천 斛 제공
552 (흠명13)	5월, 견사{덕솔(4)}(백·가·안라가 견사) [구원군 요청] 10월, 노리사치계{달솔(2)} 파견[불상·불경·번개 등 제공]		
553	정월, 견사{덕솔(4)} 구원병 요청 8월, 견사{나솔(6)} 군사와 弓馬 요청		6월, 왜, 內臣을 백제에 파견 [양마 2필, 동선(同船) 2척, 활(弓) 50장, 화살(箭) 50구 제공] [醫박사/易박사/曆박사의 교대파견 및 卜書, 曆本, 각종 약물 요청]
554 (흠명15)	정월, 견사{시덕(8)} 원군요청 2월, 견사{간솔(5)·장군} 구원요청 [학자/오경박사/승/각종 박사/채약사/악인 등 대량으로 교대파견] 12월, 견사{간솔(5)} 상표		5월, 백제에 군 1천, 馬 100필, 船 40척 제공
555	2월, 왕자 혜 파견, 구원요청{청병사}과 성왕의 전사를 알림{告喪使}		

연차	백제·(고구려)	신라	왜국
556 (흠명17)			정월, 왕자 혜 귀국 兵仗, 良馬, 위송병 1천명을 제공
560 (흠명21)		9월, 조공사{나말(11)}	
561 (흠명22)	시세, 백제사[*신라사가 대우상의 문제를 제기]	1월, 조공사{급벌간=급찬(9)} [대우(향응의례)상의 문제로 불화, 귀국] 시세, 조공사{대사(12)}[*대우(백제사와의 서열)상의 문제로 불화, 귀국]	
562 (흠명23)	8월, 백, 왜와 합동으로 고구려출병	7월, 조공사, 귀화 11월, 조공사[調賦], 귀화	7월, 왜, 신라에 견사, 대장군 파견[신라의 임나공격을 문책하기 위해]
565 (흠명26)	(5월, 고구려인이 왜국에 到來)		8월, 왜, 백제에 견사[大伴連, 백제와 함께 고구려를 치도록 함]
570 (흠명31)	(4월, 고구려사 왜국에 到來)		
571 (흠명32)		8월, 弔使(흠명천황의 조상사)	3월, 왜, 신라에 견사[임나를 멸망시킨 사유를 물음]

〈별표 3〉 민달조·숭준조 국제관계연표

연차	백제·(고구려)	신라	왜국
573 (민달2)	5월, (고구려사, 到來, 放還)		
574 (민달3)	5월, (고구려사, 到來)	11월, 견사진조	
575 (민달4)	2월, 백제, 견사진조, 조물이 상례보다 많음	6월, 견사진조, 조물이 상례보다 많음. 4읍의 조 진조	4월, 백제, 신라, 임나에 견사[吉士譯語彦/吉士金子/吉士木蓮子]
민달6	11월, 경론, 조불공, 조사공 등 증여[대별왕을 통해서]		5월, 大別王 등 백제에 파견

연차	백제·(고구려)	신라	왜국
민달8		10월, 견사{나말(11)}, 불상 증여[백제에 대항책]	
민달9		6월, 조공사{나말(11)} [불납]	
민달11		10월, 조공사{나말(11)} [불납]	
민달12			7월, 백제에 日羅의 소환사 파견[紀國造押勝 시세, 백제에 日羅의 소환사 파견[吉備海部直羽嶋]
민달13 용명조	9월, 미륵석상 1구 및 불상 1구 증여 [鹿深臣·佐伯連 등을 통해서]		(백제에 견사[鹿深臣·佐伯連 등]) 2월, 신라, 임나에 견사 시세, 환속승 고려 惠便을 찾음 견고구려사 파견(속일본기 和銅4-12조)
숭준1	시세, 승·寺工 등 불교관련물 대량 제공[法興寺 건립 관련]		三尼, 백제에서의 수계를 요청(숭준 즉위전기)
591 (숭준4)			征신라군(임나부흥군) 2만을 축자에 파견, 후에 신라·임나에 견사

〈별표 4〉 추고조 국제관계연표

연차	백제·(고구려)	신라	왜국
595 (추고3)	5월, (고려승 혜자 到來, 우마야도왕자의 스승이 됨) 시세, 승 혜총 래일[혜자와 함께 三寶의 동량이 됨]		
596 (추고4) 597 (추고5)	4월, 왕자 阿佐 래일		11월, 혜자와 혜총, 법흥사에 住함. 11월, 신라에 견사

연차	백제·(고구려)	신라	왜국
598 (추고6)		4월, 왜의 견신라사 귀국시 까치 2마리 증여 8월, 공작 1쌍 증여	
599 (추고7)	9월, 낙타·白雉 등 珍物 증여		
600 (추고8) 601 (추고9)		시세, 신라·임나사 진조 (601년 9월, 신라 대마도에 간첩 파견, 체포됨)	시세, 신라·임나에 견사[군대파견, 신라5성공격, 신라왕 6성 할양 항복] 3월, 고구려·백제에 견사
602 (추고10) 603 (추고11) 605 (추고13)	10월, 승 관륵 래일, 역서 등 전수 윤10, (고구려승 승융·운총 도래) 4월, (고구려왕, 造佛을 위해 황금을 증여)		2월, 신라출병 준비 4월, 신라출병 준비
608 (추고16) 609 (추고17) 610 (추고18)	 4월, 백제 僧俗, 肥後에 표착 3월, (고구려왕, 승 담징과 법정을 보냄)	 7월, 신라사{나말(11)}·임나사{대사(12)} 파견	6월, 견수사 小野妹子, 백제에서 당의 국서를 탈취당했다고 보고
611 (추고19) 612 (추고20)	 시세, 백제인 미마지, 伎樂 전래	8월, 신라·임나의 조공사{나말(11)}	
615 (추고23)	9월, 송사[견당(수)사 귀국 시의 송사로 래일] 11월, (고구려승 혜자 귀국)		

연차	백제·(고구려)	신라	왜국
616 (추고24) 618 (추고26)	8월, (고구려사, 方物을 보냄)	7월, 조공사{나말(11)}, 불상 증여	
621 (추고29) 623 (추고31) 624 (추고32)	4월, 백제승 관륵의 상표, 승정이 됨 정월, (고구려왕, 승 혜관을 파견, 승정이 됨)	시세, 조공사{나말(11)}[*表文(문서)외교 시초] 7월, 신라·임나 조공사{나말} 불상 증여 및 입당학문승의 송사 시세, 신라·임나사 래왜{나말}	시세, 신라·임나에 견사 및 신라출병

〈별표 5〉 서명·황극조 국제관계연표

연차	백제	고구려	신라·당
서명2 (630)	3월, 조공사 대사{은솔(3)}와 소사{덕솔(4)} 래왜	3월, 대사와 소사 래왜	
서명3 (631)	3월, 풍장 質로 래왜		
서명4 (632)			8월, 신라 송사[당사 고표인, 견당사, 학문승 등]
서명7 (635)	6월, 조공사{달솔(2)}		
서명10 (638)	시세, 백제의 조공사〈신라·임나의 조공사도〉		시세, 신라·임나의 조공사〈백제의 조공사도〉
서명11 (639)			9월, 신라 송사[견당학문승 惠隱 등 귀국]
서명12 (640)	10월, 조공사 파견		10월, 신라 조공사 및 송사[견당학문승 淸安, 學生 高向등 귀국]
황극1 (642)	정월, 弔使 4월, 교기{왕자} 등 래왜 5월, 調使 7월, 지적{대좌평} 등 래왜	2월, 견사	3월, 신라 하등극사, 弔使

연차	백제	고구려	신라·당
황극2 (643)	4월, 교기와 백제사 축자 도착	6월, 견사	

〈별표 6〉 효덕조 국제관계연표

연차	고구려·백제	신라	당
645 (大化1)	7월, 고·백{좌평(1)}, 來朝進調 백, 임나의 조 進調	7월, 來朝進調	
646	2월, 고·백·임나사 來朝貢獻	2월, 來朝貢獻 **9월, 고향현리 파견**, 質 요청 임나의 조 폐지 알림	
647 (大化3)	1월, 고, 來朝貢獻	1월, 來朝貢獻 시세, 김춘추{왕자}, 현리와 함께 來倭, 質이 됨	
648		시세, 來朝貢獻	
649 (大化5)		**5월, 遣使** 시세, 김다수{사찬(8), 종자 37인 동반} 래왜, 質이 됨	
650 (白雉1)		4월, 貢調	
651	6월, 백, 래조공헌	시세, 공조사 축자에 도착. 당복 착용을 이유로 방환 巨勢대신 신라정토 주청 6월, 래조공헌	
652 (白雉3)	4월, 백, 래조공헌	4월, 래조공헌	
653	6월, 백, 래조공헌	6월, 래조공헌	**5월, 견사** 2船 241인(학문승 定惠 등 동행)
654 (白雉5)	7월, 백, 송사 파견, 축자에 이름{서해사(견당사) 吉士長丹 등의 송사} 시세, 고·백, 弔使래조	7월, 신, 송사 파견, 축자에 이름{서해사(견당사) 吉士長丹 등의 송사} 시세, 弔使래조	**2월, 견사** 2船, 玄理 등 신라 경유 입당(현리 몰)

* 주 (1)고는 고구려, 백은 백제, 신은 신라의 약칭 (2)강조는 왜(일본)의 견사를 나타냄.

〈별표 7〉 제명조 국제관계연표

연차	고구려·백제	신라	당
655 (齊明1)	시세, 고·백, 래조진조{달솔(2), 100여인} 7월, 백제 調使 150명에 향응	시세, 래조진조, 彌武{급찬(9), 재기 12인}를 質로 삼음	
656	**8월, 고, 래사진조{총 81명}** **9월, 고에 견사** **시세, 고·백, 래조진조** **시세, 西海使(佐伯連) 백제에서 귀국**	시세, 래조진조	
657 (齊明3)	**시세, 西海使(阿曇連) 백제에서 귀국**	**시세, 견사**, 智達 등을 신라의 사자에 딸려 당에 보내려 했으나, 신라의 거부로 실패	
658		7월, 왜국의 요청을 들어줌	7월, 智達등 勅에 따라 新羅船을 타고 入唐
659 (齊明5)	시세, 고, 견사		**7월, 견사 2선**, 蝦夷를 공상
660	정월, 고, 축자 도착{100여명}, 5월에 난파관에 이름 9월, 백, 사자{달솔(2)}를 보내 신라가 당과 결합해 백제를 멸망시켰다고 보고 10월, 백, 견사{좌평(1)}, 당의 포로 헌상, 구원군과 豊璋 귀국을 요청		
661 (제명7)	정월, 백제 구원군 筑紫로 향함 4월, 복신이 견사상표, 왕자 糺解 귀국을 요청		

* 주 (1)고는 고구려, 백은 백제, 신은 신라의 약칭 (2)강조는 **왜(일본)의 견사**를 나타냄.

〈별표 8〉 천지조 국제관계연표

연차	당	고구려·백제	신라
662 (天智1)		**(정월, 백제구원군 도해)** 3월, 고, 왜에 구원요청 **5월, 왜, 풍장귀국(170척)** 6월, 백, 견사{달솔(2)}	

연차	당	고구려·백제	신라
663		2월, 백, 진조{달솔(2)} **(3월, 백제구원 제2군 도해 〈2만7천명〉)** (8월, 백촌강 전투) **(5월, 왜, 고구려에 견사 백제구원군 파견 소식 전함)** **(8월, 건아 1만여 추가 파견)**	
664 (천지3)	5월, 백제진장 劉仁願의 사자 郭務悰 래왜 12월, 곽무종 귀국		
665	8월, 倭使, 백제 웅진성에서 열린 신라와 부여융의 誓盟에 참열 9월, 당사 劉德高·郭務悰 등 래왜 **시세, 견사(守君大石)**		
666 (천지5)	정월, 倭使, 고종의 封禪에 참열	정월, 고, 래조진조 10월, 고, 래조진조	
667	11월, 백제진장 劉仁願이 법총을 견사, 遣唐副使를 송환해 줌, 왜, 송사를 파견		
668 (천지7)		4월, 백, 진조 7월, 고, 진조 (9월, 고구려 멸망)	9월, 진조 김동엄{급찬(9)}, 왜, 선2척을 내림 11월, 신라왕에 絹등을 사여 11월, **견사**
669	시세, 견사 (시세, 郭務悰 등 2000인 래왜)		9월, 진조 독유{사찬(8)}
670			9월, **견사(阿曇連)**
671 (천지10)	정월, 백제진장 이수진, 래왜상표 11월, 郭務悰 대마에 이름	정월, 고, 진조 2월, 백(당), 진조 6월, 백(당), 진조	6월, 진조 10월, 김만물{사찬(8)} 래조진조 11월, 신라왕에 絹등을 증여

* 주 (1)고는 고구려, 백은 백제, 신은 신라의 약칭 (2)강조는 **왜(일본)의 견사**를 나타냄.

〈별표 9〉 천무·지통조 국제관계연표

연차	신라	고구려·탐라	왜(일본)
천무1 (672)	(671년 10월, 김만물{사찬(8)} 래일)		1월, 신라사 김압실 등 축자에서 향응 12월, 신라사 귀국
천무2 (673)	6월, 김승원{한아찬(5)} 賀騰極使, 김살유{일길찬(7)} 弔喪使, 송사{귀간(외4)} 파견 8월, 송사 파견 김이익{한나말(10)}	8월, 고구려사 래일 (신라의 송사)	
천무4 (675)	3월, 박근수{급찬(9)} 파견 진조 4월, 김충원{왕자*}	3월, 고구려사 래일 8월, 탐라 調使 왕자 래일 9월, 탐라왕 難波 도착	7월, 신라에 견사
천무5 (676)	11월, 김청평{사찬(8)} 국정[請政] 보고, 김호유{급찬(9)} 진조, 김청평 일행의 송사 피진나{나말(11)}	7월, 탐라사 일행 귀국 11월, 고구려사 래일 (신라 송사 김양원 {대나말(10)} 파견)	10월, 신라에 견사
천무7 (678)	시세, 신라사{나말(11)} 축자에 도착. 도중 사신일행이 풍랑에 행방불명임을 알림		
천무8 (679)	10월, 김항나{아찬(6)} 파견해 조공	2월, 고구려사 래일	9월, 견신라·고구려·탐라사 귀국
천무10 (681)	10월, 김충평{일길찬(7)}, 김일세{대나말(10)} 파견해 進調		9월, 견고구려·신라사 귀국 12월, 축자에 사신을 보내 신라사를 향응
천무11 (682)	2월, 신라사 김충평 귀국 6월, 송사 김석기(고구려사의 송사)	6월, 고구려사 래일	정월, 신라사 김충평에게 축자에서 향응 6월, 고구려사 래일
천무13 (684)	12월, 신라 송사 김물유{대나말(10)} 축자 도착		12월, 견당 유학생 土師宿禰甥 등 신라 경유 귀국

연차	신라	고구려·탐라	왜(일본)
천무14 (685)			3월, 김물유 축자에서 향응 5월, 高向朝臣麻呂 등 신라에서 귀국
지통1 (687)			1월, 신라에 천무천황의 告喪使 파견
지통3 (689)	4월, 김도나{급찬(9)} 弔使 파견		5월, 신라 弔使 관등 및 방물이 전례를 벗어난다는 이유로 방환
지통9 (695)	3월, 김양림{왕자*} 등 래일, 國政奏請		9월, 小野朝臣毛野 등 견사

신라국 집사성첩에 보이는 해민의 이동 실태와 도해 허가 문서

정 순 일

1. 머리말

일본 고대의 正史에 해당하는 육국사에는 신라의 '집사성첩'에 관한 기록이 여러 건 존재한다. 『続日本紀』, 『続日本後紀』, 『日本三代実録』에 '執事牒', '執事省牒', '新羅國執事省牒' 등과 같은 문자열로 등장하는 것이다.[1)]이 가운데 『続日本後紀』 承和3年(836) 12月 丁酉(3일)조에 보이는 '신라국 집사성첩'은 그 내용이 온전히 전해지고 있어 신라 외교문서의 형식과 내용은 물론 당시 일본과 신라 사이에서 이루어진 외교 교섭의 실태를 파악하는 데 실마리를 제공해주고 있어 주목된다. 한일 양국 학계의 연구자들도 그 중요성을 인정하여 일찍부터 해당 문서에 관심을 가져왔으며, 관련 연구의 축적도 방대하다.

먼저 일본 학계에서는 이 집사성첩을 承和年間의 견당사와 관련지어 다각적으로 검토하는 경향을 보였다. 이른바 '최후의 견당사' 연구의 한 지류로서 신라국 집사성첩을 다루어왔던 것이다. 일본이 파견한 견당사가 풍파 등의 여러 가지 사정에 의해 한반도로 표착하게 되면 신라의 조정이 승선한 일본인을 본국으로 지체없이, 또 안전하게 송환해달라고 요청하는 외교 시스템이 작동하고 있었는데 집사성첩이 그러한 일본 측의 요청에

1) 『続日本紀』 天平宝字 8年(764) 7月 甲寅(19일)조, 『続日本後紀』 承和 3年(836) 12月 丁酉(3일)조, 『日本三代実録』 仁和 元年(885) 6月 20日(癸酉)조 등에 보인다.

대한 회신 성격의 외교문서라는 점이 강조되었다.[2)]

반면, 한국 학계에서는 신라 정치제도사의 맥락에서 집사성첩에 주목해온 측면이 강하다. 신라 執事部의 성립에 대해 논한 이기백의 선구적인 연구[3)]를 시작으로 하여 그 이후 1990년대에서 최근에 이르기까지 적지 않은 연구가 신라국 집사성첩을 분석의 대상으로 삼았다. 이영호는 집사부 활동 및 기능을 밝히기 위해 『續日本後紀』에 보이는 집사성첩을 검토하여 집사부(성)의 임무는 국왕의 측근에서 총무, 비서기관, 외교의 기능을 수행하는 것이며, 여기에 정책기획의 기능이 추가되었을 것으로 보았다.[4)] 이인철은 신라 집사성이 국내외를 막론하고 왕명을 문서로 작성하여 발송하였으며 그것의 원활한 수행을 위해 牒을 발행하는 기관이라고 규정하면서, 고려의 중추원이나 조선의 승정원과 같은 왕명출납기관이었음을 밝혔는데,[5)] 그 과정에서 집사성첩 관련 기록을 다루고 있다.[6)] 최근 들어, 박수정은 집사성의 성격과 위상에 대한 고찰 속에서 신라국 집사성첩을 면밀히 분석한 바 있다.[7)] 즉, 한국고대사 연구에서는 신라 중앙정치기구의 성격, 기능, 위상 등을 이해한다는 문맥에서 집사성첩 관련 기록에 접근해왔음이 확인되는 것이다.

한일 양국 학계의 주된 연구 흐름은 위와 같지만, 承和年間의 집사성첩을 다른 각도에서 바라보고자 하는 시도들이 없었던 것은 아니다. 예를

2) 佐伯有清, 『最後の遣唐使』, 講談社, 1978 ; 森公章, 「承和度の遣唐使と九世紀の対外政策」 『遣唐使と古代日本の対外政策』, 吉川弘文館, 2008 등을 대표적인 예로 들 수 있다.

3) 이기백, 「新羅 執事部의 成立」 『신라정치사회사연구』, 일조각, 1974.

4) 이영호, 「新羅 執事部의 設置와 中侍」 『국사관논총』 69, 1996, 229~231쪽.

5) 이인철, 「新羅 執事省의 위상과 역할 - 新羅國執事省牒을 중심으로 -」 『청계사학』 18, 2003, 80쪽.

6) 이인철, 앞의 논문, 77~78쪽.

7) 박수정, 「新羅 執事省의 성격과 위상에 대한 再論」 『신라사학보』 40, 2017, 209~213쪽.

들어, 발해 中台省牒과의 비교 연구를 비롯하여,[8] 신라의 문서행정 실태를 고찰한 연구,[9] 9세기 중후반 일본의 무역 정책을 다룬 연구,[10] 신라 하대 지방사회의 변동 양상을 분석한 연구,[11] 장보고의 해상 활동과 관련지어 바라본 연구[12] 등을 들 수 있다. 일본 학계에서는 承和年間의 견신라사 기노 미쓰(紀三津)가 사신으로서의 임무를 온전히 수행하지 못한 채 본국으로 귀국한 것을 〈'失使旨' 事件〉이라고 부르는데 그 '失使旨'의 전말을 정치 외교사의 관점에서 고찰한 연구도 이루어진 바 있다.[13]

한편, 필자는 최근 9세기 당시 해민의 해상 왕래 실태에 주목하여 이 집사성첩에 보이는 '島嶼之人'의 의미를 본격적으로 재검토한 적이 있다.[14] 종래에는 주로 장보고 및 그 세력과의 연관성이 상정되었던 데 대해, 이 연구에서는 "일본열도 연해지역의 크고 작은 섬에 거주하면서 신라 측의 삼엄한 해상경계활동에 대비하기 위해 때로는 관인을 만들고 때로는 공첩을 위조하여 해상왕래에서 얻어지는 이익을 취하던 집단"[15]이라는 해석을 제시하였는데, 그에 따라 해역사의 관점에서 그동안과 다른 차

8) 酒寄雅志, 「渤海国中台省牒の基礎的研究」 『渤海と古代の日本』, 校倉書房, 2001〔初出1985〕.
9) 윤선태, 「신라의 문서행정과 목간」 『강좌 한국고대사』 제5권, 가락국사적개발연구원, 2002.
10) 渡邊誠, 「承和·貞観期の貿易政策と大宰府」 『平安時代貿易管理制度史の研究』, 思文閣出版, 2012〔初出2003〕.
11) 김창석, 「菁州의 禄邑과 香徒-新羅下代地方社会変動의 一例」 『신라문화』 26, 2005.
12) 김은숙, 「일본 최후의 견당사파견과 장보고세력」 『한국고대사연구』 42, 2006.
13) 西別府元日, 「9世紀前半の日羅交易と紀三津「失使旨」事件」 『中国地域と対外関係』, 山川出版社, 2003 ; 山崎雅稔, 「新羅国執事省からみた紀三津「失使旨」事件」 『日本中世の権力と地域社会』, 吉川弘文館, 2007 ; 中野高行, 「遣新羅使紀三津をめぐる若干の考察」 『東アジアにおける皇帝権力と国際秩序』, 汲古書院, 2020 등.
14) 정순일, 「『속일본후기』所収 신라국 집사성첩에 보이는 '島嶼之人'」 『일본역사연구』 37, 2013.
15) 정순일, 앞의 논문, 147쪽.

원의 후속 논의가 요구된다고 할 수 있다. 본고에서 이와 같은 선행 연구의 논점을 연장하여 신라국 집사성첩에 보이는 해민의 이동 양상을 보다 구체적으로 고찰하고, 나아가 첩 속에서 언급되고 있는 '관인' 및 '공첩'의 위조 실태를 실마리로 하여 9세기 동아시아 해역에서 통용된 것으로 보이는, 도해 허가 문서를 둘러싼 시대상에 대해 밝히고자 하는 이유도 바로 거기에 있다.

2. 執事省牒이 전하는 海民의 이동 양상

1) 新羅國 執事省牒의 몇 가지 논점

『続日本後紀』에 보이는 신라국 집사성첩에 대한 이해가 신라의 정치구조 및 중앙관제를 고찰함에 있어 필수 불가결한 것임에도 불구하고 오랜 기간 해당 문서 자체에 대해 구체적으로 연구가 이루어지지 않았다. 2000년대에 들어 본문 교감과 역주가 시도되긴 하였으나 新訂增補 國史大系의 본문 교정 및 주석에 의지한 바가 크며, 관련 사본에 대한 검토는 미해결 과제로 남겨둔 상태였다.[16] 이에 필자는 학계 최초로 여러 사본의 조사를 거친 후 집사성첩의 교정 본문을 제시한 바 있다.[17] 그리고 같은 내용을 일본 학계에도 발신하였다.[18]

이상의 두 가지는 모두 10년 이상에 걸쳐 이루어진 "국서의 회(国書の会)"라는 외교문서 윤독회 활동의 성과이며, 科学研究費補助金「8~10世紀東アジ

16) 노명호 외 7인 공저, 『한국고대중세고문서연구(상) - 교감역주 편 - 』, 서울대학교출판부, 2000.

17) 정순일, 앞의 논문, 124쪽.

18) 鈴木靖民·金子修一·石見清裕·浜田久美子 編, 『訳註日本古代の外交文書』, 八木書店, 2014의 36번 외교문서로서 신라국 집사성첩을 다루었다.(해당 항목 집필자: 정순일)

ア外交文書の基礎的研究」(研究代表者 : 金子修一, 研究課題番号 : 23520875) 교부를 받아 행해진 공동연구 성과의 일환이기도 하다. 외교문서 역주본(『訳註日本古代の外交文書』) 출판을 준비하면서 윤독회는 아이치 대학(愛知大学) 히로세 노리오(廣瀬憲雄) 교수를 필두로 하는 사본반(寫本班)을 조직, 운영하였는데 필자는 당시 사본반의 일원으로서 신라국 집사성첩의 여러 사본을 직접 조사, 수집, 정리하였다. 이후 2020년 7월, 사본반 반장이었던 히로세 교수가 『『訳注日本古代の外交文書』本文文字異同一覧(完全版)』(이하, '일람(완전판)'이라고 칭함)을 자체 제작하여, 일본 내의 주요 도서관에 배포하였다. 이 일람(완전판)은 『訳注日本古代の外交文書』(2014년)의 별책 부록으로 취급되고 있다. 비매품에다가 70부 정도만 간행하였기 때문에 한국에서 활용하기는 어려운 측면이 있으나 주요 소창처는 CiNiiBooks 사이트에서 확인이 가능하다.[19]

본고에서는 최근 갱신된 사본 조사 내용을 소개함과 동시에 논의의 편의를 위해 [교정 본문] 및 [해석문]을 아래와 같이 제시해두고자 한다.[20] 『訳注日本古代の外交文書』와 일람(완전판) 본문[21] 사이에 글자가 다른 부분은 아래 [교정 본문]에서 별도로 표시(각주 번호를 붙임)해둔다.

[교정 본문]

新羅国執事省牒日本国太政官

紀三津詐称朝聘兼有贄賚, 及検公牒仮偽非実者

牒. 得三津等状称, 奉本王命, 専来通好. 及開函覧牒, 但云, 修聘巨唐, 脱有使

19) https://ci.nii.ac.jp/ncid/BB15625750

20) 정순일, 앞의 논문, 124~129쪽에서 제시된 [교정 본문]과 [해석 및 역주]를 참고하여 수정·보완하였다. [해석문]은 원문 표현을 가능한 유지하기 위해 직역한 채로 둔 것임을 밝힌다.

21) 執事省牒의 본문은 『続日本後紀』 承和3年(836) 12月 丁酉(3일)条의 일부로서 全載되어 전한다.

船, 漂着彼界, 則扶之送過, 無俾滞遏者. 主司再発星使, 般[22]問丁寧, 口与牒乖, 虛実莫弁. 既非交隣之使, 必匪由衷之賂. 事無摭実, 豈合虛受. 且太政官印, 篆跡分明. 小野篁船帆飛已遠, 未必重遣三津聘于唐国. 不知嶋嶼之人, 東西窺利, 偸学官印, 仮造公牒. 用備斥候之難, 自逞白水之遊. 然両国相通, 必無詭詐. 使非専対, 不足為憑. 所司再三請, 以政[23]刑章, 用阻姦類. 主司務存大体, 舎過責功. 恕小人荒迫之罪, 申大国寛弘之理. 方今時属大和, 海不揚波. 若求尋旧好, 彼此何妨. 況貞観中, 高表仁到彼之後, 惟我是頼, 脣歯相須, 其来久矣. 事須牒太政官并牒菁州, 量事支給過海程粮, 放還本国, 請処分者, 奉判准状, 牒太政官, 請垂詳悉者.

[해석문]

신라국 집사성이 일본국 태정관에 첩(牒)한다.

기노 미쓰가 조정의 사자를 사칭하고 아울러 지신(贄賮)(=贈物)을 가지고 왔으나, 공첩을 조사하기에 이르니 거짓으로서 진짜 사자가 아님이 밝혀진 일.

첩한다. 【기노 미쓰 등의 장을 받아보니, "本王의 명을 받들어 오로지 와서 통호한다"고 되어 있다. 함을 열어 첩을 보기에 이르니, 단지 말하기를 "巨唐과 修聘하니 만약 使船이 그쪽 땅에 표착하면 즉시 이를 도와 送過하고, 지체시키지 않도록 하라"고 한다. 主司는 다시 星使를 보내어 般問을 정중히 하였지만, 구두 발언이 첩과 괴리해 있어 허실을 분별할 수 없었다. 이미 교린의 사절이 아니다. 반드시 성의 있는 증물이라고는 할 수 없다. 일이 진실되지

22) 일람(완전판)에서는 '設'로 해두었다. 각종 사본에서는 '般'으로 되어 있는 사례가 우세하지만 국사대계본에서 뜻에 따라 '設'로 고쳤다는 것이다. 일람(완전판) 46~47쪽. 그런데 일람(완전판) 47쪽에서 '般'은 '仔細査問或清點, 参見般量'이라고 보충 설명을 붙이고 있으며, '般量'은 '清査盤點'으로 '체크하다'라는 의미를 지닌다고 한다.

23) 일람(완전판)에서는 '正'으로 해두었다. 대부분의 사본에서 '政'으로 되어 있는 것을 국사대계본이 뜻에 따라 '正'으로 고쳤다는 것이다. '正'과 '政'은 서로 의미가 통하는 글자이다. 일람(완전판) 47쪽.

못하다. 어찌 거짓된 것을 받아들일 수 있겠는가. 한편 태정관인은 篆跡이 분명하다. 오노노 다카무라(小野篁)의 배는 돛을 날려 이미 멀리 갔다. 반드시 거듭하여 미쓰를 보내어 唐国에 조빙할 필요는 없다. 嶋嶼의 사람들이 東西로 이익을 엿보고, 몰래 官印을 배우며 가짜로 공첩을 만들어 이로써 斥候의 어려움에 대비하면서 스스로 白水[郎]의 遊를 마음껏 하는지도 모르겠다. 그러나 양국이 서로 교통함에 있어서는 반드시 속임이 없어야 한다. 사절은 専対가 아니기 때문에 믿고 의지하기에는 부족함이 있다. 所司가 재삼 청하기를, 형장을 바로잡아, 이로써 부정한 무리를 막아야 한다고 한다. 주사는 힘써 일의 대강을 알아, 허물을 버리고 공을 채근한다. 小人의 황박한 죄를 용서하고 大国의 관대한 도리를 펼치고자 한다. 바야흐로 지금, 때는 평화롭고 바다는 파도마저 일으키지 않는다. 만약 旧好를 구하여 찾는다면 서로 무엇이 방해가 되겠는가. 하물며 貞観年間(당 연호, 627~649년)에 고표인이 일본에 도착한 이후, 오직 우리에게만 이를 의지한다. 입술과 이처럼 서로를 필요로 하게 된 지 오래되었다. 일은 모름지기 태정관에 첩하고 아울러 청주에 첩하여, 일을 헤아려 바다를 건널 때 필요한 程粮을 지급하고 본국으로 돌려보내니, 처분을 청한다."고 한다.】 判을 받들어 장에 준하여 태정관에 첩한다. 상세히 조사하여 문제를 밝혀주기를 청한다.

기 발표한 연구에서 지적한 바 있지만, 본고에서의 논의를 위하여 몇 가지 중요한 논점들에 대해 언급해두고자 한다. 먼저, 태정관인의 篆跡이 분명하다고 하는 점에 대해서이다. 이는 신라(집사성) 측에 태정관인에 새겨진 篆書體를 보고 진위를 판별할 수 있는 감정 능력이 있었음을 말해준다. 관인의 진위 여부를 가려야 할 정도로 위조가 빈번했을 가능성을 간접적으로 엿볼 수 있는 대목이며, 감정을 필요로 하는 때가 잦았음을 의미한다. 다음으로, '嶋嶼之人'의 실체에 대해서이다. 이는 앞서 언급한 바와 같이 '크고 작은 섬의 사람들'이라는 뜻이다. 종래에는 '해도인'과 유사한 표현으로 인식하고 장보고 또는 그 관련 세력(집단)으로 이해해온 측면이 있으나, 집사성첩의 전후 맥락을 보게 되면 일본열도 측 도서지역의 사람들이라고 보는 것이 타당하다. 이어서, '白水之遊'에 대해서이다. 이것은 '白水郞'의 '이동(遊)'을 줄인 말로 보인다. 白水郞은 일본어로 '아마'라고 읽는데, 해민, 해인, 해녀에 상당하는 용어이다. '遊'는 '遊歷', '遊牧' 등의 용례에서 알 수 있듯이 이동하는 것을 가리키는 표현임을 확인해두고자 한다.

한편, 집사성첩에는 일본과 신라 사이에서 외교 공간으로서 기능한 菁州라는 지명이 등장하여 유의된다.[24] 고대 일본의 대외 관계에 대한 연구는 상당히 진전되어 있는 상황이며, 對신라 교류에 대해서도 다각적인 검토가 이루어져왔다. 그러나 일본 측의 관문이었던 다자이후(大宰府)에 대해서는 구체적인 부분까지 밝혀진 반면, 신라의 경우 어느 지역이 對일본 교통의 주된 창구였는지 충분히 논의된 바가 없다. 특히, 일본의 견신라사가 입항한 곳이나 신라의 대외 사절이 출항한 장소가 어디였는지에 대해서는 적극적으로 검토되지 않은 듯 보인다. 한편, 한국 학계에서는 신라 측의 주된 對일본 외교의 공식 창구로서 김해나 울산 등을 상정해왔지만, 사실 명확한 사료적 근거를 가지고 있지 못하다. 이러한 상황에서 주목되는 것이 바로 집사성첩 본문에 등장하는 菁州이다.[25]

일본 측 사료에 의하면, 일본과 신라 사이의 외교 교섭이 이루어진 구체적인 지명이 두 차례 등장하는데 그 하나가 '菁州'[26]이고 나머지 하나가

24) 청주(강주)의 역할과 기능에 대한 서술은 鄭淳一, 「承和年間における対外交渉と新羅康州」『九世紀の来航新羅人と日本列島』, 勉誠出版, 2015를 참고하여 요약, 정리한 것이다.

25) 鈴木康民監修, 高久健二ほか編, 『古代日本対外交流史事典』, 八木書店, 2021의 '부록' 26~27쪽에는 〈朝鮮半島·日本列島(3) 8世紀~10世紀〉 교류 현황에 관한 지도를 게재하고 있으며 '청주(강주)'가 신라와 일본 간의 교섭 창구였음을 구체적으로 표시해두고 있다.

26) 『続日本後紀』 承和3年(836) 12월 丁酉(3일)条에 등장하는 지명으로 본고에서 말하는 '집사성첩' 속에 보인다.

'康州'[27]이다. 그런데 양자는 별도의 지역이 아니라 같은 곳을 가리키는 명칭이다. 아마도 해당 지역은 수차례에 걸쳐 지명 변화를 경험한 것으로 보이는데 고대 국가 신라의 단계에서는 이 지역의 명칭이 최종적으로 '강주'로 정착하였으며, 국제교류의 장으로서 사료에 등장하는 경우에도 '강주'라는 지명으로 더욱 자주 확인된다.[28]

'강주(청주)'라는 지명이 '牒式文書'의 존재와 세트를 이루어 등장하는 이상의 사례를 통해 이 공간이 지니는 기능을 어느 정도 유추할 수 있다. 강주는 외국 사절이 도착했을 때, 방문 목적을 파악하고 그들이 지참한 외교문서를 접수하여 신라 왕경으로 송부하였으며, 1차적인 영접 의례 등을 담당하였다. 나아가, 일본 사절의 체재 시에 숙식을 제공해주는 등 제반 조치를 관장하였던 것으로 보인다. 또, 일본 사절이 본국으로 귀국할 때 식량을 조달해주는 등 도항 수속을 맡았고 표류민 송환 기능까지 수행하였던 것으로 생각된다.

경우에 따라서는 신라의 강주가 일본의 太政官과 동등한 레벨로 다루어지고 있는데, 그것은 해당 지역이 신라 국내에서 지니는 위상을 잘 보여준다. 즉, 집사성이 신라의 핵심 관부이긴 했지만, 그렇다고 해서 집사성과 강주가 단순히 종속관계 또는 상하관계에 있었다고 말하기 어려운 측면이 있고, 오히려 외교 교섭의 영역에서만큼은 강주가 나름 독자적인 역할을 수행하였을 가능성이 높은 게 아닌가 한다.[29]

27) 『続日本後紀』 承和 12年(845) 12월 戊寅(5일)条.

28) 따라서, 이하에서는 편의상 지명을 '강주'로 통일해서 부르거나 필요한 경우 양자를 병기하기로 한다.

29) 다만, 『입당구법순례행기』 大中 元年(847) 9월 6일조에 의하면, 신라 '武州'도 일본인 표류민의 송환업무에 관여하고 있음이 확인된다. 적어도 9세기 중엽의 경우 이국인이 신라에 표착하면 당해 지역의 치소가 왕경과의 연락을 취하면서 이후의 표차민 관련 업무를 수행하였을 가능성도 무시할 수 없다. 즉, 강주(청주)의 기능이란, 이국인의 도착 지점(표착 지점)이었던 사실과 관계가 있을 수도 있으며, 도착 지점의 치소가 지니는 역할 가운데 하나가 표착민 송환이었을지 모른다.

외교적 기능 이외에도 신라 국내에서 강주(청주)가 맡고 있던 역할은 다수의 사료에서 확인할 수 있다. 우선, 국가 제사, 종교, 신앙과의 관련성을 지적할 수 있다. 다음으로, 강주로부터 진귀한 동물의 진상이 이루어졌다는 사실이 주목된다. 이것은 앞서 말한 국가 제사 시 행해지는 동물의 희생과 무관하지 않아 보인다. 또, 최근 해당 지역에서 발견된 문자 자료를 보면, 이 지역에 仏教信仰結社가 존재했을 가능성도 있다. 그 이외에도 군사 업무와의 깊은 연관성이 확인되며, 昭聖王 원년(799) 3월, 청주(강주) 거로현을 '학생녹읍'으로 삼았다는 기사로부터 국가 토지 지배와의 깊은 상관성도 엿보인다. 다만, 이와 같은 기능과 성격이 강주(청주) 지역의 고유한 것이라고 주장하기에는 다소 섣부른 감이 없지 않다. 신라 지방 제도의 전체상 속에서 이해해야 한다는 점에도 유의해두고자 한다.

시야를 조금 더 넓혀 동아시아라는 지역 범위에서 보면 강주(청주)가 어떠한 기능을 하였는지 보다 입체적으로 확인된다. 「원종대사 비문(慧目山高達禪院國師元宗大師之碑)」『三國史記』, 『小右記』 등 다양한 사료에서 강주(청주)가 출항지 또는 입항지로서 등장하는데 특히, 「원종대사 비문」에서는 元宗大師 璨幽(생몰연대 869~958년)가 입당 수행 후, 신라로 돌아왔을 때 도착한 항구가 '康州 德安浦'였다는 사실도 전해진다.[30] 10세기 초, 신라의 지방 세력인 王逢規는 '泉州節度使'로서 後唐과 외교를 맺는데, 여기 보이는 '천주'는 康州 江陽郡의 宜桑縣에 해당하는 지역이다.[31] 강주의 왕봉규가 당을 상대로 독자적인 외교를 행할 수 있었던 것은 당해 지역이 중국과의 교통에서 유리한 입지적 조건을 갖추고 있었음을 잘 보여준다고 할 수 있다.

또, 『小右記』에는 고려 강주인 未斤達이 일본의 치쿠젠 국(筑前国) 시마

---

30) 허흥식 편, 『韓國金石全文』, 아세아문화사, 1984 참조.

31) 『三國史記』 新羅本紀12, 景明王 8年(924)条, 『三國史記』 雜志3, 地理1, 新羅康州江陽郡条, 『三國史記』 新羅本紀12, 景哀王 4年(927) 3月~4月条.

군(志摩郡)에 표착한 경위가 전해지고 있는데, 미근달의 행적은 당시 존재하고 있던 해상 루트의 일단을 보여준다.[32] 즉, 미근달이 신라(고려)의 '강주', 당(송)의 '明州', 일본의 '치쿠젠(筑前)'으로 대표되는 동아시아 삼국의 항만 도시를 왕래하였다는 사실은 중국의 명주 및 일본의 치쿠젠과 마찬가지로 한반도의 강주가 대외 교통로로서 기능했음을 시사하는 것이라 생각된다.

4~6세기 무렵 일본열도와 깊은 관계를 맺고 있던 가야 제국의 위치라든지, 중세 왜구의 상륙 경로, 그리고 근세 토요토미(豊臣)정권에 의한 조선 침공 루트를 아울러 고려해본다면 강주 지역이 가지는 대외 현관문으로서의 조건을 충분히 짐작할 수 있을 것이다.

앞서 언급한 바 있는 '강주 덕안포'라는 文字列은 강주 지역이 관할하고 있던 구체적인 항구의 명칭을 알려준다는 점에서 매우 귀중한 정보라고 생각된다. 『三國史記』, 『日本書紀』, 『高麗史』의 관련 사료를 종합적으로 정리해보면 어느 정도 추정지를 좁혀볼 수도 있을 것 같다. '강주 덕안포'는 ①문무왕(文武王) 3년(663) 시점에 백제와 신라의 경계였던 지역, ②당시 백제 영역의 남부, ③적어도 貞明 7년(921) 무렵까지는 강주 관할이었던 지역이라는 세 가지 조건을 충족시키는 곳, 즉 '突山' 내지는 그 주변 지역으로 비정할 수 있을 것이다. 흥미로운 것은, 光武 3년(1899) 성립의 『全羅南道麗水郡邑誌』 坊里条에도 '德安面'이라는 지명이 보인다는 사실이다. '덕안면'이 '돌산'과 접해 있는 현재의 여수시 召羅面에 해당한다고 되어 있는 것이다. 결국, '강주 덕안포'는 현재의 전라남도 여수반도에 위치하는 항구였을 가능성이 대단히 높다고 말할 수 있는 것이다.[33]

---

32) 『小右記』 寛仁 3年(1019) 6月 21日条.

33) 강주 덕안포 비정의 구체적 근거에 대해서는 鄭淳一, 「承和年間における対外交渉と新羅康州」, 112~114쪽을 참조해주기 바란다. 조선 시대 유적이긴 하지만, 돌산 지역에는 군사 통신시설의 하나인 烽燧가 존재한다. 『증보문헌비고』(1908)에 따르면, 조선 후기 운용되었던 봉수 가운데 전남 여수에서 서울 목멱산(남산)까지

2) '嶋嶼之人'의 도해 양상

본고가 집사성첩 내용 가운데 다시금 주목하고자 하는 것은 바로 "도서의 사람들이 동서로 이익을 엿보고 몰래 관인(만드는 법)을 배워, 거짓으로 공첩을 만든다. 이로써 척후의 어려움에 대비하고 마음대로 백수랑이 떠돌아 다니듯 이동한다."는 구절이다. 여기에 '嶋嶼之人'의 '公牒' 휴행이 언급되고 있기 때문이다. '도서지인'이 '공첩'을 위조하여 신라 측의 해상 경비를 피하여 신라국 관할 지역을 자유롭게 왕래하고 있는 실태를 문제시하고 있으며, 일본의 견신라사 기노 미쓰(紀三津) 또한 그와 같은 부류-'도서지인'과 같은 신뢰할 수 없는 존재-인 거 아니냐며 추궁하고 있는 것이다.

이는 매우 아이러니컬하면서도 흥미로운 상황이다. 몰래 가짜 '관인'과 '공첩'을 만드는 '도서지인'이 신라 연해에서 문제시되고 있기에, 오히려 이 해역을 왕래하는 사람들에게 신뢰할 수 있는 '공첩'의 지참이 요구되는 셈이기 때문이다.

신라국 집사성첩이 일본국 태정관으로 발신된 것은 바로 이와 같은 '도서지인'이 일본국(태정관) 관할 지역의 사람들이라는 인식에 기인한다. 이는 다시 말해 '도서지인' 문제란 일본국 태정관이 단속할 수 있는 사람들과 관련되어 있다는 의미이며, 일본열도의 어딘가를 출발하여 신라 쪽으로 은밀하게 도항하는 사람들의 증가와 그로 인한 질서의 교란 혹은 통제의 난항을 가리키는 것임을 알 수 있다.

서남해안 감시용으로 기능했던 '제5로 직봉'의 출발점이 여수 돌산이라고 되어 있다. '제5로 직봉'은 이른바 '왜구'의 침투를 상정하고 있다는 특징을 지니는데, 돌산 지역이 그 출발점이라는 사실은 해당 지역이 일본과의 교통에서 큰 비중을 차지하고 있었음을 방증한다.

3. 海商의 이동과 渡海許可文書의 지참

1) 상인의 활발한 왕래와 문서 지참

일본의 사료에서 '신라상인(新羅商人)'이 처음 확인되는 것은 814년 기록이다. 814년, '신라상인' 31인이 나가토국(長門国) 토요우라군(豊浦郡)에 표착하였다는 기사로, 종래 없었던 새로운 형태의 내항자(도항자)의 등장이라 할 수 있다.[34] 그런데, 『속일본기』 신호경운2년(768) 10월 갑자(24일)조에 "좌우대신 이하 높은 자들에게 신라의 交関物을 사기 위해 다자이후가 보관하고 있던 양질의 綿을 하사하였다"는 기록이 있다는 것을 근거로 이 무렵부터 '신라상인'이 일본을 왕래했다고 하면서, 이 '768년 교역'이야말로 9세기 교역 형태(다지이후 교역 유형)의 기원이라는 견해도 존재한다.[35] 어떠한 입장을 따르더라도 일본을 왕환하는 국제상인이 '긴 9세기' 무렵 나타나기 시작하였다는 사실에는 변함이 없다.[36]

天長8年(831) 9月 7日 태정관부는 일종의 '신라상인'에 관한 법령이라 할 수 있다.[37] 이 관부는 '신라상인'이 내항하였을 경우, 배 안의 화물을 조사하여 '適用之物'의 구입과 그 京進을 행하게 하고, 그 이외는 府官 관리하에 적정 가격으로 교역하도록 다자이후에 명하는 내용을 담고 있는데, 일본의 정책(법령)에 의해 처음으로 '신라상인'의 존재가 인정되었음을 보여주는 자료로 이해된다. 이전까지는 '신라상인'의 내항을 의식한 수용 시스템을 갖추지 못하고 있었으나 '신라상인'의 활동을 관리 체제 내로 편입시키는 형태를 취하면서 일본열도 연해 지역의 인민과 '신라상인' 사

34) 『日本後紀』 弘仁5 年(814) 10月 丙辰(13일)条.

35) 李成市, 「京師交易から大宰府交易へ」 『東アジアの王権と交易』, 青木書店, 1997.

36) '긴 9세기'에 대해서는 鄭淳一, 『九世紀の来航新羅人と日本列島』, 勉誠出版, 2015의 '서장' 1~2쪽 참조.

37) 『類聚三代格』 巻18, 天長 8年(831) 9月 7日 太政官符.

이의 교역을 합법적인 것으로 만든 셈이다. 더 이상 통제 불가능한 상황인 바에야 이국 상인의 존재와 그 일본 왕래를 법적으로 용인함으로써 일본의 왕권·조정이 교역의 이익을 배타적으로 선점하고자 한 것으로 보인다.

이렇게 제도권 안으로 들어오게 된 신라상인의 왕래는 그 이후로 지속되었고 눈에 띄게 활발해졌다. 814년 기록을 시작으로 당-일 간을 오고 가는 '신라상인'의 모습이 계속해서 확인됨은 물론이고 835년 무렵에는, '신라상인'의 왕래가 끊임없이 이어진다는 이키(壱岐)로부터의 상황 보고가 중앙에 전달되고 있는데 '來窺不絶',[38] '往來不絶'[39]이라는 언설이 등장하는 점에 유의된다.

840년, 藩外新羅臣 장보고 사절이 일본을 방문하여 말 안장 등 방물을 헌상하였으며,[40] 841년에는 장보고가 보낸 '회역사' 이충, 양원의 다자이후 방문도 보인다. 이 속에서 훈야노 미야타마로(文室宮田麻呂)와 장보고의 '唐國貨物' 조달을 둘러싼 내밀한 거래 양상까지 수면 위로 부상한다.[41] 사료에는 명확하게 드러나지 않는, 즉 중앙 권력에 파악되지 않는 국제 교역이 적지 않게 존재하였음을 엿볼 수 있는 대목이다.

그 이외에도 840년대 이후 860년대까지 도중, 이소정, 이인덕, 김진, 김자백, 흠량휘, 왕초, 김문습 등의 '신라인'이 '상인'으로서 일본을 왕래한 사실이 확인된다. 이들은 주로 동중국해를 통하여 당-일 간을 왕래하였고, 때로는 '당인'을 표방하고 있다는 특징을 지니고 있다. 아마도 신라상인과 당 상인과의 협업이 남긴 흔적으로 추정된다.[42] 나아가 필자 개인적으로는 869년의 '신라해적' 기록도 재당 신라상인의 활발한, 그래서 통

38) 『続日本後紀』 承和 2年(835) 3月 己未(14일)条.
39) 『類聚三代格』 巻5, 承和 5年(838) 7月 25日 太政官符.
40) 『續日本後紀』 承和 7年(840) 12月 己巳(27일)条.
41) 『續日本後紀』 承和 9年(841) 正月 乙巳(10일)条.
42) 정순일, 「고대 동아시아 해역 세계의 교류」 『동아시아사 입문』, 동북아역사재단, 2020, 235~237쪽.

제될 수 없었던 일본 왕래의 일면을 보여주는 게 아닐까 생각하고 있다.[43)]

흥미로운 점은 이들 상인이 해역을 왕래할 때 특정한 문서를 지참하였다는 사실이다. 먼저, 신라에서 일본으로 이동하는 경우이다. 承和9年(842)년 신라의 염장은, 이소정을 일본으로 보내어 장보고의 사망과 잔존 세력의 반란, 진압 소식을 전하게 함과 동시에 일본으로의 도망이 우려되는 賊徒=장보고 세력의 포박과, 회역사 이충 등이 일본에 가지고 간 화물의 반각 등을 요구하였다.[44)] 주목되는 것은 이소정이 일본 측에 '文符'의 지참 여부를 기준으로 장보고 세력의 포박을 요구하고 있다는 사실이다. 신라에서 일본으로 도항하는 상인들은 '문부'와 같은 공식문서를 지참하도록 규정되어 있었을 가능성이 높았음을 엿볼 수 있는 대목이다. 이소정 스스로도 '염장이 치쿠젠 국에 올리는 첩장(閻丈上筑前國牒狀)'이라는 문서를 지참하고 있었는데, 그와 같은 '신분증명서', '도항허가서' 성격의 문서를 지니지 않으면 그다음 단계의 교섭이 불가능한 시스템이 구축되어 있었을 것으로 보인다.

다음으로, 일본에서 당으로 이동하는 경우에 대해서이다. 도쿄국립박물관(東京国立博物館)에 소장되어 있는 '국보' 엔친(円珍) 관계 문서 가운데 〈円珍大宰府公験〉 1巻이 존재한다. 이에 따르면, 仁寿3年(853) 2월 11일, 다자이후가 엔친의 신청에 의해 大唐商人(다른 사료에는 '新羅商人'으로도 등장) 王超 등의 귀국선에 편승하여 입당할 것을 허락하는 취지가 담긴 '공험'을 발행하고 있는 모습이 확인된다.[45)] 일본 승려가 상인의 배에 편승하여 당으로 도항할 때 공적 기관으로부터 문서의 발행을 요청한 것이다. 이때 다자이후가 발행한 '공험'에는 신분을 증명하는 내용, 승선 인원 목록, 소지품 목록 등이 기재되어 있었다. 여기에서는 唐代 여권(패

43) 정순일, 앞의 논문, 238~239쪽.

44) 『続日本後紀』 承和 9年(842) 正月 乙巳(10日)条.

45) 竹内理三 編, 『平安遺文』 古文書編 第1巻, 102호 문서 '大宰府牒' 및 103~109호 문서 '延暦寺僧円珍牒', 89~93쪽.

스포트)에 상당하는 공문서가 '공험'이라 칭해지고 있지만 정형화된 호칭이 아니었을 가능성도 있다. '공험'은 신분증명서, 도항증명서(허가서)뿐만 아니라 여러 공문서의 명칭으로 사용되기도 했기 때문이다.

당 開元年間(713~741년)부터 長慶年間(821~824년)까지의 일을 기록하고 있는 『唐国史補』에 '市舶使, 籍其名物, 納舶脚, 禁珍異'[46]라고 나오는 점을 참고한다면, 당은 외국에서 도착하는 선박의 화물 점검은 물론, 승선자(내항자)에 대한 체크를 엄밀하게 시행하고 있었을 가능성이 높다. 같은 책에 의하면, 8세기 무렵부터 廣州를 중심으로 해외 무역이 융성해지기 시작했으며, 그 때문에 무역 업무를 담당하는 관리로서 市舶使가 설치되었다고 한다.[47] 이는 교역에 종사하는 상인 집단의 활발한 왕래가 선박 및 승선원에 대한 철저한 관리·통제와 연동되고 있었음을 의미하며, 그처럼 엄밀한 통제하에 있던 상인들에게 해외 입항 시에 요구되는 문서의 지참이 하나의 커다란 부담으로 작용하였으리라는 사실은 어렵지 않게 짐작할 수 있다. 또 『신당서』 백관지 鴻臚寺조에는 '凡客還, 鴻臚籍依賫賜物多少以降主客, 給過所'라는 규정이 보이는데,[48] 귀국하는 '蕃客'(=使節, 商人 양쪽 모두 가능성이 있음)에게 부여된 '過所'가 일종의 여권에 상당하는 문서였을 것으로 추찰된다.

끝으로, 일본에서 신라로 이동하는 경우이다. 앞서 살펴본 바와 같이 『続日本後紀』 承和 3年(836) 12月丁酉(3日)条에는 일본국 태정관에 보내는 新羅国 執事省牒이 全寫되어 있다. 대부분의 선행연구에서는 이 집사성첩이 신라의 해상세력 장보고를 의식한 내용이라 해석하고 있으나, 前述한 바와 같이 당해 집사성첩에 보이는 '嶋嶼之人'은 신라 장보고 세력을 가리키는 것이 아니라 일본열도 도서부에 거주하면서 한반도 신라로 도항을

46) 唐 李肇, 『唐国史補』 巻 下.
47) 松浦章, 「唐宋元代の海商と海賊」 『中国の海商と海賊』, 山川出版社, 2003, 16쪽.
48) 『新唐書』 巻48, 百官志3, 鴻臚寺條.

시도하는 집단 내지 세력으로 해석해야 한다. 즉, 일본 측으로부터 신라로 도항하는 사람들을 상정한 내용이다.

"도서의 사람들이 동서로 이익을 엿보고 몰래 관인(만드는 법)을 배워, 거짓으로 공첩을 만든다. 이로써 척후의 어려움에 대비하고 마음대로 백수랑이 떠돌아 다니듯 이동한다."고 되어 있는 부분을 통해서는 신라 측의 척후(해상경비)를 피하기 위해 '공첩'을 위조하여 스스로의 도해 행위가 공식적인 허가 아래 이루어졌다고 거짓으로 꾸미려 했던 생업집단의 존재가 확인되는데 당연하게도 그 배경에는 정규의 '공첩'을 휴대하여 교역 활동을 행하는 사람들(상인도 포함한 해민 집단)이 존재하고 있었을 것이다. 여기에 등장하는 '공첩'이라는 문서는 도항 허가서(신분 증명서)로서의 성격을 가지고 있었던 것으로 보인다.

이상의 사례로부터 해상을 왕래하는 사람들은 신분을 증명하는 문서의 소지를 요구받고 있었으며, 해당 문서에는 상대국에 요청(의뢰)하는 내용, 승선자 리스트, 소지품 리스트 등이 기록되어 있는 경우도 적지 않았다는 실태를 엿볼 수 있다.

2) 도해 허가 문서의 형태와 내용

海商에게 지참이 요구되었던 것으로 보이는 도해 허가 문서의 형태와 내용을 정확히 파악하기는 어렵지만, 도쿄국립박물관에 소장되어 있는 엔친 관계 문서(円珍関係文書)를 통해서 어느 정도 추론해볼 수는 있다.

먼저 엔친 관계 문서 가운데 하나로 꼽히는 〈円珍福州公験〉(1巻)을 살펴보자. 이 문서는 紙本墨書/ 33.3×133.9cm 크기의 권자본으로 仁寿3年(853=중국 唐 大中7年)의 것이다.[49] 두루마리에서 가장 우측의 문서는 仁

49) 여기 등장하는 '공험', '과소'에 대한 선구적 연구로는 内藤湖南, 「三井寺所蔵の唐過所に就て」『桑原博士還暦記念東洋史論叢』, 1931 ; 駒井義明, 「公験と過所」『東

寿3年(당 大中7年) 엔친이 복주에 도착하여, 거기서 台州로 갈 때 발급된 증명서이다. 그 다음 문서들은, 엔친 일행이 천태산, 오대산 등을 순례하기 위해 허가를 요청한 데 대해서 福州録事参軍平仲이 발급한 것으로, '福州都督府'의 朱印이 네 군데 찍혀 있다. 그 뒤에는 복건 지역 관리가 발급한 통행 허가서 및 통과 증명이 이어지고 있다.

이 권자본을 통해서 엔친이 일본을 떠나 당으로 이동할 때 어떠한 방식으로 도해 허가를 받았는지, 또 당에 도착한 후 당 국내를 이동할 때 어떻게 통행 허가를 취득하였는지 어느 정도 파악할 수 있다. 그 프로세스는 다음과 같이 복원이 가능할 것이다.

1. 엔친(円珍)이 다자이후에 입당 신청서를 제출한다.
2. 다자이후가 1에 날인, 大宰小監이 "任為公験~"를 추기하여 허가증으로서 엔친에게 돌려준다.
3. 복주에 상륙한 엔친은 당 국내 이동의 허가를 요구하는 신청서를 2에 이어 붙인 후 복주에 제출한다.
4. 복주가 2와 3에 간인을 찍고, 3에 날인한 다음 '印'에 押書(사인)한다. 그 후 福州録事가 "任為公験~"을 추기한다.

이로부터 일종의 여권(패스포트)으로서 활용된 〈다자이후 공험〉의 존재가 파악되는 셈인데, 여기서는 중국식(唐風) 인명 및 지명 표기가 사용되고 있다. 왜냐하면 결국 이 문서는 당에서 통용될 것이기 때문이다.

이어서, 마찬가지 엔친 관계 문서의 하나로 전해지는 〈円珍大宰府公

洋学報』 40-2, 1957 등을 들 수 있다. 당 및 일본의 통행 허가 문서에 대한 전반적인 내용은 荒川正晴, 「唐の州県百姓と過所の発給 : 唐代過所, 公験文書箚記」 『史観』 137, 1997 ; 松原弘宣, 「関の情報管理機能と過所」 『日本古代の交通と情報伝達』, 汲古書院, 2009 ; 佐藤ももこ, 「唐代の通行証に関する一考察:「行牒」と「往還牒」を中心に」 『史泉』 120, 2014 등이 참고된다.

驗〉(1卷)의 내용과 형식을 살펴보자.[50] 이 문서는 紙本墨書/ 27.8× 39.3cm의 크기이며 仁寿3年(853)에 작성된 것으로 현재 도쿄국립박물관이 소장하고 있다. 엔친이 仁寿3年(853) 당에 입국할 때 다자이후에서 발급받은 공험(도항증명서)으로 외관상 '大宰府印'이 세 군데 찍혀 있음을 알 수 있다. 엔친의 당시 연령은 물론 法臘, 종자의 인원수, 수신물의 내역 등이 기재되어 있으며 '大唐商人' 王超 등이 본향으로 돌아가는 배에 편승하여 도해했다는 정보도 확인할 수 있다.

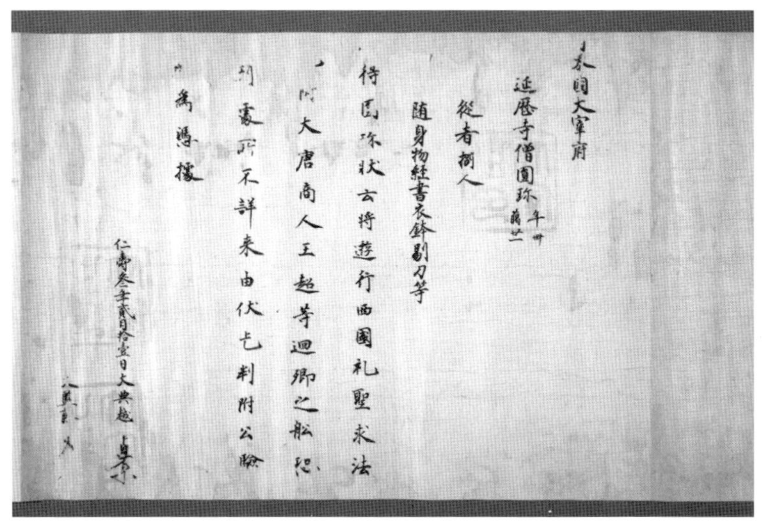
本國大宰府
延曆寺僧圓珍 年卌 臘廿二
從者捌人
隨身物經書衣鉢剔刀等
得圓珍狀云將遊行西國礼聖求法
附大唐商人王超等迴鄉之船䑼
到處所不詳來由伏乞判附公驗
為憑據
仁壽參年貳月拾壹日大典越

〈円珍大宰府公験〉(1巻)[51]

또, 엔친 관계 문서 가운데에는 당 국내에서 사용된 통행허가증도 보이는데 〈엔친 태주 온주 공험(円珍台州温州公験)〉(1巻)이 그것이다. 唐 大中7年(853) 10월~12월의 내용을 담고 있는데, 福州에서 증명서를 발급받

---

50) 이 문서의 내용에 대해서는 앞 절에서 이미 설명한 바 있다.
51) 문서 이미지는 e国宝(http://emuseum.nich.go.jp/) 사이트에서 확인할 수 있다.

은 후, 엔친이 온주와 태주를 통과할 때 사용했던 문서를 하나의 두루마리에 모은 것으로 보인다. 〈엔친 복주 공험〉과 함께 당시의 일본-중국(당) 교류 양상은 물론, 중국 국내에서의 이동 실태를 알 수 있는 귀중한 사료라 할 수 있다.

〈태주 온주 공험〉 권자본의 크기는 30.3×336.3cm로 좌우 3미터가 넘는 매우 긴 두루마리 자료인데, 그 가운데 가장 마지막 내용을 아래에 인용하여 구체적인 기재 내역을 살펴보고자 한다. 해당 내용은 『平安遺文』 109호 문서로 알려지기도 한 엔랴쿠지 승 엔친 첩(延暦寺僧圓珍牒) 가운데 〈台州 臨海縣〉 부분이다.

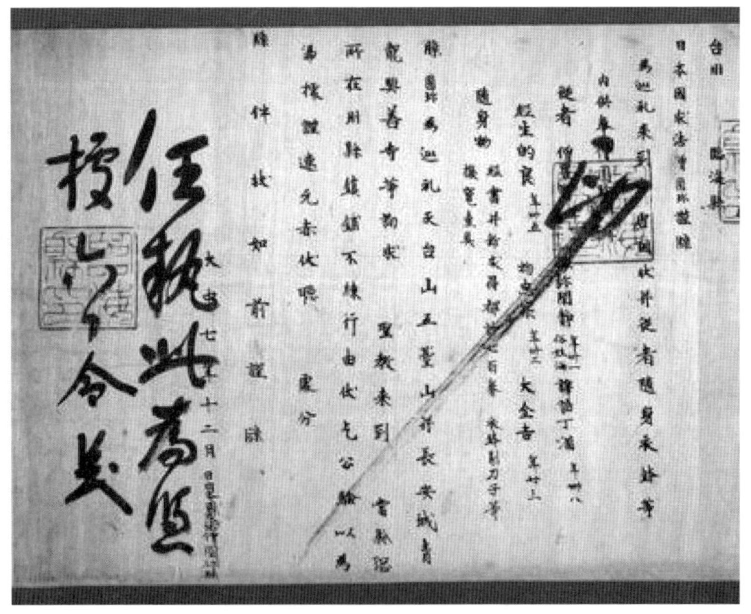

〈円珍台州温州公験〉(台州 臨海縣 부분)[52]

52) 문서 이미지는 e国宝(http://emuseum.nich.go.jp/) 사이트에서 해당 부분만 발췌하여 옮긴 것이다.

『平安遺文』109 延曆寺僧圓珍牒[53)]

台州 臨海縣

日本國求法僧〈圓珍〉謹牒

爲巡禮來到唐國狀并從者隨身衣鉢等

「卽」內供奉僧圓珍〈年四十, 臈廿一〉

從者 僧豊智〈年卅三, 臈一十三〉 沙彌閑靜〈年卅一, 俗姓海〉 譯語丁滿〈年卌八〉

經生的良〈年卅五〉 物忠宗〈年卅二〉 大全吉〈年廿三〉

隨身物〈經書并新求得計七百卷, 衣鉢剔刀子等, 旅竃壹具〉

牒, 〈圓珍〉爲巡禮天台山, 五臺山, 并長安城青龍, 興善寺等, 詢求聖教, 來到當縣, 恐所在州県鎮鋪, 不練行由, 伏乞公驗, 以爲憑據, 謹連元赤, 伏聽處分,

牒, 件狀如前, 謹牒,

大中七年十二月 日 日本國求法僧圓珍牒

「任執此爲憑據, 六日令幾」 〈※「臨海縣印」 세 군데 있음〉

이 문서는 태주 임해현을 통과할 때 사용된 문서로, 일본국 구법승 엔친이 순례를 위해 당에 도착하였다는 狀과 종자, 수신물(衣鉢) 등이 기재되어 있다. 내공봉승 엔친의 연령이 40세이고, 臈 즉, 출가 후 햇수는 21년이라는 사실도 알 수 있다. 종자 승려 예지의 나이는 33세, 납 13년, 사미 한정의 나이는 31세, 속성은 海이다. 역어(통역) 정만의 나이는 40세였고, 경생적량의 나이는 35세, 물충종의 나이는 32세, 대전길의 나이는 23세였던 것 같다. 수신물에는 경서(경전) 및 새롭게 求得한 700권, 의발, 剔刀子(작은 칼) 등이 포함되어 있었으며, 旅竃 1구[54)]도 있었다. 이어서, 엔친 일행이 순례할 경유지도 기재되어 있다. 천태산과 오대산, 그리고 장안성의 청룡사, 흥선사 등이 그것이다.

53) 竹内理三 編, 『平安遺文』 古文書編 第1卷 109호 문서 '延曆寺僧円珍牒', 92~93쪽.

54) 취사 도구의 일종으로 추정됨.

여행의 구성원, 신분, 나이, 소지품 리스트, 방문 목적, 방문 지역 등이 상세하게 기록되어 있는 통행허가증의 존재로부터 도해 시에 발급받은 '공험', '공첩', '문부' 등 도해 허가 문서에도 제반 사항 등이 매우 구체적으로 기재되었을 것으로 보이며, 그래야만 본국 출항 및 도착국 입항이 가능했을 것이라 추정된다.

야마우치 신지(山内晋次)는 10세기~12세기 전반의 여러 사료로부터 海商이 바다를 건넌 후 도착국에 당도하였을 때 제출한 문서를 추출하여 표로 제시한 뒤,[55] 다음의 여섯 가지 유형으로 분류하였다.

ⓐ「牒状」, 「表」, 「解文」, 「解状」, 「申文」

ⓑ「交名」, 「船内客徒夾名」, 「人徒失(交)名注文」, 「人徒」, 「人徒交名」

ⓒ「貢朝物解文」, 「貨物解文」, 「和市物解文」

ⓓ「公憑」, 「大宋国奉国軍市舶司公憑案」, 「公憑案文」

ⓔ「存問来由日記」, 「存問日記」, 「存問記」

ⓕ「新入宋入六十四人形躰衣裳色絵図」

먼저 ⓐ유형에 대해서는, 해상의 내착을 중앙에 알리는 다자이후 또는 도착국의 解와는 별개의 문서로 첨부되었다는 점을 지적하면서 내착한 상선의 선장인 綱首 클래스의 海商이 작성, 제출한 문서로 보았다. 이어서 ⓑ유형은 승선원 모두의 명부인데 일본의 조정이 海商 및 선원의 성명을 파악함으로써 '年紀' 심사 등 내항 외국인의 철저한 관리에 활용한 문서라고 해석하였다. ⓒ유형의 경우는, 海商이 일본의 조정에 주는 '진상품'에 관한 문서로, 그 가운데에는 '진상품'의 목록과 그들을 진상하는 취지가 기록되어 있었으며, 해상 측에서 작성되었을 것이라 보았다.

55) 山内晋次, 「中国海商と王朝国家」『奈良平安期の日本とアジア』, 吉川弘文館, 2003, 172~173쪽.

ⓓ유형은, 송의 시박 제도 아래에서 해외 교역을 떠나는 海商을 대상으로 발급하는 도해 허가증이며, ⓔ유형은, 다자이후(서해도 이외에서는 도착지의 국아)가 작성한 문서로 그 안에는 강수의 성명, 내항 이유, 승선원 및 탑재 물품의 상황 등에 관한, 일본 측 관리와 海商의 문답 내용이 기재되어 있었다고 분석하였다. 끝으로 ⓕ유형은 내항한 상선 승조원의 용모나 의복을 그린 것이라고 하며, 일종의 '職貢圖'에 관한 것으로 보았다.[56]

예를 들어, 『朝野群載』長治2年(1105) 8월 20일 기사에서는 도착 상인의 제출문서로서 「存問記」, 「公憑」, 「人徒交名」이 확인되는 셈인데,[57] 이에 따르면 규슈 하카타 志賀島에 송의 상선이 도착하였다. 이 배의 선주에 해당하는 綱首는 복건 천주 사람 李充이었고, 그는 명주(닝보)에 있던 시박사가 발행한 '공빙' 즉 통행증(도해 허가 문서)을 소지하고 있었다. 그 문서에는 "이 배는 이충이 소유한 선박으로 승조원인 水手를 모집하여 일본으로 건너가 교역을 희망하였다. 이미 명주 시박무에서 세금을 납부하고 출항 허가서를 얻은 것이라고 한다"라고 기록되어 있었다. 그리고 이충 이하 69명의 명부가 있었으며, 화물에는 象眼 40필, 生絹 10필, 白綾 20필 등이 적재되어 있었음이 전해진다.[58] 비록 12세기 초의 기록이기는 하지만 도해하는 상인의 지참 문서에 대한 시스템이 갑작스럽게 만들어진 것이 아니라면, 海商이 본격적으로 등장하고 그들의 왕래가 활발해지기 시작한 9세기 무렵부터 도해 허가 문서의 지참이 요구되었으며, 지참 문서에 대한 확인이 상례화·제도화하였다고 봐도 좋은 게 아닌가 생각된다.

조금 더 후대의 자료이긴 하지만, 중세 度牒으로부터도 고대의 실태를 일정 정도 알아보는 것이 가능하다. 도첩란, 국가가 승려의 출가 득도를 인정하는 공문서를 말한다. 일본의 경우, 4통의 특징적인 도첩이 전래되

56) 山内晋次, 앞의 논문, 173~176쪽.

57) 『朝野群載』 巻20, 異国, 大宋国商客事.

58) 松浦章, 「唐宋元代の海商と海賊」 『中国の海商と海賊』, 山川出版社, 2003, 21~22쪽.

고 있는데, 그 가운데 友山士偲 度牒[59]이 주목된다. 이는 正和2년(1313) 4월 8일 필사된 것으로 보이는데 서식, 크기, 종이 재질(黃麻紙), 〈태정관인〉의 위조, 관직명 및 지명의 중국풍 표기, 가공의 인명 표기 등이 특징으로 꼽힌다고 할 수 있다. 여러 논자가 지적하고 있듯이 도해(중국으로의 도항)를 염두에 둔 위조 문서임에 틀림없다. 『制度通』 巻5 僧尼度牒에 의하면, 에도 시대의 학자 이토 토가이(伊藤東涯)도 "이것은 入宋을 위해 만든 것이다"라고 해석했을 정도이다. 友山士偲는 교토 도후쿠지(東福寺)의 선승으로 1328~1345년 실제로 元에 방문한 이력이 있는데, 그와 관련하여 문제의 위조 도첩이 작성·유포되고 있었다는 것은 그만큼 열도 사회에서 중국으로 도항하고자 하는 개인 및 집단이 적지 않게 존재하였다는 의미이며, 도행승에게는 도착국인 중국 측에 자신의 신분을 증빙할 수 있는 일정한 형태의 문서 제시가 필수적으로 요구되고 있었던 것이 아닐까 한다.[60]

앞에서 살펴본 853년 〈엔친 복주 공험〉에서도 일본 엔랴쿠지의 소재지 오우미(近江)가 '江州' 등과 같이 중국풍으로 기재되었음이 확인되는데, 그것은 9세기 당시에 이미 일본의 지명 및 인명이 중국식으로 표기되는 양상이 일반화되고 있었다는 사실을 반영하고 있다. 나아가 이와 같은 방식의 문서 작성 풍토와 그 유행은 동아시아 해역을 활발히 왕래하는 다수의 상인과 승려를 전제하지 않고서는 설명되지 않는 시대상이 존재하였다는 것을 이야기해주고 있다.[61]

59) 우산사시 도첩(友山士偲 度牒) 写, 正和2 (1313년4월8일)/ 1軸 ; 63cm/ 荻野研究室収集文書/ 37.6×47.7cm(外寸109.0×62.5cm)/ 外, 箱題:正和二年度牒/ 正和2年4月8日/ 軸装/ 印記: 太政官印/ 印記: 根岸武香珍蔵/ 根岸武香 旧蔵/ 현재 早稲田大学図書館 소장.

60) 榎本渉, 「中国史料に見える中世日本の度牒」 『禅学研究』 82, 2004 참조.

61) 이외에도 『入唐求法巡礼行記』에서 엔닌(円仁)이 수급한 過所, 公験이 전해지고 있으며, 돈황 막고굴 가운데 제122굴 앞에서 과소의 필사가 발견된 바 있다. 이는 불과 7행의 단편이기는 하지만 천보(天宝)7년(748년)의 기년이 확인되어 주목된다. 1973년에는 투르판 아스타나 석굴 가운데 509호 묘에서 開元20年(732년) 소

끝으로, 사절단이 지참하는 외교문서 또한 도해 허가 문서로 기능할 수 있다는 점을 지적해두고자 한다. 옛 壬生家文書의 일부로 전해져서 현재 일본 궁내청 서릉부에 소장되어 있는 〈발해국 중대성첩(안)〉은 841년 발해국 중대성에서 일본국 태정관으로 보낸 외교문서의 필사본이라 할 수 있다.[62] 발해와 일본 사이의 외교 관계를 보여주는 귀중한 자료로서 주목을 받고 있다.[63] 문서의 전반부는 아래와 같이 읽을 수 있을 것이다.

> 발해국 中臺省이 일본국 太政官에 牒을 올립니다.
>
> 貴國에 가서 알현할 사신 政堂省 左允 賀福延과 그 일행 105인을 마땅히 파견합니다.
>
> 使頭(大使) 1인, 政堂省 左允 賀福延
>
> 嗣使(副使) 1인, 王寶璋
>
> 判官 2인, 高文暄, 烏孝慎
>
> 錄事 3인, 高文宣, 高平信, 安寬喜
>
> 譯語2인, 李憲壽, 高應順
>
> 史生 2인, 王祿昇, 李朝清
>
> 天文生 1인, 晉昇堂
>
> 大首領 65인

그드 상인 石染典 등 알행이 사용한 과소 실물이 발견되었다. 당대에는 과소와 유사한 것으로 公驗이 있으며, 송대 후반에는 公憑, 引拠라 불리는 문서가 존재하였다. 일본에서는 공식령, 관시령 등에 규정이 보인다. 관민이 관소를 통과할 때에는 소속하는 관사, 본관지가 있는 국사, 군사에 대해 과소의 청구를 행하였고, 왕복하는 경우에는 도중에 있는 국사에게 왕로의 과소를 보여주고 청구하였다. 관소(세키)의 역인(관사関司)는 통행자에게 과소를 제시받아, 그 내용을 기록하였다.(松原弘宣, 「関の情報管理機能と過所」『日本古代の交通と情報伝達』, 汲古書院, 2009 등 참조)

62) 정식 명칭은 '宮内庁書陵部所蔵壬生家文書古往来消息雑雑所収渤海国中台省牒写'이다.

63) 酒寄雅志, 「渤海国中台省牒の基礎的研究」『渤海と古代の日本』, 校倉書房, 2001 등.

梢工 28인 … (하략) …

여기에는 발해 사신단의 구성, 즉 직책, 성명, 사람 수 등이 기록되어 있다. 즉 중대성첩이 승선 인원 리스트 성격도 동시에 지니고 있는 셈이다. 이와 같은 사례는 외교문서 그 자체도 도항 증명서, 신분 증명서의 기능을 하고 있었을 가능성을 시사한다는 면에서 매우 중요하다고 생각된다. 외교 관계에서는 表, 啓, 牒 등 외교문서의 서식(형식)도 중시되었을지 모르지만, 그 서식(형식)이 어찌 되었든 기재 내용에 해당 문서를 지참하는 사신단의 신분을 구체적으로 나타내는 정보 등이 있는 경우, 사신단을 받아들이는, 즉 입국을 허가해야 하는 쪽에서는 조금 더 쉽게 그 타당성 여부를 판단할 수 있었을 것이다. 직책, 성명, 사람 수 등이 상세히 기재된 외교문서의 지참이야말로 가장 분명한 신분증명이자, 도해 허가 증명으로 인정될 수 있었을 것이기 때문이다.

3) 획기로서의 호키 연간

동아시아 해역에서 교역 활동에 종사하는 상인들 또는 상인적 성격을 가진 사람들, 생업을 위해 바다를 왕래하는 사람들은 스스로의 해외 도항을 보장해줄 수 있는 문서 지참에 힘을 쏟기 시작하게 되었다.[64)]

그런데 그와 같은 문서의 지참이 중시되기 시작한 것은 다름 아닌 호키 연간(宝亀年間, 770~781년)이었다. 이때부터 도항자의 급격한 증가와 그에 대한 입국 관리의 철저화가 이루어지고 있었으며, 입국 관리의 핵심은 신뢰할 수 있는, 신빙할 수 있는 '문서의 지참'이었던 것으로 보인다. 실제로 '마지막 신라사신' 김난손 등이 일본 방문을 마치고 본국 신라로

64) 정순일, 「고대 동아시아 해역 세계의 교류」『동아시아사 입문』, 동북아역사재단, 2020, 245쪽.

귀국할 때 앞으로 내항하는 신라 사신에 대해서는 반드시 문서, 그 가운데서도 '表'라는 형식의 문서를 지참하도록 요구하였다. 또 그와 동시에 일본의 관문에 해당하는 다자이후 및 쓰시마에도 문서를 소지하지 않으면 사신의 입국 자체를 허가해서는 안 된다고 명하고 있음을 알 수 있다. 이로써 일본으로의 입항자, 그 중에서도 정체가 불분명한 사람, 수상한 사람 등이 증가하자 입국 자격 심사를 강화하였고 그 과정에서 문서 지참을 중시하게 되었음이 확인된다.

필자는 이상과 같은 입국 관리의 시스템이 바로 '긴 9세기'의 상한에 해당하는 호키 연간부터 시작되었다고 생각하고 있다. 환언하면, 호키 연간의 상황은 이국 상인의 빈번한 입항, 그리고 그에 대한 일본 측의 문서(=신분증명서, 도해허가증의 성격) 지참 요구라는 새로운 국면의 기점이 된다고 말해도 좋지 않을까 한다.[65)]

4. 생업집단의 은밀한 도항과 문서의 위조

1) 생업집단의 밀항 실태

지금까지는 800년대라는 시기에 동아시아 해역을 왕래하는 해민이 존재했고, 이 해민의 이동을 각국의 정부, 각 왕권이 강력하게, 또 엄중하게 통제, 제어하고 있는 양상을 확인했다. 그와 같은 이동의 제어가 도해 허가 문서 지참의 요구로 나타나게 된 것이다. 그러나 그럼에도 불구하고 사람들은 국제 이동, 해상 이동을 해야 할 필요가 있었다. 생업을 위해서였을 수도 있고, 승려의 경우라면 구법·순례 등을 위해서였을 것이다. 다

65) 정순일, 앞의 논문, 247~248쪽. 호키 연간에 나타난 도항자 관리를 둘러싼 새로운 국면 전환에 대해서는 鄭淳一, 「縁海警固と『九世紀』の黎明」『九世紀の来航新羅人と日本列島』, 勉誠出版, 2015를 참조해주기 바란다.

양한 이유와 목적으로 바다라는 경계를 넘어 이국으로 향했다.

그런데 어떤 사람들은 출입국 업무를 관장하는 지역의 관아와 잘 협의가 되어 도해 허가 문서를 발급받을 수 있었겠지만, 또 다른 사람들은 뜻대로 일이 잘 풀리지 않았을 수도 있다. 어찌 되었든 이 사람들은 생업을 위해 바다를 건너고, 해상을 왕래해야 했을 것이다. 인민의 입출항 시 문서 지참이 강력하게 요구되는 상황 속에서 도해 허가 문서를 취득하지 못한 사람들에게 남겨진 선택지란 과연 무엇이었을까? 다음의 몇 가지 사례에서 그 실태를 엿볼 수 있다.

먼저, 845년 12월 다자이후의 보고를 통해 알려진, 일본인들의 도해 실태이다. 『続日本後紀』 承和12年(845) 12月 戊寅(5日)条[66]에 따르면, 일본인 50여 명이 신라 연해에 '표류'한 사실이 알려지고 있으며, 이들이 신라인에 의해 본국 일본으로 압송되었다는 사실이 전해진다. 일본인을 데리고 온 신라인이 강주첩(康州牒) 2통을 지참하였다는 점이 무척 흥미롭다. 본고의 冒頭에서 검토한 집사성첩에서도 일본·신라 사이의 도해 문제를 처리하는 과정에서 청주(강주)가 깊숙하게 관여하고 있었음이 확인된 바 있기 때문이다.

이어서, 『入唐求法巡礼行記』에 소개되어 있는 생업집단의 동향에 대해서이다. 『入唐求法巡礼行記』 大中元年(847) 9月 6日条[67]에 의하면, 신라의 무주 남쪽 黃茅嶋 泥浦에 배를 정박하였는데, 다른 이름으로는 丘草嶋라고도 부른다는 것이다. 4~5명이 산 위에 있어 사람을 보내어 그들을 잡으려고 했더니 달아나서 잡지 못하였다고 한다. 여기는 신라국 두 번째 재

66) 大宰府馳駅言, 新羅人齎康州牒二通, 押領本国漂蕩人五十余人来著.

67) 六日卯時, 到武州南界黄茅嶋泥浦泊舩, 亦名丘草嶋, 有四五人在山上, 差人取之, 其人走蔵, 取不得処, 是新羅国第三宰相放馬処, 従高移嶋, 到此丘草嶋, 山嶋相連, 向東南, 遥見耽羅嶋, 此丘草嶋, 去新羅陸地, 好風一日得到, 少時守嶋一人, 兼武州太守家捉鷹人二人, 來舩上, 語話云, 国家安泰, 今有唐勅使, 上下五百余人在京城, 四月中, 日本国対馬百姓六人, 因釣魚, 漂到此処, 武州収將去, 早聞奏訖, 至今勅未下, 其人今在武州囚禁, 待送達本国, 其六人中一人病死矣.

상이 말을 풀어 기르는 곳인데 고이도를 따라 구초도에 이르기까지 산과 섬이 서로 이어져 있는 풍경이라는 것이다. 동남쪽으로 멀리 탐라도가 보이는 구초도에서는 신라 육지까지 좋은 바람이 있을 때 하루 만에 도달할 수 있다고 한다. 섬지기 한 사람과 무주 태수 집에서 매 기르는 사람 두 사람이 배로 올라와, 나라가 안정되어 있고 지금 당의 칙사가 와서 500여 명이 경성(금성)에 머무르고 있다는 소식을 전한다. 지난 4월 중, 일본국 쓰시마 백성 6명이 고기잡이로 인해 이곳에 표류하여, 무주의 관리가 잡아갔다는 것이다. 일찍이 왕에게 상주하였으나 아직까지 勅이 내려오지 않았다고 한다. 그 사람들은 지금 무주에 감금되어 본국 일본으로의 송환을 기다리고 있다가 그 6명 가운데 1명은 병으로 죽었다고 전한다.

다음으로, 9세기 중후반(866년 무렵)의 사례도 있다. 쓰시마(対馬嶋)를 격취하기 위해 신라로 건너간 郡領層이 밀고를 당하고 있는 장면이다. 히젠국(肥前国) 키이군(基肄郡) 擬大領 야마노 하루나가(山春永) 등이 신라인 珎賓長과 함께 신라로 건너가 兵弩器械 제조기술을 배워서 모반을 꾀하려 했다는 것이다.[68] 이들 군령층이 肥前国의 여러 지역을 기반으로 하고 있었다는 점이 주목된다.

또한, 같은 해 866년 오키국 전 국사 오치노 사다아쓰가 신라와 통모하였다고 하며 같은 국 낭인 아즈미노 사키오에 의해 고발되었다는 기사도 주목된다. 물론 이 사건은 후에 무고였음이 판명되지만 한반도 쪽을 바라보고 있는 연해 지역의 전직 지방 장관이 어떠한 이유에서인지 신라 측과 연결되었을 가능성이 지방 사회에서 상상되었다는 자체가 내밀한 교류 양상을 전제로 하지 않고는 설명되기 어려운 부분이다. 그렇게 보면 870년 다자이 다이니 후지와라노 겐리마로가 신라와 통모하였다고 규탄

68) 『日本三代実録』 貞観8年(866) 7月 15日条. “大宰府馳駅奏言, 肥前国基肄郡人川邊豊穂告, 同郡擬大領山春永語豊穂云, 与新羅人珎賓長, 共渡入新羅国, 教造兵弩器械之術. 還来将撃取対馬嶋. 藤津郡領葛津貞津, 高来郡擬大領大刀主, 彼杵郡人永岡藤津等, 是同謀者也. 仍副射手卌五人名簿進之”

되는 사건이 발생한 것도 서일본의 여러 지역을 끼고 있는 해역 세계의 불안정화를 잘 보여주는 대목이라 할 것이다.[69] 통제 바깥에서 밀항을 일삼는 행위가 점차 확대되거나, 방관시되는 상황이었다.

끝으로 『日本三代実録』에 의하면 870년 2월, 쓰시마(対馬嶋)의 시모아가타군(下県郡) 사람 우라베노 오토쿠소마로(卜部乙屎麻呂)가 가마우지(鸕鷀鳥)를 잡기 위해 신라 국경 지역까지 갔다가 잡혀서 구금되었다는 내용이 전해진다. 이후 탈출에 성공하여 일본으로 돌아간 오토쿠소마로는 신라에서 목격한 일(군비확충 및 군사훈련 장면)을 보고하면서 그것이 쓰시마를 취하기 위함이라 설명하였다고 한다.[70]

비록 많지 않은 사례이긴 하지만 신라로 건너간 일본인, 다시 말해 일본열도에서 한반도로 도항한 사람들의 실태를 엿볼 수 있었다. 공통점으로 지적할 수 있는 것은 이들 모두가 은밀한 도항을 시도하였다는 사실이다. 일본 측으로부터 출국 허가를 받지 않았을 가능성이 크며, 도착국에 해당하는 신라로부터도 정식으로 입국 허가를 받지 못하였을 것으로 생각된다.

모반·통모를 위해 도항을 시도한 경우도 있는가 하면, 어획이나 가마우지 포획 등 생업을 위해 바다를 건넜다는 사실도 확인할 수 있다. 또 신라 측이 표류, 밀항 등 허가받지 않은 일본인의 도착을 확인하게 되면 문서 외교('강주첩'을 송부하는 장면) 내지는 문서 행정(무주가 경성의 '勅'을 대기하는 장면)을 동원한 후속 조치를 취한다는 사실을 알 수 있다.

나아가 신라로 은밀하게 도항한 일본인들이 대부분 쓰시마 사람이거나

69) 河内春人, 「古代東アジアの国際関係と交流」『日朝関係史』, 吉川弘文館, 2017, 79~80쪽.

70) 『日本三代実録』 貞観 12年(870) 2月 12日条. "先是. 大宰府言, 対馬嶋下県郡人卜部乙屎麻呂, 為捕鸕鷀鳥, 向新羅境乙屎麿為新羅国所執, 囚禁土獄. 乙屎麿見彼国挽運材木, 搆作大船, 擊鼓吹角, 簡士習兵. 乙屎麿竊問防援人曰, 為伐取対馬嶋也. 乙屎麿脱禁出獄, 纔得逃帰"

그 섬의 중요성을 깊이 인식하고 있는 사람이라는 점은 매우 흥미롭다. 그뿐 아니라 쓰시마를 공취하기 위해 신라로 건너간 군령층이 히젠국(肥前国)을 기반으로 하는 세력인데, 이곳은 지리적으로도 크고 작은 섬이 밀집해 있는 다도해 지역이라는 점을 상기한다면, 바로 쓰시마 및 히젠국의 연해·도서 지역이야말로 신라국 집사성첩에 보이는 '嶋嶼之人'(상인을 포함한 생업집단)의 주요 활동거점이었던 게 아닐까 여겨진다.

2) 渡海許可文書 및 官印 僞造 横行의 가능성

은밀한 도항의 실태를 구체적으로 확인해본 결과, 생업집단이 몰래 도항할 수밖에 없었던 것은 역설적이게도 도해 허가 문서의 지참이 강력하게 요구되었기 때문이라 해도 과언이 아니라 판단된다. 앞서 소개한 사례에 등장하는 생업집단은 그 같은 정식의 도해 허가 문서를 확보하거나 취득하기 어려운 처지에 놓여있는 사람들이었을 가능성이 매우 높다. 그러한 상황에서-신라국 집사성첩에 전하는 것처럼-일본 측의 해민들이 관인의 위조를 일삼고, 위조한 관인을 사용하여 가짜 공첩, 거짓 공식문서를 만들어내는 사태가 초래된 게 아닐까 하는 것이다.

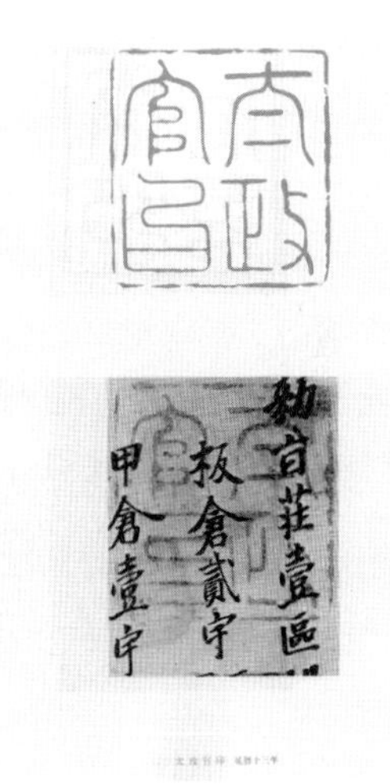

'公牒'에 찍은 '官印'
("太政官印", 延暦13年[794])[71]

현재 전해지는 태정관인의 사례를 보면 집사성첩에서 말하는 것처럼 '篆刻'으로 새겨져 있는데, 아마도 신라 측은 일본국이 사용한 태정관인의

71) 木内武男, 『日本の官印』, 東京美術, 1974에서 인용.

진위를 판별해낼 수 있는 감정 능력을 가지고 있었던 것으로 보인다.[72] 태정관인의 새겨진 형태를 보고서 진짜라고 판단되면 정식으로 입국을 허가해주고, 만약 가짜라는 게 밝혀지면 일본 측으로 돌려보내는 방식으로 출입국 관리를 해나갔던 게 아닐까 생각된다. 반면, 해역을 왕래하는 사람의 입장이라면, 이 관인을 똑같이 정밀하게 파서 위조 문서를 만들어 도항하고자 하였을 것이다. 관인 및 공첩의 위조마저 힘든 경우라면 아예 도해 허가 문서를 소지하지 않은 채 은밀히 바다를 건너려고 했을 수도 있다. 그랬다가 신라 측의 척후(해상경비)에 단속·체포된다면 '표류', '표착' 등 불의의 해난사고로 인해 도달하였다고 변명 및 거짓 증언을 늘어놓는 방식으로 위기를 모면했을 것이다. 그 가운데 신라로의 도항 사유를 잘 설명하지 못하는 집단이나 개인은 신라 측으로부터 '해적' 취급을 받았을 것임에 틀림없다.

이와 관련해서는 9세기 후반의 두 가지 사례로 그 구체적인 모습을 확인할 수 있다. 첫 번째는 발해인 최종좌 등의 표착 당시 드러나게 된 일본 측의 인식이다. 873년 3월 11일, 발해인 최종좌, 대진윤 등 60명이 탄 배 2소가 사쓰마 국(薩摩国) 고시키지마 군(甑島郡)에 표착하였다. 사쓰마 국이 도착 이유를 물으니 徐州의 난 평정을 축하하기 위해 당으로 향하던 발해인들이라고 하면서, 파도가 험난하여 표착하였다고 답하였다. 그런데 사쓰마의 国司는 최종좌 일행이 '公驗' 즉 도해 허가 문서를 소지하지 않았기 때문에 그를 의심하였다고 한다. 심지어 신라인이 발해인을 사칭하고 있는 것은 아닐까 생각하여 2소의 배를 인도하여 다자이후로 향하던 도중 1소

72) '태정관인'이란, 나라시대 이래 太政官符·太政官牒 등의 공문서에 사용한 관인이며, '外印'이라고도 한다. 관련 연구로는 木内武男, 「日本古印の沿革」『日本の古印』, 二玄社, 1964 ; 木内武男, 『日本の官印』, 東京美術, 1974 ; 中村直勝, 「古文書の部分研究」『日本古文書学』下, 角川書店, 1977 ; 鎌田元一, 『日本古代官印の研究』, 平成7年度科学研究費助成金(一般研究B)研究成果報告書, 1996 ; 国立歴史民俗博物館 編, 『(「非文字資料の基礎的研究 - 古印 -」報告書)日本古代印集成』, 国立歴史民俗博物館, 1996 등이 있다.

가 도망쳤으며, 다자이후는 이 사실을 조정에 보고하였다고 나온다.[73)]

두 번째 사례는 신라사신 서선행 일행의 내항 시에 보여준 일본의 태도이다. 885년 4월 11일, 신라사 판관 서선행, 녹사 고흥선 등 48명이 히고 국(肥後国) 아마쿠사 군(天草郡)에 도착하였다. 다자이후의 심문에 대해 서선행 일행은, 前年 일본에 표착하였을 때 관량을 지급받아 본국으로 돌아갈 수 있었던 데 대한 답례를 하기 위해 왔다고 답한 모양이다. 그러나 국왕의 啓가 없고 소지한 신라국 집사성첩도 선례와 달랐기 때문에 첩장을 베끼고, 적재된 화물을 기록하여 중앙에 보고하였다고 한다. 그 후, 6월 20일 단계에 서선행 일행을 돌려보내는 명령을 내렸다는 것이다.[74)]

이상의 두 사례를 통해 우선 동아시아 해역을 왕환하는 사람 가운데 일본에 도착할 것을 목표하였든, 의도치 않게 표류하였든 그 이유를 불문하고 문서의 지참이 요구되었으며, 문서 지참 유무는 물론, 소지한 문서의 형식 및 내용이 철저하게 점검·관리되고 있었다는 사실을 확인할 수 있다. 이어서, 적지 않은 신라인들이 본래의 정체 또는 신분을 속인 채 일본을 왕래하는 사례가 있다는 점을 간접적으로 알 수 있다. 그리고 그런 방식으로 일본을 방문하는 신라인에 대해 일본의 조정은 강한 경계 의식을 표출하고 있었다는 것이 확인된다.

또, 이처럼 통상적이지 않은 이국인의 일본 방문이 모두 동중국해와 면해 있는 규슈 서남부 지역(하나는 규슈 남부의 사쓰마, 다른 하나는 규슈 서부 아리아케 해 연안의 히고)에서 포착되고 있었던 점도 주목되는 공통점이다. 나아가 이러한 은밀한 도해 양상이 현해탄이라는 해역에 국한되지 않고 중국(당)과 일본 사이를 이어주는 동중국해에서도 뚜렷이 나타나고 있으며, 또 그러한 도해 양상에 '당인', '일본인'뿐 아니라 '신라인', '발해인'도 밀접하게 연관되어 있었던 것처럼 보이는 점은 '공첩' 등 도해

73) 『日本三代實錄』 貞觀 15年(873) 5月 27日(庚寅)条.

74) 『日本三代實錄』 仁和 元年 6月 20日(癸酉)条.

허가 문서류의 위조와 가짜 '관인'의 제작이 생각보다 광범위하게 횡행하였음을 시사하는 대목이기 때문에 유의해서 살펴볼 필요가 있다.

관인을 가짜로 만들고, 도해 허가 문서(공첩)를 위조하는 사례는 후대에 훨씬 빈번하게 확인된다. 특히, 중세에는 통교와 생업을 위해 외교문서 자체를 위조하는 일이 비일비재하였다.[75] 15세기 중엽부터 쓰시마와 하카타에서는 조직적으로 명의를 가공하거나, 가짜 통교 사절을 꾸려 조선 측과 교섭하는 사례가 나타났다. 특히 1510년 이른바 '삼포 왜란'으로 조일관계가 단절되자 통교 무역을 회복하기 위해 많은 '僞使'(가짜 사절)가 파견되었음을 알 수 있다.

이처럼 15세기 이후 쓰시마의 소씨(宗氏)는 조선에 빈번하게 위사를 파견하여 조선과의 통교에 따른 커다란 권익을 얻고 있었다. 위사를 파견하기 위해 사절에게 지참하도록 하는 문서(조선 측에서는 이를 '書契'라고 했음)를 지속적으로 위조·개찬한 덕분이었다. 이것이 가능했던 이유는 서계에 찍는 圖書 등 도장을 소씨가 소유하고 있었기 때문이다. 소케(宗家)가 소장하고 있던 자료(큐슈국립박물관 소장) 가운데에는 조선왕조로부터 받은 銅製의 도서가 23개 있다. 그 대부분은 1563년, 1567년에 도서의 복구에 성공한 深處倭(큐슈 지역의 왜인들) 명의였다. 그러나 그것은 쓰시마에 의해 조작된 거짓 명의이기도 했다. 그 외에도 아시카가 쇼군의 도장인 '德有鄰' 印이 4개, 오우치(大內) 씨가 조선왕조에게 받은 割符인 通信符가 2개, 朝鮮國王印인 '爲政以德' 印이 1개 있는데 모두 쓰시마에서 위조된 木印이었다.[76] 銅製의 '도서'는 조선 측이 사여한 진짜 도장(銅印)이지만, 새겨진 명의는 가공의 인물이 많다. 한편, 목제의 위조인은 진짜 '도서'(동인)을 본떠 만든 가짜 도장이다.

잘 알려져 있는 것처럼 궁내청 서릉부에 현존하고 있는, 만력18년

75) 関周一, 「偽造された国書」 『日朝関係史』, 吉川弘文館, 2017, 174~176쪽 참조.
76) 田代和生·米谷均, 「宗家旧蔵『図書』と木印」 『朝鮮学報』 156, 1995.

(1590) 3월 날짜의 '朝鮮國王 李昖(宣祖) 書契'(조선국서)와 같은 연월 날짜의 '朝鮮國王 李昖 別幅'('별폭'이란, 進物의 목록을 가리킴)은 황윤길을 정사로, 김성일을 부사로 하는 조선통신사가 같은 해 7월, 토요토미 히데요시에게 보낸 것이다. 그러나 2통 모두 소 요시토시 등에 의해 개찬된 문서이다. 앞서 서술한 소케 구장 자료의 '위정이덕' 인에는 날인 하였을 때의 朱印이 지금도 부착되어 있는데 성분 분석의 결과 이 2통의 문서에 있는 印朱와 성분이 일치한다. 이 목인도 개찬 시점에 제작되었던 것은 아닐까 추정되기도 한다.[77)]

한편, 15세기 중엽 조선과 일본 간의 통교 무대에서 갑작스레 등장한 가짜 사절들, 즉 위사들은 어떠한 배경에서 나타났을까. 쓰시마 소씨가 주체가 되어 대장경 등의 경제적 이익을 얻기 위해 거짓 사절을 보냈고 조선 측도 이를 곤혹스러워 하였다는 사실이 밝혀진 바 있다. 흥미로운 사실은 조선 측도 '牙符'라고 하는 '割り印'을 이용하여 쇄도하는 위사들을 판별해내고자 하였으나, 쓰시마 측이 그 틈새를 또다시 빠져나가고자 궁리하고 시도하였다는 것이다.[78)]

對한반도 교류를 통해 생업을 꾸려나가고자 하였을 때, 또 그것이 뜻대로 관철되지 않았을 때, 혹은 바다를 자유롭게 왕래하는 것이 생각대로 되지 않는 경우 바로 관인을 위조하고 공첩을 가짜로 만드는 일들이 벌어졌다. 비록 중세 이후 한일관계에서 보이는 구체적인 사례에 비하면 상세한 기록이 많지 않지만, 9세기 무렵의 동아시아 해역에서도 횡행하였다는 사실은 지적할 수 있을 것이다.

77) 九州国立博物館 編, 『戦国大名 九州の群雄とアジアの波涛』, 西日本新聞社・TVQ九州放送, 2015.

78) 橋本雄, 『偽りの外交使節: 室町時代の日朝関係』, 吉川弘文館, 2012.

5. 맺음말

본고에서는 신라국 집사성첩에 보이는 해민의 실태를 바탕으로 도해 허가 문서의 발급, 내용, 형태 등을 구체적으로 확인했다. 이와 같은 작업이 적지 않은 사람들로 하여금 “고대에는 사람들의 해상 왕래, 국제 이동을 강력하게 통제했구나. 사람의 이동이 아주 불편했고, 원활하지 못했구나”라는 생각을 갖게 할지도 모르겠다. 그러나 이 글에서 강조하고자 하는 핵심은 오히려 그 반대이다. 도해 움직임의 강력한 통제는 사람들의 활발한 왕래, 끊임없는 교류를 전제하지 않으면 생각할 수 없는 것이기 때문이다. 공첩을 지참하지 않는 사람을 문제시하고 단속하는 기록이 빈출한다는 것은 뒤집어 말하면 그러한 도해 허가 문서를 지참하지 않은 채 바다를 은밀하게 건너는 사람들이 많았음을 보여주는 것이다.

도해 허가 문서가 강하게 요구되는 모습으로부터 역설적으로 9세기 동아시아 해역 교류, 해민 집단의 해상 왕래가 활발하게 이루어졌음을 알 수 있다. 개방적 교류의 맥시멈(maximum) 상태가 폐쇄적 형태의 통제, 규제, 단속으로 발현되는 현상, 그것이야말로 바로 신라국 집사성첩이 전해주고 있는 역사상인 것이다.

9세기 일본 사료 속의 울릉도·細羅國

이 재 석

1. 머리말

9세기 중·후반기의 일본 사정을 전하고 있는 일본의 국사(정사) 사료에는 863년 신라 동방의 별도, 세라국 사람("新羅東方別嶋, 細羅國人")들이 일본 丹後國의 해안에 표착해 왔다고 기술되어 있다. 후술하는 『日本三代實錄』 貞觀 5년(863) 11월 병오조가 바로 그것이다. 세라국은 여기에만 보이는 명칭인데 "新羅東方別嶋" 즉 신라의 동쪽에 위치한 섬이라면 지리적으로 보아 현재의 울릉도·독도 외에 달리 있을 수 없다. 현재 동해상에 있는 유일한 섬이기 때문에 "新羅東方別嶋" 세라국은 울릉도·독도와 관련이 있는 명칭으로 해석할 수 있는 여지가 있다. 물론 주민이 거주하고 있었다는 점에서 본다면 울릉도와 독도 중에서도 특히 울릉도와의 연관성이 상정될 수 있을 것이다.

하지만 정말로 이 세라국은 9세기 중엽의 울릉도였을까? 지금까지 세라국에 관해서는 연구가 전무하였다고 해도 과언은 아닌 것 같다. 필자가 조사해 본 고대 울릉도 관련 논고에서 세라국과의 연관성을 언급한 연구는 거의 전무하다시피 하였으며[1)] 아예 상기 사료 자체가 검토대상 내지

1) 우산국 관련 연구를 여기서 일일이 열거할 수 없으나 예컨대 강봉룡, 「이사부 생애와 활동의 역사적 의의」『이사부와 동해』 창간호, 2010 ; 김희만, 「이사부의 신라영토확장과 우산국」『이사부」와 동해』 호, 2013 ;, 김창겸, 「신라의 동북방 진출과 이사부의 우산국 정복 출항지 『사학연구』 101, 2011 : 동 「신라의 실직국 복속과 지방통치의 추이」『신라사학보』 32, 2014 : 동 「실직곡국과 異斯夫의 于

언급 대상에서 제외되어 있었다. 아마도 사료의 존재 자체에 대해 인지도가 낮은 상황에서 기인하는 것이 아닌가 하는 생각이 든다.

이 기사에 대해 별다른 주목을 하지 않은 것은 일본 고대사 학계도 마찬가지였던 것으로 보인다.[2] 후술하는 것처럼 상기 사료는 신라인의 일본 해안 표착과 송환(방환) 기사의 일례이며 그 자체 특별한 내용을 담고 있는 기사라고 보기는 어렵다. 따라서 굳이 특별히 주목해야 할 만한 이유가 없었다고 말한다면 수긍 못할 바도 아니다. 하지만 이유야 어떠하든 결과적으로 이 기사에 대한 세밀한 검토가 이루어지지 못한 점은 사실이다.

이렇게 보면 상기 사료와 세라국의 존재는 그 동안 한·일 학계에서 거의 주목받지 못하거나 방치되어 왔다고 해도 좋을 것이다. 그런 점에서 상기 사료를 검토의 소재로 올리는 것은 고대 일본 사료 속에서 울릉도의 모습을 간취할 수 있는 새로운 사료 발견(발굴)의 의미를 지닐 수도 있을 것이다. 물론 거기에는 전제가 붙어 있다. 즉 그것은 어디까지나 세라국이 고대 울릉도 내지 울릉도 관련 표기였다는 전제에서 말이다.

필자의 입장을 미리 말하자면 일단 세라국은 울릉도 관련 표기였다고 보는 것이 자연스러운 해석이라고 생각한다. 다만 그것이 울릉도 그 자체

山國 정복에 대한 새로운 이해」『이사부와 동해』 14, 2018 ; 김창석, 「신라의 우산국 복속과 이사부」『역사교육』 111, 2009 ; 이경섭, 「고대 동해안 지역의 정치적 동향과 우산국」『신라문화』 39, 2012 ; 임평섭, 「신라 지증왕대 동해안 지배와 우산국 정복」『역사와 경계』 99, 2016 ; 정운용, 「신라의 동해안 방면 진출과 우산국」『이사부와 동해』 12, 2016 ; 정연식, 「울릉도, 독도의 옛 이름 대섬[竹島], 솔섬[松島]의 뜻」『역사학보』 241, 2019 : 동 「가개섬 鬱陵島의 여러 명칭과 于山島의 실체」『대동문화연구』 107, 2019 등을 들 수 있고 필자가 본 바로는 김대식, 「고려전기 동해안을 둘러싼 고려와 일본의 분쟁」『숭실사학』 30, 2013)이 유일하게 세라국 기사를 언급하고 있다. 다만 김대식의 연구도 세라국에 대해 이렇다 할 분석을 가미하고 있는 것은 아니다.

2) 9세기 신라인의 일본 관련 해상 활동을 다룬 최근의 연구 성과로는 정순일, 『九世紀の來航新羅人と日本列島』, 勉誠出版, 2015를 들 수 있고 고대 일본의 대외교류 문제에 대해서는 鈴木靖民 외 編, 『日本古代交流史入門』, 勉誠出版, 2017이 전반적인 정리와 최근의 연구 동향을 소개하고 있다.

를 표기한 것인지, 혹은 다른 해석의 여지가 있는지에 대해서는 세밀한 검토가 필요할 것이다. 그리고 "細羅國人"이란 자기 인식 표현에서 고대 울릉도인의 자기 정체성 문제를 생각해 볼 수도 있을 것이다. 문제의 핵심은 일차적으로 세라국의 표기에 대한 이해에 걸려 있다.

다만 검토에 앞서 염려스러운 것은 고대 울릉도에 관한 사료가 매우 영세하다는 점이다. 특히 신라 복속 이후의 우산국의 상황에 대해서는 관련 사료가 거의 없는 실정이다. 그런 점에서 상기 세라국 사료에 대한 검토는 그 시작에서부터 상당 부분 제약을 안고 있으며 따라서 본고의 검토는 결국 '세라국'에서 유추해낼 수 있는 함의 내지 일말의 '가능성' 제기에 그칠 수 있다는 점을 미리 고백하지 않을 수 없다. 본고는 이러한 필자의 고민의 소산물이다. 많은 질정을 부탁한다.

2.『日本三代實錄』貞觀 5년(863) 11월 병오조의 내용

먼저 사료의 내용을 소개하면 다음과 같다.

〈사료 1〉『일본삼대실록』清和天皇 정관 5년(863) 11월 17일 병오조

先是. 丹後國言, 細羅國人五十四人來着竹野郡松原村. 問其來由, 言語不通, 文書無解. 其長頭屎烏舍漢書答云, **新羅東方別嶋. 細羅國人也**. 自外更無詞. 因幡國言, 新羅國人五十七人, 來着荒坂濱頭. 略似商人. 是日. 勅給程粮, 放却本蕃.

사료의 내용은 863년 11월 17일에 이전에 丹後國(단고노쿠니)과 因幡國(이나바노쿠니)에 각각 來着해 와 있던 '세라국'과 신라국 사람 각 54인과 57인을 이 날 모두 적정한 만큼의 식량을 주어 되돌려(放却) 보냈다는 내용이다. 즉 이들의 일본 도착 시기는 명시되어 있지 않으나 丹後國 竹野(다케노)郡 松原(마츠하라)村에 細羅國 사람 54명이, 因幡國 荒坂濱(아라사카하마)의 해안가에 新羅國 사람 57명이 來着해 왔다는 것이다. 여기서는

우선 이들의 來着 문제를 중심으로 살펴보자.

丹後國은 713년 4월 丹波國(단바노쿠니)에서 5개의 군(加佐·与謝(佐)·丹波·竹野·熊野郡)을 떼어내어 丹後國을 설치하였다고 나오며[3] 오늘날 京丹後(쿄단고)市·宮津(미야즈)市를 중심으로 한 京都府 북부 해안을 중심으로 한 지역(쿠니)이다. 그 중에서 京丹後市의 일부가 고대의 竹野郡에 해당하는데 『和名類聚抄』에는 군에는 木津·納野(網野)·鳥取·小野·間人·竹野郷 등 6개의 郷이 기재되어 있다.[4] 『延喜式』神名帳에 기재된 竹野郡内의 유일한 式内大社가 竹野神社(京都府京丹後市丹後町宮 소재)이며 郷名과 郡名이 일치하는 점으로 보아 竹野郷이 중심지였던 것으로 보인다. 다만 松原村의[5] 위치에 대해서는 현재 확실하게 알기는 어려운 것 같다.

因幡國은 현재 鳥取(돗토리)縣 일대에 있었던 지역(쿠니)으로서 荒坂濱(아라사카하마)는 정확한 위치는 알 수 없다. 다만 『延喜式』神名帳에 因幡國 法美(호우미)郡의 式内小社의 하나로서 荒坂神社가 기재되어 있는데 현재의 荒坂神社(鳥取県 鳥取市 福部町 八重原 소재)가 그에 비정될 수 있다면 아마도 그 근처에 있는 해안가로 보는 것이 무난할 것 같다. 오늘날의 福部町(旧 福部村)은 돗토리 사구(鳥取砂丘)의 동쪽 편에 있는 마을이지만 고대에는 이 일대가 바다였다고 전해지고 있다.[6] 이로 미루어 보아 당시 荒坂神社는 바다에 면해 있는 신사였음을 짐작할 수 있다.

丹後國이나 因幡國이나 둘 다 律令制 아래에서는 우리나라 동해 방면(일본해)에 면해 있는 山陰道에[7] 속한다. 그리고 도착 추정지를 표시한 아

3) 『續日本紀』 元明天皇 和銅 6년(713) 4월 을미조.

4) 池邊彌, 『和名類聚抄郷名考證 增補版』, 吉川弘文館, 1966, 460~465쪽.

5) 『新訂增補國史大系 日本紀略』(前篇十七)에 수록된 동일 내용의 기사에는 "相原村"으로 되어 있다.

6) 神社仏閣遠征記 사이트(enseiki.sakura.ne.jp)의 鳥取市 法美郡(旧福部村) 소재 荒坂神社에 대한 설명에 "旧福部村は鳥取砂丘の東端にあった村 …いまは「鳥取市福部町」となった.その福部村一帯は, 今から1500年か1800年ぐらい前までは, 海だった."라고 나오는 것을 참고하였다.

래 〈지도 1〉을 보면 알겠지만 각각의 도착 위치가 한반도 동해안에서 일본 쪽으로 표착하기에 그리 어렵지 않은 곳이었음도 알 수 있다.

〈지도 1〉 세라국인·신라인 표착 추정지

한편 상기 사료의 세라국인·신라인 표착 내용을 보면 이들이 일본 조정으로부터 같은 날 일괄적으로 귀국 조치 당하는 것을 보면 이들의 표착이 서로 비슷한 시기에 이루어졌을 가능성이 높음을 시사한다. 또한 이들의 인원 구성이 50명 중반대로 서로 비슷한 것은 아마도 이들이 승선했던 선박의 규모가 비슷한 규모였을 가능성을 암시한다.

게다가 신라인의 경우는 대략적으로 상인으로 보인다는 현지 조사 의견이 보고되어 있는 점에서 이들이 교역을 위해 왔다고도 볼 수 있는 여지가 있다. 하지만 세라국인의 경우는 말(言語)과 글(文書)이[8] 통하지 않았

7) 山陰道는 소위 五畿七道의 하나로서 동해(일본해)에 면해 있는 京都府 北部-兵庫縣 北部-鳥取·島根縣(隱岐島 포함) 일대를 포괄하는 官道를 말하며 그 관할에 속한 지역은 丹波·丹後·但馬·因幡·伯耆·出雲·石見·隱岐 등 8개 國이다.

8) 원문의 "文書無解"는 "문서를 풀이하지 못한" 것으로 해석할 수 있지만 '言語'와

다는 점이 특기되어 있는 점에서 적어도 이들이 교역을 위해 일부러 일본을 방문하고자 왔던 것이 아님을 짐작할 수 있다. 즉 이들의 일본 도착은 원치 않는 방문, 漂着이었던 것으로 보이며 이것은 설령 신라인의 경우 그들이 실제로 상인이었다고 하더라도 그들의 일본 도착 또한 교역을 위한 의도된 방문은 아니었을 가능성을 시사한다. 필자는 신라인의 경우도 세라국인의 경우처럼 유사한 시기에 유사한 사정에 의한, 의도치 않은 일본 표착으로 보아도 좋지 않을까 생각한다.

그런데 863년에 일본 해안에 표착한 신라인들은 이들 외에도 또 있었다. 아래의 〈사료 2〉를 보면 표착 시기가 명시되어 있지는 않으나 그들은 丹後·因幡國과 같은 동해 해역에 면한 石見國(이와미노쿠니)에[9] 표착해 왔으며 이듬해 2월 달에 귀국 조치가 내려졌다고 한다.

〈사료 2〉『일본삼대실록』 청화천황 정관 6년(864) 2월 17일 갑술조

先是. 去年新羅國人卅餘人漂着石見國美乃郡海岸. 死者十餘人, 生者廿四人. 詔國司給程粮放却.

즉 작년(863) 石見國 美乃(미노)郡 해안에 표착한 30여 명 중 생존자 24인에 대해 일본 조정이 지방관(國司)에게 식량을 주어 放却하라고 명을 내렸다는 내용인데, 승선인 30여 명(원래 승선인의 수는 더 많았을 수도 있음) 중 사망자가 약 30%나 발생할 만큼 조난의 정도가 심했음을 짐작할 수 있다. 아마도 2월 달이 되어서 귀국이 이루어지는 것은 조난 신라인에 대한 치료와 회복에 시간이 필요했던 탓일 지도 알 수 없다.

石見國 표착 사건과 앞의 두 사건이 모두 같은 시기에 발생한 표착 사

'文書'가 對句되어 있다고 보면 "글로 쓰도 풀리지 않았다"는 의미로 해석할 수 있다.

9) 石見國은 지금의 島根(시마네)縣을 중심으로 한 出雲國(이즈모노쿠니)의 인접 지역으로서 현재 島根縣 서부 지역이 여기에 해당한다.

건이라는 방증은 없지만 하지만 같은 해에 세 차례나 유사한 시기에 표착민이 발생한 것이 흔한 일은 아니다. 적어도 863년 하반기 동해(일본해) 해역의 기상 조건이 매우 좋지 않았음은 분명한 것 같다. 필자는 石見國 표착 사건도 익년 2월 달에서 그리 멀지 않는 시기에 발생한 것으로 이해하며 따라서 〈사료 1〉의 발생 시점과 유사할 가능성은 있다고 생각한다.

그렇다면 이들의 표착과 연관된 유사한 공통 사정이란 무엇이었을까? 가장 이해하기 쉬운 것이 태풍 등으로 인한 표착일 것이다. 그런데 다행스럽게도 『일본삼대실록』 정관 5년조에는 두 번의 태풍 기사가 실려 있다.

> 〈사료 2〉『일본삼대실록』 청화천황 정관 5년(863) 7월 21일 신해조
>
> 大風. 折樹發屋.
>
> 〈사료 3〉『일본삼대실록』 청화천황 정관 5년(863) 10월 15일 갑술조
>
> 大風雷雨.

7월의 태풍은 나무를 부러뜨리고 가옥을 들어 올릴 정도로 강력한 태풍이었던 것으로 보이며 10월의 태풍에는 천둥 번개를 동반한 뇌우가 몰아쳤다고 한다. 자세한 것은 알 수 없지만 『일본삼대실록』에 기록될 정도의 태풍이었다면 어찌 되었던 강력한 태풍이었음이 틀림없을 것이다. 필자는 상기 두 건의 표착 사건이 11월 17일 이전에 무언가의 사정 때문에 발생하였다면 이 두 태풍 사건과 연관이 있을 가능성이 크다고 생각한다. 7월 태풍 때 일본으로 표착했다가 11월 달에 드디어 귀국 조치가 내렸다고 볼 수도 있고 10월 태풍에 왔다가 근 한 달 만에 귀국 조치가 내려왔다고도 볼 수 있다.

물론 상기 표착 사건과 두 차례의 태풍이 직접적으로 인과 관계에 있음을 보여주는 증빙 자료는 사실 아무 것도 없다. 그렇지만 서로를 연관시키기에 더할 나위 없이 좋은 소재거리가 되는 것은 부인할 수 없다. 어디까지나 상황 추정에 불과하다는 한계를 인정하면서도 필자는 10월 15

일의 태풍을 가장 유력한 배경으로 상정해 두고 싶다. 표착민을 굳이 3개월 동안이나 잡아 둘 마땅한 이유가 없다는 점을 감안하면 7월 태풍설보다는 10월 태풍설이 더 매력적으로 보이기 때문이다. 또한 후술하는 것처럼 당시의 신라-당 관계의 추이를 보면 일본에서 표착민을 가능한 한 빨리 돌려보내려고 하는 방침이었음을 알 수 있는데 조기 방환 방침을 적용하면 역시 10월 태풍설이 더 유리해진다.

표착 사건이 있었던 863년은 신라로는 경문왕(846년 출생. 재위 861~875년) 3년에 해당하고 일본으로는 淸和天皇(850년 출생. 재위 858~876년) 치세 6년째에 해당한다. 淸和天皇은 생후 8개월 만에 황태자에 책봉되었으며 부친 文德天皇의 사망으로 불과 9세의 나이에 즉위하였기에 당시 실권은 그의 외조부이자 강력한 후견인이기도 하였던 藤原朝臣良房(후지와라노아손 요시후사)이 장악하고 있었다.[10] 당시 양국의 공적 관계는 주지하는 것처럼 836년 소위 紀三津(키노미츠) 사건을[11] 마지막으로 이미 단절된 지 오래였다.[12]

837년 이후부터 863년 이전에 걸쳐 일어난 신라-일본 간 사건과 동향을 보면 긴장 국면이 이어지고 있었다고 할 수 있다. 840년 12월에 장보고가 독자적으로 사신을 보내 외교를 시도하자 일본은 人臣에게는 외교가

10) 佐々木恵介『平安京の時代』, 吉川弘文館, 2014, 197~206쪽.

11) 『續日本後起』 인명천황 승화 3년(836) 윤5월 신사·동 12월 정유조.

12) 물론 非공적 ·민간 차원의 관계가 단절된 것은 아니었으나 일본 측 공식기록으로 확인되는 공적 관계는 836년의 관계가 마지막이었다. 『삼국사기』에는 경문왕 4년(864) 4월에 日本國使가 왔다고 하며(동 4년 4월조) 헌강왕 4년(879)과 동 8년(883)에도 日本國使의 입조 기사(동 4년 8월·8년 4월조)가 보이지만 동시대의 일본 기록에는 전혀 그 사실이 보이지 않기 때문에 의문의 여지는 남아 있다. 僞使의 가능성(예컨대 遠藤元男「貞観期の日羅関係について」, 「駿台史学」19, 1966)과 일본 측의 의도적 기록 누락의 가능성(예컨대 김은숙「일본과의 관계」『한국사9 통일신라』, 국사편찬위원회, 1998, 292쪽은 표류민 송환이나 해적 단속 요청을 위해 실제로 사신을 파견하였을 가능성을 언급하고 있다) 등을 모두 생각해볼 수 있지만 여기서는 차후의 검토 과제로 남긴다.

없다는 이유로 거절하고[13] 이듬해 2월에는 그가 보내온 물품은 민간이 교역할 수 있게 하였다.[14] 그러면서 한편으로는 대마도에 대한 방비를 강화하는 조치를 취하였다.[15] 그리고 842년 8월에는 대재부의 大貳 藤原朝臣衛(후지와라노아손 마모루)가 조정에 올린 4개조의 起請 중에 첫 번째가 신라인들이 조공은 하지 않고 장사를 핑계 대며 일본 내부소식을 정탐하고 있으니 신라인의 일본 입국 자체를 일체 금지하여 국경 안으로 발을 들이지 못하도록 하자는 것이었다. 이에 대한 조정의 대답은 전면적인 입경 금지는 不仁하므로 신라인이 오게 되면 식량을 주어 放還하며 상인 무리들이 오면 민간의 교역을 허락하되 끝나면 재빨리 放却하라는 것이었다.[16] 이것은 당시 대재부 관리들이 신라인의 활동에 대한 적대감이 만만치 않았다는 것을 보여주는데[17] 상기 863년의 조치를 포함한 일련의 유사 사건에[18] 대한 조치도 기본적으로는 이 방침에 의거하고 있다고 할 수 있다.

13) 『속일본후기』 인명천황 승화7년(840) 12월 기사조에 "大宰府言. 藩外新羅臣張寶高, 遣使獻方物. 卽從鎭西追却焉. 爲人臣無境外之交也."라고 나온다.

14) 『속일본후기』 인명천황 승화8년(841) 2월 무진조.

15) 『속일본후기』 인명천황 승화8년(841) 8월 병진조.

16) 『속일본후기』 인명천황 승화9년(842) 8월 병자조에 "大宰大貳從四位上藤原朝臣衛上奏四條起請. 一曰. 新羅朝貢, 其來尙矣. 而起自聖武皇帝之代, 迄于聖朝, 不用舊例. 常懷姦心, 苞茅不貢. 寄事商賈, 窺國消息. 方今民窮食乏. 若有不虞, 何用防夭. 望請, 新羅國人, 一切禁斷, 不入境內. 報曰, 德澤洎遠, 外蕃歸化. 專禁入境, 事似不仁. 宜比干流來, 充粮放還. 商賈之輩, 飛帆來著, 所齎之物, 任聽民間令得廻々. 了速放却.(하략)"이라도 나온다.

17) 물론 이러한 신라인의 활동에 대한 반감의 형성은 일본 입장에서 볼 때 이유가 없는 것은 아니었다. 예컨대 811년 12월 6일 대마도에서 신라 해적선 출현 사건이 발생하자 대재부는 동 28일 조정에 긴급 보고하였는데 812년 정월 조정은 전면적인 방비 및 경계 강화 태세를 내렸다(『日本後紀』 嵯峨天皇 弘仁 3년(812) 정월 갑자조). 일본의 신라에 대한 경계심 및 반감이 더욱 증폭되어 가는 양상에 대해서는 여기서 일일이 사건을 언급할 수 없을 정도이며 그 중에서도 특히 869년의 소위 신라 해적 사건(『일본삼대실록』 정관 11년(869) 6월 15일 신축조)은 일본 조정에 큰 충격을 주었다.

18) 예컨대 『日本文德天皇實錄』 齊衡3년(856) 3월 임자조 및 『일본삼대실록』 貞觀 5

863년의 표착 사건 이후의 기사이기는 하지만, 866년에 隱岐國(오키노쿠니) 사람이 전직 지방장관(國司)을 상대로 신라인과 造反 공모했다고 조정에 밀고한 사건이 있었는데 조사 결과 무고로 밝혀졌다고 한다.[19] 또 같은 해 대재부의 보고에 따르면 규슈에서는 肥前國(히젠노쿠니)의 토착 호족이 신라인과 결탁해 함께 신라로 건너가서 무기 제조술을 배워 대마도를 습격하려고 반란 음모를 꾸미고 있다는 현지인의 고발이 있었다고 한다.[20] 이를 통해 당시 규슈를 비롯해 신라와 가까운 인근 지역에서는 신라인과 현지인의 결탁 소문을 비롯하여 對신라 민심이 어수선한 상태였을 가능성이 크다. 다시 말해 결코 신라 표착민을 오래 붙잡아 둘 수 있는 분위기(상황)가 아니었던 것이다.

이상과 같이 당시 일본 조정의 표착민에 대한 방침이 '신속 방환'이었다는 사정을 고려해 볼 때 필자는 전술한 것처럼 일단 상기 〈사료-1〉 세라국인·신라인의 경우는 10월 표착 및 11월 방환, 〈사료-2〉의 신라인은 여기에 특수 상황 적용이라는 정도로 필자의 입장을 정리해 두고 싶다.

3. "新羅東方別嶋"와 "細羅國人"

1) "長頭屎鳥舍漢"의 해석 문제

이제 문제의 핵심인 '세라국'에 대해 생각해 보자. 문제의 부분은 "問其來由, 言語不通, 文書無解. 其長頭屎鳥舍漢書答云, 新羅東方別嶋. 細羅國人也."인데 우선 문제가 되는 것이 그 우두머리의 이름이다. 관건은 "長頭屎

년(863) 4월 21일 계축조.

19) 『일본삼대실록』 청화천황 정관 11년(869) 10월 26일 경술조에 "(전략)貞觀八年隱岐國浪人安曇福雄密告. 前守正六位上越智宿祢貞厚, 與新羅人同謀反造. 遣使推之, 雄所告事是誣也.(후략)"이라고 나온다.

20) 『일본삼대실록』 청화천황 정관 8년(866) 7월 15일 정사조.

烏舍漢"의 해석 여부이다.

예컨대 국사편찬위원회 한국사데이터베이스의 〈일본 육국사 한국관계 기사〉에 올라가 있는 해당 원문의 해석문에는 "그 우두머리인 屎烏舍가 한문으로 '신라 동쪽의 섬나라 細羅國 사람이다'라고 써서 답하고"라고 되어 있다.[21] 이 해석은 '長頭'를 우두머리로 해석하고 '漢'을 한자(문)를 의미한다고 본 결과, 그 나머지 부분인 "屎烏舍"가 인명이라고 본 것이다.

그런데 우두머리의 의미라면 '長頭'가 아니라 그냥 '長'만으로도 얼마든지 표현 가능하다. 따라서 '頭'가 인명의 일부일 가능성도 있는 셈이다. 또한 '漢書'="한문을 쓰다"에 대해서도 의문의 여지가 있다. 물론 필자의 과문 탓도 있겠지만, 당시 문자를 쓴다고 할 때 한자 이외의 다른 표기 수단이 없는 상황에서 굳이 한자를 쓰는데 이를 '漢書'라고 표현하였을까 의문이 드는 것이다. 이 경우에도 그냥 '書'만으로도 의미가 충분히 전달된다고 할 수 있으며 "漢書答云"이 아니라 "書答云"만으로도 그 자체 깔끔한 표현인 것이다.

따라서 필자는 "長頭屎烏舍漢"의 頭·漢도 인명 표기(인명+칭호의 가능성도 포함)의 일부일 가능성이 있다고 본다. 諸橋轍次(모로하시 데츠지)의 『大漢和辭典』을 보면 '長頭'는 "머리가 긴 사람"이나 "키가 큰 사람"을 의미하는 용례(『北史』·『後漢書』 등)는 있어도 우두머리라는 의미의 용례는 없다.[22] 물론 長·頭 자체에 우두머리의 의미가 있으므로 그 합성어인 '長頭'에 우두머리라는 의미가 도출되지 않는 것은 아니다. 하지만 필자는 또 하나의 가능성으로서 '頭'가 인명 표기의 일부였을 경우도 상정해 두고 싶은 것이다.

이렇게 頭·漢을 인명 표기의 일부로 볼 경우와 그렇지 않을 경우 등을

21) 이 해석은 최근영 외 5인, 『일본 육국사 한국관계기사 역주』, 가락국사적개발연구원, 1994, 378쪽의 해석을 그대로 계승한 것이다.

22) 『大漢和辭典』 11권, 686쪽 〈長頭〉 항목 참조.

모두 상정해 놓고서 그 경우의 수를 생각해보면 네 가지의 가능성이 생긴다. 즉 ①"頭屎鳥舍漢"(頭·漢 모두 인정), ②"屎鳥舍"(頭·漢 모두 불인정), ③"頭屎鳥舍"(頭만 인정), ④"屎鳥舍漢"(漢만 인정)이 그것이다. 아마도 당시 세라국인 무리의 長의 이름은 이 네 가지 중의 어느 하나였다고 보아도 좋을 것이다. 다만 필자의 입장은 전술한 것처럼 頭·漢을 가능하면 인명 표기로 보는 것에 매력을 느끼는 쪽이므로 ① 혹은 ④에 가깝다고 할 수 있다.

그리고 ①·④와 관련하여 한 가지 더 부언해 두자면 "(頭)屎鳥舍漢"의 마지막에 붙은 '漢'은 "(頭)屎鳥舍"의 칭호로 표기되었을 가능성이 있다는 점이다. 왜냐 하면 '漢'은 곧 '干'과도 통했으며 '干'은 신라나 가야의 지배층의 칭호로 많이 사용되는 干岐(旱岐)였기 때문이다. 예를 들어 신라의 최고 관등인 角干은 주지하는 것처럼 角粲·伊罰干·伊罰湌·舒發翰·于伐湌·舒弗邯·一伐湌이라고도 하였다. 여기서 우리는 干=粲·湌=翰=邯이 모두 음통하는 관계에 있었음을 알 수 있다. 또한 17관등 중 4등인 波珍湌은『일본서기』에는 破珍干岐,[23]『고사기』에는 波鎭漢紀로[24] 기재되어 있다. 여기서 우리는 湌=干岐=漢紀의 음통 관계를 확인할 수 있다.

이상의 여러 용례를 종합해 보면 干=湌=干岐=漢紀=翰=邯=漢=汗(旱) 등이 모두 음통하는 것이었음을 알 수 있다. 이렇게 보면 "(頭)屎鳥舍漢"의 '漢'은 곧 干=干岐으로서 지배층의 칭호였을 가능성도 배제할 수 없다고 생각한다.

만약 세라국 國人들의 長(지배층)이 이러한 칭호를 소지하고 있었다면 그것은 어디에서 유래한 것일까? 주지하듯이 干·干岐 등의 칭호가 가장 일반적으로 사용된 곳은 신라·가야 일대였다. 따라서 세라국의 지배층도 과거부터 이러한 호칭 문화를 공유하는 동일 문화권에 속해 있었으며 그

---

23)『일본서기』신공황후 섭정전기 10월 신축조에 "微叱己知**破珍干岐**"(미사흔)라고 나온다.

24)『고사기』윤공천황단에 신라 사신의 인명으로서 "金**波鎭漢紀**武"가 나온다.

것이 9세기 중반에도 계승되어 내려오고 있었을 가능성을 생각해 볼 수 있다.

혹은 그러한 문화권으로의 포섭 계기로서 세라국의 지배층이 과거 어느 시기에 신라로부터 이러한 칭호를 제공받았을 가능성도 있다. 과거 삼한일통을 이루기 전의 신라는 지방민에 대해 外位 11관등제를 운용하였는데 그 중의 하나에 京位 17관등 중 13등 舍知에 준하는 干이 있다. 또한 干 위에는 최고 관등인 嶽干부터 시작하여 述干·高干·貴干·撰干·上干 등으로 내려오는 '某'干 형식의 관등이 있었다. 물론 외위제 자체는 지방통치체제의 정비와 삼국통일 과정에서 지방민의 지위 향상 및 京位 수여 대상의 확대로 그 존재 의의가 삭감되었고 결과적으로 674년(문무왕 14)에 외위를 경위로 대치하는 규정을 정함으로써 외위제는 사실상 소멸되었다는 것이 오늘날의 일반 인식이다.[25] 하지만 세라국에서는 과거 신라로부터 받은 外位의 遺風이 지배층의 칭호로 풍화되어 세라국 내부에서는 지배층의 권위를 나타내는 일종의 상징으로서 9세기 중엽 무렵까지 면면히 이어져 내려오고 있었을 가능성도 생각해 볼 수 있지 않을까 한다.

2) 신라와 세라국

(1) 세라국=우산국의 가능성

이제 세라국과 신라의 관계에 대해 생각해보자. 검토할 사료는 "新羅東

25) 외위제에 관해서는 권덕영, 「신라 外位制의 成立과 그 機能」『한국사연구』 50·51합집, 1985 ; 서의식, 「6~7세기 新羅 眞骨의 家臣層과 外位制」『한국사연구』 107, 1999 ; 하일식, 『신라 집권 관료제 연구』, 혜안, 2006 ; 김희만, 「함안 성산산성 출토 목간과 신라의 외위제」『경주사학』 26, 2007 ; 나은주, 「신라 문무왕대 外位制의 폐지와 지방민 동향」『신라사학보』 34, 2015 ; 이부오, 「上古末 新羅의 外位 편성과 干支」『신라사학보』 34, 2015 등을 참조.

方別嶋. 細羅國人也."라는 짧은 문구뿐이다. 일단 논의의 출발점으로서 이 문구가 무리의 長인 "(頭)屎烏舍漢"가 직접 쓴 것을 토대로 하고 있다는 점을 의식하는 것이 중요하다. 왜냐 하면 세라국의 위치를 설명해주는 유일한 단서가 "新羅東方"인데 이 부분을 해석하는데 自書였다는 것이 나름의 의미를 발하기 때문이다.

혹자는 여기서의 '東方'이 정확한 위치를 반영한 표기인지 의심할 수도 있다. 고대 중국에서는 남쪽과 동쪽을 왕왕 거꾸로 인식하는 경향이 있었다는 것은 익히 알려져 있기 때문이다.[26] 혹여 이 '동방'이 만약 '남방'의 오인이었다면 세라국은 신라의 남쪽에 있는 섬이 되어 특정하기 어렵게 된다.

그러나 이런 불안을 잠재워주는 것이 이것이 自書였다는 점이다. 필자는 自書였기 때문에 방위상의 착오가 있었을 가능성은 거의 없다고 생각한다. 만약 제 3자가 세라국의 위치를 표현한 문장이었다면 혹시 동쪽을 남쪽으로 오기한 경우라고 말할 수 있을지도 모른다. 제3자의 인식 착오가 개재했을 가능성도 배제하기 어렵기 때문이다. 하지만 "新羅東方別嶋"는 섬에 직접 살고 있는 현지인이 자신의 섬의 방위를 말한 것이기 때문에 제3자의 오기 가능성 문제와는 차원이 다르다. 세라국이 신라에서 어디에 위치하고 있는지는 그 주민들에게는 이미 과거 累代에 걸쳐 확인되고 인지된 것이었다고 보는 것이 타당할 것이다. 예컨대 신라의 동쪽 섬에서 살아온 주민들이 수백 년 동안이나 자신들이 신라의 남쪽 섬에서 살고 있다고 착각하였을 가능성은 별로 없다. 그것은 이미 수백 년 동안의 경험에서 확인되었을 터였기 때문이다.

이처럼 세라국의 위치는 이미 주민들 사이에서는 자신들의 當代만이

26) 예컨대 『삼국지』 魏書 동이전 왜인조에 보이는 邪馬臺(야마타이)國의 위치 논쟁에서 投馬國과 여왕국으로 가는 방향에 대해 원문의 南을 東으로 읽어 大和(야마토)에 비정한 것은 유명하다. 이 부분에 대해서는 內藤虎次郎, 「卑弥呼考」『芸文』 1-二·三·四, 1910 등을 참조.

아니라 그 이전의 선조 대대로 기억되어 내려온 사항이었기 때문에 일시적으로 판단의 착오를 일으킬 수 있는 문제가 아니며 따라서 필자는 적어도 현지인이 직접 피력한 신라의 東島라고 하는 자신들의 위치성이 혼란을 겪고 있었을 가능성은 거의 없다고 생각하는 것이다. "新羅東方別嶋"가 정확한 표기인 한, 그것은 울릉도일 수밖에 없다고 생각한다. 참고로 울릉도가 신라의 동쪽 섬이라는 지리적 위치성은 울릉도 관련 사료에 일관되게 보이는 사항이기도 하다.[27]

그렇다면 그 울릉도가 곧 세라국일까? 위의 문장을 상식적 차원에서 해석하자면 "新羅東方別嶋"가 곧 세라국이라고 보는 게 가장 무난하다.[28] 그럼 왜 울릉도를 세라국이라고 표기한 것일까? 김대식은 세라국의 표류민들이 자신들의 지역을 일본인에게 알릴 가장 효율적 전달 방법으로서 "신라 동쪽에 떨어진 섬인 작은 신라국"이라고 했다는 견해를 제시하였다.[29] 즉 세라의 의미가 "작은 신라"였다는 것이다. 하지만 신라인임을 나타내고자 하였다면 그냥 신라국인이라고 하면 될 것을 굳이 "작은 신라"라고 할 필요는 없지 않았을까? 게다가 세라가 "작은 신라"의 의미였다는 근거도 없다.

주지하는 것처럼 현재 울릉도의 古名은 『삼국사기』를 비롯한 제 사료(이하의 출전 표기는 초출 사례에만 한정)에는 于山國·鬱陵島(『삼국사기』

27) 『삼국사기』 신라본기, 지증마립간 13년 6월조에 "于山國在溟州正東海島", 『삼국유사』 권1, 智哲老王조에 "阿瑟羅州(今溟州)東海中便風二日程, 有于陵島(今作羽陵)"라고 나온다.

28) 『新訂增補國史大系 日本紀略 前篇』(十七, 422쪽)에는 해당 부분이 "先是. 丹後國言, 細羅國人五十四人來著竹野郡相原村. 云云. 新羅東方別嶋也. 自外更無詞. (하략)"으로 되어 있다. "新羅東方別嶋" 다음에 "細羅國人也"가 없이 바로 "新羅東方別嶋也."로 문장이 마무리되어 있는 것은 『日本紀略』 또한 이것이 곧 細羅國을 설명하는 것으로 간주하였기 때문임을 알 수 있다.

29) 김대식, 「고려전기 동해안을 둘러싼 고려와 일본의 분쟁」 『숭실사학』 30, 2013, 15쪽.

지증마립간 13년 6월조), 于陵島·羽陵(『삼국유사』 지철로왕조), 芋陵島(『고려사』 태조 13년 8월 병오조), 蔚陵島(『고려사』 인종 19년 7월 기해조), 武陵(『고려사』지리3, 欝陵島조), 流山國島(『태종실록』 12년조), 茂陵(『세종실록』 7년 10월 을유조), 三峰島(『성종실록』원년 12월 갑인조) 등의 명칭이 알려져 있다.[30]

고려시대에 간행된 『삼국사기』와 『삼국유사』에는 각각 于山國(或名 鬱陵島), 于陵島(今作羽陵) 등으로 기재되어 있어 于山·鬱陵, 于陵·羽陵이 비록 國과 島의 표기 차이는 있지만 일종의 별칭 개념이지 別島 개념으로 통용된 것은 아니었음을 알 수 있다(이하 一島說이라고 함). 하지만 조선 초에 간행된 『高麗史』(1451) 단계에 오면 欝陵島에 대해 于山國(一伝武陵, 一伝羽陵)이라고 하면서도 한편에서는 "一云, 于山武陵, 本二島, 相距不遠. 風日清明則可望見."(출전-전게)임을 문장 말미에 부기하여 이미 조선 초에는 于山과 武陵이 서로 별개인 두 개의 섬을 지칭하는 경우(이하 二島說이라고 함)도 있음을 언급하고 있다.[31]

본고는 이러한 二島說의 검토에 관심이 있는 것이 아니므로 여기서는 논외로 한다.[32] 다만 『삼국사기』·『삼국유사』 단계에는 一島說만이 제시되어 있으며 15세기 편찬 사료 이후에 하나의 경향으로서 二島說이 본격화

30) 세종 12년(1430) 정월부터 시작하여 약 15년간 동해상에 蓼島가 있다는 풍문 및 그에 대한 탐색이 있었으나(蓼島의 초출은 『세종실록』 12년 정월 정묘조) 蓼島의 실체는 결국 확인되지 않았고 일종의 헤프닝으로 끝났기에 여기서는 논외로 한다. 또한 조선 후기 사료에 보이는 子山島·松島(『숙종실록』 22년 9월 무인조), 可支島(『정조실록』 18년 6월 무오조), 등의 사례는 본고에서는 논외로 한다. 可支島의 경우, 최근 정연식은 可支島가 우리말 가개섬이며 이것이 삼국시대부터 내려온 순 우리말 울릉도 표현이라는 견해를 제시하였는데(「가개섬 鬱陵島의 여러 명칭과 于山島의 실체」, 「대동문화연구」 107, 2019) 可支島=가개섬의 도출은 수긍할 수 있으나 이 말이 삼국시대까지 거슬러 올라간다는 보장은 없다.

31) 예컨대 『세종실록』지리지(江原道蔚珍縣)에도 "于山武陵二島在県正東海中. 二島相去不遠, 風日清明則可望見."이라고 나온다.

32) 二島說이 현재 울릉도·독도 비정 논쟁으로 연결됨은 주지의 사실이다.

된다는 점을[33] 감안하면 적어도 고려시대 중기 무렵 단계까지는 一島說이 일반적이었던 것으로 보이며[34] 이것은 곧 10세기 이전 단계의 인식 또한 그러한 것이었음을 시사한다.

논의의 편의상 이상의 제 명칭을 모아보면 于山·鬱陵·于陵·羽陵·芋陵·蔚陵(이상 고려조까지의 용례)·武陵·流山·茂陵·三峯(이상 15세기의 용례) 등이다. 15세기의 용례도 이전 시기의 용례의 연장선상에 있음은 분명하지만 우선 고려조까지의 용례를 중심으로 생각해보자. 島와 國의 표기 차이는 있지만, 于山·鬱陵·于陵·羽陵·芋陵·蔚陵의 二字 구성을 제각각 대비해 보면 于·鬱·羽·芋·蔚과 山·陵이 서로 각각 대응 관계에 있음을 알 수 있다.

먼저 후자인 山·陵의 경우, 필자의 소견으로는 아마도 양자의 공통성으로서는 우선적으로 한자의 音보다는 지형적인 형상(언덕 내지 구릉)을[35] 생각해 볼 수 있을 것 같다. 山과 陵은 字音으로는 서로 연결이 되기

33) 1530년에 편찬된 『신증동국여지승람』(巻之四十五, 蔚珍縣)에는 于山島·欝陵島에 대해 "一云武陵, 一云羽陵. 二島在県正東海中. … 一說于山欝陵, 本一島, 地方百里."라고 되어 있다. 상기 1451년 간행의 『高麗史』에는 '欝陵島'가 표제 지명으로 되어 있고 于山·武陵=二島說이 말미에 "一云"의 형태로 부기되어 있으나, 『신증동국여지승람』에는 于山島·欝陵島 二島가 표제 지명이며 于山·欝陵=一島說이 "一說"의 형태로 말미에 부기되어 있다. 또한 1431년 간행의 『태종실록』 12년조에 이미 조정이 流山國島를 武陵과 "本島"로 구분하여 파악되고 있었음이 보이며 1454년에 편찬 완료된 『세종실록』지리지에 이미 二島說이(전게 주 30) 참조) 메인으로 제시되어 있다. 이러한 양상에서 볼 때 여말 선초에는 이미 二島說이 유포되어 있었으며 이것이 15~16세기를 거치면서 二島說이 우세해지는 경향이었음을 짐작할 수 있다.

34) 상기 고려 태조와 인종 시기의 "芋陵島"와 "蔚陵島" 외에 『고려사』 현종 9·10·13년조에 각각 "于山國", 동 덕종 원년 11월 병자조에 "羽陵城", 동 의종 11년 5월 병자조에 "羽陵島"라고 나오며 모두 一島說에 입각한 형태이다.

35) 『고려사』 地理3 欝陵島條에 의종 11년 金柔立의 울릉도 탐방 보고 내용으로서 "島中有大山, 従山頂, 向東行至海一万余歩, … 然多岩石, 民不可居"라고 나온다. 울릉도의 구체적 지리 내용으로서는 이것이 최초의 기사인데 역시 섬 전체를 아우르는 '大山'을 중심으로 묘사하고 있다.

어렵지만 字意로는 유사성이 매우 강하기 때문이다. 이렇게 보면 三峯의 '峯'도 山·陵과 의미상으로는 통한다고 할 수 있다.

전자인 于·鬱·羽·芋·蔚의 경우는 발음이 모두 '우' 내지 '울'로 유사한데 사실 '于'와 '蔚'은 서로 音通하는 관계였던 것으로 보인다. 예컨대 『삼국사기』 지리지에는 蔚珍郡에 대해 "蔚珍郡. 本高句麗于珍也縣, 景德王改名, 今因之."라고 나오는데 **蔚**珍郡과 **于**珍也縣의 지명 대비 관계에서 보면 蔚과 于가 서로 통하고 있었음을 알 수 있다.[36] 15세기 이후의 용례인 武陵·流山·茂陵도 流山은 于山에서, '무'음의 武·茂는 '우'음의 변형임을 짐작할 수 있다.[37]

또 한 가지 흥미로운 것은 鬱·芋·蔚의 字意가 모두 "울창하다·무성하다·빽빽하다"는 공통적인 의미가 있다는 점이다. 鬱은 말할 것도 없고 芋

36) 우가 들어가 있는 유사 지명에 『삼국사기』 居道 열전에 나오는 于尸山國과 동 지리지의 溟州 관할 有鄰郡이 고구려의 于尸郡이 있다. 于尸山國은 오늘날의 蔚州·蔚山 지역설이 유력하다. 참고로 '尸'에 대해서는 경남 함안의 고명이 "**阿尸良**國"·"**阿那**加耶"(『삼국사기』 지리지 咸安郡조), **阿耶**伽耶(『삼국유사』 五伽耶조), "**安羅**"(〈광개토대왕비〉·『일본서기』), "**前羅**"(〈梁職貢圖〉百濟國使條) 등으로 표기되어 있는 점이 참고가 된다. 여기서 아시라(阿尸良)가 阿那=阿耶=安羅=前羅에 대응하는데, '良'과 '羅'가 또한 음통하는 관계(〈광개토대왕비〉의 "任那加**羅**"가 『삼국사기』 열전 강수전에 "任那加良"로 나옴)였으므로 阿尸良는 '阿良'만으로도 阿那·阿耶·安羅 등과 충분히 통할 수 있었음을 알 수 있다. 그럼에도 '阿良' 사이에 '尸'가 들어가 있는 것은 이것이 일종의 받침 역할을 하고 있음을 짐작할 수 있다. 阿那·阿耶·安羅는 모두 발음이 '아라'(음+음)를 나타내지만 前羅만은 前이 우리말 '앞'의 의미로서 '앞라'(훈+음)를 표현한 것이다. 이와 같이 받침이 들어가 있는 '아라'의 표현에는 '尸'가 그 받침을 표기한 것으로 생각할 수 있다. 따라서 위의 于尸山國은 '우'가 '울'과 통한다는 점을 생각하면 '于尸'가 '울'(우+받침) 음을 두 字로 표현한 것일 수도 있고 혹은 '웃·윁' 등의 음을 표현하였을 가능성도 있지 않을까 생각한다.

37) 이맹휴의 『春官志』(1745, 영조21년)에는 "蓋是島, 以其産竹也, 故謂竹島. 以有三峯也, 故謂三峯島. 至於于山羽陵蔚陵武陵磯竹, 皆音轉訛而然也."라고 나온다. 조선 후기인 18세기 중반의 사료이기는 하지만, 于山·羽陵·蔚陵·武陵 등이 모두 음이 轉化하여 그렇게 된 것이라는 지적은 매우 설득력이 있다.

(토란 우)·蔚(풀이름 울)도 공히 "풀이 盛한 모양"이란 의미가 있다. 이렇게 보면 茂陵의 茂 또한 의미상으로는 이와 동일하다. 필자는 이전부터 하필이면 鬱과 같이 복잡하고 쓰기 어려운 한자를 왜 이 섬 이름에 사용하였는지 궁금증을 갖고 있지만 결국에는 이렇게 어려운 한자를 쓰면서까지 이 섬의 이미지가 무언가로 무성한 산(구릉)의 모습임을 표현하고자 한 것이 아닐까 하는 생각에 이르게 된다. 그래서 이를 國名(oo國)으로 쓸 때는 필기가 간편한 '于山國'이라고 하면서 그 국의 소재지인 島名(oo島)은 섬의 특징적 형상에 걸맞게 울릉도·우릉도 등의 표기를 사용한 것이 아닐까 하는 것이다.[38]

---

38) 섬 이름과 국명이 반드시 일치할 필요는 없을 것이다. 그런데 고려조까지는 국명과 도명이 의식적으로 구분되어 사용된 듯하다. 『삼국사기』 지증마립간 13년 6월조에는 "于山國在溟州正東海島 或名鬱陵島"으로 되어 있으며 고려에 와서도 『고려사』 현종 9년 11월 병인조에도 "以于山國被東北女眞所寇廢農業, 遣李元龜賜農器."으로 나오듯이 국명으로 표기할 때는 '우산국'을 사용하였다. 그 외 나머지 명칭(전게)은 전부 도명으로 사용된 사례들이다. 조선조의 사례로서는 前記 『태종실록』 12년조에는 "命議政府, 議処流山國島人. (하략)"으로 되어 있는데 "流山國島人"은 流山國의 섬 사람(島人)이란 의미로서 역시 국명은 우산국 계통의 표기를 쓰고 있다. 그러나 조선조에서는 이 기사를 마지막으로 이후에는 모두 도명으로 사용하고 있다. 예컨대 『세종실록』지리지에는 "于山武陵二島在県正東海中 …. 新羅時称于山國一云欝陵島.(하략)", 현존하는 最古의 울릉도 관련 지도인 『東国輿地勝覧』부속 〈八道総圖〉(1481년)에는 우산도·울릉도 二島가 그려져 있고 『신증동국여지승람』 울진현조에는 "于山島 欝陵島"가 병기되어 등장한다. 이렇게 보면 고려조까지의 〈국명·도명의 구분〉 관행이 조선조 이후에는 〈국명의 島名化〉가 이루어지는 추세로 변화하였다고 말할 수 있겠다. 아울러 이와 관련하여 私見을 하나 부기해 두자면, 이런 변화가 경우에 따라서는 오해의 소지를 조장할 수도 있다는 점이다. 왜냐 하면 국명은 원론적으로 수 개의 도명을 포괄하는 명칭이 될 수 있는데 이 국명을 하나의 도명으로 간주해 버리면 나중에 도명의 위치 비정에 혼란이 생길 수도 있기 때문이다. 필자는 上記 一島說에서 二島說로의 변화의 이면에 이 〈국명의 島名化〉도 주요 계기의 하나로서 자리 잡고 있었던 것이 아닐까 생각한다. 물론 울릉도 등을 둘러싼 위치 인식의 혼란을 가져온 근원은 조선의 空島政策 등으로 인해 울릉도와 육지 사이의 불연속적 접촉 상황 발생에 있겠지만(정연식, 「울릉도, 독도의 옛 이름 대섬[竹島], 솔섬[松島]의 뜻」, 「역사학보」241,

이상의 검토에서 于山國을 포함하여 나머지 鬱陵·于陵·羽陵·芋陵·蔚陵 등의 島名은 "산의 무성함"을 기본 개념으로 하여 성립한 명칭들이었다고 생각해도 좋을 것 같다. 그런데 가장 중요한 문제는 이러한 표기와 '세라국' 표기를 비교해 보았을 때 솔직히 말해 그 대응 관계가 쉽게 설명되지 않는다는 점이다. 우·울 계통의 음과 '細' 음이 어떻게 연결되는지, 산·릉과 '羅' 음 사이에 상관관계가 있는지, 그 매개 고리를 찾기가 쉽지 않은 것이다.

우·울의 의미가 "무성하다"이므로 '細'를 가령 세밀하다, 촘촘하다의 의미로 해석한다고 하더라도 그 음이 우·울 계통과 동떨어져버리는 점을 설명하기 곤란하다. 차라리 후대의 표기인 '三峯'이 "세 봉우리"이므로 여기서 세=細의 음통 관계를 설정하는 것이 나을지 모른다. 그렇지만 이 경우에도 "세 봉우리"라는 개념이 이전부터 있었다는 것을 설명해야 하는데 역시 쉽지 않다.

'羅'의 경우는 타 용례를 통해 몇 가지 음통하는 한자를 찾아 볼 수 있다. 예를 들어 前記한 함안의 古名 사례를 참고해 보면 阿尸**良**=阿**那**=阿**耶**=安**羅**의 상관관계에서 那=耶=羅=良의 음통 관계를 알 수 있고[39] 또한 신라 17대 奈勿尼師今을 那密이라고도 한다는 『삼국사기』의 기사(同王 즉위전조)에서 那·羅=奈임을 알 수 있다. 그렇지만 이런 사례도 산·릉에 대비해서는 관계성이 떨어진다. 산·릉과 '羅'는 그 나마 약간의 가능성을 찾는다면 '릉'과 '라'의 상관성인데 이것도 쉬운 것은 아니다. 陵의 음은 "릉·료·중국음[líng]이며 羅의 음은 "라·나·야·중국음[luó] 등이지만 다른 음운적 매개 고리가 없다면 양자의 음통 관계를 확인하기는 어려운 것이 사실이다.

따라서 현재로서는 于山·鬱陵·于陵·羽陵·芋陵·蔚陵 등과 細羅의 상관관계를 직접적으로 입증하기는 어렵고 단지 "신라동방별도"가 곧 울릉도

2019, 176쪽), 국명의 방기가 갖는 의미 또한 재삼 고려할 필요가 있을 것이다.

39) 앞의 주 36) 참조.

일 수밖에 없다는 간접적인 증명 관계에 의거해 결국에는 양자가 무언가로 연관되어 있었을 것이라는 추정의 영역을 벗어나기는 어려울 것 같다.

(2) 세라국=하슬라(何瑟羅·河西良)의 가능성

그런데 지금까지의 논의와는 다소 동떨어진 방향에서 본 논의의 가능성이 한 가지 있다. 그것은 세라과 何瑟羅州의 관계다. 주지하듯이 512년 우산국을 정복한 주역인 이사부는 당시 何瑟羅州(현 강릉)의 軍主였는데[40] 何瑟羅는 阿瑟羅라고도[41] 하며 원래 고구려의 河西良이었다고 한다.[42] 하슬라주는 景德王 16년(757)에 溟州로 개명되었는데[43] 하지만 舊名인 하슬라도 상당 기간 기억되고 있었을 가능성은 충분하다. 필자가 세라국과의 연관성을 주목하는 것은 細羅와 瑟羅(西良)이 가장 음이 유사하기 때문이다.

羅가 良과 음통 관계인 점은 전술한 바이며 細·瑟·西도 예컨대 현재의 중국 음으로는 细[xì]·西[xī]·瑟[sè]로서 시·세 음으로 유사성이 있다. 물론 현재의 중국 음으로 비교하는 것이 적절한 지에 관해 의문은 있을 수 있다. 다만 비교를 위한 참고자료로만 한정해 본다면 이를 통해 음가의 유사성 정도는 생각해 볼 수 있지 않을까 한다.

물론 細羅가 瑟羅(西良)였다는 확증은 없다. 어디까지나 가능성의 차원일 뿐이다. 게다가 何瑟羅·阿瑟羅·河西良의 何·阿·河 음은 '세라'에는 전혀 발현되어 있지 않다. 하지만 이런 풀리지 않는 문제점에도 불구하고

40) 『삼국사기』 신라본기 지증마립간 13년 6월조에 "于山國歸服. 歲以土宜爲貢. 于山國, 在溟州正東海島, 或名鬱陵島. 地方一百里. 恃嶮不服. 伊湌異斯夫爲何瑟羅州軍主, 謂于山人愚悍. 難以威來, 可以計服. 乃多造木偶師子, 分載戰船, 抵其國海岸. 誑告曰, 汝若不服, 則放此猛獸踏殺之. 國人恐懼, 則降."이라고 나온다.

41) 『삼국사기』 열전 異斯夫전.

42) 『삼국사기』 지리지 溟州조에 "本高句麗河西良(一作何瑟羅) 後屬新羅(하략)"으로 나온다.

43) 『삼국사기』 지리지 溟州조.

만약 세라가 '(하)슬라'라면 그것이 갖는 파장은 작지 않다.

첫째 "신라동방별도"와 세라국을 동일시한 지금까지의 해석을 바꾸어야 한다. 즉 "신라동방별도"는 자신들이 사는 섬이 맞지만 자신들의 소속감은 육지의 하슬라주를 통해 표현했다는 것이 된다. 우산국(울릉도)는 하슬라주(세라국) 관할 소속이기에 자신을 세라국 사람이라고 하였다는 것인데 이는 비유적으로 말하자면 지금 경북 소속으로 되어 있는 울릉도군의 주민이 자신을 울릉도 사람이라고 하지 않고 경북 사람이라고 한 셈이다. 이런 유사 표현은 조선 초기에도 찾아볼 수 있다. 예컨대 1403년 왜구대책의 일환으로서 울릉도의 주민을 모두 육지로 나오게 하였을 때 그 주민을 "江陵道武陵島居民"으로 표현하고 있다.[44] 물론 이것은 중앙의 인식이지 현지 주민의 인식을 보여주는 것은 아니다. 하지만 이런 표현 방식이 있었다는 것은 자신의 아이덴티티를 상위 행정지명 속에서 발현하는 경우 또한 있었을 수도 있음을 시사한다.

둘째 '세라국'이 하슬라주를 표현한 것이라면 우산국과 河瑟羅(西良)의 관계가 9세기까지도 이어지고 있었을 가능성을 시사한다. 사실 『삼국사기』의 512년 우산국 정벌 기사 이후 우산국은 『삼국사기』 속에서는 사라져 버리고 전혀 그 이후의 동정에 대해서는 알 수가 없다. 심지어 『삼국사기』 지리지 溟州 및 휘하 군현에도 우산국은 보이지 않는다. 그렇지만 현재 학계의 일반 인식은 우산국이 "于山國歸服. 歲以土宜爲貢. (하략)"[45]이라고 보이는 점에 근거하여 공납을 바치는 대가로 자치를 인정받고 있었다는 것으로 받아들이고 있다.[46] "歲以土宜爲貢"이 사실이라면 매우 개연성 있는 해석이다. 그런데 '세라국'(명주)과 우산국이 9세기에 일종의 소속 관념으로 맺어져 있었다고 한다면 우산국이 신라에 바치는 공물이 사실은

44) 『태종실록』 태종 3년 8월 11일 병진조.

45) 『삼국사기』 신라본기 지증마립간 13년 6월조.

46) 예컨대 주보돈, 『신라 지방통치체제의 정비과정과 촌락』, 신서원, 1998, 43~44쪽 ; 노태돈, 「우산국의 기원과 이사부의 정벌」 『한국사론』 58, 2012, 480~481쪽.

'세라국'(명주)에 향하는 것이었을 가능성도 배제할 수 없다.

셋째 이 문제와 관련하여 8세기 말 9세기 초의 세라국은 김주원계의 '溟州郡王'과의 연관성이 있을 가능성이 있다. 기존의 연구에서도 강조되어 왔듯이 하슬라(명주) 지역은 신라 하대로 오면 특히 무열왕계 왕족인 김주원 가문과 특별한 관계가 있었다.[47] 명주는 김주원이 선덕왕 사후 김경신(원성왕)에게 즉위를 양보한 후 퇴거한 곳이며 원성왕은 즉위 후 이듬해인 786년(원성왕 2년)그에게 溟州·翼嶺·三陟·斤乙於·蔚津 등을 식읍으로 주며 '溟州郡王'에 봉하였다.[48] 명주 일대는 김주원계의 세력 근거지였던 것이다. 그런데 이 '溟州郡王'이 지배하는 영역은 溟州郡國,[49] 溟州國,[50] 河西國,[51] 河西府[52] 등으로 표기되기도 하였으며 786년의 책봉 이후 4대(김주원-김종기-김정여-김양) 37년간 이어진 뒤 헌덕왕 14년(822) 김헌창의 난을 계기로 國이 멸망되었다고 한다.[53]

김주원의 封地가 河西國·溟州(郡)國처럼 國名으로 표기되기도 하였다는 점은[54] 세라국이 하슬라주(명주)처럼 州名이 아니라 국명으로 표기된 점과 연관이 있을지 모른다. 물론 863년 표착 사건이 발생했을 때에는 이미 河西國·溟州(郡)國 등의 국명은 공식적으로는 사라지고 없었다. 하지만 이

47) 이 문제에 대해서는 예컨대 김정숙, 「김주원 세계의 성립과 그 변천」 『백산학보』 28, 1984 ; 김경애, 「신라 원성왕의 즉위와 하대 왕실의 성립」 『한국고대사연구』 41, 2006.

48) 『신증동국여지승람』 44, 江原道, 江陵大都護府, 인물, 金周元.

49) 『大東地志』 권31, 〈方輿總誌〉3, 後三韓조.

50) 『增補文獻備考』 권14, 〈輿地考〉2.

51) 『三國遺事』 권2, 紀異2, 원성대왕조에 "王卽位十一年乙亥. 唐使來京..… 唐使將**河西國**二人而來, (하략)이라고 나온다.

52) 『삼국유사』 권3, 塔像4, 臺山五萬眞身 및 동 溟州五臺山寶叱徒太子傳記.

53) 『大東地志』 권16, 江陵沿革.

54) 유사 '국'명 형식의 사례로는 萇山國(萊山國 ; 『삼국유사』 권3, 塔像4, 靈鷲寺), 蔚珍國(蔚珍大國 ; 『삼국유사』 권3, 塔像4, 溟州五臺山寶叱徒太子傳記) 등을 들 수 있다. 이 문제에 대해서는 서의식, 「統一新羅期의 開府와 眞骨의 受封」 『歷史敎育』 59, 1996이 자세하다.

들의 지배를 받았던 지역에서는 그 주민들 사이에 여전히 국명으로 통칭되고 있었을 가능성은 있으며 설사 그랬다고 해도 이상할 것은 없다.[55]

河西國(河西府·溟州(郡)國)의 실태에 관해서는 이를 일정한 지역에 대한 조세와 貢賦·力役의 수취 및 독립된 통치조직과 군사력까지도 보유했던 신라 국내의 소국가인 제후국으로 보는 견해와[56] 신라 왕권과의 관계를 전제로 성립한 太弟나 왕자의 府로 이해할 것인가에[57] 따라 그 위상이 달라질 수 있으나, 적어도 일정한 지역에 대한 지배권과 독립된 신료를 거느릴 수 있는 권한을 가지고 있었다는 점에서는 어느 정도 의견의 일치가 이루어지고 있는 것으로 보인다.

신라에게 우산국 복속이 갖는 의의는 우산국을 복속해야 할 동기의 문제와 직결되는데 그 문제에 관한 현재까지의 논의는 대략 정치적 복속의 실현 외에도 우산국의 공물 수취 및 더 나아가 對고구려 견제(동해 제해권의 확보)의 필요성[58] 정도로 귀결되는 것 같다. 이는 동해 유일의 해상 거점이 될 수밖에 없는 우산국의 지정학적 성격을 고려한 견해라고 할 수 있다. 그런데 김주원의 封國에게 부여된 역할에는 명주가 가지는 지정학적 위치에서 필연적으로 따라오는 對북방의 방비(즉 발해 견제)도 중요했

55) 河西國(府)·溟州(郡)國의 표기에서 당시 河西·溟州의 명칭이 혼재하고 있었음을 알 수 있다. 실직·하슬라 지역은 신문왕 5년(685)에 신라 9주의 하나인 河西州로 편제되었다가 경덕왕 16년(757)에 명주로 바뀌었다. 그렇지만 舊名이 당장 사라지는 것도 아니었으며 게다가 공식 명칭이 경덕왕 사후 776년(혜공왕 12년)에 다시 옛날(하서주)로 복귀했다. 그 후 고려 태조 5년(922)에 명주 명칭이(『고려사』世家 太祖 5년 7월 무술조) 보이나 성종 2년(983)에 河西府라고 했다가 동왕 5년(986)에 다시 명주도독부로 고쳤다는 기사(『고려사』 권58, 지리지12 지리3 東界 溟州)를 보면 9·10세기에도 명주와 하서주는 계속 혼재해 사용되고 있었음을 짐작할 수 있다.

56) 김창겸, 「신라 '명주군왕'고」 『성대사림』 12·13, 1997, 49~52쪽.

57) 서의식, 「統一新羅期의 開府와 眞骨의 受封」 『歷史敎育』 59, 1996, 93~94쪽.

58) 예컨대 김창겸, 「신라의 동북방 진출과 이사부의 우산국 정복 출항지」 『사학연구』 101, 2011, 67쪽.

다고 한다.[59] 그리고 발해와 일본의 왕래에서 발해 사신이 울릉도를 이용하기도 했다는 견해를[60] 참고해보면 김주원계의 溟州(郡)國은 북방 방비뿐만 아니라 對발해-일본 관계를 견제하는 차원에서라도 울릉도(우산국)에 일정 부분 주의를 기울이고 있었어야 했을 것으로 추정할 수 있다. 더군다나 만약 우산국의 공물 수취까지 개재되어 있었다면 더욱 그러하였을 것이다.[61]

4. 맺음말

본고에서는 『日本三代實錄』 貞觀 5년(863) 11월 병오조에 보이는 "新羅東方別嶋·細羅國人·其長頭屎鳥舍漢"에 대해 검토하였다. 먼저 이들의 일본 해안 표착 장소에 대해서 丹後國 竹野郡 松原村의 지명을 확인하였으며 표착 시기에 대해서는 同年 7월과 10월의 태풍 기사 및 당시 신라-일본 관계의 분위기 등을 고려하여 10월 표착의 가능성이 유력함을 밝혔다. 아울러 표착민 일행의 우두머리인 "其長頭屎鳥舍漢" 표기의 해석 문제에 관해 몇 가지 가능성을 제시하였으며 말미의 '漢'이 신라·가야계 지배층의 칭호 혹은 신라의 外位에 유래를 둔 '干'일 가능성을 언급하였다.

가장 핵심적 문제는 "新羅東方別嶋"와 "細羅國"의 해석인데, 가장 자연스러운 해석은 신라 동쪽 해상의 섬은 현재 울릉도(+독도)밖에 없으므로 세라국은 고대의 우산국을 지칭한다고 보는 것이다. 즉 "新羅의 東方 別嶋"라는 위치성을 중시하는 한 우산국 이외의 대안은 없다고 할 수 있다.

59) 한준수, 「울릉도의 고분을 통해서 본 신라중대의 지방통치」 『한국학논총』 41, 2014), 이경섭 「고대 동해안 지역의 정치적 동향과 우산국」 『신라문화』 39, 2012.

60) 김창석, 「신라의 우산국 복속과 이사부」 『역사교육』 111, 2009.

61) 채미하, 「신라의 우산국 정벌과 통치」 『이사부와 동해』 8, 2014는 신라 하대 어느 시기부터 우산국은 명주 지역과 밀접한 관계를 가지고 있었으며 신라의 통치력은 우산국에 미치지 못하였다는 견해를 제시하고 있다.

필자도 기본적으로는 울릉도로 보아도 좋다는 입장이다. 다만 이 경우 난점은 세라국 표기와 우산국 표기에 연관성을 발견하기 어렵다는 것이다.

표기의 유사성이란 관점에서 보면 현재 강릉의 古名인 何瑟羅·阿瑟羅·河西良의 瑟羅(西良)가 細羅와 가장 유사하다. 그래서 또 하나의 가능성으로서 하슬라(하서주·명주)였을 경우에 대해서도 생각해 보았다. 이 경우에는 "新羅東方別嶋"와 "細羅國"을 별개의 것으로 해석해야 하는 부담이 있으나 그렇다고 전혀 불가능한 것은 아니다. 여기서는 세라가 瑟羅(西良)였다는 전제 하에, 8세기 말 9세기 초 명주 일대에 독자적인 세력권을 형성하였던 김주원계 세력의 河西國 즉 溟州(郡)國과의 연관 가능성도 생각해 볼 수 있음을 지적하였다.

결과적으로 세라국에 대해서는 우산국설의 가능성과 하슬라에 기원을 둔 하서국설의 가능성을 각각 열어둔 셈이 되었다. 검토의 기준을 위치의 문제와 표기의 비교, 어느 쪽에 두느냐에 따라 가능성의 비중이 달라질 수 있으며 또한 그것은 "新羅東方別嶋"의 주민이 갖고 있는 아이덴티티의 이해 문제에도 영향을 미친다.

하지만 그 어느 쪽이 되더라도 "新羅東方別嶋"의 주민들이 863년 일본 해안가에 표착해 왔다는 사실은 변하지 않는다. 또한 그 주민들이 우산국(울릉도) 사람들이었을 가능성 또한 영향을 받지 않는다. 그런 점에서 상기 사료는 9세기 울릉도 주민의 모습을 전하고 있는 기사라고 할 수 있으며 신라의 우산국 복속 기사 이후부터 고려 태조 13년 우릉도의 복속 기사 사이에 존재하는 유일한 울릉도 관련 문헌 사료라고 할 수 있을 것이다. 상기 세라국 기사의 의의는 바로 이 점에 있다.

다만 상기 사료는 고립된 기사이기 때문에 처음부터 검토에 상당한 제약을 받을 수밖에 없다. 필자의 검토도 결과적으로는 상당 부분 가능성의 열거에 그친 셈이 되었는데 이 글의 한계에 대해서는 그 누구보다도 필자가 절감하고 있다. 많은 질정을 부탁한다.

중세 일본의 신국사상과 한반도

이 세 연

1. 머리말

천황이 소위 '인간선언'을 한 지 70여 년이 지났지만, 몇몇 일본인들은 여전히 자신들의 나라가 神國이라는 믿음을 지니고 있다. 지난 2000년 5월, 당시 내각총리대신이었던 森喜朗가 神道政治連盟 국회의원간담회에서 "일본은 실로 천황을 중심으로 하는 신의 나라"라고 발언한 것은 상징적인 의미가 있다 할 것이다.[1]

모리의 발언에서는 우선 근대 천황제 국가, 국가신도와 같은 단어를 떠올리게 되지만, 그의 발언에서 유추할 수 있는 〈일본=神孫 천황이 통치하는 나라〉라는 관념은 중세에서 그 연원을 찾을 수 있다. 물론 중세에 형성된 신국 관념이 현대에 이르기까지 단선적으로 이어진 것은 아니지만, 그것이 일종의 '집요저음'(Basso Ostinato)[2]을 이루고 있다는 점은 분명하다 할 것이다. 중세의 신국사상에 대한 검토가 현재적 의의를 지니는 이유이다.

본고에서는 위와 같은 인식을 바탕으로, 중세 일본의 신국사상에서 한

---

1) 森喜朗의 발언 全文은 다음을 참조. 『国会ニュース』 60(7), 47~49쪽, 2000.

2) 丸山眞男는 신화 텍스트로부터 일본사회의 원형질이라 할 만한 요소들을 추출하고, 그것이 일본사회의 역사적 전개과정에 일정한 틀을 제공했다고 주장했다. 丸山는 이와 관련하여 '古層' 혹은 '執拗低音'이라는 음악학의 용어를 사용했다. 丸山真男, 「歴史認識の「古層」」 『丸山真男集 第10巻』, 岩波書店, 1996 ; 同, 「政事の構造: 政治意識の執拗低音」 『丸山真男集 第12巻』, 岩波書店, 1996 参조.

반도가 어떤 위상을 차지하고 있었는지 검토해 보고자 한다.

오늘날 한국인의 시각에서 바라봤을 때 중세의 신국사상이라고 하면 대략 "신이 가호하고 신손이 통치하는 일본은 신성불가침의 영역이라고 주장하는 정치사상"을 상정하게 되지만, 이 간단명료한 설명이 중세 신국사상의 전모를 보여주는 것은 아니다. 예를 들어, 그것은 末法思想과 연계된 삼국세계관 혹은 삼국사관을 전제로 本地垂迹說과 불가분의 관계를 맺으며 전개되었으며, 그 구체적인 내용은 인식 주체에 따라 차별적이었다. 鍛代敏雄에 따르면, 12세기에 한정하더라도 신국사상 담론은 여섯 가지로 분류할 수 있다고 한다.[3]

본고의 과제와 접점을 지니고 있는 선행연구는 대략 세 가지로 분류할 수 있는데, 중세 신국사상에서 한반도가 차지하는 위상을 구체적으로 다룬 것은 전무하다 해도 과언이 아니다. 즉, 중세 신국사상의 실태를 규명한 연구[4], 중세 일본인들의 대외관념과 對韓觀, 공간인식을 다룬 연구[5],

---

3) 鍛代敏雄, 『神国論の系譜』, 法蔵館, 2006, 16~26쪽.

4) 黒田俊雄, 「中世国家と神国思想」 『日本宗教史講座』 第1巻, 三一書房, 1959 ; 佐々木馨, 「神国思想の中世的展開」 『大系 仏教と日本人2 国家と天皇』, 春秋社, 1987 ; 鍛代敏雄, 『神国論の系譜』 ; 김보한, 「중세 일본의 신국사상과 그 역사적 변천」 『동아시아세계의 일본사상』, 동북아역사재단, 2009 ; 成沢光, 「"辺土小国"の日本: 中世的世界像の一側面について」 『政治のことば: 意味の歴史をめぐって』, 講談社, 2012 ; 남기학, 「가마쿠라 막부의 신국사상의 전개」 『가마쿠라 막부 정치사의 연구』, 한국문화사, 2017 ; 佐藤弘夫, 『「神国」日本』, 講談社, 2018 등.

5) 田中建夫, 「中世日本人の高麗·朝鮮観」 『対外関係と文化交流』, 思文閣出版, 1982 ; 村井章介, 「中世日本の国際意識·序説」 『アジアのなかの中世日本』, 校倉書房, 1988 ; 무라이 쇼스케, 「중세 한일양국인의 상호인식」 『한일양국의 상호인식』, 국학자료원, 1998 ; 金光哲, 『中近世における朝鮮観の創出』, 校倉書店, 1999 ; 남기학, 「고려와 일본의 상호인식」 『일본역사연구』 11, 2000 ; 신동규, 「일본의 사찬지도로 본 전근대 '삼도영토관'에 대한 고찰: 일본 고지도를 중심으로」 『전근대 일본의 영토인식』, 동북아역사재단, 2012 ; 배관문, 「'신국 일본'의 이미지 변천사: 중세 일본의 국토 표상과 관련하여」 『동아시아문화연구』 53, 2013 ; 井上厚史, 「朝鮮と日本の自他認識: 13~14世紀の「蒙古」観と自己認識の変容」 『北東アジア研究』 別冊 第3号, 2017 등.

이른바 삼한정벌전설의 중세적 변용과 여몽연합군의 일본 침공을 다룬 연구[6]는 모두 좋은 참고자료라 할 수 있지만, 본고의 과제와 직접적으로 연결되는 선행연구라고 보기는 어렵다. 본고에서 설정한 과제는 이미 여러 차례 수행된 듯하지만, 그것은 관련 연구의 '두께'에서 비롯된 일종의 착시라고 생각한다.

이처럼 의외로 참신한 본고의 과제에 대해서는 여러 가지 접근 방법을 생각해 볼 수 있겠지만, 본고에서는 試論의 입장에서 관계성에 초점을 맞춰 보고자 한다. 신국 일본이라는 정체성은 타자와의 관계 속에서 형성되기 마련이다. 본고에서는 신국 일본이라는 관념이 발흥하고 그것이 하나의 사상으로 자리 잡아가는 과정에서 한반도라는 타자가 어떤 역할과 기능을 수행했는지 살펴보고자 한다.

이 같은 접근 방법에 따라, 본고에서는 관련 텍스트에 대한 보다 세밀한 분석을 시도할 것이다. 각 텍스트 속의 문구와 문장, 이야기들이 어떻게 배치되어 있는지, 또 그것들이 맞물리면서 어떤 맥락을 형성하고 있는지 검토함으로써, 신국 일본에 대한 타자 한반도의 윤곽을 그려보고자 한다.

본문에서는 시대 순으로 사태의 추이를 살펴볼 것이다. 2장에서는 12~13세기를 다룰 텐데, 논의의 편의상 앞선 시기의 사료 두 가지를 먼저 검토할 것이다. 3장에서는 여몽연합군 침공의 상흔이 채 가시지 않은 14세기의 상황을 집중적으로 살펴보며 이 시기의 특수성에 대해 생각해 보고자 한다.

6) 久保田収, 「中世における神功皇后観」『神功皇后』, 皇学館大学出版部, 1972 ; 연민수, 「神功皇后 전설과 日本人의 對韓觀」『한일관계사연구』 24, 2006 ; 石黒吉次郎, 「蒙古襲来と文学」『専修国文』 84, 2009 ; 齊藤歩, 「文学作品にみる対外感覚: 「国難」蒙古襲来に際して」『일본학연구』 54, 2018 ; 海津一朗, 『新 神風と悪党の世紀: 神国日本の舞台裏』, 文学通信, 2019 등.

2. 신국을 비추는 거울

신국사상의 출발점으로 곧잘 인용되는 것은 이른바 삼한정벌전설에 관한 『일본서기』 기사이다. 그 내용은 잘 알려진 바와 같지만, 논의에 필요한 일부 문장을 아래에 인용한다.

〈사료 1〉『日本書紀』 권9, 神功皇后 春二月條, 冬十月條[7]

9년 봄 2월에 족중언천황이 築紫의 橿日宮에서 죽었다. 이때 황후는 천황이 신의 가르침을 따르지 않다가 일찍 죽은 것을 슬퍼하며 벌을 내리는 신의 존재를 알고는, 財寶의 나라를 얻고자 하였다. … 9년 겨울 10월 기해삭 신축(3일)에 和珥津에서 출발했다. 이때 風神이 바람을 일으키고, 海神은 파도를 치게 하였다. … 신라왕은 뜻밖의 군사들이 나타나 장차 신라를 멸망시키려 하는 것이라 여기고 두려워 전의를 상실했다. 마침내 정신을 차리고 "내가 들으니 동쪽에 신국이 있는데, 일본이라고 한다. 또한 聖王이 있는데 천황이라고 한다. 반드시 그 나라의 神兵일 것이다. 어찌 군사를 내어 방어할 수 있겠는가."라고 말하고 백기를 들어 항복하였다. … 그리고 머리를 조아리고 "… 배의 키가 마를 사이 없이, 춘추로 말빗과 말채찍을 바치겠습니다. 또한 바다를 사이에 두고 멀리 떨어져 있는 것을 꺼리지 않고 해마다 남녀의 調를 바치겠습니다."라고 말하였다. … 고구려와 백제 두 나라 왕은 … 도저히 이길 수 없다는 것을 알고는 스스로 영외로 나와서 머리를 조아리며 "지금 이후부터는 길이 西蕃이라 일컫고 조공을 그치지 않겠습니다."라고 말하였다. 이로써 內官家로 정하였다. 이것이 이른바 三韓이다.

仲哀天皇의 사후, 神功皇后는 '신의 가르침'에 따라 '財寶의 나라'인 신

7) 인용문은 연민수 외 엮음, 『역주 『일본서기』 1』, 동북아역사재단, 2013, 470·476~480쪽에 의함. 단, 한글과 한자의 병용 원칙에 따라 일부 자구를 수정했음. 이하, 선행연구에 기댄 직접 인용문의 표기는 이와 같음.

라를 공략했다. 신라왕은 '신국' 일본의 '神兵'에 저항할 수 없다고 판단하여 항복했으며, 고구려왕과 백제왕도 그 뒤를 따랐다. 세 나라는 모두 일본에 조공을 바치겠다고 맹세했다.

이 가공의 이야기는 7세기 왜와 한반도 삼국 간의 복잡다단한 관계를 배경으로 형성된 것으로 보이는데,[8] 여기서는 다음 두 가지 점에 주목해 두고자 한다. 첫째, '神國'의 최초 용례가 다름 아닌 신라, 한반도와 관련하여 등장했다는 사실이다. 이는 곧 신국 일본이라는 정체성이 신라, 한반도라는 타자와의 관계를 통해 형성되기 시작했음을 의미한다. 신라와 한반도는 이를테면 신국 일본을 비추는 거울이었던 것이다. 둘째, 한반도 삼국의 무기력함이다. 아마도 『일본서기』의 편자는 한반도 삼국에게 일말의 저항도 허용치 않는 압도적인 神威를 드러내고 싶었던 것 같다. 그러나 독자에게 주는 임팩트라는 관점에서 바라봤을 때, 〈무기력함↔신위〉라는 서술구도가 과연 효과적인 것인지는 의문이다. 신위는 구체적이고 가시적인 방식으로 드러나고 있지 않기 때문이다. 이 같은 서술구도는 중세에 이르러 큰 변용을 겪게 되는데, 이에 대해서는 후술하도록 하겠다.

신국의 두 번째 용례 역시 신라와 관련된 문서에서 확인된다. 그 주요 내용을 소개하면 다음과 같다.

〈사료 2〉『日本三代實錄』869년 12월 14일조 수록 告文[9]

… 전하여 들으니, 저 신라인은 우리 일본국과 오래도록 相敵이 되어왔는데, 지금 그들이 나라 안으로 들어와서 調物을 탈취하고도 두려워하거나 꺼려하는 기색이 없습니다. … 兵乱의 일은 더욱 두려워하고 삼갈 만한 일이지만, 우리 일본은 이른바 神明의 나라입니다. 신명이 도움과 보호를 주신다면 어찌 兵寇가 가까이 올 수 있겠습니까? 하물며 경외하는 皇大神께서는 우리

8) 연민수, 「神功皇后 전설과 日本人의 對韓觀」, 6~7쪽.

9) 인용문은 다음 논고를 바탕으로 일부 손질한 것임. 정순일, 「신라해적과 國家鎭護의 神·佛」『역사학보』 226, 2015, 263~264쪽.

> 조정의 大祖로서 통치하시는 천하를 비춰주시고 보호하시니, 他國 異類가 업신여겨 난을 일으키는 일을 들으시고 어찌 놀라 물리치지 않으시겠습니까? … 경외하는 황대신께서 국내의 여러 신들도 이끄셔서 아직 출발하기 전에 저지하여 물리쳐 주시고, 만약 적의 계략이 이미 이루어져 兵船이 반드시 오게 되어 있으면, 境內로 들어오지 못하게 하시고 쫓아 돌려보내거나 침몰하게 하셔서 우리나라를 신국으로 경외해온 故實이 사라지지 않도록 하시옵소서. …

위의 고문은 伊勢神宮에 봉납된 것이다. 인용문에서는 생략했지만, 이 고문에서 문제시 된 것은 신라해적만이 아니었다. 당시 일본조정은 신라해적뿐만 아니라 열도 각지에서 발생한 괴이와 자연재해 등을 포함한 '총체적 국가위기상황'에서 벗어나고자 기도했다.[10]

다만, 본고의 취지에서 주목하지 않을 수 없는 점은 '神明의 나라', '신국'이라는 표현이 신라해적의 위협과 극복을 이야기하는 맥락에서 등장하고 있다는 사실이다. '총체적 국가위기상황'에서 벗어나고자 황실의 조상신에게 기도하는 일본조정의 태도를 감안하면, '신명의 나라', '신국'이라는 표현은 고문 전체를 관통하는 맥락에서 등장해도 어색하지는 않을 것이다. 그럼에도 이 두 가지 표현이 유독 신라해적과 관련하여 등장했다는 것은 신국 일본이라는 관념이 애초에 신라, 한반도라는 타자를 통해 환기되는 성격의 것이었음을 보여준다. 신국 일본은 9세기에도 여전히 신라, 한반도라는 거울을 통해 그 모습을 드러내고 있었던 것이다.

신국 일본이라는 관념과 관련하여 신라, 한반도가 독점적인 위상을 차지하는 듯한 양상은 신기신앙의 비대화에 따라 변화한다. 즉, 신라, 한반도와 무관한 신국의 용례도 9세기 말에는 등장하여 11세기 이후에는 급증하는 양상을 보인다.[11] 이 과정에서 오늘날 신국사상이라 호명하는 것

---

10) 정순일, 「신라해적과 國家鎭護의 神·佛」, 267~268쪽.

11) 鍛代敏雄, 『神国論の系譜』, 10~16쪽 참조.

의 윤곽과 내용은 한층 뚜렷해져갔다. 그런데 이처럼 가파른 변화의 와중에도 〈신라/한반도=신국 일본을 비추는 거울〉이라는 구도를 환기하는 담론은 존재했다. 다음 사료를 살펴보자.

> 〈사료 3〉『大槐秘抄』(『群書類従』 제28집 수록)
>
> 武勇을 갖춘 사람이 帥, 大貳가 되면 반드시 異國이 일어난다고 합니다. 小野好古가 大貳였을 때, 隆家가 帥였을 때, 특히 이국의 사람들이 흥기했습니다. 그들은 오로지 자신들의 마음이 용맹함을 선호했던 것입니다. 지금 平清盛가 大貳로 내려가 있습니다. 어떠할지 생각해 보건대, 고려에 중대한 문제가 있다고 들었습니다. 고려는 신공황후가 몸소 가셔서 무찌른 나라입니다. … 고려는 大國인데 무찌르신 것이니, (고려는) 어떻게든 (일본에) 설욕하고 싶어 할 것입니다. 그러나 일본을 신국이라 하여 고려뿐만 아니라 이웃 나라 모두 기세가 꺾여 범접할 생각을 하지 못하고 있습니다. …

『大槐秘抄』는 1162년 무렵 藤原伊通가 二條天皇에게 제출한 정치의견서이다. 위 인용문에서 伊通는 대외관계에 대해 언급하고 있다. 伊通는 무용을 갖춘 사람이 규슈의 지방관으로 부임하면 이국이 흥기하는 선례가 있다며 清盛가 大貳로 부임한 현재, 특히 고려의 흥기가 우려된다는 의견을 밝히고 있다. 그 구체적인 원인으로 伊通는 신공황후의 故事를 환기하지만, 일본은 '신국'이므로 무탈할 것이라고 낙관하고 있다. 여기서 고려는 '이웃 나라'와 더불어 신국 일본을 비추는 거울로 기능하고 있다고 할 것이다.

그런데 위의 인용문에서 특히 흥미로운 점은 고려가 신국 일본에 위협을 가할 수 있는 '대국'으로 표현되고 있다는 점이다. 伊通가 고려를 '대국'으로 바라본 명확한 근거는 알 수 없지만, 그 실마리는 인용문의 앞부분에서 찾을 수 있지 않을까 생각한다.

伊通는 小野好古와 藤原隆家의 사례를 거론하고 있다. 실제로 好古는

945~950년, 960~965년의 기간에 大貳로 재임했으며, 隆家는 1014~1019년, 1037~1042년의 기간에 權帥로 활동했다. 이 시기에 '이국'의 동향을 살펴보면 가장 눈에 띄는 것은 1019년 여진족의 일본 침공이다. 對馬와 壹岐 등지에 막대한 피해를 입힌 이 사건에는 고려가 등장한다. 즉, 고려 수군은 본거지로 귀환하던 여진족과 전투를 벌여 일본인 포로 300여 명의 신병을 확보하고 이들을 일본에 송환했다. 일본에 돌아온 이시메라는 인물은 "고려국 병선 수백 척이 적들을 공격해왔다. 적도들이 힘껏 전투에 임하였지만, 고려의 맹렬한 기세에 의해 적수가 되지 못하였다. 그 고려국의 배는 선체가 크고 높았으며, 병사와 무기가 매우 많았다. 배를 뒤집어 살인하니 적도들이 그들의 맹렬함에 감히 대적하지 못했다."고 증언하기도 했다.[12] 과감하게 상상해 본다면, 伊通는 바로 이 같은 1019년의 기억을 떠올렸던 것이 아닐까? 요컨대, 伊通는 『大槐秘抄』를 써내려가면서 관념상의 한반도가 아니라 실체로서의 한반도를 떠올리고 그것을 '대국'이라 표현했던 것이라고 생각한다.

이처럼 고려를 '대국'이라고 규정할 경우, 별도의 추가 설명이 없는 한 신국의 위상은 상대적으로 하락할 수밖에 없다. 이와 관련하여 주목되는 것은 말법사상과 연계된 삼국세계관과 본지수적설이다. 잘 알려진 바와 같이, 당시 일본사회에서는 1052년 무렵 말법의 시대가 시작되었다는 인식이 폭넓게 통용되고 있었으며, 이러한 인식의 연장선상에서 일본은 인도, 중국에 비교하여 구원의 손길이 닿기 어려운 '粟散邊土'로 규정되었다. 이 같은 상황을 극복하기 위한 사상적 영위가 이루어지는 가운데, 일본의 신들은 聖德太子와 같은 저명한 구도자, 故佛 등과 더불어 '粟散邊土'의 중생을 구원하고자 垂迹한 존재로 규정되었다.[13] 인도, 중국이라는 거울에

12) 『小右記』 1019년 8월 3일조 裏書 「大宰府解」. 인용문은 김현우, 「'刀伊(동여진)의 침구'사건의 재검토와 여일관계의 변화」 『일본학』 45, 2017, 153쪽에 의함.

13) 佐藤弘夫, 『「神国」日本』, 第二章~第三章 참조.

비친 신국 일본의 모습은 이처럼 왜소한 것이었다. 〈사료 3〉에서 '대국' 고려와 신국 일본을 대비하는 고레미치의 뇌리 한편에도 '粟散邊土'의 관념이 자리 잡고 있었을 것으로 짐작된다.

〈신국 일본='粟散邊土'〉라는 사고의 흔적은 한반도 관련 설화에서도 확인된다. 예를 들어, 1200년 무렵에 성립한 것으로 보이는 『長谷寺驗記』에는 「新羅國照明王后難送寶物事」라는 이야기가 수록되어 있다.[14] 죽음의 위기에 처한 신라의 조명왕후가 奈良 長谷寺의 관음상에 기원하여 목숨을 건졌다는 영험담인데, 이야기의 후반부에는 왕후가 '粟支神國摩訶舍那山長谷之寺'에 33가지 보물을 보냈다는 문장이 보인다.

여기서 주목하고 싶은 부분은 '粟支神國'이라는 문구이다. 일반적으로 '粟支'라는 표현은 '粟支數年'[15]과 같이 '~년 버틸 양식'의 의미로 해석되지만, '粟支神國'에 이 같은 용법을 적용할 수 없다는 점은 분명하다. 결론을 말하면, '粟支'는 당시 유행하던 문구인 '粟散'의 오기라고 생각한다. 원본을 필사하는 과정, 혹은 필사본을 활자화하는 과정에서는 종종 오기가 발생한다. '散'의 초서 가운데는 오른쪽 변인 등글월문(攴/攵)이 강조된 字體도 존재하는데, 그것이 '支'의 초서로 오인된 것은 아닐까?

'粟支'를 '粟散'으로 판단하면, 그 뒤로 이어지는 "진심을 다하여 기원하는 사람은 異國 他國이라도 이와 같다. … 하물며 우리나라는 인연이 특별히 깊을 것이다. 믿음직스럽도다."라는 문장은 이해하기 쉽다. 『長谷寺驗記』 편자의 속내를 논리적으로 정리해 보면 대략 다음과 같지 않을까 싶다. 즉, ①일본은 '粟散邊土'인 까닭에 부득이한 방편으로 신들이 수적한 나라인 '粟散神國'이다. ②그러나 長谷寺 관음상의 영험은 일본열도를 훌쩍 뛰어넘을 정도로 믿음직스럽다. ③그러니 반드시 구원받는다는 믿음을

14) 설화의 내용은 다음 논고의 번각 자료를 참고했다. 류규상, 「『長谷寺驗記』의 新羅王后譚에 대하여: 翻刻 및 자료의 검토」 『일본학논집』 19, 2005.
15) 『史記』 列傳9, 蘇秦.

가지고 長谷寺에 귀의하라.

이 이야기의 맥락 속에서 신라, 한반도의 역할을 분명해 보인다. 즉, 신라, 한반도는 '粟散邊土'임에도 구원의 계기를 충분히 갖추고 있는 신국 일본의 면모를 부각시키는 역할을 하고 있는 것이다. 11세기 이후 새롭게 부각된 신국 일본의 면모는 신라, 한반도라는 거울을 통해서도 확인되고 있었던 것이다.

그런데 이 이야기는 한반도와의 관계에서 또 하나의 함의를 지니고 있는 것으로 보인다. 이 이야기에 복류하는 삼국세계관 혹은 삼국사관에서 일본이 劣位로 규정되는 이유는 일본이 불교의 중심지로부터 공간적으로 멀리 떨어져 있고 아울러 불교의 발흥이 가장 늦었기 때문이었다. 잘 알려진 바와 같이, 불교는 6세기에 이르러 백제에서 일본으로 전파되었다. 게다가 백제, 한반도는 일본에 비해 공간적으로도 불교의 중심지에 가까웠다. 요컨대, 불교를 기준으로 하면, 신국 일본은 한반도와의 관계에서도 명백히 열위에 처해 있었다. 후술하겠지만, 중세 일본인들은 인도, 중국에 대한 열위를 부단히 극복하고자 했던 것으로 보이는데, 한반도에 대해서도 그 같은 사상 경향이 존재하지 않았을까 싶다. 즉, 위의 설화는 한반도에 대한 신국 일본의 불교적 열위를 극복하고자 하는 사상적 영위의 결과로도 읽히는 것이다. 무엇보다 불교가 한반도로부터 전래된 것은 부정할 수 없는 사실이지만, 실제로 불교가 번창하고 수적의 영험이 드러나고 있는 곳은 한반도가 아니라 신국 일본이다, 신라 왕후가 長谷寺의 관음상에 귀의한 데에서 보이는 것처럼. 『長谷寺驗記』「新羅國照明王后難送寶物事」의 행간에서는 이와 같은 인식을 간취할 수 있지 않을까?

참고로 덧붙이면, 이 이야기는 비슷한 시기에 성립한 다른 설화집을 통해서도 유포되어갔다. 예를 들어, 『今昔物語集』 권16 제19화, 『宇治拾遺物語』 권14 제5화에서는 유사한 이야기가 발견된다.[16] 또 攝津 勝尾寺의

16) 다음 논고에서는 각 설화집에 수록된 이야기들이 상세히 비교 검토되고 있다. 廣

주변에서는 백제를 대상으로 하는 비슷한 패턴의 이야기가 전래되고 있었다. 즉, '白髮之病'에 걸린 백제의 황후가 勝尾寺에 관한 영몽을 얻어 건강을 회복했다는 이야기가 유포되고 있었다.[17] 편자 혹은 저자의 의도는 논외로 하더라도, 이런 이야기들이 한반도에 대한 신국 일본의 비교 우위를 환기하는 효과를 자아내고 있었으리라는 점은 미루어 짐작할 수 있다.

이상에서 살펴본 바와 같이, 11세기 이후 신국이라는 표현은 다채로운 파장을 일으키고 있었다. 그런 상황에서 유례없는 강력한 타자가 일본열도를 두 차례에 걸쳐 침공했다. 이 강렬한 침공에 즈음하여 신국 일본은 한반도라는 거울을 통해 어떤 면모를 드러냈을까? 이에 대해서는 다음 장에서 살펴보기로 하자.

3. 강력한 타자, 위대한 신국

여몽연합군 침공에 대한 선명한 기억을 바탕으로 작성된 『八幡愚童訓(甲)』은 중세 신국사상의 진수를 보여주는 텍스트로 저명하다. "신라국의 대왕은 일본의 개다."라는 문장이 상징하듯, 한반도 멸시관이 노골적으로 표출된 텍스트로도 평가받고 있다.[18]

한반도 멸시관에 대한 그간의 설명은 대체로 수긍할 만한 것이지만, 한 가지 석연치 않은 부분이 눈에 띈다. 위의 인용문에서 개로 표현된 것이 '신라국의 대왕'이라는 점이다. 『일본서기』의 '신라왕'이라는 표현과 대비되는 부분이다. 앞서 『大槐秘抄』에서 고려가 '대국'으로 표현된 것에 대해 1019년 여진족 침공의 영향을 추측한 바 있는데, 마찬가지로 '대왕'이라는 표현에서는 여몽연합군 침공의 영향을 읽어낼 수 있을 것이다. 다만, '대

田收, 「『宇治拾遺物語』新羅国后考」 『同志社国文学』 84, 2016.

17) 『鎌倉遺文』 6-3980호, 12-8614호, 14-10480호 참조.

18) 村井章介, 「中世日本の国際意識·序説」을 참조.

왕'이라는 표현의 배후에는 좀 더 복잡하고 넓은 磁場이 펼쳐져 있는 것으로 판단된다. 다음 문장을 살펴보며 이 점에 대해 생각해 보도록 하자.

〈사료 4〉『八幡愚童訓(甲)』(『寺社縁起(日本思想大系 20)』 수록)

황후가 신라·백제·고려 3개 대국을 여인의 몸으로 불과 얼마 안 되는 군세를 가지고 신속히 공략하여 복속시키고 돌아온 용맹함은 戒日大王이 五竺을 복속한 일, 진시황제가 6국을 멸망시킨 일, 월왕이 부차를 토벌하여 회계의 수치를 씻은 일보다 뛰어나다.

위 인용문에서는 신공황후의 삼한정벌에 대한 총괄적인 평가가 이루어지고 있다. 신라·백제·고려는 '대국'으로 규정되고 있으며, 그런 '대국'들을 복속시킨 황후의 무공은 인도 바르다나(Vardhana) 왕조 하르샤(Harsha, 戒日王, 606~647)의 무공, 중국의 전국시대에 종지부를 찍은 시황제의 무공, 오왕 부차를 무너뜨린 월왕 구천의 무공보다 뛰어난 것이라고 찬앙되고 있다.

신공황후와 일본의 신들에 대해 이야기하는 텍스트에서 돌연 인도와 중국의 사례가 등장하는 것은 어색해 보일지도 모르겠다. 그러나『八幡愚童訓(甲)』 전편을 감싸고 있는 문맥을 감안하면 오히려 자연스런 논리 전개임을 알 수 있다. 예를 들어, 〈사료 4〉에 앞서서는 "天竺을 다섯으로 나누니, 16개의 大國, 500개의 中國, 10,000개의 小國, 粟散邊土가 생겨났다.", "일본국은 微少卑劣한 拙國이지만, 또한 貴重賢哲한 신국이다. 이에 예로부터 異國, 異朝와 전혀 다른 부류이다. 곧 시원을 알 수 없는 別所이다."라는 문장이 확인되며, 〈사료 4〉에 이어서는 "일본은 매우 작은 소국이다."라는 문장도 확인된다. 요컨대,『八幡愚童訓(甲)』의 저자는 삼국세계관을 통해 세상을 바라보고 있었던 것이다.

그렇다면, 위의 인용문에서 인도와 중국의 사례가 등장하는 이유는 명백하다 할 것이다.『八幡愚童訓(甲)』의 저자는 삼국세계관에서 관찰되는

〈속산변토=신국 일본〉의 열위를 극복하고자 신공황후의 무공이 인도, 중국의 전설적인 무공보다 뛰어나다고 강변하고 있는 것이다.

이 강변을 합리화할 수 있는 지름길은 분명해 보인다. 즉, 신공황후가 무너뜨린 적이 유례없이 강력한 적이었다고 강조하는 것이다. 적이 강력하면 강력할수록 신공황후의 무공은 두드러지기 마련이고 전투과정에 개입했던 신들의 위세 역시 한층 위대한 것으로 자리매김 될 수 있기 때문이다. 〈사료 4〉에서 신라·백제·고려가 '대국'으로 규정된 이유는 이런 맥락에서 이해할 수 있을 것이다. 중세 신국사상의 논리구조 속에서 한반도의 삼국은 『일본서기』 속의 그것처럼 마냥 무기력해서는 안 되는 존재였다. 그것은 신국 일본을 위험에 빠뜨릴 만한 힘을 갖춘 존재여야 했고, 그럼에도 종국에는 일본의 신들에게 완벽하게 제압됨으로써 그들의 神威를 증폭시키고 신국 일본의 위대함을 드러나게 해주는 존재여야 했다.

이처럼 강력한 타자 한반도와 위대한 신국의 표상이 맞물려 있는 상황을 감안하면, 『八幡愚童訓(甲)』의 전반부에 등장하는 '塵輪' 이야기도 한반도 멸시관 혹은 축생관의 맥락에서만 해석하는 것은 곤란할 것 같다. 즉, "중애천황 시대에는 이국이 공략하고자 하여 우선 진륜이라는 것을 보냈다. 모습은 귀신과 같고 몸 색깔은 붉고 머리는 8개로, 검은 구름을 타고 허공을 날아 일본에 도착하여 인민을 잡아 죽였다."는 문장은 오히려 신비로운 힘을 지닌 정체불명의 존재를 임의로 부릴 수 있는 강력한 타자 한반도를 설명하기 위해 배치된 것으로 파악되는 것이다. 신라국 '대왕'의 지시에 따라 신라의 聖人이 일본의 신 대부분을 물병에 감금하는 이야기 역시 같은 맥락에서 이해할 수 있을 것이다. 귀신같은 존재를 거느리고, 나아가 뛰어난 주술도 부릴 수 있는 한반도라는 타자는 바로 그 강력함으로 인해 신국 일본의 위대함을 한층 더 선명하게 가시화할 수 있었다.

그런데 한반도가 강력한 타자로 표상되고 그를 통해 신국 일본의 위대함이 드러나는 구도는 『八幡愚童訓(甲)』에 한정된 것이 아니었다. 예를 들어, 『太平記』의 저자는 일본이 여몽연합군을 격퇴할 수 있었던 것은 "오로지 일본 대소의 신들과 조상신의 눈에 보이지 않는 가호 덕분"이라며 그 선례로 신공황후의 삼한정벌전설에 대해 언급한다. 『太平記』의 저자는 삼한정벌 역시 최종적으로는 "하늘의 신과 땅의 신의 힘을 빌려" 완수되었음을 확인하는데, 이 이야기의 도입부에는 다음과 같은 문장이 보인다.

〈사료 5〉『太平記』 권40, 「神功皇后高麗を攻め給う事」[19]

옛날 중애천황이 文德과 뛰어난 武德에 의해 고려의 삼한을 공격하셨지만 전투에 승리하지 못하고 돌아오셨다. 그때 신공황후는 智謀와 武略이 부족한 결과라 여겨 당나라 조정에 전투와 관련된 조언을 구하고자 사금 3,000량을 보내시고 履道翁의 秘書 3권을 받으셨다.

중애천황은 '문덕'과 '무덕'을 고루 갖췄음에도 삼한과의 전투에서 패배했다. 신공황후는 '지모'와 '무략'이 부족했다고 판단하고 중국으로부터 고가의 '비서' 3권을 입수했다. 『太平記』의 저자는 신공황후의 삼한정벌에서 이 '비서'가 차지하는 위상에 대해 더 이상 설명하지 않지만, 여기서 주목하고 싶은 것은 쉽게 정복되지 않는 강력한 삼한이다. '문덕'과 '무덕'에도 굴하지 않은 삼한은 외부세계로부터 신지식을 도입해야 비로소 정복 가능한 타자로 묘사되고 있는 것이다.[20] 그런 삼한이 결국 일본의 신들에게 제압되는 것은 두말할 나위 없다. 강력한 타자 삼한이 신국 일본의 위대함을 드러내는 구도가 다시금 확인되는 것이다.[21]

19) 인용문은 長谷川端校注·訳, 『太平記 4(新編日本古典文学全集 57)』, 小学館, 1998에 의함. 위 문단의 인용문도 같음.

20) 樋口大祐는 〈사료 5〉를 신국의 위기라는 관점에서 설명한다. 樋口大祐, 「「神国」の破砕: 『太平記』における「神国/異国」」 『日本文学』 50(7), 2001, 56쪽.

21) 이 무렵의 시대정신은 1400년 전후에 河野 가문에서 생산된 역사서 『予章記』에서도 간취된다. 『予章記』에 의하면 河野 가문의 조상 越智益躬는 推古天皇 시대에 '三韓'으로부터 '戎人八千人'을 이끌고 침공한 '鐵人'을 격퇴했다고 한다(이상의 서술은 佐伯真一, 「河野氏の歴史と日本の歴史: 『予章記』から考える」 『中世文

이상에서 살펴본 바와 같이, 여몽연합군의 침공이라는 전대미문의 역사를 경험한 14세기의 일본에서는 한반도가 신국 일본을 위협하는 강력한 타자로 표상되었다. 그런데 이런 시대 분위기는 같은 시기에 제작된 지도에서도 묻어나는 듯하다.

아래에 제시된 지도는 '行基圖', 즉 고대의 저명한 승려 行基에 가탁하여 제작된 중세 日本圖의 하나로, 13세기 후반에 작성된 원본을 옮겨 그린 14세기 전기의 사본으로 추정되고 있다.[22] 본고의 취지에서 특히 주목하고 싶은 부분은 좌측 하단의 '新羅國五百六十六ヶ國'과 우측 중앙의 '唐土三百六十六ヶ國'이라는 표기이다.

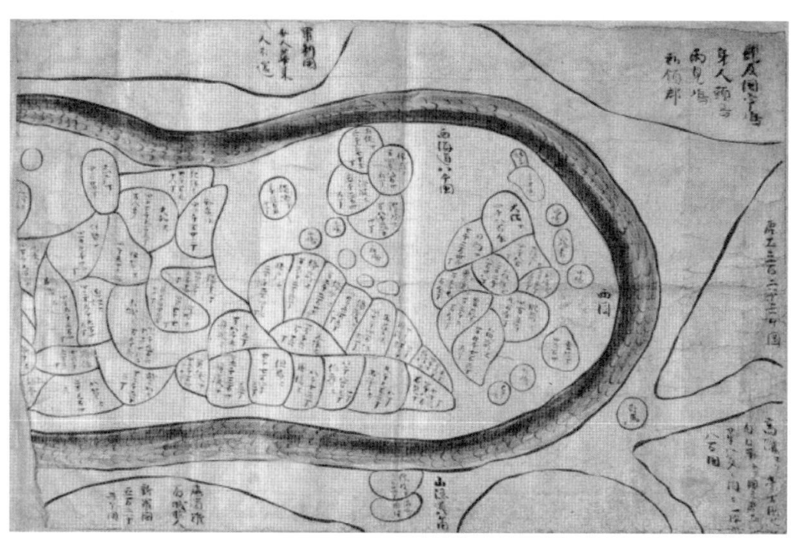

〈그림 1〉 金澤文庫本 行基圖

学』 62, 2017, 37~38쪽 참조). 한반도가 '鐵人'이라는 강력한 타자로 표상되고 있는 점이 주목된다.

22) 이 지도에 대해서는 일찍이 黑田가 상세히 분석한 바 있다(黑田日出男, 『龍の棲む日本』, 岩波書店, 2003, II장). 신동규, 「일본의 사찬지도로 본 전근대 '삼도영토관'에 대한 고찰: 일본 고지도를 중심으로」, 150~152쪽도 아울러 참조할 것.

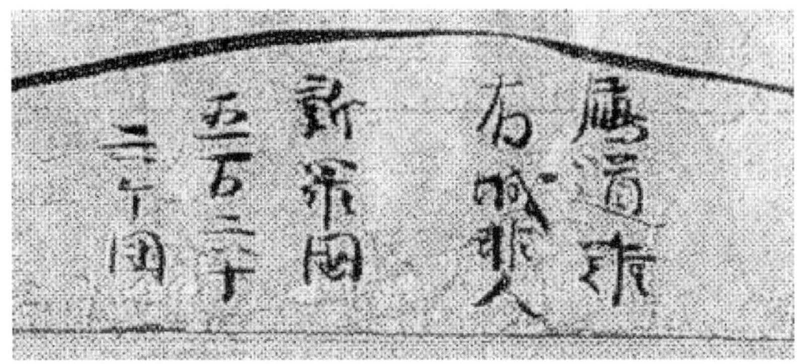

〈그림 2〉 金澤文庫本 行基圖의 좌측 하단 부분 확대

여기서 등장하는 '國'은 물론 전근대 일본의 지방행정단위에서 비롯된 것으로, 이 지도에서 '新羅國'은 '唐土'를 압도하는 대국으로 규정되고 있는 셈이다. 黒田日出男의 설명에 따르면, 妙本寺에 소장된 또 다른 '行基圖'에는 '고려국 766개국', '신라국 566개국', '백제국 466개국'이라는 표현도 등장한다고 한다.[23)]

이 숫자들의 근거가 무엇인지는 알 수 없지만, 일본이 통상 66개국으로 표현된다는 점을 감안하면, 한반도의 여러 국가들이 대국으로 상정되고 있다는 점은 분명하다 할 것이다. 그 구체적인 의미에 대해 단언하기는 어렵지만, 이것이 여몽연합군 침공 이후의 시대 분위기를 반영하는 것이라는 점은 분명해 보인다. '蒙古高句麗'[24)]의 선명한 기억은 한반도를 강력한 타자로 인식하게 만들었고, 그런 인식은 역설적이지만 신국 일본의 위대함을 추구하는 사상 경향 속에서 한층 부풀어 올라 굳어졌다. 이처럼 한반도가 실체와 관념의 양 측면에서 강력한 타자로 급부상하는 시대를

23) 黒田日出男, 『龍の棲む日本』, 78~89쪽 참조.

24) 귀신 혹은 무서운 것의 비유. 여몽연합군의 침공 때 '몽고·고(구)려의 귀신이 온다.'고 하며 어린아이의 울음을 그치게 한 데에서 비롯된 말. 『日本国語大辞典』 참조.

살아가던 14세기의 일본인들은 한반도를 신국 일본에 비해 몇 배나 큰 대국으로 수량화했던 것이 아닐까? '新羅國五百六十六ヶ國'이라는 표기는 강력한 타자 한반도에 대한 14세기 일본인들의 심상지리의 단면을 보여준다고 생각한다.

한편 신국 일본이 대국인 삼한을 제압한 '사실'은 신국 일본의 위상을 재고하게 만드는 사상적 효과를 낳았다. 구체적으로 말하면, 삼한정벌을 소재로 삼아 삼국세계관에서 관찰되는 신국 일본의 열위를 반전시키려는 움직임이 등장했던 것이다. 이 점은 이미 〈사료 4〉에서도 확인한 바 있지만, 그밖에도 남북조 시대의 학승 玄恵(?~1350)가 이른바 성덕태자의 헌법 17조에 주석을 달며 신국 일본의 비교 우위를 주장했다.[25)]

즉, 그는 "天竺·震旦·日域 세 나라 중에서는 일본의 인심이 용맹하고 활의 힘이 다른 나라보다 뛰어나다. 그런 까닭에 夷자를 붙였다. 夷는 弓자에 大자를 써넣은 형태이다. … 천축은 대국이지만 한 번도 지나를 복속시킨 일이 없다. 우리나라는 좁쌀을 흩뿌린 듯한 소국[粟散ノ小國]이지만 삼한이 이미 옷깃을 풀고 복속했다. 하나는 신국인 까닭이요, 하나는 군자국인 까닭이다."라고 설명했다.

여기서 삼한정벌은 일본이 이웃나라를 제압할 만한 武威를 갖춘 신국임을, 그런 까닭에 삼국세계관에서 절대 우위를 차지하고 있는 인도조차 상대화할 수 있는 나라임을 밝혀 주는 근거로 자리매김 되고 있다. 중세 일본인들이 신손 통치의 관념을 통해 삼국세계관의 위계질서를 무너뜨리고자 했다는 사실은 잘 알려진 바와 같다.[26)] 그들은 거기에 더해 삼한정

25) 『聖徳太子御憲法玄恵註抄』. 아래 인용문은 奥田正造編, 『聖徳太子御憲法玄恵註抄』, 森江書店, 1940에 의함.

26) 신손 통치의 관념이 비교 우위의 맥락에서 설파되어간 계기는 역시 여몽연합군의 침공이었다. 14세기의 주요 관련 사료를 소개하면 다음과 같다. "대일본국은 본래 신국으로서 영험함이 지금도 선명하다. 아마테라스 오미카미의 자손은 황공하게도 나라의 주인이 되어 … 나라의 감응도 다른 나라보다 뛰어나며 조정의 권위도 異朝를 뛰어넘었다. 이는 모두 佛陀의 옹호, 또 神明의 위력이다."(『諸神本懐集』) ;

벌이라는 허구를 통해서도 삼국세계관의 위계질서를 돌파하고자 했던 것이다.

4. 맺음말

8세기 이래로 한반도는 신국 일본을 비추는 거울로 기능했다. 일본인들은 한반도라는 거울을 통해 자신들의 나라가 신국임을 부단히 확인했다. 그들이 한반도를 통해 확인한 것은 일본은 ①신이 가호하는 나라라는 점, ②'粟散邊土'임에도 구원의 계기가 내재하고 나아가 불교 융성의 면에서 적어도 한반도보다 열위에 위치한 나라가 아니라는 점, ③인도나 중국과 어깨를 나란히 하고 나아가 무위의 측면에서 비교 우위에 설 수 있는 나라라는 점이었다. 이 가운데 ①은 고대부터 중세에 이르기까지 일관된 면모였으며, ②③은 중세에 접어들어 확인된 면모였다.

이 같은 신국 일본의 면모는 꼭 한반도라는 거울을 통해서만 확인할 수 있는 것들은 아니었다. 예를 들어, 신의 가호는 11세기 이후의 신국사상 담론에서 상투적인 문구였으며, '속산변토'에서 구원의 가능성을 찾는 사상적 영위는 중세 신국사상의 핵심 테마 가운데 하나였다. 또 삼국세계관에서 열위를 극복하고자 하는 움직임은 본문의 각주에서 제시한 바와 같이 신손 통치라는 돌파구로 수렴되곤 했다.

오로지 한반도라는 거울을 통해서만 확인되는 신국 일본의 면모는 무위였다. 신공황후의 삼한정벌전설은 일본인들로 하여금 처음으로 '신국'

"우리나라는 天祖 이래 황위의 계승에 어지러움이 없이 단지 하나의 혈통이 황위에 있으며, 이와 같은 예는 천축에도 없다. … 중국은 특히 난역으로 인해 질서가 없는 나라이다. … 오직 우리나라만이 천지개벽 이래 오늘날에 이르기까지 日嗣를 계승하는 데 어지러움이 없다."(『神皇正統記』) ; "이 明器가 우리나라의 보물로서 神代의 처음부터 人皇의 지금에 이르기까지 전해지고 있는 일은 실로 소국이라고는 하지만 삼국보다 뛰어난 우리나라 신국의 불가사의함은 이것이다."(『太平記』 권26, 「雲景未來記」).

을 상상하게 했으며, 중세 일본을 촘촘하게 에워싸고 있던 불교적 세계관으로부터의 탈주도 상상하게 했다.

한반도에 할당된 고유의 역할이 신국 일본의 무위를 드러내는 일이었다면, 그밖에 실체로서의 한반도가 자아내는 다양한 이야기들이 상대적으로 조명되지 않고 때때로 탈맥락화하는 것은 자연스러운 현상이라 할 것이다. 예를 들어, 불교 전래와 관련해서는 '四國 세계관'이 등장해도 이상할 것은 없지만, 중세 일본에서 통용된 것은 어디까지나 삼국세계관이었다.[27] 明惠(1173~1232)가 의상과 원효를 화엄종의 宗匠으로 존숭했다는 것은 저명한 이야기이지만,[28] 그 역시 '사국세계관'으로 나아가지는 못했다. 애초에 불교가 한반도에서 일본으로 전파되었다는 사실이 은폐되었던 것도 아니지만, 그럼에도 그 같은 역사적 사실과 '삼국세계'라는 관념 사이의 모순을 철저하게 파고들어 논리적으로 해명하고자 하는 사상적 영위는 끝내 등장하지 않았다. 양자는 맞물리지 못한 채 공회전을 반복할 뿐이었다.

이 사태를 달리 표현하면 실체로서의 한반도에 대한 무관심이라고도 할 수 있을 것이다. 15세기 일본의 외교 일선에서 활약하며 실체로서의 한반도를 부단히 목도했을 터인 瑞渓周鳳조차 "아직 신국이 佛國인 까닭을 모르는가? 무릇 이 나라의 여러 신은 모두 垂迹이다. … 우리나라의 불법은 처음에 백제로부터 전해졌다. … 백제는 생각건대 진단의 영역이다. … 이 記에 신라·고려의 일을 많이 싣는 것도 또한 이를 진단에 포함되는 것으로 보기 때문이다."[29]라는 인식 수준에 머물렀다. 한반도가 무위가 아닌 다른 맥락에서 신국 일본에 개입할 여지는 거의 존재하지 않았다.

27) 불교 전파에 관한 역사인식에서 한반도가 누락된 점에 대해서는 일찍이 高木豊가 문제제기한 바 있다(高木豊, 「鎌倉仏教における歴史の構想」『鎌倉仏教史研究』, 岩波書店, 1982).

28) 아베 야스로, 「이계(異界)와의 교신과 종교 텍스트」『한일 고전문학 속 비일상 체험과 일상성 회복: 기적과 신이, 경험과 상상의 카니발』, 소명출판, 2017 참조.

29) 『善隣國寶記』 序.

宋代 동전의 유출과 일본선 입국제한령

고 은 미

1. 머리말

宋代에 제정된 일본선[1] 관련 법령에 "倭船入界之禁"이 있다. 동전의 유출을 막기 위해 일본선을 대상으로 제정된 입국 관련 禁令으로 송과 일본 간의 교류를 파악하는데 있어 중요한 법령인데도 불구하고, 선행 연구에서는 그에 관한 간단한 언급만 있을 뿐[2], 그 성격이나 의미에 대해 구체적으로 검토하고 있지 않다. 그 이유는 관련 사료가 적은 데다 "倭船入界

1) 사료상 '高麗商人'·'高麗綱首'·'高麗國綱首'·'高麗船主'나, '日本商人'·'倭商'으로 표현되는 이들은 송과의 무역에 종사했던 고려인이나 일본인을 지칭하는 것으로 인식되어, 려송무역이나 일송무역에 송출신만이 아니라 고려출신이나 일본출신의 상인이 활동했다는 근거로 제시되었다. 그러나 21세기 들어 현대의 민족국가적 관점으로 '고려상인'·'일본상인'을 파악한 기존의 인식을 비판하고, '고려상인'이나 '일본상인'이란 고려나 일본의 의뢰를 받아 송에 내항한 상인을 지칭하는 말로, 그들의 민족적 출신은 대부분 중국인으로 기존의 송상인들과 근본적인 차이는 존재하는 않는다는 점이 지적되었다(榎本涉, 「宋代の「日本商人」の再検討」 『史学雑誌』 110-2, 2001, 41~53쪽). 따라서 본고에서는 고려나 일본에서 파견된 선박이나 상인을 선적이나 민족적 출신과는 관계없이 고려선·고려상인, 일본선·일본상인이라고 지칭하였다. 다만 에노모토 와타루(榎本涉)가 분석대상으로 삼은 것은 선장급 상인들로, 해당 선박에 승선한 선원이나 상인들 중에 고려출신이나 일본출신의 인물이 포함되어 있었다는 사실을 부정하는 것은 아니다.

2) 曾我部静雄, 『日宋金貨幣交流史』, 寶文館, 1949, 172쪽 ; Robert M. Hartwell, 「FOREIGN TRADE, MONETARY POLICY AND CHINESE 'MERCANTILISM'」, 劉子健博士頌壽紀念宋史研究論集刊行會編, 『劉子健博士頌壽紀念宋史研究論集』, 同朋舍出版, 1989, 464쪽 ; 榎本涉, 「宋代市舶司貿易にたずさわる人々」, 歴史学研究会編, 『港町に生きる』, 青木書店, 2006, 75~76쪽.

之禁"이 사료상 확인되는 1258년을 전후로 일송무역에 커다란 변화가 있었다고는 판단되지 않아, 양국 간의 왕래의 실태와 해당 법령을 합리적으로 설명하는 것이 곤란하기 때문일 것이다. 그러나 일본선에 대한 금령이 반포되었다는 것은 양국 간의 무역상황과 그에 대한 송의 대응을 엿볼 수 있는 사례이기 때문에, 본고에서는 그에 대해 자세히 검토해보고자 한다.

송은 王安石의 신법에 의해 동전의 수출이 허가되었던 1074~1085년의 시기를 제외하고 일관되게 동전의 해외유출을 금지하는 정책을 실시했다.[3] 그 주된 방식은 동전을 소지한 채 출국하거나 외국상인과 동전으로 거래하는 일을 금지하는 것이었다. 일본의 명칭이 보이는 사례로는 1199년 7월에 고려 및 일본상인의 동전거래를 금지한 일이 확인되어[4], 당시 양국으로의 동전유출이 주목받았다는 사실을 알 수 있다.[5]

그러나 위에서 언급한 방식으로 동전유출을 막는 것은 그다지 효과가 없었던 듯하다. 일본선의 경우에도 귀국에 앞서 관리를 파견하여 화물을 검사한 후 출항시켰으나 이러한 검사는 형식적인 것이어서 특별히 부정한 관리가 아니라고 하더라도 모두 뇌물을 받고 실질적인 검사를 하지 않고 출항시키는 상황이었다. 또한 일본선은 선체가 높고 폭이 넓기 때문에 관리가 실제로 검사를 하더라도 선상에서 둘러보는 것 만으로는 배 밑바닥에 감추어 둔 동전을 발견할 수 없었다. 게다가 출항하기 전부터 기회가 있을 때마다 획득한 동전을 연해의 人家에 맡기거나 海山 깊은 곳에 묻어 두거나 작은 배에 싣어 해안에서 50·60리 떨어진 지역까지 이동시켰다가 검사를 마치고 출항한 후 반입하고 있어 동전 유출을 막는 것은

3) 曾我部静雄, 앞의 책, 79~96쪽.

4) 『續編兩朝綱目備要』 卷5, 慶元5年(1199) 7月 甲寅조.

5) 여기서는 고려로도 유출된 것이 확인되지만, 고려는 중국 동전을 창고에 보관했다가 가끔씩 꺼내 보고 즐겼다는 기록이 남아있어, 중국 동전이 교역을 매개하는 등 화폐로 사용된 것은 아니었다(丸亀金作, 「高麗と宋との通交問題(二)」 『朝鮮学報』 18, 1961, 71쪽). 따라서 고려에서 중국 동전의 수요는 한정적이었다고 판단된다.

상당히 어려웠다.[6]

이 때문에 출국 시만이 아니라 입국 시에도 단속하기에 이른 것이겠지만, 송이 일본 이외의 무역선에 대해 비슷한 법령을 내린 사례는 확인되지 않는다. 해당 금령이 일본선만을 대상으로 내려진 이유가 어디에 있는지도 살펴볼 필요가 있다.

2. "倭船入界之禁"의 성격과 시행시기

"倭船入界之禁"이 확인되는 사료는 『宋史』와 『宋史全文』이다. 그에 따르면 都省 즉 尚書省은 다음과 같이 아뢰었다. 일본선의 입국에 관한 금령은 본디 엄격하지만, 근년 慶元市舶司[7]는 관세 징수(抽解)와 관매입(博買)

---

6) 包恢, 『敝帚稿略』 卷1, 「禁銅錢申省狀〈廣東運使〉」.

7) 慶元은 현재의 寧波로 송초에는 明州였으나 1194년에는 승격하여 慶元府가 되었다. 송대에 무역관리기구인 市舶司가 설치된 주요 지역은 兩浙路·福建路·廣南路였다. 항로상 양절로는 고려·일본을 오가는 선박을, 복건로·광남로는 동남아시아 방면을 경유하는 선박을 관리하는 구조였다. 그중에서 복건로의 泉州와 광남로의 廣州에 설치된 시박사는 대체로 송말까지 존속했으나, 兩浙路市舶司는 다음과 같은 변천과정을 거치고 있다. 양절로에서는 북송의 초기부터 杭州와 명주에 시박사가 설치되었고, 1113년에는 秀州의 華亭縣에, 1131년에는 溫州에 시박사의 하급기관인 市舶務가 설치되었다. 그러나 1132년에 항주와 명주가 金軍의 공격을 받아 파괴되었기 때문에, 양절로시박사를 금군의 침략을 받지 않았던 수주의 화정현으로 옮겼다. 그후 항주와 명주에 시박사가 다시 설치되지는 않고 시박무가 설치되는데 그쳐, 양절로시박사의 지휘·감독을 받았다. 또 1145년에는 江陰軍에 시박무가 증설되어 양절로의 시박무는 4개소로 증가했다. 그러나 1166년에 수주의 화정현에 있던 양절로시박사는 폐지되어 시박무가 되었기 때문에, 양절로에는 5개소의 시박무만 존재하게 되었다. 그후 1190년경에는 항주의 시박무가 폐지되고, 1195년경에는 수주·온주·강음군의 시박무도 폐지되었기 때문에, 중국상인과 고려·일본 등의 외국상인은 오직 慶元市舶務를 통해 왕래하게 되었다. 그러나 1205년에는 수주·강음군의 시박무가, 1213년에는 杭州市舶務가 사료에서 다시 확인되어, 각각 그 이전에 부활된 것으로 보인다(石文濟, 「宋代市舶司的設置與職權」 『史學彙刊』 1, 1968, 55~75쪽 ; 『寶慶四明志』 卷6, 「市舶」). 그럼에도 12세기말 이후 양절로에서 실질적으로 무역업무를 담당한 것은 경원시박무뿐이었던 것

으로 얻는 이익에 현혹되어 일본선이 금령을 어기고 입항하는 것을 허가하기 때문에 동전이 밀반출되어 그 피해가 상당하다고. 그래서 沿海制置司에게 연해나 하천에서 엄격하게 단속하도록 명하고 있다.[8)]

해당 사료를 통해 "倭船入界之禁"이 1258년 이전부터 존재하고 있었고, 해당 금령은 동전의 밀무역이 원인이었다는 사실을 알 수 있다. 또한 경원시박사는 일본선에서 얻는 재정수입에 현혹되어 해당 금령을 지키지 않았고, 그래서 송조정은 연해제치사에게 일본선의 단속을 명한 사실도 알 수 있다. 송의 연해지역에는 무역업무를 담당하는 시박사와는 별도로, 해상을 오가는 선박을 단속하는 순찰기관이 있어 무역선의 왕래도 감독하고 있었는데, 경원에서는 연해제치사가 그 역할을 담당하고 있었다.[9)]

그렇다면 "倭船入界之禁"은 어떤 성격의 금령이었을까? 소가베 시즈오(曾我部静雄)는 일본선이 시박사가 설치된 경원 이외의 지역에서 동전을 밀무역하는 것을 금지한 것이라고 평가했다.[10)] 당시 일본선은 경원을 출입하는 과정에서 温州나 台州를 경유하여 동전을 획득하고 있었다.[11)] 그러나 상서성은 일본선이 경원 이외의 지역에 기항하는 것이 아니라, 금령

으로 보여, 13세기에서 14세기 전반까지 확인되는 일본과의 왕래는 표류를 제외하면 거의 경원에서 이루어지고 있다(榎本涉, 「明州市舶司と東シナ海交易圏」 『歴史学研究』 756, 2001, 17쪽). 그 결과 경원시박무는 양절로시박사의 성격을 띠게 되어 시박사라고도 불린 것으로 보인다. 1250년대에 경원부 장관으로 부임한 吳潛도 慶元市舶을 가리켜 시박무라고도 시박사라고도 부르고 있다(『開慶四明續志』 卷8, 「蠲免抽博倭金〈收養飄泛倭人麗人附〉」).

8) 『宋史』 寶祐 6年(1258) 8月조, "癸卯, 詔申嚴倭船入界之禁" ; 『宋史全文』 寶祐6年 8月 癸卯조, "都省言, 『倭船入界禁令素嚴, 比歲慶元舶司, 但知忧於博易抽解之利, 聽其突來, 洩販銅錢, 為害甚大.』詔令沿海制司於濱海港汊嚴切禁戢".

9) 연해제치사는 수도 杭州 주변의 동남해안을 방어하기 위해 설치된 기관으로, 그 연혁 및 역할에 관한 자세한 설명은 고은미, 「13세기 동아시아의 전쟁과 무역」, 김경호 편, 『동아시아 역사상 문화교류와 상호인식』, 성균관대출판부, 2017을 참조하기 바란다.

10) 曾我部静雄, 앞의 책, 172쪽.

11) 包恢, 『敝帚稿略』 卷1, 「禁銅錢申省狀〈廣東運使〉」.

을 위반하고 경원에 내항하여 동전을 반출하는 상황을 문제시하고 있어, 금령은 경원에 입항하는 것과 관련된 것이었다고 판단된다.

한편, 에노모토 와타루(榎本渉)는 상서성이 비판하고 있는 것은 경원시박사가 일본선이 출항하기 전에 선내에 동전 등 수출금지품목이 있는지를 제대로 검사하지 않은 점이라고 주장했다.[12] 즉 에노모토 와타루는 "倭船入界之禁"을 출항 시의 화물검사에 관한 법령으로 해석하여, 일본선이 경원을 출항하여 송의 관할지역에서 벗어나는 것을 '入界'로 판단하고 있는 듯하다. 물론, 송의 선박이 외국과의 경계지역으로 들어가는 것을 '入界'라고 표현한 사례가 없는 것은 아니다. 그러나 여기서는 주체가 송의 선박이 아니라 '倭船'이고, "其突來"라는 표현에서 알 수 있듯이 법령을 어기고 들어오는 것이 문제가 되고 있다. 만일 일본선이 송의 관할지역에서 벗어나는 것을 '入界'라고 표현했다면, 법령을 어기고 들어오는 것이 아니라, 법령을 어기고 나가는 것이 문제가 되었을 것이다. 따라서 "倭船入界之禁"은 역시 출국 시보다는 입국 시의 단속에 관한 법령이라고 보는 편이 타당하다.

그렇다면 송은 동전 유출을 막기 위해 일본선의 입국 자체를 금지할 것일까? "倭船入界之禁"이라는 표현만 보면 그렇게도 판단할 수 있지만, 다른 사료를 보면 송이 일본선을 전면 금지하려는 의도는 없었다는 점이 확인된다. 즉 무역에 따른 이익에 현혹되어 "倭船入界之禁"을 지키지 않는 경원시박사를 대신해 일본선의 단속을 엄격히 시행할 것을 연해제치사에게 명한 1258년에, 연해제치사의 장관이었던 吳潛은 조정에 건의하여, 일본 상인이 매년 와서 "倭板·硫黃·倭金" 등을 교역하고 있는데, 그중에서 '倭金'은 무역량이 적고 국가 재정에는 그다지 도움이 되지 않으므로 관세와 관매입을 면제할 것을 신청하여 송조정의 허가를 얻고 있다.[13] 이를

12) 榎本涉, 앞의 글, 2006, 71~76쪽.

13) 『開慶四明続志』 卷8, 「蠲免抽博倭金<収養飄泛倭人麗人附>」.

보면 연해제치사도 송조정도 일본선의 입국을 전면 금지하려는 의도는 전혀 없고, 오히려 일본선과의 무역을 당연시하는 태도까지 엿보인다. 또한 "倭船入界之禁"이 사료상 확인되는 1258년을 전후로 일송 간의 교류에 커다란 변화가 있었다고도 인정되지 않는다. 따라서 "倭船入界之禁"이 일본선의 입국 자체를 금지한 것이라고는 볼 수 없다.

그래서 금령이 전면 금지 이외의 의미로 사용된 용례를 살펴보면, 특정 사항에 대한 규제를 의미하는 경우가 존재한다. 예를 들어 송의 皇城司의 직무 중에는 "掌宮城出入之禁令"이 있어 궁성의 출입에 관한 금령을 관할했다고 하는데[14], 여기서 금령은 궁성의 출입 자체에 대한 금지라기보다는 출입에 관한 금지사항을 의미한다고 보는 편이 타당할 것이다. "倭船入界之禁"도 일본선의 입국을 전면적으로 금지했다기보다는, 입국과 관련된 금지시항을 제정하여 그를 위반한 일본선을 단속한 입국제한령이었을 가능성이 높다. 관련 사료가 없어서 제한의 구체적인 내용까지는 명확하지 않지만[15], 동전 유출을 막기 위한 대책이었던 것만은 분명하다.

여기서 주목되는 것이 동전의 유출을 막기 위해, 일본선의 입국을 제한할 것을 주장한 上申文書의 존재이다. 남송의 관리 包恢는 동전이 경원에서 泉州·廣州에 이르는 해안 일대에서 해외로 유출되는 실정과 그에 대한 대책을 「禁銅錢申省狀〈廣東運使〉」에서 열거하고 있는데, 그중에서 일본선과 관련된 동전 유출 정황을 다음과 같이 기록하고 있다.[16]

---

14) 『宋史』 卷166, 志119, 職官6 皇城司.

15) 『吾妻鏡』 建長 6年(1254) 4月 29日조에는 일본의 가마쿠라막부(鎌倉幕府)가 당선(唐船) 즉 무역선의 수를 정해 5척만 남겨두고 모두 파괴하라는 명령을 내렸다고 기록되어 있다. 막부의 고유영역인 동국(東国: 일본열도의 동쪽지역)에 한정된 명령이기는 하지만, 무역선 수에 제한을 가한 해당 조치는 막부의 무역통제라는 측면에서만 평가되어 왔다(五味文彦, 「『吾妻鏡』の時代」 『増補吾妻鏡の方法』, 吉川弘文館, 2000, 20~21쪽). 그러나 "倭船入界之禁"이 확인되는 것과 거의 동일한 시기의 움직임인 점을 감안하면, 송이 입국하는 일본선박의 수에 제한을 가했기 때문에 일본 측도 그에 대한 대응책으로 무역선의 수를 줄였을 가능성도 있다.

수년에 걸쳐 일본선이 동전을 가져가고 있는 상황은 명백하다. 단지 그 유출장소는 경원만이 아니라, 연해의 온주·태주 등 수천리에 걸쳐있다. 일본선은 경원에 도착하기 전에 온주·태주 등에 머무는데, 해당 지역의 부호는 그들과 공공연하게 교역하고 있다. 일본인이 매우 좋아하는 것은 동전뿐으로, 연해의 주민은 일본선이 가져오는 진기한 물건을 시가의 10분의 1로 구입할 수 있기 때문에 기꺼이 일본인과 거래하고 있다. 또한 경원에 도착하여 교역을 마치고 경원을 떠난 후에도 바로 귀국하지 않고, 남은 물건이 있으면 온주·태주로 돌아가 가격을 낮추어 교역하고 있다. 그 때문에 올해 봄 태주의 城에서는 하루 만에 시장에서 사용하는 一文 짜리 동전이 없어졌을 정도로, 유출되는 동전의 양이 어느 정도인지 셀 수 없다.

즉 일본선은 경원만이 아니라, 그 주변의 온주·태주 등의 부호와도 교역하여 동전만을 가져가고 있었는데, 그 양이 태주의 州治였던 台城의 시장에서 하루 만에 일문 짜리 동전이 전부 없어질 정도로 대량이었던 것이다. 이러한 일본선에 의한 대량 유출을 막기 위해, 포회는 두 가지 대책을 제안하고 있다.

첫 번째는 예전의 방식을 부활시켜 경원 대신에 秀州의 華亭縣 즉 현재의 上海에 시박사를 두어 무역을 관리하자는 것이다. 그렇게 해도 문제가 완전히 해결되지는 않겠지만, 경원에 시박사를 두는 편과 비교하면 상당히 유출을 막을 수 있다는 것이다. 다만 경원이 아니라 화정현에 시박사를 두면 동전의 유출이 적어지는 이유에 대해서는 설명하고 있지 않다.

두 번째는 일본선의 내항을 제한할 필요성이다. 송에서는 무역선이 도착하면 무역업무를 담당하는 시박사가 화물을 점검하여 그중 일부를 관세로 징수했는데(抽解), 당시 일본선이 주로 관세로 납부한 것은 목재와 螺頭(고둥)[17] 등이었다. 이는 목재와 나두가 일본선의 주요 상품이었다는

16) 包恢, 『敝帚稿略』 卷1, 「禁銅錢申省狀〈廣東運使〉」. 이하 본고에서 언급하는 포회의 발언은 이 사료에 의한 것이다.

점을 의미한다. 포회는 이런 변변치 않은 물건을 동전과 교환하는 것은 흙이나 돌을 금이나 옥으로 교환하는 것과 같아 그 이해관계는 명확하다고 말하고 있다. 즉 나두는 겨우 酒宴에 올릴 뿐으로, 그 필요성은 五穀과는 비교가 되지 않고, 목재는 절실하게 필요한 것은 아니어서 그것이 없다고 장례를 치를 관이 없는 상황까지는 벌어지지 않는다고 단언했다. 그리고 목재와 나두 등은 수입을 금지해도 문제가 없지만, 단지 硫黄은 군수품이므로 그에 대한 교역만 허가하면 된다고 주장했다. 그렇게 해서 내항하는 선박의 숫자가 줄어들면 반드시 동전의 유출도 감소한다는 것이다.

이러한 포회의 건의에서 동전의 유출이 일본선의 제한을 검토할 정도로 심각한 상황에 이르렀다는 점을 엿볼 수 있는 반면, 일본선의 입국을 제한하는 규정이 당시까지는 존재하지 않았다는 점도 알 수 있다. 즉 "倭船入界之禁"이 제정된 것은 「禁銅錢申省狀」이 쓰인 이후였던 것이다. 후자의 작성시기를 명확히 하면, 전자의 제정시기가 어느 정도 명백해지는 셈이다.

그를 위해 「禁銅錢申省狀」의 작성시기를 살펴보면 割注에 '廣東運使'라고 기록되어 있는 점이 참고가 된다. '廣東運使'는 廣東路轉運使를 가리키는 말로 전운사에 경력이 짧은 사람을 임명하는 경우에는 전운부사나 전운판관에 임명하는 경우도 있었는데[18], 포회의 경력에서 廣東路轉運判官에 재직했던 시기가 확인되는 것이다.[19] 그가 광동로전운판관에 재직했던

17) 藤田豊八은 螺頭를 나전칠기의 재료가 되는 螺殼이라고 판단하였으나(藤田豊八, 「宋代輸入の日本貨につきて」 『東西交涉史の研究·南海篇』, 岡書院, 1932, 494쪽), 石曉軍은 송원대의 무역품 리스트에 螺頭와 螺殼이 병기되어 있는 사실을 들어 양자는 다른 물품으로 螺頭는 法螺貝 등 조개류의 총칭이고, 螺殼은 法螺貝의 껍질이라고 주장하고 있다(石曉軍, 「宋代従日本進口的主要商品及其用途」, 中国中日関係史研究会編, 『従徐福到黄遵憲』, 時事出版社, 1985, 187쪽).

18) 中島敏, 「宋代」, 和田清編, 『支那官制発達史』, 汲古書院, 1973(初出1942), 204쪽.

19) 『宋史』 巻421, 列傳180, 包恢. 1260년대에 임명된 洪天錫의 사례를 보면, 광동로 전운판관은 재판의 판결, 부정한 관리 고발, 재정관리 등을 담당하고 있었다(『宋

시기는 1251년에서 1254년까지로[20], 「禁銅錢申省狀」도 이 시기에 작성되었다고 할 수 있다.

따라서 "倭船入界之禁"이 제정된 시기는 1251년에서 1258년 사이가 된다. "倭船入界之禁"이 동전의 유출을 막기 위해 제정된 일본선 대상 입국제한령이라는 점은 앞에서 언급했지만, 「禁銅錢申省狀」이 제정의 직접적인 계기가 되었는지는 단정할 수 없다. 다만 1250년대에는 일본선의 동전 밀반출이 심각하여 입국을 제한할 필요성이 건의되는 상황에까지 달했기 때문에 실제로 입국을 제한하는 법령이 제정되기에 이르렀던 셈이다.

그러나 일본의 동전 수요가 1250년대에 시작된 것은 아니다. 이미 1190년대부터 송은 일본 상인의 동전거래에 주목하고 있었다. 포회는 전에는 단지 일본만이 동전을 원한다고 들었지만, 지금은 동남의 여러 국가들 중 동전을 원하지 않는 나라는 없다고 서술하고 있다. 10세기부터 확인되는 동남 방면으로의 유출을 감안하면[21], 일본의 동전 수요가 동남아시아 국가들보다 빨랐다는 포회의 인식은 잘못된 것이다. 그러나 일본이 타국과는 비교할 수 없을 정도로 동전을 가져간 시기가 있었고, 그 때문에 이미 1250년대에는 동전의 일본 유출은 유명했다는 점을 알 수 있다. 그렇다면 당시 어느 정도의 동전이 일본으로 유출되었는지를 살펴보고자 한다.

3. 일본선에 의한 동전 유출의 실태

일송 간을 왕래하는 무역선 한 척 당 어느 정도의 동전을 적재하고 있었는가에 대해서는, 신안침몰선에서 건져 올린 8000貫(1관; 동전 1,000개)

史』卷424, 列傳183, 洪天錫). 포회가 동전문제에 대해 의견을 개진한 것도 재정관리의 측면에서 비롯된 것으로 보인다.

20) 榎本渉, 「日本の墨蹟史料から見た南宋期の海上貿易」『大阪市立大学東洋史論叢·別冊特集号』, 2009, 65쪽 주9).

21) 『宋史』卷180, 志133, 食貨下2, 錢幣, 太祖初조.

이 하나의 기준으로 제시되어 있다.[22] 포회는 일본선의 왕래가 년간 40·50척을 밑돌지는 않는다고 기술하고 있어, 양쪽을 감안하면 1년간 30 만관 이상의 동전이 일본으로 유출되었을 가능성도 있다.

한편, 1240년대의 사례를 보면, 한 번에 2만관 이상의 동전이 유출된 경우도 확인된다. 송에는 1249년 출국하는 일본선을 추격하여 동전 2만여관을 압수했다는 기록이 있다.[23] 또 일본승려 엔니(円爾)가 화재를 입은 径山寺(杭州에 있는 사찰)의 재건을 위해 보낸 목재는 그 가격이 3만관으로, 경산사 측은 즉시 대금을 지불하지 못해 다음 해(1246년)에 배편으로 보낼 것을 약속하고 있는데[24], 그 약속이 실현되었다면 한 번에 3만관이 보내진 셈이 된다.

또한 일본 측 기록에 따르면 한 명의 조정 귀족이 파견한 선박이 10만관을 가져온 사례도 확인된다. 『民経記』에는 1242년 사이온지 긴쓰네(西園寺公経)가 파견한 무역선이 귀국하여 동전 10만관과 각종 보물을 가져왔다고 기록되어 있다.[25] 이는 소문을 기록한 것으로 어느 정도는 과장이 포함되어 있겠지만, 당시 상당량의 동전이 수입되었다는 사실은 분명하다. 12세기 후반 이후 일본에 수입된 중국 동전은 13세기 전반에는 견직물, 13세기 후반에는 쌀의 화폐기능을 흡수하여, 14세기 초가 되면 모든 물건의 가치를 계량하는 척도가 되었다.[26] 동전이 대량으로 유입되어 화폐기능을 독점하기에 이르렀던 것이다.

그러나 남송은 북송과 비교하여 동전의 주조량이 상당히 적었다. 동전

---

22) 橋本雄, 「中世日本の銅銭－永楽銭から「宋銭の世界」を考える」, 伊原弘編, 『宋銭の世界』, 勉誠出版, 2009, 133~135쪽.

23) 呉潛, 『許國公奏議』 巻4, 「條奏海道供禦六事」.

24) 榎本渉, 「「板渡の墨蹟」から見た日宋交流」 『東京大学日本史学研究室紀要』 12, 2008, 13~15쪽.

25) 『民経記』 8, 仁治3年(1242) 7月 4日조.

26) 松延康隆, 「銭と貨幣の観念－鎌倉期における貨幣機能の変化について－」 『列島の文化史』 6, 1989.

의 원료가 되는 銅의 산출량은 元豊年間(1078~1185)과 비교하면 紹興年間(1131~1162)에는 48%, 乾道年間(1165~1173)에는 1.8%로 격감하고 있어, 그 때문에 동전의 주조량도 북송기에는 연간 평균 290만관이었던 것이 남송기에는 20만관을 넘지 않게 되었다.[27] 포회도 현재 冶司가 일 년간 주조하는 동전은 15만관을 넘지 않는다고 기술하고 있다. 이러한 상황에서 일본선이 한 번에 2 만관 이상을 가져갔다고 하면, 일본선만을 특정하여 금령을 반포했다고 하더라도 이상할 게 없다.

그렇다면 이처럼 동전의 주조량이 격감했는데도 불구하고, 대량의 동전이 일본으로 유출된 배경은 무엇일까? 그와 관련하여 오오타 유키오(大田由紀夫)는 金이 지폐를 專用化하면서 동전의 사용을 금지한 1215년과, 元이 중국 전토에 지폐전용화를 실시하면서 동전사용을 금지한 1270년대에 주목하여, 이 두시기를 계기로 사용처가 없어진 대량의 동전이 일본에 유입되었다고 주장했다.[28] 오오타 유키오가 이 두시기에 주목한 이유는 동전이 일본에 대량으로 유입될 수 있었던 중국 내부의 사정을 살펴보고, 동전의 유출원으로 남송보다는 금이나 원의 중요성을 강조하기 위한 것으로 보인다. 그는 1215년 이후로 일본에 유입된 동전의 대부분은 금에서 나온 것으로, 정부의 금령도 있어 남송 영역에서 동전은 쉽게 유출되지 않았다고 추정하고 있다.

그러나 앞에서 언급한 대로 남송의 동전유출금지령에도 불구하고 1240·1250년대에 남송에서 일본으로 대량의 동전이 유출된 것이 사실이므로, 그것이 가능했던 남송의 상황을 살펴볼 필요가 있다. 다카하시 히로오미(高橋弘臣)는 남송의 지폐병행정책이야말로 일본으로 동전이 유출된 원인이라고 지적하고 있다.[29] 즉, 동전의 주조량이 감소하여 통화부족에

27) 程民生, 『宋代地域経済』, 河南大学出版社, 1992, 304쪽.

28) 大田由紀夫, 「一二~一五世紀初頭東アジアにおける銅銭の流布 - 日本·中国を中心として -」 『社会経済史学』 61-2, 1995, 23~30쪽.

29) 高橋弘臣, 『元朝貨幣政策成立過程の研究』, 東洋書院, 2000, 194~225쪽.

직면한 남송은, 이를 해소하기 위해 1160년대부터 지폐를 발행하여 동전과 병용하는 정책을 실시했는데, 1190년대 이후에는 계속해서 지폐를 증발했기 때문에 지폐의 가치가 하락하기 시작했다. 지폐의 가치가 하락하면, 남송은 金銀·度牒·官誥(관위나 관직 판매 허가서)·專売品 등 국가재원과 교환하여 남발된 지폐를 흡수하는 방식으로 그 가치를 유지하려고 노력하여 지폐는 가치가 계속 하락하면서도 통화로서 일정한 기능을 유지했다. 지폐가 대량으로 유통되게 되자, 화폐 기능을 상실한 대량의 동전이 발생했다. 그러한 동전은 창고에 저장되거나, 화폐로 사용하는 것보다 많은 이익을 얻을 수 있는 銅器 鑄造나 해외 유출의 대상이 되었다. 다카하시 히로우미는 12세기 후반 이후 일본에 동전 유입이 본격화된 것도 거의 같은 시기에 시작된 지폐의 발행과 관련이 있다고 주장했다.[30)]

따라서 1215년 이후 동전의 유출원으로 남송을 과소평가하는 오오타 유키오의 주장은 잘못된 것이다. 그렇지만 중국 측의 지폐도입이라는 화폐정책이 일본으로의 동전유출을 촉진시켰다는 그의 지적은 타당하다고 판단된다.

물론 중국 측에 유출가능한 동전이 대량으로 존재했다고 하더라도, 일본 측에 동전에 대한 수요가 없으면 의미가 없다. 일본의 동전수요가 높았다는 사실은 일본이 몹시 원하는 것은 동전뿐이라는 포회의 진술만이 아니라, 일본국내에서 동전의 가격이 銅 소재가격의 3배 내지 4배였다는 사실[31)]에서도 엿볼 수 있다. 그러나 왜 중국동전을 높은 가격으로 구입하면서까지 일본국내에 유통시킬 필요가 있었는지에 대해서는 명확한 답이 나와있지 않아[32)], 앞으로도 계속해서 검토할 여지는 있다고 보인다.

---

30) 1160·70년대에는 동남아시아 방면으로의 동전유출도 본격화되었다(『歷代名臣奏議』 巻272).

31) 中島圭一, 「日本の中世貨幣と国家」, 歴史学研究会編, 『越境する貨幣』, 青木書店, 1999, 117쪽.

32) 池享, 「前近代日本の貨幣と国家」, 池享編, 『銭貨 - 前近代日本の貨幣と国家 - 』, 青

4. "倭船入界之禁"의 한계

일본에서는 13세기 전반에 동전이 견직물의 화폐기능을 흡수하면서 동전에 대한 수요도 확대되어, 1240년대에는 사이온지 긴쓰네가 파견한 선박이 송의 연간 주조량의 절반 이상을 가져오는 상황이었다. 그 때문에 송은 일본선의 입국을 제한하는 조치를 시행했는데, 그렇다면 왜 일본선을 전면금지하지 않고 일부를 제한하는데 그쳤는가를 보다 구체적으로 살펴보고자 한다.

1) 무역을 통해 얻는 재정수입

무역품의 관세나 관매입을 통해 얻는 이익은 송대를 통해 증가하여, 국가재정에서 차지하는 비중도 1077년경에는 1·2% 정도였던 것이 1159년에는 5% 정도까지 상승한 것이 확인된다.[33] 이는 북송 기와 비교해 남송의 재정에서 무역이 차지하는 비중이 높아졌다는 것을 의미한다. 그 때문에 남송은 무역이 국가재정에 기여하는 측면을 강조하여 무역선을 유치하기 위해 무역실적으로 市舶官의 인사고과를 평가하는 규정을 두었다.[34] 또한 부적절한 인물이 시박관에 임명되어 무역선이 내항하지 않을 가능성을 염려하여, 시박관 후보자에게 무역업무에 관한 의견서를 제출시켜 검토한 후에 시박관에 임명한 사례[35]가 있을 정도로 무역의 활성화를 위해 노력했다.

한편, 천주·광주의 시박사가 매년 출항하는 상인들에게 酒宴을 베풀어

木書店, 2001, 20쪽 ; 大田由紀夫, 「「中世」東アジアの貨幣流通」, 社会経済史学会 編, 『社会経済史学の課題と展望』, 有斐閣, 2002, 224쪽.

33) 山崎覺士, 「宋代兩浙地域における市舶司行政」 『東洋史研究』 69-1, 2010, 76~77쪽.

34) 陳高華·吳泰, 『宋元時期的海外貿易』, 天津人民出版社, 1981, 180~181쪽.

35) 『宋會要輯稿』 職官44-25, 紹興21年(1151) 閏4月 4日조.

무역한 장려했던 것도 확인된다. 중국에서 동남아시아 방면을 왕래하는 무역선은 11·12월에 북풍을 이용해 출항하여 5·6월에 남풍을 이용해 입항했는데[36], 천주·광주의 시박사에서는 출항 직전인 10월에 외국상인 등을 대상으로 주연을 베풀었다. 1144년 9월 6일, 천주시박사의 장관인 提擧市舶이었던 樓璹은 광주시박사에서는 매년 10월에 官錢 300관문으로 주연을 준비하여, 제거시박과 광주장관이 외국상인 등을 위로하고 있으나, 천주에서는 단지 돈을 지급하여 市舶監官(시박사의 실무관료)에게 위임하고 있어 그 禮儀가 광주와 다르므로, 앞으로는 천주도 광주와 같은 형식을 취하여 송조가 외국인을 초대하는 의사를 보이고자 한다고 건의하여 허락을 받고 있다.[37] 이를 통해 매년 10월에 행해진 주연의 실태를 파악할 수 있다.

이런 상황에서 시박관이 무역상인을 단속하는 것은 곤란하여 무역과정에서 금령을 위반하더라도 묵과한 사례가 많았다. 남송이 동전과 지폐를 병행하는 화폐정책을 실시하여 남발된 지폐를 회수하기 위해서는 금은 등의 국가재원을 사용했다는 사실은 앞에서 지적했는데, 그러한 화폐정책을 유지하기 위해서는 안정적인 동전의 유통량과 금은의 비축이 필요했다. 그 때문에 송은 동전과 주로 동전을 녹여서 만드는 동기와 함께 금은도 수출금지품으로 제정하고 있었다.[38] 그러나 시박관과 무역상인이 상호간의 이해관계에 기반하여 서로 결탁하고 있으면, 출국 시의 화물검사는 형식적이 되어 금지품의 유출을 막을 수 없게 된다. 1222년 10월 11일에는 어떤 관료가 천주와 광주의 시박업무에 관해 언급하면서 시박사의 무

36) 『萍洲可談』 卷2.

37) 『宋會要輯稿』 職官44-24, 紹興14年(1144) 9月 6日조.

38) Robert M. Hartwell은 금은의 해외유출금지령이 송의 지폐정책과 연관된 측면을 지적하여, 지폐가 발행되기 시작한 1160년대부터 40년간 해외무역에서 금은의 사용을 제한 혹은 금지한 법령이 적어도 20차례 확인된다고 주장했다(앞의 글, 463쪽).

역상인파견(①)과 동전유출(②) 문제를 지적하고 있다.[39]

먼저 ①에 대해서는 다음과 같이 진술하고 있다. 송은 천주와 광주에 시박관을 두고 외국인을 유치하여 무역해서 종래에는 송의 無用한 물품을 외국의 有用한 물품으로 바꾸었기 때문에 폐해가 없었다. 그러나 지금은 빈번히 송의 금은·동전·동기 등이 요구되어 이러한 물품들은 모두 외국에 넘쳐나고 있다. 시박사는 무역에서 얻는 수입에 현혹되어 매년 겨울이면 부유한 상인에게 무역허가서를 발급하여 외국에 보내고 있다. 그러나 출항하려 하지 않는 자가 있으면, 시박사는 등록된 선박 중에서 다른 상인을 골라 출발시켰다.[40] 무역선에 금지품을 실어도 상인은 굳이 신고하지 않고 관도 단속할 여유가 없어서 동은 날마다 없어질 뿐이다.

이를 통해 당시 천주·광주의 시박사에서는 무역에서 얻는 수입에 목표량이 있어 매년 상인에게 무역을 촉구했을 뿐 아니라 강제적으로 출항시키는 경우도 있었다는 사실을 알 수 있다. 시박사가 매년 다수의 무역선을 출항시킬 필요가 있었다면, 출항 시의 화물검사가 허술하게 되는 것도 당연하다.

그러나 문제를 더욱 심각하게 만든 것은 외국의 동전수요였다. ②에는 외국인은 중국의 동전을 얻어서 창고에 저장하고는 국가를 지킬 보물이라고 소중히 여기기 때문에, 외국에 나가는 자는 동전이 없으면 출항하지 않고 외국상품도 동전이 아니면 팔지 않는다. 그에 따른 이익은 상당해서 이에 편승하는 자들이 점점 늘어나, 현재 연해군현의 거주민 중에 재력이 있는 자들은 모두 동전으로 거래한다. 관리는 굳이 조사하지 않고, 더욱이 보호하여 출국시키기 때문에 동전은 점점 적어지고 있다고 서술하고 있다.

무역을 장려하는 시박사로서는 무역상인이 동전이 없으면 무역하러 가

39) 『宋會要輯稿』 刑法2-144, 嘉定15年(1222) 10月 11日조.

40) 송은 민간 선박을 통제하기 위해 모든 선박을 관에 등록시켜, 등록된 선박에만 합법적인 영업권을 부여했다(廖大珂, 「宋代海船的占籍、保甲和結社制度述略」 『海交史硏究』 2002-1, 2002, 2쪽).

지 않는 상황에서 밀무역을 묵과하는 외에 방법은 없었을 것이다. 이러한 상황에서 동전이 대량으로 국외로 유출되었다고 하더라도 이상할 것이 없다.

이처럼 시박관이 밀무역을 묵과하면서까지 재정수입 확보에 열을 올리고 있었던 것은 경원시박사도 마찬가지였다. 그것은 "倭船入界之禁"이 제정되었는데도 경원시박사가 무역에서 이익을 얻기 위해 금령을 지키지 않았던 행동에서 확인할 수 있다. 시박관에게는 무역의 목표량과 밀무역의 감시라는 상황에 따라서는 서로 모순되는 역할이 요구되었고, 결국에는 밀무역의 감시를 소홀히 하기가 쉬웠던 것이다.[41] 송은 무역에서 얻는 재정수입에 크게 의존하고 있었기 때문에, 무역선의 전면금지는 실시할 수 없었고 동전의 유출도 막을 수 없었던 셈이다.

2) 군수품의 필요

2장에서 언급한 것처럼 일본선에 의한 동전유출을 막기 위해 포회는 두 가지 대책을 제안했다. 그러나 포회가 주장한 대책은 자신도 인정하고 있는 것처럼 완전한 방지책이 아니라 일본선에 의한 동전 유출을 어느 정도 감소시키는 효과만 있을 뿐이었다. 포회가 그처럼 소극적인 태도를 취했던 이유는 어디에 있었을까? 그것은 송이 절실하게 필요로 하는 물품을 일본선이 가져왔기 때문이었다.

남송은 처음부터 몽골과의 화평이라는 선택지를 배제했기 때문에[42], 남송과 몽골 간에 전면전이 발발한 1236년 이후, 몽골의 내부사정으로 전투가 소강상태에 들어간 시기를 제외하면 기본적으로 군사적 긴장이 계

41) 斯波義信, 「港市論 - 寧波港と日中海事史 -」, 荒野泰典·石井正敏·村井章介編, 『アジアのなかの日本史Ⅲ·海上の道』, 東京大学出版会, 1992, 18~19쪽.

42) 寺地遵, 「南宋末期,対蒙防衛構想の推移」『廣島東洋史學報』 11, 2006, 4~6쪽.

속되었다. 그것이 군수품의 지속적인 공급을 필요로 하는 상황이었다는 것은 말할 필요도 없다.

송은 기본적으로 동전의 해외유출을 금지하는 정책을 실시하고 있었지만, 군수품의 구입을 위해서는 어느 정도 동전을 가지고 나가는 것도 묵과하고 있었다고 보인다. 포회는 송의 무역상인은 전원 부호로 '江·淮·閩·浙'의 각지에 있는데, 그들 중 다수는 주둔군에게 필요한 군수품을 구입한다고 가장하고는, 실은 거대한 선박 한 척당 수만관의 동전을 싣고 무역하러 가서, 1관으로 100관의 가치가 있는 외국의 산물과, 100관으로 1000관의 가치가 있는 외국의 산물과 교환하고 있다고 비난했다. 즉 그들은 군수품 구입을 구실로 동전을 가지고 나가 높은 이익의 무역에 종사하고 있었던 셈이다.

이는 달리 말하면 군수품 확보를 위해서는 무역선에 동전을 싣고 나가는 것이 인정되었다는 것을 의미한다. 물론 이는 송을 거점으로 활동하는 상인에 한정된 것으로, 일본상인에게도 그것이 인정되었다고는 생각되지 않는다. 그러나 이런 상황에서 군수품을 실은 일본선의 입국을 금지할 수 없었던 송의 사정을 엿볼 수 있다. 포회가 다른 상품의 수입은 금지하고 유황의 수입만 허가하면 된다고 주장했듯이, 송은 화약무기를 제조하는데 필수품인 유황을 수입하기 위해 일본선을 전면적으로 금지할 수는 없었던 것이다.

한편, 포회의 주장과는 달리 목재도 관을 만드는 데만 사용되었던 것은 아니다. 송은 몽골에 비해 海戰에 뛰어났는데, 해전에는 당연히 海船이 필요하다. 해선을 건조하는 데는 어떤 목재라도 좋은 것은 아니고, 소나무와 삼나무가 가장 적합했다. 그것은 소나무와 삼나무의 耐水性때문이었는데, 삼나무가 내수성은 더 뛰어났지만 구하기 어려워 일반적으로는 소나무가 사용되었다.[43]

43) 斯波義信, 『宋代商業史研究』, 風間書房, 1968, 223~224쪽.

그러나 몽골이 점령한 지역에서는 해선에 적합한 목재가 공급되지 않았다. 1256년 경원부 및 연해제치사의 장관이었던 오잠은 화북과 고려 양 방면에는 해선에 적합한 목재가 없기 때문에, 해상에서의 침략은 그다지 걱정할 필요가 없다고 다음과 같이 서술하고 있다.[44)]

고려는 현재 몽골에 복속하고 있으나, 항상 몽골을 의심하고 두려워해 海島로 천도하여 그 침략에 대비하고 있어 결코 몽골을 위해 길안내를 하지는 않을 것이다.[45)] 비록 고려에 송을 침략하려는 의도가 있다고 하더라도, 선박 건조에 적합한 소나무·삼나무가 부족해 단지 잡목을 사용하고 또한 못도 박지 않고 만들기 때문에, 자국의 근해를 왕래하며 교역하는 것이 가능한 정도로 멀리 해양을 건널 수는 없다. 또한 북방에는 李松壽[46)]가 海州[47)]에 있어서 그에 대비는 해야 하지만, 북방평원의 만리에는 원래 소나무·삼나무가 자라지 않기 때문에, 그 배도 버드나무로 만들어 강도 건너기 어려워 바다를 건너올 염려는 그다지 많지 않다.

이러한 오잠의 진술에서 하천이나 연해를 왕래하는 배와는 달리, 해양을 도항하는 해선을 만드는 데는 소나무와 삼나무가 필수였으나, 고려와

---

44) 吳潛, 『許國公奏議』 卷3, 「奏曉諭海寇復為良民及關防海道事宜」.

45) 고려는 몽골의 침략에 대응하기 위해 1232년에 開京에서 江華島로 천도하여 저항을 지속했으나, 1258년경에는 고려지배층 내에서 화평을 바라는 세력이 권력을 잡아 몽골에 대한 저항을 멈췄다. 그래도 여전히 반몽골세력은 존재하여 1270년까지 개경으로 천도하지 않았다(旗田巍, 『元寇 - 蒙古帝国の内部事情 -』, 中央公論社, 1965, 21~106쪽).

46) 李松壽(李壇)는 몽골의 침략으로 金이 약해진 틈을 타 山東·淮海지방에서 일대 세력을 형성한 한족군벌 李全의 아들이다. 李全·李松壽 부자는 필요에 따라 남송 혹은 몽골에 복속하여 1230년대부터는 몽골에 복종하고는 있었지만, 독자적인 세력을 유지·확대하는데 주력했다. 1262년에 이송수가 몽골에게 멸망당할 때까지 60여 년간 山東·淮海지방을 지배했다(黃寬重, 「經濟利益與政治抉擇 - 宋·金·蒙政局變動下的李全·李壇父子」 『南宋地方武力 - 地方軍與民間自衛武力的探討』, 東大圖書公司, 2002).

47) 海州는 현재의 江蘇省 連雲港市로, 淮河를 건너 바로 남송을 공격할 수 있는 지역에 해당한다.

중국의 북방에서는 부족하거나 산출되지 않았기 때문에, 양 지역에서 제조된 배는 해선으로는 적합하지 않았다는 것을 알 수 있다. 송·원대의 해선은 폭이 넓은 동체를 횡으로 지지하는 隔壁板 십 수장으로 나누어져 있었고, 동체는 소나무나 삼나무로 만들어 다수의 철못으로 목재를 고정하고 桐油를 두껍게 발라 바람이나 파도의 충격에도 잘 견딜 수 있는 구조였으나[48], 당시 고려나 화북의 선박은 그러한 견고함이 없었다는 점을 알 수 있다.

이러한 오잠의 인식은 상당히 정확하여 실제로 몽골이 남송을 멸망시켰을 때, 바다를 직접 남하하여 해안에서 공격해 들어오는 방법을 취하지는 않았다. 즉 내륙부의 요소에 거점을 확보하고 거기서 양자강의 중류지역으로 들어가, 양자강의 흐름에 따라 수도 臨安(현재의 杭州)을 목표로 水陸戰을 병행하는 전략을 취했고 경원부를 점령한 것도 임안이 함락된 뒤의 일이었다.[49] 또 남송의 영토를 합병한 뒤에는 그전까지 수군을 이끌고 있던 장수에게 내륙의 수로를 맡기고, 그 대신에 남송의 인물에게 수군의 통솔과 혁신을 책임지게 했다.[50] 몽골군은 金이나 남송과의 전쟁과정에서 수군력을 어느 정도 증강시키기는 했지만, 선박의 규모나 보유량 면에서 남송에 비해 열세였던 것이다.[51]

몽골군이 해전에 약했다는 사실은 고려가 몽골의 침략에 대비하여 강화도로 천도한 사실에서도 알 수 있는데, 송의 입장에서 보자면 전략적 필요상 해선의 수요가 높아졌다는 것은 말할 필요도 없다. 그러나 남송에서도 13세기 후반부터는 목재부족이 심각하여 조선업도 정체되었다.[52] 송

48) 斯波義信, 앞의 글, 34쪽.

49) 植松正, 「元初における海事問題と海運体制」, 京都女子大学東洋史研究室編, 『東アジア海洋域圏の史的研究』, 京都女子大学, 2003, 81~88쪽.

50) 植松正, 위의 글, 91쪽.

51) 向正樹, 「蒲寿庚軍事集団とモンゴル海上勢力の台頭」 『東洋学報』 89-3, 2007, 80쪽.

52) 石暁軍, 앞의 글, 180~182쪽 ; 岡元司, 「南宋期浙東海港都市の停滞と森林環境」 『史

은 官船으로 부족한 선박수를 보완하기 위해 민간선박까지 동원하여 군사적 수요에 충당하고 있었다. 이러한 상황하에서 수입목재가 환영받았던 것은 당연하다. 시바 요시노부(斯波義信)는 일본의 목재가 경원의 건축이나 棺·가구는 물론 선박의 원료로도 사용되었다고 주장했다.[53]

당초 일본의 목재는 염가로 구입할 수 있는 관의 원료로 인식되었다. 1168년경에 작성된 陸遊의 『放翁家訓』에 따르면, 육유는 장례를 너무 정성 들여 치를 필요는 없다고 자손들에게 훈계하면서, 관은 일본선이 경원이나 임안에 도착하면 3만 문으로 佳棺을 하나 마련할 것을 권하여, 관은 땅에 묻히는 물건이니 목재의 좋고 나쁨을 구별할 필요가 없다고 서술하고 있다. 여기서 당시 일본선이 관의 재료가 되는 목재를 싼 가격에 송에 공급하고 있었으나 목재의 질은 그다지 좋지 않았다는 사실을 유추할 수 있다.

그러나 그로부터 1220년대까지 목재는 일본의 주요한 수출품이 되었고 그 품질도 향상된 것이 확인된다. 寶慶年間(1226~27)에 작성된 『寶慶四明志』[54]에는 일본은 '倭國'을 지칭하는 말로 극동의 해가 뜨는 곳에 위치하고 나무 성장에 가장 적합하여 보통 수년에 한아름의 두께로 자란다고 기록되어 있다. 또한 목재의 종류로 '松板·杉板·羅板'을 들고 있는데 그중에서도 소나무 판자는 표면이 세밀하고 윤기가 있어 최상품이라고 표현하고 있다.

동 시기에 기록된 『諸蕃志』의 倭國條에도 일본은 '杉木·羅木'을 많이 생산하여 그것을 方柱形 목재나 판자의 형태로 가공하여 큰 배로 천주까지 운반하여 무역한다고 쓰여 있어[55], 목재가 대표적인 상품이었다는 점을 알 수 있다.

学研究』 220, 1998, 46쪽.

53) 斯波義信, 앞의 글, 16쪽.

54)『寶慶四明志』 卷6, 「市舶」.

55) 趙汝适, 『諸蕃志』 上, 倭国조.

사료에 소나무나 삼나무와 함께 보이는 '羅木'에 대해서는 편백나무(檜)를 가리킨다는 의견이 있으나[56], 당시 송에서는 소나무의 일종으로 인식되었던 것이 확인된다.[57] 즉 남송말기부터 원초의 문인이었던 周密(1232~1298)이 서술한 『癸辛雜識』에는 일본인의 주거는 전부 일본산의 '新羅松'으로 지어졌는데, '新羅松'은 현재의 '羅木'을 가리키는 말로 색이 희고 향이 좋아 천장도 바닥도 전부 '新羅松'을 사용한다고 기록되어 있다.[58] 당시 나목=신라송이라는 인식이 있었다는 것을 알 수 있다.

목재가 일본의 주요 무역품이었다는 사실은 그 후에도 확인되어, 포회도 일본의 주요 교역품으로 '板木'을 들고 있고, 1258년경에도 유황과 함께 '倭板'이 일본의 주요 수출품이었다.[59] 따라서 목재는 1220년대부터 50년대까지는 확실하게 일본의 주요 상품이었고 그 종류도 선박 건조에 적합한 소나무와 삼나무였다는 것을 알 수 있다. 몽골과 군사적 긴장관계에 있던 송에게 해선을 만드는 목재는 군수품의 성격 역시 가지고 있어 그 수입을 금지할 수는 없었을 것이다.

5. 맺음말

송은 일관되게 동전의 해외유출을 금지하는 정책을 펴면서도, 무역선을 유치하여 무역을 진흥하는 데도 주력했다. 그러나 일본선이 한 번에 연간주조량의 10% 이상의 동전을 가져가는 상황이 발생하자, 1250년대에는 일본선의 입국제한령을 발령하기에 이르렀다. 그것은 무역규모를 어느 정도 축소해서라도 동전의 유출을 막지 않으면 안 될 정도로 당시의 동전 유출이 심각했다는 것을 의미한다.

---

56) 藤田豊八, 앞의 글, 494~495쪽 ; 榎本涉, 앞의 글, 2008, 8~9쪽.
57) 石曉軍, 앞의 글, 176~177쪽.
58) 周密, 『癸辛雜識』 續集下, 「倭人居處」.
59) 『開慶四明続志』 卷8, 「蠲免抽博倭金<收養飄泛倭人麗人附>」.

남송이 지폐병행정책을 실시한 1160년대 이후 동전의 해외유출은 격증했지만, 그중에서 동전을 대량으로 가져가는 국가로 일본의 이미지는 강렬했다고 보인다. 포회는 일본선이 내항하는 경원과 동남의 여러 국가가 내항하는 천주·광주에서의 동전유출은 그다지 차이가 없거나 아니면 오히려 후자의 유출양이 많을지도 모른다고 서술하고 있지만, 입국을 제한해서라도 단속하려고 했던 것은 일본선뿐이었다.

그러나 이러한 송의 정책이 거의 효과가 없었다는 것은 금령이 나온 후에도 일본선이 다수 내항하여 무역에 종사하고 있는 상황에서 엿볼 수 있다.[60] 본고에서는 금령이 가진 한계를 두 가지 측면에서 분석했으나 그 배경에는 몽골과의 군사적 긴장이 존재했다고 보인다. 군수품은 말할 필요도 없지만, 재정수입을 확보하려는 움직임도 군사비의 측면이 고려되어야 할 것이다.

물론 그런 요인이 존재하지 않고 금령을 제대로 지킬 수 있는 환경이 정비되어 있었다고 하더라도 송이 동전의 해외유출을 막을 수 있었을지는 의문이다. 3장에서 지적한 대로 동전이 유출될 환경을 조성한 것이 남송의 지폐정책인 한, 아무리 무역항에서 단속을 강화한다고 하더라도 효과는 없었을 것이다. 그 결과 남송에서는 지폐가 동전을 대신하는 주요 화폐가 되어 지폐만을 사용하는 원의 화폐정책을 수용할 기반이 형성되었다.[61] 그와는 반대로 일본에서는 동전이 주요 화폐기능을 흡수하게 된다.

60)『開慶四明続志』 卷8, 「蠲免抽博倭金〈収養飄泛倭人麗人附〉」.

61) 高橋弘臣, 앞의 책, 226쪽.

引付의 소송 외 기능을 통해 바라본 執權政治의 구조

윤 한 용

1. 머리말

새로운 정치체제의 성립을 평가하기 위해서는 정치주체의 교체나 정치운영의 측면뿐만 아니라 그것을 뒷받침하는 제도적·인적 기반, 그리고 이전과는 다른 체제의 논리가 필요할 것이다. 그런 의미에서 北條泰時 정권기는 鎌倉幕府 정치사에서 큰 획을 긋는 시기로, 執權 정치의 성립은 泰時 정권기에서 찾아야 할 것이다.[1] 그것은 말할 필요도 없이 집권정치의 제도적·인적 기반인 評定가 설치되고, 새로운 지배 원리인 御成敗式目도 제정되었기 때문이다. 즉, 泰時 정권을 지탱하고 있던 北條政子의 죽음을 계

1) 집권정치의 성립시기에 관해서는 여러 논의가 존재한다. 우선 1203년(建仁 3년) 北條時政의 政所別當 취임을 기준으로 삼은 것으로는 다음 논고들을 들 수 있다. 上横手雅敬, 『日本中世政治史研究』, 塙書房, 1970 ; 同, 「鎌倉幕府と公家政権」『鎌倉時代政治史研究』, 吉川弘文館, 1991 ; 杉橋隆夫, 「鎌倉執権政治の成立過程」『御家人制の研究』, 吉川弘文館, 1981 ; 同, 「執権·連署制の起源」『立命館文学』424·425·426, 1980 등. 和田 전투 이후 北條義時의 政所·侍所別當 겸임을 중시하는 논고로는 다음을 들 수 있다. 佐藤進一, 「鎌倉幕府政治の専制化について」『日本中世史論集』, 岩波書店, 1990 ; 同, 『日本の中世国家』, 岩波書店, 1983 ; 石井進, 「鎌倉幕府論」『石井進著作集 第二巻』, 岩波書店, 2004 ; 岡田清一, 「執権制の確立と建保合戦」『中世日本の諸相』下, 吉川弘文館, 1989 등. 한편 北條泰時를 높이 평가하는 논고로는 다음과 같은 것들이 있다. 五味文彦, 「執事·執権·得宗」『増補吾妻鏡の方法』, 吉川弘文館, 2000 ; 仁平義孝, 「鎌倉前期幕府政治の特質」『古文書研究』31, 1989.

기로 泰時는 새로운 가마쿠라 막부의 통치 시스템을 만들어냈으며,[2] 장군 가문과의 인척 관계를 배경으로 한 北條時政·義時의 권력 장악과는 다른 독자적인 北條 가문의 정권을 구축함으로써 北條 가문의 권력 기반을 사적인 것에서 공적인 것으로 전환시켰다고 할 수 있다.[3]

이러한 泰時 체제를 물려받은 어린 나이의 經時와 時賴는 反得宗 세력에게 시달리면서도 통치권의 핵심적인 부분이라 할 수 있는 소송제도의 개혁을 중심으로 다양한 개혁을 단행하며 체제 강화를 꾀했다. 그 개혁 중 가장 주목해야 할 것은 引付의 설치일 것이다. 왜냐하면 引付는 評定에 이은 중추기관으로 引付衆는 評定衆의 예비군적 성격을 지니고 있었기 때문에, 泰時 체제의 존재 방식을 評定를 통해 알 수 있듯이, 引付 역시 泰時 이후 집권정치의 양상과 추이를 가늠할 수 있는 열쇠가 되기 때문이다. 그래서 본고에서는 引付를 실마리로 삼아 집권정치의 양상을 고찰해 보고자 한다.

먼저 본론에 들어가기에 앞서 引付에 대해 간략하게 정리해 두자. 引付는 소송기관으로서 1249년(建長 1년)에 설치되었다. 引付는 引付方로 불린 몇 개의 部局으로 편성되었는데, 하나의 引付方는 引付頭人 이하 評定衆·引付衆·引付奉行人으로 구성되어 있었다. 설치 직후의 引付는 적게는 三方(3개 부국), 많게는 六方(6개 부국)으로 자주 개편되었는데, 1269년(文永 6년) 이후에는 간혹 변화는 있었지만 대체로 五方을 유지했다. 引付頭人의

2) 義時의 사후, 義時의 지위를 泰時가 잇게 하고 泰時 정권을 지탱하던 北條政子의 죽음은 泰時에게 큰 타격이었을 것이다. 그래서 泰時는 政子를 대신해 자신의 정권을 지탱해 줄 評定를 설치하여 위기를 극복하려 했던 것이다. 『關東評定衆傳』 1225년(嘉禄 1년)조에 "7월 11일 二位家 서거[69세]. 이후 評定를 시작하셨다."라는 기록이 있듯이, 政子의 죽음과 評定의 설치는 밀접한 관련이 있었던 것으로 보인다.

3) 細川重男와 本郷和人는 외척이라는 北條 가문의 입장을 재검토하여 義時는 源頼朝의 '家子專一'로서 독자적인 지위를 쌓았다고 지적했다(「北条得宗家成立試論」 『東京大学史料編纂所研究紀要』 11, 2001). 그러나 이 경우에도 '尼将軍' 政子의 존재를 무시할 수는 없을 것이다.

경우, 1266년(文永 3년) 이전에는 北條 일문이 1번부터 3번까지의 引付頭人을 거의 독점했으며, 二階堂·安達 가문의 인물이 나머지 引付頭人에 보임되었다.[4] 1269년 이후에는 기본적으로 北條 가문이 1번부터 4번까지를 맡고, 安達·宇都宮·長井·攝津·二階堂·太田 가문이 5번을 담당하는 형태를 취했다.[5] 引付는 1266년과 1293년(永仁 1년)에 각각 폐지되었지만, 모두 곧 부활(1269년, 1294년)하여 가마쿠라 막부 말기까지 기능했다.

그 업무내용은 소송문서의 심리, 원고·피고의 소환 및 대질, 소송기록의 작성 등 기본적으로 政所나 問注所와 동일했는데, 引付의 존재 의의는 御家人 소송을 관할했다는 점에 있었다. 즉, 引付는 가장 중요하게 여겨졌던 御家人 간의 소송 및 地頭 御家人을 상대로 한 本所, 領家의 소송을 심리할 목적으로 성립되었다. 그러나 引付는 이후 御家人 소송 가운데 가장 중요한 所領 관련 소송을 관할하는 기관으로 변화했으며, 나아가 소령 관련 소송 중에서도 매매·저당 등 단순한 재산권 이전에 관한 소송은 引付의 손을 떠나 問注所 관할로 옮겨졌다. 이에 引付는 소령에서 비롯되는 御家人의 경제적 이익에 관한 분쟁을 전담하는 기관으로 전개되어간다.[6]

이상으로 引付 제도와 그 기능에 대해 간략하게 정리했다. 그런데 가마쿠라 후기의 追加法을 살펴보면, 引付는 소송기관에 그치지 않고 소송 이외의 분야까지 그 기능이 확대되어, 寄合·評定와 함께 幕政 운영의 기축이 되고 있었음이 분명하다. 이러한 引付의 존재 방식은 과연 가마쿠라 후기에 국한된 것일까? 引付의 설치 당시 이미 이러한 기능 확대가 예기되어

4) 引付가 三方인 경우에는 北條 일문이 1번부터 3번까지의 引付頭人을 독점했다. 五方 이상의 경우에도 北條 일문이 3번까지의 引付頭人을 독점하고 나머지 引付頭人에 다른 가문의 인물들이 보임되었다. 다만, 1264년(文永 1년)에 安達泰盛가 3번 引付頭人에 보임되어 1267년 引付가 폐지될 때까지 3번 引付頭人을 맡았다.

5) 北條 일문이 引付頭人을 독점하는 것은 예외적인 일이었다. 예를 들어 霜月騷動 이후 일시적으로 北條 일문이 5번 引付頭人까지 독점했다.

6) 引付의 업무 내용에 대해서는 佐藤進一, 『鎌倉幕府訴訟制度の研究』, 岩波書店, 1993을 참조.

있었던 것은 아닐까? 그래서 본고에서는 가마쿠라 후기의 추가법을 실마리로 삼아 그 이전 시기에 引付의 기능이 확대된 흔적을 찾아내고, 그 정치적 의의와 집권정치의 구조를 밝혀보고자 한다.

2. 설치 직후 引付 제도의 양상과 특징

經時의 집권직 취임이 쉽지 않았다는 것은 잘 알려진 사실인데, 우선 그 과정을 간략하게 정리해 보자. 1242년(仁治 3년) 5월 13일, 泰時가 중태에 빠졌다는 급보가 京都에 전해져 六波羅探題 重時·時盛가 서둘러 가마쿠라로 내려갔다.[7] 한편, 교토에서는 가마쿠라에서 전투의 음모가 있었지만 이미 발각되었다는 소문이 돌았다[8]. 그리고 장군의 御所를 宇都宮泰綱 세력이 포위하고,[9] 여러 지역의 關所도 봉쇄되었다.[10] 이후 가마쿠라의 동요가 어느 정도 가라앉은 가운데 6월 15일 泰時가 죽고 그 뒤를 經時가 이었다.[11] 가마쿠라로 내려갔던 重時가 7월 10일에 교토로 돌아왔으므로,[12] 6월 하순에는 가마쿠라가 안정을 되찾았다고 볼 수 있다.

이러한 긴박한 상황 속에서 집권에 취임한 經時는 적극적으로 소송제도 개혁에 착수하여 이듬해 '소송행정 집행일 당번(訴論沙汰日結番) 제도'를 시행했다. 이는 引付 제도의 선구로 자리매김 되는 제도로,[13] 여러 사

7) 『平戸記』 1242년(仁治 3년) 5월 13일조.
8) 『平戸記』 1242년(仁治 3년) 5월 20일조.
9) 『平戸記』 1242년(仁治 3년) 5월 26일조. 원문에는 '康綱'라고 되어 있으나 野口實(「執権体制下の三浦氏」 『中世東国武士団の研究』, 高科書店, 1994, 329쪽)와 佐藤進一(앞의 주 1) 『日本の中世国家』, 122쪽)는 宇都宮泰綱로 비정하고 있다.
10) 『平戸記』 1242년(仁治 3년) 5월 28일조.
11) 『百錬抄』 1242년(仁治 3년) 6월 19일조.
12) 『百錬抄』 1242년(仁治 3년) 7월 10일조.
13) 岡邦信는 「引付制成立前史小考」(『中世武家の法と支配』, 信山社, 2005)에서 經時 집권기부터 引付 제도의 성립에 이르기까지 소송제도의 실태와 그 정치적 의의를 밝혔다.

람의 소송 관련 행정이 미뤄지는 것을 방지하기 위해 13명의 評定衆를 3개의 번으로 나눠 각 번을 매달 5일씩 出仕하게 했다.[14)]

佐藤進一는 인심을 안정시키고 체제의 안정을 얻기 위해 재판의 신속·정확을 지향한 개혁이며, 引付 설치의 이유도 그 연장선상에 있다고 이 제도의 의의를 평가했다.[15)] 이는 매우 적절한 지적으로, 經時의 소송제도 개혁의 근저에는 체제 강화와 안정을 위한 노력이 존재한다고 할 수 있다.[16)] 그것은 經時가 '소송행정 집행일 당번제도' 외에도 재판의 신속화와 공정성을 위해 다양한 조치를 취한 것에서도 알 수 있다.[17)] 또한 經時는 조부 泰時의 제도를 개혁함으로써 자신이 새로운 막부 권력의 행사자임을 대내외에 어필하고 싶었던 것으로 보인다.[18)] 그리고 經時의 뒤를 이은 時頼는 經時의 소송제도 개혁을 계승하고 발전시켜 引付를 신설하는 것이다.

1246년(寛元 4년) 3월 23일, 어린 나이의 時頼가 經時의 뒤를 이어 집권의 자리에 올랐다. 그러나 그것은 前 將軍 頼經를 중심으로 하는 反得宗家 세력과의 대결을 예고하는 것으로, 두 세력의 대립은 이내 표면화되어 宮騷動과 寶治 전투가 이어졌다. 그 결과, 전 장군 頼經는 교토로 내쫓

14) 『吾妻鏡』 1243년(寛元 1년) 2월 26일조.

15) 佐藤進一, 앞의 주 6)의 책, 31~32쪽.

16) 經時의 정치적 성장을 보여주는 한 예가 『吾妻鏡』 1244년(寛元 2년) 6월 27일조이다. 泰時 집권기에 내려진 판결에 대해서는 이미 추가법 211조, 212조에 의해 懸物押書가 없으면 越訴가 제한되어 있었다. 그런데 이 기사에서는 懸物狀을 제출했음에도 泰時 집권기의 판결이므로 명확한 사유가 없으면 재심할 수 없다며 有間의 訴가 기각되었다. 즉, 泰時 집권기의 판결에 대한 不易化가 한층 더 진전되었다고 할 수 있다. 또한 이 越訴가 추가법의 재심 조건을 충족한데다 名越朝時로부터 요구되었음에도 經時에 의해 거부되었다는 점에서 經時의 정치적 성장을 엿볼 수 있다.

17) 예를 들어 『吾妻鏡』 1243년(寛元 1年) 2월 15일조·同 5월 23일조·同 7월 10일조·1244년 6월 27일조·1245년 5월 3일조. 이 사료들은 재판의 신속화와 공평을 추구한 조치이다.

18) 한 가지 사례로 소송제도의 개혁 전날에 御家人의 임관을 제한하고 成功額을 개정한 사실을 들 수 있다(『吾妻鏡』 1243년(寛元 1년) 2월 25일조·추가법 204조).

겼으며,[19] 뿌리 깊게 존재하던 반 득종가 세력이 제거되어 時頼 정권은 안정을 찾게 되었다. 時頼는 이러한 정치적 안정을 바탕으로 1249년(建長 1년) 引付를 신설한 것이다.

『吾妻鏡』에는 1249년의 기사가 없으므로, 引付 설치에 관한 정보는 『關東評定衆傳』·『鎌倉年代記』·『武家年代記』 등에 기댈 수밖에 없다. 그러나 『武家年代記』에는 "10월 13일, 引付가 시작되었다"라고 기록되어 있을 뿐이며, 『鎌倉年代記』에는 引付頭人의 명단만 기록되어 있을 뿐이다. 게다가 三方이 아닌 五方으로 기록되어 있고, 그 명단도 北條政村(1번)·大佛朝直(2번)·名越時章(3번)·二階堂行方(4번)·二階堂行泰(5번)라고 되어 있기 때문에, 1253년(建長 5년) 이후의 기사가 뒤섞여 있다고 판단된다.

한편 『關東評定衆傳』에서는 구성원, 설치 이유 등 보다 풍부한 정보를 얻을 수 있다. 그에 따르면, 引付는 三方으로 구성되었으며, 引付頭人으로는 北條政村(1번), 大佛朝直(2번), 北條資時(3번)가 12월 9일에 보임되었고, 引付衆로는 二階堂行方, 二階堂行泰, 二階堂行綱, 大曾禰長泰, 武藤景頼까지 총 5명이 보임되었다. 설치 이유는 "여러 사람의 소송이 원활하게 진행되지 않은 까닭"(諸人訴訟不事行故也)이라 하여 소송의 신속한 처리를 목적으로 12월 13일에 시작되었다. 그리고 이듬해 4월 2일에는 引付衆의 업무 관장에 관한 규정이 정해졌다.[20] 또한 引付衆가 政所 執事·問注所 執事를 겸임하고 있었던 점(〈표 1〉 참조), 政所·問注所에서 처리할 수 없는 '難治事'를 引付가 담당하고 있었던 점에 비춰볼 때[21] 引付가 政所·問注所보다 상위 기관이었음을 알 수 있다.

佐藤進一는 일련의 정변으로 동요하는 御家人을 안정시키고 그들의 지지를 얻기 위해 재판의 신속·정확을 지향하여 引付를 신설했다고 설명한

---

19) 經時도 賴經를 京都로 송환하고자 했으나 실패했다. 결국 賴經는 宮騷動에 의해 京都로 강제 송환된다.

20) 『吾妻鏡』 1250년(建長 2년) 4월 2일조.

21) 『吾妻鏡』 1258년(正嘉 2년) 5월 10일조·同 14일조.

다.[22] 정확한 지적이지만, 기존 제도의 개혁이 아닌 새로운 기구를 설치한 것과 그 의미에 더 주목해야 할 것이다.

時賴·長時 집권기에는 총 24명이 引付衆에 보임되었고, 그 중 12명이 評定衆로 승진했다(〈표 1〉 참조). 宮騷動으로 인해 評定衆에서 해임되었다 일단 引付衆로 정치적 복권을 이루지만 결국 후손이 六波羅로 추방된 後藤基綱·町野康持, 評定衆로 승진할 가능성이 높았으나 引付衆 보임 후 불과 1년 만에 사망한 二階堂行賴, 引付衆 보임 후 4년 만에 질병으로 인해 업무를 볼 수 없었던 二階堂行氏 등을 제외하면, 引付衆의 評定衆로의 승진 비율은 더 높아질 것이다. 즉, 時賴는 泰時 시대에 연원을 두는 집권의 제도적·인적 기반의 외연을 넓혀 '引付→評定'로 구성된 집권의 새로운 권력기반을 완성했던 것이다.[23]

그러나 引付는 설치 직후부터 안정적으로 기능했다고 보기는 어렵다. 설치 직후 引付의 番數가 빈번하게 개편되고 있기 때문이다. 번수의 개편을 정리하면 다음과 같다 (주로 『吾妻鏡』에 의함).

① 三方 : 1249년(建長 1년)부터 1250년(建長 2년)까지. 1250년 4월 2일조에도 '三方'으로 명시.

② 五方 : 1251년(建長 3년) 6월 5일까지. 1251년 6월 5일조에서 '五方'을 '六方'으로 개편.

22) 佐藤進一, 앞의 주 6)의 책, 31쪽.

23) 細川重男는 가마쿠라 후기에는 막부의 직책을 기준으로 한 家格秩序가 형성되었다고 지적하고 있다(『鎌倉政権得宗専制論』, 吉川弘文館, 2000). 그러나 〈표 1〉에서 評定衆로 승진한 北條 일문 金澤·名越家, 문인 관료 계통의 二階堂·太田·中原(攝津)·長井 가문, 外樣 御家人 계통의 安達 가문이 가마쿠라 말기까지 정권의 중추에 있으면서 得宗家를 지탱했던 점, 大曾禰 가문은 引付衆의 가계로 고정된 점을 고려하면, 이미 이 시기에 막부의 직책을 기준으로 하는 家格秩序가 형성되기 시작했다고 판단된다. 또한 得宗으로의 권력 집중은 '引付→評定'으로 구성된 집권의 권력 기반이 있었기 때문에 가능했을 것이다.

③ 六方 : 1251년 6월 20일까지. 이 조치에서 특징적인 점은 3번 引付가 評定衆와 奉行人으로만 구성되었다는 점이다. 1251년 6월 20일조에서 '六方'을 '三方'으로 개편.

④ 三方 : 1252년(建長 4년) 4월 30일까지. 1252년 4월 30일조에서 '三方'을 '五方'으로 개편.

⑤ 五方 : 1262년(弘長 2년) 6월 29일까지.『關東評定衆傳』1262년조에 "引付五方을 중지하고 三方으로 했다"고 보인다.

⑥ 三方 : 1266년(文永 3년) 3월 6일까지.『關東評定衆傳』1266년조에 "3월 6일, 三方 引付를 중지한다"고 보인다.

⑦ 引付 폐지 : 1266년 3월 6일.

⑧ 引付 부활 : 五方. 1269년(文永 6년) 4월 27일.『關東評定衆傳』1269년조에 "4월 27일, 問注所의 업무를 중지하고 五方 引付를 시작하시다"라고 보인다. 이후 五方을 유지.

⑨ 1285년(弘安 8년) 이후 : 간혹 변화는 있지만 대체로 五方을 유지.[24)]

이상이 引付 번수의 개편 상황이다. 설치 직후에는 번수가 자주 개편되었기 때문에 당연히 각 引付方의 구성원도 자주 바뀌었을 것이다. 그러나 1252년(建長 4년) 4월 30일 이후에는 五方으로 고정되면서 각 引付方의 구성원도 고정되는 경향을 보이고 있다.[25)] 그렇다면 이러한 경향이 引付方의 존재 방식에 어떤 영향을 미쳤을까? 가마쿠라 후기의 사료를 통해 확인해 보자.

---

24) 예를 들어『鎌倉年代記』에 의하면, 1302년(乾元 1년) 9월 11일에 八方으로 개편된 引付는 1304년(嘉元 2년) 七方(9월 25일)을 거쳐 五方(12월 7일)으로 원상 복귀했다.

25)『吾妻鏡』1252년(建長 4년) 4월 30일조·1253년 12월 22일조·1254년 12월 1일조의 당번 배정과 비교하면, 사망이나 '新加' 등에 의한 변동은 있으나 고정되어가는 경향을 확인할 수 있다.

> 부름이 있어 山內殿께 갔더니 平金吾의 중개로 御前으로 불려나갔다. 명에 따라 安富民部三郎入道, 嶋田七郎, 齋藤七郎兵衛尉, 長田新左衛門尉[이상 政所公人], 冨來十郞[전 合奉行, 현 執筆], 飽田三郎左衛門入道를 引付衆로 써넣었다. 다음으로 武州가 1번 頭人을, 前武州가 2번 頭人을 받아들였다고 말씀드리니 명하시길 "武州는 본래 3번 頭人이다. 三番衆을 이끌고 1번으로 옮겨야 할 것이다. 越州는 본래 1번이다. 그 무리를 함께 3번으로 옮겨야 할 것이다. 그 내용을 알리도록 하라."고 하셨다고 한다.

이것은 『建治三年記』 9월 4일조의 기사이다. 이에 앞서 8월 29일에 引付頭人의 인사이동이 이루어져 '武州'(北條宗政)가 1번 頭人, '前武州'(大佛宣時)가 2번 頭人, '越州'(普音寺業時)가 3번 頭人이 되었다. 이 인사에 대해 宗政와 宣時가 時宗에게 승낙의 뜻을 전하자, 宗政는 원래 3번 頭人이었으므로 三番衆을 一番衆으로 하고 業時는 1번 頭人이었으므로 一番衆을 三番衆으로 하라고 時宗는 명했다. 즉, 引付의 번수 및 그 구성원이 점점 고정되고, 引付 제도의 안정에 따라 頭人 이하 評定衆·引付衆·奉行人의 결속이 강화되어[26] 가마쿠라 후기에는 하나의 引付方가 하나의 팀으로 고정화되는 경향이 나타난 것으로 파악된다.

그런데 왜 引付의 번수는 설치 직후 자주 개편되었던 것일까? 우선 제도 운영의 측면에서 시행착오의 가능성을 생각해 볼 수 있다. 그러나 단순한 시행착오로 보기에는 너무 자주 개편이 이루어지고 있다. 혹시 그 배경으로 또 다른 이유가 있었던 것은 아닐까?

이 문제와 관련하여 주목되는 것은 1251년(建長 3년)의 모반 사건이다. 1251년 12월 모반의 소문이 돌아 경계하던 중 음모가 발각되어 了行 법사·矢作左衛門尉·長次郎左衛門尉久連 등이 체포되어 주살되거나 유배형에

26) 引付頭人에게 引付衆와 奉行人을 관리·감독할 책임을 부여한 것도 영향을 주었다고 생각한다(추가법 354조·453조).

처해졌다.[27] 그런데 了行 법사는 三浦 일족,[28] 矢作는 千葉 일족으로, 그 배후에는 九條道家·전 장군 賴經의 존재가 있었던 것으로 알려져 있다.[29] 즉, 九條道家·賴經와 연관이 있는 宮騷動·寶治 전투의 잔당이 꾸민 모반이었다.

이듬해 時賴는 이 모반 사건을 계기로 장군 賴嗣를 폐하고 後嵯峨上皇의 황자 宗尊親王을 새로운 장군으로 맞이했다. 宗尊親王은 4월 1일 가마쿠라에 도착했다.[30] 그런데 위에서 언급한 바와 같이 引付가 안정된 것은 4월 이후이다. 새로운 장군의 등장과 때를 같이 하여 引付가 안정된 것은 과연 단순한 우연의 일치일까?

時賴는 단계적으로 반 득종가 세력을 배제하며 評定衆를 재편하고 引付를 신설했다. 引付頭人을 北條 가문이 독점하게 하고, 二階堂行方·二階堂行泰·二階堂行綱·大曾禰長泰·武藤景賴를 引付衆에 보임했다. 引付衆의 정치적 입장을 살펴보면, 우선 二階堂 가문은 北條 가문에 이어 많은 인물을 막부의 요직에 진출시켜 항상 幕政의 중심에서 득종가를 지지했다. 大曾禰 가문은 安達 일족으로 長泰 이후 引付衆를 세습한 引付衆 家系이다. 그리고 武藤 가문의 경우는 景賴가 評定衆로 승진하고, 아들 景泰가 引付衆를 세습하고 있다. 즉, 引付衆는 時賴의 측근들로 구성되었다고 할 수 있다.

이처럼 北條 일문과 측근들의 지지를 받았음에도 어린 나이의 時賴에게는 전 장군 세력에 대한 불안감이 남아 있었을 것이다. 그래서 時賴는 막 설치한 引付를 빈번하게 개편하여 引付 구성원의 결속(評定衆끼리 또는 評定衆와 引付衆)을 막으려 했던 것이 아닐까? 그러나 전 장군 賴經와 연결되어 있던 반 득종가 세력의 잔당을 소탕하고 장군을 교체함으로써

27) 『吾妻鏡』 1251년(建長 3년) 12월 22일·同 26일·同 27일조.

28) 『武家年代記裏書』 1251년(建長 3년) 12월 27일조.

29) 『保曆間記』 1252년(建長 4년) 3월 20일조, 『鎌倉年代記裏書』 1251년(建長 3년) 12월 27일조, 『武家年代記裏書』 동일조.

30) 『吾妻鏡』 1252년(建長 4년) 2월 20일·同 3월 21일·同 4월 1일조.

時頼의 권력 구조가 완성 단계에 접어들면서 引付도 안정화되어 본격적으로 활동하게 된다. 이는 引付衆의 증가에서도 확인할 수 있다. 1251년(建長 3년)까지 5명에 불과했던 引付衆가 1254년에는 3배인 14명까지 늘어났다.[31] 반면 評定衆의 인원은 오히려 줄어들고 있다.

그러나 引付衆가 급격하게 증가했음에도 時頼 집권기에는 北條 가문 출신의 引付衆 보임자는 金澤實時·名越敎時 두 사람뿐이었다. 또한 二階堂行方·二階堂行泰처럼 引付衆인 引付頭人이 존재했다. 그 이유로는 우선 時頼가 引付의 기능적 측면도 중시하여 가계나 위계보다 引付衆로서의 실무처리능력을 높이 평가한 것으로 보인다. 또한 北條 가문뿐만 아니라 측근을 막부 조직으로 편성함으로써 지지 세력의 외연을 넓혀 정권을 안정시키려는 목적도 있었을 것이다.

이상으로 설치 직후의 引付 제도의 양상에 대해 살펴보았다. 그 내용을 간략하게 정리하면 다음과 같다. 체제 강화와 안정을 위한 經時의 소송제도 개혁이 時頼에게 계승되고 발전하여 引付라는 새로운 제도의 성립에 이르렀다. 반 득종가 세력의 구축과 장군 교체에 의한 정치적 안정을 배경으로, 時頼는 자신을 중심으로 재편된 評定衆, 北條 일문과 측근으로 구

---

31) 다만, 時頼의 측근들만 引付衆에 보임된 것은 아니었다. 『關東評定衆傳』에 따르면, 宮騷動으로 評定衆에서 해임된 後藤基綱·町野康持가 1252년(建長 4년) 4월에, 그리고 狩野爲佐가 같은 해 5월에 각각 引付衆로 복귀되었다. 時頼의 측근이 아닌 세 사람이 새로운 장군의 등장과 동시에 引付衆로 보임된 것으로 보아, 개인적인 관계가 아니라 구조적으로 장군과 연결된 세력이 존재했을 가능성도 생각해 볼 수 있다. 그러나 基綱의 경우, 아들 基政와 손자 基頼가 引付衆로 보임되었으나 六波羅로 전출되어 각각 六波羅評定衆·六波羅引付頭人·六波羅評定衆를 역임하고 있으며, 다른 후손들도 六波羅評定衆로 재임하고 있다. 康持의 아들 政康와 宗康도 引付衆를 세습했으나 마찬가지로 六波羅로 전출되어 六波羅評定衆를 지냈으며, 손자 貞康와 信宗도 六波羅評定衆를 지냈다. 또한, 爲佐의 아들 爲成도 六波羅引付衆·六波羅評定衆를 지냈다. 즉, 基綱·康持·爲佐 일족은 六波羅로 추방된 것으로도 보인다(基綱·康持·爲佐 자손들의 六波羅에서의 경력은 森幸夫의 『六波羅探題の研究』(續群書類從完成會, 2005) 및 『尊卑分脈』에 의함).

성된 引付를 중층적으로 조직하여 자신의 지배하에 두었다. 이것이 바로 완성된 時頼의 권력 구조이다.[32)]

그런데 引付는 頭人 이하 評定衆·引付衆·奉行人이 하나의 팀을 이루고 있었다. 이러한 引付의 조직 구성은 일반 정무기관으로서도 매우 적절한 것으로, 소송 이외의 분야에서 효과적으로 활용되었을 가능성도 배제할 수 없다. 특히 많은 引付衆가 評定衆로 승진한 점, 그리고 引付衆의 증가와 評定衆의 감소를 고려하면, 引付가 評定의 기능을 분담했을 가능성이 높다. 만약 그렇다면, 評定 기능의 분담에는 引付衆가 評定衆의 직무를 익히기 위한 훈련의 측면도 있었을 것이다. 그래서 다음에는 추가법을 실마리로 하여 引付의 소송 외의 기능에 대해 검토해 보고자 한다.

3. 추가법에서 바라본 引付의 소송 외 기능

앞서 언급했듯이, 引付는 일반 정무기관으로서도 효율성이 높은 조직 구성이었다. 또한 引付衆가 引付頭人을 맡기도 했다는 점에서도 기능적인 측면이 중시되었음을 알 수 있다. 예를 들어, 二階堂行方는 1253년(建長 5년)부터 1259년(正元 1년)까지 引付衆로서 4번 引付頭人을 맡았으며, 二階堂行泰는 1253년부터 1256년(康元 1년)까지 5번 引付頭人을 맡았다. 이 경우 두 사람은 자신보다 직책과 위계가 높은 評定衆를 지휘하게 된다. 즉, 引付가 일반 정무기관으로서도 유효하게 활용되었을 개연성이 높다. 실제로 弘安 연간(1278~1288)의 추가법에서 그런 사례를 확인할 수 있다.

그러나 引付에 관한 연구의 출발점이 "여러 사람의 소송이 원활하게 진행되지 않은 까닭"이라는 문구였기 때문에, 당연히 引付의 소송 이외의 기능은 지금까지 거의 연구 대상이 되지 못하고 간략하게 언급되어 왔을

32) 時頼의 출가와 赤橋長時의 집권직 취임은 이러한 집권정치의 완성을 배경으로 하고 있다고 생각한다.

뿐이다. 예를 들어, 家永遵嗣는 주로 東寺를 소재로 삼아 남북조시대에 유력 寺社의 소송을 각각 '担当引付方'에서 심리·판결하는 제도가 있었음을 확인하고, '担当引付方' 제도에서 '別奉行' 제도로의 이행 가능성을 제기한 후, 가마쿠라시대까지 거슬러 올라가 추가법 546조에 보이는 專任 引付方의 존재가 '担当引付方' 제도의 원류일 가능성을 지적했다.[33] 또한 稲葉伸道는 특히 가마쿠라 장군과 사사의 관계에 주목, 막부법을 중심으로 가마쿠라 막부의 사사 정책의 특징을 검토하는 과정에서 추가법 570·578조 등을 근거로 引付가 재판 이외의 역할을 담당하고 있었음을 언급하고 있다.[34]

그러나 두 사람은 引付의 소송 이외의 기능에 대해 간략하게 언급했을 뿐이다. 게다가 예시된 것은 이른바 '弘安 德政' 이후의 것으로, 그 이전의 사례에 대해서는 언급하지 않았다. 확실히 引付의 소송 이외의 활동을 명확하게 규정한 추가법의 사례는 弘安 연간(1278~1288)에 보이며, 그 이전의 사례를 추가법에서 발견하기는 어렵다. 그래서 弘安 연간의 추가법에서 引付의 존재 방식을 확인하여 소송 이외의 기능으로 판단할 수 있는 기준을 찾아보고자 한다.

우선 사사 관계 정책에 대한 引付의 관여가 눈에 띈다. 가마쿠라 막부가 사사에 대해 극진한 보호 정책을 시행한 것은 두말할 나위 없지만, 引付는 일찍이 이 사안에 관여하게 되었다. 이미 1264년(文永 1년)의 추가법 421조(鎌倉中諸堂供料事)에서 가마쿠라 시가에 소재하는 諸堂의 供料에 관한 寺務와 雜掌의 불법행위에 대해 引付가 규명하도록 규정되어 있다. 또한 사사의 불법·소송 이외의 문제도 引付에 맡겨져, 추가법 573조(寺社御寄進所領事)에서 佛事·神事의 흥행과 장군 護持의 기도를 위해 기진된 영지의 관리를 引付가 담당하게 되었다.

---

33) 家永遵嗣, 「「別奉行」制の源流と引付方」『遥かなる中世』 12, 1992.

34) 稲葉伸道, 「鎌倉幕府の寺社政策に関する覚書」『名古屋大学文学部研究論集』 史学 45, 1999.

이러한 경향을 명확히 규정한 것이 다음의 弘安 德政 관련 추가법이다.

ⓐ 하나 近國 諸社의 수리, 기도, 소송, 기진 소령 등은 引付가 처리해야 한다는 것에 관한 건 (弘安 7 8 2)

1번 伊豆 宇都宮, 2번 三島社 熱田六所宮, 3번 鶴岡 鹿島 香取, 4번 諏訪上下, 5번 日光 筥根

위의 건은 사사 奉行人에게 조사하도록 명해야 한다. 특별한 이유가 있으면 이 내역을 지켜 引付에 업무를 부과해야 한다. 이미 진행된 사안이 있으면 원래 담당했던 引付가 처리해야 한다.

ⓑ 하나 가마쿠라 시가의 諸堂의 수리 및 기진 소령에 관한 건 (弘安 7 11 27)

五方 引付가 처리해야 한다고 앞서 명을 내리셨는데 처리하지 않았다고 한다. 수리의 건은 頭人이 현황을 파악하여 엄밀하게 보고해야 한다. 조금 파손된 곳들에 대해서는 別當의 재량으로 수리하라고 통지해야 한다. 소령의 건은 신속히 처리해야 한다. 다음 法花堂의 건은 5번 引付頭人의 관할 업무로서 造營했으므로 5번이 처리해야 한다. 다음 新釋迦堂의 건은 앞과 같다. 大慈寺는 3번 引付가 담당해야 한다.

사료 ⓐ(추가법 546조)는 각 引付方가 '近國 諸社'를 나눠 관할하고, 수리·기도·소송·기진 소령 등의 문제를 전담하도록 규정하고 있다. 그리고 사료 ⓑ(추가법 570조)는 '가마쿠라 시가의 諸堂'의 수리와 기진 소령은 五方 引付의 관할임을 확인한 후, 법화당·신석가당은 5번 引付가 大慈寺는 3번 引付가 담당하도록 규정하고 있다.

이상의 사료를 통해 각 引付方가 사사를 분담하여 관할하게 되었음을 분명하게 알 수 있다. 그러나 1284년(弘安 7년) 이전에 사료 ⓐ처럼 각 引付方가 사사를 분담하여 관할했는지는 분명하지 않다. 다만, 사료 ⓐ의 "이미 진행된 사안이 있으면 원래 담당했던 引付가 처리해야 한다."(既有沙汰之分者, 本引付可申沙汰)라는 문구를 고려하면, 이미 關東 여러 신사의 수리·기도·소송·기진 소령 등의 문제가 引付의 관할 하에 있었음은 분명하다 할 것이다.[35] 또한 사료 ⓑ의 "五方 引付가 처리해야 한다고 앞서 명을 내리셨는데 처리하지 않았다고 한다."는 문구에서는 이미 五方 引付가 '가마쿠라 시가의 諸堂'의 수리와 기진 소령을 관할하고 있었음을 알 수 있다. 즉, 1284년(弘安 7년) 이전에 引付가 사사의 수리·기도·기진 소령 등 소송 이외의 문제를 처리하고 있었음이 분명하며, 각 引付方가 사사를 분담하여 관할하고 있었을 가능성도 배제할 수 없다.

다음으로, 評定·寄合의 하위에 위치하여 상위 기관의 기능을 분담·보완하고 있다는 점이 주목된다. 다음 사례를 통해 그 실태를 살펴보자.

ⓒ 하나 鶴岡八幡宮 및 가마쿠라 시가의 諸堂의 供僧에 관한 건

(弘安 8 4 8)

引付가 해당 인물을 평가하여 선발하고 評定에서 결정해야 한다. 그 후 담당 奉行이 寄合에 말씀드려야 한다.

ⓓ 하나 名主職의 건에 관한 사항들 …

이 문서는 어제 寄合에서 읽어 올렸습니다. 틀림없다고 분부하셨다. 이에 이를 보내드립니다. 삼가 아룁니다.

(1284년) 9월 10일 尙時 判

明石民部大夫(行宗) 님

사료 ⓒ(추가법 578조)는 鶴岡八幡宮 및 가마쿠라 시가 제당의 供僧 인사에 관한 규정으로, 引付가 선발하여 評定에서 결정된 후 담당 奉行이 寄合에 보고하도록 규정하고 있다. 이를 통해 '引付→評定→寄合'의 의사결

35) 家永遵嗣는 「鹿島社前大宜宛 1285년(弘安 8년) 9월 2일부 4번 引付頭人 金澤顕時奉書」(『茨城県史料中世編一』 322호)에 대한 재허가 일찌감치 1286년(弘安 9년) 7월 29일에 내려지고 있는 점에서 "이미 진행된 사안"의 한 사례로 들고 있다(家永遵嗣, 앞의 주 33) 논문, 19쪽, 주 59)).

정과정[36]과 引付의 담당 奉行이 評定의 결론을 寄合에 보고하는 구조를 확인할 수 있다.

사료 ⓓ(추가법 562조)는 村井章介가 지적한 바와 같이, 尙時가 寄合에서 법령의 승인을 얻은 후, 鎭西로 파견되는 '明石民部大夫(行宗)'에게 전달할 때 덧붙인 副狀이다. 村井는 추가법 544조가 사료 ⓓ의 前缺 부분이고, '이 문서는' 이하의 부분은 법령이 아니라 부장이므로, 이 2개 조는 544조의 날짜인 1284년(弘安 7년) 6월 25일에 제정된 것이라고 지적하고 있다.[37] 行宗에게 법령을 전달한 尙時에 대해 『中世法制史料集 第一卷 鎌倉幕府法』[38]에서는 尙持의 오기로 추정하고 있으며, 村井 역시 引付 奉行人 '雑賀太郞'·'雑賀太郎尙持'로 추정하고 있다.[39] 여기서 주목되는 점도 引付奉行人인 尙持가 評定에서 제정된 법령을 寄合에 보고하고 있다는 사실이다. 즉, 이 사료를 통해서도 '引付→評定→寄合'라는 막부 조직의 중층적인 구조를 확인할 수 있다.

그러나 항상 이런 과정을 거쳤다고 보기는 어렵다. 사안에 따라, 또는 경우에 따라 그 의사결정과정은 달랐을 것으로 보인다. 예를 들어, 『建治三年記』 12월 25일조에는 山門에 관한 評定가 끝난 후 별도의 寄合가 열려 같은 달 9일 寄合에서 결정되었던 六波羅探題의 인사 변경과 후속 인사가 확정되고 있으므로, 六波羅에 대해서는 寄合가 독자적으로 담당하고 있었음을 알 수 있다. 한편, 龜山上皇의 熊野三社 참배에 관한 院宣은 評定에서 심의되고(4월 20일조), 後宇多天皇의 賀茂神社·石淸水八幡宮 참배 역

---

36) 村井章介, 「安達泰盛の政治的立場」 『中世の国家と在地社会』, 校倉書房, 2005, 177쪽, 주 14).

37) 한편 村井는 사료 ⓓ(추가법 562조)가 九州의 名主에게 安堵의 下文을 내리는 것(추가법 514조)에 대해 자세한 내용을 규정한 것이며, 추가법 569조에 의해 九州 諸國의 守護에게 시행되었다고도 지적했다(村井章介, 앞의 주 36) 논문, 171~173쪽·169쪽).

38) 보주 52), 397~398쪽.

39) 村井章介, 앞의 주 36) 논문, 176~177쪽, 주 14).

시 評定에서 심의되고 있으므로(9월 20일조), 상황과 천황의 신사 참배는 評定의 담당 사안이었다고 판단된다. 또한 七海雅人에 따르면, 1303년(嘉元 1年)의 外題安堵 채용은 먼저 寄合에서 결정된 후 評定에서 심의·승인되었다.[40]

즉, 가마쿠라 후기에는 막부의 중추 조직이 '引付→評定→寄合'의 형태로 중층적으로 정비되었는데, 효율적인 幕政 운영을 위해 제각각 업무와 책임을 분담하고 있었다고 할 수 있다. 그렇다면 引付의 설치를 계기로 일찍이 조직적인 분업 체계가 성립되어 있었을 가능성도 배제할 수 없다. 引付가 설치된 후에 評定衆의 수가 점차 줄어든 것은 引付에 대한 권한 위임과 책임 분담이 진행되었던 증거의 하나가 될 수 있지 않을까?

이상으로 추가법을 통해 引付의 소송 이외의 기능에 대해 살펴보았다. 그것은 ①하나의 引付方가 하나의 팀으로 활동하면서 ②막부의 사사 관련 정책에 관여하고, ③상위 기관의 기능을 분담하고 있었다는 것으로 간략하게 정리할 수 있다. 그래서 4장에서는 가마쿠라 후기의 추가법에서 발견한 세 가지 기준을 단서로 삼아, 그 이전 시기로 거슬러 올라가 引付의 기능 확대 가능성을 검토해 보고자 한다.

다만, 그에 앞서 가마쿠라 후기의 引付 제도의 양상에 대해 검토해 두자. 佐藤進一는 文永(1264~1275)·弘安(1278~1288) 이후 北條 일문의 증가와 일문 출신 연소자의 취임으로 인해 引付 제도의 기능이 저하되었다고 설명한다.[41] 또 村井章介도 1265년(文永 2년) 6월의 인사이동을 검토하여, 연소화 및 北條 일문의 구성비 증가로 인해 引付衆 본래의 성격이 사라지고 기능이 저하되었음을 지적했다.[42] 이러한 설명이 가마쿠라 후기의 引付 제도에 대한 일반적인 이해일 것이다.

---

40) 七海雅人, 『鎌倉幕府御家人制の展開』, 吉川弘文館, 2001, 42~43쪽, 63쪽의 주 75).
41) 佐藤進一, 앞의 주 1), 「鎌倉幕府政治の専制化について」, 79~81쪽.
42) 村井章介, 「執権政治の変質」 『中世の国家と在地社会』, 校倉書房, 2005, 153~154쪽.

연소화와 北條 일문의 증가가 조직의 약화를 초래할 개연성은 있지만, 이 점을 들어 '막부 정치의 변질=득종 전제화의 지표'[43]로서 조직의 기능 저하와 유명무실화로 연결시키는 것에는 의문을 품지 않을 수 없다. 물론 막 설치된 모종의 조직에는 풍부한 경험과 실무 능력을 갖춘 연륜 있는 인물들이 필요하다 할 것이다.[44] 그러나 노하우가 축적되고 조직 운영이 체계화되어 안정된 경우, 연소화가 반드시 조직의 약화를 초래하는 것은 아니다. 특히 당시 여러 직책이 한 집안의 가업으로 세습화되어 가고 있었던 점을 고려하면, 연소자라 해서 반드시 실무능력이 떨어진다고 보기는 어렵다.

그 일례로 『關東評定衆傳』에서 확실한 정보를 얻을 수 있는 마지막 해인 1284년(弘安 7년)의 引付衆 재직자를 살펴보자(〈표 2〉 참조). 먼저 문인 관료의 경우, 時賴·長時 집권기의 引付衆 보임자(〈표 1〉 참조)에 비해 젊어졌지만, 二階堂行賴를 제외한 전원이 引付衆를 세습했기 때문에[45] 반드시 실무능력이 떨어졌다고 볼 수는 없다. 또한 外樣 御家人 계열의 경우도 보임 당시의 나이는 알 수 없으나 모두 引付衆 세습자이며, 특히 大曾禰 가문과 安達 가문의 가계[46]를 고려하면 引付의 약화로 연결시키기는 어렵다. 오히려 이 시기에 引付의 소송 이외의 기능이 명문화되었으므로 引付의 기능은 확대·강화되었다고도 볼 수 있을 것이다.

또한 北條 일문(특히 연소자)의 증가도 조직의 약화보다는 득종가로의

---

43) 村井章介, 앞의 주 42) 논문, 153쪽.

44) 문인 관료의 경우, 나이는 그다지 관계가 없었을 것이다. 예를 들어 1225년(嘉禄 1년)에 評定가 설치되었을 때 문인 관료 출신인 20·30대의 연소자가 4명이나 評定衆에 보임되었다(斎藤長定·太田康連·矢野倫重·佐藤業時).

45) 行頼의 부친 行義는 引付 설치 이전인 1239년(暦仁 1년)에 이미 評定衆에 보임되었다.

46) 이미 서술한 바와 같이, 大曾禰 가문은 引付衆 가계이다. 한편 安達長景·時景의 경우는 부친 義景뿐만 아니라 형 泰盛도 오랜 기간 引付頭人을 맡았기 때문에 引付衆로서 충분한 자격을 갖춘 것으로 간주되었을 것이다.

권력집중이라는 측면에서 생각해야 할 것이다. 이미 언급했듯이, 時頼는 자신을 중심으로 재편된 評定衆, 그리고 北條 일문과 측근으로 구성된 引付를 중층적으로 조직하여 새로운 권력기반을 완성했다. 즉, 泰時에 연원을 두는 집권의 권력기반의 외연을 넓혀 北條 일문과 측근이 막부의 중추조직에 편성되어 집권을 뒷받침하는 체제를 時頼는 만들어냈던 것이다. 이러한 체제가 안정됨에 따라 北條 일문의 등용이 늘어나는 결과를 가져왔고, 그것이 또 득종가로의 권력 집중을 가속화시켰을 것이다.[47] 그러나 그 과정에서 집권의 권력 기반은 형해화하지 않고 득종 권력의 형성·유지에 중요한 일익을 담당하고 있었던 것이다.

그 실태를『永仁三年記』의 引付評定 관련 기사를 통해 확인해 보자. 引付評定는 引付勘錄事書가 上程되어 이루어지는 評定를 말하는데,『永仁三年記』에 의하면 9개월 동안 46회(임시 評定가 3회)나 열렸으며, 개최일도 정례화되는 경향이 보인다. 引付評定 개최일의 정례화에 대해 近藤成一는 裁許狀의 날짜가 곧 裁許가 확정된 評定의 날짜임을 확인한 후, 關東裁許狀의 날짜 분포를 검토하여 1295년(永仁 3년)의 引付評定 개최일이 1294년부터 1332년(正慶 1년)까지 변경되지 않았음을 지적하고 있다.[48]

재허장은 引付評定를 거쳐 발급되는 것이므로, 이는 곧 引付評定가 정례화되어 가마쿠라 말기까지 계속 기능하면서 막부 통치권의 핵심인 재판권을 담당하고 있었음을 의미한다. 그렇다면 引付評定의 전제 조건인 引付 제도 역시 흔들림 없이 가마쿠라 말기까지 기능하고 있었다고 보아야 할 것이다.[49]

---

47) 물론 이러한 체제가 성립되었다 하더라도, 정치권력의 속성상 구성원 전원이 일사불란하게 得宗家를 지지했을 것이라고는 여겨지지 않는다. 특히 요절, 나이 어린 집권·득종의 등장이 반복되었던 득종가의 상황을 고려할 때, 새로운 집권·득종이 전임자와 같은 권력과 권위, 신임을 요구하는 무리였다. 따라서 집권·득종이 교체될 때마다 장군의 교체, 정치권력을 둘러싼 항쟁의 발발, 막부 조직의 혼란 등이 반복된 것은 당연한 결과라 할 것이다.

48) 近藤成一,「鎌倉幕府裁許状の日付」『鎌倉遺文研究』4, 1999.

4. 『吾妻鏡』에서 바라본 引付의 소송 외 기능

『吾妻鏡』에서 引付의 소송 이외의 활동과 관련된 사례를 찾아내는 것은 매우 어려운 일이다. 왜냐하면 단순히 '奉行'으로만 기록되어 있을 뿐 구체적으로 어떤 입장에서 명령을 받은 것인지 명확하지 않은 경우가 많기 때문이다. 또한 한 사람이 여러 직책을 맡아 다양한 업무를 수행했던 당시 상황을 고려하면 판단은 더욱 어려워진다.

그래서 추가법을 검토하여 찾아낸 결과를 실마리로 삼아 『吾妻鏡』의 사료를 검토해 보고자 한다. 3장에서 찾아낸 판단 기준은 ①하나의 팀으로 활동, ②사사 관련 정책, ③評定의 기능 분담, 이 세 가지이다. 그러나 引付方 구성원의 결속력이 강해져 하나의 부국이 하나의 팀으로 활동하는 것은 가마쿠라 후기의 일이다. 따라서 별도의 부국에 소속되어 있더라도 評定衆·引付衆·奉行人, 또는 引付衆끼리, 引付衆·奉行人이 하나의 팀을 구성하여 활동한 경우도 검토 대상으로 삼고자 한다.

우선 사사 관계부터 살펴보자. 가마쿠라 후기에는 각각의 引付方가 사사를 분담하여 관할하게 되었는데, 引付가 설치되기 이전에는 사사가 어떻게 관리되고 있었을까? 다음 사료를 통해 확인해 보자.

> ① 2일 戊午, 御願寺社에 奉行人이 배정되었다. 오늘 거듭 담당자를 더하는 처결이 있었다.
>
> 鶴岡八幡宮 上下
>
> 大庭平太景能　藤九郎盛長　右京進季時　圖書允淸定
>
> 勝長壽院

---

49) 『永仁三年記』에 따르면, 정례의 評定인 式評定도 빈번하게 개최되었다(44회). 또한 개최일도 정례화되는 경향을 보이는데, 이는 『建治三年記』에서도 확인할 수 있다. 이러한 式評定의 양상을 고려하면, 引付評定처럼 式評定도 가마쿠라 말기까지 기능했을 가능성이 높다.

因幡前司廣元　梶原平三景時　前右京進仲業　豊前介實景

永福寺

三浦介義澄　畠山次郎重忠　義勝房成尋

이 사료는 1194년(建久 5년) 12월 2일조로, 어원사사에 3~4명의 봉행인을 배정하고 해당 사사의 관리를 맡겼다고 보인다. 봉행인으로 선발된 사람들은 당시 幕政의 중심에 있던 자들로, 유력 御家人과 문인 관료가 한 팀을 구성했다는 점이 주목된다.

이어서 引付 설치 이후의 사례에 대해 검토해 보자.

> ② 1일 丙寅, 鶴岡上宮 파손 수리의 건에 대해 처결이 있었다. 宮寺의 番匠 등을 불러 거듭 명령을 내리셨다. 筑前前司, 清左衛門尉, 深澤山城前司 등을 봉행으로 삼았다.

이 사료는 1250년(建長 2년) 5월 1일조로, 鶴岡上宮의 파손 수리를 '筑前前司(二階堂行泰)', '清左衛門尉(清原滿定)', '深澤山城前司(俊平)' 등이 담당하게 되었음을 보여준다. 우선 鶴岡上宮의 파손 수리 건이었다는 점이 주목된다. 추가법 546조(사료 ⓐ)에는 3번 引付가 담당하게 되어 있는데, 이 세 사람은 어떤 입장이었을까?

먼저 行泰는 1249년(建長 1년)에 引付衆에 임명되었다. 그러나 『吾妻鏡』에는 1249년 기사가 없고 1250년의 경우 당번 배정 기사가 없어서 滿定와 俊平가 언제부터 引付方에 편성되었는지는 알 수 없다. 다만, 滿定는 이미 評定衆의 지위에 있었기 때문에 특별한 사정이 없는 한 설치 직후부터 引付方에 편성되었을 것이다. 실제로 『吾妻鏡』의 당번 배정 기사를 보면, 滿定는 評定衆로서 모든 당번 배정에 등장한다. 또한 俊平도 봉행인으로서 모든 당번 배정에 등장하고 있으므로, 두 사람은 이 단계에서 이미 引付에 편성되어 있었다고 판단된다. 따라서 이상의 세 사람은 引付의 구성원이라는 입장에서 鶴岡上宮의 파손 수리를 담당하게 된 것으로 보인다.

그렇다면 다음으로 문제가 되는 것은 세 사람이 같은 引付方에 편성되어 있었는지 여부일 것이다.[50] 그러나 앞서 언급했듯이, 引付方 구성원의 결속력이 강해져 하나의 引付方가 하나의 팀으로 활동하는 것은 가마쿠라 후기의 일이므로, 몇 번 引付의 관할이라는 것은 중요한 문제가 아니다. 오히려 評定衆·引付衆·奉行人이 하나의 팀을 구성하여 활동했다는 점에 주목해야 할 것이다. 즉, 評定衆·引付衆·奉行人으로 구성된 引付의 인재풀에서 적임자를 선발하여 일종의 특별팀을 구성하여 업무를 담당하게 했던 것이 아닐까 한다.

③ … 또 勝長壽院을 造營하라고 마찬가지로 大行事縫殿頭師連, 壹岐前司基政, 備後前司康持 등에게 명하셨다. 또 조영 雜掌을 정하셨다. 本堂[勝長壽院이라고 칭하는 것은 이것이다] 最明寺 禪室 담당 彌勒堂 前武州 五佛堂 奧州禪門 三重塔 相州

이 사료는 1257년(正嘉 1년) 8월 25일조로, 勝長壽院의 조영을 결정하고 그 감독을 '縫殿頭(中原師連)', '壹岐前司(後藤基政)', '備後前司(町野康持)' 등에게 명령했음을 전해준다. 勝長壽院은 源頼朝가 부친 義朝의 명복을 빌기 위해 세운 절로, 가마쿠라 막부로부터 극진한 보호를 받고 있었다. 그러나 전년 12월에 화재로 勝長壽院, 彌勒堂, 五佛堂이 소실되어[51] 勝長壽院의 조영이 결정되었던 것이다.

그런데 師連, 基政, 康持는 모두 引付衆였다. 이 세 사람이 같은 引付方에 편성되어 있었다고 보기는 어렵지만,[52] 引付衆끼리 하나의 팀을 구성

50) 『吾妻鏡』 1251년(建長 3년) 6월 5일조의 당번 배정 기사에서는 세 사람이 각각 6번, 3번, 1번 引付에 편성되었다. 또한 同 6월 20일조의 당번 배정 기사에서는 行泰와 滿定가 1번, 俊平는 奉行人으로 2번 引付에 배속되었다.

51) 『吾妻鏡』 1256년(康元 1년) 12월 11일조.

하여 사찰의 조영에 관여했다는 점에 주목해야 한다. 여기서도 사료 ②와 같이 引付에서 적임자를 골라 업무를 담당하게 했던 것이 아닐까?

이상에서 검토한 결과를 정리하면 다음과 같다. 가마쿠라 초기에 중요한 사사마다 여러 명의 봉행인을 선정하여 관리하게 한 선례가 있었다. 그러나 막부 조직에 의한 체계적인 관리에는 이르지 못했기 때문에 제도로서는 성립하지 않았으며, 문제가 발생할 때마다 담당 봉행을 선정하여 해결했다. 引付 설치 후에는 引付 조직도 이용하게 되었는데, 그것은 引付의 인재풀에서 적임자를 선발하여 업무를 담당하게 하는 방식이었다. 그러나 引付가 안정되면서 하나의 引付方가 하나의 팀으로 활동하게 되었고, 각 부국이 사사를 분담하여 관할하는 제도가 성립되어 추가법 546조(사료 ⓐ), 570조(사료 ⓑ)로 법제화되었다.

다음으로 供料 문제에 대해 살펴보고자 한다.

> ④ 25일 丁丑, 날씨 맑음. 諸寺佛供燈油 등이 나날이 줄어들고 있다고 住持들이 호소했다. 이에 오늘 그에 대한 처결이 있었다. 御教書를 내리셨다고 한다. 그 문서에 이르기를
>
> 諸堂寺用供米의 건
>
> 상기의 건이 점점 줄어들고 집행되지 않는다는 탄원이 있었다. 특히 大慈寺는 右大臣家가 건립하여 다른 곳과는 다르기에 佛事가 온전히 집행되어야 하는데, 雜掌 등이 업무를 소홀히 하고 태만한 것은 지극히 잘못된 일이다. 신속히 자세한 내용을 규명하여 집행해야 할 것이다. 명에 따라 이상과 같이 執達합니다.
>
> 1252년(建長 4년) 6월 25일 相模守
>
> 陸奧守

52) 師連는 『吾妻鏡』 1257년(正嘉 1년) 윤3월 2일조의 당번 배정 기사에서 1번 引付에 편성되었으나, 康持는 이 배정에서 빠졌고 基政는 같은 해 4월 1일에 引付衆에 임명되었기 때문에(『關東評定衆傳』) 같은 引付方에 편성되었다고 보기는 어렵다.

秋田城介님

이 사료는 1252년(建長 4년) 6월 25일 조로, 諸寺의 佛供·燈油 등의 지연을 주지가 호소하자 雜掌이 供米의 지급을 소홀히 하지 않도록 명령하는 내용으로 구성되어 있으며, 구체적인 예로 大慈寺가 제시되고 있다. 大慈寺는 源實朝가 건립한 사찰로 가마쿠라 막부의 극진한 대우를 받고 있었다. 또한 추가법 570조(사료 ⓑ)에 따르면, 大慈寺를 3번 引付가 담당하게 되었다.

이 사료에서 문제가 되는 것은 御教書의 수신인인 '秋田城介(安達義景)'가 어떤 입장에 있었는가 하는 점이다.『關東評定衆傳』1252년(建長 4년)조와『吾妻鏡』동년 4월 30일조의 당번 배정 기사에 따르면, 義景는 5번 引付의 頭人이었기 때문에 5번 引付의 頭人으로서 명령을 하달받았을 가능성도 있지만, 評定衆의 寺社奉行로서 명령의 객체가 되었다고도 여겨진다. 그러나 이 사료만으로는 판단할 수 없으므로 다음 사료를 검토한 후 義景의 입장을 확인해보자.

⑤ 29일 辛酉, 날씨 흐림. 關東御分寺社에 대해 각별히 佛神事를 일으켜야 한다는 처결이 최근에 있었다. 오늘 이를 시작하였다. …

하나　如法勤行해야 하는 諸堂 연중행사 등의 건

상기 諸堂의 행사는 항례의 것으로 응당 집행되어야 하는 것이다. 그런데 供僧 등이 겨우 勤修의 형식만 갖추고 誠信을 다하는 마음은 전혀 없다. 그 직책에 임명된 후계자들은 불도 수행에 좋은 자질을 갖춘 자들이지만, 그 직책에 임명된 후 법랍이 얼마 되지 않는 代官을 많이 쓰고 있다. 枉弱한 대관을 써서 엄중한 기원을 수행하는 것은 심히 잘못된 일이다. 禁忌 및 질병 외에 대관을 쓰는 일은 모두 금한다. 또한 供料가 불법적으로 미납되고 있다는 諸堂의 소송이 있었다. 雜掌도 寺務도 내용이 정해져 있는 업무를 보면서 어찌 마땅히 납부해야 하는 물품을 납부하고 있지 않은가?

> 引付가 처결을 해도 여전히 일이 진척되고 있지 않다. 각별히 엄중하게 집행되어야 한다는 뜻을 거듭 면면이 引付에 명해야 할 것이다. 이러한 조치에도 불구하고 불법을 저지르는 雜掌이 있다면 奉行人의 보고 내용에 따라 그 직책에서 해임해야 할 것이다. …

이 사료는 1261년(弘長 1년) 2월 29일조로, 關東寺社의 부흥책에 관한 조항을 보여주고 있다. 이 條文은 두 부분으로 구성되어 있다. 전반부에서는 諸堂의 供僧이 代官을 쓰는 것을 금지하고 있다. 후반부에서는 供料에 관한 不法 행위에 대해 引付가 엄중히 집행하고, 불법을 저지른 雜掌은 引付奉行人의 보고 내용에 따라 해임하도록 명하고 있다. 이 사료에서 우선 주목되는 것은 供物을 둘러싼 소송을 엄격하게 집행하도록 引付에게 명령하고 있다는 점인데, "引付가 처결을 해도 여전히 일이 진척되고 있지 않다"라는 문구를 보면 이전부터 이미 이 사안에 관한 소송을 引付가 담당하고 있었음을 알 수 있다.

그런데 이 사료는 1261년(弘長 1년) 2월에 공포된 關東新制의 한 조문(추가법 344조)이다. 관동신제에는 연호나 봉행인, 기관 등이 표기된 傍書가 덧붙여진 조문이 있다. 추가법 344조에도 다른 방서와 형식은 다르지만, 항목의 제목 아래에 '奉行人行一'이라고 부기되어 있다. 방서의 연호에 대해 佐藤進一는 "동일한 규정이 다른 시기에도 발포되었음을 나타내는 것"[53]이라고 지적하고 있으며, 佐々木文昭는 방서에 표기된 연도와 추가법의 연관성을 검토하여 "신제의 발포 또는 적어도 그 준비가 이루어진 연도를 보여주는"[54]것이라고 추론하고 있다. 그렇다면 봉행인만 기록되어 있는 추가법 344조는 언제 발포된 것일까? 방서에 연호가 없는 점, 관련 법령을 사료적으로 확인할 수 없는 점 등을 고려하면 『吾妻鏡』의 기사와

53) 傍書에 대해서는 『中世法制史料集 第一巻 鎌倉幕府法』, 보주 37)(391~392쪽) 참조.
54) 佐々木文昭, 「「関東新制」小考」『中世公武新制の研究』, 吉川弘文館, 2008, 199쪽.

같이 2월 29일에 발포·시행되었을 가능성도 있지만 단언할 수는 없다. 그러나 적어도 추가법 344조 발포 이전부터 이미 供料를 둘러싼 불법 행위에 관한 소송을 引付가 담당하고 있었음은 분명하다 할 것이다.

그럼, '奉行人行一'는 어떤 입장에서 어떤 역할을 한 것일까? 佐藤는 "인명, 관청명은 그 당시 해당 조항을 담당하는 봉행인 또는 봉행기관을 나타내는 것"이라고 지적하고 있지만, 구체적으로 법령의 제정을 담당한 것인지 아니면 그 시행을 담당한 것인지는 분명하지 않다. 그러나 岡邦信는 관동신제 추가법 340조·341조·342조·343조 등으로부터 봉행인·기관이 시행을 담당했다고 지적하고 있으며, 시행을 담당하는 기관과 입안을 지시받은 기관·개인이 밀접하게 관련되어 있었을 가능성도 지적하고 있다[55]. 岡의 설에 따르면, 行一가 추가법 344조의 시행을 담당했을 가능성도 있으며, 적어도 引付와 밀접하게 관련되어 있었다는 이야기가 된다. 그런데 行一는 二階堂行忠이며, 1257년(正嘉 1年)에 引付衆에 보임되었다. 그렇다면 行一는 引付衆로서 추가법 344조의 제정 혹은 시행을 담당한 셈이 된다.

이상으로 공료 문제에 대해 살펴보았는데, 여기서도 引付의 기능이 반영되어 법제화에 이르는 경향을 볼 수 있다. 위에서 언급한 바와 같이 諸堂의 공료 문제는 이미 引付가 담당하고 있었다. 그것이 추가법 344조를 거쳐 추가법 421조에서 보다 구체적으로 '鎌倉中諸堂'으로 명문화되었던 것이다. 따라서 사료 ④도 供米에 관한 문제이므로, 義景는 5번 引付의 頭人으로서 명령을 받았다고 보아도 좋을 것이다.

다음으로 評定의 기능을 분담하고 있었던 사례에 대해 검토해 보자.

⑥ 22일 乙卯. 鶴岡宮寺에서 最勝王經 御讀經이 펼쳐졌다. 밤이 되어 屬星祭

55) 岡邦信, 「鎌倉幕府法の制定過程について」 『中世武家の法と支配』, 信山社, 2005, 181~183쪽.

를 거행했다. 權曆博士 定昌朝臣이 집행했다. 이는 모두 祈雨를 위한 것이었다. 佐渡前司 基綱, 兵庫頭 定員 등이 봉행을 맡았다.

⑦ 2일 辛未. 여름 가뭄으로 인한 기우의 건을 鶴岡 供僧 등에게 명하셨다. 出羽前司가 이를 봉행했다. 信濃民部大夫入道가 봉행하여 政所로부터 供米 10석을 내려주었다. 또 御所에서 7일에 걸친 不斷不動御念誦을 시작했다. 衆僧 20구에게 供米 각각 1석이었다고 한다.

사료 ⑥·⑦은 引付 설치 이전의 기우기도에 관한 것이다. 사료 ⑥은 1240년(延應 2년) 6월 22일조로, '佐渡前司(後藤)基綱'와 '兵庫頭(藤原)定員'가 봉행을 담당하고 있다. 두 사람 모두 장군 賴經의 측근으로 후대의 御所奉行에 해당하는 입장('藏人頭' 같은 존재[56])에 있었다. 定員는 막부 내의 직책이 없었지만, 基綱는 評定衆였다. 사료 ⑦은 1244년(寬元 2년) 6월 2일조로, '出羽前司(二階堂行義)'가 기우기도의 봉행을 담당하고 있으며, '信濃民部大夫入道(二階堂行盛)'는 政所에서 공미 10석을 반출하고 있다. 두 사람 모두 評定衆였지만, 行義는 評定衆로서 기우기도의 봉행을 담당하고, 行盛는 政所 執事의 입장에서 비용을 대고 있다. 사례는 적지만, 評定衆가 기우기도의 봉행을 담당했던 것은 확실해 보인다.

그럼, 다음으로 引付 설치 이후의 상황을 살펴보자.

⑧ 6일 戊子. 지난달 23일의 甘雨 이후 여름 가뭄이 다시 여러 날 이어졌다. 이에 기우의 건을 勝長壽院, 永福寺, 明王院 등에 명하셨다. 行方, 景賴가 이를 봉행했다고 한다.

⑨ 10일 壬辰, 날씨 맑음. 初夜부터 장대비가 쏟아졌다. 近國이 가물었던 탓에 푸른 싹은 모조리 누렇게 말라 백성들이 모두 한탄했다. 이에 오늘 秋田城

---

56) 青山幹哉, 「鎌倉幕府将軍権力試論」 『展望日本歴史 9 中世社会の成立』, 東京堂出版, 2001, 136~137쪽.

> 介의 봉행으로 거듭 정성스런 기도를 거행하도록 鶴岡別當인 法印 隆辨에게 명하셨다. 곧바로 명에 따르겠다고 응답하고 當宮의 八幡寶前에서 諸神供을 거행했다. 관현악기 등을 연주하여 봉납했다. 또 瑞籬 안에서 몸소 最勝王經을 강론했다. 그 후 얼마 지나지 않아 비가 내렸다고 한다.

사료 ⑧은 1252년(建長 4년) 7월 6일조로, 勝長壽院·永福寺·明王院 등에서 기우기도를 거행하는 사안에 대해 二階堂行方와 武藤景頼가 봉행하고 있다. 行方와 景頼는 引付 설치 당시 모두 引付衆에 보임되었고, 같은 해 4월 30일 引付 당번 배정에서 모두 4번 引付에 소속되었기 때문에 이 사안은 4번 引付가 담당하는 형태가 되었을 것이다. 다만, 그것은 우연의 일치로 아직 이 단계에서는 하나의 引付方가 하나의 팀으로 활동했다고 보기는 어렵다.

사료 ⑨는 같은 해 7월 10일조로, 鶴岡八幡宮 기우기도의 봉행을 '秋田城介(安達義景)'가 맡았다는 내용이다. 『關東評定衆傳』 1252년(建長 4년)조에 따르면 義景는 5번 引付頭人이었지만, 引付頭人으로서 기우기도의 봉행을 담당한 것인지는 분명하지 않다. 다만, 사료 ⑧에서는 4번 引付가 기우기도를 담당했으므로 그 가능성도 완전히 부정할 수는 없을 것이다.

그러나 사료 ⑧에서는 引付衆가 評定衆를 대신하여 기우기도를 담당하고 있으므로, 引付가 評定의 기능을 분담해가는 경향을 보여주는 증거의 하나로 보아도 좋을 것이다. 이와 관련하여 추가법 578조(사료 ⓒ)·562조(사료 ⓓ)에 대해 다음을 지적해 두고자 한다. 두 법령에서는 '引付→評定→寄合'의 의사결정과정과 '引付→評定→寄合'라는 막부 조직의 중층적인 구조를 확인할 수 있는데, 이 같은 형태가 갑자기 생겨났다고는 보기 어렵다. 오히려 일반 정무기관으로서 引付의 기능 확대라는 역사적 전제가 있었기 때문에 성립되었다고 보는 것이 타당할 것이다. 즉, 引付의 評定 기능의 분담이 반영되어 법제화에 이르렀던 것으로, 사료 ⑧은 그 증거의 하나라 할 수 있을 것이다.

끝으로 다음 사료를 통해 引付의 또 다른 역할을 확인하고자 한다.

> ⑩ 5일 壬戌. 武藏國의 여러 업무에 관한 건 및 西海諸國의 守護 地頭에 관한 처결의 건 등에 대해 評定가 있었다. 이는 모두 궁핍한 백성들을 구하기 위한 조치였다. 淸左衛門尉, 深澤山城前司 등이 봉행을 맡았다.

이 사료는 1251년(建長 3년) 9월 5일조로, 武藏國·西國의 궁핍한 백성들을 구제하는 건에 대한 評定가 진행되어 '淸左衛門尉(淸原滿定)'와 '深澤山城前司(俊平)'가 봉행을 맡았다는 내용이다. 궁핍한 백성들의 부담을 줄이는 법이 評定에서 결정되고,[57] 그 이후의 절차를 두 사람이 담당했을 것이다. 그렇다면 두 사람은 어떤 입장에서 봉행을 담당했던 것일까? 아마도 滿定가 評定衆로서 專任奉行을 맡고, 俊平는 滿定를 보좌하는 역할을 맡았을 것이다. 그러나 俊平는 引付奉行人이기 때문에 引付의 조직이 이용된 것으로도 보인다. 즉, 전임봉행인 評定衆를 보좌하는 것도 引付의 또 다른 역할이었을 것이다.

이상으로 추측을 거듭해 왔지만, 본장에서 살펴본 내용을 간략하게 정리해 보자. 引付는 설치 직후부터 본래의 기능인 御家人 소송 이외의 분야까지 그 기능을 확대했다. 諸堂의 供料 문제, 寺社의 담당 봉행이나 기우기도 등을 들 수 있지만, 기타 분야로도 확대해갔을 것으로 추정된다. 초기에는 引付 조직에서 적임자를 뽑아 일종의 특별팀을 구성하여 업무를 담당하게 하였으나, 引付方 구성원들의 결속이 강해지면서 하나의 引付方가 하나의 팀으로 사안을 전담하게 되었고, 이러한 변화상은 추가법 546조(사료 ⓐ)·570조(사료 ⓑ)로 명문화되었다. 또한 추가법 578조(사료 ⓒ)·

57) 이 구제책의 구체적인 내용을 확인할 수 있는 사료는 없지만, 『吾妻鏡』 1233년(天福 1년) 7월 9일조가 참고가 될 것이다. 그 내용은 궁핍한 백성하기 위해 大風 이전에 시행된 出擧의 이율을 낮추는 법을 정하고, 畿內·西國에 대해서는 六波羅가 담당하게 했다는 것이다.

562조(사료 ⓓ)도 引付의 評定 기능 분담이 반영된 것이다. 즉, 추가법에 의한 引付의 기능 확대라기보다는 引付의 기능이 반영되어 법제화에 이르렀던 것이다.

5. 맺음말

먼저 지금까지 살펴본 결과를 간략하게 정리하고, 引付 기능 확대의 정치적 의미와 집권 정치의 구조에 대해 언급하고자 한다.

時頼는 經時 집권기의 '소송행정 집행일 당번제도'를 계승, 발전시켜 引付라는 새로운 제도를 성립시켰다. 引付는 御家人 소송 기관이었지만, 頭人 이하 評定衆·引付衆·奉行人으로 이루어진 조직 구성은 일반 정무기관으로도 적합한 것이었고, 설치 직후부터 본래의 기능인 御家人 소송 이외의 분야까지 그 기능이 확대되었다. 그리고 그것이 반영되어 弘安 연간(1278~1288)에 추가법으로 법제화되기에 이르렀다.

추가법 중에서도 주목되는 것이 추가법 578조(사료 ⓒ)·562조(사료 ⓓ)이다. 이 두 법령에서 '引付→評定→寄合'의 의사결정과정과 '引付→評定→寄合'라는 막부 조직의 중층적 구조를 확인할 수 있다. 즉, 이 세 기관이 막부의 중추 조직이자 幕政의 중심축이었음을 알 수 있다. 그리고 이러한 구조는 引付를 설치한 時頼의 진정한 의도를 파악할 수 있는 단서가 될 것이다. 다음 사료를 살펴보자.

> … 또 당시 近習이었던 점에 의거하여 은밀히 희망하여 이르기를 "將軍家 御家人의 반열에 있으면서도 오로지 文士라는 이유로 武者와 나란히 서는 날에는 때때로 치욕을 당하는 일이 있습니다." …

이 사료는 『吾妻鏡』 1218년(建保 6년) 12월 26일조로, 實朝의 右大臣 拜賀 의식에 참가할 隨兵을 선발하던 무렵, 二階堂行村의 아들 基行가 선발을 희망하며 자신의 입장을 호소하는 장면이 묘사되어 있다. 같은 御家人임에도 문사라는 이유로 무자와 나란히 서면 수모를 겪는 일이 많았다는 내용으로, 무자의 문사에 대한 차별과 문사의 피해 의식을 엿볼 수 있다.

이러한 입장의 문인 관료들을 이용해 권력기반으로 삼은 것이 泰時였다. 泰時는 評定를 설치하여 측근인 문인 관료들을 評定衆로 중용하고 집권의 권력기반으로 삼았던 것이다. 어린 나이의 時賴도 泰時처럼 引付라는 새로운 조직에 측근인 문인 관료들을 편성하고 직책과 활동 무대를 부여함으로써 자신에 대한 지지를 확고히 했던 것이다. 물론 引付에 편성된 것은 문인 관료만이 아니었다. 1번부터 3번 引付頭人까지 北條 일문이 독점하게 하고, 安達 가문과 같은 측근의 유력 御家人도 편성했다. 그리고 소송 이외의 분야까지 그 기능을 확대하여 評定에 버금가는 중추기관으로 자리매김한 것이다. 즉, 時賴는 일련의 정변을 거치며 자신을 중심으로 재편된 評定, 그리고 北條 일문과 측근으로 구성된 引付를 중층적으로 조직함으로써 권력의 외연을 넓히고 집권정치의 구조를 완성했던 것이다.

이후 得宗으로의 권력 집중은 이러한 집권정치의 구조를 바탕으로 이루어진 것으로, 당연히 引付 제도도 형해화하지 않고 가마쿠라 말기까지 기능하며 득종 권력의 형성과 유지에 중요한 일익을 담당했다.[58] 그리고 그것은 『永仁三年記』의 引付評定 관련 기사에서 확인할 수 있다.

---

58) 細川重男(『鎌倉政権得宗専制論』, 吉川弘文館, 2000 ; 『鎌倉北条氏の神話と歴史』, 日本史史料研究会, 2007)와 秋山哲雄(『北条氏権力と都市鎌倉』, 吉川弘文館, 2006 ; 細川重男·秋山哲雄, 『討論 鎌倉末期政治史』, 日本史史料研究会, 2009)는 佐藤進一의 '득종전제'설에 대해 의문을 제기하고 있다. 필자 역시 2005년도 사학회 대회 보고(「得宗専制期における評定」)에서 득종전제기 評定의 존재 방식, 評定와 寄合의 역학관계를 재검토하여 '득종전제'설의 재검토를 시도했다.

〈표 1〉 時賴·長時 집권기의 引付衆

	인명	引付衆 보임	評定衆 보임	비 고
時賴 집권기	二階堂行方	1249(建長 1)〈44〉	1259(正元 1)〈54〉	1253년(建長 5년), 4번 引付頭人.
	二階堂行泰	1249(建長 1)〈39〉	1259(正元 1)〈49〉	1253년(建長 5년), 政所執事·5번 引付頭人.
	二階堂行綱	1249(建長 1)〈34〉	1264(文永 1)〈49〉	1269년(文永 6년), 政所執事.
	大曾禰長泰	1249(建長 1)〈39〉		후손인 長經·義泰·宗長도 引付衆에서 관도가 멈춤. 引付衆의 家系.
	武藤景賴	1249(建長 1)〈45〉	1259(正元 1)〈55〉	
	金澤實時	1252(建長 4)〈29〉	1253(建長 5)	1256년(康元 1년), 3번 引付頭人.
	後藤基綱	1252(建長 4)〈72〉		宮騷動으로 인한 評定衆 해임 후 복권. 아들 基政는 引付衆·六波羅評定衆, 손자 基賴는 引付衆·六波羅引付頭人·六波羅評定衆, 다른 손자 역시 六波羅評定衆. 六波羅로 추방?
	町野康持	1252(建長 4)〈47〉		宮騷動으로 인한 問注所執事·評定衆 해임 후 복권. 아들 政康·宗康는 引付衆·六波羅平定衆, 손자 貞康·信宗는 六波羅評定衆. 六波羅로 추방?
	淸原敎隆	1252(建長 4)〈54〉		
	安達泰盛	1253(建長 5)〈23〉	1256(康元 1)〈26〉	1256년(康元 1년), 5번 引付頭人. 1264년(文永 1년), 3번 引付頭人.
	安達賴景	1253(建長 5)〈25〉		1263년(弘長 3년) 6월, 교토 체류를 위해 상경(引付衆 사임).
	狩野爲佐	1253(建長 5)〈73〉		宮騷動으로 인한 評定衆 해임 후 복권. 아들 爲成는 六波羅引付衆·六波羅評定衆. 六波羅로 추방?
	那波政茂	1254(建長 6)		생년 미상.
	中原師連	1254(建長 6)〈35〉	1264(文永 1)〈45〉	
	長井時秀	1254(建長 6)	1265(文永 2)	생년 미상.
	名越敎時	1256(康元 1)〈22〉	1265(文永 2)〈31〉	
	太田康宗	1256(康元 1)〈45〉	1258(正嘉 2)〈47〉	1256년(康元 1년) 4월, 引付衆. 같은 해 9월, 問注所執事.

	인명	引付衆 보임	評定衆 보임	비 고
長時 집권기	後藤基政	1257(正嘉 1)〈44〉		1263년(弘長 3년) 6월, 교토 체류를 위해 상경(引付衆 사임). 六波羅評定衆.
	二階堂行忠	1257(正嘉 1)〈37〉	1264(文永 1)〈44〉	1283년(弘安 6년), 政所執事.
	伊賀光政	1259(正元 1)〈36〉		1275년(建治 1년) 12월, 교토 체류를 위해 상경(引付衆 사임). 六波羅越訴頭人.
	小田時家	1259(正元 1)〈60〉	1264(文永 1)〈65〉	
	二階堂行氏	1259(正元 1)〈39〉		1263년(弘長 3년) 11월 이후, 병으로 인해 출사하지 않음(引付衆 사임).
	二階堂行賴	1262(弘長 2)〈33〉		1262년(弘長 2년) 12월, 政所執事. 1263년(弘長 3년) 11월 사망.
	齋藤淸時	1263(弘長 3)		생년 미상. 1266년(文永 3년) 2월 사망.
	총 24명		총 12명	문인 관료 계통 13명 가운데 評定衆 보임자는 7명. 外樣 御家人 계통 9명 가운데 評定衆 보임자는 3명.

(1) 〈 〉는 보임 당시의 연령

(2) 연령 및 경력은 『關東評定衆傳』, 『尊卑分脈』, 『鎌倉年代記』, 『武家年代記』 등에 의함.

〈표 2〉 1284년(弘安 7년)의 引付衆

	인명	引付衆	부친의 경력	이후의 경력
北條 일문	北條政長	1278(弘安 1)〈29〉	政村 : 評定衆·連署·執權	評定衆·5번 引付頭人
	北條宗房	1278(弘安 1)	時隆	
	極樂寺忠時	1281(弘安 4)〈33〉	重時 :連署	1284년(弘安 7년) 10월 사망
문인 관료 계통	二階堂行宗	1278(弘安 1)〈33〉	行忠 : 引付衆·評定衆·政所執事	1286년(弘安 9년) 4월 사망
	二階堂行景	1275(建治 1)〈34〉	行氏 : 引付衆	1285년(弘安 8년) 霜月騷動에서 사망
	二階堂行賴	1283(弘安 6)	行義 : 評定衆	
	二階堂行藤	1282(弘安 5)〈37〉	行有 : 引付衆·評定衆	政所執事·評定衆·寄合衆·引付頭人
	長井宗秀	1282(弘安 5)〈18〉	時秀 : 引付衆·評定衆	執奏·評定衆·寄合衆·引付頭人
	町野宗康	1283(弘安 6)	康持 : 問注所執事·評定衆·引付衆	六波羅評定衆

	인명	引付衆	부친의 경력	이후의 경력
外様御家人계통	武藤景泰	1271(文永 8)	景頼 : 引付衆·評定衆	1286년(弘安 9년) 4월 사망
	佐々木宗綱	1281(弘安 4)〈34〉	氏信 : 引付衆·評定衆	評定衆
	安達長景	1278(弘安 1)	義景 : 評定衆·引付頭人	1286년(弘安 9년) 4월 사망
	安達時景	1282(弘安 5)	義景 : 評定衆·引付頭人	1286년(弘安 9년) 4월 사망
	大曾禰宗長	1283(弘安 6)	長經 : 引付衆	1286년(弘安 9년) 4월 사망
	大曾禰義泰	1284(弘安 7)	長泰 : 引付衆	1286년(弘安 9년) 4월 사망

(1) 〈 〉는 보임 당시의 연령

(2) 연령 및 경력은 주로 『關東評定衆傳』, 『尊卑分脈』, 『鎌倉年代記』, 『武家年代記』, 『永仁三年記』 등에 의함.

제3부

근세근현대 동아시아와 한일관계

新井白石의 對朝鮮聘禮改革의 意圖

김 상 준

1. 머리말

근세 도쿠가와(德川) 정권과 조선과의 교섭은 임진왜란 이후의 화해교섭에서 시작되어, 조선이 일본에 대해서 통신사를 파견한 이후 간신히 공식적인 양국의 중앙정부간의 교류가 행해지게 되었다. 이러한 양국관계는 에도(江戶) 幕府측에서 보면, 당시 일본이 유지하고 있었던 국가와 국가간의 유일한 교류관계였다[1]고 하는 점에 그 형식상의 의의가 있다고 할 수 있다.

근세 조선에서 일본에 파견한 통신사는 전부 12회 파견되었다. 그 파견은 주로 일본에서 새로운 쇼군(將軍)이 襲職했을 때, 일본의 요청에 의해 행해졌다. 12회의 통신사의 각각의 내용과 목적이 동일하지 않았다는 것은 말할 것도 없지만, 미야케 히데토시(三宅英利)씨는 통신사를 다음과 같이 5기로 분류하고 있다.[2]

	구분	각각의 사행
1	국교재개기	慶長信使(1회, 1607년), 元和信使(2회, 1617년), 寬永元年信使(3회, 1624년)

1) 에도막부는 중국, 네덜란드, 琉球, 홋카이도의 아이누와 교류했지만 중국, 네덜란드는 무역만 했고, 국가간의 국서교류는 없었다. 유구와 아이누와는 국가 간의 대등한 교류는 아니었다.

2) 三宅英利, 『近世日朝関係史の研究』, 文獻出版, 1986, 630쪽.

2	전기안정기	寬永13年信使(4회, 1636년), 寬永20年信使(5회, 1643년), 明曆信使(6회, 1655년), 天和信使(7회, 1682년)
3	개변기	正德信使(8회, 1711년)
4	후기안정기	享保信使(9회, 1719년), 延享信使(10회,1 748년), 寶曆信使(11회, 1764년)
5	쇠퇴기	文化信使(12회, 1811년)

소 고가 대상으로 하는 시기는, 미야케씨의 분류에 의하면 소위 개변기이다. 이 개변기의 쇼토쿠(正德)信使의 때, 유명한 아라이 하쿠세키(新井白石)에 의한 여러 가지 개혁이 행해진다. 그러나 그 후는 다시 종래의 관례로 돌아가 버렸다는 것에 하나의 특징이 있다. 즉 아라이 하쿠세키에 의한 여러 가지 개변은 단 1회성에 불과했던 것이다. 이러한 사실들에 대해서는 여러 가지 문제가 있을거라고 생각되지만, 특히 여기에서 주목하고 싶은 것은 아라이 하쿠세키의 개변의 의도에 대해서이다.

아라이 하쿠세키의 개변에 대한 종래의 연구는 주로 대외적인 관점해서 행해지고 있고,[3] 내정과의 관련에 대한 연구는 상대적으로 약세라고 할 수 있다. 그러나 '외교는 내정의 국제적 표현임과 동시에, 내정은 외교의 국내적 환원이다'[4]라고 하는 내정과 외교의 상호관계적 속성에서 보면, 아라이 하쿠세키의 개변은 대외적 관점뿐만 아니라 대내적 시점에서도 고찰되어야 할 필요가 있는 것은 아닐까 생각된다.

소 고에서 주목하는 대내적 시점이라는 것은 주로 아라이 하쿠세키의 개변에서 보여지는 쇼군(將軍)의 호칭의 변화가 당시의 쇼군의 대내적 지위와 어떠한 관계에 있는가 라는 것에 한정해서 살펴보고자 한다.

3) 宮崎道生, 『新井白石序論』, 吉川弘文館, 1978 ; 『新井白石の研究』, 吉川弘文館, 1958.

4) 三宅英利, 주1) 앞의 책, 642쪽.

2. 대조선빙례개혁의 추이

1) 아라이 하쿠세키의 개변

아라이 하쿠세키가 쇼군 이에노부(家宣)의 侍講으로서, 소바요닌(側用人)인 마나베 아키후사(間部詮房)와 함께 막정에 참여했던 시기는 정치적으로는 안정된 시기였다. 그러나 막부의 재정은 4대 쇼군 이에쓰나(家綱) 시대의 메이레키의 대화재(明暦の大火), 5대 쇼군 쓰나요시(綱吉) 시대의 사치와 불사 조영 등으로 어려운 상황으로 빠져들고 있었던 시기였다. 그러므로 쇼도쿠(正德)기에는 조선사신의 응대조차 부담스러울 정도였다.[5]

이러한 상황에서 쇼군 이에노부는 조선통신사의 대우에 관한 의례를 하야시 노부아쓰(林信篤)에게 적어서 제출하게 했다. 그러나 하야시 노부아쓰가 그 대답을 할 수 없어서, 대신에 아라이 하쿠세키가 적어서 제출하게 되었다.[6] 이렇게 아라이 하쿠세키는 쇼군 즉위 직후인 1709년 6월 22일 「儀仗の事」로 獻議하고, 10월 10일에는 「儀式」에 대해서, 1710년 1월 22일에는 「聘事議續」, 2월 1일에는 「應接事議」 2권, 4월 20일에는 「国書王号の件」 등을 쇼군에게 올려, 통신사 의례에 대한 자신을 의견을 서술할 수 있었다.[7]

그런데 아라이 하쿠세키가 쇼군에게 올린 것에서 보이는 대조선외교의 기본방침은, 미야자키 미치오(宮崎道生)씨에 의해 이미 지적되어진 것처럼, 요컨대 화평·간소·대등의 원칙이라고 할 수 있다.[8] 이중에서 화평의 원칙은 이에야스(家康) 이래의 화친외교의 재확인이라고 할 수 있는 것으로, 새

5) 井上光貞편, 『日本歷史大系』 3 近世, 山川出版社, 1988 495~496쪽.
6) 栗田元次. 『新井白石の文治政治』, 石崎書店, 1952, 458쪽.
7) 三宅英利, 주1) 앞의 책 386쪽.
8) 宮崎道生, 『新井白石序論』, 吉川弘文館, 1978 39~41쪽 ; 『新井白石の研究』, 吉川弘文館, 1958, 49~50쪽.

로운 것이라고는 할 수 없다. 간소의 원칙은 당시 막부 재정의 고려에 기초한 것으로 보이는데, 1709년(保永六年)의 막부의 세입이 대략 75~77만 냥인데, 통신사의 접대에 사용되는 비용은 100만 냥을 넘었다고 하는[9] 당시의 현실로 보면 당연하다고 할 수 있을 것이다. 대등의 원칙은 '일본과 조선과의 교류를 시도하는데 고하가 없는 것으로 한다'[10] 는 문구에서 잘 표현되고 있는데, 후에 서술한 正德信使改變의 주된 내용을 이루는 것이었다.

그러면 아라이의 이러한 방침에서 제기된 改革聘禮는 어떠한 내용인지, 우선 그 개요를 소개하면 다음과 같다.[11]

①來朝를 來聘으로

종래는 통신사의 래일을 래조라고 했지만, 통신사는 조정에 오는 것이 아니라 막부(幕府)에 오는 것이므로 래빙으로 칭해야 한다.

②若君[12]에 대한 聘禮중지

쇼군 이에노부의 嗣子(대를 이을 아들)는 아직 어리므로 관례인 조선사신의 예단증정에 수반하는 배례를 받는 것은 어려으므로 若君에 대한 배례를 중지한다.

③조선의 예조참판명의로 일본국 로쥬(老中)에 보내는 書·幣의 정지

로쥬는 일본의 대신으로, 조선의 정승과 동격이므로, 종래의 로쥬에 보내는 書幣를 예조참판 명의로 보내는 관례를 정지한다.

④大君 호칭을 국왕 호칭으로[13]

---

9) 井上光貞편, 주4) 앞의 책, 609~610쪽

10) '日本と朝鮮とのつりあひをはかりて高下なきやうにす' 「奉命教諭朝鮮使客」『新井白石全集』第4.

11) 여기에서 제시된 항목의 순서는 조선측에 전달된 순서대로 서술했다. 조선측과 관련이 없는 ①은 최초에 놓고, ⑬은 언제 전달했는지 명확하지 않으므로, 최후에 두었다. 전달의 순서는 三宅, 주1) 앞의 책, 391~413쪽 참조.

12) 다음 쇼군으로 내정되어 있는 사람.

13) 이것은 조선에서는 통보방법에 대해서는 문제가 제기되었지만, 내용자체는 별로

종래 쇼군을 조선에서 일본에 보내는 국서에는 '日本國大君殿下'로 기록하고 일본이 조선에 보내는 국서에는 '日本國源某'로 표기했지만 금후 양국의 국서 모두 쇼군의 호칭을 '日本國王'으로 표기하도록 한다.

⑤계단 아래에서 맞이(階下出迎)

사절이 객관에서 쇼군의 上使를 맞이할 때, 종래 楹外에서 맞이하는 양식을 중지하고, 지금부터는 계단의 아래에서 맞이하도록 개정한다.

⑥향응의 축소

사절의 접대는 왕로는 각지에서 향응이 있는데, 조석의 찬은 七五三, 점심의 찬은 五五三을 제공했지만, 이것은 天使(조정에서 막부로 파견되는 사신)에 대해서도 하지 않았으므로 폐지하고, 무로마치(室町) 시대 일본의 사신이 조선에 갔을 때의 예에 따라서 연로(沿路)에서의 향연을 아카마가사키(赤間關, 현 시모노세키시 남부에 위치(돌아올 때는 우지마도(牛窓), 오사카(大阪), 교토(京都), 나고야(名古屋), 순뿌(駿府)의 5개소로 한정하고, 그 외는 건물을 제공하기로 한다.

⑦進見, 賜饗, 辭見義[14)]

唐宋이래 중국이 외국사신을 맞이하는 의식은 入見(書·幣를 중국황제에게 바친다), 錫宴(사자를 향응한다), 朝辭(귀국할 때 답례의 書·幣를 준다)의 3회에 걸쳐서 행해졌다. 일본의 경우도 전에는 3회의 의례(進見,賜饗,辭見)가 있었지만 「近禮」는 진견의 날에 사향을 겸해서 행여지고 있다. 금후는 舊儀에 따라서 향응의 날을 별도로 한다.

⑧受書儀

進見의 때, 朝鮮信史의 上上官이 국서를 건넜지만 宋·明의 禮와 일본의 舊禮도 국서의 봉정은 정사가 하게 되어 있으므로, 금후에는 정사가 국서

문제시되지 않았다. 그러나 일본국내에서는 반대론이 많았다. 이에 대해서는 2장에서 기술하기로 한다.

14) ⑦~⑫는 「奉命教諭朝鮮使客」 주9) 앞의 책 참조.

를 수신관에게 건네기로 한다.

⑨書幣 및 使者의 자리

「宋時南北敵國」[15]의 예에서는 예물은 殿下에 入列하고, 사신은 그 뒤에 섰는데, 明代에도 箋案을 堂下의 북쪽에 두고, 사신은 그 뒤에 섰다고 하는 예가 있고, 또 일본의 舊儀도 같다. 따라서 금후에는 書案은 殿上의 중앙에, 예물 중 幣物은 書案의 남쪽에, 사신의 拜位는 그 폐물의 남쪽에 두기로 한다.

⑩賓位

古禮에는 賓客의 자리는 서쪽에 있었다. 서쪽이 객의 자리로 되어 있었기 때문이다. 그렇지만 종래에서는 동쪽에 있었는데, 이것은 신하의 자리이고, 고례에 맞지 않는 것이다. 금후는 객(사신)의 자리를 서쪽으로 한다.

⑪獻主

古의 宴禮에는 賓에 대한 주군측의 相伴役으로서 '宰夫'가 있고, 일본의 舊制에는 그 역으로서 '共食使'가 있었다. 그런데 丙子(1636)년 이래 고산케(御三家)가 三使의 상반역으로서 客位인 서쪽 자리에 앉고, 三使는 신하의 자리인 동쪽 자리에 앉아 왔다. 이것은 객을 공경하고 즐겁게 하지 않는 것이고, 또 古禮에도 어긋나는 것으로, 금후부터는 고산케의 대신에 領客使를 두어 동쪽에 앉게 하고, 三使는 서쪽에 앉게 하여 객을 존경하는 뜻을 다하도록 한다.

⑫內宴服

종래의 內宴의 예에서 사신은 公服에 신을 신고 있었지만, 금후 사신은 평상복을 입고, 일본의 관리도 평상복을 입는다.

⑬로쥬(老中)의 三使위문폐지

로쥬는 조선의 정승과 동격이므로, 금후부터는 로쥬 대신에 고케(高家[16])를 객관에 파견해서 三使를 위문하도록 한다.

---

15) 「奉命教諭朝鮮使客」『新井白石全集』第4, 665쪽.

아라이 하쿠세키의 개변의 내용은 대체로 이와 같은 것이었다. 여기에서 주목되는 것은 우선 아라이가 『禮記』와 일본의 古制를 토대로, 개변 당시의 대조선빙례의 잘못을 지적하고 있는 것이다. 이것은 아라이의 주장에 정당성을 부여함과 동시에 조선측의 반발을 최소화하려는 의도로 생각된다. 또 2번째로 이제까지 형식상으로는 불평등관계였던 일본과 조선의 외교관계를 대등하게 고치려고 한다는 것이다. 이것은 내용에서 보면 일본의 쇼군을 조선의 명실상부한 최고 권력자의 위치에 있었던 조선국왕과 대등하게 하는 것에 의해 쇼군의 권위를 높이고, 일본의 사실상의 최고 지배자·최고 권력자로서의 쇼군에게 더 높은 권위를 부여하려고 하는 의도의 소산으로 생각된다. 이 문제에 대한 검토는 다음 장에서 서술하는 것으로 하고, 다음 절에서는 이러한 아라이의 개변에 대한 조선측의 반응을 살펴보기로 한다.

2) 조선측의 반응

아라이 하쿠세키의 개변의 내용은 당연히 조선측에 통보되었지만, 그 과정상의 특징은 정리된 형태로 한번에 모두 통보된 것이 아니라 4회로 나누어서 통보되었다. 그러므로 이 절에서는 우선 각각의 내용의 통보순서와 통보방법, 그리고 그것에 대한 조선측의 반응을 살펴보기로 한다.

처음에 조선측에 통보된 것은 若君에 대한 빙례의 중지와 조선 예조에서 로쥬에게 보내는 서·폐의 정지로 1711(正德元年)년 1월에 통보되었다. 게다가 그것도 정식 문서에 의한 것이 아니라 倭館에 들어온 裁判倭에게서 구두로 전해졌다. 그것은 로쥬는 조선의 정승에 해당하므로 예조참판이 서·폐를 보내는 것은 「抗禮非便」으로 되고, 若君는 어려서 아직 定封이

16) 에도막부에서 의식이나 전례를 담당한 관직, 또는 그 관직을 담당하는 가문을 말한다. 여기서는 관직의 뜻으로 사용되었다.

없으므로 예단을 받는 것이 어렵다는 것이었다.[17] 이에 대해 조선측의 반응은 일본이 문서가 아닌 구두로 전달한 것은 조선을 경멸하는 것이고, 또 선례를 무시했다는 것으로 받아들였는데, 이는 조선측으로서는 당연한 것이었다. 그렇지만 개변의 내용자체는 문제시 하지 않고, 통보방법만을 문제시해서 대마번주에게 정식의 서계를 보내도록 했다. 이에 대해 대마번주는 2건의 개혁내용에 관해서는 막부의 명을 따를 뿐으로, 상세한 이유는 모른다는 서계를 보내왔다. 이에 대해 조선정부에서는 가볍게 응하는 것은 대일 교섭의 주도권을 일본에게 빼앗겨 버린다는 반대론이 나왔지만, 결국 일본측의 요구에 따르기로 결정되었다.[18]

다음에 통보된 것은 국서에서 쇼군의 호칭을 '日本國大君'에서 '日本國王'으로 변경하는 것이었는데, 그 통보 시기는 信使가 이미 漢城을 출발하여 부산에 도착했을 때였다. 이에 대해 조선측에서는 처음에는 신사가 이미 한성을 출발하고 나서 통보한 것,[19] 77년간 사용한 大君 호칭을 상호간에 양해 없이 개변하는 것은 조선을 무시하는 행위라고 해서 반대했다.[20]

그러나 조선측은 이번에도 일본 국왕으로 호칭을 변경하는 요청을 받아들였다. 그 이유는 다음의 4가지 점에서 찾을 수 있다. 즉 첫 번째는 국왕 호칭은 이전에도 사용된 적이 있는 호칭이고, 그것도 조선에서 일본에게 사용하도록 종용했다고 하는 역사적 경험이 있었다는 것, 두 번째는 대군의 호칭은 경전에서 보면 국왕 호칭보다 존칭인데도 국왕 호칭에서 대군 호칭으로 개칭했을 때, 별도로 문제시 하지 않았으므로 다시 일본이 국왕 호칭을 사용해도 상관이 없다는 것, 세 번째는 국왕 호칭의 복귀는 일본 국내에서의 '鎭服人心'을 위해서이고 만약 이것을 거절하면 일본과의 사이에 갈등이 일어날 우려가 있다는 것, 네 번째는 蠻夷와의 교린의

17) 栗田, 주5) 앞의 책, 476쪽.
18) 三宅, 주1) 앞의 책, 391~398쪽.
19) 栗田, 주5) 앞의 책, 479~480쪽
20) 三宅, 주1) 앞의 책, 401쪽.

도는 설령 자신을 얕보는 문서라고 해도 이것을 받는 것이 제왕의 도라는 것이다.[21] 이러한 이유로 조선 조정은 국서를 조급히 개작해서 부산에 대기하는 통신사에게 전달했다.

그런데 통신사가 쓰시마(對馬)에 도착하자 이번에는 쓰시마 번주가 막부의 명이라고 하면서 '階下出迎', 그리고 향응의 축소(전절의 ①⑤와 ⑥)를 통보했다. 三使는 이에 대해 연로의 건물제공, 5곳의 路宴에 대해서는 납득할 수 있지만, 階下出迎만은 전례와 다르다는 返書를 내고, 별지에 丙子(寬永 13년, 1636년), 癸未(寬永 20년, 1643년), 乙未(明曆 元年, 1655년), 壬戌(天和 2년, 1682년)의 신사들이 모두 楹外迎送했던 예를 들었다.[22]

이에 대해 당시 쓰시마 번주인 소 요시미치(宗義方)는 大門 바깥에서의 出迎이 禮이지만 지금 「階下出迎」의 요청은 막부의 신사우대에서 나온 것이다. 또 조선은 '禮義之邦'이고 일본의 國王使가 조선에서 大門 바깥에서 맞이한 것은 명백하므로 「階下出迎」을 권유하고 있다. 이후 三使는 계속해서 「階下出迎」이 전례에 없다고 반박했지만 결국 '階下出迎'을 받아들였다.[23]

그리고 사신이 에도(江戸)에 도착한 후, ①進見, 賜饗, 辭見義 ②受書儀 ③書幣 및 使者의 자리 ④賓位 ⑤獻主 ⑥內宴服 (전절의 ⑦⑧⑨⑩⑪⑫)의 사안이 제기되었다. 이에 대해 신사는 ⑤獻主에 대해서 삼사의 접대역이 고산케(御三家)에서 고케(高家)로 바뀌는 것은 모욕이며 조선국왕을 경시하는 것이라고 주장했다. 그러나 아라이는 만약 승낙하지 않으면 향응의 예를 중지하겠다는 강경한 태도를 취해서 신사는 할 수 없이 받아들였다.

21) 조선은 일본과의 교류에서 일본의 요구를 거의 대부분 받아들이고 있고, 받아들이는 이유로서 이 네 번째 이유로서 일본의 요구를 수용하는 것을 합리화하고 있다. 조선이 일본과 교류할 때의 모습은 최대한 분쟁 회피 혹은 갈등회피를 추구했다고 할 수 있다.

22) 「國書復號記事」『新井白石全集』第4, 707쪽. 이후의 논쟁은 「同書」에 의한다.

23) 栗田, 주5) 앞의 책, 502쪽.

개변내용의 전달 및 이에 대한 조선측의 반응은 대체로 위와 같았는데, 여기에서 조선조정과 사신측의 대응방식을 보면, 조선정부는 若君에 대한 빙례 중지, 조선예조에서 일본 로쥬(老中)에 대한 서·폐의 정지, 국왕 호칭 사용의 요청에 대해서 내용 자체는 별로 문제시 하지 않고, 통보방법의 非禮에 대해서 집중적으로 논의하고, 또 처음에는 반대하지만, 결국에는 일본의 개변요구를 받아들이고 있다. 이에 대해 미야케 히데토시(三宅英利)씨는 조선정부의 대응방식을 '분쟁 회피를 우선시 하고 있다'고 했는데 타당한 지적으로 생각된다. 그러나 다른 한편으로는 조선정부가 아라이의 개변안을 받아들이고 있는 것은 아라이의 개변이 동아시아의 전통적 윤리 「예」를 그 근거로 했다는 것을 간과해서는 안 된다고 생각된다. 그리고 분쟁회피를 우선시하고 있는 것, 이 차제가 조선의 전통적인 외교방식, 즉 교린정책의 소산이라는 것도 간과해서는 안 될 것이다.

3. 復號論을 둘러싸고

1) 新井白石의 복호론

아라이 하쿠세키가 시행한 조선과의 빙례개혁 중에서 그가 가장 중점을 두고 추진한 것은 「復號」의 건이라고 할 수 있다. 아라이 자신도 '복호는 가장 어려운 일'[24]이라고 서술하고 있다. 아라이가 복호에 대해서 주로 논하고 있는 것은 「朝鮮国信書の式の事」·「国書復号記事」·「殊号事略」으로 집필 년대는 「朝鮮国信書の式の事」 1710년, 「国書復号記事」가 1712년, 「殊号事略」이 1713년부터 1716년 사이이다.[25]

---

24) '復号の御事こそ､第一の難事なりつれ' 「折りたく柴の記」 『新井白石全集』第 3, 81쪽.

25) 宮崎道生, 『新井白石の研究』, 吉川弘文館, 1958, 85쪽.

그리고 아라이의 복호에 대한 사고는 위의 책의 집필 시기에 따라 조금씩 차이를 보이고 있지만, 그 중에서 중심이 되는 것은 조선통신사를 맞이하기에 앞서 쇼군에게 제출한 「朝鮮国信書の式の事」이라고 할 수 있다. 따라서 본 고에서는 이 사료를 중심으로 아라이의 복호론을 고찰하려고 한다.

아라이가 大君 호칭을 폐지하고, 국왕 호칭을 사용하려고 한 이유로서는 첫 번째로는 국왕 호칭을 사용한 선례가 있었다는 것, 두 번째로는 국왕과 천황은 별도의 호칭이라는 것, 세 번째로는 외교상에서 국왕 호칭을 사용할 필요가 있었다는 것, 네 번째로 대군 호칭은 적절한 호칭이 아니라는 것을 들 수 있다.

그리고 각각의 이유에 대해서 아라이의 저술을 근거로 좀 더 구체적으로 살펴보기로 한다.

①국왕 호칭을 사용한 전례가 있었다는 것

> '도쿠가와 가문에 이르러 조선과의 교린을 닦았는데, 처음에 조선에서 온 서식은 일본국왕으로 칭한 일은 이미 3번, 이것은 조선이 옛날부터 양국 왕래의 서식에 의한 것이다'[26)]

즉 국왕 호칭을 사용하는 것이 자신이 처음 시행하려고 하는 것이 아니라, 도쿠가와 가문이 쇼군이 되고 나서, 조선이 '일본국왕'의 서식으로서 국서가 온 것이 이미 3번이나 있다고 서술하면서 자신의 주장에 정당성을 부여하고 있다.

---

26) '当家には至りて朝鮮と隣好を修め給ひし初より彼国より来れる書式日本国王をもて称せし事既に三度、是彼国の昔より両国往来の書式によれる成るべし。' 「朝鮮国信書の式の事」 『新井白石全集』 第4, 671쪽.

②국왕 호칭과 천황은 별도의 호칭

'본조 天皇에 대해서는 다른 조정에서는 天皇이라도도 또는 天王이라고도 칭하고 쇼군(將軍)에 대해서는 國王이라고 칭하는 것은 조선의 여러 책에도 보인다. 또 元이나 明의 천자도 아국(일본) 여러 대의 將軍家에 보낸 詔勅 모두 日本國王으로 칭해지고 明의 대에는 칙을 내려서 일본국왕의 책봉을 내린 일도 2번에 미치었다.[27]

'양국의 수호를 닦는데, 처음부터 저 나라(조선)의 책에는 일본국왕으로 표시되어 있다. 이것은 가마쿠라(鎌倉) 시대부터 외국인은 아국(일본)의 천자에 대해서 일본천황이라고 하고, 무가에 대해서는 일본국왕이라고 한 예에 의한다.[28]

여기에서 국왕과 천황은 별도의 호칭이므로 국왕 호칭이 천황을 참칭하는 것이 아니다. 그 이유로서 아라이는 예를 들어 일본의 대외관계에서 '국왕'은 '천황'과는 다른 호칭으로 칭해져 왔다고 하고, 국왕과 천황을 동일시하는 당시의 사람들의 통념을 부정하고 있다.

③외교상 국왕 호칭 필요성의 제기

'국왕호칭 같은 것은 본조(일본)에서는 그렇게 귀하게 여겨야 할 것으로 보이지 않지만 다른 왕조에서는 고대나 지금이나 귀중하게 여겨지는 것이므로 다른 왕조에게 칭해져서 국왕 호칭을 사용하게 되는 것은 마땅하다고 할 수 있다'[29]

27)『同書』
28)『同書』
29)「折りたく柴の記」『新井白石全集』第3, 81쪽.

즉 국왕 호칭은 일본에서는 존경받고 있지 않지만, 외국에서는 국왕 호칭이 존경받고 있으므로 사용해야 한다고 하고 있다. 더욱이

> '대저 우리(일본)가 이것을 귀하다고 해도 저쪽이 귀하다고 여기지 않고, 저쪽이 이것을 귀하다고 해도 우리 또한 그 귀한 것을 알지 못한다. 만약 저쪽이 귀하지 않은 것을 표시해서 우리를 귀하게 여기게 한다고 하는 것은 달성될 수 없다. 반드시 저쪽으로 하여금 나를 귀하게 하는 것을 알게 하기 위해서는 저쪽에게 제시한 그 귀한 것으로서 하지 않으면 안 된다'[30)]

즉 일본이 존귀하게 여기는 칭호라고 생각해도 외국은 그렇게 생각하지 않고, 외국이 존귀하게 여기는 칭호라고 해도 일본은 그것이 존귀하다는 것을 알지 못하므로, 일본은 외국이 존귀하게 여기는 칭호를 사용하기 위해서는 상대방이 알 수 있는 칭호를 사용하지 않으면 안 된다고 하고, 외교상에 있어서 국왕 호칭 사용의 필요성을 강조하고 있다.

④大君 호칭에 대한 비판

> '대군 호칭 같은 것은 이 나라(일본)에서는 我朝 萬乘家의 尊號를 범하는 것이고, 저 나라(조선)에서는 그 왕자의 호칭을 받는 것이므로 이쪽이든 저쪽이든 그 잘못은 적다고는 할 수 없을 것이다'[31)]

1636년(寬永 13년)부터 日本國 大君으로 변경했지만, 이 대군 호칭은 일본에서는 천황의 존호를 범하는 것이 되고, 조선으로부터는 그 왕자의 칭호를 받는 것이 되므로 적절한 호칭은 아니라고 주장하고 있다.

---

30) 「朝鮮国信書の式の事」『新井白石全集』第4, 673쪽.

31) 『동서』, 671쪽.

이상이 아라이의 복호론의 논리이지만 과연 그가 국왕 호칭을 주장했던 이유는 무엇이었을까?

아라이의 국왕 호칭 사용의 의도에 대해서 미야자키 미치오(宮崎道生)씨는 아라이가 쇼군과 조선국왕과의 관계를 대등한 지위에 있는 것으로 생각해서

日本天皇	=	淸朝天子
|		|
德川將軍(日本國王)	=	朝鮮國王[32]

으로 위치를 규정하고 있다고 주장하고 있다.

그러나 아라이가 그의 저술 중에서 '京都'를 '京城'으로 비하하고 있는 것을 보면 아라이가 천황을 쇼군의 위에 놓았다고 하는 미야자키씨의 설은 성립하기 어려울 것 같다. 또 淸朝의 천자는 淸의 명실상부한 지배자이므로, 아라이가 과연 실제로 청의 천자를 이름 뿐인 일본의 천황과 동일시했는가도 의문이다. 필자는 오히려 아라이의 의도는 이러한 천황-쇼군이라고 하는 상하관계라는 전제 없이 쇼군 자체를 일본의 명실상부한 최고통치자로서 부각시키려고 한 것은 아닐까 생각한다. 이 때 문제가 되는 것은 최고 통치자의 구성요소, 즉 권력과 권위인데, 일본의 쇼군의 경우는 권력은 이미 소유하고 있으므로 실제로 요구되는 것은 권위였을 것이다. 이것은 천황과의 관계라고 하는 아주 미묘한 문제에 속하지만, 아라이가 개변의 내용 중에서 조정과 막부를 엄격하게 구별하고 있고, 더구나 조정을 막부보다 낮추어 보려는 사고를 가졌다는 점은 적어도 막부와 쇼군의 지위가 조정과 천황의 지위보다 아래로 인식하고 있지 않았다는 것을 보여 주는 것은 아닐까 생각된다. 그리고 쇼군에 일본국왕(물론 이것은 외교

32) 宮崎道生, 「日本国王号の復行」『新井白石の研究』, 吉川弘文館, 1958, 92쪽.

문서상의 칭호이지만)의 칭호를 부여하는 것에 의해, 일본의 실질적 최고 권력자에게 외교상의 일본의 최고 대표자라고 하는 권위를 부여하려고 했다고 할 수 있다. 이토 다사부로(伊東多三朗)씨가 이 문제와 관련해서 '아라이는 쇼군의 지배자적 성격을 패권보다 왕권으로 추진하는 것에 의해, 명실상부하게 전국에 군림하는 王者로 되게 한 것이다'[33]라고 한 것은 계승해야 할 시각으로 생각된다.

2) 雨森芳洲의 반론

아라이의 복호의 건에 대해서 누구보다도 예리하게 비판한 사람은, 그와 함께 기노시타 쥰안(木下順庵)의 문하에서 공부하고, 당시 쓰시마한(対馬藩)의 儒官으로서 대조선외교의 실무를 담당하고 있었던 아메노모리 호슈(雨森芳洲)였다. 아라이의 복호론에 대한 아메노모리의 반론은 『橘窻文集』 권2에 수록되어 있는 「論國王使與某人書」[34](아라이에게 보낸 서간)에 잘 정리되어 있다. 아메노모리는 주자학의 논리로서 아라이를 비판했지만, 조선과의 교류가 없으면 생존할 수 없는 쓰시마한의 유관이었다는 점에서 아메노모리의 심리의 내면에는 행여 지금까지의 의례에 변화가 생겨서 조선과의 교류에 지장이 생기면 안 된다는 생각이 들어있었을 것으로 추정된다. 쓰시마한은 중세 이래 조선과의 교류에서 가능한 한 전례대로 시행하여 분쟁회피를 우선시하여 어떻게든 조선과의 교류를 유지하려는데 주안점을 두고 있었고, 이런 상황에서 아라이가 대조선 외교 방식을 개변한다는 것은 쓰시마한에게는 달갑지 않은 일이었고, 아메노모리는 쓰시마한을 대표해서 아라이의 빙례개변을 저지하려고 했다고 할 수 있다. 즉 아메노모리는 주자학자로서 주자학의 입장에서 아라이를 비판하고, 또

33) 伊東多三朗, 「殊号問題と将軍の権威」 『日本歴史』 第67号.

34) 『芳洲文集』 雨森芳洲全書 二, 關西大學東西學術研究所, 1980, 39~44쪽.

쓰시마한의 유관으로서 조일교규가 원활하게 진행되기를 바라는 입장에서 아라이를 비판했다고 할 수 있다.

아메노모리는 우선 아라이의 개변이 禮를 바르게 하고, 물자를 절약하여 人民의 고통을 줄였다고 칭찬하고 있다. 그러나 칭왕의 일에 대해서는 아라이가 주장한 것에 대해서 '내가 들으니 한편으로는 놀라고 한편으로는 비통하다. 집사(아라이)의 학문과 견식이 평소에 春秋之義에 밝았는데 어쩌다가 이 지역에 이르렀는가 … 잘못을 고치는데 거리낌이 없기를 집사에게 바란다'[35]라고 하고 다음과 같이 아라이의 복호론에 대해서 구체적으로 비판하고 있다.

첫 번째로 국왕 호칭을 사용한 전례가 있었다는 아라이의 주장에 대해서 아메노모리는 '세상에서 병권을 장악한 자는 명목상으로는 대신이지만 실제로는 國主이다. 爵祿의 廢置는 모두 그 손에서 나온다'. 그러나 '감히 공공연히 스스로 왕이라고 칭하지 않았다'고 반론하였다.

두 번째로 국왕 호칭은 천황과는 별개의 호칭이므로 국왕 호칭이 천황에 대한 僭稱은 아니라고 하는 아라이의 주장에 대해서 아메노모리는

> '혹은 일본국 무사시(武蔵)왕이라고 칭하고, 혹 일본국 관토(關東)왕이라고 칭하는데, 이것은 의문 없이 그것이 아국(일본)의 제후왕 이라는 것을 알 수 있다. 만약 오로지 국호를 왕자의 위에 더한다면 국내 無上의 존칭이 되니, 어찌 이치에 밝다고 하겠는가? 설혹 이와 같이 아국의 제후왕으로 생각할 수 있다고 하더라도 저 조선국왕은 장차 아국의 제후왕으로 생각할 것인가? 아 이것이 가능하겠는가?'

즉 '일본'이라는 글자 뒤에 지명을 붙인다면 일본의 제후왕이라고 하는 의미이지만, '왕'이라는 글자 앞에 '일본'이라는 국호를 붙인다면 일본에

---

35) 同書』 40쪽. 이후의 사료는 언급이 없으면 모두 주31) 앞의 책 참조.

서 최고의 존칭이 되므로 천황에 대한 불경이 된다고 반발하고 있다.

세 번째로 외교상 국황 호칭의 필요성을 제기한 것에 대해서 아메노모리는

> '대저 전에 日本國姓某라고 했을 때 저 나라(조선)에서는 예로써 받아들이고 아직 일찍이 그 때문에 조금도 덜한 것이 없었다. 오늘 日本國王이라고 칭해도 저 나라는 예로써 받아들이고 역시 그 때문에 조금도 더하지 않을 것이다'

즉 '日本國姓某'이든 '日本國王'이든 어쨌든 조선의 일본에 대한 대우는 변하지 않을 것이라고 서술하였다.

네 번째로 대군 호칭은 일본국내에서는 천황의 尊號를 범하게 되고, 조선에 대해서는 그 나라의 왕자의 호칭을 받게 되므로 적절한 호칭이 아니라는 것에 대해서 아메노모리는

> '대저 대군의 칭은 易經에서는 진실로 지존의 칭호가 된다. 그러나 古今에 칭을 달리하고 때마다 轉移한다. 혹은 嫡王子를 대군이라 하고, 혹은 侯伯을 대군이라 하고, 혹은 다른 사람의 父를 대군이라 하는 것이 傳記에 보이므로 歷歷히 살펴볼 수 있으며 황제와 천자와는 같지 않다. 王號에 이르러서는 고금이 일정하여 바꿀 수 없는 것이다. 대저 그런즉 아국(일본)의 대군의 칭은 대군은 곧 家君이고, 말하자면 諸侯의 長과 같다'.

즉 대군 호칭은 역경에서는 지존의 칭호이지만 후대에는 정실이 출생한 왕자, 후백을 대군이라고 부르고, 나아가서는 다른 사람의 아버지를 대군이라고 부르는 경우도 있었다. 그리고 일본에서는 제후의 장이라는 의미라고 할 수 있다. 그러므로 천황에 대한 참칭이 아니다. 반면 국왕 호칭은 최고지배자라고 하는 일정한 의미를 포함하고 있는 호칭이고, 그 의미가 대군과는 달리 바뀌지 않으므로 국왕 호칭을 사용해서는 안 된다고 비

판하고 있다.

그리고 대군은 조선의 정실출생의 왕자의 호칭이므로 대군 호칭을 사용하는 것은 조선의 臣子라는 僞號를 받게 된다는 아라이의 주장에 대해서 '조선의 서간에 朝鮮國王李某奉書 日本國大君殿下라고 하고, 奉書라고 하고 殿下라고 하고, 王諱를 쓰는 것은 명백히 적절한 예이고, 결코 외국의 臣子에게 사용하는 답서가 아니라 명확히 일본국왕이라는 心算이므로 취욕의 호칭이 아니다'[36]고 서술하고 또 '대군은 경전에서는 천자의 稱이고, 조선에서는 정실 소생의 왕자의 稱이므로 조선국왕은 전자에서는 1등 아래이고, 후자에서는 1등 위이므로 모두 嫡禮의 교류는 아니지만, 조선에서는 흉노의 單于, 돌궐의 可汗처럼 일본에서는 국왕을 대군이라고 부른다고 생각하는 것이다. 대체 외국의 敬不敬은 書面에서 봐야 할 것인데 근거없는 推察로 일본의 취욕이라는 설을 세울 수 있다고는 생각하지 않는다'[37]고 비판하고 있다.

그런데 이러한 구체적 비판 외에도 아메노모리는 국왕 호칭 사용에 대해서 심한 위기감을 느끼고 국왕호가 결정되는 것은 왕실쇠퇴의 징조로 간주하고 있다.

> '이번에 국왕 호칭이 정해지면 무가의 영원한 정식이 될 것이다. 이렇게 되어서는 요리토모(頼朝)때에 여러 지방에 지토(地頭)직을 겸한 것이 왕실 쇠퇴의 제1변이고, 將軍家의 때 稱號는 日本國源某라고 해도 書辭를 日本國王의 格으로 인정한 것이 왕실 쇠퇴의 제2변이고, 이번에 전에 없는 예를 시작하여 일본국왕으로 조선에 보내는 답서에 적게 되는 것이 왕실 쇠퇴의 제3변이라고 생각한다'.

---

36) 栗田元次씨에 의하면 원래 아메노모리의 편지에는 한문 뒤에 일본어문이 있다고 한다. 그러나 주31) 앞의 책에는 일본어문이 따로 없고 한문으로만 되어 있다.
37) 『同書』 472쪽.

왜 아메노모리는 국왕 호칭 사용에 대해서 그것이 왕실 쇠퇴의 제3변이라고 할 만큼 심한 위기감을 느끼고 있는가? 그것은 우선 조선과의 무역으로 생계를 유지하고 있었던 쓰시마한에서 직접 대조선관계를 담당하고 있었던 그의 위치를 생각해 볼 수 있다. 즉 만약 이러한 국서문제 때문에 조선과의 관계가 악화한다면, 쓰시마한의 재정에 타격을 줄 지도 모른다고 하는 우려가 아메노모리의 마음 속에 있었다고 볼 수 있다. 단 그가 조선과의 관계만을 염두에 두었다면 복호의 내용 그것보다 오히려 통보방법에 더 신경을 썼을 것이다.

그가 국왕호 사용을 왕실 쇠퇴의 제3변이라고 까지 말한 것은 그가 서술한 대로 표면적인 사고방식을 인정해야 할 것이다. 즉 아라이의 개변이 천황을 무시하고, 쇼군을 일본의 국왕의 지위(명실상부한 통치자의 지위)까지 끌어 올리려고 하는 것으로 파악할 수 있고, 이에 대해서 주자학자인 아메노모리는 위기의식을 느껴 그러한 주장을 전개했다고 생각된다.

4. 國諱問題

아라이의 개변 중의 하나로 국휘문제를 들 수 있다. 조선사절의 대우문제, 복호문제와 함께 1711년 통신사 때의 주요내용의 하나를 이루고 있는 부분이다. 따라서 국휘문제에 대한 고찰은 아라이 하쿠세키의 1711년의 대조선 빙례개변의 의도를 파악하는 하나의 단서가 될 수 있을 것이다. 국휘문제는 대조선 빙례개변과 함께 아라이에게는 일련의 대조선정책의 내용이므로, 아라이의 의도를 파악한다는 면에서 보면 양자를 각각 분리해서 생각할 필요는 없을 것이다.

그런데 종래의 연구에서는 대체로 국휘논쟁에 관한 사실적 경위만이 주로 서술되고,[38] 이 사건의 발생원인, 즉 지금까지 문제시 되지 않았던

38) 三宅英利, 주1) 앞의 책.

쇼군의 이름에 대한 諱法을 아라이가 왜 이 시점에서 중대한 외교문제로서 부각시켰는가에 대해서는 그다지 구체적으로 서술되어 있지 않은 것 같다. 이 문제는 결국 국휘문제를 제기한 아라이의 의도가 도대체 무엇인가라는 것으로 귀결될 것이다. 본 장에서는 이러한 연구사의 결여된 부분을 보충하는 의미도 포함하여, 국휘문제에 대한 아라이의 목적 또는 그 의도를 대조선 빙례개변에 대한 그의 의도와의 관계에 유의하면서 고찰하려고 한다.

우선 이 사건의 경위를 살펴보면, 국휘문제의 발단은 1711년(正德1년) 11월 11일의 辭見儀式에서 조선사신에게 건네졌다. 다음의 국서였다.

> 日本國王源家宣, 奉復朝鮮國王殿下, 王燭時和, 應二儀之交泰, 寶隣世睦, 講百年之欣孑懼, 禮幣既豊 書辭且縟, 其於感懌罔罄敷陳, 有水謝儀, 附諸歸使願符善禱, 永介純釐, 不備[39]

이 국서에 대해서 信使들은 국서의 내용 중에 현 조선국왕의 7대조인 中宗의 諱인 '懌'자가 있는 것, 또 전에는 外封에 '謹封, 奉復朝鮮國王殿下, 日本國源某'라는 식으로 쓰고, 또 御印이 있었는데, 이번의 국서에는 '日本國王某'라고 기재하고, 御印이 없는 것은 전례와 다르다는 것 등을 이유로 개정을 요구했다. 그러나 아라이는 그것을 받아들이려고 하지 않았다. 아메노모리에게 전해진 회답에는 조선측의 국서에도 3대 쇼군 이에미쓰(家光)의 '光'자를 범하고(쓰고) 있다는 것, 그리고 外封의 형식은 일본의 國俗이고 상례라고 지적하면서, 2개의 해결책을 제시하고 있다. 즉 지금의 일본의 국서를 반납하고, 또 가지고 온 조선측의 국서도 갖고 돌아가고 그 후 양국 모두 諱를 피한 국서를 다시 쓰시마에서 교환하는 것, 또는 지금 일본의 국서를 갖고 돌아가서 조선국왕에게서 이의가 없다면 상관없지만

39) 『通航一覽』第3, 卷98, 朝鮮國部74, 145쪽.

만약 있다면 개정한 조선의 국서와 일본의 국서를 서로 쓰시마에서 교환하는 것이었다.

조선의 三使는 13일 쓰시마 번주에게 서를 보내[40] 漢·唐 이래 諱는 엄중하게 실시되고 있고, 조선의 경우는 태조 이래 원근의 구별 없이 시행되어 왔다. 그런데 일본처럼 '二名(2글자의 이름)'의 경우는 偏諱하지 않는 것, 또 外封은 전례처럼 해야 한다는 것 등을 반복해서 주장했지만, 아라이측도 이 서장에 대해서 『禮記』에서는 諱를 피하는 것은 五世까지 이고, 六世가 넘어서면 지키지 않아도 된다는 것이 통례라는 것, 中宗은 도쿠가와 막부 이전의 국왕이고, 더구나 七代祖라는 것, 그리고 조선도 현 쇼군의 조부의 諱를 범하고 있으므로 조선은 자국의 諱法만을 주장하면서 일본의 諱法을 무시하고 있는 것, 따라서 일본에 改書를 요구하기 전에 조선이 먼저 국서를 고쳐서 보내야 한다고 서술하고 타협안으로서 쓰시마에서 국서 재교환을 다시 제안하였다.[41]

그 후 조선의 三使들은 국서의 개정이 없는 한, 귀국할 수 없다고 하면서 강경한 태도를 취했지만, 결국 아라이의 제안에 동의하였다.

한편, 삼사의 보고(馳啓)를 받은 조선정부가 이 문제를 의론한 것은 1711년 3월 30일 이었다. 여기에서 다수의 의견은 三使들의 의견과 마찬가지로 일본측의 돌연한 개변에 이의를 제기하는 것이었지만, 정부의 최종결정안이 사신의 무사귀국과 양국 간의 분쟁방지를 위해, 결국 '光'자를 '克'자로 바꿔 쓰고, 쓰시마에서 상호교환 한다는 것으로 되었으므로, 여기에서 일단 국휘문제는 일단락되었다.

이상 국휘문제를 둘러싼 아라이와 조선 삼사들과의 논쟁, 그리고 조선정부의 대응을 간략하게나마 서술해 보았지만, 주의해야 할 것은 이 문제제기가 일본측의 일관된 주장이 아니었다는 것이다. 그것은 일본자체에서

40) 「國書復號記事」『新井白石全集』第4, 714쪽.

41) 『同書』 714~715쪽.

도 반대의 소리가 많았다는 것에서 입증된다. 예를 들면 아메노모리 호슈나 당시 로쥬(老中)인 쓰치야 사가미노 카미 마사나오(土屋相模守政直)가 삼사의 의견이 타당하다고 한 것은 그 대표적인 예일 것이다. 특히 로쥬인 마사나오는 일본측 답서의 즉각 개정을 쇼군에게 제안하고 쇼군도 그 의견에 일시 동의하였다.[42)]

그러나 그러한 반대의견을 일소하고, 국휘문제를 강행한 것은 아라이 하쿠세키였다. 즉 막부내의 국휘문제의 제기 및 그 추진자는 아라이뿐이었다. 이처럼 막부내에서도 반대의견이 존재할 수 있었던 이유는 아라이가 제기한 국휘가 당시 일본에서 일반적인 관행이 아니었다는 것에 있다고도 생각되어 지지만, 그렇다면 이처럼 일본내에서도 그다지 문제시 되지 않았던 국휘문제를 돌연 조선측에 제기한 아라이의 진정한 목적은 무엇인가를 생각하지 않으면 안 될 것이다.

이것은 간접적으로는 아라이의 대조선관과도 밀접한 관계가 있을 지도 모르지만, 보다 적접적으로는 아라이의 주된 관심(또는 의도)는 國諱論 그것에 있었던 것이 아니라, 그것을 제기하고, 또 조선측에 관철시키는 것에 의해 얻을 수 있는 외교적 성과에 있었던 것이 아닐까 하고 생각된다. 그 외교적 성과라는 것은 말할 것도 없이 일본의 쇼군이 국휘문제를 통해서 조선의 국왕과 동격의 지위를 얻을 수 있다는 것일 것이다. 국휘자체의 문제에 대해서는 일본내의 諱法에 관한 사정을 누구보다 잘 알고 있을 터인 아라이이므로, 그가 국휘론을 고집한 이유가 국휘론 자체의 중요성·현실성을 인식해서 국휘를 주장했다고는 생각하기 어렵다. 그렇다면 아라이

---

42) 諱를 하기 위해서는 여러 가지 전제조건이 필요하다. 諱를 하는 대상(조선의 경우에는 국왕)의 이름은 외자라야 하는 것. 그리고 그 이름에 사용한 글자는 일상생활에서는 잘 사용되지 않는 글자여야 諱法이 원활히 적용될 수 있다. 조선의 경우는 이러한 전제조건을 맞추고 있지만, 일본은 전혀 諱라는 것을 사용하지 않았고, 오히려 쇼군의 이름에 있는 글자를 후대의 쇼군이 사용하고 있었다. 이런 상황에서 諱 문제를 제기한 것은 아라이의 억지 주장이라고 할 수 있다. 조선은 이 문제에 대해서도 여전히 분쟁회피라는 자세로 대응하고 있다.

가 국휘를 강하게 주장한 것은 국휘 그 자체가 문제가 아니라(아마 국휘는 표면적인 명분에 불과할 것이다), 그러한 문제제기 자체 및 그 결과가 초래한 정치적·외교적 효과에 더 큰 정치적 관심 및 의도가 있었다고 생각할 수 있을 것이다.

이처럼 국휘문제에서 아라이의 진정한 의도가 쇼군을 조선국왕과 동격화시키는데 있었다고 한다면 이것은 正德信使改變의 아라이의 의도와 완전히 일치한다고 할 수 있을 것이다. 正德信使改變의 의도는 이미 2장에서 서술하였지만, 그러한 의미에서 국휘문제의 제기도 실은 아라이의 소위 '명실상부한 장군의 일본국왕화작업'의 하나라고 볼 수 있을 것이다.

5. 新井白石의 조선관 - 결론에 대신해서

여기까지 正德信使改變의 내용 및 이에 대한 조선측의 대응을 서술하고, 復號論·國諱論 등의 문제를 단서로 해서 아라이의 개변의 의도를 대략이나마 서술해 보았다.

그런데 한편으로는 正德信使改變이라고 하는 문제는 막부 내에서 여러 명의 반대에도 불구하고, 그것을 추진한 아라이의 개인적인 조선관과도 궁극적으로는 관련되는 문제라고 생각된다. 그래서 최후에 이 문제에 대해서 서술하려고 한다.

우선 아라이의 조선인식 경로는 대략 4개로 생각할 수 있다.[43] 첫 번째는 아라이는 중국의 사서를 읽고 있었으므로 그것을 통한(조선에 관한) 지식을 토대로 대조선관을 형성해 간 것, 두 번째로 그는 유학자이므로 李退溪 이하 조선유학자의 저서를 읽고 조선관을 형성해 간 것, 세 번째로 막정에 참여했으므로 일본의 대조선 관계 서적과 조선측의 서적을 통해서 조선에 관한 제 정보·지식 등을 습득한 것, 네 번째로 조일외교사무의

43) 宮崎道生, 『新井白石の洋学と海外知識』, 吉川弘文館, 1973, 308쪽.

실질적 담당자인 쓰시마 번의 요인(예를 들면 아메노모리 호슈, 마쓰우라 가쇼(松浦霞沼) 등)으로부터 직접 듣거나 또 쓰시마 번으로부터 자료의 제공을 받은 것 이라고 할 수 있을 것이다. 이러한 경로들은 각각 아라이의 조선관 형성에 중요한 계기가 되었을 것이다.

그러면 이렇게 형성된 아라이의 조선인식은 어떤 것이었을까? 아라이가 생각하고 있었던 조선의 대일본인식은 첫 번째로 공포, 두 번째로 불신, 세 번째는 일본에 대한 복수심, 네 번째는 오만과 경멸, 다섯 번째는 淸 견제를 위해 일본을 이용하는 것, 등으로 대체로 정리할 수 있지만, 이것은 어디까지나 아라이의 생각이라는 점에서 거꾸로 그의 대조선관을 엿볼 수 있을 것이다.

첫 번째 공포에 대해서 아라이가 제시한 근거는 조선이 淸의 침략을 받았을 때, 일본의 원조를 거절했다는 것은 일본의 재침략에 대한 공포의 발로라는 것, 두 번째 불신은 조선은 明의 원조를 받았는데도 明이 멸망할 때 구원군을 보내지 않았다는 것, 또 임진왜란이 끝날 무렵 이에야스가 군대를 퇴각시키고 화평을 맺으려고 했는데도 조선은 일본에 정탐사를 파견한 것 등이 근거이지만 조선이 일본을 불신하는 것과 마찬가지로 아라이도 조선을 불신의 나라로 간주하고 있는 것을 알 수 있다. 세 번째로 조선이 일본에 갖는 '복수'라는 감정에 대한 아라이의 생각은 임진왜란 이후 조선은 일본에 대해서 복수심을 품었지만, 무력으로는 도저히 복수할 수 없으므로 '文事'로서 복수하려고 한다는 것이다. 네 번째로 오만은 조선은 명 멸망 이후 중국의 제도를 연구하고 있는 나라는 조선뿐이라는 인식을 갖고 있고, 일본에 대해서는 경멸감을 갖고 있다고 아라이는 생각하고 있다. 아라이가 「朝鮮聘使後議」에서 '東照宮(도쿠가와 이에야스)을 비롯해서 역대의 장군을 모두 倭酋로서 칭했다'고 서술한 것처럼 조선이 일본인을 倭奴, 이에야스를 왜추로 표기한 것에 분개하고, 我國(일본)은 국왕으로 호칭하고, 조선은 倭酋라고 칭하는 것이 어찌 예이며, 어찌 신이라고 할 수 있는 가? 라고 서술하고 있다. 다섯 번째 청 견제를 위해 일본을 이용한다는 것은 아라이는 조선이 청의 속국이 되지 않는 것은 그 배후에 일본이 존재하기 때문이다라고 생각하고 있었다.

위와 같이 아라이가 생각하고 있었던 조선의 대일본관은 어느 면에서는 아라이의 대조선관의 반영이라고 해야 할 것도 있고, 그가 생각하는 조선의 일본관이 비우호적인 것은 역으로 아라이의 조선관 자체가 우호적이지 않다는 것의 반영일 것이다.

그의 이러한 조선관이 언제 형성되었는 가는 알 수 없지만 아라이의 조선관에 대한 서술은 모두 幕政 참여 이후의 서술이라는 것에 주의할 필요가 있을 것이다. 또 아라이의 개인적인 조선관이 설령 비우호적인 것이라고 해도 그가 추진한 개변의 본질적 내용은 양국대등과 우호를 전제로 했다는 것도 유의하지 않으면 안 될 것이다. 이러한 의미에서는 개변의 내용은 아라이의 조선관이 직접적으로 반영되지는 않았다고 할 수 있다. 즉 그는 조선에 대해서 비우호적인 관념을 갖고 있었지만 조일관계 전체에 대해서는 표면적으로는 대등과 우호를 목적으로 개변을 추진했다고 할 수 있다.

19세기 중엽 막부의 '해군' 교육 도입 논의와 인식
-나가사키'해군'전습*을 중심으로-

김 연 옥

1. 머리말

1853년 페리(Perry) 내항 충격으로 시작되는 1855년을 전후한 안세이 시기(安政年間, 1854~1859)는 '쇄국'의 틀을 깨고 개국으로 변모를 시도하는 막부의 외교·군사상 중요한 전환점이었다. 정책 전환의 구체적인 내용은 諸藩의 세력 확장을 규제하는 차원에서 大船제조를 금지해 왔던 것을 폐지했고, 포술법도 서양식으로 전면 개편하는 것이었다. 이에 맞춰 서양 군사 기술 서적의 보급과 통·번역 인재 양성을 위해 講武所(육군식 훈련기관)·蕃書調所(서양서적 번역, 통역가 양성)·나가사키(長崎) '해군'전습소·군함조련소(江戸 築地 설립, 일본인에 의한 '해군' 교육) 등의 교육기관을 집중적으로 설립하였다.

그 중 나가사키 '해군' 전습은 1855년 11월부터 1859년 2월까지 약 3년 반 동안 네덜란드 교관을 나가사키에 초빙하여 막부 관료 및 제번의 藩士 200명 이상[1)]을 대상으로 서양식 해군의 필수과목은 물론 육군

---

* 일반적으로 고유명사처럼 사용되고 있지만, 본고에서는 당시 사료상의 용어가 아닌 점과 근대식 해군사관학교 교육에만 특화된 교육기관은 아니었다는 점을 감안하여 이 기관에 대한 성격 재고를 뜻하는 의미로 따옴표를 붙여 표기함. 단, 선행연구에서 이미 정착된 용어라는 점에서 다른 용어로 대체하기보다 따옴표 처리로 사용함.

1) 『海軍歷史』에 기록되어 있는 참가번과 그 인원수는 다음과 같다. 従者를 제외한

식 보병·포병·기병 훈련과 의학, 물리학, 화학 등에 이르기까지 광범위한 분야를 서양식의 교수법으로 교육한 최초의 사례이며, 메이지 유신의 주역이 되는 유명한 인재들의 서양학에 대한 배움의 터전이기도 했다. 전습 기간은 크게 두 시기로 나뉘어진다. 제1차 전습은 1855년 11월에서 1857년 8월까지 이루어졌으며, 네덜란드 교관 펠스 라이켄(Pels Rycken) 휘하 22명이 초빙되었다. 제2차 전습은 1857년(安政4) 9월에서 1859년(安政6) 2월까지 실시되었고, 교관 캇텐디케(Kattendyke)휘하 37명이 초빙되었다.

나가사키 '해군' 전습과 관련된 선행연구를 분야별로 살펴보자. 먼저 군사사 분야에서는[2] 근대해군의 효시라는 관점에서 오래전부터 주목받아 왔다. 특히 후지이 데쓰히로(藤井哲博) 씨에 의해 일정부분 전습의 전체상이 제시되었다. 그러나 후지이 씨의 연구는 후대 편찬 사료와 메이지 시기 이후의 근대 해군의 틀에 대입하여 당시의 교육 실태를 설명함으로써 많은 부분 재검토의 소지를 내포하고 있다. 일례로 '나가사키해군전습소(長崎海軍傳習所)'라는 표현은 후지이 씨 연구서의 제목이기도 한데, 당시 사료상의 용어가 아님에도 불구하고[3] 중고등학교 교과서 및 최근 연구서에서도 근대식의 학교 고유 명칭처럼 통용되어 왔고, '해군혁

정식 막부 전습생은 제1기생이 37명, 제2기생이 12명, 제3기생이 26명으로 75명이다. 각 藩 참가자는 佐賀藩 47名, 福岡藩28名, 熊本藩5名, 薩摩藩16名, 長州藩15名, 津藩12名, 掛川藩1名, 福山藩4名으로 128명이다. 실제 참가인원과 지역, 학습분야는『海軍歷史』기록과는 크게 다른데, 이에 대한 논증은 別稿를 준비중이다.

2) 文倉平次郎,『幕末軍艦咸臨丸』, 雄松堂書店, 1938年 ; 水田信利,『黎明期の我が海軍と和蘭』, 雄風館書房, 1940年 ; 奥山英男,「幕末の軍事改革について」『法政史学』19號, 1967年 ; 篠原宏,『海軍創設史』, リブロポート, 1986年 ; 藤井哲博,『長崎海軍傳習所』, 中公新書, 1991年 ; 安達裕之,「安政元年の海軍傳習」『佐賀県立佐賀城本丸歴史館研究紀要』第2號, 2007年 ; 金沢裕之,「咸臨丸米国派遣の軍事史的意義」, 慶應義塾福沢研究センター『近代日本研究』第26號, 2009年 등.

3) 참고로 당시 사료에는 "軍艦蒸気船類運用調練" 혹은 "蒸気船運用其外傳習" 등으로 기술되어 있다.

명'의 시발점으로 평가[4]하는 것은 후지이 씨의 관점이 답습되어 온 사례일 것이다.

둘째 지역사 및 洋學史[5] 분야에서는 전습에 참가한 지역 출신자들의 활동에 주목한 연구가 많다. 새로운 지역 사료의 활용이라는 장점이 있지만, 전습의 실시 주체인 막부측 의도나 방침은 누락된 채, 번 내의 상황과의 관련성에만 초점이 맞춰져 각 번의 참가자도 막부 전습생과 동일한 정식 참가자로 간주하고 있다. 그러나 수업의 실태를 살펴보면 선행연구의 전제와는 상당히 다르다. 구체적인 실증은 별도의 논의가 필요하지만, 한마디로 요약하자면, 막부생과 제번생은 다른 과정으로 교습을 받았고, 제번 전습생의 상당수는 네덜란드인에게 직접 배울 수 없어 나가사키 현지에서 通詞(통역관) 또는 지야쿠닌(長崎地役人)에게 개인지도를 받는 비정규생이 많았다.

셋째 정치사의 연구 동향을 살펴보자. 아베 마사히로(阿部正弘) 집권기의 외교 정책에 대해서는 상반된 평가가 존재한다. 페리의 군사적 위압에 굴복한 '無爲無策'적 대응으로 평가하는 견해가 있는 반면[6] 한정된 선택지 속에서 높은 외교적 능력을 구사한 막부의 주체적 대응을 중시하는 견해

---

4) 神谷大介, 『幕末期軍事技術の基盤形成』, 岩田書院, 2013年 ; 박영준 『해군의 탄생과 근대일본』 (그물, 2014년) 등. 특히 박영준 씨는 막부와 제번의 연합함대를 구상했으며, 해군혁명의 시발점으로 높게 평가했다. 하지만 당시 막부 내 논의사료에는 제번의 참여를 제한하려는 논의가 활발했다는 점에서 재검토되어야 할 논증이라고 할 것이다.

5) 小川亜弥子, 『幕末期長州藩洋学史の研究』, 思文閣出版, 1998年 ; 坂本保富, 『幕末洋学教育史研究』, 高知市民圖書館, 2004年 ; 羽場俊秀, 「長崎海軍傳習所と佐賀藩」 『近代西洋文明との出会い』所收, 思文閣出版, 1989年 등.

6) 井野邊茂雄, 『新訂維新前史の研究』, 中文館書店, 1942年 ; 田保橋潔, 『増訂近代日本外国関係史』, 力江書院, 1943年 ; 石井孝, 『日本開国史』, 吉川弘文館, 1972年 ; 遠山茂樹, 『明治維新』, 岩波書店, 1972年改版 ; 小西四郎, 『日本の歴史(9) 開国と攘夷』, 中央公論社, 1966年 ; 芝原拓自, 『日本の歴史(23) 開国』, 小学館, 1975年 ; 宮地正人, 『幕末維新期の社会的政治史的研究』, 岩波書店, 1999年 등

가 있는데, 최근 연구에서는 후자가 통설화되고 있다.[7] 특히 후자의 흐름을 계승하여 유능한 막부 관리(有能幕吏)에 주목하는 논고나 아베의 정치력을 높게 평가하는 연구도 나오고 있다.[8] 한편 군사 정책에 대해서도 상반된 평가가 존재한다. 아베 마사히로 집권기 개혁 자세를 그 이전 시기인 미즈노 다다쿠니(水野忠邦) 집권기에 비해 낮게 평가하거나,[9] 분큐(文久年間:1861~1864) 개혁에 비해 안세이(安政年間:1854~1859) 군사개혁은 한정적 개국에 따른 응급적 조치로 보는 견해[10]가 있다. 한편 강무소·번서조소·나가사키'해군'전습·군함조련소 등 일련의 기관을 설립하여 서양식 군제개혁의 거점으로 삼고자 했던 노력과 성과를 높게 평가하는 견해도 있다.[11] 그러나 이들 논고의 대부분은 막부 내 논의에 대한 분석은 결여된 채 결과론적으로 평가하는 경향이 강하다.

이와 같이 다양한 분야에 걸쳐 많은 연구 축적이 있지만, 당시 이례적인 사례였던 '해군' 전습의 시행을 둘러싼 막부 내부의 논의는 어떠했고, 주요 인사들의 생각과 방침은 무엇이었는지에 대해 논증한 연구는 거의 전무한 실정이다. '서양의 충격'에 대응하기 위한 다이묘 계급을 포함한

7) 羽賀祥二, 「和親条約期の幕府外交について」『歴史学研究』482號, 1980年 ; 加藤祐三, 『黒船前後の世界』, 岩波書店, 1985年 ; 三谷博, 『明治維新とナショナリズム』, 山川出版社, 1997年 ; 同, 『ペリー来航』, 吉川弘文館, 2003年 ; 青山忠正, 「和親·通商·攘夷」『明治維新と国家形成』所収, 吉川弘文館, 2000年 ; 井上勝生, 『日本の歴史(18) 開国と幕末変革』, 講談社, 2002年 ; 麓慎一, 「日米和親条約締結期における幕府の対外方針について」『歴史学研究』818號, 2006年 등.

8) 上白石実, 『幕末期対外関係の研究』, 吉川弘文館, 2011年 ; 後藤敦史, 「海防掛目付方の開国論の形成過程」『日本史研究』576號, 2010年 ; 同, 「開国期の幕府外交と海防掛」『ヒストリア』233號, 2010年 ; 田中弘之, 「阿部正弘の海防政策と国防」『日本歴史』685號, 2005年 등.

9) 佐藤昌介, 『洋学史の研究』, 中央公論社, 1980年.

10) 三谷博, 『明治維新とナショナリズム』, 山川出版社, 1997年.

11) 熊澤徹, 「幕府軍制改革の展開と挫折」『日本近現代史(1) 維新改革と近代日本』所收, 岩波書店, 1993年 ; 守屋嘉美, 「阿部政権論」『講座日本近世史(7) 開国』所收, 有斐閣, 1985年 ; 倉沢剛, 『幕末教育史の研究(2)』, 吉川弘文館, 1984年 등.

'衆議'를 반영한 새로운 정치적 경향 및 최종적인 판단 주체인 쇼군(将軍)의 '英斷'에 대해서는 주목도가 높은 반면[12] '중의'와 '영단'의 사이에서 정책 심의를 담당하는 핵심 주체인 막부 내 관료들의 의견 분석은 거의 이루어지지 않았다. 그 요인은 간행 사료의 부족과 안세이(安政) 시기 연구 초점이 막부의 외교적 대응 문제에 주로 편중되어 있기 때문일 것이다.

이러한 문제의식을 토대로 본고에서는 19세기 중엽의 해방(海防) 정책의 핵심 사업이었던 나가사키 '해군' 전습을 소재로 막부 내 주요 인사들의 해방 인식을 검토하고자 한다. 구체적으로는 주요 인사들의 '해군' 교육에 대한 입장차이, 정세 변화에 대한 인식 차이를 살피고, 주요 사안에 드러나는 견해 차이도 고찰하고자 한다. 이에 대한 검토는 근세에서 근대로의 開幕을 막부 내부에서는 어떻게 인식했고 준비했는지를 연계적으로 밝히는 초석이 될 것이다.

이 논증을 위해 사용할 주된 사료는 간행자료로는 『幕末外国関係文書』, 『海軍歴史』, 핵심 간부들의 서한[書信·書翰]을 활용할 것이다. 또한 미간행자료로는 해방괘(海防掛) 메쓰케가타(目付方:大目付·目付) 의견서인 「乙骨耐軒文書」, 해방괘 간죠가타(勘定方:勘定奉行·勘定吟味役) 의견서인 「葦名重次郎文書」, 나가사키부교쇼(長崎奉行所)에서 로쥬(老中)에게 올린 의견서[伺書]가 포함된 「長崎傳習小記」, 막부 내부의 평評議書가 포함된 「勝海舟関係史料」를 활용할 것이다.

12) 앞의 책, 『明治維新とナショナリズム』 ; 後藤淳史, 『開国期徳川幕府の政治と外交』, 有志舎, 2015年 ; 황수경, 「幕末의 정치적 변동과 幕府目付의 동향: 幕末 幕府目付의 정치적 성격과 관련하여」, 서울대학교 동양사학과 석사학위논문, 2014 등. 특히 後藤 씨와 황수경 씨의 연구는 막부 내 정책결정 주요 주체인 目付方에 주목했는데, 目付方 뿐만 아니라 勘定方, 老中, 長崎奉行 등 보다 다양한 정치 주체의 논의를 검토할 필요가 있다.

2. 전습시행 결정과정과 정책결정과정 개요

1) 전습 의뢰 경위

페리 내항 이전부터 대포와 군함의 군비 확충을 주장하는 海防論이 활발하게 제기되면서 기존의 軍船으로는 서양함선에 대항할 수 없다는 인식이 차츰 공감대를 얻기 시작했다. 하지만 서양식 증기군함을 자체 제작할 기술력은 없었다. 진전이 없던 증기 군함 수입에 대한 논의는 페리 내항을 계기로 급격히 진전되어 페리함대가 퇴거한 지 1주일 뒤인 1853년(嘉永6) 6월 19일에 함선 7척~10척을 네덜란드로부터 수입하도록 하는 방침이 확정되었다.[13]

로쥬 아베 마사히로(阿部正弘)는 함대 수입에 대한 교섭을 나가사키부교 미즈노 다다노리(水野忠德)에게 지시하였다. 미즈노는 데지마(出島) 상관장(商館長) 쿠르티우스(Curtius)와의 서한 왕래를 통해 막부의 입장 및 의도를 전했다. 쿠르티우스는 미즈노에게 군함주문에서 그칠 것이 아니라 장기간에 걸친 전문적 서양식 해군 교육이 필수적으로 수반되어야 함을 강조했다. 그러나 1853년 시점에서는 쿠르티우스의 조언에 막부측은 전혀 반응하지 않았고, 막부의 군함 주문 의사만이 네덜란드로 전달되었다.[14]

이듬해 1854년(安政1) 7월 5일 나가사키에 입항한 네덜란드 상선은 유럽에서 발발한 크림전쟁 때문에 막부가 요구한 기한 내에 군함 제작이 불가능한 상황임을 알려왔다. 상관장 쿠르티우스는 막부의 주문에 응할 수 없게 된 상황을 무마하는 차원에서 네덜란드 상선을 몰고 온 선장(船長) 파비우스(Fabius)의 지도하에 일본인들에게 단기간의 군함 교육을 무상으로 실시하는 안을 제시했다. 미즈노는 이를 수락하고 다시 상관장과 협의

13) 앞의 논문, 「安政元年の海軍傳習」, 5~6쪽.
14) 東京大学史料編纂所編, 『幕末外国関係文書』, 東京大学出版會, 1910~2015年, 2권.

하여 주문 군함수를 2척으로 조정하고 전습을 담당할 교사단의 파견에 대해서도 합의했다.[15] 이와 같은 경위를 거쳐 전습 실시가 확정되면서 이 전습에 참여할 막부 전습생 人選 논의도 이후에 본격화된다.

2) 막부 내 정책결정과정 개요

'해군' 전습 논의를 둘러싼 막부 내 주요 정책 주체들의 입장을 검토하기 전에 막부 내부의 정책결정과정에 대한 전체적인 틀을 먼저 정리하고자 한다. 주요 정책 사안을 둘러싼 감찰 역할의 메쓰케가타 및 회계 담당의 간죠가타의 대립 양상에 대한 지적은 있지만, 1850년대 막부 내부의 정책결정과정의 전체적 구조 및 흐름에 대해 정리한 논고는 전무한 실정이다. 아래 〈그림 1〉은 간죠가타 사료를 중심으로 정책결정과정의 일부 구도를 제시한 후지타 씨의 연구, 메쓰케가타를 주축으로 한 고토 씨의 연구[16]를 바탕으로 필자가 정리한 막부 내 정책결정과정의 기본적 틀을 나타낸 것이다.

<그림1> '해군' 전습 사안을 둘러싼 막부 정책결정과정

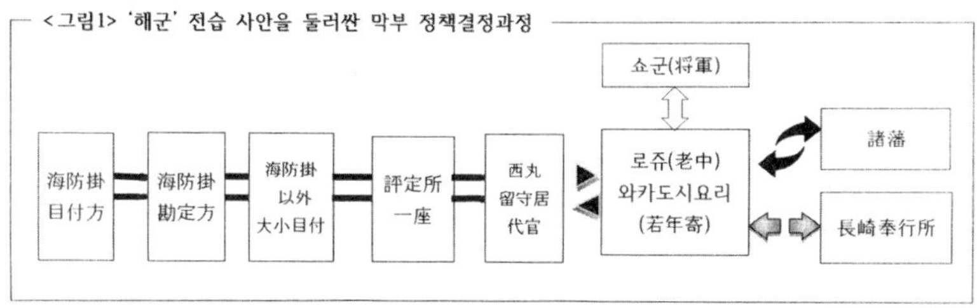

15) 앞의 사료, 『幕末外国関係文書』 7권 참조.

16) 藤田覚, 「幕府行政論」, 歴史学研究会·日本史研究会編 『日本史講座 第6巻』所収, 東京大学出版会, 2005年 ; 後藤淳史, 「海防掛の制度に関する基礎的考察」 『日本歴史』 732號, 2009年.

〈그림 1〉의 흐름을 설명하면 다음과 같다. 예를 들어 제번이나 나가사키 부교쇼에서 막부의 허가를 구하는 의견서를 올리면, 로쥬는 그 의견서의 사본을 작성하게 한 후 해방괘[17] 메쓰케가타·간죠가타 및 해방괘 이외의 주요 부서에 자문을 구한다. 각 부서에서는 전례 등을 조사하여 올린 부서별 의견서가 다시 로쥬에게 취합된다. 중요한 안건은 쇼군에게 최종 승인을 반드시 거치지만, 로쥬 단계에서 기각되거나 승인되는 안건도 많았고, 특히 기각 사안의 경우 쇼군에게 보이지 않고 로쥬가 결정하여 답서를 발행하는 경우가 대부분이었다고 한다.[18]

〈그림 1〉에서도 드러나듯이 각종 의견서의 취합처이자 기각·승인의 1차 결정자가 로쥬였다는 점에서 막부 정책결정과정에서 로쥬의 입지는 중요하다. 쇼군과 로쥬 간의 실질적 정치 파워의 차이는 시기별로 각양각색이지만, 페리 내항이후 개국 대응책을 고심하던 로쥬 아베 마사히로 정권 때에는 쇼군에 비해 로쥬의 정치적 파워가 상당히 강했으며, 해방 및 외교사무 전반 사항의 자문을 맡은 해방괘의 발언권 및 입지도 강화되었다는 점이 특징적이다.

본고에서는 〈그림 1〉의 구도 중 '해군' 전습 사안 결정시 주요 정치 참여주체였던 나가사키부교(이후 간죠부교 겸함) 미즈노 다다노리(水野忠德), 간죠부교 마쓰다이라 지카나오(松平近直), 해방괘 메쓰케가타의 의견서, 나가사키 전습 총감독 및 현장 책임자였던 나가이 나오무네(永井尚志), 로쥬 아베 마사히로의 의견서를 중심으로 다루고자 한다.

17) 海防掛가 임시직이 아닌 상설 보직이 된 것은 1845년(弘化2)이다. 海防掛는 아편전쟁 이후 대외적 위기의식의 강화되면서 海防강화의 실현을 목표로 한 전문 부서 기능을 했다. 海防掛의 주된 업무는 로쥬가 외교문제, 해방관련 사안에 대해 자문을 구할 경우 그에 대해 논의하고 의견을 올리는 것이었다(앞의 책, 『開国期徳川幕府の政治と外交』, 34~39쪽).

18) 앞의 논문, 「幕府行政論」, 101~108쪽.

3. 주요 인사별 '해군' 교육 인식 차이

당시 막부 내부에서 공유된 '해군'상은 어떤 형태였을까? 서양식 해군에 대해 어느 정도까지 이해하고 있었으며, 어떤 범위까지를 도입하여 교육을 실시하고자 했는지, 기존의 수군의 일부인 후나테구미(船手組)를 새로운 제도의 도입과 함께 어떤 식으로 활용하고자 했는지에 대한 검토가 선결과제일 것이다. 그러나 사료적 한계상[19] 본고에서는 '해군' 교육 방침에 대한 입장 차이에 초점을 맞춰 논의를 전개하면서 '해군' 교육 도입 논의에 드러난 해방 인식과 정세 파악에 대한 입장 차이를 더불어 살피고자 한다.

1) 나가사키부교 미즈노 다다노리의 인식

전술한 것처럼, 막부의 군함 주문 교섭 임무를 맡게 된 나가사키 부교 미즈노 다다노리는 네덜란드인 상관장 쿠르티우스와 서신 왕래를 통해 막부의 입장 및 의도를 전했다. 미즈노의 주문에 대해 쿠르티우스는 다음과 같이 제안했다. "유럽 같은 해군을 창설할 의사가 있다면, 네덜란드의 사관 및 기술자를 초빙하여 일본의 젊은이들에게 ① 지리학, ② 천문학[星學], ③ 유럽식 산술, ④ 측량 실습[度學], ⑤ 측량 이론, ⑥ 항해학, ⑦ 돛(帆)제작, ⑧ 밧줄(綱)제작, ⑨ 포술, ⑩ 총포 주조, ⑪ 선상 소총 사격·대포 조련, ⑫ 증기기계, ⑬ 대선 제조, ⑭ 병법 등과 같은 여러 분야에 걸친 전문적 학습이 필수입니다."[20]

이에 대해 미즈노는 "①~⑥, ⑭의 과목은 필요하지 않습니다"고 답했다. 즉, 미즈노는 측량·항해를 위한 이론과 실습 교육 실시는 불필요한 것

19) 현재 시점에서는 船手組 관련 사료를 찾지 못해, 근세 기존의 船手組와 서양식 해군 제도 도입시의 계승점 및 전환에 대한 분석은 추후 과제로 삼는다.

20) 앞의 사료, 『幕末外国関係文書』 2권, 413~420쪽.

으로 여겼으나, 돛·밧줄 제작 및 육상·함상 포술 대포 훈련에 대해서는 교육을 받을 의향이 있음을 밝혔던 것이다. 미즈노는 이에 덧붙여 "(상관장에게 선박 주문을 의뢰하는 의도는) (우라가(浦賀)에 온 러시아·미국의 증기선을 보고, 난파하기 쉬운 일본선박의 약점을 보완하여 새로이 제작함으로써) 운송상의 편의를 도모하기 위함이지 海軍開興의 뜻은 없습니다. 그러므로 해군사관까지 데리고 올 필요는 전혀 없으며, 함선 운반에 꼭 필요한 水夫만 최소한의 인원수로 데리고 오는 것으로 했으면 합니다"[21]라고 부언했다. 즉, 미즈노는 士官 양성을 골자로 한 서양식 전문 해군 기관의 설립까지는 상정하지 않고, 단순히 함대 운전 기술을 습득할 수 있는 최소한의 기술 이전 수준까지를 구상하고 있었던 것으로 해석할 수 있다. 이러한 미즈노의 생각은 쿠르티우스에게 보낸 다른 서신에서 한층 명확하게 드러난다.

> 말씀하신 바와 같이, 그 나라의 理學을 정밀히 탐구하고, 네덜란드어 학습을 위한 학교도 설립하지 않으면 성과를 거두기 힘들다는 지적은 지당한 논리이지만, 이론을 토대로 한 체계적 학습[窮理之學]은 수년의 세월을 인내하지 않으면 통달하기 어려운데, 해군의 실제적인 준비[海軍之実備]는 현재 하루도 늦추기 힘든 상황입니다. 그 학문적 순서와 도리에 따라 이론과 실제를 전부 제대로 배운다는 것은 비유하자면 날이 저물고 갈 길은 더욱 멀어지는 것과 같아지는 셈이 됩니다. 운용의 기술은 쉽게 터득할 수 있는 것이 아니지만, 이상적인 수순을 밟기보다 손쉬운 방편을 택해, (네덜란드어 습득용 어)학교를 별도로 짓고, 이론을 토대로 한 체계적인 학습 수순을 밟는 것은 후일로 미루고, 맛보기식의 대략적인 내용을 전수 받은 후에는 즉시 실물 운용의 가르침을 받기를 희망합니다. 이 일은 일본에서는 유례없던 일의 시작이므로 학교를 짓는 것 하나도 衆議를 쉽게 정하기 어려우며, 船將의 조언대로라면

21) 앞의 사료, 『幕末外国関係文書』 2권, 416~417쪽.

광범위한 학습범위에 고민한 나머지 흔치 않는 이 기회를 놓쳐버릴 우려조차 있으므로, 불가불 이런 결론에 도달했습니다. 우선 실물 중심의 학습으로 시작하여 그 일부를 습득하게 되면 사람들은 반드시 그 기술의 우수함을 신뢰하게 될 것입니다.[22)]

* 괄호 안의 보충설명 및 밑줄, 점선 표시는 필자에 의한 것이며, 직역보다 의역을 택함. 이하 사료 번역시 동일.

이 내용에서 주목되는 점은 시대적 상황을 '해군' 준비를 더 이상 늦출 수 없는 형편으로 파악했다는 것이다. 즉, 해방력 강화 차원에서 '해군' 전습의 조속한 시행을 추진하고자 계획했던 미즈노의 구상을 읽을 수 있다. 단, '해군' 정비 필요성에는 공감하면서도 그 교육 방침에 대해서는 쿠르티우스가 제안하는 것처럼 체계적인 이론 학습을 토대로 한 광범위하면서도 전문적인 학습이 아닌, 기술적 요소를 단기간에 습득하는 형태를 희망했음을 알 수 있다.

미즈노의 해방 인식이 잘 드러난 또 하나의 사료는 1854년(安政1) 閏7월 로쥬 아베 마사히로에게 올린 상신서[伺書]를 들 수 있다. 미즈노는 아베에게 전습 실시의 필요성에 대해 다음과 같은 논리로 건의했다.

군함 구입 및 네덜란드인에게 급료를 지불하는 것은 상당히 많은 비용이 드는데, (화재로 불타버린) 천황 거주지의 재건축과 에도(江戸) 内海 포대설치 등 비용이 드는 일들이 몰려있는 시기인만큼 불필요한 경비는 가능한 한 줄이고 조정해야 할 것입니다. … (그러나 군함구입 및 전습 개시 건은) 불가피한 사안인만큼 지출삭감의 논리만으로 반대하는 것은 어렵다고 생각합니다. … 재작년 러시아 및 미국이 두어번 도래하여 에도 근해까지도 들어오는 방만한 행동을 행할 수 있었던 것은 필시 (우리가) 군함과 대포를 갖추지 않고

22) 앞의 사료, 『幕末外国関係文書』 7권, 210~211쪽.

> 있기 때문에 불가피하게 일어난 사태가 아니겠습니까. 작금의 시세가 아무리 해안방비가 충실하다고 하더라도 해군을 갖추고 있지 못하면 영원히 외적의 軍勢에 눌려 국위를 선양할 기회도 없을 것입니다. … 파비우스 선장의 조언대로 군함 주문과 그 전습을 네덜란드에게 의뢰한다면 국위를 만회하는 취지를 관철할 수 있다고 생각합니다.[23]

재정적으로 부담스러운 시기임을 인지하고 있지만 군함 구입과 전습 개시에 우선적으로 투자해야 하는 때임을 강조한 미즈노의 논법이 주목할 만하다. 또한 우선적 투자를 실감한 계기가 쇼군이 거주하는 에도성과 마주하는 에도 근해까지 이국선이 들어올 정도로 쉽게 뚫려버린 허술한 기존의 방어 체계의 한계를 느끼고 있었음을 읽어 낼 수 있다. 미즈노는 실추된 국가 위신을 만회하는 핵심이 군함을 주문하고 조종법 습득하여 '해군'을 갖추는 데 있다고 파악하고, 로쥬에게 전습에 대한 투자의 필요성을 적극 피력했음을 확인할 수 있다.

2) 나가사키 메쓰케 나가이 나오무네와 해방괘 간죠가타 마쓰다이라 지카나오의 인식

로쥬 아베 마사히로의 책사로 두 사람을 꼽는다면 나가이 나오무네(永井尚志)와 마쓰다이라 지카나오(松平近直)를 들 수 있다. 두 사람 모두 아베가 발탁한 인재인데, 특히 마쓰다이라는 그의 동의 없이는 안건이 채택되기 어렵다고 칭해질 만큼[24] 아베 정권하에서 정책결정과정에서 강력한 영향력을 행사하는 핵심 인물이었다. 나가이는 제1차 전습에서 총감독역을 맡았고 '해군' 전습의 확장 및 유학생 파견, 통상개시를 주장하는 등

---

23) 앞의 사료, 『幕末外国関係文書』 7권, 271~272쪽.

24) 日本史籍協会編, 『阿部正弘事蹟』, 東京大学出版会, 1978年復刻, 466쪽.

개방·개혁 노선을 지향했다. 반면 오랫동안 간죠부교를 역임했던 마쓰다이라는 개혁 안건에 대부분 반대한 소극·신중론자였다. '해군'에 대한 인식에서도 나가이와 마쓰다이라의 대조적 성향이 그대로 드러난다.

먼저 지휘체계의 확립문제를 둘러싼 인식의 차이를 살펴보자. 네덜란드 선장 파비우스는 "(해군 조직을 갖추는 데) 제일 중요한 것은 軍令을 정립하여, 하급자는 상급자를 존중하고 지시·명령에 신속하게 복종하는 질서를 정립하는 것입니다. 함선의 지휘관은 부하에게 미리 규칙을 제시하여 그 의지를 돋우며 상관을 존경하고 복종하는 관계가 정립되도록 부단히 노력해야 합니다. 이를 위해서는 계급·위엄·의리·청렴·정직이 가장 중요한 덕목이라고 생각합니다"[25]라고 하여 위계질서 및 지휘 체계 확립의 중요성을 강조했다.

이러한 파비우스의 조언에 나가이는 상당히 공감했던 것으로 보인다. 제1차 전습 개시 직전인 1855년(安政2) 8월에 나가이가 로쥬에게 올린 上申書의 내용을 보면 "나가모치[永持亨次郎]의 경우 원래 저(永井)의 부하로 배속되어 있어 상관없지만, 야타보리[矢田堀景蔵]·가쓰[勝麟太郎] 두 사람은 고쥬닌구미(小十人組)[26] 소속으로 (나가모치와는) 上官이 다르며, 그 이하의 사람들도 같은 문제가 있습니다. 각각 소속이 다른 사람들을 한 곳에 모아 제가 통솔하기에는 여러 가지 어려움이 생길 것으로 예상되오니, 이를 테면 '傳習御用出役'과 같은 직책을 부여해 주시길 바랍니다"[27]라고 건의했다. 실제적인 통솔에 앞서 현장의 지휘체계를 일원화할 필요성을 인식하고 이에 대한 문제제기를 했다.

이 건의에 대한 답변으로는 같은 해 11월 작성된 간죠가타의 회신이 확인된다. "야타보리·가쓰 및 기타 파견된 사람들에 대해 이를 테면 '전습

25) 勝海舟, 『海軍歷史』(原著1889年, 原書房1987年復刻), 55쪽.

26) 고쥬닌(小十人) : 警備와 軍事부문의 役職의 하나로 將軍을 경호하는 步兵 중심의 친위대. 五番方(新番·小十人·小姓番·書院番·大番) 중 하나.

27) 앞의 사료, 『海軍歷史』, 47쪽.

어용출역'과 같은 일괄된 역직을 부여해 달라는 나가이의 건의가 있었으나, 다수의 전습생 중에 혹시 어긋난 행동을 하거나 지휘를 거부하는 전습생이 있으면 보고할 필요도 없이 신속히 돌려보내는 조치를 취하면 될 것이고, 그렇다면 따로 역직을 부여하지 않아도 지장이 없다고 생각합니다"[28]라고 답변하였다.

나가이의 의견서와 간죠가타의 답서를 통해 양자간 '해군'의 조직적 개편에 대한 인식 차이를 엿볼 수 있다. 즉, 나가이는 서양식 해군 조직과 달리 사관·하사관과 같은 일원화된 계급이 없는 상태에서 각기 다른 그룹에서 모일 경우 현장 통솔시의 곤란 상황을 예측했지만, 간죠가타는 이에 대해 공감하지 못한 것이다. 결국 나가이의 제언은 일축되었고 별도의 조직 체계의 개편 없이 전습이 진행되었다.

또한 나가이는 일찍부터 전문적 교육기관의 설립을 주장했고 이를 실현시키기 위해 진력했다. 1856년(安政3) 3월, 나가이는 로쥬 아베에게 "에도 주변 입지가 좋은 곳에 해군교수소를 만들어, 나가사키에서 배운 사람들에게 담당 분야를 할당하여 가르치게 하고, 위 학교에는 다수의 제번 전습생들도 입학을 허가해야 할 것입니다"[29]라고 품신했다. 나가사키 전습이 개시된 지 반년도 채 지나지 않은 시점에서 나가이는 에도 주변에 '해군교수소' 설립하여 본격적인 서양식 해군 전문 기관을 설립하여, 나가사키에서 배운 사람들이 교사가 되어 가르치게 하며, 제번 전습생들에게도 입학할 수 있도록 문호를 개방해야 할 것을 제기했던 것이다. 그러나 이 역시 "간죠가타의 반대로"[30] 기각되었다. 나가사키 전습 종료 후 차후 교육에 대해서는 1857년(安政4) 5월 이전 시점에서는 막부 내 의견통일이 되지 않은 상태였다. 즉, '해군' 교육의 지속적인 투자에 대해 간죠가타는

28) 앞의 사료, 『海軍歴史』, 48~49쪽.
29) 「長崎傳習小記」(慶應義塾大学三田メディアセンター-貴重書室所蔵), 40쪽.
30) 勝安芳著, 勝海舟全集刊行会編 『来簡と資料』, 講談社, 1994年, 251쪽.

소극적·부정적이었던 것이다.

3) 해방괘 메쓰케가타와 로쥬 아베마사히로의 인식

먼저 '해군' 전습의 참가 범위와 확대 방향에 대한 海防掛 目付方의 의견을 살펴보자. 1856년(安政3) 2월 작성에 작성된 것으로 추정되는 海防掛 大目付 아토베 요시스케(跡部良弼)의 의견서를 살펴보자. 아와번(阿波藩)의 참가 신청 허가여부를 논하는 심의과정에서 아토베는 다음과 같이 논했다. "항해술은 전부가 새로운 것이어서 네덜란드인의 지도가 없이는 숙달하기 어려운 분야가 아닐런지요? 이러한 상황을 고려할 때 참가하고자 하는 절박한 심정은 불가피한 것으로 보입니다. 또한 제번에서 참가를 신청하는 사례가 이어진다면 결국에는 전국에 강습이 성행하여 머지않아 해군을 갖추게 될 수 있을 것[海軍御全備]으로 생각합니다"[31]라고 서술하였다. 즉, 아토베는 항해술이 네덜란드인의 지도 없이 독학으로 습득하기 어려운 분야인만큼 제번에 대해서도 전면적으로 참가를 허가해야 하며, 나아가 이러한 강습 참여의 열기가 전국적으로 확대되면 가까운 시일 내에 "해군 全備"가 실현될 수 있을 것으로 전망했다. 제번의 참가를 허가했을 경우 우려되는 요소보다도 '해군 강습' 확산을 통한 전국적인 해안방어력의 강화를 중시했던 것이다.

이러한 아토베의 주장에 대해 간죠가타는 다른 논리를 펼쳤는데, "제번의 전습 참가 신청이 늘어나 참가자가 많아지면, 막부 전습생의 학습에 지장이 생기지 않겠습니까? 당분간은 제번 전습생의 참가를 제한하는 것이 좋겠습니다"[32]라고 하여 제번의 참가를 제한하고자 하였다.

---

31) 「乙骨耐軒文書」(山梨県立文学館所蔵), 461文書, 5~9쪽.
32) 「外国立会御用係書類」(陽明文庫所蔵 「葦名重次郎文書」중 청구기호 244-393 자료), 196쪽.

다음으로 1857년(安政4) 4월에 작성한 것으로 추정되는 해방괘 메쓰케가타 평의서를 살펴보자. 안건은 나가이가 건의한 에도 군함조련소 창설에 대한 찬반토론이었다. 이에 대해 해방괘 메쓰케가타는 "전습생들의 마음이 해이해지지 않도록 별도의 장소 선정 등으로 시간을 허비하지 말고, 강무소 안에 있는 북[太鼓] 교육장[稽古場]을 임시 교육소로 삼아 진행했으면 한다는 나가이의 제안은 지당하다고 생각합니다. 원래 해군이란 강무소에 포함시켜야 한다고 생각합니다"[33]라고 논했다. 전반부는 나가사키에서 배양한 전습의 성과를 수포로 돌리지 않기 위해 임시 교습장의 형태로라도 존속시키고자 애쓰는 나가이의 의견이 인용되어 있다. 후반부가 메쓰케가타의 의견인데, 에도에서 전습을 이어갈 것을 건의하는 나가이의 의견에 전면적으로 동의했음을 알 수 있다. 또한 '해군'을 강무소의 일부로 포함시켜야 한다는 서술을 통해 메쓰케가타는 '해군'을 별도의 독립 조직으로 구성하는 것이 아니라 육군 중심의 강무소의 산하 조직으로 편성할 구상이었던 것도 엿보인다.

한편 아베 마사히로의 '해군' 인식은 시기에 따라 달라졌던 것으로 보인다. 예를 들면 전습 개시 직전인 1855년(安政2) 8월 24일 로쥬가 대선제조괘에게 내린 지시서에서 파견생들이 가져야 할 자세에 대해 언급한 부분을 보면 "이번 나가사키로 파견하는 사람들은 , 군함 창설은 해외 만국과 관련되는 일인만큼, 국가를 위한 현재 제일의 사업으로 여겨 (거기서 배운 것이) 훗날 御用에 도움이 될 수 있게 하려는 마음가짐으로 배움에 임하며 또한 청렴결백한 태도로 임해야 할 것이다"[34]고 주의를 환기했다. 군함 창설[軍艦起立] 즉 '해군' 전습을 해외 여러 나라와도 연결된 일이며 국가를 위한 으뜸되는 사업으로 여겨 학습에 임하도록 당부하는 지시 내용을 통해 '해군' 전습에 대한 아베의 인식 및 기대감을 읽을 수 있다. 그

33) 앞의 사료, 「乙骨耐軒文書」 467文書, 1~2쪽.
34) 앞의 사료, 『幕末外国関係文書』 12권, 358~359쪽.

외에 아베의 인식을 확인할 수 있는 사료로는 유학생 파견안 심의서가 있는데, 이에 대한 논의는 후술하기로 한다.

4. 주요 사안별 '해군' 전습 방침

1) 장소 선정 논의

선행연구에서 전습장소에 대한 논의는 거의 전무하다.[35] '쇄국' 시기에도 일본과 네덜란드간의 유일한 무역 창구가 나가사키였으므로 전습 장소는 당연히 나가사키였을 것으로 간주되는 경향이 있다. 하지만 실제로는 장소 선정문제는 자주 거론되던 사안 중에 하나였다.

먼저 전습 시행이 확정되기 전 시점에서는 1853년(嘉永6) 9월 3일 로쥬가 나가사키 부교에게 하달한 문서를 보면 "가르칠 사람을 나가사키로 부르는 방향으로 (일단) 정해야 할 것이다"[36]고 하여 잠정적으로 네덜란드인을 나가사키로 부르도록 지시한 것이 확인된다. 한편 이듬해 1854년(安政1) 6월 전습 시행이 본격적으로 논의되면서 재차 장소 문제가 거론되었는데, 가쓰 가이슈가 오와리번(尾張藩) 藩士 마세 곤에몬(間瀨權右衛門)에게 1854년(安政1) 6월 7일 보낸 서한에는 "나가사키로 보내자는 논의도 있었지만, 나가사키가 아닌 에도에서 교육을 시키자는 논의도 대두했습니다. 하지만 사무소[役所]조차도 (아직) 정해지지 않은 상태입니다"[37]라고 기록되어 있다. 이를 통해 제1차 전습 개시 4~5개월전 시점에서도 전습 장소와 사무소[役所]가 정해지지 않은 상황이었음을 알 수 있다.

---

35) 대표적으로는 앞의 책, 藤井哲博, 『長崎海軍傳習所』, 박영준 『해군의 탄생과 근대일본』 등.

36) 『水戸藩史料』 上編乾巻, 吉川弘文館, 1915年, 469쪽.

37) 土井康弘, 「尾張藩士間瀨権右衛門が勝海舟から入手した情報」 『一滴』(津山洋学資料館) 12號, 160쪽.

교습 실시가 임박한 시점에서도 장소가 확정되지 않았던 배경에는 전습장을 나가사키가 아닌 에도 주변 우라가(浦賀)로 할 것을 주장하는 메쓰케가타의 의견이 강했기 때문이었던 것으로 보인다. 메쓰케가타는 전습 장소를 우라가로 하면 유리한 이유에 대해 "에도 주변으로 하는 편이 만사 편리하며, 네덜란드측에서도 특별히 고맙게 여길 것이며, 전습 경비도 (많이) 들지 않고, 때때로 고관들이 전습 광경을 견학하러 가기에도 편하며, 네덜란드인을 에도로 부르게 되면 海路로 오는 길이 곧 항해 연습으로 직결되므로"[38] 이점이 많다고 주장하였다.

반면 간죠가타의 의견은 1855년(安政2) 6월 28일에 제출한 평의서를 보면 "시모다(下田) 혹은 우라가로 네덜란드인을 불러 오는 것은 여러 가지 지장이 있으므로 (이 근방에서 전습을 실시하는 것은) 하지 않는 편이 좋다고 생각합니다. (나가사키에서 전습을 받은 후) 숙달이 되면 일본인의 힘으로 (운전해서 에도로) 돌아오도록 계획해야 할 것입니다"[39]라고 했다. 즉, 간죠가타는 에도 근방인 시모다 혹은 우라가로 네덜란드인을 불러오는 오게 하는 것은 여러 가지 지장이 있다는 논리로 에도 근방에서 교육을 받자는 메쓰케가타의 의견에 반대했다. 여기서 간죠가타가 말한 여러 가지 지장이 가리키는 구체적인 내용은 미토번주(水戸藩主) 도쿠가와 나리아키(徳川斉昭)의 의견서에서 확인할 수 있다. 즉, "시모다 외에 새로 우라가를 개항하게 되면 미국 및 다른 異國에도 영향을 미칠 것이고, 그렇게 되면 외국선 도항으로 혼잡해져 우려되는 요소가 늘어날 것"[40]을 칭한 것이었음을 알 수 있다.

간죠가타가 우려한 내용은 1853년~1854년의 페리 내항 사건과 관련이 된다. 대통령의 친서를 지참한 페리가 1853년에 도항한 곳이 구리하마(久

38) 앞의 사료, 『幕末外国関係文書』 12권, 52쪽.
39) 『村垣淡路守公務日記』 (앞의 사료 『幕末外国関係文書』 부록 3권), 299쪽.
40) 앞의 사료, 『水戸藩史料』 上編乾巻, 476쪽.

里浜)였다. 구리하마가 사막 해변이었기 때문에 페리 함대는 인근 우라가로 유도되었다. 1853년의 페리의 통상 교섭 요구에 대해 막부는 1년간의 유예를 요청했고, 페리는 일시 퇴거했다. 이듬해 1854년 일본을 다시 찾아온 페리와 미일화친조약을 체결한 곳이 시모다였다. 이 조약의 제2조에서 시모다를 즉시 개항할 것과 1년 후에는 하코다테(箱館)를 추가 개항할 것이 정해졌던 것이다. 즉, 앞서 언급한 시모다 외에 새로 우라가를 개항하게 되면 다른 나라에도 영향을 미칠 것이라고 간죠가타가 우려한 상황은 전습지를 우라가로 이전하게 되면 우라가에도 외국인 왕래가 늘어 미일화친조약으로 개항이 확정된 시모다에 이어 우라가도 개항후보지로 고려될 수 있는 상황을 상정한 것으로 유추된다.

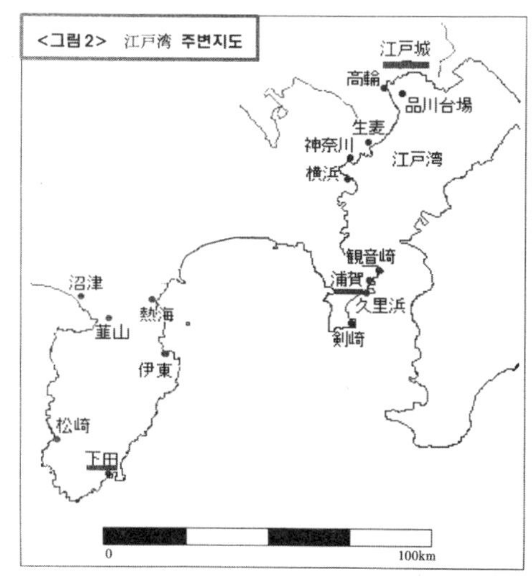

<그림 2> 江戸湾 주변지도

〈그림 2〉에서 확인할 수 있듯이 우라가 지역은 쇼군이 있는 에도성과 근접한 에도만(江戸灣) 내에 위치해 있다. 서양 군함과 대포의 위력 앞에 기존의 해안방어능력의 한계를 절실히 느낄 만한 근거리였던 것이다.

2) 시기별 학습 요구사항의 차이

본 항목에서는 전습 시행 과정에서 시기별 막부의 학습 요구 사항을 중심으로 검토하고자 한다.

먼저 제1차 전습에서 막부가 '해군' 전습에 걸었던 구체적인 기대 내용을 검토해 보자. 다음에 제시하는 1855년(安政2) 8월 10일자 로쥬 아베 마사히로가 전습 총감독 나가이에게 내린 지시서 속에 그 전모를 확인할 수 있다.

> (전략) 증기선제조 및 운전, 대포 사격법 등 이번에 도래한 네덜란드인으로부터 전습을 받도록 명 받은 이들을 나가사키로 파견한다. ①야타보리(矢田堀景蔵)·가쓰(勝麟太郎)·나가모치(永持亨次郎)는 함장의 임무를 명심하고 선박의 제작, 운전, 대포 사격법 등 제반사항의 연구에 임할 것. ②텟포가타(鉄砲方)와 우라가부교구미(浦賀奉行組) 요리키(與力)·도신(同心), 에가타(江川太郎左衛門) 그룹의 테다이(手代)들은 함상 대포·소포(大小砲) 사격법은 물론 陸戰 및 포대[臺場] 제작 등에 이르기까지 포술에 관련된 모든 사항을 빠짐없이 배울 것. ③후나테구미(船手組)는 함상 운전 등을 모두 연구할 것. ④텐몬가타(天文方)에서 파견된 사람은 항해, 측량, 分析(화학), 窮理(물리) 등의 학습에 전념할 것. ⑤선상 목수[船工]·대장장이[鍛冶] 등의 직인(職人)은 선박의 기계 제작을 배울 것. ⑥그 외에 현지(長崎)에서 충원되는 사람들도 각각 분야를 나누어 해당 학습에 전념할 것. 네덜란드인에게도 이 사항을 숙지시켜 가능한 한 빨리 숙련될 수 있도록 최선을 다할 수 있게 하며, (총감독) 나가이(永井)도 이 사항을 명심하여 각자가 최선을 다해 전습에 임하도록 제반 사항을 지시할 것. 나가사키부교와도 상담하여 감독함에 차질이 없도록 할 것.[41)]
>
> * 괄호 내용 및 숫자 보충은 필자에 의함.

즉, 막부는 전습생을 크게 여섯 개 그룹으로 분류하여 중점 학습 분야를 분담·지정하였으며, 가능한 한 단기간에 소기의 성과를 거둘 것을 방침으로 제시하였다. 특히 두 번째 그룹에게 지시한 내용을 보면, 기존까지 군사기술 연구 및 지도의 주축이었던 鉄砲方과 浦賀奉行組 與力·同心, 에가와 다로자에몬(江川太郎左衛門) 手代 출신자들에게 해상포술 뿐만 아니

41) 「勝海舟関係史料」 32冊 (東京大学史料編纂所蔵 寫眞帳), 12~13쪽.

라 陸戰 및 포대[臺場] 제작 등에 이르는 군사기술까지도 폭넓게 습득하고 올 것을 지시했다는 점이 주목된다. 이들 세 그룹 출신 파견자가 전체 전습생의 75%를 차지했다.[42] 전체의 3/4을 차지하는 전습생에게 군함 조종술과 관련한 학습보다 육전 혹은 해상방어와 관련된 내용을 학습하고 올 것을 지시한 것을 통해 당시 로쥬를 비롯한 막부측 인사들이 '해군' 전습을 어떤 이미지로 생각하고 있었는지가 여실히 드러나는 부분이라고 할 수 있겠다.

그렇다면 막부의 의도는 나가사키 현장에 어떤 식으로 전달이 되었을까? 전습 총감독 나가이는 네덜란드 교관 펠스 라이켄(Pels Rycken)에게 막부의 기본적인 방침(specialist 양성)을 전달했다. 그러나 펠스 라이켄은 全분야의 종합적인 소양 함양이 사관 교육의 기본 방침(generalist 양성)이라고 답변하여 특정 분야에만 집중하여 배우려는 막부의 방침에 반대했다. 몇 번의 회의를 거친 끝에 결국 커리큘럼의 편성 및 지도에 관한 全權은 교관측에 위임하는 것으로 결정되었다고 한다.[43] 하지만 교육 실태에 대한 기록을 보면, 펠스 라이켄이 제시한 이상적인 커리큘럼대로 순탄하게 진행되지는 않았던 것으로 보인다.

전습의 실제 상황을 짐작하게 하는 기록을 살펴보면, 가쓰 가이슈가 지인 오카다 신고타로(岡田新五太郎)에게 보낸 서신에서 "전습생들은 陸軍小隊훈련[百羅屯:peloton]에 고군분투할 뿐이고, 항해 사관을 목표로 하는 사람은 너무도 적어서 배 한 척의 인원에도 못 미칠까 걱정입니다"[44]라고 심경을 토로하고 있다. 대부분의 전습생이 항해 훈련이 아닌 육군 훈련에

42) 1855년 11월에 개시된 1차 전습에 참가한 막부 전습생의 최종 인원은 37명이었는데, 그 중 鉄砲方과 浦賀奉行組 與力·同心, 江川太郎左衛門 手代는 각 14명, 9명, 5명으로 총 28명이었다.

43) 小暮実德訳, 「シェイス著『オランダ日本開国論』付属資料II「オランダ海軍日本分遣隊の歴史」」『一滴』(津山洋学資料館)19號, 2011年, 48~49.쪽

44) 勝安芳著, 勝海舟全集刊行会編『書簡と建言』, 講談社, 1982年, 32쪽.

집중하고 있었던 상황을 엿볼 수 있다. 그리고 전습 참가자의 한 사람인 사와 다로자에몬(澤太郎左衛門)이 남긴 후대의 회고록에 "제1차 전습 때는 해상포술 전습은 불충분했고, 제2차 전습 때 본격적으로 전습을 받았다"[45]고 기록하고 있다. 이러한 기록들을 종합해 볼 때 전습의 실태는 陸戰用 포술법 습득에 대한 수요와 참여도가 높은 반면 서양식 해군 교육의 핵심인 군함 조종법을 배우는 분야의 참가율은 저조했던 것으로 보인다.

다음으로 제2차 전습에 건 막부의 기대에 대해 살펴보자. 네덜란드 선장 파비우스가 남긴 양력 1857년 10월 20일 일지에 다음과 같은 언급이 있다.

> 네덜란드 영사관(상관장 쿠르티우스를 지칭-필자)은 두 명의 부교와 두 명의 메쓰케와 회의를 했다. 새로운 교섭에 앞선 예비 교섭과 같은 회합이다. 부교들은 펠스 라이켄(1차 전습시기 단장)씨와 파견대 사관들이 1년 연장해서, 즉 2년이 아닌, 3년 채재를 요청해 왔다. 그리고 일본 정부는 가능하다면 工兵隊 포술사관 1명, 步兵隊 사관 1명, 포술지식을 겸비한 砲兵隊 사관 1명을 초빙할 수 있는지에 대해 질문했다. 한마디로 요약하자면 전문분야에 탁월한 능력을 갖춘 교관 초빙가능성에 대한 타진이다. 이것은 부교들이 현재 이루어지고 있는 전습에 만족하고 있다는 것을 방증하는 것이기도 하다.[46]

위 기록은 1855년 11월 전습 개시 시점에서 2년 체재를 계획했던[47] 네덜란드 교관측이 체재 만료 시기가 도래함에 따라 차기 계획에 대해 막부측 관료들과 주고받은 교섭 내용이다. 나가사키 부교는 상관장 쿠르티우스와 선장 파비우스에게 전습을 계속해서 지도해 줄 것과 추후 초빙 분야

45) 『史談会速記録』, 「幕府海軍創立概略附廿一話」, 原書房復刻版, 1976年, 306~307쪽.

46) フォス美弥子編訳, 『海軍日本の夜明け－オランダ海軍ファビウス駐留日誌－』, 思文閣出版, 2000年, 347쪽.

47) 앞의 사료, 『海軍日本の夜明け』, 134쪽.

에 대해 막부의 지침을 전달했다. 즉, 공병대 포술사관과 보병대 사관, 포술지식을 겸비한 포병대 사관을 초빙할 수 있는지를 타진했던 것이다. 양력 1857년 10월 31일 파비우스 일지에도 "일본정부는 공병대 및 포병대 사관을 각각 1명씩 요구하고 있다"[48]고 재차 기록된 것을 통해서도 일본정부 즉 막부가 '해군' 전습 지도 교관과는 별도의 교관을 추가로 초빙하고자 했던 것을 알 수 있다.

로쥬가 나가사키 부교에게 내린 1856년(安政3) 9월 7일자 지시서에는 차기 교수진 섭외과정의 요구 사항이 더욱 명확히 기재되어 있다. 그 내용은 "네덜란드 교관 교대시에는 항해·측량·서양식 帆船운전·증기기계 조작법·해군 지휘법은 물론, 陸軍三兵에 대해서도 숙지하고 있는 사람, 조선 기술자, 鑄鐵師를 현재 체재중인 네덜란드인 중에서 精選할 수 있도록 협상해 주시기 바랍니다"[49]라는 부분이다. 제1차 전습 때의 과목에 더하여, 陸軍三兵 즉 보병·포병·기병 지도가 가능한 사람을 추가로 초빙할 의사를 표명했는데, 특히 기병대 훈련 지도가 가능한 사람을 요구했던 것은 강무소의 개혁에 따른 수요에서 비롯되었던 것으로 보인다. 나가이가 가쓰에게 쓴 1857년(安政4) 9월 17일자 서한 속에서 기병대 초빙을 희망하는 강무소의 내부 사정을 짐작하게 하는 부분이 있다.

> 이번에 강무소에서도 騎銃隊에 대해 조사·검토중인 터라 기총대 전습을 위해 (강무소) 교수진 중에서 선발하여 (나가사키로 해당자를) 파견하고 싶다고 하는 (강무소) 총재의 의견이 있었습니다. 육군 장교는 대동하지 않았다고 할지라도 (제1차 전습 때 지도를 담당했던) 하사관처럼 해군사관이면서 보병대 지식도 겸비한 사람이 이번 교수진에도 있을 것으로 보이는데, 그 사람의 보병대 지식 수준이나 평판은 어떠한지 궁금하다고 합니다. 만약 그 분야에

48) 앞의 사료, 『海軍日本の夜明け』, 354쪽.
49) 앞의 사료, 「長崎傳習小記」, 52~55쪽.

> 대해 잘 알고 있는 사람이 있다면 이번에도 강무소에서 별도로 보병대 수업생을 나가사키로 파견할 심산[下夕心]인가 봅니다.[50]

즉, 강무소에서 '騎銃隊' (기병대와 소총 훈련-필자 추측) 및 보병대 교육의 개혁·확충을 위해 일부의 멤버를 나가사키에 별도로 파견하여 교육시킬 심산이었던 강무소 총재가 적임자의 대동 여부를 나가이에게 문의한 사실을 나가이가 가쓰에게 알리는 내용이다. 강무소 총재는 육군 장교는 아닐지라도 해군 하사관 중에서 보병대 지식을 겸비한 사람이 있다면, 강무소 훈련생을 제2차 나가사키 전습에도 별도로 파견할 의도를 나가이에게 내비친 것으로 보인다. 이 내용은 '해군' 전습에서 기병·보병과 같은 육군쪽 훈련을 기대하는 강무소의 입장과 그러한 의도를 속셈 혹은 딴 생각[下夕心]이라고 표현하는 나가이 사이의 '해군' 전습에 대한 이미지 설정 차이가 드러나는 부분이라고 할 것이다.

이후 협상과정에서 기병대 지도 교관의 초빙은 연기되었으나, 실제로 일본에 온 제2차 교사단의 인적 구성을 보면 '기병대 준위 역임(元准尉)'가 포함되어 있다. 즉, 기병대를 전문으로 하는 교관은 아니지만 전직 기병대 준위를 데려 오는 것으로 막부의 희망사항에 최대한 부응하고자 한 조처였던 것으로 보인다. 제2차 전습의 교관 단장이었던 캇텐디케가 남긴 일기에 "기마 교련은 상당한 인기를 불러 모아 신분이 높아 보이는 도노사마(殿様)라고 불리는 3명이 일부러 이것을 배우기 위해 에도에서 왔다"라고 기록하고 있다. 에도에서 온 3명이란 '기총대'학습을 목적으로 파견된 쇼인반(書院番) 소속의 구라하시 이쿠노스케(倉橋育之助)·오가사와라 쥬지로(小笠原鐘次郎)·오가사와라 세고로(小笠原静五郎)였을 것이다. 이들 3명 중 구라하시와 오가사와라 쥬지로는 전습 종료 후 강무소에서 교육에 종사한 사실이 확인된다.[51]

---

50) 앞의 사료, 『来簡と資料』, 109쪽.

3) 유학생 파견 논의

일본인을 해외로 파견하여 기술을 배워오게 해야 한다는 제안은 1854년 전습 실시 이전에도 있었지만, 본격적으로 거론되기 시작한 것은 나가사키 전습 개시 시점이었다. 파비우스 선장은 막부가 서양식 해군 창설을 고려한다면 일본인 학생을 해외로 직접 파견하여 현지에서 기술을 익혀오게 하는 편이 훨씬 효과적일 것이라고 제안하였다.[52]

파비우스의 조언을 계기로 막부 내부에서 일본인의 해외파견과 외국인의 국내초빙 중 어떤 방식을 택할 것인지에 대해 논의했던 것으로 보이는데, 그 일부 과정이 미즈노가 로쥬에게 1854년 閏7월 20일 제출한 의견서에 기록되어 있다. 의견서의 주요 골자는 해외 파견의 단점을 부각시켜 국내 초빙을 실현하는 것이었다. 구체적으로는 일본인을 해외로 파견하는 것은 제도상 금지되어 있다는 점, 파견할 사람을 선발하기 어렵다는 점, 타지에서 다치거나 병이 났을 경우 신속한 교대가 어렵다는 점, 파견된 사람만 배울 수 있다는 단점을 들었다. 한편 외국인 교관을 국내로 초빙할 경우, 많은 비용은 들지만 학습 대상이 확대되며, 전습생의 교체가 용이하다는 점을 언급했다. 미즈노는 현시점에서는 유학생을 파견하는 것보다 외국에서 교사를 초빙하는 편이 효과적임을 역설했다.[53]

이후 나가사키에 네덜란드 교관을 초빙하여 배우는 국내 전습 개시를 택하게 된 것은 막부 내 논의에서 미즈노의 의견이 채택되었기 때문일 것이다. 그러나 전습 개시 이후에도 유학생 파견 논의는 지속적으로 제기되었다. 그 논의를 시간순으로 검토해 보자.

먼저 1856년(安政3) 5월의 동향에 대해 검토해 보자. 나가사키 전습에

---

51) 앞의 사료, 『講武所』, 114·169쪽.
52) 앞의 사료, 『幕末外国関係文書』 7권, 193쪽.
53) 앞의 사료, 『幕末外国関係文書』 7권, 272쪽.

참가중이던 가쓰 가이슈에게 에도에 있던 오카다 신고타로가 1856년(安政3) 5월 14일에 보낸 편지에는 에도에서 제기된 간죠가타의 유학 반대론의 논거가 나열되어 있다. 유학 반대파의 주된 논거를 구체적으로 살펴보면, 첫째 전원 무사히 살아서 돌아올 수 있다는 보장이 없다는 점, 둘째 사망자가 발생했을 경우 책임소재 문제, 셋째 국가 기밀이 누설될 수 있는 우려, 넷째 유학처 선정 문제, 다섯째 이교도[邪教] 신자가 될 우려였다.[54)]

다음으로 1856년(安政3) 8월에 로쥬 아베가 해방괘에게 내린 지시서[覚]를 보면 유학에 대한 아베의 입장이 잘 드러나 있다.

> 증기선 운용 및 여러 전습을 위해 나가사키에 네덜란드인을 불러 전습을 받을 자를 파견하였으나, 나가사키는 지역 나름의 특색·관습이 있어 여러모로 어려운 점이 많으며, 다양하게 수업을 받기도 어려우며, 배우는 사람들도 시간이 지날수록 향수병 때문에 힘들어 하는 경우가 생겨 수업에 집중하기 어렵다. 항해술 등의 훈련은 처음부터 연소자, 건장한 사람을 선발하여 총감독 등 일동을 바타비아[55)]로 파견하여 배우게 하면 각오하고 떠난 이상 항해술을 비롯한 여러 수업에 충분히 집중할 수 있을 것이다. 유학에 대한 폐해만을 걱정한다면 걱정 거리가 끝이 없으며, 언제까지나 지금처럼 두려워하고 움직이지 않고 그대로 있으면 실력을 늘릴 수 있는 기회는 없을 것이다. (찬성·반대) 논의만 할 것이 아니라 전습생을 바타비아에 파견하는 하는 편이 좋을지, 그 경우의 장·단점을 논하여 보고할 것.[56)]

아베의 유학생 파견 찬성논법을 요약하면, 나가사키에서 시행 중인 전습은 지역의 기존 관습 및 학생들의 향수병 문제 등으로 폭넓고 집중적인

---

54) 앞의 사료, 『来簡と資料』, 243~244쪽.

55) 원문표기는 咬口留 吧, 자카타라의 음차, 네덜란드어 Jacatra. 자카르타(인도 자바섬의 항구도시)의 네덜란드 식민지 시기의 명칭.

56) 앞의 사료, 『幕末外国関係文書』 14권, 907~908쪽.

수련에 한계가 있으므로 항해술 등 집중 훈련을 목적으로 처음부터 연소하고 건장한 사람을 뽑아 해외로 파견하는 편이 효과적이라는 것이었다. 또한 밑줄 친 부분에서는 유학 파견시 생길 수 있는 폐해만을 염려해 결단하지 못하면 시일만 낭비하는 것이 된다며 조속한 결단을 내리고자 하는 아베의 심정도 읽을 수 있다.

아베의 지시에 대한 답서로 확인되는 의견서는 다음에 인용한 1856년(安政3) 10월 5일에 제출한 나가이의 상신서가 유일하다. 그 내용은 "나가사키 전습은 매년 막대한 비용이 들고 외국 선박이 입항할 때마다 (전습 담당) 통사 등도 그쪽 업무로 동원되며, 특히 전습 참가자들이 향수병으로 힘들어 해수업에 지장이 생기기도 하며, 도항 경력이 있는 사람이 없어 추측에 근거한 통역이 되어 오역이 적지 않습니다. 유학생을 파견하여 배워 오게 하면 외국 정황도 직접 견문할 수 있게 되므로 외국 사무를 다루는 데도 도움이 될 것입니다"[57]라고 주장하였다. 즉, 나가이는 거액의 투자 비용에 비해 효율이 떨어지는 나가사키 전습의 한계를 거론하며, 유학생 해외 파견안을 적극 지지하는 의견을 제출했던 것이다.

그렇다면 이후의 논의는 어떤 식으로 진행되었을까? 1856년(安政3) 10월 28일에 로쥬가 해방괘에게 내린 지시서[覚]가 주목된다.

> 바타비아에 전습생을 파견하는 것에 대해 장·단점을 논하여 의견을 올린 것을 검토한 결과, 각각 一理가 있는 의견이지만, 해군창설[海軍御創業] 문제는 언젠가 외국과의 통로를 열고 왕래할 시기가 도래할 것이므로, 외국으로 건너가는 것은 지금까지는 국법으로 엄격히 금지해왔지만, 현재 시모다에 외국 관리가 체재할 정도로 바뀌었고(미국총영사 해리스 체재 지칭-필자보충), 더 늦어지기 전에 시대 추세에 맞추어 개혁함이 마땅할 것이다. 그 외에도 (유학생을 파견하면) 여러 가지 이점이 있을 것이므로 앞으로 바타비아로 전

57) 앞의 사료, 「長崎傳習小記」, 62~63쪽.

습생을 파견하는 것으로 할 것이다. 나태해지는 일이 없도록 우선 5년 정도의 연한을 한정하여, 그 기간 동안 외국 종교[邪教]에 물들지 않도록 감독을 철저히 하고, 외국인과의 대화법 및 교제법 등을 숙지시켜 도항에 필요한 절차를 조속히 조사할 것. 단, 인물의 선정방법 및 숙지시켜야 할 내용 등은 아래의 내용을 참조하되 이에 대한 의견을 다시 제출할 것.

[触書案] 나가사키에 네덜란드인을 불러 증기선운용 등의 전습을 지시하였으나 국내에 한정되어 충분한 수업이 이루어지기 어려운 면이 있기에 항해 등 諸術 연구를 위해 뜻이 있는 사람 중에 5년 정도를 기한으로 잡아 바타비아에 파견하도록 선발할 것.[58]

위 사료의 내용은 기본적으로 유학생 파견에 대한 로쥬 아베의 입장을 밝힌 것이지만, 그와 동시에 '해군' 정책에 대한 아베의 생각이 엿보이는 내용이기도 하다. 즉, 각종 폐해를 우려하여 유학을 반대하던 간죠가타의 논리를 반영하여, 파견연한을 정해 각종 감독을 철저히 하고 사전에 대화법 및 교제법 등도 철저히 숙지시켜 각오가 된 사람들을 파견하고자 했던 것이다. 한편 밑줄 부분을 보면, 외국과의 왕래를 당연시하는 시대가 올 것으로 인식하고 이에 대비해 더 이상 늦어지지 않기 위해서라도 종래의 국법을 바꿔 해외 파견을 실행해야 하며, 시대적 추세에 대한 대비책의 하나가 '해군' 인재 양성으로 연결된 논리가 주목된다.

위의 로쥬의 지시에 대해 각 부서에서는 어떤 반응을 보였을까? 문서상으로 확인되는 자료는 다음에 제시할 1858년(安政5) 2월 6일 나가이가 로쥬에게 올린 상신서가 유일하다. 다만, 그 사이의 정황에 대해서는 가쓰가이슈가 오카다 신고타로에게 보낸 서신에서 간접적으로 짐작할 수 있다. 예를 들면, 1856년(安政3) 12월 18일 서한에서는 "이전부터 여러 번 건의한 유학 건은 이미 나가이도 동의하고 상신서도 올린 것으로 아는데

58) 앞의 사료, 『幕末外国関係文書』 15권, 197~198쪽.

어떻게 진행되고 있는지요. 별다른 소식은 없는 건지요?"[59]라는 언급이나, 1857년(安政4) 2월 23일 서한에서 "유학 건에 대해서 여러 部局에서 (시행하기 어려운 안건으로) 엄격하게 언급한 듯 하며, 아무런 답변도 없는데 어찌 진행되고 있는지요?"라는 내용을 볼 때 몇 번의 논의는 있었지만 유학생 파견이 실행되는 쪽으로 의견이 모아지지 않는 분위기였던 것으로 보인다. 순조롭게 진행되지 않는 분위기 속에서 1858년(安政5) 2월 6일 나가이가 로쥬에게 올린 의견서를 살펴보자.

> 해군관련 여러 수업[海軍諸業傳習]은 제작년 이후로 전체적인 대강은 학습했지만, 막대한 비용을 투입한 것에 비하면 충분한 성과를 거두었다고 보기는 어렵습니다. 그래서 숙고한 결과, 언젠가 에도 주변으로 옮기는 편이 성과가 진척될 것으로 생각합니다. 하지만 에도로 옮기기에는 난점이 존재하므로 현재로서는 나가사키에 그대로 존속시키는 편이 좋다고 봅니다. 자세한 것은 제가 에도로 돌아가면 말씀드리겠습니다. 해군관련 여러 기술을 빨리 습득하기 위해서는 작년 10월에 말씀드린 바와 같이, 네덜란드로 유학생을 파견하는 것이 상책일 것입니다. 하지만 이를 실현하기 위해서는 네덜란드 정부와의 조율도 필요하며 행정적 절차도 복잡합니다. 그런데 지금 마침 네덜란드 상선이 나가사키에 입항해 있으므로 유학생 파견을 실행할 의사가 있으시다면 나가사키 부교에게 지시를 내려 주시면 상관장에게 그 의사를 전달하고, 상관장을 통해 네덜란드 상선 편을 통해 본국 정부측에도 의향을 알려 신속히 일이 진행될 수 있을 것으로 사료됩니다.[60]

위 사료에는 나가이가 품은 이상적인 '해군' 전습상이 응집되어 있다. 먼저 나가사키에서 수업에 한계가 있는 현재 실태를 언급하며 전습 장소

59) 앞의 사료, 『書簡と建言』, 36쪽.
60) 앞의 사료, 「長崎傳習小記」, 73쪽.

를 에도로 이전하여 본격적인 전습을 행하고, 당분간은 나가사키에서도 병행해서 진행하며, 일부 학생을 해외로 파견하여 고도의 기술을 습득하게 하고자 하는 방안을 제안했다. 나가이는 학습자에 따라 그룹별로 세 가지 패턴을 동시에 병용하는 형태로 학습의 효율을 높이며 전문성을 확대하고자 기획했던 것으로 보인다. 선행연구에서는 에도에서 군함조련소를 開所하면서 학습형태가 '교관초빙방식'에서 '유학방식'으로 전환을 시도한 것이라는 지적도 있지만,[61] 적어도 나가이가 생각한 학습 방침은 나가사키 전습의 포기 및 전환이 아닌, 나가사키 전습 존속·유학생파견·에도 군함조련소 개시의 세 가지 과업의 병용을 목표로 한 것이었음을 위 사료를 통해 확인할 수 있다.

그러나 세 가지 패턴 병용식 '해군' 강습의 확충을 제안한 나가이의 의견은 막부 내에서 동의를 얻지 못했다. 나가사키 전습 존속과 에도 군함조련소 개설이라는 두 가지 과제는 힘겨운 논의 끝에 1857년(安政4) 5월에 동의를 얻어내고 실현되지만, 유학생 파견은 계속된 반대에 부딪힌다. 로쥬 아베는 나가이의 의견에 상당 부분 동의하면서도 막부 내부의 전체적인 의견 조정에서 "결정 못하는"[62] 아베의 정치적 성향으로 인해 좀처럼 결실을 맺지 못했다. 난항을 거듭하다가 "아베 마사히로 사망(1857(安政4).6.17-필자 보충) 후에는 (막부 내 사무처리가) 더욱 늦어지면서"[63] 결국 안세이 연간에는 유학생 파견은 실현되지 못했다.

5. 맺음말

이상으로 '해군' 전습 시행 논의를 중심 소재로 막부 내 정책결정과정

61) 앞의 책, 『幕末期軍事技術の基盤形成』, 179쪽.
62) 앞의 사료, 『来簡と資料』, 104쪽.
63) 앞의 사료, 『幕末外国関係文書』 16권, 691~692쪽.

에 관여하는 핵심 정치 주체들의 견해 차이 및 시대 정황에 대한 인식을 검토했다.

이들의 입장 차이를 간단히 정리하면, 나가사키부교를 역임했던 미즈노 다다노리와 간죠가타의 핵심권력이었던 마쓰다이라 지카나오는 쇼군이 거주하는 에도성과 근접한 에도만 내해까지 이국선이 침범하는 상황에 대해 위기의식을 갖고 종래의 해안방어력 수준이 아닌 서양식 군함과 대포의 보유하여 해방력을 강화하는 것을 당대의 우선 과제로 인식했다. 이러한 시세에 대한 인식과 해방력 강화의 필요성에서 '해군' 전습의 일시적 실시에도 동의했다. 하지만 그 '해군' 교육 방침에 대해서는 전문적이고 장기적인 교육이 아닌 技能 습득을 위주로 한 단기간의 실시를 목표로 설정해 유학생 파견 및 전습 사업 확대에 대해서는 강하게 반대하거나 소극적 입장을 표방했다.

한편 나가이 나오무네는 '해군' 창설과 확장 사업에 가장 적극적인 인물이었다. 그 근저에는 "해군을 부국강병책의 하나"[64]로 생각했기 때문으로 보인다. 나가이는 본격적인 서양식 해군 제도의 도입과 조직적 개혁, 전문 교육기관 설립과 장기적 투자, 해외 유학생 파견을 주장하며 병용을 주장했다. 해방괘 메쓰케가타은 기본적으로 나가이의 의견에 동의하는 입장을 취해, 제번도 해군 강습에 적극적으로 참가하게 하여 '해군 강습' 확산을 통한 전국적인 해안방어력의 강화를 중시했던 것으로 보인다. 다만, 메쓰케가타은 '해군'을 별도의 독립 조직이 아닌 육군 중심의 강무소의 산하 조직 정도로 인식했던 것으로 보인다.

또한 로쥬 아베 마사히로는 '해군' 사업 확장에 대해 적극적인 개혁파(나가이 및 메쓰케가타)와 소극·신중파(미즈노·마쓰다이라) 사이에서 비교적 중립적인 입장을 취해왔다. 그러나 1857년 제2차 아편전쟁(애로호 사건)의 소식을 접하면서[65] 위기의식이 한층 고조되었고, 급변하는 시대

64) 앞의 사료, 『来簡と資料』, 107쪽.

적 추세에 대한 대비책의 하나가 '해군' 사업의 지속과 확장에 있다는 견해를 분명히 표하는 방향으로 바뀐 것으로 보인다. 이러한 아베의 입장 변화는 해외 유학생 파견과 에도의 군함조련소 전습 개시에 대해서도 동의했던 것을 통해 확인할 수 있다.

이처럼 나가사키에서 실시된 '해군' 전습 교육방침을 둘러싼 막부 핵심 인사들의 입장은 동상이몽 상태였으나, 시대적 상황에 대해서는 더 이상 '해군' 준비를 늦출 수 없다는 위기감은 공유하고 있었던 점이 주목된다. 이러한 절박한 위기의식의 공유가 이례적인 '해군' 전습을 시행할 수 있게 한 결정적인 배경이었을 것이다. 또한 '해군' 전습의 실시 목적이 서양식 해군체계의 즉각적인 도입이 아니라 해안방어체계 강화를 위한 군사적 수요가 컸다는 점은 학습 요구사항에서도 드러났다. 즉, '해군' 전습의 주된 학습 방향은 군함조종술 수련보다 육상의 보병·포병 훈련에 치중한 것이었다. 안세이 연간 나가사키 '해군' 전습은 육상의 퇴격 및 수비에 중점을 둔 海防에서 후대의 근대식 海軍으로 이행을 준비하는 첫 시도이자 근세에서 근대로의 개막을 알리는 개혁의 첫 걸음으로 볼 수 있겠다.

---

65) 앞의 사료, 『幕末外国関係文書』 15권 참조. 네덜란드 상관장 쿠르티우스를 통해 애로호 사건의 경위와 일본의 대책 마련이 시급하다는 조언을 받고, 막부 내에서 여러 자문회의가 행해졌다. 로쥬의 유학안에 대한 동의도 이러한 일련의 흐름 속에서 내려진 결정이었던 것으로 보인다.

일본수산지의 편찬 배경과 과정에 대하여

서 경 순

1. 머리말

1868년 메이지 정부는 근대화를 목표로 모든 체제에 대한 개혁을 신속하게 추진하였다. 개혁의 단초는 무엇보다 이와쿠라사절단(岩倉使節團)[1]의 구미파견을 들 수 있다. 정부 수뇌부를 비롯하여 107명으로 구성한 대규모 사절단이 1년 10개월(1871. 12~1873. 10)에 걸쳐 구미 12개국을 순방하고 돌아왔다. 처음 방문했던 미국에서 미리 분야별 조사팀을 구성한 후 순방 국가의 정치·사회·교육·경제·법률·군사 체제 및 철도 등 선진 체제 및 산업시설 등을 견학하였으며, 이를 基底로 이토 히로부미를 비롯한 정부 수뇌부들을 주축으로 하여 서구화 체제로 혁신하였다.[2]

근대는 수산물에 대한 유용성이 확인되면서 구미 각국에서는 수산만국박람회가 개최되는 등 수산에 대한 관심이 고조되던 시기였다. 메이지 정부 또한 서구화 체제에 따라서 만국박람회에 참가하였고 수산분야에서는 책임사무관이 파견되어, 물고기 인공부화법, 포경법, 編網機械·통조림 기계 등 구미의 수산 관련 최신 정보와 더불어 선진기계들이 일본으로 도입

1) 岩倉使節團은 특명전권대사 岩倉具視 및 木戸孝允(桂小五郎)·大久保利通·伊藤博文·山口尚芳의 副使 4명의 정치수뇌부를 비롯하여 공무원 및 유학생 등 총 107명으로 구성되어 1881년 12월 23일부터 1873년 10월 13일까지 약 1년 10개월에 걸쳐 미국을 비롯한 유럽 여러 국가에 파견된 사절단이며, 파견목적은 불평등 조약 개정 협상과 구미 선진국의 견학 및 우호친선이었다.

2) 田中彰, 『明治維新と西洋文明』, 岩波新書, 2003, 6~7쪽.

되는 등 수산의 가치를 인식하게 되었다. 일본은 메이지시대 이전만 해도 수산물은 주로 식용과 비료 등으로 활용되었다. 그러나 만국박람회 견학을 계기로 수산물 활용의 다양성 및 국가 재원의 큰 비중을 차지한다는 사실에서 국가적인 차원에서 수산진흥사업을 추진하였다. 먼저 행정개편을 실시하여 농상무성 산하에 수산국을 두었으며, 국내수산박람회 개최, 수산예찰조사 실시, 수산조사소 설치 및 수산조사위원회를 조직하여 사업을 보다 체계화하였다. 수산진흥사업의 최대과제는 수산물 해외수출 극대화였다.

민간에서도 일본 최초의 수산단체인 대일본수산회가 결성되었으며 더욱이 이 단체는 정부의 허가를 얻어서 수산전습소(이후 수산강습소로 개편)라는 일본 최초의 수산전문교육기관을 설립하여 수산인재를 육성하기에 이르렀다.

그러나 일본의 각 연안의 사정은 남획으로 인하여 점차 고갈현상이 심화되어갔다. 이에 농상무성은 '수산자원보전'을 중요 과제로 삼고 금어 혹은 산란 보호 등 '수산보호번식정책'을 실시하였다. 당시 번식은 거액의 재정지출을 수반하는 인공적 시설 및 장치를 갖춘 양식이 아니었고 자연상태에서 수산 생물의 번식을 보호한다는 것이었다. 즉 1890년대까지는 비용이 많이 드는 수산 고도화 정책이 아니라, 돈을 들이지 않고 최대의 권업적 효과를 기대한 '수산보호번식정책'을 우선으로 하였다.[3)]

이 정책은 농상무성의 주도하에 각 府縣에 전달 실시되었다. 그리고 수산자원보전을 위하여 전통적 생산기술(어업 및 수산제조법)의 재정립을 구축한다는 측면에서 전국적인 검토가 이루어졌다.[4)] 일본수산지 편찬사업은 이러한 농상무성의 일련의 사업과 연동하여 이루어졌다. 일본수산지는 『日

3) 高橋美貴, 「近代前期における水産資源の「保護繁殖」政策」 『國立歷史民俗博物館研究報告』 第87集, 2001, 170~172·180쪽. 당시 일본정부는 1877년 서남전쟁의 여파로 인하여 국가 재정위기에 있었다.

4) 위의 논문, 169쪽.

本水産捕採誌』·『日本水産製品誌』·『日本有用水産誌』 3부작을 말하며[5] 먼저 『일본수산포채지』가 간행되었다. 이 서적의 서문에 "수산관계자들 중 필수서적으로 요구하는 사람이 많아서 간행하게 되었다"[6]는 수산국장 도케 히토시(道家 齊)의 언급에 따르면 일본수산지는 당시 으뜸가는 '수산실무서적'으로 각광받았던 사실을 말해준다.

그러나 현재 일본수산사 연구분야에서 일본수산지 3부작의 성립 과정 및 그 내용을 구체적으로 다룬 연구는 없다. 본고에서는 농상무성에서 실시했던 '해외무역극대화사업'과 '수산보호번식정책' 속에서 이루어진 일본수산지의 편찬 사업 및 수산정책에 대하여 살펴보고자 한다.

2. 일본수산지의 편찬 배경

1) 수산행정기관의 설치

일본은 바다로 둘러싸인 지형적인 특성으로 원시시대부터 수산물을 식용 또는 약용 등으로 많이 이용하였다. 메이지 시대에 이르러서 수산물 공급 및 해외수출품에 관심이 더욱 고조되었다. 일본에서 수산이란 용어를 공식적으로 사용한 것도 바로 이 시기이다. 1877년 内務省 勸農局에 水産系가 설치된 이후, 농무국 수산과(1881), 대일본수산회(1882), 수산박람회(1883), 수산전습소(1888) 등 점차 수산이란 용어가 일반화되었다.[7] 수산 행정 부서는 수산전문교육기관 설립, 국내 수산박람회의 개최, 수산 계

5) 『日本水産捕採誌』 서문의 凡例에는 "『日本水産捕採誌』는 『日本水産製品誌』와 『日本有用水産誌』와 함께 '일본수산지'의 하나이다"라는 언급이 있다. 즉 '일본수산지'는 『日本水産捕採誌』·『日本水産製品誌』·『日本有用水産誌』 3부작을 말한다.

6) 農商務省 水産局, 『日本水産捕採誌』, 水産書院, 1911, 序<수산국장 도케 히토시(道家 齊)의 서문>.

7) 松井 魁, 『書誌学的水産学史並びに魚学史』, 鳥海書房, 1983, 3쪽 ; 黑田一紀·山川卓, 「水産の語源と水産学のはじまり」, 日本水産学会誌 84(6), 2018. 700쪽.

몽을 위한 수산전문 관료들의 지방순회강연 등 여러 분야에서 수산진흥 사업을 추진하였다. 메이지 신정부가 수립된 이후 수산행정기관의 설치 및 개편사항은 〈표 1〉과 같다.[8)]

〈표 1〉 메이지 시대 수산행정기관 개편사항(메이지 10년~메이지 30년)

개편 연도	행정 기관	구성
明治 10년(1877) 12월	내무성 근농국 수산계 신설[9)]	
明治 13년(1880) 3월	수산과 승격	4掛(調整, 漁撈, 採藻, 養殖)
明治 14년(1881) 4월	농상무성 농무국 수산과	5掛(調整, 漁撈, 採藻, 繁殖, 試製)
明治 18년(1885) 2월	농상무성 수산국으로 승격	4課(漁撈, 製造, 試驗, 庶務)外 수산진열소, 기타 시험장 설치
明治 23년(1890) 6월	농무국 수산과로 감등	
明治 30년(1897) 6월	수산국 부활	2課(漁政, 水産)

수산 행정업무는 1880년부터 1885년 사이에 뚜렷한 변화를 보인다. 특히 1881년 식산흥업 전담 관청인 농상무성이 신설되면서 농무국에 수산과를 두었다. 1885년에는 농무국 수산과를 수산국으로 승격시켜 수산 업무 범위를 확대하였다. 오쿠 쇼우스케(奧 青輔)[10)]가 초대 수산 국장으로 임명되고, 아래로 차장 소메가와 히토시(染川 濟) 그리고 技師 세키자와 아케키요(關澤明淸), 그 외 사무원 및 기수 30여 명이 임용 조직되었다. 수산국 설치는 일본수산사에서는 중요한 의의가 있었던 것으로 평가된다.[11)]

8) 大日本水産会, 『大日本水産会百年史』 前編, 1982, 42~43쪽 ; 片山房吉, 『大日本水産史』, 有明書房, 1983, 56·78·97~98·112쪽.

9) 1874年 内務省에 설치된 勧業寮(殖産興業의 전담 부서)가 1877년 1월 勧農局이 되었고, 1881년 農商務省 수산국으로 승격되었다(フリ - 百科事典『Wikipedia』)

10) 본고에 기록된 人名 가운데 한자의 음을 정확하게 알 수 없는 인명은, 편의상 『日本人名地名辭典』(P. G. O'Neill, John Weatherhill Inc. 1972)을 참조하였다.

11) 片山房吉, 『大日本水産史』, 有名書房, 1983, 177~178쪽.

수산국으로 승격되기 2년 전, 대외적인 상황을 잠시 살펴보도록 하자. 1883년 朝日通商章程이 체결되면서 조선의 함경도·강원도·경상도·전라도 연해에서 일본 어부의 어로활동이 합법화되었다. 이어서 1889년 韓日通漁章程을 비롯한 장정(조약)이 체결되면서 일본 어부들의 조선 연해의 활동무대 또한 확장되었다. 1892년에는 수산국장, 세키자와 아케키요(關澤明淸)를 단장으로 한 조사단이 조선에 공식 파견되어 약 100일에 걸쳐서 조선연해를 조사하고 돌아가 1893년 '조선연안정보지'라고 할 수 있는 『朝鮮通漁事情』[12)]을 간행하였다. 그리고 수산국 기사(기수 포함)들의 조선연안조사는 계속 이어져 다양한 '조선연해조사보고서'가 간행되었다.[13)]

일본정부가 일본 어부에 대한 '조선연해 출어장려'를 본격화한 것은 무엇보다도 조일 간 체결된 장정(조약)이 계기가 되었다고 할 수 있지만, 이외에도 1890년 일본 정부가 재정곤란에 따른 긴축정책을 실시한 점,[14)] 일본 연해가 남획 및 공업화 가속 등의 원인으로 황폐화되어 실업 어부가 급증하자 이에 대한 구제 방안을 수산자원이 풍부한 조선 연해에서 모색하고자 했던 점 등이 큰 이유라고 할 수 있다.[15)]

1897년 6월 관제 개정(칙령 제183호)에 따라 수산국이 다시 부활하여, 후지타 시로(藤田四郎)[16)]가 수산국장으로 임명되었으며, 漁務課과장 마츠

---

12) 1893년 10월 간행된 『朝鮮通漁事情』(關澤明清·竹中邦香 공저)에는 1892년 11월~1893년 3월 초(약 100일)까지 조선연해의 경상도·전라도·강원도·함경도·충청도·경기도의 어업상황 및 일본 어부의 조선연해 출가 인원수, 어선수, 어획물의 종류 및 제조 그리고 판로에 대한 조사와 아울러 通漁規則을 비롯한 여러 규칙 등이 기록되어 있다. 竹中邦香은 『日本水産捕採誌』의 편찬담당자 중 1인이다.

13) 서경순·이근우, 「『한국수산지』의 내용과 특징」 『인문사회과학연구』 20-1, 2019, 128쪽.

14) 大日本水産会, 『大日本水産会百年史』 前編, 1982, 42~43쪽.

15) 서경순·이근우, 「『한국수산지』의 내용과 특징」 『인문사회과학연구』 20-1, 2019, 128쪽.

16) 1885년 동경제국대학법학부 졸업 후 외무성 출사,1892년 농상무성 참사관, 1893년 농무국장, 1895년 수산조사회 위원, 1897년 4대 수산국장 역임, 어업법 제정,

자키 쥬조(松崎壽三)]와 水産課[과장 시모 게이스케(下啓助)[17]], 2課가 설치되었다.[18]

또한 내각총리대신 이토 히로부미(伊藤博文)와 농상무성대신 에노모토 다케아키(榎本武揚)에 의해 칙령 제49호가 발포된 후 고베에서 제2회 수산박람회가 개최되었는데 이 박람회는 일본 수산발달사의 한 획을 그을 정도로 큰 성과가 있었다는 평가를 받고 있다.[19]

같은 해 3월에는 수산전습소가 폐지되고 이를 계승한 수산강습소가 설치되었다. 초대소장은 농상무성 수산국장인 후지타 시로가 겸임하였으며, 技師 마츠바라 신노스케는 감사로, 그리고 수산과장 시모 게이스케와 어무과장 마츠자키 쥬조는 수산강습소 교수를 겸임하였다.[20]

이외에도 해외무역 극대화를 위하여 수산국의 기사(기수 포함)가 중국(淸國) 및 사할린 등 해외로 파견되어 현지 수산조사를 실시하는 등 수산조사의 범위를 점점 확대해 나갔다.

수산 행정의 중심 기관인 농상무성은 수산진흥사업의 연장선에서 일본수산지 편찬을 추진하였다. 편찬사업을 수행한 인력 또한 농상무성 소속의 수산 전문가들이다.

2) 萬國博覽會 참가

메이지 정부는 1873년 개최된 오스트리아 빈 만국박람회 참가를 시작

원양어업장려법 제정에 참여(大日本水産会, 『大日本水産会百年史』 前編, 大日本水産会, 1982, 116면).

17) 1895년 농상무성 어용계로 수산국 근무, 1898년 수산과장, 1911년 수산강습소 소장(1889년 수산전습소 창립위원), 저서는 『水産總覽』 『露領漁業沿革史』 『水産回顧錄』 등이 있다(『大日本水産会百年史』(1982) 前編, 119쪽 인용).

18) 片山房吉, 『大日本水産史』, 有名書房, 1983, 112·183~184쪽.

19) 片山房吉, 『大日本水産史』, 有名書房, 1983, 501쪽.

20) 片山房吉, 『大日本水産史』, 有名書房, 1983, 708~709쪽.

으로 유럽 각국의 만국박람회에 매회 참가하였는데, 수산분야에서도 출품과 함께 관료급 담당자가 파견되었다.

최초 참가하였던 빈 만국박람회에는 총재, 사노 쓰네타미[21]를 비롯하여 수산분야는 다나카 요시오[22]와 세키자와 아케키요[23]가 수행원으로 파견되었다. 이들은 견학을 통하여 유럽의 인공부화법 정보를 입수하는 한편 편망기계를 일본으로 들여와서 어망 대량생산의 기반을 마련하였다.

1876년 미국 합중국 건국 100주년 기념으로 개최된 필라델피아 만국박람회에도 수산분야에서는 다나카와 세키자와가 파견되었다. 세키자와는 연어 인공부화법과 연어·송어 통조림 제조에 관한 진공화 기술을 습득하고 돌아와 송어 양식을 착수하는 한편 인공부화사업을 추진하였다.[24] 또한 홋가이도에 통조림 시험장을 설치한 후 미국 기사를 초빙하여 기술

21) 佐野常民(사노 쓰네타미, 1823~1902), 정치가, 일본 적십자사 창시자(1877년 博愛社를 설립하여 1887년 일본 적십자사로 개칭), 추밀고문관, 농상무대신, 대장경, 원로원의장 역임. 1873년 오스트리아 빈 만국박람회에 참가한 것이 계기로 일본 근대화에 공헌하여 "博覧會男(박람회 남자)""라는 별명을 얻었다.

22) 田中芳男(1838~1916), 박물학자, 물산학자, 농학자, 원예학자, 男爵, 信濃國下伊那郡飯田中荒町(現,長野縣)에서 출생, 메이지시대 上野公園을 설계(2대 박물관장 역임)하였고, 동물원, 식물원 구상하였다. 일본 박물학의 개척자이며, 「博物館」이란 명칭을 만들었다. 1867년 파리 만국박람회, 1873년 빈 만국박람회 등에 참가하였다. 元老院議官·貴族院議員·대일본산림회회장·일본원예회 부회장 역임 등 일본 식산흥업 지도 및 기초 박물학 보급에 주력하였다. '일본수산지' 3부작(1886~1895)의 총괄책임을 맡았던 인물이다.

23) 關澤明清(1843~1897)는 幕末~明治期 近代水産 선구자 및 지도자, 加賀金澤藩 출신, 蘭学을 배웠고, 藩命으로 英国 留学, 귀국 후 메이지 정부의 水産官僚(水産技師)가 되었다. 農商務省 技師, 日本에서 최초 송어 人工孵化에 성공, 미국식 巾着網에 의한 정어리(멸치) 어획법, 미국식 近代捕鯨法 시도, 駒場農学校長·初代水産傳習所長·東京農林學校教授 등 역임.

24) 일본의 통조림 효시는 명치2년(1869) 나가사키현 松田雅典이 프랑스인 쥬리에게 罐詰製法을 말로 전해 듣고[口授] 실제 실험하였고, 또는 수입품을 모조하고 그리고 그 자신이 궁리한 것이 있다 이것이 일본 통조림의 효시였다고 한다(片山芳吉, 「大日本水産史」, 有明書房, 1983, 54쪽).

을 습득하였다.[25)]

1878년 파리 만국박람회에서는 통조림 기계를 일본으로 들여왔다. 처음에는 지바현(千葉縣) 조시(銚子)에 설치하고 시험하였는데 별 성과를 보지 못하자, 통조림기계는 수산전습소로 옮겨져 학습용으로 활용되었다. 이후 통조림 제조기술이 점점 향상되어 해외 수출용 및 군수용으로 보급되는 등 일본의 통조림 사업 발달에 크게 기여하였다.[26)]

1879년 독일 수산박람회는 수산국 사무관이었던 마츠바라 신노스케(松原新之助)와 당시 독일에서 유학 중이던 무라타 다모츠(村田保)의 일화가 유명하다. 무라타가 박람회를 견학하고 마츠바라를 만나서 일본은 수산물이 풍부한 국가인데도 구미와는 비교할 수 없을 정도로 박람회 출품수가 적은 데다가 수준 또한 매우 부진한 안타까움을 호소하였는데 이를 공감하고 있던 마츠바라와 서로 뜻이 통하였던 것이다. 이날 두 사람은 장래 일본의 수산진흥을 위해 의기투합하였는데 실제 귀국한 후에 두 사람은 민간이 참여하는 수산단체인 대일본수산회를 조직하는 데 적극적인 노력을 하였다. 이 수산조직체는 '독일수산회'를 견본으로 하였다. [27)]

무라타는 수산 분야와 관련이 없는 메이지 정부의 신법률 제정 분야의 관료이자 정치가였다. 베를린에서 개최된 만국수산박람회 참가를 계기로 수산의 중요성을 절감하면서 수산 분야에도 많은 공헌을 하였다. 1882년 대일본수산회 설립에 노력하였을 뿐만 아니라, 1888년에는 어장 분쟁과 남획 문제에 대처하기 위하여 어업권 등의 어업법안을 제출하였다. 1889년에는 수산전습소 소장으로 취임하였으며, 1894년 청일전쟁 때는 보불전쟁에서 프로이센이 승리할 수 있었던 것 중 하나가 통조림이었다는 사실에서 통조림을 대량 제조하여 군부에 보내기도 하였다. 그리고 1896년

25) 二野瓶德夫, 『日本漁業近代史』, 株式會社 (株)平凡社, 1999, 102~103쪽.

26) 片山房吉, 『大日本水産史』, 有名書房, 1983, 533~534쪽 ; 二野瓶德夫, 『日本漁業近代史』, 株式會社 (株)平凡社, 1999, 103쪽.

27) 片山房吉, 『大日本水産史』, 有名書房, 1983, 534쪽.

에는 일본 근해에 출몰하는 외국 어선에 대항하기 위하여, 원양어업 보조금 법안을 의회에 제출하는 한편 수산박람회 개최안을 제출하여 이듬해 고베에서 제2회 내국수산박람회가 개최되었으며, 1897년 원양어업장려법 또한 공포되었다. 그리고 이해(1897년)에 지속적으로 청원하여 수산국을 부활시키는데 기여하였다. 1897년은 수산진흥 사업의 규모가 급속도로 확대되면서 수산전습소를 관립기관으로 확장할 것을 의회에 건의하여, 관설 수산강습소로 거듭나게 되었다.

무라타는 법률 분야의 관료였지만 수산물 가치에 주목하면서, 대일본 수산회 결성, 수산 관련 법률 제정, 관영 수산강습소 설립 등 수산진흥을 위하여 다방면에 크게 기여하였다.

3) 大日本水産會 결성

메이지 정부의 근대화 정책에 따라 大日本農會(1881. 4. 5)·大日本山林會(1882. 1. 12)·大日本水産會(1882. 2. 12)가 설립되었다. 이 조직체는 농상무성의 大輔(차관) 시나가와 야지로(品川彌二郎)가 “국가의 번영과 인민의 복지를 증진하는 데는 무엇보다 먼저 원시산업(1차산업)의 발달을 도모하는 데 있다”고 주창한 것을 근거로 설립되었으며, 시나가와 야지로는 세 단체에서 모두 초대 간사장을 맡았다. 대일본수산회의 경우는 농상무성의 수산 행정 담당관들이 간부로 선출되었으며, 독일 어업조합제도를 도입하였다.[28] 그리고 민간에서 수산진흥에 깊은 관심을 갖고 있던 나가이 요시노스케(永井佳之輔)[29]를 비롯한 지역 유지들의 적극적인 협력이 있었다.

---

28) 大日本水産会, 『大日本水産会百年史』 前編, 1982, 39~40쪽.

29) 永井佳之輔(生年生没年不詳), 1880년 東京 水産社를 설립하고 편집장 中尾直治와 民間 第1号(일본 최초 수산잡지) 『中外水産雑誌』를 동년 7월 창간하였고, 1882년 大日本水産會의 최초 발기인 중 한사람이다.

1882년 2월 일본 최초의 수산단체, 대일본수산회가 설립되었다. 고마츠노미야 아키히토(小松宮彰仁)[30] 친왕을 회두(이후 총재로 개칭)로 추대하였고, 간사장은 위에서 언급한 대로 시나가와 야지로[31]가 맡았다. 농상무성의 技師·技手 중에서 간사 또는 의원으로 선출하는 등 근대수산 지식을 갖춘 인재를 학예사로 촉탁하였다. 회원은 일본 전역에서 모집하였다. 대일본수산회의 초대 임원 구성은 〈표 2〉와 같다.[32]

〈표 2〉 대일본수산회 초대 임원

구 분	임 원
발기인	永井佳之輔, 中尾直治, 山本由方, 蜂谷昌勝, 宍戸隼太, 河村幸雄
회두(총재)	小松宮彰仁
간사장	品川彌二郎
간사	池田榮亮, 關澤明淸, 益田孝, 丸山作樂, 松原新之助
의원	眞崎健, 河村幸雄, 宍戸隼太, 小花作助, 伊庭想太郎, 柴原武雄, 山本由方, 松尾吉郎, 南部義籌, 河野雄次郎, 成嶋謙吉[33], 吉田次郎

〈표 2〉에서 확인한 바와 같이 대일본수산회 초대 임원의 구성을 보면 회두(총재)를 비롯하여 정부 관료들이 많이 포함되어 있다. 초대 간사장,

30) 小松宮彰仁(1846~1903), 왕족, 1890년 육군 대장 승진, 국제친선을 목적으로 1886년 영국, 프랑스, 독일, 러시아 등 유럽 각국 방문, 1902년 영국 국왕 에드워드 7세의 대관식에 메이지 천황의 대리자격으로 참석하였다. 일본 적십자사, 대일본수산회, 대일본산림회·大日本武徳會·高野山興隆會 등 각 단체의 총재를 역임하였다.

31) 品川彌二郎(1843~1900), 정치가, 1870년 독일·영국 유학, 内務大書記官, 内務少輔, 農商務大輔, 駐獨公使, 宮内省御料局長, 樞密顧問官 등을 역임, 大日本水産會第一次幹事長(初代会長, 재임기간 1882.2.12.~1886.4.26.), 大日本水産會, 大日本農會, 大日本山林會의 3단체에서 모두 간사장을 겸임하였다. 1884년 子爵이 되었다.

32) 片山房吉, 『大日本水産史』, 有名書房, 1983, 1029쪽 ; 大日本水産会, 『大日本水産会百年史』 前編, 1982, 32~33쪽.

33) 『大日本水産史』에는 成嶋謙吉로, 『大日本水産会百年史』에는 成島謙吉로 기록되어있다.

시나가와 야지로는 1881년 농상무성 少輔[34]였는데 1882년에 大輔로 진급한 인물이며, 간사 중 1879년 독일 수산박람회에서 무라타 다모츠와 일본 수산진흥을 위해 의기 투합했던 수산국의 마츠바라 신노스케, 그리고 일본 당대 최고의 수산전문가로 평가받는 세키자와 아케키요가 있다. 또한 의원 중에는 『日本水産製品誌』의 편찬담당자인 야마모토 요시카타가 있다. 야마모토는 대일본수산회의 발기인 중 1인이며, 당시 농상무성의 기사였다.

대일본수산회의 제1~7차 간사장 내역은 다음과 같다.[35]

〈표 3〉 대일본수산회 간사장(제1~7차)

구 분	성 명	취 임
1차초대 간사장	시나가와 야지로(品川彌二郞)	1882년 2월
2차 간사장	요시다 키요나리(吉田清成)[36]	1886년 4월
3차 간사장	야나기 나라요시(柳楢悅)[37]	1888년 4월
4차 간사장	무라타 다모츠(村田保)[38]	1891년 1월
5차 간사장	다나카 요시오(田中芳男)[39]	1896년 3월
6차 간사장	무라타 다모츠(村田保)	1900년 6월
7차 이사장 회장	마키 나오마사(牧朴眞)[40]	1909년 4월

34) 메이지정부 관청인 각 省에서 次官의 下位職에 해당하며 少輔의 상위가 大輔이다.

35) 片山房吉, 『大日本水産史』, 有名書房, 1983, 1031~1032쪽 ; 大日本水産会, 『大日本水産会百年史』 前編, 1982, 34~35·503쪽(1차, 4차의 취임된 月의 기록이 달라서 본고에서는 『大日本水産史』의 기록을 기준으로 했다).

36) 吉田清成(1845~1891), 幕末 薩摩藩士, 명치시대, 外交官·農商務官僚, 1865年 영국·미국 유학하여 航海學을 배웠지만 이후 政治学·經濟學을 수학했다. 1887年 子爵을 수여받은 후 같은 해 元老院議官이 되었으며, 다음해(1888) 추밀원 고문관이 되었지만 병으로 사망(47세), 현재 「吉田清成文書」는 京都大学 日本史研究室에 보관되어 있다.

37) 柳 楢悅(1832~1891), 일본 해군(최종 계급: 해군소장), 和算家(수학자), 측량학자,

〈표 3〉을 살펴보면 간사장이라는 직책이 7차부터 이사장 회장으로 명칭을 변경하였다. 이것은 대일본수산회가 1909년에 사단법인이 된 것과 관계가 있다.

제7차 회장인 마키 나오마사(牧朴眞)는 1928년 5월까지 장기간에 걸쳐서 회장직을 역임하였으며, 같은 해 회장직을 사임하였지만 동시에 부총재로 취임하였다.[41)]

정치가, 長崎海軍傳習所에 파견되어 네덜란드式 航海術을 배워 西洋 數學에 기초한 측량술을 습득하였다. 메이지시대 영국 해군과 공동 해양측량을 한 경험을 바탕으로 일본에서 해양측량의 제일인자로 일본 연안을 측량하고 해도를 작성을 하여 현재도 "日本水路測量의 아버지"로 불린다. 1882年 大日本水産會 창립에 주력하였고 명예회원으로 추대되었으며 1888년 元老院議官, 1890년 貴族院議員이 되었다,

38) 村田 保(1842~1925), 명치시대 法制官僚, 정치가, 元老院議官, 貴族院勅選議員, 수산전습 2대 소장, 大日本水産會 副総裁·大日本塩業協會 初代會長·大日本缶詰業連合會初代會長 역임, 1871~1873년 영국 유학(형법), 1880~1881년 독일 유학(行政裁判法, 憲法, 自治, 刑法)후 귀구하여 후 일본의 民法, 商法, 民事訴訟法 등 법률 제정을 담당, 독일 유학 당시 구나이스트와 베를린에서 개최된 만국수산박람회에서 일본의 수산 자원 문제점을 지적한 것이 계기가 되어 일본의 수산진흥을 위하여 '독일수산회'와 같은 기관인 대일본수산회가 설립하게 되었을 당시 어업법률 학예위원으로 촉탁되었다. 1889年 수산전습소 소장, 1894年 청일전쟁 시에는 군부에 통조림 제조 납품, 1896년 일본 원양어업에 대한 보조금 요청안을 제출하였고, 1897年 遠洋漁業奨励法이 공포되었다. 1895年 水産調査会会長, 1896年 제2회 수산박람회 심사관장, 1898年 염업조사회 회장, 1912年 韓国併合記念章을 수여받았다.

39) 田中 芳男(1838.9.27.~1916.6.22.), 박물학자, 물산학자, 농학자, 원예학자, 男爵, 명치시대 동물원·식물원을 구상하였고, 「博物館」이란 명칭을 만들었으며, 우에노 박물관 2대 박물관장, 元老院議官·貴族院議員·대일본산림회 회장·일본원예회 부회장 등을 역임하였으며, 일본의 식산흥업 지도 및 기초 박물학 보급에 주력하였다. 파리(1867)·빈(1873)·미국 필라델피아(1876) 등 만국박람회에 참가하였으며 1886년 '일본수산지' 기획 편찬의 총괄책임을 맡았다.

40) 牧 朴真(1854.4.26.~1934.4.29.), 일본 관료, 정치가, 실업가, 県知事, 衆議院議員, 1898년 11월 農商務省 수산국장, 大日本水産會 理事長, 日本缶詰協會長, 大日本水産工芸協會長, 大日本水産會 副総裁 등 역임하면서 수산업 진흥에 주력했다.

41) 片山房吉, 『大日本水産史』, 有名書房, 1983, 1032쪽 ; 大日本水産会, 『大日本水産

대일본수산회의 간사장은 대부분 농상무성 수산국(수산과)의 국장(과장)이 겸임하였는데 이것은 이 조직체가 단순한 민간수산단체가 아니라 정부가 관할했던 반관반민단체라는 사실을 말해준다.

더욱이 대일본수산회의 총재로 추대되었던 고마츠노미야 아키히토 친왕의 경우는 왕족이다. 청일전쟁 시에는 征淸大總督을 지냈으며, 영국 에드워드 7세 대관식에는 메이지 천황의 대리인으로 참석하여 일본 황족의 전면에 내세웠던 인물이었다. 이와 같이 대일본수산회는 수산 관련 조직체으로서 사회적인 영향력과 응집력 또한 발휘할 수 있었던 막강한 조직체였다.

4) 內國水產博覽會

일본의 수산 발달사에서 빼놓을 수 없는 것은 '내국수산박람회'이다. 제1회는 1883년 도쿄 우에노 공원에서, 제2회는 1897년 고베에서 각각 개최되었으며 농상무성 수산국(수산과)에서 주관하였다.

제1회 수산박람회는 1883년 3월 1일부터 6월 8일까지 개최되었으며, 입장료는 2錢[42]이었다.[43]

수산박람회 주요 취지는 일본 각 지역에 남아있는 어구와 어법 그리고 수산물의 제조법, 양식법 등의 실물조사였다. 그리고 우수한 것을 선정하고 좀 더 보완한 후 다소 뒤떨어진 지역에 보급하여 전국적인 수산진흥을 도모하고자 하였다. 총책임자(간사)는 농상무성의 대서기관이었던 다나카 요시오(田中芳男)였다. 출품을 제1구에서 제4구로 나누고, 1구역 세키자와

会百年史』 前編, 1982, 35쪽.

42) 1880년 쌀 1되 가격이 평균 10.5錢(현재는 약 10,000원)이다. 입장료는 쌀 1되 가격의 1/5에 해당된다〈참고:http://sirakawa.b.la9.jp/Coin/J077.htm-明治~平成 値段史〉.

43) 片山房吉, 『大日本水産史』, 有名書房, 1983, 494~495·500쪽 ; 〈水產博覽會規則〉 제1조·제2조의 내용이다.

아케키요((關澤明淸), 2구역 마사키 타케시(眞崎健), 3~4구역 마츠바라 신노스케(松原新之助)가 각 구역의 심사부장으로 임명되었으며 총괄 심사장은 다나카 요시오가 맡았다.

총 출품의 14,581건 중에서 1등 2건, 2등 15건, 3등 76건, 4등 168건 모두 261건이 선정되었다. 수산박람회의 포상수여식에는 메이지천황이 직접 행차해서 격려했을 정도로[44] 당시 메이지 정부의 중요 행사 중 하나였다는 것을 알 수 있다.

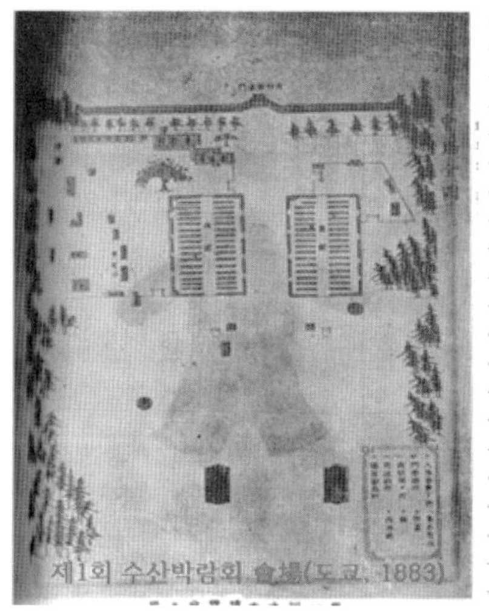

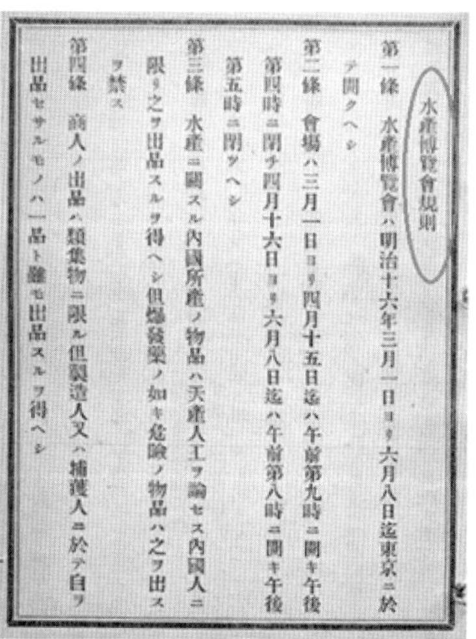

水產博覽會規則

第一條 水產博覽會ハ明治十六年三月一日ヨリ六月八日迄東京ニ於テ開クヘシ

第二條 會場ハ三月一日ヨリ四月十五日迄ハ午前第九時ニ開キ午後第四時ニ閉チ四月十六日ヨリ六月八日迄ハ午前第八時ニ開キ午後第五時ニ閉ツヘシ

第三條 水產ニ關スル內國所產ノ物品ハ天產人工ヲ論セス內國人ニ限リ之ヲ出品スルヲ得ヘシ但爆發藥ノ如キ危險ノ物品ハ之ヲ出スヲ禁ス

第四條 商人ノ出品ハ類集物ニ限ル但製造人又ハ捕獲人ニ於テ自ラ出品セサルモノハ一品ト雖モ出品スルヲ得ヘシ

〈그림 1〉 제1회 수산박람회 會場 그리고 수산박람회 규칙

그리고 1897년 고베에서 개최된 제2회 수산박람회는 제1회보다 월등하게 진보되었다. 총재는 그대로 고마츠노미야 아키히토(小松宮彰仁)친왕이었으며, 부총재는 오쿠마 시게노부(大隈重信)외 총 6명이 추대되었다.

44) 片山房吉, 『大日本水産史』, 有名書房, 1983, 57·498~499쪽 ; 大日本水産会, 『大日本水産会百年史』 前編, 1982, 46쪽.

전체 운영은 무라타 다모츠(村田保), 후지타 시로(藤田四郎), 마츠바라 신노스케(松原新之助), 시모 게이스케(下啓助) 등이며 농상무성에서 주관하였다.

출품분야는 1)어업, 2)제조, 3)양식, 4)교육학예 및 경제, 5)기계기구, 6)水生동물[水族] 등 6개로 나누고 부문별 심사부장을 두었는데 1)·2)의 심사부장은 제1회 수산박람회에서 총책임을 맡았던 다나카 요시오였다. 출품은 1)어업 10,257건, 2)제조 31,246건, 3)양식 203건, 4)교육 학예 경제 3,534건, 5)기계 기구 779건, 6)水生동물 229건이며, 관청에서 출품한 658건을 포함하여 총 46,906건이었다.[45] 제1회 박람회와 비교하면 3배 이상이나 증가하였다.

수산박람회가 종료되면 각 부현의 관계 공무원은 농상무성으로부터 출품에 대한 평가 및 지도를 받은 후 이를 보완한 새로운 어업지·수산지·어구도해·수산도해 등을 간행하여 부현의 수산진흥에 도움이 되도록 수산관계자에게 보급하였다.

5) 水産傳習所(이후 수산강습소)

수산진흥사업이 고조되면서 수산물의 해외수출개척 및 수출품 확대에 초점을 맞추기 시작하였다. 해외수출시장 개척에는 수산물의 제품개량도 필요하지만 해외 구매자의 기호품과 해외무역품의 기준 및 적합성 등의 사전 지식이 필요하였다. 이에 근대수산교육기관 설립의 시급성이 주창되자 대일본수산회에서 1888년 11월 29일 농상무성으로부터 수산전습소의 설립 인가를 받은 후, 이듬해 1월 20일 농상무성 소관의 木挽町厚生舘[46]

45) 片山房吉, 『大日本水産史』, 有名書房, 1983, 510~513쪽.

46) 최초 1881年 1月 東京府 안에 설립된 明治會堂인데 당시 제일의 강연전용장소였다. 1884년 후생관으로 개칭되면서 木挽町에 있었던 것에서 木挽町厚生舘으로 불렀다고 한다.

내에 수산진열소를 임시 教場으로 하여 수산전습소 개소식을 거행하였다.[47] '水産傳習所規則' 제1조에 "본소는 어로, 제조, 번식(양식) 및 이에 관한 학문을 가르치고 학술을 실업 상에 응용하도록 하는 것을 목적으로 한다"는 수산전습소 설립 목적이 명기되어 있다.

또한 '大日本水産會水産傳習所事務規定' 제1조에 "수산전습소는 대일본수산회에 속한다"고 명기하여 대일본수산회가 관할한다는 것을 알렸다.[48] 초대소장은 농상무성 수산국장이었던 세키자와 아케키요(關澤明淸)가 겸임하였으며, 교사진은 농상무성의 기술관 및 대일본수산회의 학예위원[49] 그리고 농학·법학·농예화학·이학·공학·약학 분야의 박사 및 농학사로 구성되었다.

수산전습소의 최초 교육과정은 1년[(豫科(3개월), 本科(9개월))으로 정하여 예과에 해당하는 제1기 과목은 수산물의 구별, 제조, 번식(양식), 어로대한 기초 학문, 물리학, 화학, 地文學, 기상학, 경제학 등이며, 본과에 해당하는 제2기~제4기 과목은 제조과, 번식(양식)과, 어로과, 기상 地文, 어업경제 등이었다. 보충과목으로 영어·수학·부기·예체능 등이 있었다.[50]

그러나 1년 과정으로는 '수산전문인력양성'이 어려웠다. 그래서 그해에 1년 반(예과 6개월, 본과 1년)으로 늘렸지만 또다시 1891년 6월에 2년(예과 1년, 본과 1년)으로 연장시켰으며, 이수과목을 추가하여 필수적으로 2회 이상 양식(번식), 제조 현장 학습을 실시하였다.[51]

---

47) 이근우, 「수산전습소의 설립과 수산교육」 인문사회과학연구, 11-2, 2010, 110~112쪽 ; 片山房吉, 『大日本水産史』, 有名書房, 1983, 628~629쪽 ; 加藤正誼, 『大日本水産会水産伝習所沿革』, 大日本水産會水産傳習所, 1892, 1·3·6·15쪽.

48) 加藤正誼, 『大日本水産会水産伝習所沿革』, 大日本水産會水産傳習所, 1892, 3쪽.

49) 대일본수산회 학예위원은 대부분 농상무성의 技師와 技手이다.

50) 이근우, 「수산전습소의 설립과 수산교육」 『인문사회과학연구』 11(2), 2010, 115쪽 ; 片山房吉, 『大日本水産史』, 有名書房, 1983, 643~644쪽, 加藤正誼, 『大日本水産会水産伝習所沿革』, 大日本水産會水産傳習所, 1892, 3·5~6·8·12~13쪽.

51) 이근우, 「수산전습소의 설립과 수산교육」 『인문사회과학연구』 11(2), 2010, 117쪽.

수산전습소의 최초(1회) 입학생 수는 63명(1889년)이며 졸업생 수는 49명(1890년)으로 약 78%였다. 그런데 제1회(1889년)부터 제13회(1897년)까지 총 입학생 수는 954명인데, 총 졸업생의 수가 442명으로 입학생의 수에 비하여 극히 적다. 그 원인을 찾아보자. 수산진흥사업의 범위가 확장되었지만 수산전습소의 재정은 적자 경영이 되어서 1897년 3월 수산전습소를 폐교하였다. 그러나 재학생 283명〈제11회(1895년) 154명, 제12회(1896년) 68명, 제13회(1897년) 46명, 수산과 교원양성 15명〉은 모두 수산전습소를 승계한 수산강습소에 이적시켰다. 이 재학생 283명을 합산하면 총 졸업생 수는 약 75%에 해당되는 셈이 된다.[52] 〈표 4〉는 수산전습소 졸업생의 취업현황을 조사한 것이다.[53]

〈표 4〉 수산전습소 졸업생의 취업현황

自營	회사 상회	조합	관청	수산 강습소	수산 시험장	수산 학교	기타 학교	외국(在外)		사망	미상	계
								실업	기타			
117	55	13	97	15	59	12	1	3	14	49	18	442

졸업생의 취업 비중이 가장 높은 것은 자영업이며, 자영업과 회사(상회)를 합하면 약 40%가 된다. 취업 수가 많은 이유는 『大日本水産會水産傳習所沿革』에서 그 해답을 찾을 수 있다. 첫 면에 "일본의 수산진흥을 위해서는 각 지역의 수산 實業者(또는 그 자녀)들이 근대 수산을 익히는 것이 우선이며 이를 위해서 수산전습소의 설치가 급선무다"는 기록이 있다.[54] 이에 따르면 당시 수산전습소의 입학생 중에는 수산 實業者, 특히 대일본

52) 片山房吉, 『大日本水産史』, 有名書房, 1983, 652~653쪽 ; 加藤正誼, 『大日本水産會水産傳習所沿革』, 大日本水産會水産傳習所, 1892, 35~36쪽.

53) 片山房吉, 『大日本水産史』, 有名書房, 1983, 653쪽 ; 이근우, 「수산전습소의 설립과 수산교육」 『인문사회과학연구』 11(2), 2010, 135쪽.

54) 加藤正誼, 『大日本水産會水産傳習所沿革』, 大日本水産會水産傳習所, 1892, 1쪽.

수산회의 회원(또는 자녀)들이 많았을 것으로 추정되며 이들은 졸업 후에 자신이 운영하는 실업 분야(자영, 또는 회사)로 복귀하였을 것이다. 또한 이들 외에도 대부분이 수산 분야로 진출하였으며, 특히 조선으로 건너와서 수산업에 종사하거나, 조선 주재 관청 또는 수산단체에 소속된 공무원도 있다. 제1회 졸업생 중 이하라 분이치(庵原文一)는 통감부 수산과장으로 1908년에 『한국수산지』 편찬 사업에서 총괄 책임을 맡았으며. 다른 편찬담당자들도 거의 수산전습소(또는 수산강습소) 출신들이었다.

1897년 3월 22일 칙령 제47호에 따라 수산전습소를 계승한 수산강습소는 농상무성 소관의 수산조사소에 부설되었다. 그리고 강습소는 수업연한을 3년으로 늘려서 3학년은 어로, 제조, 양식 중에서 한 과목을 전공해야만 했다. 그리고 강습소에 별도의 現業科[55]를 설치하여 實業者 또는 그 자녀들의 취학 편의를 제공하였다. 연구과를 설치하여 졸업생의 이수 과목 연구를 도왔는데, 수업기한은 1년 이내로 한정하였다.[56]

수산전습소는 반관반민단체인 대일본수산회에서 관할하였지만 수산강습소는 농상무성에서 관할하였다. 즉 국가교육기관으로 거듭났다. 소장은 농상무성 수산국장이었던 후지타 시로(藤田四郎)가 겸임하였다.[57] 이렇게 근대 수산교육이 이루어지면서 수산전문 인력들이 배출되었으며, 이들은 다시 전국의 수산발전에 기여하였다.

---

55) 本科는 어로과, 제조과, 양식과로 이루어져 있으며, 現業科는 巾着網, 遠洋漁業, 통조림[罐詰], 節類, 魚油沃度 등 실기를 위주로 하는 교육으로 수업은 1년 이내이다. 『大日本水産史』, 片山房吉, 有名書房, 1983, 672·677쪽.

56) 片山房吉, 『大日本水産史』, 有名書房, 1983, 653~654쪽.

57) 片山房吉, 『大日本水産史』, 有名書房, 1983, 652~654쪽 ; 農林省水産講習所, 『水産講習所一覽』, 1928, 2쪽. 후지타 시로는 앞에서 언급한 농상무성의 농무국장(1893년 수산조사소 소장 겸임)이었는데 1897년 수산국이 부활하면서 수산국장이 되었다.

3. 수산 조사 시행

1) 水產豫察調査

1888년 4월 15일 농상무성 수산국에서는 구미 각국에서 시행되는 수산과 관련된 제반 사항을 참고하고 우선 學理에 근거한 국내 수산조사를 결정하였다. 조사방법은 일본 해역을 북해도를 제외하고 5海區로 나누고 1차 예찰조사를 한 다음 2차 본조사를 실시하기로 하였다. 예찰조사는 장기간에 걸쳐서 해역의 지세, 해저의 지형, 지질, 潮流, 어획물의 종류, 생태, 어장, 어획방법 등 각 해역 생물의 종류 및 성질, 효용, 발육 시기, 이동, 卵子, 魚兒, 질병, 어구, 어법 등 수산물 및 어업 상황 등을 조사하였다.

그런데 1890년 예찰조사가 한참 진행중이었을 때 수산국이 농무국 수산과로 강등되는 일이 생겼다. 그래서 예찰 조사는 농무국으로 인계되었지만,[58] 1892년에 『水產調査豫察報告』 10권을 간행하였다. 그러나 수산통계가 불완전하여 수산조사항목 및 樣式 등을 일정하게 갖추어서 1893년 3월 말까지 다시 특별조사(훈령 제33호)를 실시한 다음 1894년에 그 결과물을 도청 및 부현에 하달하였다. 또한 하달 사항 중에서도 중요 사항만을 골라 7개의 항목(①수산업자, ②수산업에 관한 토지 및 어획기간·계절, ③어선 및 어구, ④어획 및 제조, ⑤판매, ⑥수산업 경제, ⑦어장 및 해조류 채취장소)으로 분류하고 이를 100여 개의 항으로 정리한 『水產事項特別調査』(1894)를 간행하여 수산관계자들에게 배부하였다.[59] 예찰조사는 일본수산지의 바탕이 되었다.

일본 해역 수산예찰조사 순서는 〈표 5〉와 같다.[60]

---

58) 片山房吉, 『大日本水產史』, 有名書房, 1983, 226·227~228·230쪽.

59) 片山房吉, 『大日本水產史』, 有名書房, 1983, 230~231쪽.

60) 片山房吉, 『大日本水產史』, 有名書房, 1983, 228~230쪽.

〈표 5〉 일본 해역 수산예찰조사

5海區	조사 범위	조사 기간	담당 조사원
西南海區 中央部	沖繩縣, 鹿兒島縣, 宮崎縣各全管下.	1888. 4. 24~ 1888. 11. 18.	松原新之助(農商務省 技師) 和田義雄(農商務省 技手)
西南海區 東部	高知縣, 德島縣各全管下 大分縣, 愛媛縣·兵庫縣 內.	1888. 4. 15~ 1888. 7. 14	柏原忠吉(農商務省 技手)
西南海區 西部	熊本縣, 長崎縣, 佐賀縣各全管下 福岡縣 內.	1888. 4. 15~ 1888. 9. 11	山本由方(農商務省 技手)
內海區	瀨戶內海	1889. 6~11월 (2회 실시)	松原新之助(農商務省 3等 技師)
東海區	和歌山縣, 三重縣 紀伊國에서 志摩國까지)	1890. 12. 13~ 1891. 2. 14	松原新之助(農商務省 3等 技師:非職)
	三重縣 伊勢海, 愛知縣·靜岡縣 下	1891. 5. 27~ 1891. 8. 16	奧健藏(農商務省 技師試補)
	神奈川縣 下	1891. 6. 11~ 1891. 7. 8.	栗崎平太郞(農商務省 技手 見習)
	神奈川縣, 東京府, 千葉縣 下, 東京灣.	1891. 10. 30~ 1891. 12. 24	岸上鎌吉(農商務省 技師)
	千葉縣 外海 東部, 茨成縣 下	1891. 2. 6~ 1891. 3. 26	和田義雄(農商務省 5等 技手:非職)
	福島·宮城·岩手·青森 4縣 下	1890. 8. 9~ 1891. 1. 22	山本由方(農商務省 技手)

2) 水産調査所 설치

1893년 4월 11일 내각총리대신, 이토 히로부미와 농상무대신, 고토 쇼지로(後藤象二郎)에 의해 수산조사소 관제(칙령 제21호)가 공포되고 수산조사소가 설치되었다. 수산조사소의 업무는 다음과 같다(수산조사소 관제 제1조 중에서).[61].

61) 片山房吉, 『大日本水産史』, 有名書房, 1983, 232면, 農商務省, 『農商務省沿革略誌』 第2編, 1892~1905년, 41~42면.

"수산조사소는 농상무대신이 관리하며 다음의 사항을 관장한다.

1) 수산 동물 조사

2) 어구·어선·어법 조사

3) 어장 조사

4) 수산물의 번식제조 및 어로 시험

5) 제염 조사 및 시험

6) 수산물 판로 및 조사

7) 어업경제 및 통계 조사

8) 수산에 관한 관행 조사"

위의 8개 항목은 어업·번식(양식)·제조·경제에 대하여 체계적인 시험조사를 위하여 항목을 설정한 것이다. 이것은 수산전습소의 본과 교육과정〈어로과·번식(양식)과·제조과·어업경제 현장 실습(번식 및 제조는 필수적으로 2회 이상)과 밀접한 관계를 구축하고 있다.

수산조사소의 초대 소장(책임 사무관)은 농상무성 농무국장 후지타 시로(藤田四郎)가 겸임하였다. 그리고 1895년에는 수산조사소 관제(칙령 24호)를 개정하고 전임기술관을 임용 발령하여 보다 완벽한 수산조사시험을 체계화하였다. 당시 수산조사소 조직은 소장, 기사 3명[가네다 기이츠(金田歸逸)·기시노우에 가마키치(岸上鎌吉)·야마모토 가츠지(山本勝次)], 기수 오쿠 겐조(奥健藏) 외 15명 그리고 서기 요시오카 데츠타로(吉岡哲太郎) 외 6명, 모두 25명이다.[62]

〈그림 2〉는 官報 제3827호 78면(1896년 4월 6일)의 기사이다. 이를 통하여 가네다가 1896년 4월 2일 현재, 농상무성 소속 수산조사소 기사로 재직 중이며 급료는 11급봉인 사실을 알 수 있다.

62) 『大日本水産史』, 片山房吉, 有名書房, 1983, 233·236~237쪽. 전임기술관은 技師 중에서 수산 실무 경험이 풍부한 사람을 임명한 것으로 생각된다.

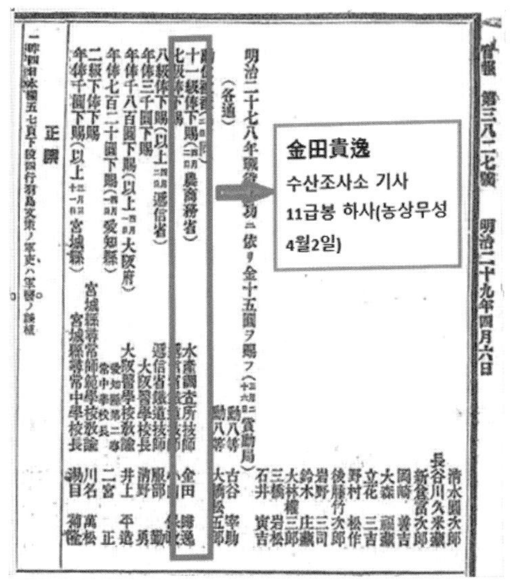

〈그림 2〉 관보 제3827호 78면(金田貴逸 기사)

가네다의 호봉이 비교적 높은 점에서 관료급 기사였던 것을 짐작할 수 있다. 그리고 하나 덧붙이면 11급봉을 하사받은 이해(1896년)는 일본수산지 3부작의 원고가 완성된 그 이듬해이다. 가네다가 농상무성으로부터 11급봉을 하사받은 것은 일본수산지 원고의 완성과도 무관하지 않을 것이다.[63]

수산조사소의 업무는 1893년 설치된 그해에는 앞에서 이미 살펴보았듯이 8개 항목이었다. 그런데 1895년 전임 기술관이 발령되고 업무가 오히려 1개 항목이 축소되었다. 1893년과 1895년 수산조사소의 업무를 비교하여 그 원인을 찾아보도록 하자.〈표 6〉

〈표 6〉에서 제시하였듯이 1893년과 1895년의 수산조사소의 업무를 비교해 보면 1~6의 항목에서는 변화가 없는데, 7~8의 항목에서 1893년의 7과 8의 항목이 1895년에는 1개 항목으로 통합 축소되어 있다. 그러나 업

---

63) 가네다 기이츠(金田歸逸)는 일본수산지의 3부작(1886~1895) 중 『일본수산포채지(日本水産捕採誌)』의 편찬담당자 중 1인이다.

무내역을 보면 "수산물, 수산물 제품, 염전 토양 등의 분석 감정"[64] 즉 1893년의 조사단계에서 1895년에는 분석 鑑定의 단계까지 진보된 것을 확인할 수 있다.

〈표 6〉 수산조사소의 업무

항목	1893년	1895년[65]
1	수산 동물 조사	수산물 조사
2	어구·어선·어법 조사	어구·어선 및 어법 조사
3	어장 조사	어장 조사
4	수산물의 번식제조 및 어로 시험	수산물의 번식, 제조 및 어로 시험
5	제염 조사 및 시험	제염 조사 및 시험
6	수산물 판로 및 조사	수산물 판로 및 조사
7	어업경제 및 통계 조사	수산물, 수산물 제품, 염전 토양 등의 분석 감정
8	수산에 관한 관행 조사	

또한 수산조사소에서는 전임기술관을 비롯한 여러 수산 기사(기수)들이 수산물 시험 조사는 물론이고 부현 수산시험장을 직접 순회해서 수산지식 정보를 홍보하면서 수산진흥에 앞장섰다. 그런데도 1898년 정부의 행정비용(政費)절감정책에 의하여 수산조사소가 폐지되었으며, 모든 업무는 수산국 조사과에 인계되었다.[66]

농상무성에서는 수산조사를 예찰조사와 본조사로 구분한다고 하였는데 예찰조사를 마무리한 이후에 본조사에 대한 기록은 찾을 수가 없다. 다만 예찰조사가 완료된 이듬해(1893)에 농상무성 산하에 수산조사소가 설치되고 이곳에서는 수산물의 조사 시험과 아울러 분석 감정의 단계까

64) 片山房吉, 『大日本水産史』, 有名書房, 1983, 236~237쪽.

65) 片山房吉, 『大日本水産史』, 有名書房, 1983, 236~237쪽, 農商務省, 『農商務省沿革略誌』 第2編, 1892~1905년, 43쪽.

66) 片山房吉, 『大日本水産史』, 有名書房, 1983, 237쪽.

지 견인되었다. 수산조사소의 업무는 예찰조사의 연장선에서 이루어졌다.

그 근거를 들어보자. 우선 수산예찰조사를 주도했던 농상무성 수산국이 진행 중이었던 1890년에 폐지되었지만 그 업무는 같은 농상무성 관할의 농무국에 인계되었다가 1892년에 마무리하였다. 그리고 바로 이듬해(1893년)에 농상무성 소관의 수산조사소를 설치하면서 초대 소장으로 임명된 사람은 바로 수산예찰조사를 인계받았던 농무국장이 겸임하게 되었다. 그런데 1897년 수산국이 다시 부활되자 초대소장이자 농무국장이 수산국장으로 임명된 사실이다. 두 번째는 농상무성 소속의 기사(기수 포함) 특히 전임기술관을 수산조사소로 발령하여 보다 더 체계적인 수산 조사 시험을 실시한 점이다. 이를 종합해 보면 수산조사소의 업무는 수산예찰조사의 연장선에서 실시한 것이다. 필자는 수산조사소의 업무가 곧 본조사에 해당한다고 조심스럽게 주장해 본다. 수산조사소의 조사시험내역은 일본수산지 편찬의 근간이 되었다는 것은 두말할 필요가 없다.

3) 水産調査委員會 운영

수산조사소가 설치되는 동시에 심의기관으로 수산조사위원회를 조직하였다. 책임사무관은 앞에서 언급한 농상무성의 농무국장이자 수산조사소 소장을 겸임하고 있는 후지타 시로(藤田四郎)이며 위원장 및 위원은 체신성의 官船局長·농과 및 이과의 박사학위가 있는 대학교수·해군 대위·중앙기상대 기사·농상무성 참사관 겸 농상무성 서기관 등 각 분야를 대표하는 주요 인물들이 임명되었다. 농상무성에서는 근대 수산의 선두에 있던 세키자와 아케키요 및 수산예찰조사의 주역이었던 마츠바라 신노스케를 비롯한 농상무성 관료들이 포함되어 있으며, 또한 임시위원도 다수 있는데 눈에 띄는 사람은 수산예찰조사 담당자였던 시모 케이스케(下啓助) 등이다.[67] 수산조사위원회 임원은 각 분야에서 지식과 경험을 갖춘 사람들을 발탁하였으며, 농상무대신의 추천을 받은 후 내각에서 임명하였다.

다음은 수산조사위원회의 심의 내용이다.[68)]

1) 수산에 관한 조사 및 시험 사항
2) 조사 및 시험의 위탁에 관한 사항
3) 조사비의 용도
4) 원양어업에 관한 사항
5) 수산업 보호에 관한 사항
6) 기타 농상무 대신의 자문[諮詢]

위의 내용과 같이 수산조사위원회 임원들은 수산조사소의 업무는 물론이고 운영 부분에도 체계적인 심의를 하였다.

4. 日本水産誌 편찬

위에서 살펴본 바와 같이 농상무성 수산국(수산과)에서는 수산진흥을 목표로 행정개편, 대일본수산회 설립, 수산전습소(이후 수산강습소) 창립, 수산예찰조사 실시, 수산조사소 및 수산조사위원회 조직, 내국수산박람회 개최, 부현수산시험장 설치 및 순회강연 실시 등 일본 전 지역에서 대대적인 사업을 전개하였다. 일본수산지 편찬사업은 농상무성 수산국의 일련의 사업의 연장선이다.

일본수산지는 편찬 감독을 맡은 다나카 요시오를 비롯하여 편찬담당자들은 농상무성 수산국의 기사(기수) 또는 관료급들이며, 농상무성의 수산진흥사업에서 적극적으로 활약을 하였다. 또한 이들은 근대학문을 익힌 사

67) 片山房吉, 『大日本水産史』, 有名書房, 1983, 233~236쪽.

68) 片山房吉, 『大日本水産史』, 有名書房, 1983, 232~233쪽 ; 農商務省, 『農商務省沿革略誌』 第2編, 1892~1905년, 42쪽 ; 칙령 제21호 수산조사소 관제의 제3조의 내용이다.

람들로서 수산전습소의 교사를 겸임하며 수산인재육성에도 이바지하였다.

일본수산지는 이들의 축적된 경력에서 잘 다듬어진 문헌으로 일본의 근대수산대백과사전에 해당되며 근대수산사의 중요한 문헌이다.

일본수산지 즉 『日本水産捕採誌』·『日本水産製品誌』·『日本有用水産誌』의 구성 및 편찬담당자들의 경력을 살펴보자.〈표 7〉[69]

〈표 7〉 '일본수산지'의 구성 및 편찬담당자

구 분	편찬담당자	경력/직책	수산전습소(담당과목)
총괄 책임	다나카 요시오(田中芳男)	귀족원의원, 1881년 農商務省 農務局長·1883년 농상무대서기관(제1회 수산박람회 심사장), 1882년 博物館長 역임, 대일본수산회 제5차 간사장(1898~1900)	評議員
『日本水産捕採誌』	가네다 키이츠(金田歸逸)	수산전습소 교사, 농상무성 技師, 수산조사조 기사, 宮城縣 수산시험장 책임자(1899)[70]	漁撈
	다케나카 쿠니카(竹中邦香)	수산전습소 이사 및 교사	水産大意
	나카무라 리키치(中村利吉)	수산전습소 교사,	漁撈
『日本水産製品誌』	야마모토 요시카타(山本由方)	수산전습소 교사, 전 농상무성 技手, 대일본수산회의 발기인, 창립 의원(1차)	漁撈
	가와라다 모리미(河原田盛美)[71]	수산전습소 교사, 농상무성 技手, 대일본수산회 학예사	製造
『日本有用水産誌』	가토 마사요시(加藤正誼)	수산전습소 교사, 농상무성 소속	水産大意
	가시와라 츄키치(柏原忠吉)	수산전습소 교사, 농상무성 기수	英語

69) 『日本水産捕採誌』, 農商務省 水産局, 水産書院, 1911, 凡例.

70) 大日本水産会,『大日本水産会百年史』前編, 1982, 50쪽.

71) 가와라다 모리요시라고도 한다.

'일본수산지'의 편찬 감독을 맡은 다나카 요시오는 일본수산사에서 빠질 수 없는 주요 인물 중 한 사람이다. 박물학자(박물관장 역임)이면서 1881년 농상무성 농무국장을 역임하였으며, 1883년에는 수산국의 대서기관으로 내국수산박람회〈제1회(1883년) 총 책임 간사, 제2회(1897년) 심사부장〉에서 핵심적 역할을 하였으며 대일본수산회의 제5차 간사장을 역임(1898~1900) 하는 등 그의 이력과 공적은 대단하다. 그의 이렇게 수많은 공적의 배경에는 무엇보다 일본 최초의 이학박사된 이토 게이스케(伊藤圭介)[72]의 문하생이었던 점을 들 수 있다. 이토 게이스케는 '데지마네덜란드상관(出島和蘭商館)'에 商館醫 지볼트(Karl Theodor Ernst von Siebold)의 난학교습소에서 식물학을 배웠다. 그리고 이를 토대로 일본에 린네의 분류체계를 최초로 소개하였다. 이토는 본초학·박물학·난학·식물학 등 다방면으로 해박했던 에리트였다. 다나카 요시오는 당대 최고의 지식인이었던 스승에게 다양한 학문을 전수받았으며, 스승을 따라서 에도막부에 출사할 수 있었었던 행운까지 누렸다. 다나카는 스승에게 사사받으며 여러 분야에서 축적했던 학문 그리고 경험을 바탕으로 박물학계는 물론이고 수산분야에서 역량을 발휘할 수 있었던 것이다.

1) 『일본수산포채지』

『일본수산포채지』는 일본 전 지역에 현존하는 어구와 어법을 실제 조사한 후 우수한 것을 골라 어구의 구조와 조작방법, 어업형태 등을 정리하였다. 고문헌부터 최신 정보까지 폭넓게 조사 참고하면서 거의 10년에

---

72) 伊藤圭介(1803~1901), 학자로서 최초 男爵이 된 인물이다. 본초학 박물학 蘭學 수학, 1827년 나가사키에서 지볼트(シーボルト)에게 植物學을 배웠으며, 지볼트에게 얻은 툰베르그(ツンベルク)『日本植物誌』를 기초로『泰西本草名疏』를 저술하였으며, 일본에서 최초 린네(リンネ)의 체계를 소개했다. 1881년 동경대학 교수가 되었고 1888년 일본 최초의 이학박사가 됨.
〈출처: 近代日本人の肖像(https://www.ndl.go.jp/portrait/datas/233.html?cat=30)〉

걸쳐서 완성할 수 있었다. 일본수산지 편찬사업을 착수할 때는 원고가 완성되는 대로 곧바로 간행해서 수산관계자들에게 제공한다고 밝혔지만 원고가 완성되던 해(1895)는 농상무성의 경제적인 사정으로 인하여 편찬되지 못하고 거의 방치 상태로 보관되었다.

1910년이 되어서 水産書院이라는 출판사의 잡지(수산문고)에 일본수산지 3부작 중에서 『일본수산포채지』를 시작으로 간행할 수 있었다.[73)]『일본수산포채지』는 이후에도 3차례나 더 간행되었다.

1910년에는 분철하여 8회에 걸쳐서 간행(1910~1912)되었으며, 두 번째는 1차에 분철된 것을 합본하여 『일본수산포채지』(全)(1912)을 간행하였다. 그리고 이어서 三版(1929), 四版(1935)이 간행되었다.[74)]『일본수산포채지』가 25년에 걸쳐서 4차례나 간행된 점은 당시 수산관계자들에게 수산참고서로 큰 역할을 하였던 것을 알 수 있다.

최초, 8차례로 분철 간행했던 내역은 다음과 같다.〈표 8〉[75)]

〈표 8〉 『일본수산포채지』 간행 내역(수산서원 수산문고)

순서	간행 내역		발행 범위	발행 일자
	구분	세부 내역		
제1차	제1편 그물[網罟]	제1장 총론~제13 鮭曳網	제1편 1~147	1910년 3월 31일
제2차		~ 제12 白魚網	148~288	1910년 10월 8일
제3차		~ 7 鰺網	289~423	1911년 5월 15일
제4차	제2편 낚시어업	제1장 총론~제8 繩器	제2편 1~98	1911년 10월 7일
제5차		~ 제17 黑鯛釣	99~264	1912년 2월 15일
제6차		~ 附言	265~382	1912년 4월 12일
제7차	제3편 특수어업	제1장 扠鈎具類~제23海扇八~尺	제3편 1~126	1912년 7월 10일
제8차		~제8 鱰漬[76)]	129~234(끝)	1912년 10월20일

73) 農商務省 水産局, 『日本水産捕採誌』, 水産書院, 1911, 道家 齊의 序, 凡例.

74) 農商務省 水産局, 『日本水産捕採誌』(全), ㈜水産社, 1935, 末尾의 기록.

75) 農商務省 水産局, 『日本水産捕採誌』 第1~8차, 1911~1913년.

『일본수산포채지』 편찬 담당자는 3명이며, 가네다 키이츠·다케나카 쿠니카·나카무라 리키치(中村利吉)이다. 『일본수산포채지』의 범례에는 "첫째, 본 서적은 그물어업, 낚시어업, 특수어업(雜魚具漁法)의 3편으로 나누어 순서대로 편술한다. 둘째, 당시 일본 전국에서 현존하는 어구와 어법에 대하여 特長을 기술하고 어구의 구조 조작의 방법을 밝힌다. 셋째, 본 서적은 수산서원의 수산문고에 나누어서 게재한다" 등을 밝혀 두었다.[77] 또한 서문에 "전국 각지의 어구·어법·구조운용 등에 대하여 실물을 보고 조사 검토하여 우등과 열등을 가려서 취할 것은 취하고 버릴 것은 버린 후에 개량한 자료를 모은 서적으로서 매우 필수적이다"고 기록하여 본 서적이 수산관계자에게 필수 서적이 된다는 사실을 강조하였다.[78]

편찬담당자 중 가네다는 앞에서도 살펴보았듯이 농상무성 소속의 공무원으로 수산전습소 교사, 수산조사소 기사 그리고 수산시험장 순회강연 등 자국의 수산진흥에 누구보다 열성적인 활동을 하였다. 각 부현 순회활동 이력을 살펴보자. 1893년 후쿠시마현(福島県) 内務部에서 간행했던 『水産講話筆記』(金田歸逸, 河原田盛美 述)에는 후쿠시마의 주요 연안에서 사용하는 그물 및 그 구조와 사용법 그리고 수산물 유용성 등에 대한 기록이 있다. 이것은 『일본수산제품지』의 편찬자 중 한사람인 가와라다 모리미(河原田盛美)와 공동 조사한 것인데 흥미를 끄는 것은 가네다가 福島県 宇多郡 磯部村에서 홍보한 '정어리착박(鰮魚窄粕) 제조과정'에 대한 내용이다. 일본은 예로부터 정어리[79]는 식용보다 농작물(특히 면화)의 비료로 사용하였는데 '정어리착박제조법'이 수산기사들에 의해 알려지면서 정어

76) しいらづけ:대 다발 등으로 해면에 부설물을 만들어 닻 모양의 갈고랑이로 막아 두고 이곳에 모이는 만새기를 어망이나 낚시로 잡는 어업법, 동해(日本海) 각지에서 행하고 있다

77) 農商務省 水産局, 『日本水産捕採誌』, 水産書院, 1911, 凡例.

78) 農商務省 水産局, 『日本水産捕採誌』, 水産書院, 1911, 道家 齊의 序.

79) 일본에서는 정어리류를 이와시로 통칭하고 있지만 우리나라는 정어리, 멸치, 보리멸 등으로 구분하고 있다. 본고에서는 鰮魚를 정어리로 기록한다.

리는 어부들의 효자 생선이 되었다. 그 이유는 정어리에서 추출한 어유를 自家의 등화유로 요긴하게 쓰고, 나머지 찌꺼기를 비료로 쓰면 되기 때문이다. 당시 어촌지역에 전기가 공급되지 않았던 점을 감안하면 '정어리착박'은 어부들의 일석이조의 부가가치를 안겨주었다.[80]

가네다는 '정어리 착박제조처리' 과정을 누구나 쉽게 이해하고 제조할 수 있도록 '정어리착박(鰮魚窄粕)'에 필요한 油水分離箱子 및 착박제조 방법을 간단한 설명과 함께 그림까지 그려놓았다. 가네다가 기록해 둔 제조 방법 및 그림은 다음과 같다.〈그림 3〉

"(정어리)油水分離箱子의 크기는 길이 5척, 폭 2척, 깊이 1.5척 정도이며, 상자 내부는 일정한 크기로 3칸(순서는 왼쪽부터 甲區→乙區→丙區)으로 분리하여 각 분리된 판자의 윗부분에 구멍을 뚫는다.

甲區에 끓인 정어리의 열즙을 부어 넣으면 수분과 오물은 아래로 가라앉고 油分이 구멍을 통하여 乙區로 흘러들어가고 다시 乙區에서 수분과 오물이 가라앉고 유분만이 丙區로 흘러들어간다. 이런 과정을 통해서 충분하게 분리된다. 그러나 이것은 精製油로는 용이하지 않으며, 자가등화용으로 할 때는 다시 온도를 맞추고 '필터(ゴサ)[81]'에 걸러서 하는 것이 제일 간단하다."

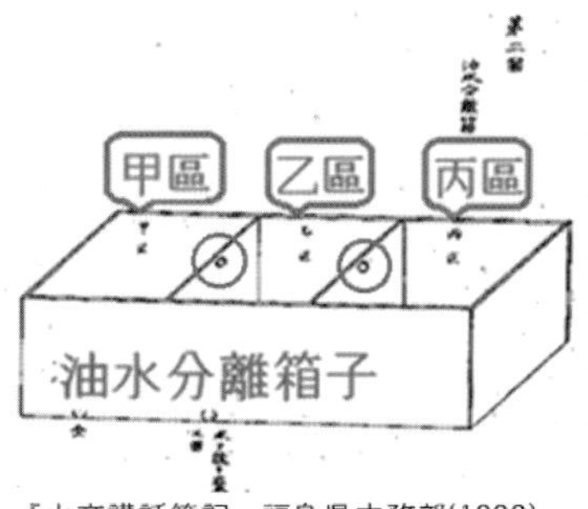

〈그림 3〉 油水分離箱子

80) 金田帰逸, 河原田盛美, 水産講話筆記, 福島県内務部, 1893, 7~8쪽(그림은 8쪽의 뒤의 별지에 있다. 鰮魚窄粕 제조 실험하는 중에 수분과 오물이 혼합되어 기름에서 악취 등의 문제점이 발생하자 그 문제를 해결하기 위하여 油水分離箱子를 간단하게 그린 그림과 함께 사용법을 기록한 것이다.).

81) ゴサ라고 기록되어 있는데 현재의 사전 의미와 부합되지 않는 점에서 여과지에

이밖에도 가네다는 조선 연해를 조사한 사실이 있다. 1897년 '원양어업장려법'이 발포(1898년 실시)되고 농상무성의 원양어업(선박 및 선원) 실태 조사를 실시하였다. 『遠洋漁業奨励事業報告』는 가네다가 1900년에 조선연해 중 함경도·강원도 일대의 지세 및 어장규모, 중요 어종 및 어획물 판매방법, 어선 등에 대한 실태조사를 수행한 결과물이다. 특히 이 보고서에는 조선연해 출어자에 대한 보조장려금 및 지침 내용이 첨부되어 있다.[82] 당시 가네다의 보고서는 조선연해로 출어하는 일본 어부들의 정보지 역할을 톡톡히 하였을 것이다.

다케나카(1834~1896)는 대일본수산회의 발기인 6명 중 1명이자 초대 의원 12명 중의 1명이었다. 또한 수산전습소의 교사였으며 담당 과목은 수산 대의(水産大意)였다.

저서는 1887년 『방남포경지房南捕鯨志』, 1892년 『水産學大義』, 1893년 『조선통어사정』〈세키자와 아케키요(關澤明淸) 공저〉 등이 있다. 다케나카는 수산 분야 만이 아니라 민권운동에서도 잘 알려진 활동가였다. 『일본수산포채지』가 완성된 후 얼마 되지 않아 생을 마감하였다.

나카무라 리키치(中村利吉, ? - 1932)는 당대 최고의 낚시 바늘 전문 제작자였다. 일본 최초로 낚시 바늘을 학문적인 면에서 체계화시켰으며 또한 수산전습소 어로학과에서 낚시바늘 제조기술을 가르쳤다. 저서는 『釣鉤圖譜』·『つり針圖譜』 등이 있다.

『일본수산포채지』는 수산물을 포획하거나 채취하는 데 사용하는 각종 어구를 소개하는 데 그 목적이 있다. 첫머리에서 당시 사용한 그물 종류를

해당하는 필터로 기록하였다.

82) 金田歸逸, 『遠洋漁業奨勵事業報告』, 農商務省水産局, 1903, 1·126~127·139~140쪽. 1883년 朝日通商章程과 1889년 韓日通漁章程이 체결되어 조선 연해의 동해와 서남해에서 일본 어부의 합법적인 어로가 이루어지고 있었지만 청일전쟁(1894~1895)에서 승리하자 '원양어업장려법'을 내세워 조선연해의 지배권을 더욱 강화하고자 한 일본 정부의 시책이라고 할 수 있다.

일정한 기준을 정해서 분류하였는데 이것은 메이지 시대 초기에 기존의 어업 관행이 붕괴되면서 각 어장에서 남획 및 어업 분쟁이 빈번하게 일어난 것과 관계가 있다. 인구의 도시 집중 및 수출 증대의 결과, 수산물 수요가 증가하면서 어민들 사이에서 다양한 형태의 갈등이 일어났다. 정부는 이에 대한 방안으로 남획 금지와 아울러 種川을 지정하여 어자원을 보호하는 한편, 특정 그물에 대한 사용 규제 및 금지책을 내놓았다.[83] 그러나 어민들은 정부가 금지한 그물을 미세하게 변경하고 다른 이름의 그물이라고 주장하면서 계속적으로 사용하였다, 농상무성에서는 이 문제의 해결하기 위해서도 당시 그물의 구조 및 명칭에 대한 기준이 필요했던 것이다.

2) 『일본수산제품지』

『일본수산제품지』는 당시 일본 각지에 남아있는 수산물의 전통 제조방법 중 우수한 것을 선별하여 『和漢三才圖會』를 비롯한 여러 고문서와 「대일본수산회보고」 등의 근대의 수산정보를 참고하여 편찬하였다.

『일본수산제품지』는 수산물을 개량하여 국민의 영양공급과 수산물 수출 확대화를 통하여 국가의 재원을 확보하는 데 그 목적이 있었다.

『일본수산제품지』는 식용품·비료품·공용품·약용품의 4편으로 구성하였으며, 1913년부터 1916년까지 『일본수산포채지』를 이어서 수산서원 출판사의 수산문고 잡지에 간행되었다. 그러나 전체 모두를 간행하지 못하고, 제5차 第一編 食用品 第二章 植物 第一節 乾品類 第三十九 奴麻海苔를 마지막으로 종료되었다.[84] 제5차에 걸쳐 간행되었던 내역은 〈표 9〉와 같다.

---

83) 高橋美貴, 앞의 논문, 180쪽.

84) 『日本水産製品誌』의 전체 분량의 약 2/3정도에 해당된다.

〈표 9〉『일본수산제품지』 간행 내역(수산서원 수산문고)

순서	간행 내역	발행 범위	발행 일자
제1차	총설~제1편 식용품-제1장 동물-제1절 건제품-제3 상어지느러미	1~90	1913년 11월 2일
제2차	~제47 어두魚肚[85]	91~198	1914년 2월 23일
제3차	~제3절 엄장류淹藏類-제7 염장다랑어[鹽鮪[86]]	199~436	1915년 2월 26일
제4차	~제5절 간장류[醬油類]	333~436	1916년 3월 21일
제5차	~제2장 식물-제1절 건품류-제38 奴麻海苔	437~548	1916년 3월 31일

『일본수산제품지』의 범례를 통하여 원본이 1923년 관동대지진으로 소실되었는데 동경 수산사의 직원, 미야자키 겐이치(宮崎賢一)가 등본을 소장하고 있었던 덕분에 1935년 4월 5일 『일본수산제품지』(全)을 간행한다는 사실이 밝혀져 있다.[87]

그런데 『일본수산제품지』는 최초 간행(1913~1916)된 것과 1935년에 간행된 全卷을 대조하면 우선 분량에서 차이를 보인다. 즉 『일본수산제품지』를 처음 간행(1913)할 때의 원고와 1935년 간행할 때의 등본이 서로 같지 않다는 것이다. 더욱이 최초 원고가 완성된 1895년과 1935년는 40년이라는 시대적인 차이가 있다. 40년 동안에 수산물의 기호품 및 주요 수출품 등에 많은 변화에 따른 수정 보완 작업이 이루어졌을 것이다.

『일본수산제품지』의 1913년 최초 간행된 것과 1935년 간행된 것의 목차 변경은 다음과 같다.〈표 10〉

〈표 10〉에서 확인하였듯이 40년 동안에 수산물의 명칭이 변경되거나 항목이 추가 되는 등의 변화가 생겼다. 이에 대하여 1935년 『일본수산제품지』(全)에는 출판사가 서문에서 밝힌 해명이 있다.

85) 용상어·조기 등의 부레를 건조한 식품, 중국 요리에 쓰임.

86) 鮪는 참치를 말함.

87) 農商務省 水産局, 『日本水産製品誌』(全), 株式會社 水産社, 1935, 출판사의 서문[はしがき].

〈표 10〉『일본수산제품지』의 변동 사항

구분	1913~1916 간행	1935년 간행	변경 내용
제1편 식용품-제1장 동물-제3	제3イリコ-1 刺海參	제3イリコ-1 刺參	명칭
제1편 식용품-제1장 동물-	**제3** フカノヒレ	**제4** フカノヒレ	목차 순서
제1편 식용품-제1장 동물-제8 乾鰈	제8 乾鰈-1~3항	제8 乾鰈-1~4항 **4항 菊鰈 추가**	항목 추가
제1편 식용품-제1장 동물--제9 乾鰊1 外割鰊	제9 乾鰊-1 外割鰊	제9 乾鰊-1 分割鰊	명칭
제1편 식용품-제1장 동물-1적 건제품-제1수루메-6 二番鰑의 그림	13면에 그림 첨부	12면에 그림 첨부	그림 형태

"揷圖 중에 원판(등본)이 선명하지 않은 것은 일부 수정하거나 완전히 삭제시켰다."[88]고 하였는데 하나의 예를 들어보자. 본문의 '제1편 식용품-제2장 식물-제1절 건품류-제17 𥗝[89]藻(エゴ)'의 내용이 최초 간행되었을 때는 533면이었는데, 1935년에는 488면에 있다. 즉 분량이 45매 차이가 난다.[90]

『일본수산제품지』의 편찬담당자는 야마모토 요시카다(山本由方)와 가와라다 모리미(河原田盛美)이다.

야마모토는 1882년 대일본수산회의 발기인 중 1명이며, 또한 의원이었다. 농상무성 소속의 수산기수로 수산전습소의 교사를 겸임하였다.

88) 農商務省 水産局,『日本水産製品誌』(全), 株式會社 水產社, 1935, 출판사 서문(はじがき)

89)『일본수산제품지』에는 石+髮는 하나의 한자(𥗝)로 표기되어 있지만 현재의 사전에서 찾을 수가 없다.

90) 農商務省 水産局,『日本水産製品誌』(全), 株式會社 水產社, 1935, 488쪽(최초 간행된『日本水産製品誌』에는 533쪽에 기록). 𥗝藻(エゴ)는 모자반[馬尾藻]의 해초류에 착생하는 해초를 건조한 것이라고 본문에 기술되어있지만 현재, 𥗝藻(エゴ)에 대한 해조류를 찾지 못하였다.

저서로 『清国水産辨解』(1886)가 있다. 중국 수출 증대를 목적으로 중국인의 기호에 맞는 수산물 제조법, 중국의 수산물[魚介苔藻] 및 상업 등을 조사한 서적이다. 야마모토는 이 책에 「日清貿易事情」[91]이라는 제목의 부록을 첨부하여 중국과의 무역에는 무엇보다 광동, 복건, 영파, 상해 등 중국 각 지역 방언을 습득하는 것이 우선이라고 강조하였다. 아마도 야마모토 자신이 중국 현지 조사를 실시하면서 가장 큰 문제점이 언어소통이었던 것을 대변하는 것으로 보인다. 또한 흥미로운 점은 말미에 중국인 소유 창고[漢口清人所有倉庫之圖]와 서양인 소유 창고[漢口河邊西洋人所有倉庫之圖]의 그림이다. 중국인 소유의 보관창고 내부에는 집하된 물품이 없는 반면에 서양인 소유의 보관창고는 집하된 물품이 질서정연하게 빼곡하게 쌓여 있어 빈 공간이 없고, 건축물의 외관에는 계단까지 조성되어 있어 규모가 제법 큰 보관창고라는 것을 짐작하게 한다.[92] 이 그림은 조차지된 상해의 상황을 반영하는 것으로 서양인들이 상해 무역의 주도권을 쥐고 있다는 것을 암묵적으로 보여준다.

그리고 1890년 후쿠이현(福井県)과 1891년 아오모리현(青森県) 등에서 실시한 순회 강연 등이 있다.[93]

가와라다(1842~1914)는 농상무성의 수산기수로 대일본수산회에서는 학예위원으로, 수산전습소에서는 교사를 겸임하였다. 1883년 제1회 내국수산박람회에서 출품 심사관 중 1명이었다. 지방 순회강연으로는 1888년 水産講話筆記(鳥取県農商課), 1889년 水産講話筆記(石川県勸業課), 1893년 水産講話筆記(福島県内務部, 金田帰逸, 河原田盛美 述) 등이 있다.[94]

저서로 『清國輸出日本水産圖說』 上·下(1886)가 있다. 여기에는 일본 수

---

91) 山本由方, 『清国水産辨解』, 農商務省 水産局, 1886, 凡例

92) 山本由方, 『清国水産辨解』, 農商務省 水産局, 1886, 121·141~145쪽.

93) 福井県内務部, 『水産講話筆記』, 1890 ; 青森県内務部, 『水産講話筆記』, 1891.

94) 鳥取県農商課, 『水産講話筆記』, 1888. ; 石川県勸業課, 『水産講話筆記』, 1889 ; 金田帰逸, 河原田盛美, 『水産講話筆記』, 福島県内務部, 1893.

산물 중에 중국 수출품 약 50 종류의 명칭·종류·어채[採収]·제조·산지·산액·유용·수출 판로 등을 조사 정리되어 있다.[95] 이책은 야마모토의『淸國水産辨解』(1886)와 같은 시기에 저술되었다. 즉 야마모토는 중국수출품에 대한 중국 현지 수산 조사를, 가와라다는 자국산 중국 수출품을 각각 조사한 것으로 두 서적은 중국 수출 극대화를 목적으로 조사 저술된 공통점이 있다.

두 사람의 이 서적 내용은『일본수산제품지』의 근본이 되었음은 더 말할 필요가 없다.『일본수산제품지』에 제일 먼저 말린 오징어(鰑)를 시작으로 다음 전복, 해삼, 상어지느러미의 순서로 정리하였는데 이 수산물들은 특히 청국으로 수출한 대표 수산물이다. 각 품목마다 수출품의 형태 및 포장 모습 그리고 어떤 요리에 어떻게 사용하며, 지역별 선호하는 수산물의 종류가 다르다는 사실까지도 기록한 점은 앞의 서적을 바탕으로 하였다는 점을 반영해 준다.[96]

이런 사실들은 당시『일본수산제품지』를 편찬하는 주요 목적이 당시 일본산 수산물의 가장 큰 시장인 중국 수출품에 대한 수산물의 제조방법 그리고 판로 유통을 알리는 데 있었다고 해도 과언이 아니었음을 말해준다.

3)『일본유용수산지』

『일본유용수산지』의 편찬 담당자는 가토 마사요시(加藤正誼)와 가시와라 츄키치(柏原忠吉)이다. 두 사람은 당시 농상무성의 소속으로수산전습소의 교사를 겸임하여 가토는 水産大意를, 가시와라는 영어를 가르쳤다.

그런데『일본유용수산지』는『일본수산포채지』와『일본수산제품지』와 같이 10여 년에 걸쳐서 조사하여 완성된 서적인데도 불구하고 현재 원고

95) 河原田盛美,『清国輸出日本水産図説』上巻, 農商務省水産局, 1886, 凡例
96)『일본수산제품지』1~96쪽.

가 확인되지 않는다. 『일본수산제품지』의 서문에 기록된 '1923년 관동대지진으로 인하여 농상무성에서 보관하였던 『일본수산제품지』의 원본이 소실되었다'[97]는 것을 근거하면 일본수산지 3부작인 『일본수산포채지』·『일본수산제품지』·『일본유용수산지』의 원고는 같은 장소에 보관되었을 것으로 추정되며 관동대지진 때 3개의 원고 모두 소실되었을 가능성이 높다. 『일본수산포채지』와 『일본수산제품지』의 경우는 간행된 적이 있어서 등본이라도 남았겠지만 『일본유용수산지』는 출판사에 가기 전에 원고가 소실되었던 것으로 보인다.

다만 『일본수산제품지』의 범례에 "동식물의 종류·성질 등의 사항은 『일본유용수산지』에 편찬되었으므로 생략한다"[98]는 기록에 따라서 유용수산물의 종류와 성질 등을 조사한 것으로 유추할 뿐이다. 또한 『일본수산제품지』의 범례에 『일본유용수산지』에서 정한 한자를 따르되, 다만 정해지지 않은 수산물에 대해서는 속자를 사용하거나 새로운 한자를 만들어 쓴다는 사실을 기록하였다. 이 사실은 일본수산지 3부작 중에서 『일본유용수산지』가 가장 먼저 원고가 완성된 것을 말해준다. 그리고 수산국에서 『일본유용수산지』에 기록된 수산물의 명칭을 기준으로 삼아서 수산물 명칭을 통일하고자 한 것을 알 수 있다.

메이지 유신 이전에는 일본이 봉건적인 지배구조였고, 국가 전체를 통괄하는 정부는 존재하지 않았다. 그 결과 각종 용어가 통일되지 않은 것이 많았는데 특히 수산물의 경우는 더욱 심각한 상황이었다. 한 물고기에 대해서 엄청나게 많은 방언들이 공존하고 있었는데 이름을 통일하기 위해서는 외형이 아니라 근대적 분류학적 기준이 필요하였던 것이다. 나아가서 일본어로 이름을 통일한 다음에는 한자표기도 통일해야 할 필요성이 있었던 것이다.

97) 農商務省 水産局, 『日本水産製品誌』(全), 株式會社 水産社, 1935, 서문.
98) 農商務省 水産局, 『日本水産製品誌』(全), 株式會社 水産社, 1935, 凡例.

또 하나의 단서를 찾아보자. 1889년 6월에 대일본수산회에서 「일본수산제품분류표」·「日本水産捕採器分類表」·「日本有用水産分類表」를 간행하였다. 이 3개의 분류표의 제목은 『일본수산포채지』·『일본수산제품지』·『일본유용수산지』의 서명을 그대로 가져온 것을 알 수 있다. 더욱이 분류표는 일본수산지 3부작의 편찬 감독을 맡은 다나카 요시오(田中芳男)가 전부 校閱하였으며, 「일본수산포채기분류표」는 가네다, 「일본수산제품분류표」는 가와라다, 「일본유용수산분류표」는 야마모토의 편집[編選] 절차를 거친 후 간행하였다.[99]

『일본유용수산지』에 어떤 종류의 유용수산물을, 어떻게 분류해서 정리하였는지 알 수는 없지만 「일본유용수산분류표」는 『일본유용수산지』를 바탕으로 작성한 것은 분명한 듯하다.

「일본유용수산분류표」에는 수산물을 먼저 동물문과 식물문으로 크게 나누었다. 그리고 동물문 아래로 漁部-軟躰部-甲殼類-水蟲部-水獸部-爬蟲類의 6개 부문으로 나누었으며, 식물문 아래로 水藥部-水草部의 2개 부문으로 나누었다.[100] 이 수산물의 분류형식은 일본 최초로 근대적인 동식물 분류법에 의해 분류되었다는 점에서 매우 귀중한 자료라고 할 수 있다.

그러나 『일본수산제품지』의 서문에는 굳이 동식물학상의 분류에 의거하지 않았다고 밝혀두었다. 이는 『일본유용수산지』에는 동식물학의 분류에 구애받지 않은 것을 말한다. 「일본유용수산분류표」의 순서대로 배열한 문헌일 가능성을 시사해 준다.[101]

---

99) 農商務省 水産局, 「日本水産製品分類表」·「日本水産捕採器分類表」·「日本有用水産分類表」, 大日本水産会, 1889.

100) 農商務省 水産局, 「日本有用水産分類表」, 大日本水産会, 1889 ; 서경순·이근우, 「『한국수산지』의 내용과 특징」 『인문사회과학연구』 20-1, 2019, 150쪽.

101) 『日本水産製品誌』 凡例.

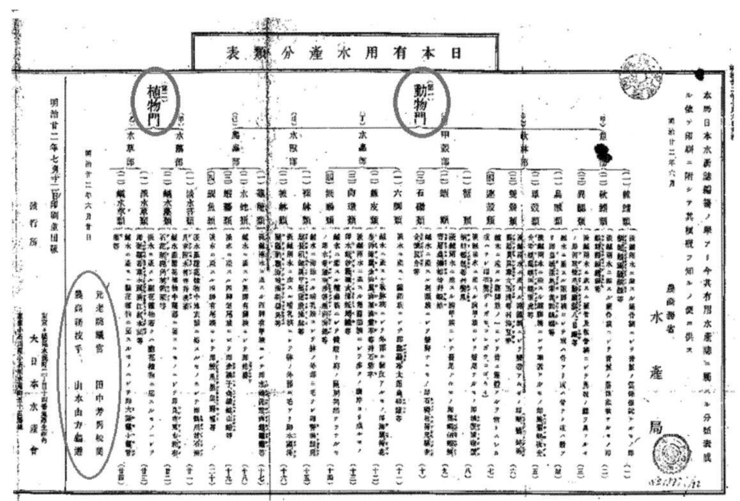

〈그림 4〉「일본유용수산분류표」

5. 맺음말

수산물은 메이지시대 이전에는 일본의 식생활에서 단백질의 주된 공급원이었다. 그러나 구미의 각국에서 개최되었던 만국박람회에 출품 및 견학을 통하여 수산물의 가치를 인식하게 되었다. 또한 구미의 선진기계와 수산 지식정보 등을 도입하는 등 국가적 차원에서 수산진흥사업을 대대적으로 실시하였다.

농상무성 산하에 수산 업무 전담부서인 수산과(이후 농상무성 수산국)를 설치되었으며, 민간에서는 수산진흥에 뜻을 모은 각 지역 유지 특히 수산실업가들의 적극적인 협력하에 일본 최초의 수산단체인 대일본수산회가 결성되었다. 또한 이 단체에서 수산전문교육기관인 수산전습소를 설립하여 일본 최초의 근대수산교육이 실시되었다. 수산전습소는 세계 최초의 '수산전문교육기관'이자 일본 근대수산교육의 출발점이 되었다.[102]

농상무성의 수산진흥사업에서 빠질 수 없는 것은 무엇보다 내국수산박람회를 개최한 것이다. 유럽의 만국수산박람회와는 비교도 할 수 없겠지만, 일본 각지에서 출품된 어구 및 어법 그리고 수산물 제조 양식법 등이 한자리에서 전시된 사실은 대대적인 행사였다. 또한 박람는 '수산정보교류장소'가 이루어졌던 점, 더욱이 일반인들도 수산의 중요성을 인식하게 되었던 점등은 당시로서는 매우 이례적인 행사가 아닐 수 없다. 또한 박람회가 끝난 후에도 각 부현의 공무원들은 박람회에서 입수한 새로운 지식정보 및 전문가들의 조언을 참고로 하여 새로운 어업(수산) 지식 정보들을 부현의 수산관계자들에게 홍보 제공하였다.

또한 수산물 해외수출극대화를 위하여 우선 학리에 근거한 수산예찰조사가 이루어졌으며, 이를 이어서 수산조사소에서는 보다 체계적인 수산물의 시험 조사 및 감정 분석이 이루어졌다. 그리고 전국적인 수산진흥을 위하여 농상무성의 技師(기수)들이 부현 수산시험장을 순회하며 수산 계몽에 앞장섰다. 그 결과 다양한 『水産講話筆記』가 간행되는 등 수산관계자들에게 새로운 수산정보를 제공하였다.

이처럼 농상무성 수산국에서 수산진흥을 위해 실시했던 수산 조사와 더불어 여러 사업을 통하여 축적된 많은 자료들은 일본수산지 편찬의 바탕이 되었다.

1886년 편찬 착수하여 1895년 완성된 『日本水産捕採誌』·『日本水産製品誌』·『日本有用水産誌』, 즉 일본수산지 3부작의 편찬담당자들은 모두 농상무성 소속의 관료급 공무원들이었다. 이들은 근대학문을 익힌 지깃인들로 수산전문교육기관인 수산전습소(이후 수산강습소)의 교사,[103] 대일본수산회의 학예사 등 여러 직책을 겸임하는 한편, 내국수산박람회·수산예찰조사·수산조사소·수산순회강연 등 농상무성의 일련의 사업에서 주도적

102) 이근우, 「수산전습소의 설립과 수산교육」 『인문사회과학연구』 11-2, 2010, 110~111면.

103) 『日本水産捕採誌』·『日本水産製品誌』·『日本有用水産誌』의 편찬담당자 8명중 편찬 감독을 맡은 田中芳男은 수산전습소의 平議員이다.

역할을 하였다.

일본수산지 3부작은 근대 일본의 수산진흥사업의 연장선에서 편찬된 문헌으로, 편찬담당자들의 수산 지식과 경험을 토대로 일본 전통의 수산 지식 및 기술과 근대의 수산 지식 및 기술을 망라한 근대수산백과사전이라고 할 수 있다.

1890년대 초 청일전쟁 개전 직전의 일본의 국내정치와 이토 히로부미

서 민 교

1. 들어가는 말: 1880년대의 일본정치

이토 히로부미가 정권을 장악한 1881년 정변 이후 1880년대의 일본 정치의 화두는 헌법 제정과 의회개설에 대한 대비책을 마련하는 것이었다. 1880년대를 통하여 입헌정치체제의 도입, 즉 국민 참정권을 용인하면서도 이를 최소한으로 억제하기 위한 방책 마련에 들어갔다. 헌법초안 작성과 더불어 皇室典範 초안도 작성하게 하고 의회설치에 따른 국민들의 정치 간여를 최소한으로 배제하기 위해 다양한 방안을 강구했다.

대표적인 사례가 의회를 양원제로 만들어 임명직인 상원(=귀족원)이 민선의 하원(=중의원)을 견제하기 만들기 위해 1884년에 귀족제도를 '華族제도'로 정비하여 화족들을 계속하여 배출할 수 있게 한 점이다. 즉 서양식의 작위제도를 도입하여 公, 侯, 伯, 子, 男의 작위를 부여하면서 기존의 화족 외에도 국가유공자에게 작위를 부여하는 길을 열어놓았다. 이는 국회를 상·하 양원제로 나누어 귀족원을 구성할 근거를 마련하기 위한 조치였다. 이토 자신도 백작의 작위를 받았는데 메이지유신의 공로자들에게 작위를 부여하여 그들이 새로운 신분적 계층을 만들어 스스로와 번벌 정부의 권위를 높이려 했던 것이다.

또 이듬해인 1885년에는 정부 조직을 새로이 하여 내각 제도를 도입했다. 기존의 태정관제를 폐지하고 내각 제도를 제정하여 초대 총리대신으로 이토 히로부미가 임명되었다. 이는 정부의 구성, 즉 내각의 구성이 헌법과는 무관하게 천황의 이름으로 구성된다는 전례를 만든 것이다. 다시 말해 천황 아래로 내각 총리대신이 수상이 되고 이하 각 省의 행정책임자가 각각 대신이 되어 천황을 직접 보필하는 제도인데 현재까지도 일본 행정부는 내각제도의 전통이 이어지고 있다. 물론 초대 총리대신은 이토가 담당하여 명실상부한 번벌 정권(제1차 이토 내각)을 구성했다.

그리고 이토는 1886년경부터 정부가 주도하는 헌법초안에 작성에 들어갔다. 헌법초안은 신설된 樞密院에서 심의가 이루어져 1889년 2월 11일 대일본제국헌법(=메이지헌법)으로 반포되었다. 이 헌법은 군주가 국민에게 하사하는 흠정헌법의 형식으로 군주인 천황과 행정부의 권한이 막강한 헌법이었다. 그 제정과정에서 국민들의 참여 열망은 철저하게 배제되었음은 물론이다.

메이지헌법은 군주주권주의의 이념에 입각한 것으로 천황대권사항이 막강한 헌법이었다. 특히 천황의 긴급 칙령권은 법률과 똑같은 권한을 갖고 있어서 심하게 말하면 의회가 없이도 국가의 법률적 기능이 가동될 수 있는 구조를 마련했다. 이러한 점은 천황의 권위나 명의를 도용해 정부가 얼마든지 막강한 합헌적 권력을 행사할 수 있다는 것을 의미하고 있다.

제국의회는 천황이 임명하는 귀족원과 국민 공선에 의해 선출되는 중의원으로 구성된다고 규정되었고, 중의원의 입법권 행사는 귀족원에 의해 대부분 제한 당하게 되어 있었다. 유일한 중의원의 법률적 권한은 예산심의권에 불과했다. 그렇지만 정부는 예산에 관한 동의는 중의원에서 얻지 않을 수 없었고 이로 인해 정부와 중의원의 대립구도가 점차 커져갔고 정당과 헌법의 운용에 따라 의회의 정치적 영향력도 점차 커지게 되었다.

한편으로 天皇家는 일반 법률의 저촉을 받지 않는 초법적인 존재였고, 헌법 공포와 동시에 '황실전범'이 제정되어 천황의 황위계승, 즉위식 등의 제도가 제정되었다. 이로써 천황의 일부일처제, 장자계승의 원칙 등이 제도적으로 정비되어 근대적 천황제의 기본이 마련되었다.

본고에서는 1889년의 '대일본제국헌법'의 제정 이후 제1회 제국의회 총선거를 거쳐 구성된 제국의회 개설시기에 있어서 일본의 국내 정치를 분석함으로서 1894년 발발하는 청일전쟁의 일본 국내적 환경이 어디에서 기인하고 있는가에 대해 논증하고자 한다. 당시 일본의 정치적 핵심은 이토 히로부미를 위시한 '메이지원로[1]'가 주도하고 있었으며 1890년 제국의회 개설이후 일본 국내의 정치 판도는 미묘한 변화를 보이게 된다.

1889년 메이지헌법 제정에 의해 성립되는 제국의회가 정치세력으로 등장하면서 근대 일본의 정치체제에 상당한 변화를 초래하게 되는데, 본고에서는 이러한 1890년대 전반기의 일본 정치의 변화를 당시 일본의 정치를 이끌고 있었던 이토 히로부미의 대응을 축으로 하여 각 내각에서 보인 반응을 중심으로 검토해 보기로 한다. 다음 장에서는 근대일본의 정치적 지도자로 등장한 이토 히로부미에 대해 살펴보겠다.

1) 근대 일본의 원로는 이토 히로부미(伊藤博文), 야마가타 아리토모(山縣有朋), 구로다 기요다카(黑田淸隆), 마츠가타 마사요시(松方正義), 이노우에 가오루(井上馨), 사이고 츠구미치(西鄉從道), 오오야마 이와오(大山嚴) 등 7명에 메이지 말기 이후 가츠라 타로(桂太郞)와 사이온지 긴모치(西園寺公望) 가 추가되었다. 公家 출신인 사이온지를 제외하면 모두 다 사츠마번 혹은 조슈번 츨신의 번벌정치가로서 오오쿠마 시게노부(大隈重信)를 제외한 메이지 시대 수상경험자는 모두 원로의 반열에 올랐다. 원로에 대해서는 헌법은 물론이고 다른 법적인 규정이 있는 것은 아니었지만 천황으로부터 원훈으로 勅을 받았던 사람이 많았다. 하지만 실제로 원로가 될 수 있는 조건은 기존의 다른 원로 멤버들의 승인이었다고 보인다. 그들 대부분은 메이지국가 건설에 크게 공헌한 장로급의 정치가로서 천황의 자문에 응해 중요한 국무 사항, 특히 내각을 개편할 경우에 수상후보자를 추천하거나 중요한 외교안건에 기획에 관여하는 등 사실상 메이지천황 시기의 국가운영의 최고지도자 역할을 담당하였다. 원로의 지위는 메이지유신이라는 일회적인 사건에서 세운 공로를 근거로 하고 있었기에 그 후 후속 원로들의 출현은 어려워졌고 1940년 마지막 원로 사이온지의 사망 후에는 내각 수상 후보자 추천은 내대신을 중심으로 한 중신회의로 이행되게 되었다.
서민교 등, 『일본사』, 대한교과서주식회사, 2005, 327쪽 참조.

2. 청년 정치가 이토 히로부미(伊藤博文)의 등장

이토 히로부미(伊藤博文)[2]는 1841년 9월 2일 관부연락선의 출발지인 시모노세키(下關)항과 가까운 당시 일본 스호노구니(周防國=지금의 야마구치(山口)현)에서 농민인 하야시 주조(林十藏)와 어머니 고토코(琴子)의 장남으로 태어났다. 나중에 아버지가 하기번(萩藩)의 최하급 무사였던 이토 나오에몽(伊藤直右衛門)의 양자가 되었던 관계로 하급무사로 편입되었다. 근세말의 일본에서 흔히 보이는 부유한 농민과 가난한 하급무사의 결연관계로 신분 상승을 꾀하는 신분 분화 현상의 전형적인 사례라고 하겠다.

중국이 아편전쟁에서 패배하여 문호를 개방하였고 1850년대 일본에도 구미세력들이 문호개방을 강요하던 시기에 태어나 청소년기를 보내며 성장했던 이토는 막부말기의 혼란스러웠던 시대 분위기에 휩쓸려 들어가게 되었다. 그의 어릴 적 이름은 도시스케(利助)였고 나중에 슌스케(俊輔)라고 칭하다가 1867년 메이지유신 후 히로부미라는 이름을 쓰게 되었다. 어렸을 때는 번의 하급 경비무사로 임용되었고 요시다 쇼인(吉田松陰)의 쇼오카손주쿠(松下村塾)에서 공부하면서 나중에 막말유신기의 조슈(長州)의 거물로 등장하는 다카스기 신사쿠(高杉晉作), 기도 다카요시(木戶孝允), 구사카 겐즈이(久坂玄瑞) 등의 영향을 받으면서 1862년에 발생했던 영국공사관 습격사건에 참가하기도 하였다.

당시의 시대 분위기의 영향을 받아 철저한 존왕양이(尊王攘夷)운동의 지사(志士)로 성장하였던 그는 1863년에는 '지피지기 백전불퇴'라는 손자병법을 직접 실천하고자 하여 막역한 친구이자 일생 동안의 정치적 파트너로 서로 협력하게 되는 이노우에 가오루(井上馨) 등과 함께 영국으로 밀

2) 이토 히로부미에 대해서는 春畝公追頌会, 『伊藤博文伝』 3冊, 同 追頌会, 1940 ; 小松緑編, 『伊藤公全集』 ; 平塚篤編, 『伊藤博文秘録』 ; 同, 『続伊藤博文秘録』 ; 同, 『伊藤家文書』 ; 橋川文三·松本三之助編, 『近代日本の政治家』 1(『近代日本思想史大系』 3) ; 遠山茂樹編, 『近代日本の政治家』 등 참조.

항하여 영국의 해군학교에서 단기간의 공부를 하게 되었다.[3)]

여기에는 재미있는 일화가 있는데 당시 일본에는 영국으로 건너가는 기선의 직항로가 없던 관계로 이토와 이노우에는 중국 상해로 건너가 영국으로 가는 기선을 타게 되었다. 당시 동양의 국제도시로 변모하고 있던 근대 서양풍의 상해 시가지와 각종 서양기선을 접하게 된 이토와 이노우에는 상해에서 체재하던 불과 며칠 사이에 철저하게 서양을 배격하던 존왕양이론자에서 서구문명을 받아들여야 한다는 문명개화론자로 급변신하게 된다.

이른바 서양문명의 충격을 이미 상해에서 받았다는 것이며 그것은 엄청나게 충격적인 경험이었다고 하겠다. 또 이토와 이노우에는 영어가 통하지 않아 편하게 여객으로 기선을 탄 것이 아니라 배에 승선하여 웨이터 등으로 여객에게 서비스를 제공하는 등의 일을 하며 영국까지 값싸게 가는 입장이 되었고 영어를 이해 못해도 밝게 미소 짓는 이토는 간판에서 웨이터로 서빙을 하며 영국에 가는 동안 기초적인 영어회화를 배웠다는 일화가 있다. 그리고 영국에서 영어를 익혔던 것이 그 후의 이토의 인생을 변화시키는 커다란 계기가 되었다.

이토는 이듬해인 1864년에 천황의 조정(公)이 막부(武)에게 公武合體의 전제 조건으로 내세운 서양세력을 배격하는 양이운동의 실천과정에서 발생한 구미 열강과 조슈 세력이 충돌한 '시모노세키 포격사건'의 소식을 접하자 급히 귀국하여 '개국론'을 주장하면서 조슈의 여론을 바꾸는데 일정한 역할을 하게 된다.

이미 구미제국과의 무력 대결에서 패배를 맛본 일본의 여론은 양이론이 일순간에 사라지게 되었고, 개국과 더불어 서구문물의 수입이 긴요하

3) 이른바 죠슈5걸(長州五傑)로도 불리는데, 막말기 1863년에 죠수번에서 청국을 경유해 유럽에 파견되어 주로 런던대학교 뉴바시티 칼리지 등에 유학했던 5명의 청년 무사를 가리킨다. 이노우에 다몬(가오루), 엔도 긴스케, 야마오 요조, 이토 준스케(히로부미), 노무라 야키치(이노우에 가츠) 5명의 죠슈 藩士들이다.

게 필요하다는 결론으로 기울고 있었다. 이러한 절묘한 타이밍에 짧게나마 영국을 경험하고 돌아 온 이토는 그 후 조슈(長州)의 실질적 리더로 등장한 기도 다카요시의 오른팔로서 막말유신기의 정치적 위기국면을 경험하면서 막부타도 운동에 헌신하게 되었다.

성격적으로 싹싹하고 대인관계가 원만했던 이토는 주위로부터 그의 능력을 평가받게 되었고 1867년 왕정복고 쿠데타가 성공하고 메이지신정부가 구성되자 신정부 구성에 큰 공을 세웠던 조슈 출신의 소장 관료로 인정을 받아 1868년에는 외국인과 직접 교섭할 능력이 있다는 이유로 불과 27세의 나이에 개항장이 있던 효고(兵庫)현 지사로 발탁되었다.

이후 메이지 신정부의 소장 관료로서 점차 두각을 나타내게 되었고, 1871년에는 메이지 신정부가 서구식 근대화의 방법론을 모색하기 위해 정부 최고위 고관의 반수 이상을 파견한 이와쿠라(岩倉)사절단[4]의 일원으로 참가하여 우대신인 이와쿠라 도모미를 정사로 당대의 실력자인 오오쿠보 도시미치(大久保利通), 기도 다카요시와 더불어 특명전권부사로 수행하여 약 2년간 미국과 유럽을 순방하며 근대화된 서구세계를 시찰할 때도 많은 활약을 하였다. 특히 이토는 미국에서의 환영 리셉션에서 사절단을 대표하여 영어로 답사를 한 추억을 말년까지 자랑스럽게 이야기 하곤 했다.

1873년 귀국 후 정부의 정한론에 반대하며 내치정비, 근대화우선이라는 오오쿠보 노선에 찬동하여 이후 오오쿠보 독재정권의 한 축을 담당하는 정부 주류의 중견 관료로서의 지위를 확고하게 하였다. 1870년대의 일본 정국은 1873년의 정한론 논쟁 이후 혼란을 거듭하고 있었다. 전근대적인 士族 중심의 지배체제를 타파하고 천황제에 입각한 근대적 통일국가 일본의 건설에 매진하려는 오오쿠보 정권에 대해 구 사족 층의 기득권 유

4) 이와쿠라(岩倉)사절단에 대해서는 사절단의 일원으로 참가했던 구메 구니다케(久米邦武)에 의해서 이미 1873년에 『歐米回覽實記』 전100권으로 출간되어 그 자세한 사정을 전하고 있다. 이 책은 『특명전권대사 미구회람실기』(전 5권)(소명출판, 2007)라는 이름으로 한국어로 번역되어 있다.

지 열망은 서로 충돌할 수밖에 없었다. 이러한 일련의 충돌이 이듬해부터 사족반란으로 터져 나오게 되는데 신정부 수립 후 최대의 위기가 1877년 발생한 서남전쟁이었다.

이러한 사족 반란이 신정부를 긴장시킨 것은 원래 반정부 세력이 아니라 메이지유신을 같이 주도한 세력 내부의 분열이었고 이는 근본적으로 신정부의 근대화 정책 방향을 둘러싼 갈등이 폭발한 것이었다. 즉 봉건적 잔재인 사족 층을 끌어안고 가자는 사이고 다카모리(西鄕隆盛)로 대표되는 세력과 봉건적 잔재를 청산하고 국민국가 일본을 건설하자는 오오쿠보, 기도가 주도하는 정부 내 주류세력의 분열이 초래한 최대의 위기 상황이었다. 결국 서남전쟁은 근대 지향성이 봉건적 잔재를 밀어내는 결과를 초래하였다.

한편으로 이러한 정국의 혼란이 이토에게는 뜻하지 않은 행운을 초래하는 결과를 가져왔다. 1868년 메이지신정부 구성 이후 메이지유신의 3대 주역이었던 사이고 다카모리가 서남전쟁의 패배를 책임지고 자결하였고, 기도 다카요시가 전쟁 중에 병으로 사망하였다. 그리고 오오쿠보의 완벽한 독재정권이 굳어지는 듯이 보였던 상황에서 다음해인 1878년에 오오쿠보가 일부 반정부 사족들에 의해서 노상에서 암살당하고 말았다.

즉 메이지신정부의 제1세대 주류파가 서남전쟁을 전후해서 전원 사망하였던 것이다. 따라서 신정부의 주도권은 자연스럽게 정부 내에서 필두參與가 되었던 오오쿠마 시게노부(大隈重信)와 이토 히로부미가 경쟁하는 관계로 변질되게 되었다.

또 한편으로 1870년대는 서구문물에 대한 일본 국민들의 열화와 같은 호기심으로 인하여 이른바 '번역의 홍수'시대를 초래하였고 일본 국민 나름대로의 근대 일본이라는 국가의 나아갈 방향에 대한 열망과 참여의 욕구가 참정권 요구로 분출되기에 이르렀다. 이른바 '자유민권운동'의 전개가 그것이다.

즉 서구식 헌법제정과 의회정치의 실현이라는 자유민권운동의 열기 속에서 일본 정부는 이에 대처하기 위한 조치를 취하지 않을 수 없었다. 당대의 실력자인 우대신 이와쿠라 도모미의 절대적 신임을 받고 있던 이토는 사츠마(薩摩) 번벌세력의 협조를 얻어 급진적인 영국식 의회정치의 도입과 헌법제정에 동조하는 오오쿠마 시게노부를 정부에서 축출하는 정변을 단행하였다[5](=1881년 정변).

이로써 이토 히로부미는 메이지 정부의 새로운 실력자로 정권을 장악하게 되었다. 불과 40세에 지나지 않았던 젊은 지도자의 등장이었다. 이어서 제국의회 성립 이후의 특징에 대해 검토해 보겠다.

3. 1890년대 초 제국의회 개설시기의 일본의 정치[6]

전술한 대로 일본의 내각제도는 1885년 12월 기존의 太政官制가 폐지되고 새로이 설치된 최고위 행정 기관이다. 기존의 태정관제에서는 정부 수반인 태정대신에는 귀족 혈통인 華族만이 취임할 수 있었던 것을 고친 점에서는 근대적인 성격으로의 변화라고 할 수도 있지만 헌법의 제정 및 의회제도 성립 이전에 이미 내각 제도를 도입했다는 것은 천황제 전제 독재 정부의 탄생이라는 전근대적인 성격으로도 이해 할 수 있다.[7]

---

5) 1881년(메이지14년) 정변에 대해서는 永井秀夫, 「明治十四年の政変」 堀江英一他編, 『自由民権期の研究』, 有斐閣, 1959 ; 大久保利謙, 『明治国家の形成』(『大久保利謙全集』 2), 吉川弘文館, 1968 ; 同, 「十四年政変と基本路線の確定」 大久保利謙他編, 『日本歴史大系』 近代1, 1987 등 참조.

6) 일본의 초기 의회정치에 대해서는 升味準之輔, 『日本政党史論』 第二巻, 東京大学出版会, 1966 ; 坂野潤治, 『明治憲法体制の確立』, 東京大学出版会, 1971 ; 金原左門他編, 『日本議会史録』 1, 第一法規出版, 1991 : 佐々木隆, 『藩閥政府と立憲政治』, 吉川弘文館, 1992 등 참조.

7) 일본의 내각제도에 대해서는 山崎丹照, 『内閣制度の研究』, 高山書院, 1942 ; 鈴木安蔵, 『太政官制と内閣制度』, 昭和刊行会, 1994 ; 内閣制度百年史編纂委員会, 『内閣制度百年史』 1·2, 内閣官方, 1985 ; 佐々木隆, 『藩閥政府と立憲政治』, 吉川弘文館, 1992 등 참조.

1890년 7월 1일 제1회 총선거가 거행되어 같은 해 11월 29일에 제1회 제국의회가 소집되었다. 일본 제국의회의 개설은 새로운 정치 무대를 만들어 내었고 정부와 의회간의 대립과 갈등은 일본 정치를 이전과는 다른 양상으로 나타나게 하였다.

메이지헌법 하에서의 선거제도는 '제한선거제'로서 25세 이상의 남자에게만, 그것도 1년간 직접국세 15엔 이상의 납부자에 한하여 참정권을 부여하였다(*피선거권은 30세 이상). 즉 대지주나 도시상공업자 등 유산계급에 한정된 선거제도였다. 이러한 규정에 의거해 1890년 실시된 제1회 중의원총선거 당시 선거권자는 전국에서 약 45만여 명으로 당시 일본 인구의 1.1%에 불과하였다. 즉 메이지헌법체제 출발 당시의 일본에서는 겨우 1.1%의 민주주의가 이루어졌다는 것을 의미한다.[8)]

1) 제1차 야마가타(山縣有朋)내각(1889.12~1891.5): 超然내각과 민당의 대결

1890년 제1회 총선거에서는 구 자유민권파 계열이 대승을 거두었고 입헌자유당과 입헌개진당 등 민당[9)]이 중의원의 과반수를 점하였다. 제1

8) 일본 메이지 헌법 체제는 절대주의 군주제적 정체와 입헌군주제적 정체가 묘하게 섞여있는 형태를 취하고 있었다. 흠정헌법인 메이지헌법은 군주 주권제 국가체제를 표방하고 있었기에 민주주의(Democracy)라는 용어는 시민권을 얻을 수가 없었다. 엄밀하게 비판하자면 주권재민이 아니었기에 민주주의 정체라고 할 수 없다는 것이다. 그러나 당시의 구미국가의 정치체제와 비교하더라도 일본의 헌법제정과 의회정치 도입은 상당히 빠른 편이었다. 헌법제정은 구미국가를 제외하고는 터키에 이어 두 번째였고 의회 개설은 처음이었다. 이러한 점에서 메이지헌법체제가 그 한계를 여실히 들어내고 있었다고 하더라도 그 의의를 너무 폄하시킬 필요는 없다고 생각된다.

9) 일본의 초기 의회시기에는 정식 政黨이 존재할 수 없었다. 당시 입헌체제라고 하더라도 정부와 정당과는 전혀 상관관계가 없었고 또 일본 정부는 '超然내각'을 표방하여 정당관계자를 사리사욕을 채우는 자라는 관점에서 비하시키고 있었다.

의회 시기의 정부는 제1차 야마가타(山縣有朋 1838-1922)내각이었다. 야마가타는 이토와는 달리 자기중심적 파벌 만들기에 상당히 능한 인물이었고 성격적으로도 신중하며 한편으로 신경질적인 반면 과묵, 근엄한 편이면서 주변의 사람을 금방 버리지 않고 다양한 자리에 기용하여 자기 사람으로 만드는 능력이 탁월했다고 한다.[10]

야마가타내각은 헌법실시, 국회개설 이후의 지방행정 개혁에 먼저 착수하여 1891년 5월에는 郡制와 府縣制를 제정하고 君長과 부현 지사를 관선으로 하였고 지방자치제도를 표방하여 부현회, 군회에 주민의 참가를 허용하였지만 결국은 보수적인 지방유지의 사교장적인 성격이 강하였고 강력한 중앙정부의 행정력 앞에 지방자치는 색 바랜 지지집단으로서의 성격 이상을 가지기 힘든 상황에 놓이게 되었다.

또 야마가타내각은 이전의 제1차 이토(伊藤)내각(1885.12~1888.4)기의 이노우에(井上) 외교와 구로다(黑田)내각(1888.4~1889.12)기의 오오쿠마(大隈)외교에서 성공을 거두지 못했던 구미열강과의 불평등조약의 개정문제[11]에 대해 문제 해결을 시도해야 했다. 하지만 이전 내각에서의 조약개정

제1회 의회에서 당파는 1870~1880년대 자유민권운동의 계보를 잇는 자유당계열과 개진당계열이 있었지만 메이지헌법체제상 수권정당의 기능을 할 수 없었다. 내각 구성 자체가 정당과는 제도적 관련이 없었기 때문이다. 따라서 이들 정부에 비판적인 자유당과 개진당 계열의 의원들은 군비증강을 위해 증세를 주장하는 정부를 비판하며 '민력휴양'을 위해 감세를 주장하는 '民黨'세력으로 불리게 되었다. 정당정치를 용인하지 않았던 초기 의회시기의 특징의 하나라고 하겠다.

10) 야마가타에 대해서는 岡義武, 『山形有朋 - 明治日本の象徵』, 岩波書店, 1958 및 오래동안 야마가타의 비서를 역임한 入江貫一, 『山県公のおもかげ』(大正11年) 참조.

11) 메이지정부의 가장 중요한 외교과제는 막말에 체결한 불평등조약을 평등한 조약으로 개정하는 조약개정문제였다. 그 중심내용은 관세자주권의 획득(=稅權회복)과 영사재판권의 철폐(=法權회복)에 있었다.
정부는 1871년 이와쿠라 사절단의 파견 교섭에 이어서, 1876년에는 외무경인 테라지마 무네노리(寺島宗則, 1833~1893)가 미국과 교섭하여 관세자주권 획득에 동의를 얻었지만 영국과 독일의 반대로 무산되었다. 이어서 외무경 이노우에 가오루(井上馨, 후에 내각제도 도입으로 외무대신)는 1887년에 외국에 대해 일본 국내

교섭이 민권파와 對外硬派들의 국민 여론을 이용한 정부 비판이 내각의 퇴진으로 이어진 것을 걱정한 야마가타 수상은 조약개정교섭에 그다지 적극적인 자세를 보이지 않고 지방제도 개혁과 군비확장정책에 치중하였다.[12)]

야마가타 내각의 아오키 슈조(青木周藏, 1844~1914) 외상은 시베리아 철도 기공에 의해 동아시아에 진출하려는 러시아를 경계하는 영국이 일본에 호의적으로 나오면서 상호대등을 원칙으로 하는 조약개정교섭에 응할 의사가 있다는 것을 알고 관세협정제와 치외법권 회복을 중심으로 영국과 교섭하여 결국 영국이 동의하려는 분위기가 무르익었을 무렵 갑자

의 내지통상권(=일본 전국을 개방해 영업, 여행과 거주의 자유를 인정하는 것, 이른바 內地雜居)을 인정하는 것을 조건으로 영사재판권의 철폐를 요구하여 일단 제 외국의 동의를 얻는데 성공하였다. 그러나 그 내용은 외국인 판사를 임용하여 외국인을 재판한다는 것이었고, 일본의 국내법을 2년 이내에 서양식의 근대적 법률로 개정하겠다는 조건이 붙어있었다.

이노우에는 교섭의 성공을 위해 적극적인 '歐化정책'을 채택해 적극적으로 구미의 풍속, 습관, 생활양식의 도입과 모방에 힘써 구미제국의 관심을 끌려고 애썼다. 로쿠메이칸(鹿鳴館)에서는 매일처럼 정부의 고관과 국내외의 신사 숙녀를 초대하여 서양식 무도회를 개최하였고 바자회를 열기도 하였다. 그러나 이러한 구화정책에 대하여 국권파의 반발이 강하였고 당시 농상무대신이었던 타니 다테키(谷干城, 1837~1911)는 이노우에의 비밀외교(=당시 일본 정부는 외교교섭의 내용을 일체 비밀로 하여 국민이나 언론에게 공개하지 않았다)를 비난하며 이노우에의 개정안을 반대하면서 단독 사직하였다. 물론 이를 언론에 공개하는 것을 잊지 않았다. 이로 인해 이노우에 외교에 대한 정부 내외의 비판이 거세어지면서 결국 1887년 7월 이노우에 외상은 교섭중지를 선언하고 곧 사직하였다.

뒤를 이어서 외무대신에 취임한 오오쿠마 시게노부(大隈重信)는 조약개정에 호의적인 국가들과 개별 교섭에 들어갔지만 이노우에와 마찬가지로 大審院(=대법원에 해당됨)에 외국인판사 임용안을 인정하고 있는 것이 들어나면서 강한 반발에 부딪쳤고, 민권파와 국권파에서도 반발하였다. 결국 오오쿠마 외상은 1889년 규슈(九州)의 국권파 결사인 玄洋社 청년에게 폭탄 테러를 당해 중상을 입었고 당시의 구로다 내각도 사직함으로써 교섭은 중지되었다. 서민교, 2005, 313~315쪽 참조.

12) 당시의 외상인 아오키 슈조가 조약개정교섭 진행을 야마가타 수상에게 몇 차례나 건의했지만 조약개정교섭에 성공할 자신이 없었던 야마가타는 수상에서 물러날 때까지 미온적 태도로 일관하였다고 한다. 小松綠, 『明治外交秘話』, 原書房, 1976, 62~64쪽 참조.

기 발생한 '오오츠(大津)사건[13)]'으로 외상을 사임하였다.

근본적으로 정당을 불신했던 야마가타는 초대 의회의 소집에 대해서 이토 히로부미 등과 함께 '초연내각'을 표방하면서 의회의 기능에 매우 깊은 불신감을 가지고 있었다. 야마가타내각이 성립되었던 1889년 12월경의 일본은 조선에서의 주도권 쟁취를 위해 언젠가는 중국(淸國)과 무력 충돌이 예상되고 있었고 따라서 강력한 증세에 의한 군비증강을 꾀하는 정책을 추진하려고 하였다.

이러한 정책의 상징이 초대 국회 개회연설에서 나타난 일본의 국경을 의미하는 '주권선'과 구체적으로는 조선을 상정하고 있는 '이익선'의 존재를 근거로 대규모 군비확장을 요청하는 연설을 행하였다.[14)] 이러한 야마

---

13) 블라디보스토크에서 열리는 시베리아철도 기공식에 참관하는 도중에 일본을 방문했던 러시아 황태자 니콜라이 알렉산드로비치 로마노프(Alexadrovich Romanov, 후의 러시아 마지막 황제 니콜라이2세, 1868~1918)가 1891년 5월 사가(滋賀)현 오오츠에서 경비를 하던 순사 츠다 산조(津田三藏, 1854~1891)에게 습격을 당해 부상을 입은 사건이 일어났다. 러시아의 보복을 두려워한 일본은 정부는 물론이고 전국이 사색이 되었고 메이지천황이 스스로 황태자를 병원에 찾아가 위문하였다. 일본 정부, 특히 이토 히로부미는 일본 황실에 대한 범죄를 적용해 사형에 처하도록 사법부에 압력을 가했지만 대심원장인 고다마 고레다카(兒玉惟謙, 1837~ 1908)는 외국의 황족을 일본의 황족으로 간주하여 법률해석을 할 수 없다고 거부하고 일반의 모살미수죄를 적용해 무기징역에 처하였다. 일본 정부는 체면을 구기고 말았지만 나중에 치외법권철폐 교섭에서 이 사건을 예로 들어 일본의 사법부가 독립되어 있다는 사례로 이용하였고 일본 사법부의 독립을 유지한 판례로 칭송을 받게 된다. 하지만 범인인 츠다 일가가 이 사건으로 인해 국민적인 '이지메(=집단학대, 따돌림)'를 당하면서 일가가 멸절되는 피해를 입었던 점을 감안하면 일본 사회의 또 다른 이면을 들여다보는 느낌이 든다. 서민교, 2005, 317쪽 참조.

14) 유명한 주권선과 이익선의 논리는 1890년 3월 당시 일본 수상이었던 야마가타 아리토모(山縣有朋)의 의견서인 「외교정략론」에서 구체적으로 주장되고 있는데, 이는 1888년 야마가타가 유럽을 방문했을 때 만났던 로렌츠 폰 슈타인(Lorenz von Stein) 빈 대학 정치경제학부 교수의 "主權彊域"과 "利益彊域"을 강조했던 '국방론'의 영향을 받았던 것이다. 슈타인은 메이지헌법 기초과정에서 이토 히로부미에게 영향을 미쳤던 인물로도 알려져 있다. 슈타인은 서구 열강의 조선의 중립보장은 일본 입장에서 보면 타당하지만 조선이 타국의 영향권 하에 들어간다면

가타의 주장은 1890년 3월에 제시된 「외교정략론(外交政略論)」에서 구체적으로 나타나고 있는데 일본이 구미열강의 위력 앞에 독립을 유지하기 위해서 가장 중시해야 되는 것은 첫째로 군비확장이며 둘째는 국민에게 애국심을 심어주기 위한 교육이라고 강조하였다.

이어서 국가 독립자위의 길은 주권선의 守護와 이익선의 防護라고 하면서 주권선은 疆土(=일본의 영역)이며 이익선이란 "이웃 나라에서의 일본의 세력(隣國接觸의 勢我)이 주권선의 안위와 현저하게 상관관계가 있는 구역", 즉 "우리의 이익선(我利益線)의 초점은 실로 조선"을 겨냥하고 있었던 것이다.[15]

이를 실현하기 위해서 의회에 대해 군비확장 예산안의 확대를 요구하였으나 의회 개설 직전에 재결성되었던 立憲自由党 과 立憲改進党 등의 구 자유민권파로 구성되었던 이른바 '民黨'세력[16]들이 중의원의 과반수를 점하고 있었다.

이들 민당 세력은 '政費節減, 民力休養'을 슬로건으로 내 걸고 地租改正 이후 지주들에게 일방적으로 부담을 주고 있던 중과세 정책에 대해 반대하는 입장을 분명히 하였다. 이들 민당은 헌법에 규정된 중의원의 예산심의권을 유일한 무기로 활용하여 대폭적인 예산 삭감을 단행하였다.[17]

당황했던 야마가타는 고토 쇼지로(後藤象次郎) 체신대신과 무츠 무네미

일본에게 매우 불리할 것이라는 의견을 제시하였고 이러한 논리는 당시의 일본 정치 지도자들의 대 조선 정책을 형성하는데 큰 영향을 미쳤음을 그 후의 경과에서도 잘 알 수 있다(加藤陽子, 『戰爭の日本近現代史』, 講談社, 2002, 81~97쪽 참조).

15) 林茂·辻清明編集, 『日本内閣史録』 1, 第一法規出版, 1981, 149쪽 참조.

16) 주 8) 참조.

17) 야마가타 내각이 제출했던 1891년도 예산규모는 경상비, 임시비, 추가예산을 포함하여 세입예산 8,336만 엔에 세출예산 8,332만 엔이었다. 이중에 향후 5년간 530만 엔을 지출하는 군함건조예산이 포함되어 있었다. 중의원 예산위원회는 예산안에 대해 888만엔을 삭감하는 사정안을 작성하였다. 林茂·辻清明編集, 1981, 167~168쪽 참조.

츠(陸奧宗光) 농상무대신 등 영향력 있는 각료들의 인적관계를 동원하여 자유당의 도사(土佐)파 세력을 매수하여 겨우 예산안을 통과시킬 수 있었다. 정부안에서 631만 엔을 삭감하는 내용으로 합의를 본 것이다.[18] 그러나 삭감된 예산은 예비비와 철도건설비였고, 군사비는 원안대로 통과되었다. 이 군사비가 3년 뒤에 발생하는 청일전쟁에서 유효하게 쓰였던 것은 말할 것도 없다.

'초연내각'을 표방하며 의회를 무시했던 야마가타와 이토를 비롯한 번벌 세력들은 새로운 정치 무대로 등장한 의회제도와 헌법의 매서움을 톡톡히 맛보았다고 할 수 있다. 민당 세력의 강력한 대정부 비판에 직면하여 제1회 의회와의 대결에서 겨우 버티어 낸 야마가타 내각은 곧바로 사직을 표명하였다.

2) 제1차 마츠가타(松方正義)내각(1891.5~1892.8): 선거간섭으로 흔들린 내각

제1차 야마가타내각을 이어 등장한 제1차 마츠가타 내각은 성립과정에서부터 난항을 겪었다. 내각 성립과정에서 나타난 특징의 하나가 원로들의 담합에 의한 수상 후보자 추천의 선례를 남겼다는 것이다.

야마가타와 이노우에는 조슈(長州)출신으로 수상후보를 내기위해 이토에게 다시 내각을 맡을 것을 종용했지만 결국 이토가 응낙을 하지 않자 원로들의 담합에 의해 수상후보를 추천하는 방식이 채용되었다. 이토와 야마가타, 이노우에 등의 승인을 얻어 결국 야마가타 내각의 오오쿠라(大藏=재무)대신이었던 마츠가타가 수상후보가 되었다. 이로써 이후 일본 수상 후보자는 메이지원로들의 담합에 의해 수상 후보자가 추천되는 전례를 낳게 되었다.[19]

---

18) 林茂·辻清明編集, 1981, 171~172쪽 참조.

그런데 마츠가타 내각이 성립되고 불과 5일 후에 앞에서 언급한 바와 같이 '오오츠사건'이 발생하였다. 일본에서 발생한 러시아 황태자 암살 미수 사건은 일본 정국을 발칵 뒤집어 놓은 전대미문의 사건이었다.[20] 사건의 책임을 지고 내각이 총사직할 정도의 사건이었지만 내각이 어렵사리 성립된 지 불과 5일만의 일이었다. 그런데 이 사건의 처리를 담당했던 것은 마츠가타 수상이 아니라 이토 히로부미를 비롯한 원로들이었다.

특히 이토가 중심이 되어 사건의 뒤처리를 담당하였고 메이지 천황조차도 러일간에 문제가 생기지 않도록 이토가 책임을 지고 만전을 기하라는 칙명을 내렸다. 천황의 두터운 신임을 받는 정계의 제1인자가 여전히 이토라는 것을 여실이 보여주는 상징적인 사건이었다. 여하튼 마츠가타 내각은 이토와 야마가타를 비롯한 원로 그룹이 배후에서 조종하는 '黑幕 내각'이라는 달갑지 않은 이명을 얻게 되었다.

이토 등의 영향력 하에서 존속했던 마츠가타 내각의 최대의 현안과제는 제2회 의회와의 대립을 어떻게 풀 것인가 하는 것이었다. 이전의 내각들과 마찬가지로 마츠가타 내각 역시 '초연내각'을 표방하고 있었다. 1891년 11월에 소집된 제2회 의회에 대하여 마츠가타 내각은 육군군비, 군함건조비, 제강소설립비 등의 막대한 군비예산과 철도부설 및 사설철도매수법안과 예산 등 세출 합계 8,350여만 엔의 막대한 예산안을 제출하였다.

그러나 제1회 의회에서 정부에게 당했던 경험이 있는 제2회 의회의 민당 세력은 도합 1,231만 엔의 예산을 삭감하였다. 정부는 중의원의 완강한 저항에 직면하게 되었던 것이다. 민당은 정부에 전혀 양보할 자세를 보이지 않았고 내각과 의회의 대립은 심각한 양상을 띠게 되었다. 의회의 예산심의회에서는 해군의 군함건조예산이 무분별하게 쓰이고 있다고 비난을 하였고 이에 대해 답변에 나섰던 카바야마 스케노리(樺山資紀) 해군

19) 林茂·辻清明編集, 1981, 177~178쪽 참조.
20) 주 12) 참조.

대신은 "현 정부를 삿쵸정부(필자주:사츠마(薩摩)와 조슈(長州)번벌의 독재 정권이란 의미)다 뭐다 하더라도 오늘날 이 국가의 안녕을 지키고 사천만의 목숨을 돌보고 안전을 확보한 것이 누구 공로란 말이냐?"[21]라고 하는 유명한 '蠻行연설'을 행함으로써 의회와 정부와의 타협은 이미 돌아올 수 없는 강을 건너가 버리게 되었다. 동년 12월 25일 중의원 예산위원회는 예산조사회가 제출했던 삭감 액을 그대로 가결해 버렸다.

이미 정부는 12월에 들어가면서 중의원의 해산을 고려하기 시작하였다. 의회 해산권을 갖고 있는 정부로서는 선택 가능한 방안이었지만 메이지헌법 제정, 의회개설 이후 최초로 행하는 중의원 해산권 행사는 그 수속이나 방법, 시기 등에 대해서 신중할 수밖에 없었다. 일본 정국의 핵심이었던 이토 히로부미는 천황과 이노우에, 구로다, 야마가타 등의 원로를 설득하여 천황의 칙령으로 12월 25일 의회 해산을 단행하였다.

의회가 해산당하고 이듬해인 1892년 2월 15일에 제2회 총선거가 실시되었다. 이 선거의 특징은 정부가 민당을 대신하여 정부에 협력을 할 수 있는 '吏党'세력을 다수 당선시키기 위해서 폭력적인 선거간섭을 단행한 선거로도 유명하다. 당시의 내무대신 시나가와 야지로(品川彌二郎)는 부현지사 및 현청, 군청, 경찰서 및 市町村에 훈령을 내려 민당 후보자의 선거운동을 방해하고 정부 및 지방장관이 정부여당 후보자를 추천하여 그 선거 운동을 도울 것을 지시하였다. 또 민당의 유력정치인이 있는 선거구에는 친여당 지방 유력자를 내세워 그들이 당선될 수 있도록 특별히 선거 지원을 할 것도 지시하였다.

더불어 민당 계열의 선거운동원을 탄압하기 위해 예비경계령을 내리고 보안조례를 적용하여 검속할 것을 아울러 지시하였다. 민당 세력들도 이러한 강경한 탄압 조치에 저항하기 위해 이른바 '壯士'세력을 동원하여 물리적으로 저항하였다. 그 결과 제2회 총선거는 사망자 25명, 부상자 388

---

21) 林茂·辻清明編集, 1981, 186~187쪽에서 재인용.

명이 발생하는 유혈선거가 되었고 일부 지방에서는 경찰의 힘으로 치안 유지가 불가능해져 군헌병이 동원되는 사태까지 일어났다.[22] 그러나 이러한 극심한 선거 간섭에도 불과하고 선거 결과는 민당 계열이 163명, 이당 계열이 137명으로 여전히 중의원의 다수를 민당이 차지하는 결과로 나타났다.

이러한 정부의 선거간섭에 대하여 가장 반대 의사를 표명했던 것은 이토 히로부미였다. 그는 공식적으로 시나가와 내무대신의 적극적 선거간섭을 비난하였고 이때부터 이토는 정당의 존재 가치에 대해서 새로운 인식을 하기 시작했다고 보인다.[23] 이시기를 계기로 이토는 자기 세력 하에 있는 정당을 만들어야겠다는 생각을 적극적으로 하기 시작하였고 결국 이러한 이토의 생각의 변화가 야마가타 등의 보수적 원로들과 틈이 벌어지게 되는 계기가 되었다고 할 수 있다.

결국 마츠가타 내각은 제3의회에서의 예산안 성립과정에 크게 주도적인 역할도 하지 못한 채 후임 수상으로 이토를 추천한다고 의사표시를 하고 1892년 7월에 내각총사직을 표명하였다.[24]

3) 제2차 이토(伊藤博文)내각(1892.8~1896.7): 원로(元勳)내각과 1894년 청일전쟁

제1차 마츠가타 내각의 총사직에서 제2차 이토내각의 성립까지는 1개

---

22) 특히 코오치현(高知縣),사가현(佐賀縣) 등 민당 당수의 출신지와 구마모토현(熊本縣), 이시카와현(石川縣), 토야마현(富山縣), 후쿠시마현(福島縣) 등 유력지도자들의 출신지에 대한 선거 간섭이 극심하였다. 코오치와 구마모토에선는 군헌병이 출동하는 사태가 이어졌고, 초기의회 정치 시기의 최대의 오점을 남긴 선거로 기록되었다. 林茂·辻清明編集, 1981, 189~190쪽 참조.

23) 晨亨會編刊, 『伯爵伊東巳代治』上, 同刊行會, 1938, 160쪽 참조.

24) 林茂, 「第三議会と第一次松方内閣の瓦解」『国会学会雑誌』62卷 3·4·5·10·11號, 63卷 1~3號, 1948~1949 참조.

월이란 시간이 소요될 정도로 난항을 겪게 되는데 이는 이토의 고도의 정치적 술수에 의한 것이었다. 이토 히로부미는 민당이 지배하는 의회와의 대립관계도 힘든 정치 상황에서 정당의 존재 가치를 둘러싸고 야마가타 등 원로간에 確執이 생기고 있는 정국을 주도하기 위해 자기와 대립할 권위를 가지고 있었던 각 원로들을 형식적이라도 통합하여 공동책임제를 취할 구상을 시도하였다.[25] 이러한 정치적 시도가 성공하여 이른바 '元勳내각'이 성립되게 되었다.

제2차 이토내각의 각료 구성을 보면 대신 10명중에 이토, 야마가타, 구로다, 이노우에, 오오야마(大山嚴) 등의 원로를 비롯하여 고토 쇼지로는 메이지유신의 공로자였고, 특히 야마가타, 구로다는 이미 수상을 역임한 거물들이었다. 또 고토는 1873년 정한논쟁에서 패해 정부를 떠난 이후 도사(土佐)민권파의 리더로서 정부를 비판하는 민당의 대표적 정객이었다. 이토는 전임 수상들을 각료의 끌어들이고 반대파의 리더까지 내각에 들어오게 하여 정치 위기국면을 수습하겠다는 복안을 적어도 각료 인선과정에서는 성공시켰고 일본 정국의 1인자로서 내외에 자기의 위신을 내세울 수 있었다.

특히 주목할 만한 인사가 외무대신으로 무츠 무네미츠(陸奥宗光)[26]을 기용했다는 점이다. 실로 1894년 청일전쟁의 발발과정에서 일본정부 내에서 개전론으로 이끌고 갔던 실질적인 주체가 무츠 외상이었다는 점을

25) 小松緑, 1976, 65~67쪽 참조.

26) 무츠 무네미츠(陸奥宗光:1844~1897)는 와카야마(和歌山)출신의 메이지 시대 정치가이자 외교관으로서 근대 일본의 대외 강경외교를 주도하였던 인물이다. 메이지 신정부의 원로원 의관으로 근무 중 번벌정부 전복 음모에 가담하여 국사범으로 5년간 옥중 생활을 보낸 경력이 있을 정도로 강경한 측면도 있지만 노회한 외교술을 타고난 인물이기도 했다. 미국공사 시절에는 일본이 최초로 체결한 대등조약인 일·멕시코 조약 체결을 주도하기도 하였다. 1890년대 한 조, 중, 일 동아시아 삼국 관계를 회고한 그의 저서 『蹇蹇錄』은 청일전쟁기의 동아시아삼국관계를 증언하는 일본 측의 주요 외교사 자료로서 중요한 참고자료이다.

고려할 때 대외 강경파 무츠의 외상 기용은 조선을 둘러싼 일본과 청국간의 풍운을 예고하는 대목이었다고 할 수 있다.

먼저 이토 수상은 반정부 정책으로 일관하고 있던 민당과의 화해를 모색하였다. 이토가 담당해야 할 제4회 의회의 의석 분포를 보면 자유당과 입헌개진당을 비롯한 민당계열이 167석이어서 총원 300석의 중의원의 과반석을 점하고 있는 상황이었다. 이토는 마츠가타내각 당시 적극적인 선거 간섭을 행했던 縣知事, 郡長 등에 대한 인사를 단행하여 민당의 분노를 가라앉히려고 노력하였다.[27] 그리고 이러한 이토의 정당에 대한 태도의 변화는 정부와 투쟁만으로는 지주들의 농촌 부르조아적인 이해관계를 대변할 수 없다고 생각했던 자유당의 지도자 호시 토오루(星亨)는 개인적으로는 무츠 외상과의 친분도 있었지만 정부와 원만한 관계를 유지하는 것이 자유당에게도 유리하다는 판단을 하고 있었다. 이른바 자유당 도사파(土佐派)와 무츠 외상의 인맥을 이용해 이토 내각은 중의원에서의 입지를 확보하는데 유리한 입장에 서려고 노력하였다.[28]

한편으로 일본 정부는 1885~1887년의 거문도 사건 이후 동아시아, 즉 조선을 둘러싼 국제환경에서 구미열강의 간섭을 배제하기 위해서는 적어도 중국과 대응할 수 있는 국방력을 갖춰야 한다는 국방정책의 대강에 열중하고 있었다. 따라서 제2차 이토 내각에서도 야마가타 내각 이래로의 급속한 군비증강 정책을 취할 게 되었고, 무엇보다도 외형적으로 나타나는 일본 해군의 함정 총톤수가 중국보다 부족하다는 사실이 이토 정부로 하여금 해군군비 확장을 위한 거액의 군함제조비 예산을 제4의회에 청구하게 만들었다.

그러나 중의원은 이미 제2, 제3의회에서도 군함 건조비 예산을 부결한 바 있고 민당의 정책 슬로건인 '政費節減에 대한 정부 특히 이토 수상의

27) 衆議院·參議院編, 『議會制度七十年史 政黨會派論』, 1961, 272쪽 참조.
28) 山本四郎, 『日本政黨史』 上, 1979, 94쪽 이하 참조.

이해는 너무나 빈약하였다. 이러한 강경한 군비확장 예산 요구는 이토내각과 자유당의 호시(星)와의 관계도 악화시켰고, 중의원 예산위원장 코오노 히로나카(河野廣中)는 정부방침에 강경한 대응을 보이게 된다. 건함예산도 2척 이외에는 인정이 되지 않았고 정부의 전체 예산안 중 11%에 해당하는 900만 엔을 삭감하였다. 이토 수상은 "의회의 금년도의 終局도 도저히 종전과 다름이 없다"며 "중의원의 사정안은 단연코 동의할 수 없다"며 분노하였다.[29)]

이토 내각의 일방적인 강경 주장에 대해 중의원은 오히려 해가 바뀌어 1903년 1월 23일, 법적으로는 아무런 효력이 없는 상징적 행위였지만 내각탄핵상주안을 상정하였다. 이토 수상이 의회를 15일간 정회시켰지만 2월 7일 속개된 중의원에서는 181대 103으로 내각탄핵상주안을 가결 시켜버렸다. 이토 내각은 의회와의 극한 대립으로 의회를 해산 시키던가 내각이 총사직해야 하는 심각한 위기상황에 처하게 되었던 것이다.

초대 내각 수상 역임이후 근 4년 만에 다시 돌아온 수상이라는 권력을 이토는 내어놓고 싶지 않았다. 1881년 일본정치의 권력 핵심으로 등장한 이래 이토는 한 번도 권좌에서 물러난 적이 없었다. 초대 수상을 그만둘 때도 추밀원을 만들어 의장으로 자리를 옮기던지 하면서도 항상 권좌를 계속 고집하고 있었다. 이때 이토가 택한 방법이 천황의 칙령을 이용하는 방법이었다. 메이지천황은 이토의 종용에 따라 앞으로 6년간 천황의 내탕금에서 매년 30만 엔씩 낼 터이니 문무관은 각각 봉급의 10%를 6년간 헌납하여 건함건조비용으로 쓰고, 의회는 정부와 타협하여 천황을 잘 보필하라는 칙령을 내렸다.[30)] 이토는 천황을 이용해서라도 자신의 권좌를 지키려고 하는 정치적 술수를 부린 것이었다.

천황의 칙령이 나온 이상 의회도 지금과 같이 이토 내각을 강경하게

29) 春畝公追頌会, 1940, 中巻, 874쪽 이하 참조.

30) 春畝公追頌会, 1940, 中巻, 882쪽 이하 참조.

공격할 수는 없게 되었다. 결국 전체적으로 약 200만 엔의 예산 삭감으로 예산안은 가결되었고 현안 과제였던 건함예산도 통과되었다. 청일전쟁 발생 16개월 전의 일이었다. 이렇게 건조된 해군 함정이 전쟁에서 큰 역할을 했던 것은 말할 것도 없었다.

그러나 천황을 政爭에 이용한 행위는 헌법상으로도 큰 문제를 야기하게 된다. 초법적인 존재여야 할 천황이 정쟁의 와중에 내각에게 이용당하게 됨으로써 천황의 위상을 격하시켰다는 분노가 야마가타를 비롯한 우익 강경파들이 이토에 대한 지지를 철회하게 되는 하나의 큰 계기가 되었던 것이다.

한편 제2차 이토 내각의 외무대신으로 취임하였던 무츠 무네미츠는 심복인 외무대신 비서관 다나카 다카요시(田中敬義)와 외무성 고문인 미국인 데니슨 등에게 불평등조약 전면 개정 초안을 마련하게 하고 1893년 7월부터 영국, 독일, 미국 등과 개별 교섭에 들어갔다. 현지 주재 일본 공사가 교섭의 책임을 지게 되었는데 현지에서는 이미 외무대신을 경험했던 아오키 슈조 독일주재 공사가 교섭의 책임을 지게 되었다. 아오키 공사는 우선 영국과 교섭할 것을 주장하였고 동년 12월 런던에서 본격적인 조약개정 교섭에 들어갔다. 조약개정 교섭의 핵심은 먼저 치외법권(=영사재판권) 철폐에 역점이 두어졌는데 일본 정부방침은 일본 내지통상권(=이른바 內地雜居)을 허용하여 일본 전국을 개방하는 대가로 치외법권을 철폐시키겠다는 것이었다.

그러나 동년 12월 8일에 소집된 제5의회에서 이토와 타협을 꾀하던 자유당의 호시 토오루 중의원 의장이 의원들의 탄핵을 받아 결국 12월 13일 의원제명처분을 받는 사태가 발생하면서 이른바 의회 내 對外强硬派(이하 대외경파로 약칭함) 세력과 이토 내각이 대립의 각을 세우게 되었다.[31] 더구나 대외경파 세력은 12월 8일 갑자기 조약개정교섭과 관련하여 현행

31) 林茂·辻清明編集, 1981, 212~213쪽 참조.

조약대로 일본 국내 외국인의 거주지를 개항장 내 거류지로만 제한해야 한다고 주장하면서 철저한 외국인 단속을 실시하라고 정부를 압박하였다. 결국 정부가 추진하고 있는 '내지잡거'에 근거한 조약개정교섭에 찬물을 뿌리는 행동이었다. 이토는 결국 대외경파의 온상인 대일본협회를 해산시키고 12월 30일 중의원을 해산하였다.

이토의 갑작스러운 의회 해산은 조약개정교섭에 차질이 생길 것을 우려한 무츠 외상의 강경한 주장에 의한 것이라고 보이는데 문제는 전혀 해산의 이유도 없는 갑작스러운 해산이었기에 파급이 커지게 되었다. 특히 공식적인 이유 없는 중의원 해산에 대해 귀족원이 우려를 표명하는 등 반 이토 내각의 정치적 기류가 점차 강하게 형성되고 있었다.[32]

이듬해인 1904년 3월 총선거에서 이토 내각에 협조적인 자유당이 119석을 얻어 제1당의 위치를 차지했지만 입헌개진당, 입헌혁신당을 비롯한 대외경파 6개 파의 의석수가 130석에 이르러 정부와의 대립은 여전히 상존하게 되었다.

5월 15일 중의원이 개회되자마자 곧바로 내각탄핵상주안이 제출되었다. 그 이유로는 정부의 의회 부당 해산, 대외 연약외교, 의회 경시하는 것, 이토가 천황의 조칙을 이용한 것 등의 항목을 지적하고 있다. 이 탄핵상주안은 불과 5표차이로 부결되었지만 다시 수정된 정부 불신임안이 가결되었다. 더구나 대외경파가 주동이 되어 제4의회에서 이토 정부가 약속했던 행정정리 약속의 불이행의 책임을 묻는 상주문을 제안하는 과정에서 지난번에 부결되었던 탄핵상주안의 내용을 포함시켜 5월 31일 153표 대 139표로 본회의에서 가결되어 상주되었다.[33]

이토 수상은 다시 중의원을 해산시켰다. 이른바 이토내각은 의회와의 심각한 정치적 대립으로 국내 정치에 있어서 위기상황을 연출하고 있었

32) 齊藤熊藏, 『日本政黨發達史』, 1917, 289쪽 이하 참조.
33) 林茂·辻清明編集, 1981, 215~216쪽 참조.

는데, 한편으로는 이토 수상과 무츠 외상은 현안 최대의 과제는 성공을 목전에 두고 있는 영국과의 불평등조약개정교섭에 두고 있었기 때문에 의회를 연속으로 해산시키더라도 조약 개정교섭에 방해가 되어서는 안 된다는 판단을 우선했기 때문이라고 볼 수 있다.

4. 나오는 말: 1894년 청일전쟁의 개전[34)]

국내적 정치 위기 상황에 빠져 있던 이토 내각이 국민의 여론을 대외 관계로 돌릴 호재가 발생하였다. 1894년 6월 1일 조선정부는 동학농민봉기를 진압할 목적으로 청국에게 군대의 파병을 요청하였다. 일본 정부는 즉시 각의를 열어 무츠 외상의 주장에 의해 조선에 혼성 1개 여단을 파견할 것을 결의하고 그 준비에 착수하였다. 그리고 무츠 외상은 해군의 협조를 얻어 6월 5일 일시 귀국 중이었던 오오토리 케이스케(大鳥圭介) 조선주재 공사에게 해군 육전대 400여 명과 전함 9척을 붙여서 조선으로 파견하였다.[35)]

6월 7일에는 텐진조약의 行文知照 조항에 의해 일본주재 청국공사 汪

34) 1894년 청일전쟁의 개정과정에 대해서는 陸奧宗光,『蹇蹇錄』, 岩波文庫, 1983 참조.

35) 그리고 결국 청일전쟁 개전으로 끌고 간 주역은 가와카미 육군 참모차장과 무츠 무네미츠(陸奧宗光) 외무대신이었다. 특히 개전 과정에서 청국군대가 조선에 파견되었으니 천진조약의 '행문지조'조항에서 명시했듯이 일본도 군대를 파견해야 한다고 하는 무츠 외상의 주장을 이토가 거부할 명분이 없었다. 그러나 이토는 청국과 전쟁으로 이어지는 것을 우려하며 선뜻 파병안에 동의하지 않으려 하였고 결국은 청국 파견 군대와 숫자가 비슷한 2,000여 명으로 구성된 1개 여단만을 파견하는 데 겨우 동의하였다. 그러나 가와카미 참모차장이 파견한 1개 여단의 숫자는 혼성여단으로 구성된 7,000여 명이었다. 이토는 매우 노하였다. 그러나 이토에게 호출당한 가와카미 참모차장은 태연하게 맞받아쳤다. 일개 여단의 평시 편제는 2,000여 명이지만 전시편제는 7,000여 명이라고. 陸奧宗光, 앞의 책, 1983, 제2장 '조선을 향한 일청양군대의 파견' 및 제3장 '오오토리공사의 귀임' 31~47쪽 ; 上垣外憲一,『暗殺·伊藤博文』, 筑摩新書, 2000 참조.

鳳藻가 이를 일본 정부에 통보하였다. 이에 대해 무츠 외상은 청국 정부에 대해서

> "첫째, 청국이 조선에 군대를 파견한 것은 속방을 보호하기 위함이라고 하지만 우리(일본)정부는 일찍이 조선을 청국의 속방으로 인정한 적이 없다.
>
> 또 이번 우리 정부가 조선에 군대를 파견하는 것은 제물포조약 상의 권리에 의한 것이지 군대를 파견하는 것을 천진조약에 비추어 行文知照하는 것뿐이며, 우리정부가 행하고자 하는 바를 행하는 것으로써 (일본)군대의 많고 적음과 進退動止에 관해서는 추호도 청국 정부의 견제를 받을 이유가 없다"

는 논리를 펴고 있다.[36)]

이어서 이토 수상은 6월 14일, 15일의 연속 각의에서 이토 수상 스스로가 작성한 문서로서 대조선 정책안을 제시하였다.

그 내용은

> "첫째, 조선의 내란은 일청양국의 군대가 공동으로 이를 재빨리 진압할 것.
>
> 둘째, 내란이 평정된 후에는 조선의 내정을 개혁하기 위해 일청 양국에서 상설 위원 약간 명을 동국(=조선)에 파견할 것"

---

36) 일본은 청국과 1884년 갑신정변 직후 조선에서 양국군대를 철수 시키고, 향후 청국이나 일본 양국 중에 조선에 자국의 병력을 파견할 경우에는 서로 '문서로서 통보하기로(行文知照)'하기로 합의하였다. 그러나 이미 일본과 조선은 1882년 임오군란 선후 조치로 체결된 제물포조약에서 일본공사관과 거류민의 안전을 도모하기 위하여 '약간의 병력(兵員)'을 서울에 주둔시킬 수 있다고 하는 내용에 합의하였다. 텐진조약 체결 당시 제물포조약의 존재를 부정하지 않았기 때문에 야기된 국제법적인 조약상의 문제라고 할 수 있다. 하지만 여기서 '약간의 병력'이란 엄밀한 의미에서는 '1개 대대'를 넘지 않는다 라고 되어있는데 일본은 무려 전시편제 혼성1개 여단 7000여명을 선발대로 파견하면서 제물포조약에 근거하고 있으니 청국은 간섭하지 말라는 억지 주장을 하고 있는 것이다. 인용원문은 陸奥宗光, 1983, 38~39쪽 참조.

이라는 것이었다. 이는 당시 이토가 어디까지나 전쟁으로 문제를 해결하기 보다는 청일간의 무력 분쟁 없이 조선 문제를 해결하겠다는 입장을 견지하고 있었다는 것으로 이해된다. 그러나 여기에 대해 무츠 외상이 문제 제기를 하였다. 너무나 미온적이라는 이유였다. 이로써 무츠 외상의 의견에 의해 추가된 조항이

> "셋째, 만약 청국이 우리 제안에 응하지 않을 때에는 우리나라(일본)는 독자적인 힘에 의해 (조선의) 내란 진압 및 내정개혁의 실행에 임할 것"

이라는 정책이 추가되어 각의에서 결정되었다.[37]

당시 이토 수상은 일본 최대의 현안 과제인 영국과의 조약개정교섭에 최대의 관심을 갖고 있었고 이를 주도하는 무츠 외상의 의견을 존중하는 태도를 취하고 있었다. 하지만 전술한 바와 같이 무츠는 외교면에서의 당면 목표를 서구열강과 대등한 '일등국가' 일본을 상정하고 있었고 대외관계에 있어서 분쟁이 발생한다면 단호하게 이에 대처해야 한다는 생각을 갖고 있던 강경파에 속하는 사람이었다.

따라서 무츠는 일본 정부의 방침을 조선에서의 내란을 진압한 후 조선 내정개혁을 단행하겠다는 점, 그리고 청국 정부에게 공동으로 내정개혁에 임할 것을 제안하겠지만, 청국이 거절하더라도 일본이 독자적으로 내정개혁에 착수하겠다는 결정을 내리도록 유도하였던 것이다.

결국 이 결정은 결국 청국과의 무력충돌도 불사하겠다는 최고 정책결정이었고 이로 인해 외무성과 군부 강경파의 정책 유도과정이 1894년 7월의 청일전쟁 개전의 길로 들어서게 되었던 것이다. 그리고 그 과정에서의 최대의 영향력을 발휘했던 것은 전쟁 개전에 미온적인 이토 수상이 아니라 무츠 외상과 가와카미 육군 참모차장이었던 점은 간과할 수 없다.

---

37) 小松緑, 1976, 98~99쪽 ; 林茂·辻清明編集, 1981, 216~217쪽 참조.

결국 조선으로의 군대 파견 이후 욱일승천하는 일본 국내의 전쟁 열기를 제어할 수 없게 된 이토는 의회에서 탄핵당하는 등 자신에게 밀어닥치는 국내 정치적 위기 국면을 전환시키기 위해서라도 개전에 동의하였고 이로 인해 청일전쟁의 개전으로 이어지게 되었다.

'병합사안'을 통해본 한국병합 인식
-나카이 기타로(中井喜太郎)를 중심으로-

정 애 영

1. 머리말

본고는 '韓国併合'을 전후한 시기를 대상으로 당시 일본의 민간팽창론자들의 '併合私案'을 중심으로 병합구상과 조선통치론의 제상을 밝히는 것을 목적으로 한다. 특히 나카이 기타로(中井喜太郎)가 병합 전에 써서 각계에 배포한 것으로 보이는 '併合私案'과 건의서를 중점적으로 분석하여, 그가 오랜 동안 대륙문제에 관여하며 실천했던 행동에서 제기한 대외론의 내용에 주목, 그 특징과 이후 조선식민지 통치와 연관 지어 역사적 평가를 시도해 보기로 하겠다. 아울러 조선에서의 정주를 꾀하고 있던 재조일본인의 관점에서 제기된 '동화'의 내용이 어떠한 것이었는지 고찰하겠다.

'한국병합' 일제강점 등에 관한 연구는 방대하나 일본 학계에서는 최근 운노 후쿠주(海野福寿)의 일련의 연구가 대표적이며, 한일학계에서 활발하게 전개되었던 보호, 병합조약의 국제법적 성격에 대한 연구가 주를 이루고 있다.[1)]

1) '韓国併合'에 대한 고전적 연구로서는 山辺健太郎의 『日韓併合小史』(岩波書店, 1966)를 들 수 있다. 야마베(山辺)는 전전의 연구 경향 및 식민지 지배에 대한 반성과 비판을 강조하면서 병합을 일본의 조선 침략으로 규정하고 병합 과정의 제 측면과 한국 측의 저항에 대해 논하고 있다. 또 山本四郎는 「韓国統監府設置と統帥権問題」『日本歴史』336号, 1976에서 통감부의 지배구조의 특성을 설명하고

그러나 일제 강점 시에 제시된 다양한 통치구상을 '병합사안'을 통해 구체적으로 검토한 연구는 미미한 상황이다. 여기에서는 양국 학계에서 논쟁이 되었던 '병합'조약의 국제법적 논쟁 보다 당시의 민간의 팽창논자들의 '병합사안'에 초점을 맞춰, 새로 발견된 병합사안을 당시 일본 언론의 병합인식과 비교하여 1910년 시기의 대조선 인식을 폭넓게 고찰해 보고자 한다. 종래 조선 식민지 통치의 인식 등에 대한 연구는 동화주의 담론 분석 등에 치우쳐 있어 실천에서 제기된 동화 담론의 내용에 대한 분석이 간과되었다는 문제의식 하에 다방면에 걸쳐 명문화된 병합사안의 고찰을 통해 구체적인 '제국'상을 구축하고자 한다.[2)]

나카이 기타로는 청일 러일전쟁기 이른바 '대외경운동'에 적극적으로 참가한 인물로 근대 일본의 정치운동의 한 축으로 외교문제를 정치 쟁점화하여 활동한 강경한 대외정책을 제기하는 정치활동을 전개했던 인물이다. 근대일본의 근대국민국가 형성기에 '국민'을 강하게 인식하며 운동했

있다. 병합의 국제법적 합법성에 관해서는 海野福寿編, 『日韓協約と韓国併合 - 韓国植民地化の合法性を問う - 』, 明石書店, 1995 : 同, 『韓国併合』, 岩波書店, 1995 등 운노 후쿠주의 일련의 저작 참조. 운노의 연구는 한국병합의 형식상의 적법성을 해명한 부분이나 병합의 정치적인 과정의 분석에 역점이 두어져 있어 당시의 논자들의 병합 인식에 관해서는 거의 다루지 않고 있다. 국제법적 논쟁을 포함하여 한국적 시각에서 비판한 연구로는 김동명, 「한국병합과 식민지지배」 『일본역사연구』 18 참조.

2) 이 시기 일본 언론계의 조선인식에 대한 선구적 연구는 강동진, 『일본 언론계와 조선(1910~1945)』, 지식산업사, 1987이 대표적이다. 또한 대중잡지를 표방하며 당시 일본 잡지계의 언론을 리드한 『太陽』의 조선인식을 다룬 연구는 이규수, 「한국강점 직후 일본 지배계층의 조선인식」 『대동문화연구』 54. 당시 일본인사회주의자의 조선인식에 대해서는 石坂浩一, 「日本の初期社会主義思想と朝鮮認識」 『立教日本史論』 3, 1985 참조. 그 외에 동양경제신보의 식민정책론을 다룬 논문으로는 井口和起, 「東洋経済新報 の植民政策論」 『日本帝国主義の形成と東アジア』, 岩波書店, 2000 참조. 또한 한상일 한정선, 『일본, 만화로 제국을 그리다』, 일조각, 2006는 근대 일본의 조선인식을 만화저널리즘을 통해 시각적으로 구축되는 제국의 모습을 다채롭게 다루고 있어 조선인식을 이해하는 데 시사하는 바가 크다.

던 국민주의적 대외경파의 대외인식을 밝히고 특히 실천에서 제기된 대외론의 성격에 주목하여 분석하고자 한다.[3)]

그는 한국병합 후 조선총독부의 관리로 재임용되나 건강상의 이류로 사임하게 되는데 '병합' 시에는 조선에 체재하며 병합에 대한 구상 등을 발표하고 있다. 이러한 사료 등을 중심으로 그의 병합론과 조선통치론을 분석해 보기로 하겠다. 또한 당시의 일본에서의 한국병합에 대한 인식 등과 비교 고찰하는 방법을 통해 조선 식민지통치론의 성격을 폭넓게 고찰해 보겠다.

2. 中井의 '韓国併合'論과 조선통치론

1) '병합' 이전의 나카이의 조선론

병합사안을 논하기에 앞서 나카이 기타로의 이력을 간단하게 소개하고 1910년 이전의 대외론을 정리해 보기로 하겠다. 왜냐하면 '병합사안'은 그의 조선과의 오랜 관련에서 나온 산물이며 이후의 식민지 정책과 관련지어 시사적인 부분이 많다고 생각되기 때문이다.

나카이 기타로(中井喜太郎)는 청일전쟁 이전 시기부터 요미우리신문의 주필로 활동하였고 메이지 20년대의 국수주의 국민주의의 세례를 받으며 다양한 내셔널리즘운동에 관여한 인물로서 이른바 '대외경파'에 속하며 대외문제에 실천적으로 행동하며 많은 대외론을 발표하였다. 1892년 조선특파원 파견 이후로 조선에 대한 많은 논설을 발표하였고 1900년부터는 東亜同文会, 国民同盟会, 朝鮮協会[4)] 등의 간사로 활동하며 대륙문제를

3) 나카이 기타로의 청일 러일전쟁기의 대외경운동과의 관계를 다룬 논문으로는 정애영, 「日清·日露戦争期の対外硬運動と中井喜太郎」『日本植民地研究』 11, 1999. 1910년 20년대의 나카이의 남진론을 비롯한 팽창사상을 다룬 것으로는 정애영, 「大正期의 해외팽창사상」『東洋史学研究』 83, 2003 참조.

이슈로 다양한 활동을 펼친 바 있다. 1903년부터는 재조선 일본인거류민 회장, 한성신보 주필을 겸임하며 조선에서 일본인의 팽창을 실천하고 간도조사를 거쳐 통감부의 관리를 역임하였다. 그는 『朝鮮回顧録』의 저자로도 유명하며 이후 중국혁명에 관여하며 만몽팽창론과 남진론 등을 주장하였다.[5)]

1903년 재조선일본거류민단장과 한성신보 주필로 서울에 부임한 나카이는 한성신보 지상에 러일전쟁 개전 여론을 개진하고 전쟁 발발 이후에는 재조선일본인 의용대 결성 및 축승회 개최 등을 통한 전쟁지원을 전개하였다. 전쟁 이후 재조선일본인 거류민의 정주화와 자치를 강

화하기 위해 거류민단의 법인화를 추진하여 거류지를 중심으로 조선에서의 일본의 팽창을 실천하며 다수의 논설을 일본 언론에 발표하거나 조선정책에 관한 건의서를 내기도 했다.[6)]

그가 발표한 건의서나 논설은 일본인의 조선 정착을 돕기 위한 제제

---

4) 조선협회는 1902년부터 동아동문회 계열의 인물을 중심으로 본격적인 조선에 대한 제반 조사 연구와 더불어 철도부설, 은행설립, 식민지 조선에 관한 여론 형성 등에 주력한 단체이다. 조선협회에 대한 본격적 연구는 미미한 수준이고 波田野勝, 「朝鮮協会の基礎的研究」 『政治経済史学』 187, 1982에서 기초적 구조에 대해 언급하고 있는 정도이다.

5) 漢城新報에 대해서는 일본에서의 연구는 거의 없고 선구적인 것으로 蛙原八朗, 『海外邦字新聞誌史』, 学而書院, 1936 등으로 전전 해외의 일본인 경영의 언론을 주로 소개한 가운데 언급되어 있는 정도이다. 한국에서는 구한말 미디어 연구의 일환으로 연구되어 왔다. 催俊, 「漢城新報의 사명과 역할」 『新聞研究』 2-1, 1961 ; 催俊, 「군국 일본의 대한 언론정책」 『韓國新聞史論考』, 일조각, 1976 ; 박용규, 「구한말 일본의 침략적 언론활동 - 漢城新報 (1895~1906)를 중심으로」 『韓國言論學報』 43-1, 1998 등 참조. 또한 한성신보 관련자들이 구마모토현 출신이 대부분인 점과 관련하여 鄭鳳輝, 「熊本県人の韓国における新聞経営」 『海外事情研究』 24-2, 1997에서 주로 구마모토국권당(熊本国権党) 계열의 조선에서의 언론 관여부분을 상론하고 있다.

6) 中井喜太郎, 朝鮮経営十策, 『清韓両国経営ニ関スル建言雑纂』(『日本外務省記録』, 1904).

도의 실시를 주장하는 내용이 대부분을 차지하고 있다. 은행 설립, 토지의 매수, 재조선 일본거류민단의 법인화[7] 재조일본인 자녀교육 시설의 확충 등과 더불어 수도, 가스로 대표되는 거류지의 환경개선을 통한 일본인의 정주기반 공고화가 주된 내용을 이루고 있다. 그리고 조선북부지역을 중시하여 용암포 웅기만의 개항 등을 주장하며 러일전쟁에서의 승리 후 조선 뿐 아니라 만주지역으로의 팽창을 목표로 하는 단계적 팽창론을 전개하였다. 거류지의 '일본화'를 통한 팽창의 시도는 이후의 병합사안의 인식과도 상통하는 부분으로 당시의 실천적 팽창주의의 단면을 보여주는 것으로 생각된다. 러일전쟁기의 그의 조선론이 일본인의 조선정착에 필요한 기반확보에 주안이 두어져 있었다면 1910년을 전후한 시기의 조선론은 종래의 조선론의 종합인 동시에 새로운 국가의 구상이라는 측면에서 매우 시사하는 바가 크다.

2) 나카이의 '併合' 私案

나카이 기타로는 1910년 병합 직전에 자신의 병합 구상과 조선 식민통치에 대한 구상을 '併合私案'의 형식으로 발표하였다. 나카이의 병합사안이 언제 작성되었는지는 분명치 않으며 본고에서 사료로 쓴 이 사안은 『北鮮の開拓(북선의 개척)』이라는 책에 수록되어 있는 것을 발견하여 분석한 것이다.

이 책은 나카이와 절친한 사이이며 조선의 함경도에서 관리를 역임한

---

7) 居留民団을 비롯한 전전 일본의 해외 일본인단체 연구가 많은 진전을 보이고 있다. 제국주의 시대의 이, 식민 연구의 중심을 이루는 거류민단연구 중 재조일본인에 관한 연구는 木村健二의 연구가 독보적이다. 기무라는 경제사적 관점에서 재조선 일본 이민사회를 심도 있게 고찰하고 있다. 木村健二, 『在朝日本人の社会史』, 未来社, 1989 참조. 국내에서도 재조일본인 관련 논문도 다수 발표되고 있고 거류민단 관련으로는 박양신, 「재한일본인 거류민단의 성립과 해체」 『아시아문화연구』 26, 2012 참조.

인물이 쓴 책이고 그 책 가운데 저자가 나카이의 유고에서 발견한 사안이 수록되어 있다.[8]이 책 가운데 "四十三年(1910년) 봄이 되자 '일한병합'의 소문이 돌았으며 나는 내 나름의 병합 조건을 기초하여 長谷川 대장을 통해 총리대신 桂太郎에게 바치고 또 望月君을 통해 対韓同志会에 보냈다. 그러자 9월에 드디어 한국병합이 선언되었다."라고 쓰여 있는 것으로 보아 한국병합 직전에 쓰여진 것으로 보인다.[9]

이와 동시에 일본에서는 이전부터 '병합'을 강하게 주장하던 대조선 강경주의자들인 河野広中, 大竹貫一, 小川平吉 등은 '日韓併合에 관한 覚書'를 西園寺에게 전달하는 동시에 한편으로는 일본 국내의 병합여론을 선동하였다.[10] 그 결과 언론매체와 연설 등을 통해 병합여론이 높아지는 양상을 띠게 되었고 나카이의 병합사안 등의 제안은 일본의 조선식민지화 여론 형성에 영향을 끼쳤다고 볼 수 있다. 또한 나카이를 중심으로 하는 그룹이 병합의 업적을 선양하기 위해 고노에 아츠마로(近衛篤麿)의 기념회를 열었다 한다. 東亜同文会가 광주에 설립한 학교에서 고노에 외에 '国民同盟会, 朝鮮協会, 対露同志会, 愛国婦人会에 진력하다 죽은 사람들'을 위해 平岡浩太郎, 中江篤介, 神鞭知常, 国友重章 등 25명을 기리는 행사를 열었던 것이다.[11]

이 병합사안은 그의 '한국병합'에 대한 인식을 잘 보여주고 있으며 당시의 합병의견과의 비교를 통해 조선에서 직접 행동했던 인물로부터 제시된 대외론으로서 고찰해 보기로 하겠다. 지금까지 이 사안에 대해 언급한 연구는 없으며 본고에서는 이 사안을 중심으로 당시의 일본의 다른 병합구상 등과 비교하여 1910년대 조선 식민통치 구상을 분석해 보기로 하

---

8) 岩本善文·久保田貞治, 『北鮮の開拓』, 北鮮の開拓史編纂社, 1928.

9) 中井喜太郎, 『朝鮮回顧録』, 糖業出版社, 1913, 290~91쪽.

10) 多胡圭一, 「日本による朝鮮植民地化過程についての一考察 (3)」 『阪大法学』 101, 1974, 178쪽.

11) 앞의 책, 『朝鮮回顧録』, 290~91쪽.

겠다.

병합사안의 내용은 조선왕족의 대우, 일본법의 적용, 한일 간의 관세 철폐, 철도부설, 항로의 개설, 교육 문화정책 등 다양한 제안으로 이루어져 있다. 교육의 면에서는 일본의 교육칙어를 기본으로 철저한 일본어교육을 주장하고 있고 금융 무역의 면에서는 한국은행과 일본은행의 합병에 의한 양국의 금융을 통일함과 동시에 다수의 식민지은행을 설립하여 투자의 확대를 꾀하는 주장이 두드러진다.

> "일본 및 한국을 대일본제국으로 칭하고 한국 황태자를 조선 太公으로 봉하여 천황은 태공에게 내무 재정 권업 교육의 행정권을 위임한다, 통감부를 조선정부에 합병한다. (조선의) 내각 각 대신은 천황의 임면을 받으며 그 외의 관리는 태공이 임명한다. 내각 각 대신은 태공을 보필하고 천황에 대해 책임을 다한다. 조선에 시행하는 법률은 제국의회가 이를 의결한다. 조선에 시행하는 일본 종래의 법령은 칙령으로 이를 정한다. 조선에 적응하는 친족법 상속법 민적법을 제정한다. 메이지 50년부터 조선에 거주하는 모든 사람들에게 참정권을 부여한다는 약속을 한다."[12)]

먼저 조선의 식민지화의 형태를 논한 부분으로 일본의 군부가 구상했던 총독제와는 달리 조선 '태공'과 조선정부에 의한 간접통치적 형태 즉 '합방'적 성격과 통치의 내용은 법적 제도적 동일화를 지향하는 '연장주의', '점진적 동화주의'의 측면이 강함을 지적할 수 있다. 이른바 내지연장주의의 현지적 '절충'을 제기하고 있는데 이는 다른 병합사안 등과 비교하며 뒤에서 상론하기로 하겠다.

> "한국의 교육칙어를 폐지하고 일본의 교육칙어로 바꾼다. 중등교육 이상

---

12) 岩本善文·久保田貞治, 『北鮮の開拓』, 354쪽.

> 의 교육은 일절 일본어 교육을 실시한다. 일본어를 모르는 조선인은 일절 관리로 등용하지 않는다. … 남만주를 조선의 번병으로 정한다. 安奉, 吉会 양선의 중간인 江界, 鉄嶺 간 철도 부설을 목적으로 한다. 청국 정부와 간도 이외의 지역에서의 개간민의 보호 및 국경무역의 조약을 체결한다."[13]

다른 병합안과 비교해 볼 때 나카이의 병합사안에는 간도 및 만주지역 등 중국의 동북지방에 대한 언급이 많고 조선과 만주를 잇는 지역구상이 두드러지는 특징을 보인다. 또한 '明治50年'이라는 용어가 자주 나오는데 병합담론에서 자주 등장하는 이 용어의 의미는 '天皇即位五十周年의 헌상품'[14]이라는 의미와 '世界博覧会에의 출품'에 대한 기대에서 자주 강조되었다. 그리고 조선의 식민지통치가 어느 정도 자리 잡힐 시점을 1917년 정도로 기대해 그 시점 이후부터 점진적인 식민지 자치 등을 실시하는 시간적 기준으로 보고 있다. 그와 아울러 양반층을 비롯해 조선의 기존 집권세력을 포섭하고 협력을 얻는 방향을 제시하며 병합 협력자에 대한 수훈과 함께 "한국의 교육칙어를 폐지하고 일본의 교육칙어로 대신한다. 중등교육 이상의 교수에는 모두 일본어를 사용하고 조선인의 장교지원병 및 병역지원을 허하고 징병제를 실시한다."[15]는 의견을 제시하였다.

징병을 위한 일본어의 강제나 교육의 주장은 이후 조선의 식민통치 가운데 오랫동안 논의되다 태평양전쟁 말기 조선의 학도 동원 및 징병제의 실시로 이어지게 된다.

또한 식민지 통치의 정신적 기반을 신도에 두고 국폐사(国幣社)를 비롯한 일본의 국가신도의 이식에 중점을 두고 있다. 그 가운데 두드러진 주장은 조선적 부분과의 '절충'이다.

13) 위의 책, 355쪽.
14) 앞의 책, 350쪽.
15) 앞의 책, 354쪽.

"신라, 가야, 고구려, 고려의 사적을 발양한다. 단군 箕子 신라의 시조 무열왕 가야의 수로왕 백제의 시조인 동명왕 고려의 태조, 이조 태조의 廟殿을 수리 건설하여 官幣社로 한다. 용비어천가를 궁중의 연회악으로 추가한다."[16]

위와 같이 조선의 궁중 아악으로 군주의 성덕을 기리는 용비어천가를 사용하고 조선의 역대왕조의 시조를 받들 것, 그리고 역사상 일본과의 수교에 공로가 있는 인물을 합사하고 "율곡선생 퇴계선생 등 유학자를 받드는 서원을 건설할 것, 자장법사 서산대사 등 명승을 기려 각 사원을 건립할 것" 등에서 알 수 있듯이 유·불교의 위인을 합사함으로써 종교적인 '절충'을 꾀한 점을 특징으로 들 수 있다. 이는 한일 양국의 역사에 밝았던 저널리스트 나카이의 면모를 보여주는 부분으로 조선에서의 활동을 바탕으로 형성된 역사인식에서 나온 제안이라 할 수 있다. 가능한 한 저항을 적게 하며 식민지화를 성공시키는 방법의 하나로 '역사의 절충'이 고안된 것이다. 나카이는 저널리스트 출신이며 조선에 체재하여 한성신보 주필과 일본거류민장, 통감부의 관리 등을 역임하며 오래 생활한 관계로 조선의 역사에 해박하여 병합론을 주장하는 데 있어 역사를 이용한 병합책을 제안한 것으로 이해할 수 있다.

또한 "尹瓘, 林慶業 그 외 北狄의 방어에 공적이 있는 자를 国弊社에 모실 것" 등으로 북으로의 방향성을 보이고 있다. 그리고 "일본인 조선인 간의 신분관계의 준거법을 정함. 메이지 50년을 기준으로 병합의 기준을 다지고 메이지 50년부터 조선인의 제한적인 참정권, 자치권을 인정하고 … 일본의 작위를 수여한다."고 하듯이 '메이지 50년'을 병합의 기틀을 공고히 하는 경계로 보고 식민통치의 영속을 꾀하기 위해서는 식민지에 어느 정도의 자치와 참정권을 부여해야 한다고 주장하고 있다.[17]

16) 앞의 책, 356쪽.
17) 식민지의 자치 인정과 참정권 문제는 1920년대 본격적으로 논의되거나 제기된

일본인의 조선이민에 대해서는 메이지 50년까지 100만 이상의 일본인의 조선이민을 실시할 것을 주장하여 이민의 편의를 도모하기 위해 여러 철로를 부설하고 그 연선을 중심으로 농업이민지를 건설하는 구상을 밝히고 있다.[18] 이때 제기된 100만 이민설은 근대 일본의 이민 담론에 자주 이용되어 이후의 일본의 대륙이민이나 남미 이민의 슬로건으로 등장한다. 이는 나카이의 병합사안의 중요 부분으로 나카이의 '동화주의'의 특징이기도 하다. 이 담론은 항간에 제기되던 인종과 문화의 친연성을 강조한 '동문동종론'적 동화주의보다는 대규모의 일본 이민을 통한 인적팽창주의적 동화론의 의미를 갖고 있다. 또한 일진회와 관계가 깊은 侍天教를 공인할 것과 조선 불교의 일본 불교의 통합을 통한 종교정책을 주장한다.[19]

이는 조선의 대표적 친일단체인 일진회와의 관계에서 나온 종교정책으로 앞서 언급했듯이 조선인들의 간도이민과 관계하여 제안된 것이라 할 수 있다.[20]

문제로 이 시기에는 주로 팽창론자들의 '동화론' 가운데 가끔 등장하는 정도이다. 1920년대 조선 자치의 주장과 관련한 식민정책학자인 야나이하라의 조선참정권 주장에 대해서는 이규수, 「야나이하라 타다오의 식민정책론과 조선인식」『대동문화연구』 46 참조.

18) 대안으로서의 조선인의 간도이민은 '일진회재단'계획으로 구체화 된다. "백만 회원을 이끌고 만주로 이주시켜 조만간 일어날 支那革命의 기운을 타고 만몽독립의 깃발을 내세워 日韓連邦을 따라 만몽까지도 연방에 넣어 동아연방을 실현하려는 것이었고 이를 위해서는 다수의 일진회원을 이주시켜 수산금을 받으면 다음의 계획에 따라 기초적 사업을 만주에 일으켜 만주에서의 조선인민의 단체로 만들려는 것이었다. 그것은 조선 북부지역에 많은 회원을 갖고 회원들의 생계 방책의 일환으로 농업회사를 경영하고 실업 면에서 각종 활동을 전개하고 있던 일진회가 회원의 생활 안정과 종교적 측면에서 동학을 존속시키려고 기획한 이민계획이었다(滝沢誠, 『評伝 内田良平』, 大和書房, 1976, 228쪽).
이 계획은 흑룡회와 일진회의 병합청원운동의 둔화로 구체화 되지 못하고 끝났으나 이러한 구상은 이후에도 이어져 만몽독립운동, 만주국 등으로 구체화된다.

19) 一進会의 연구는 趙恒来, 『一進会研究』, 韓国中央大学大学院 博士学位論文, 1984 ; 金東明, 「一進会と日本 - 政合邦 と合併」『朝鮮史研究会論文集』 31, 1993 등 참조.

20) 나카이와 일진회의 관계를 朝鮮回顧録 을 중심으로 정리해 보면 나카이는 일진회

"메이지 50년까지 수출무역을 1억 원으로 증가시키고 경원 호남의 양 철도를 준공하고 횡단철도 다섯 노선의 부설에 착수하며 양국 연합의 여섯 항로를 열고 100만 명 이상의 일본인을 이주시킨다."[21]에서 보이듯이 1917년까지를 식민통치의 기반을 닦는 초기시기로 설정하여 조선의 일본 '제국'화의 계획을 수립하고 있고 메이지 50년까지는 관세를 제외한 일본의 종래의 세법을 적용하지 않는 등 '동화'의 유예기간을 둘 것을 주장한다. 그리고 '합병'의 시기를 1911년 5월이 적당하다는 이유로서 준비에 1년을 요하고 조약개정의 사업을 완료한 뒤의 시점이 좋으며 11년에는 중국의 '변란'의 가능성이 있는 것 등을 들고 있다.

이와 더불어 관세동화정책을 주장하는데 이와 같은 관세동화주장이 적극적 병합론자들에게서 많이 보이는데 그들은 일본과 조선의 관세를 없애고 완전한 경제통합을 꾀하고자 하였는데 관세문제는 병합 후 10년 간 조선의 관세를 현상대로 유지하고 일본 측의 대조선 이입무역에 대해서도 대한제국의 관세제도를 유지하기로 하였다.[22] 중의원 의원인 早速整爾는 통감부 정치 이래 관세의 통합을 일관되게 주장해 왔고 조선과 일본 사이의 무관세 주장은 당시 일본의 대외경파의 공통된 주장이기도 했다.

의 송병준과 친했던 사이로 재한일본영사관에서 三増名 전 영사의 소개로 처음 만나 이후 왕래가 빈번했던 사이였다 한다. 나카이도 일본의 야마구치현 출신이고 송병준이 야마구치현에 체제할 시 나카이의 부인의 친척 집에 송병준이 기거했던 인연도 있어 일진회의 집회에도 몇 번이나 참가하여 연설하기도 하였으며 또 송병준으로부터 일진회 고문을 추천해 달라는 부탁을 받고 나카이의 친우인 神谷卓男와 望月竜太郎(朝鮮協会 간사)를 추천하여 고문을 시켰다고 한다. 앞의 책, 中井喜太郎, 『朝鮮回顧録』, 13쪽.

21) 병합사안, 350쪽.

22) 식민지 조선의 관세문제를 다룬 논문으로는 金敬泰, 「開港直後의 関税権과 回復問題」『韓国史研究』 8, 1972 ; 金順徳, 「1876~1905年 関税政策과 관세의 운용」『韓国史論』 15, 1986 ; 송규진, 『日帝下의 朝鮮貿易研究』, 高麗大学校 民族文化研究院, 2001 등 참조.

3 한국병합기의 조선통치론과 나카이의 병합구상

1) 오가와 헤이키치(小川平吉)의 병합사안

다음은 나카이의 병합사안과 병합 시기 일본의 조선통치와 병합에 관여한 강경한 병합주의자들의 병합론과 비교해 보기로 하겠다.

먼저 병합구상에 대해 체계적인 구상이 담긴 문서로는 나카이와 함께 동아동문회나 국민동맹회를 중심으로 대외경운동에 적극적이었던 오가와 헤이키치(小川平吉)의 문서에 수록되어 있는 「日韓併合策·未定稿」[23]를 들 수 있다. 그는 당시 병합 여론을 주도하던 조선문제연구회의 대표적 인물이었고 나카이가 병합사안을 만들어 조선문제연구회에 보냈다고 되어 있으므로 나카이의 사안과 공통점이 많고 당시 대륙팽창논자들의 일반적인 병합의식을 보여주는 사료로 생각된다.[24]

한국병합을 메이지 50년까지 완성하고 병합 후에는 '일본 및 한국을 일본제국'으로 총칭하고 조선은 일본의 캘린더를 쓸 것과 조선인을 천황통치 하의 신민으로 규정하고 천황은 조선에서의 외교 군비 교통 및 작위 훈장 영전을 수여하는 대권을 총람하는 한편 한국 황제를 조선국왕으로 하고 천황은 국왕에게 조선의 내정 민정 재정 학정의 행정권을 위임하는 한편 원칙적으로 조선에 시행하는 법률은 제국의회에서 입법하나 조선국왕은 상주 재가를 거쳐 임시 긴급한 경우는 조선에 법률의 효력을 갖는 명령을 발하고 조선에 시행하는 欽令을 발할 수 있다. 그리고 통감부를 조선 내각에 합병하고 조선의 내각 총리대신은 두 명의 일본인 두 명의 조선인을 천황이 임명하는 행정부를 설치할 것을 주장하고 있다. 한편 조

23) 小川平吉文書研究会編, 『小川平吉関係文書』, みすず書房, 1973, 32~36쪽.

24) 조선문제동지회'에 대해서는 강창일, 『근대 일본의 조선침략과 대아시아주의』, 역사비평사, 2002, 276쪽.

선의 원로 중 3인을 추밀원 고문으로 임명함과 함께 조선의 공작은 바로 귀족원 의석에 포함시키고 백작 자작은 선거권과 피선거권을 갖도록 하며 메이지 50년 후는 귀족원다액납세의원호선규칙 및 중의원의원 선거법을 각 도에 시행한다는 등의 내용으로 되어 있다.

오가와의 병합구상은 총독제가 아닌 조선국왕을 통한 간접통치 방식, 일본과 조선의 행정부 통합, 일본의 화족제와 같은 조선귀족제 구상, 제한적 참정권 등의 발상이 보인다.

그리고 메이지 50년까지 백만인 이상의 농업이민을 보낼 것을 목표로 "이주문제는 부현농회, 군농회, 촌농회로 하여금 주선하게 하고 각 부현에 조선이민회사를 설립하여 조선의 경지를 매수한 뒤 이주 일본인에게 매도하는 방법을 강구함과 동시에 각 부현의 지주로 하여금 소유지의 일부를 매각하여 조선의 토지를 매수케 할 것" 등으로 이루어져 일본인 농업이민의 지주화 정책과 농업이민의 증대에 편의를 도모하는 정책을 시행하라는 주장으로 이루어져 있다.

"제국의 국시는 일본 인종을 동아 대륙에 부식하는 데 있다."고 하여 그를 위한 철도의 부설과 광산 어업과 같은 적극적인 부원의 개발, 일본열도 지역의 항구와 한반도를 잇는 다양한 항로의 제안도 함께 제기하고 있다. 특히 나가사키나 가라츠(唐津) 등 큐슈지역의 항만과 조선, 조선북부와 쓰루가, 마이즈루와 같은 항구를 잇는 항로의 제안이 두드러진다.

이 지역통합 구상은 현지에서 오랜 활동경험을 갖는 나카이가 간도 조사 등을 통해 계속 주장해 온 지론이 많이 반영되어 있다고 볼 수 있다. 세력권과 비세력권을 잇는 광역지배 구상이 조선의 식민지화를 통해 구체화되었다고 할 수 있다.

오가와의 병합사안은 나카이의 사안과 비교할 때 보다 구체적인 제안과 상세한 계획이 많고 일본인 조선이민의 대규모 추진, 메이지 50년까지의 병합 완성과 점진적인 참정권의 부여, 육군 지원병제도, 조선 국왕의 존속과 통감부의 조선내각에의 통합 형식의 병합 등은 나카이와 공통적인 점으로 지적할 수 있다.

2) 동화론적 병합론

여기서는 당시 일본 언론에 나타난 '併合' 인식을 검토하고 나카이의 통치안과 비교해 보겠다. 특히 당시 일본의 민간대륙론자들의 '併合'私案 뿐 아니라 '韓国併合' 전체에 대한 인식을 비교하며 나카이의 '韓国併合' 인식과 조선통치론의 내용을 검토해 보기로 하겠다.

1910년의 '併合'에 대해 우키타 가즈타미(浮田和民)는 "日韓人民은 예부터 同種同文의 민족"이므로 동화가 쉽다고 역설했다. 러일전쟁 이전부터 제기되었던 中国保全論의 슬로건이었던 중국과의 문화적 거리와 근접성을 주장했던 문구인 '同文同種' 논리의 조선에의 확대로 볼 수 있다. 이렇게 같은 인종으로 팽창을 정당화하는 논설이 많이 등장하고 있다.[25)]

> "즉 조선의 풍속 인정을 존중하고 인심을 선도하면 조선인은 구관을 헤치지 않고 안심하여 우리의 통치에 심복할 것이다. … 나아가 중요한 문제는 인민의 衣食의 문제이다. 그 방법으로 먼저 생산적 토목을 일으켜 생산력을 충실히 하고 토지제도를 개정하여 재정의 기초를 닦는 것이다. 대저 인민의 의식을 족하게 하려면 생산적 사업을 일으키는 일 밖에 없다. 그러려면 도로 제방 식림 철도 등 문명적 교통기관을 축설해야 한다. … 일어를 강제과목으로 정해야 한다."[26)]

> "우리나라가 한국의 일체의 영토권을 획득함으로써 동양 평화가 유지되고

25) 小熊英二, 『単一民族神話の起源』, 新曜社, 1995, 110쪽.

26) 『東亜経済新報』 534, 191쪽.

한국은 국민으로서의 권리가 신장되고 행복이 증진될 수 있다."[27]

위와 같이 생산력의 증진과 문명적 시설에 의한 식민 통치의 제안과 선전적 동화론이 주를 이루고 있다.

잡지『経済』의 사설인「朝鮮経営에 관한 우리의 요망」[28]에는 "総説 兵備 政治 司法及警察 財政 関税 一般経済 및 世態 農業 工業 商業 金融 交通運搬 教育 衛生 宗教 習俗"에 관한 정책을 제안하고 있다.

総説

一, 상벌을 분명히 하고 徴賦는 가볍게 하고 公私의 구분을 엄정하게 하여 청탁 탐록의 길을 막음과 동시에 新故遠近의 차이로 친소의 벽을 두지 않고 恩威를 함께 펴 新故同胞의 和合同化를 달성할 것.

一, 생명 재산의 안전을 확보하는 길을 완성하는 한편 悪俗을 뿌리 뽑고 고쳐 사회조직의 개선 진보를 꾀할 것.

一, 허영심을 억제하고 근면 역행을 장려하고 식산흥업을 장려하여 개인과 국가에 이롭다는 생각과 실력을 양성할 것.

一, 修身斎家의 참뜻을 알아 立身興家의 실리를 찾아 행복을 더함과 동시에 성의를 갖고 君国에 봉사하는 신념을 배양하고 그 행위를 나타나게 할 것.

第二 兵備

"조선의 병비의 확충에 필요한 兵員은 조선의 동포를 모집하기 어렵다면 고국의 동포로 충당해야 할 것이다. 내가 보건대 본토의 병비는 평시체제에서는 결코 적지 않으므로 적당히 이를 나눠 반도로 파병하면 여러 면에서 이로운 방책이 될 것이다. 본래 조선반도는 결코 보통의 식민지로 봐서는 안 된

27) 大石正已,「日韓合邦を論ず」, 冨 2-9, 1910년 9월 5일, 18쪽.

28)『経済』119号사설, 1911년 1月 7日, 71쪽.

다. 본토와 매우 가까울 뿐 아니라 가장 유리한 지리적 관계에 있으며 예부터 상당한 문명사회를 이룩하고 일천만의 인구를 갖고 있으며 우리 동포가 앞으로도 더욱 그 땅에 이주하여 활발하게 사업을 벌여 본토와 같이 건전하게 발달시켜 하루라도 빨리 우리 제국 조직의 주요 부분으로서 본토와 동일한 정치조직을 갖게 해야 한다. 요컨대 조선 경영의 초기에는 통치상 많은 변칙적 시행이 불가피해 부득이 이런 종류의 특설통치기관을 두나 우리는 가능한 한 조선의 특수상태의 존속을 단축하여 가능한 한 빨리 특수정치의 범위를 벗어나는 것이 제국의 가장 좋은 정책이라 확신하는 바이다. … 그 땅에 대한 유사이래의 역사적 경과에 비추어 숙고한 바 특수정치의 관계 하에 두는 것은 결코 완전히 이를 동화시켜 통치하여 제국의 주요 부분으로 보유하기 위한 길이 아니라고 확신한다."

식민지를 '特殊政治関係'로 표현하고 군비를 증설하지 않고 현상의 일본군을 분할하여 파견하는 것이 경비절감 면에서도 타당하다는 지적과 함께 조선의 식민지로서의 특수성에 관한 언급이 많다. 그 특수성이란 "서양의 식민지와 달리 지리적으로 가깝고 문명사회이며 많은 인구를 보유하고 있는 이상 하루라도 빨리 일본 제국조직의 큰 주요 부분으로 하기 위해 본토와 동일한 정치관계 하에 두어야 한다." 그리고 "그 민중을 완전 동화시키기 위해서는 '国民的権義'를 부여해야 한다."고 주장한다.

'한국병합'을 국방적 관점에서 논한 논설을 보면 병합에 의해 대륙까지 일본의 국경이 확대됨으로써 조선 해협의 국방적 가치와 제해권의 확립에 대해 언급하고 있다.

"국방상 장래의 국방 제일선은 육군의 발전을 필요로 하며 동시에 조선해협이 제해상의 가치가 더욱 중요해졌다. 따라서 조선해협은 유럽의 지중해와 같은 중요도를 갖게 되어 쓰시마 진해만 등 각 방면에 양항을 갖는 만큼 주목하여 그 완비에 힘써야 한다."[29]

조선해협을 지중해의 역할에 비유하여 일본이 동아시아 지역에서재해권을 장악할 필요성을 역설하고 있다. 이같이 병합을 통해 "東洋 制海의 심장부를 장악하고 츠시마해협을 중심으로 한편으로는 타이완해협으로, 다른 한편으로는 츠카루해협을 막는 제국의 국방은 실로 黄海, 東海, 日本海의 제해권을 수중에 넣어 어떤 침입도 막을 수 있게된다."고 말하고 있다. 즉 병합을 일본의 동아시아 해양세계에서의 제해권의 확립으로 보아 육지 뿐 아니라 해양세계를 통합하는 광범한 의미를 부여하고 있다.

한편 이전부터 대륙으로의 팽창을 주장하며 七博士事件으로도 유명한 강경한 개전론자이기도 했던 테라오 테이(寺尾亭)는 식산과 교육을 장려하며 조선에서는 양잠 어업 등이 유망한 직종이라고 주장한다. 또한 양반층에 대해서도 "일종의 유민과 비슷하니 일시적으로 자금을 제공하는 고식적 방법은 그들에게 독을 주는 것과 같다. … 서양의 식민은 収利主義이나 우리의 조선병합은 그것과는 완전히 다른 정당한 공의에 기초한 것이다.[30])라며 메이지 일본의 사족수산과는 다른 방법을 제안하고 조선에 대한 식민통치가 서양과는 다름을 선전한다.

이에 대해 이 시기 경제관련 잡지의 논조를 보면 "장래적으로 견실하고 영구적이며 항상적인 통치의 기초를 쌓고 정치상 신구 공사의 복리를 증진시키기 위해서는 가능한 한 조직을 간단히 하고 활동을 민활히 할 수 있도록 중앙행정기관 조직을 다음과 같이 할 것을 제안한다.

즉 총독 밑에 정무장관과 병무장관을 두고 정무장관 관리 하에 내무 사법 식산 재무의 4부를 둘 것"[31]에서 알 수 있듯이 기업의 경제활동에 규제가 적은 '작은 정부'를 희망하고 있다. 그리고 그것을 위한 구체적 방향이나 행정적 제도론 등 다방면에 걸친 기사가 두드러진다.

---

29) 肝付兼行, 「制海権の確立」『経済』14, 1910.9.15.

30) 寺尾法学博士談, 「朝鮮同化策奈何」『日本及日本人』, 541, 1910.9.15,215쪽.

31) 『経済』, 社説14, 1910.9.7, 7~12쪽.

한편『実業の日本』은 조선을 무진장의 부원을 가진 비개발지로 위치지어 일본인의 이민열기와 도항열기를 선동하는 기사가 많은 것이 대조적이다.

다음은 재조일본인의 병합인식을 보여주는 논설로 空蕩々이라는 필명의 논자의 日韓合邦後의 政策 중 韓国皇室 및 皇族の処分案은 기존의 양반계층에 대한 인식을 잘 보여준다.

> "太皇帝陛下, 厳妃, 韓帝陛下, 皇后陛下, 英親王太子殿下를 준황족으로 하여 朝鮮의 宮이라 칭하여 받들 것, 義和宮 전하를 왕 전하로 부르며 받들 것. 完興君, 完順君, 義陽君, 永宣君을 화족으로 할 것. 원로대신에 대해서는 훈공과 위계를 주어 영예만을 주는 데 그친다. 양반은 예부터 상민계급을 착취하고 가렴주구를 일삼고 매관매직 등 모든 죄악을 공공연히 자행해 왔다. 때문에 상민계급은 양반 보기를 원수 보듯 한다. 또한 遊食慢眠의 소비계급인 소위 양반은 가장 허영심이 강하고 공명심 때문에 재산을 물 쓰듯 쓴다. 때문에 신정 후에 중추원을 諮詢院으로 고치고 중의원과 같은 형식으로 만들어 각도에서 5명씩 65명, 경성에서 10명 모두 75명의 의정관을 양반 가운데서 뽑아 인민 대표의 명목으로 이를 諮詢院에 소집하고 법령의 발령 마다 이를 諮詢하여 각각의 의견을 듣도록 하면 한편으로 그들의 허영심을 만족시킬 수 있을 뿐만 아니라 다른 면으로는 민심을 완화하는 유일한 방책이 될 수 있다. 그리고 각 의정관의 의견을 받아들일지의 여부는 우리 정부의 권능에 속하게 하고 의정관의 선거는 당분간 관선의 형태를 취하면 명분을 주고 실리를 챙기고 양반을 납득시킴과 동시에 신정에 대한 민심의 오해를 막는 일거양득의 책략이 될 것이다. 만약 잘못하여 메이지유신의 예를 따라 공채증서를 발행하거나 은전이나 특권을 부여한다면 거액의 비용을 탕진하여 오히려 수습하기 어려운 분쟁을 야기시키는 원인이 될 것이다."[32]

---

32) 空蕩々, 「日韓合邦後の政策」『太陽』16-10, 1910.7.1, 78~79쪽.

조선의 지배계층이었던 왕족과 양반의 처우문제에 대해서는 일본의 메이지유신 때의 사족처분의 경험을 바탕으로 구상하고 있다. 즉 메이지유신 때 기존 사무라이층(사족층)에 대해 질록처분이라는 형식으로 막대한 재원을 투여했던 경제적 해결이 아닌 수훈과 화족, 자문기관 등을 통한 정치적해소를 통해 '협력'을 구하는 방법을 제시하고 있다.

대체로 당시 일본 언론계의 논조는 문화적 동질성을 근거로 한 동화론이나 선전성이 강한 동화론이 대부분이고 경제잡지의 경우는 부원의 개발 등을 통한 경제활동에 대한 기대, 이주 식민지로서의 가치를 선전하는 기사가 중심을 이루고 있다

3) 中井의 조선식민통치론－제국 '국민'화의 시점

다음은 中井의 건의서를 중심으로 그의 '朝鮮統治論'의 내용을 살펴보기로 하겠다. 1910년의 한국병합으로 조선의 식민지화에 성공한 단계에서 나카이는 다음과 같은 조선통치책을 건의하였다. 결론적으로 말하면 나카이의 조선식민지 통치책은 식민지 동화정책과 조선으로의 일본인 식민을 주장하는 것이었다. 먼저 동화정책을 보면 한국병합을 토쿠가와 이에야스의 전국통일에 비유하여 "일본은 속히 조선을 内地人의 조선으로 만들어 조선인의 독립운동을 소멸시키고 영원히 이를 보유할 방책을 강구해야 할 것이다."[33]라고 주장하여 조선에서의 항일운동을 근절하고 '내지인의 조선'으로 만들 것을 역설한다.

일본인의 조선 이민을 위해 조선 민중의 생활 기반인 토지를 많이 확보하기 위해서는 저미가정책을 통해 조선인의 반일운동의 기반을 붕괴시키고 토지를 확보할 것을 제안한다. 그 내용은 '내지'의 소작농으로 하여금 이를 구매하게 하여 내지인의 조선 이주를 장려하고 구매자금을 대출

33) 中井喜太郎, 「朝鮮統治策卑見」(朝鮮総督時代関係資料, 斎藤実文書1, 高麗書林), 52쪽.

하기 위한 부동산은행의 설치, 즉 오스트리아의 보스니아은행과 같은 부동산은행을 통해 일본인의 적극적인 토지 매입과 자금공여를 주장한다. 또한 일본인의 토지매입이 반일운동의 원인이 되기 쉬우므로 비밀리의 토지를 매입할 것을 주장한다.

그리고 조선인에 대한 정책으로 "조선에는 류큐(琉球—지금의 오키나와)와 같이 속히 징병령을 실시할 것"[34]등 조선에 징병제를 실시하여 천황의 군대를 늘릴 것과 천황제 교육을 통한 식민지 지배를 제안하고 있다. 韓国併合에 대한 열강, 특히 미국의 여론을 무마하기 위해 "京城, 平壌, 大丘 등지와 여러 항구에 육아원, 고아원을 세우고 부인회 자선회 등을 열어 원조함으로써 활발히 사회사업을 일으키고 (미국의 반응을 의식하여) 표면을 수식해 두어야 할 것이다."[35]라는 의견도 개진하였다. 요컨대 그 내용은 조선의 항일운동을 억제하여 속히 통치의 안정화를 꾀할 수 있도록 하는 데 주안점이 두어져 있었고 그 방법으로 저미가정책으로 조선인의 생활기반을 약화시켜 항일운동의 기반을 약화시키는 한편 대량의 토지를 확보하여 많은 일본인 소작농을 지주화하여 정착시킬 것을 주장하였다. 이러한 조선 만주로의 일본인 이민의 주장은 1909년 일본 외상 고무라 주타로(小村寿太郎)에 의해 제시된 이른바 '満韓移民集中論'[36]의 원형에 해당하는 논의로서 주목된다. 영토 뿐 아니라 인적인 팽창에 비중을 두는 일본의 팽창주의가 본격적으로 전개되기에 이른 것이다.

이와 같이 나카이의 조선통치론은 항상 만몽지역으로의 일본의 팽창을

---

34) 앞의 문서, 513쪽. 일본의 동화정책의 모델로서 오키나와의 일본화를 참고로 일본의 대오키나와 정책과 같은 맥락의 대조선정책을 구상하고 있음을 알 수 있다.

35) 상동.

36) "'満韓移民集中論'은 제2차 가츠라(桂)내각의 외상이었던 고무라 주타로(小村寿太郎)가1909년 9월에 내각에 제출하여 승인 받은 '帝国百年의 大計' 가운데 청국과 러시아의 양 대국에 대항하기 위해서는 가능한 한 우리 민족을 東亜 방면에 집중하여 세력을 확실히 유지시킴을 확고부동의 방침으로 정해야 한다."고 주장하면서 구체화된 이민론이다.

염두에 둔 대외론의 성격을 띠고 있다. 그는 병합 이후 총독부 관리를 사임하고 신해혁명에 관여하며 만몽지역에 대한 팽창론을 건의서의 형식으로 제안하였다. 그 내용은 조선의 이익선으로서의 만주지역에 대한 팽창의 정당화와 조선 만주를 통합한 지역 구상, 양 지역의 철도의 통일, 만몽지역으로의 적극적인 일본 이민의 촉진, 구체적 대안으로 조선인의 활발한 이주 등으로 이루어져 있다. 아울러 일본인의 만몽이주, 개발과 투자를 위한 특수은행의 설치와 대륙철도의 통일, 만철을 비롯한 일본의 식민회사의 노동력으로 조선인을 다수 고용할 것을 주장한다.

> "만몽지역에서 조선인의 인구는 매년 급격히 늘고 중국인도 이를 묵인하고 있으므로 조선인으로 하여금 황무지를 개간하려는 이들도 적지 않다. 또 조선과 간도는 가까워 조선인들은 쉽게 이주하여 벼농사를 지어 왔다. … 조선인의 만몽이주는 바로 만몽개발의 운명과 관계되며 조선인을 다수 만몽지역에 이주시키고 일본인을 이주시키면 이 또한 조선개발의 운명과 관계되는 일이다. 그러므로 먼저 조선인을 만몽개발의 선봉으로 삼아야 한다."[37]

이는 만주지역의 '국민'화를 위한 시도한 제안이며 그의 지론이었던 간도론의 연장이기도 했다. 이 발상은 이른바 '만한이민집중론'이 그다지 성과를 내지 못하고 있다는 인식 하에 국민화의 연쇄, 즉 연쇄적 '국민'팽창의 모델을 제시한 점이 나카이의 대외론의 특징으로 해석할 수 있다.

4. 맺음말

이상으로 러일전쟁기에서 한국병합에 이르는 시기를 대상으로 일본의

37) 中井喜太郎, 「満蒙開発に関する意見書」(政務局長宛, 1914.8, 『建言雜纂』 권1, 『日本外務省資料』 1, 1, 2, 46), 294쪽.

다양한 병합인식을 살펴보았다. 나카이는 청일전쟁 이전부터 요미우리신문의 기자로 활동하며 조선특파원과 조선협회 활동 등을 통해 본격적으로 조선에 관한 논설을 많이 발표했으며 러일전쟁 시기부터는 재조일본거류민단장과 한성신보 주필을 맡아 러일전쟁 개전 여론의 환기와 거류지의 법인화를 통한 일본인 거류지의 권한확대를 위해 노력하였다. 또한 통감부 설치 이후에는 통감부의 서기관으로서 함경북도 서기관을 역임하며 조선에서 자신의 대외론을 실천하고 있었다. 그는 외교문제를 이슈로 정부의 외교정책을 공격하고 강경한 외교적 대안을 모색하고 실천한 국민적 대외경파에 속하며 그 과정에서 나온 팽창론은 일본이라는 근대국민국가의 독립과 발전을 위해 해외식민이 필요하다는 국민적 규모의 팽창론으로 이루어져 있다.

그는 재조선 일본인 거류지를 일본인의 '海外膨張'의 근거지로 위치짓고 일본인 거류민회나 상공회의소 교육기관 등의 충실화를 통해 거류지를 거점으로 하는 단계적 팽창을 주장하였다. 이른바 '외지잡거'의 실천이라 할 수 있는 팽창론에는 해외에 있는 일본인 거류지를 토지와 인적자원의 근거지로 인식하고 일본인 단체의 충실화와 정주 기반의 강화를 꾀해 팽창의 기반을 공고히 하는데 비중이 두어져 있고 고무라 주타로(小村寿太郎) 앞으로 제출한 그의 건의서에 그러한 주장이 잘 나타나 있다.

그의 논의는 러일전쟁 이전부터 제안된 만주지역으로부터의 러시아 세력의 구축과 조선 만주 지역을 통합적으로 세력권화 하려는 대러강경론의 논리적 귀결이기도 했다.

中井의 경우는 군사 정치적 인 침략 뿐 아니라 사람을 이주시켜 세력을 부식시키는 '식민'을 통해 관철시키려 하였다. 대륙침략의 거점으로서 間島의 중요성에 착목하여 조선인의 간도 이민을 이용하여 일본의 세력권 확장을 꾀한 점과 간도지역의 경제적 중요성 뿐 아니라 대륙과 북일본을 잇는 통합적 경제권의 거점으로 인식하여 일본의 간도여론을 주도한 점이 큰 특징으로 생각된다. 그리고 실제로 통감부의 관리로 함경북도 서기관을 지내면서 조선인의 간도 이주를 종용하는 등 자신의 대외론을 실천해 갔고 병합사안도 그것의 연장으로 볼 수 있다.

간도문제의 연장이라 할 수 있는 한국병합에 대한 인식을 보면 병합을 자신들의 오랜 염원의 달성이라고 환영하며 자신이 만든 併合私案을 발표하고 있다. 이는 당시의 일본의 대륙론자들의 행동의 일단을 보여주는 것으로 당시 제기된 병합사안들은 실천적 팽창론자들의 적극적인 행동의 면모와 아이디어를 보여준다. 병합 당시 제기된 다른 병합사안들과 비교해볼 때 나카이의 병합안의 특징을 다음과 같이 정리할 수 있겠다.

첫 번째로 병합안의 범위가 무척 광범위하며 현지의 체험에 기초한 제안이 많이 보인다는 점이다. 예를 들면 조선의 역사와의 '절충'적 통치의 제안이나 조선에서의 징병제 실시, 일본과의 무관세의 주장 등 이후의 조선식민지정책과 관련지어 볼 때 주목할 만한 부분이 많다고 생각된다. 그리고 거기에는 조선인을 일본의 국민으로 보아 팽창의 선봉으로 보는 조선인식이 두드러진다. 조선을 이주식민지로 보는 시각이 강하여 일본의 과잉인구문제의 해결과 조선통치에서의 동화정책의 주체로 위치지어 인적팽창에 의한 국민적 규모의 동화를 시도한 점이 특징이다.

병합의 형식에 있어서도 군부의 총독제 구상과는 다른 합방 형식의 논의가 보이고 동문동종론이나 문화적 동화주의 보다는 인적팽창을 위주로 한 '국민'적 시점의 동화론이 강함을 볼 수 있다. 이는 이후의 나카이의 이식민론의 골간을 이루는 부분으로 일관된 팽창론으로 제기되고 있다. 이것은 일본 제국주의의 특징의 하나로 대규모의 인구이동을 동반한 인적팽창의 단면을 보여준다. 이러한 이민의 주장이 더욱 동화를 역설하는 논의로 이어진다고 할 수 있다. 즉 인적인 팽창을 통해 '국민'의 확대를 꾀하는 '국민주의'적 시점에서 강력한 동화주의, 일본연장주의의 논설이 대두된 것으로 볼 수 있다.

'조선의 전기왕' 오구라 다케노스케 (小倉武之助)와 조선사회

이 형 식

1. 머리말

본고는 식민지시기 대구를 거점으로 성장한 오구라 다케노스케(小倉武之助)의 자본축적과정, 기업활동, 지역사회에서의 활동, 문화재수집 등을 분석하는 것을 목적으로 하고 있다. 재조일본인은 2000년대 이후 일본, 한국 및 구미의 연구자들 사이에서 주목되어 왔고 최근 한국에서는 정치사, 사회사, 문화사, 교육사, 여성사, 언론사 등의 분야에서 두드러진 연구성과를 내고 있다.[1] 하지만 다른 분야의 축적에 비교해서 경제사, 특히 자본가연구는 상대적으로 빈약하다. 가다 나오지(賀田直治[2], 경성, 임업·철도업·피혁), 아라이 하쓰타로(荒井初太郎[3],경성, 토목청부업), 가시이 겐타로(香椎源太郎[4], 부산, 수산업), 나카베 이쿠지로(中部幾次郎[5], 부산, 수산

1) 이형식, 「재조일본인 연구의 현황과 과제」『일본학』37, 2013 ; 전성현, 「식민자와 식민지민 사이, '재조일본인' 연구의 동향과 쟁점」『역사와 세계』48, 2015 참조할 것.

2) 김명수, 「한말 일제하 賀田家의 자본축적과 기업경영」『지역과역사』25, 2009.

3) 김명수, 「재조일본인 토목청부업자 아라이 하츠타로(荒井初太郎)의 한국진출과 기업활동」『경영사학』23-3, 2011.

4) 藤永壯, 「植民地下日本人漁業資本家の存在形態-李堈家漁場をめぐる朝鮮人漁民との葛藤」『朝鮮史研究會論文集』24, 1987 ; 김동철, 「부산의 유력자본가 香椎源太郎의 자본축적과정과 사회활동」『역사학보』186, 2005 ; 배석만, 「일제시기 부산의 대자본가 香椎源太郎의 자본축적 활동」『지역과 역사』25, 2009.

업), 이케다 스케타다(池田佐忠[6], 부산, 매축업), 이케다 쥬스케(大池忠助[7], 부산, 수산업·해운업·정미업), 후쿠나가 세이지로(福永政治郎[8], 부산, 농업), 다테이시 요시오(立石良雄[9], 부산, 석유판매상·정유업자), 쓰지 긴노스케(辻謹之助[10], 대전, 장유업) 등 지역은 경성, 부산에 집중되어 있고, 업종은 토목, 수산업 등에 편중되어 있다.

따라서 본고에서는 대구의 유력자이자 '조선의 전기왕'으로 불렸던 오구라를 통해서 재조일본인자본가에 대한 사례연구를 추가하고 식민지 조선에서 생활을 영위했던 식민자의 역사상을 추적해 보고자 한다. 본고에서 다룰 오구라는 지바현(千葉縣) 나리타시(成田市) 출신으로 동경제국대학을 졸업한 후 경부철도에 입사해서 1904년 조선에 건너온 이래 42년간 조선에서 보낸 대구의 대표적인 자본가이다. 경부철도 급료를 종자돈으로 토지를 구입해서 지가상승으로 巨利를 얻고 전기사업에 진출했다. 1909년 지역자본가들과 공동으로 전기사업을 출원해서 조선총독부로부터 허가를 얻어 대구전기회사를 설립하고 사장에 취임했다. 1918년에는 회령전기를 설립하고 같은 해 함흥전기를 합병하여 대흥전기를 설립해 사업규모를 확대했다. 또 지역 금융업에도 진출하여 鮮南銀行·大邱商工銀行의 두취에

5) 코노노부카즈, 「일제하 중부기차랑(中部幾次郎)의 임겸상점(林兼商店) 경영과 수산재벌로의 성장」 『동방학지』 153, 2011.

6) 배석만, 「부산항매축업자 이케다 스케타다(池田佐忠)의 기업활동」 『한국민족문화』 42, 2012 ; 배석만, 「전후 한일양국의 재조일본인 재산처리과정 - 이케다 스케타다(池田佐忠)의 사례 -」 『한일민족문제연구』 28, 2015.

7) 전성현, 「식민자와 조선 - 일제시기 大池忠助의 지역성과 '식민자'로서의 위상」 『한국민족문화』 49, 2013.

8) 이가연, 「부산의 '식민자' 후쿠나가 마사지로(福永政治郎)의 자본축적과 사회활동」 『석당논총』 61, 2015.

9) 배석만, 「재조일본인자본가 다테이시 요시오(立石良雄) 일가의 기업 활동」 『한일민족문제연구』 32, 2017.

10) 고윤수, 「在朝日本人 쓰지 긴노스케(辻謹之助)를 통해서 본 일제하 대전의 일본인 사회와 식민도시 대전」 『서강인문논총』 51, 2018.

취임하여 풍부한 자금력을 기반으로 지방의 전기회사를 공격적으로 매수했다. 조선총독부, 조선은행, 조선식산은행의 비호를 받으면서 2,168만 3,000원의 자본금을 가진 남선합동전기의 사장을 시작으로 북선합동전기주식회사 사장 및 조선전력회사 사장에 취임함으로써 '조선의 전기왕'으로 불리게 되었다.[11] 한편 오구라는 거류민단 의장, 도회 의원, 부회 의원, 대구상공회의소 회장을 역임하고 공원조성(달성공원), 의학전문학교유치운동, 사단유치운동, 鐘淵방적공장유치운동, 비행장설치운동 등을 주도적으로 추진하면서 도시개발과 지역개발에 힘썼다. 특히 대구상공회의소 안에서 소위 '전기파'를 이끌고 1931년부터 1940년까지 10년간 회장을 역임하면서 지역사회에서 압도적인 지위를 점했다. 나아가 오구라는 1920년대부터 조선의 고미술품 수집을 시작하여 패전 후 귀환할 때 소장품의 일부를 가져가 '오구라컬렉션'이라고 불리는 방대한 문화재를 남겼다. 하지만 오구라에 대해서는 간략한 인물소개[12] 이외에는 본격적인 연구가 없다.

따라서 본고에서는 이러한 연구 상황을 염두에 두면서 오구라의 성장배경, 자본축적과정, 전기사업·금융업 등에서의 기업활동, 지역사회에서의 활동 등 조선에서의 활동을 해명하고 나아가 오구라의 식민지 조선 사회와의 다양한 관련(전기공영운동·요금인하운동 등)을 밝혀 재조일본인의 의식과 행동을 구명하는 데 일조하고자 한다. 사료로서는 지금까지 그다지 사용되지 않았던 회고록(『米坂回顧』), 전기(『小倉家傳』), 녹음기록(學習院東洋文化研究所所蔵『日露戰争当時から終戰まで(朝鮮と私)』)이나 서한(국문학연구자료원소장「守屋榮夫關係文書」) 등 에고다큐멘트(egodocuments) 이외에 『大興電氣株式社會沿革史』 등 社史나 영업보고서, 동시대의 신문, 잡지

11) 高承済, 『植民地金融政策の史的分析』, 御茶の水書房, 1972, 190쪽.

12) 松本松志, 「日本有数の朝鮮考古學コレクションの謎」, 千葉県日本韓国·朝鮮關係史研究會編, 『千葉のなかの朝鮮 - 歩いて知る朝鮮と日本の歴史』, 明石書店, 2001 ; 남영창, 「小倉武之助 - 선의의 가면을 쓴 한국문화재 수집가」, 다테노 아키라편, 『그때 그 일본인들』, 한길사, 2005.

등을 사용해서 오구라의 식민지 조선에서의 의식과 행동을 추적하면서 오구라의 '선택적 기억(selective memory)'을 비판적으로 검토하고자 한다.

2. 성장과정

오구라는 1870년 지금의 지바현 나리타시에서 지역의 유력 정치가인 오구라 요시노리(小倉良則)의 장남으로 태어났다. 요시노리는 한학을 수학하고 1883년 나리타고등학교의 전신인 北總英漢義塾을 창설하여 지역청년을 육성하였다. 北總英漢義塾이 폐교된 후에는 정치에 주력하여 지바현회 의원, 부의장, 의장을 역임하고 1892년 제2회 중의원 선거에 출마한 이래 3회 연속 당선되었다. 한편 成田鐵道株式會社, 成田銀行을 설립하여 사장(1894년), 두취(1896년)에 취임하는 등 지역의 유력 정치가, 실업가로 활약하였다.[13] 오구라는 고향에서 소학교, 소학교 고등과를 졸업하고 아버지가 세운 北總英漢義塾에서 영어와 한문을 배우다가 1887년 고향 출신인 제국대학 재학생 기우치 주시로(木内重四郎)에게 자극받아 상급학교 진학을 결심했다.[14] 참고로 기우치는 한국통감부 농상공무총장, 조선총독부 농상공부장관을 역임했다. 오구라는 이후 동경으로 가 지바현 출신들이 생활하는 학생료에서 기숙하면서 고등중학교 예비학교인 開成學校에 통학했다. 1889년 동경고등중학교(구제고등학교 一高의 전신)에 입학하였고 이후 동경제국대학에 진학하여 1896년 법과대학 영법과를 졸업했다. 당대 최고학부인 동경제국대학 졸업이라는 학력자본을 손에 쥠으로써 출세에 유리한 고지를 마련할 수 있었다. 특히 법학부 동기에는 이노우에 준노스케(井上準之助, 일본은행 총재·대장대신), 이치키 오토히코(市来乙彦·일본은행 총재·대장대신), 마쓰가타 고로(松方五郎, 동경전기가스공업

13) 衆議院, 『議會制度百年史 衆議院議員名鑑』, 衆議院, 1990, 108쪽.
14) 小倉高, 『小倉家傳』, 자가판, 1963, 39쪽.

사장), 이사카 다카시(井坂孝, 横浜興信銀行 두취·요코하마 상공회장) 등 경제계의 유력 인사뿐만 아니라 아리요시 주이치(有吉忠一, 총무부장관·정무총감), 구도 에이치(工藤英一, 전남도장관·경기지사), 미우라 야고로(三浦弥五郎, 통감부서기관), 우사미 가쓰오(宇佐美勝夫, 내무부장관), 사사키 후지타로(佐々木藤太郎, 경남지사) 등 통감부, 조선총독부의 주요 관료들이 포진해 있었다. 이들은 후술하겠지만 오구라가 조선에서 사업할 때 각종 인허가, 보조금 지급 및 자금융자 등에 편의를 봐주었다.

오구라는 대학을 졸업한 후 당시 일류회사인 일본우선회사에 입사했다. 일본우선은 설립된 지 10년 밖에 되지 않았고 당시 해상에서 발생하는 각종 사건에 관한 법적 기준(해상법)이 정비되지 않아 법학사인 오구라는 영업이 아니라 주로 법률관리를 맡게 된다. 오구라는 일본우선에서 근무하면서 조선에서 회사를 설립하고 인수·합병하는 데 필요한 법률적 지식을 쌓을 수 있었을 것이다. 한편 미쓰비시 사천왕의 한 사람이라고 불리는 히다 쇼사쿠(肥田昭作)의 딸과 결혼하는 등 그의 앞길은 전도양양했다. 하지만 오구라는 예기치 않는 시련에 부딪힌다. 요시노리는 동경시의 오물을 처리하는 동경위생회사의 사장에 취임하는데, 동경위생회사가 그 허가계약을 성사시키기 위해 동경시 참사회에 뇌물을 공여하였다. 이후 동경시회에서 위생회사의 허가과정이 폭로되어 의혹사건으로 발전하게 된다. 오구라도 아버지를 변호하고 문제를 해결하기 위해 뛰어다니는 등 이 사건에 깊이 관여하였다. 결국 검사국에 불려가 엄중한 조사를 받고 위증죄로 1개월의 중금고형에 처해진다. 이 의혹사건을 계기로 아버지는 총선거에서 낙선하는 등 정치적으로 타격을 받았을 뿐만 아니라 이후 매수한 철도부지가 소송사건에 휘말리면서 주식이 폭락하고 은행이 탈취당하는 등 재정적으로도 파산하여 막대한 부채를 지게 되었다. 금고형으로 관리의 길이 막히자 오구라는 재취업하더라도 승진이 늦어져 평사원으로 끝날 것을 우려해 해외로 눈을 돌려 새로운 개척지를 모색하고자 했다.

이러한 가운데 오쿠라 재벌의 설립자 오쿠라 기하치로(大倉喜八郎)의

사위이자 대학 선배인 오쿠라 구메바(大倉久米馬)는 오구라에게 조선행을 권유했다. 구메바는 "중국도 좋지만 생각해야 하는 것은 중국인은 資力에서 일본인보다 뛰어나고 勞力에서는 일본인 이상이다. 다만 지력만이 일본인이 뛰어난데 과연 지력만으로 수익사업의 효과를 거둘 수 있을까… 조선은 지력은 물론 資力·勞力에서도 일본인의 우월은 절대적이다. 이곳이라면 마음껏 실력을 발휘할 수 있을 것이다"라고 조선행을 권했다.[15] 구메바는 경부철도 사장 시부사와 에이이치(渋澤榮一)와 중역인 장인에게 오구라의 취업을 부탁하여 오구라는 경부철도에서 일하게 되었다. 1903년부터 약 1년간 동경에서 회계주임으로 일하다가 이듬 해 1월에 대구에 부임하였다. 조선을 현지 시찰하여 투자할 대상을 물색하기 위해서였다.[16] 이후 오구라는 패전으로 귀환할 때까지 42년간 대구에서 생활하게 된다.

3. 대구 정착

회계주임으로 경부철도 대구출장소에 부임한 오구라는 해외근무로 본봉의 80%이상을 증액 받았을 뿐만 아니라 인원부족으로 출장이 빈번해지면서 출장여비로 상당한 수당을 받았다. 생활비를 제외한 봉급의 잔여분을 빚갚는 데 쓰다가 나중에는 토지구매와 고리대업에 사용했다. 당시 제국대학 동창이자 대구출장소장인 오무라(大村鎖太郎)는 오구라에게 장래 발전할 가능성이 있는 토지, 즉 정류장에서 조금 떨어진 토지, 앞으로 시가지나 주택지가 될 공산이 큰 토지를 구입할 것을 권유했다.[17] 일본인들은 대구가 경부선 통과역 중에서도 가장 큰 도시로 발전할 것이라고 예상하고 재빨리 토지매수에 착수했다. 대구는 경성이나 부산보다 저렴했기

15) 大倉武之助, 『米坂回顧』, 자가판, 1956, 20~21쪽.
16) 앞의 『小倉家傳』, 75쪽.
17) 앞의 『小倉家傳』, 79~80쪽.

때문에 오구라는 적은 비용으로 많은 토지를 구입할 수 있었다. 오구라 등 초기 이주 일본인들은 대구읍성 동쪽 저습지 및 구릉지, 북문 주변의 토지를 대량으로 구입한 뒤 대구역의 위치를 북쪽으로 적극 유치하였다.[18)]

오구라는 1평당 3-4전의 토지를 매월 5반, 1정보씩 구입하는 한편, 고리대에 저당 잡힌 토지를 획득하는 방법으로 단기간 내에 많은 토지를 집적할 수 있었을 것이다. 1904년 12월 경부철도가 완성되자 이듬 해 2월 오구라는 사표를 제출했다. 오구라는 구입한 토지를 이용해서 농장, 과수원의 경영에 착수하고, 산양을 목축하기도 했다. 청주(니혼슈) 판매에 손을 대기도 했지만 실패하고 주로 고리대업과 부동산업을 중심으로 사업을 확장했다. 경부철도가 완성되고 통감부가 설치되는 등 식민지화가 본격화되면서 대구의 일본인 인구도 증가하게 된다. 경부철도의 모든 노선이 개통되어 철도회사가 정식 영업하고 나아가 제일은행의 대구지점이 설치되자 사옥, 사택이 건설되어 지가가 갑자기 오르기 시작했다. 오구라의 소유지도 일약 1평당 1엔 50전으로 상승하였다. 통감부 이사청, 재판소가 들어서자 3엔 50전, 4엔으로 오르는 등 지가는 계속 상승하였다. 불과 몇 년 만에 100배 이상 지가가 등귀하여 오구라는 상당한 부를 축적할 수 있었다.

한편, 오구라를 비롯한 재한일본인 자산가들은 한국인의 가옥과 전답을 매수하여 축재하는 데에 광분했다.[19)] 하지만 재한일본인의 토지매입은 오구라의 회고처럼 평화적이고 합법적인 경제활동의 결과물이었던 것은 아니었다. 1906년 10월 「토지증명가옥규칙」이 발포된 이후에야 재조일본인들의 토지 매입과 그에 따른 법적 권리를 받을 수 있었기 때문에 토지를 매입하려면 불법적으로 조선인의 명의를 빌릴 수밖에 없었다.[20)] 이러

18) 河井朝雄, 『大邱物語』, 朝鮮民報社, 1931, 8쪽 ; 김희진, 「일제강점기 대구상업회의소의 구성과 청원운동」, 서울대학교 대학원 석사학위논문, 2014, 12쪽.

19) 대구상공회의소, 『대구상공회의소 70년사 상권』, 대구상공회의소, 1977, 212쪽.

20) 배영순, 「한말 일제초기의 토지조사와 지세개정에 관한 연구」, 서울대학교 박사학위논문, 1987, 52~54쪽.

한 상황에 대응하여 1905년 2월 경북 관찰사로 부임한 이용익은 일본인들에게 토지, 가옥을 매도하는 행위와 이를 중개하는 행위를 금지시키고 이 율령을 어기는 자는 한국인, 일본인을 막론하고 투옥했다.[21] 이에 대항하여 오구라를 비롯한 재한일본인들은 러일전쟁을 틈타 주둔군의 위세를 악용하여 이용익 배척운동을 전개했다. 오구라는 거류민 총대라고 참칭하고 이용익에게 항의했다. 또 대구의 유력 일본인들은 히타카 사이조(日高才二) 대위가 이끄는 일본군 수비대의 호위를 받으며 1905년 4월 28일 대구일본인임시대회를 달성관에서 개최했다. 약 100여명이 참가한 임시대회에서는 12명의 위원을 선정하여 토지매매문제와 투옥자 석방을 관찰사와 교섭할 것을 결정했다.[22] 하지만 이용익과의 교섭은 결코 평화롭게 이루어지지 않았다. 히다카 대위는 박중양을 앞세우고 들어가 이용익에게 구금당한 한국인과 일본인을 즉시 석방할 것과 관찰사 자신이 대구를 떠날 것을 위협적으로 요구했다.[23] 거류민들은 감영에 돌입하여 執杖使令을 구타하고 수형자를 부축하고 동반하여 관찰사 집무실에 침입하여 이용익을 위협하는 것도 서슴지 않았다.[24] 일본인들의 위세에 눌려 이용익은 일본인을 석방하고 30일에 대구를 떠났고, 후임 관찰사로 친일성향의 이근호가 6월에 부임했다. 이후 일본인 상인들은 행정적 견제 없이 토지를 축재할 수 있게 되었다. 또 오구라는 토지집적을 위해 '부정행위'도 서슴지 않았다. 오구라는 1905년 11월 고가(古賀與)와 함께 1200환 가치의 정학서의 집을 200환에 담보를 잡고 상환 기일이 지나자 '勒奪'하려고 했다. 대구경찰지부는 오구라의 '부정해위'를 금지하고 경무청 고문관 마루야마 시게토시(丸山重俊)에게 보고할 정도였다.[25] 조선을 여행한 데라우치 마사

21) 앞의 『대구상공회의소 70년사 상권』, 212쪽 ; 김일수, 「'한일병합' 이전 대구의 일본인거류민단과 식민도시화」 『한국학논집』 59, 2015, 268쪽.

22) 『朝鮮』 11, 1905.5. 『朝鮮』은 조선신문사가 대구에서 발간한 주간지이다.

23) 三輪如鐵, 『大邱一斑』, 玉村書籍店, 1911, 73쪽.

24) 박중양, 『述懷』, 자비출판, 133~134쪽.

다케(寺內正毅) 육군대신은 하세가와 요시미치(長谷川好道) 한국주차군사령관에게 "원래 조선에 있는 우리 동포는 한국을 우리 것이라고 생각하여 한국의 제도, 규정을 무시하는 경향이 있어 인심을 격동시키는 일이 적지 않습니다. 이들을 방치한다면 장래 우리가 취해야 할 방침에 해를 끼칠까 우려됩니다"고 재한일본인의 한국에서의 방약무인한 태도를 비판할 정도였다.[26] 재한일본인들은 통감부와 한국주차군의 비호아래 불법, 비법을 가리지 않고 재산을 축적하여 지역 유력자로 성장하게 되었던 것이다.

4. 전력업으로의 진출

1) 대구전기·대흥전기의 설립

오구라는 경부철도를 그만두고 잠시 여러 가지 사업을 모색했다. 농장이나 과수원을 경영해 보고 산양을 목축해 보기도 하고 과자가게를 운영해 보다가 실패하고 1907년 가마니(돗자리)를 만드는 제연회사를 설립했다. 전에 일했던 일본우선회사에 가서 곤도 렌페이(近藤廉平) 사장에게 회사설립을 설명하고 원조를 구했다. 곤도가 대주주가 되고 일본우선의 지배인과 함께 출자하여 자본금 5만원으로 大邱製莚을 설립하였다. 제연회사는 미곡 이출과 관련하여 통감부 시기부터 재정 지원을 받았다. 1909년부터 3년간 매년 1000원씩 농상공부의 보조를 받았고, 1910년에는 금액이 2000원씩으로 증액되기도 하였다.[27] 보조금을 받게 된 것도 농상공무총장 기우치 쥬시로 등과 같은 제국대학 인맥이 크게 작용했을 것으로 보인다. 또 동창인 아리요시 총무부장관의 알선으로 제연을 궁내성에 헌납

25) 『황성신문』 1906년 5월 14일자.

26) 1907년(추정) 8월 7일자 하세가와 앞 데라우치 서한(헌정자료실소장 「헌정자료실 수집문서」 251).

27) 전우용, 『한국 회사의 탄생』, 서울대학교출판문화원, 2011, 228쪽.

하기도 했지만[28], 구매력이 부족한 조선에서는 판로가 협소해서 가마니 사업은 부진을 면치 못했다고 한다. 1911년 설립한 전기회사 주식과 제연회사 주식을 교환하는 방식으로 출자자에게 손실이 없도록 했다. 물질적으로 원조해준 곤도에 대한 일종의 보은이었다.

제연회사의 경영이 부진하자 오구라는 새로운 사업으로 전기사업에 착목했다. 1908년 日韓瓦斯전기가 발족되자 이에 자극받아 조선 각지에서 전기사업열이 일어났다. 대구가 경부선의 중심지일 뿐만 아니라 일본인 인구가 증가함에 따라 전기 수요가 발생하였고 간단한 발전설비를 활용해 적은 비용으로도 창업이 가능한 유망한 사업이었다. 게다가 전기업은 총독부의 '1지역1사업'주의 방침으로 선정되면 독점적인 이익이 보장되는 사업이었다.[29] 1909년 대구 전기사업에 4사가 출원하여 오구라의 대구전기가 1911년 1월 조선총독부로부터 설립 허가를 받았다. 나머지 3사가 동경이나 일본거주자였던 데 비해 대구전기가 대구에 거주하는 일본인과 조선인이 합동(발기인 22명 가운데 7인이 조선인)으로 출원했다는 점, 오구라의 동경제국대학 선배 및 동기가 통감부 및 조선총독부 요직에 포진하고 있었다는 점, 오구라가 일확천금을 노리는 경향이 있는 재조일본인 가운데에서도 제국대학 출신으로 제연회사를 경영한 경험도 있어 비교적 신뢰할 수 있었다는 점이 유리하게 작용한 것으로 보인다. 아울러 1910년대 전기회사의 대부분은 조선에 거주한 일본인 유력자에 의해 설립된 것으로 보아 일본자본의 조선진출을 꺼리는 총독부의 산업정책도 작용했을 것으로 보인다.[30] 처음에는 자본금 6만원, 10촉광 1000등으로 신청했으나

28) 『日露戰争当時から終戰まで(朝鮮と私)』(학습원대학동양문화연구소소장 녹음기록자료 T-3). 이 사료는 1958년 오구라와 전 경성전기 전무취체역 무샤 렌조(武者練三)가 나눈 대화를 녹취한 것이다.

29) 오진석, 「1920~1930년대 초 電力統制政策의 수립과정」 『史學硏究』 108, 2012, 154쪽.

30) 조선총독부는 1911년 회사령을 발령하여 회사 설립을 허가제로 해서 본국 자본의 조선 유입을 억제했다. 이에 대해서는 李炯植, 『朝鮮總督府官僚の統治構想』,

이후 인구증가와 시가지 발전 등 수요 증가를 예상하여 자본금 10만원, 10촉광 3000등으로 조건변경을 신청하여 허가받았다.[31] 자본금 10만원에 2000주를 발행하고 사장에는 주식의 과반수를 출자한 오구라가, 전무취체역에는 요시타케 고시오(吉武甲子男)가, 취체역에는 서상돈 등이 취임했다. 대구는 경성, 부산, 평양 다음으로 일본인 인구가 많은 지역이었기 때문에 오구라는 전기사업으로 많은 이익을 얻을 수 있었을 것이다.[32] 이후 대구전기는 대흥전기, 남선합동전기로 발전하는데 오구라는 전기회사의 독점적 지위를 놓치지 않았다.

대구전기는 발족했지만 오구라 사장을 비롯하여 중역들은 전기사업에 전혀 경험이 없었다. 오구라는 成立學舍(神田에 있었던 상급학교 진학을 목적의 중등교육기관)·제일고등중학교·제국대학 동창이자 曽木電氣 사장인 노구치 시타가우(野口遵)에게 자문을 구했다. 노구치의 자문에 따라 오구라는 역시 고등중학교이래 동창이자 다카다상회(高田商會)의 기사인 스기노 분로쿠로(杉野文六郞)에게 모든 준비를 의뢰하여 다카다상회 사이에 기계구입 및 설치, 각 가정의 설치공사, 발전까지의 계약을 체결했다.[33] 대구전기는 다카다상회의 중개로 가스발동기를 미국의 웨스팅하우스사에 주문하였으나 노동쟁의로 작업이 중단되어 납기가 무기한 연기되자 오구라 사장에 대한 비난이 쇄도했다. 스기노가 광산용 증기 엔진을 임시대용으로 들여와서 설치하고 오구라가 건설공사를 독촉하여 대구전기는 1913년 1월 1일 개업할 수 있었다. 당시 수요 호수는 322호, 10촉 환산 800여 등에 지나지 않았다. 그 후 미국의 노동쟁의가 종료되고 구입계약한 50킬로와트 흡입가스기관이 도착해서 1913년 8월에 설치를 완료하고 본격적

吉川弘文館, 2013 제2장을 참조할 것.

31) 朝鮮電氣事業史編集委員會, 『朝鮮電氣事業史』, 中央日韓協會, 1981, 563쪽.

32) 1920년 현재 일본인 인구는 경성(64,630명), 부산(32,786명), 평양(12,417명), 대구(11,756명) 순이었다(『朝鮮總督府統計年報』 1920년판).

33) 앞의 『小倉家傳』, 107쪽.

으로 송전을 개시하여 1913년 하반기에서는 2600여 등으로 격증했다.[34] 일본이나 조선에서는 일반적으로 값싼 탄소선 전구를 사용하고 있었지만, 대구전기는 가격은 비싸지만 전력소비가 적고 光量이 쾌적한 독일의 오스람 전구를 선정해서 사용자에게 빌려주고 손실요금(損料)을 징수하는 획기적인 제도를 도입하는 등 영업성적이 향상되어 제3기부터 순이익을 내기 시작했다.[35]

하지만 초기 회사운영은 순조롭지만은 않았다. 종업원의 기술이 충분하지 않아 기계사용에 익숙하지 않았고, 기계 자체가 불완전해서 고장이 속출했다. 또 1915년 10월 기계가 파손되어 수선을 위해 막대한 경비가 필요했고 그 이후도 공급을 능가하는 전력수요의 급증으로 고장과 정전이 빈발하자 대구전기와 오구라에 대한 비판은 잦아들지 않았다.[36] 회사주식의 절반 이상을 소유한 오구라가 공익시설을 사유해서 멋대로 경영하면서 고장·정전을 개선하는 노력을 하지 않고 사리사익을 채우기에 급급하므로 府營을 실시해야 한다는 주장이 빗발쳤다.[37] 게다가 제1차 세계대전의 발발로 호황이 도래하고 전력 수요가 급증하면서 오구라에 대한 비난은 한층 가중되었다. 오구라는 대구에서의 전기사업 '府營化'의 움직임과 '전기붐'에 대응하여 전기사업의 지역적 확대를 모색했다. 공영운동(公營運動)에 패배하여 근거지인 대구를 언제든지 떠날 수 있도록 대비한 일종의 '자위책'이었던 것이다.[38]

제1차 세계대전으로 전등과 전동력 수요는 크게 증가했지만, 석탄을 비롯한 물가 폭등으로 전력업계는 경영이 악화되고 있었고, 자재 입수난까지 겹쳐 발전설비를 늘리지 못하는 상황이었다.[39] 하지만 전기회사 설

34) 앞의『朝鮮電氣事業史』, 39쪽.
35) 앞의『小倉家傳』, 112~113쪽.
36) 앞의『朝鮮電氣事業史』, 564쪽.
37) 앞의『小倉家傳』, 117쪽.
38) 앞의『朝鮮電氣事業史』, 565쪽.

립이 뒤진 중소도시에서 잇따라 '전기붐'이 발생했다. 이러한 '전기붐'에 편승하여 오구라는 먼저 1915년 말 동창인 구도 에이이치가 도장관으로 있는 전남 광주로 가서 전기회사 설립을 타진했다. 구도의 원조로 1916년 자본금 5만원, 불입금 2만5천원의 광주전기회사를 설립했다. 광주전기를 설립할 때도 대구전기와 마찬가지로 마쓰다 도쿠지로(松田德次郎[40]), 金衡玉[41]), 崔元澤 등과 같은 지역의 재조일본인과 조선인 유력자의 협력을 구해서 반발을 최소화하였다. 이어 함경남도의 함흥에 눈길을 돌렸다. 당시 함흥에서는 지역의 군소기업가가 전기회사설립을 발기하고 허가를 얻기는 했지만 실행이 쉽지 않아 사업권을 인수할 사람을 물색하다가 오구라에게도 인수를 제의했다. 오구라는 1915년 11월 출원하여 이듬 해 2월에 설립허가를 받고 자본금 4만5천원의 함흥전기를 설립하고 10월부터 영업을 개시하였다. 이어 1917년 10월에는 회령의 전기회사 설립을 허가받아 1918년에 회령전기주식회사를 설립했다. 1917년에는 대구전기와 함흥전기를 합병하여 대흥전기를 설립하고 대구를 본사로 하고 함흥을 지사로 해서 오구라가 취체역사장에 취임하고 노구치를 상담역으로 맞이하였다. 1919년 1월 자본금을 50만원으로 증액하고 이듬 해 7월에는 광주전기를, 10월에는 포항전기(자본금 10만원)를 합병했다. 총독부의 지역독점 정책으로 전기사업은 안정적인 이익을 낼 수 있었고 규모를 확대하면 고정자본

39) 오진석, 「1910~1920년대 초 전력산업정책과 전력업계의 동향」, 『한국근현대사연구』 63, 2012, 115쪽.

40) 마쓰다는 후쿠오카 출신으로 1907년 광주에 정착하여 양조업을 개시했다. 1919년 자본금 20만원의 광주주조주식회사의 사장에 취임하는 한편, 학교조합관리자로서 다년간 활동했다(朝鮮功勞者銘鑑刊行會편, 『朝鮮功勞者銘鑑』, 朝鮮功勞者銘鑑刊行會, 1929, 212쪽).

41) 김형옥은 全羅南道觀察府 摠巡(1905), 광주농공은행설립위원(1906), 동척설립위원(1908) 등을 역임했다. 1907년에는 合資光州工業會社를 설립하고 1920년부터 호남은행 이사에 취임했다(역사정보통합시스템(http://www.koreanhistory.or.kr/)에서 작성).

이 줄어들기 때문에 이익을 확대할 수 있었다. 이후 후술하겠지만 오구라는 선남은행을 단독으로 경영하면서 풍부한 자금력을 바탕으로 1926년 통영전기(자본금 30만원)를, 1930년에는 전남전기(자본금 30만원)를, 1932년에는 남원전기(자본금 15만원)와 영법전기(자본금 15만원)를 공격적으로 합병하였다. 1936년에는 경주전기를 비롯하여 전라도, 경상도의 12개 전기회사를 합병하여 몸집을 불렸다. 아울러 우가키 가즈시게(宇垣一成)가 총독으로 부임한 이후 총독부는 産金政策에 박차를 가하자 각지에서 광산붐이 발흥하여 대흥전기의 전동력수요가 급증하면서 수익이 증가했다.[42]

〈표 1〉 대흥전기의 자본금누계증가표

연도	자본총액(엔)	불입액(엔)	미불입액(엔)	배당율
1919년 3월	145,000	145,000		10
1919년 6월	500,000			10
1921년 3월	500,000	325,000	177,500	10
1924년 3월	700,000	422,500	277,500	12
1925년 3월	700,000	700,000		12
1926년 3월	2,000,000	1,025,000	975,000	12
1930년 9월	2,100,000	1,726,215	373,000	10
1932년 9월	2,100,000	1,907,866	192,134	10
1933년 3월	2,400,000	2,023,000	377,000	10
1934년 5월	5,000,000			10
1936년 10월	7,020,000			10

출전 : 앞의 『朝鮮電氣事業史』, 42쪽 ; 앞의 『大興電氣柱式會社沿革史』, 34쪽
주: 1926년 통영전기를 합병하여 30만원의 증자로 자본금 100만원이 되었다. 또 100만원을 증자해서 200만원이 되었다.

〈표 1〉에서 보이는 바와 같이 대흥전기는 설립 후 18년 동안 공격적인 매수·합병과 전기사업의 지역독점을 통해서 자본금은 설립 당시 14만5천원에서 702만원으로, 수입금은 96,762원에서 2,333,617원으로 비약적인

42) 大興電氣柱式會社編, 『大興電氣柱式會社沿革史』, 民衆詩論社, 1939, 72쪽

성장을 이뤘다. 뿐만 아니라 이익금은 20,138원에서 559,173원으로 늘어났고, 매년 거의 10%가 넘는 고배당을 계속했다.[43)]

2) 전기부영화 운동과 오구라

『小倉家傳』은 대구의 전기요금이 저렴했다고 기술하고 있으나[44)] 〈표 2〉와 같이 전 시기에 걸쳐 경성, 평양보다 높을 뿐 아니라 1926년부터는 부산은 물론 인구가 적은 신의주, 진남포보다 높았기 때문에 반드시 저렴했다고는 말할 수 없다.

〈표 2〉 조선 각 지역의 전기요금(가내등 10촉, 단위는 錢)

	경성	부산	평양	대구	목포	원산	신의주	청진	군산	대전	진남포	개성	함흥
창립시	150	150	135	**145**	135	110	130	120	110	145	135		
1915	95	100	100	**100**	100	96	100	100	100	100	100		
1919 (인상전)	90	95	100	**100**	100	90	100	100	100	100	110	90	**100**
1919 (인상후)	100	105	110	**100**	115	100	110	110	115	115	110	110	**100**
1921	80	100	110	**100**	115	100	110	100	110	115	110	110	**100**
1923	80	90	85	**90**	110	90	95	110	110	110	90	95	**90**
1926	68	77	80	**87**	105	85	85	98	100	105	85	90	**90**
1928	60	65	65	**79**	90	80	75	89	90	95	75	90	**85**
1931	52	59	60	**62**	72	75	62	75	72	76	60	80	**62**
1932	50	55	55	**62**	72	75	62	75	72	76	60	80	**62**
1934	50	55	55	**60**	68	70	60	68	68	70	57	75	**58**
1936	50	55	55	**60**	68	65	57	68	68	70	55	65	**58**

출전 : 朝鮮電氣協會編, 『躍進途上にある朝鮮電氣事業の概觀』, 朝鮮電氣協會, 7쪽.

43) 앞의 『大興電氣柱式會社沿革史』, 31쪽.
44) 앞의 『小倉家傳』, 114쪽.

'1지역1사업'의 독점적인 전기회사 운영에 대해서는 '府營化'운동 및 요금인하운동이 전개되었다. 요금인하운동은 부산, 평양 등에서 먼저 일어나고 경성, 원산에도 파급되어 조선 전체로 확대되었다. 『小倉家傳』에서는 대흥전기가 처음부터 저요금주의를 취하고 그 후도 희생을 견디면서 한 번도 인상하지 않았기 때문에 심한 공격을 받지 않고 끝났다고 기술하고 있다.[45] 하지만 대흥전기가 독점하고 있는 대구 지역의 전기요금이 다른 지역보다 높았을 뿐만 아니라 잦은 정전을 비롯한 열악한 서비스로 대구 부민의 불만은 적지 않았다. 또한 제1차 세계대전의 호경기로 전기수요가 급증하면서 발전력의 과부하를 초래했다. 여기에 기계, 연료를 비롯하여 물가가 앙등하여 경영난에 허덕이게 되었고 전기회사들은 경영난을 타개하기 위해 전등요금을 인상하였다. 1920년부터 전후공황이 시작되자 전기요금 인하와 전기공영운동이 평양, 경성, 부산 등 조선 각지에서 전개되었다.[46] 대흥전기는 요금을 인상하지 않았지만 대흥전기가 공급하는 지역 역시 예외는 아니었다.

대구 부민은 1921년 부민대회를 열어 대흥전기의 전기 공급(서비스)에 불만을 토로하였고 총독부 체신국의 알선을 통해 일시적으로 해결되었지만 2년마다 개정되는 시기에 맞춰 전기요금 인하를 주장하였다. 1923년 광주에서도 대흥전기 광주지점 불신임 진정서를 감독관청인 체신국에 제출하였다. 오구라 사장이 사죄하는 것으로 일단락되었지만 불만이 끊이질 않았다.[47] 1925년 포항에서는 대흥전기 포항지점의 전기요금이 경성, 부산, 대구에 비해 20~30퍼센트 높다고 하여 시민대회를 개최하여 요금인

45) 위의 『小倉家傳』, 146~147쪽.

46) 앞의 『大興電氣柱式會社沿革史』, 49~50쪽. 전기부영화운동에 대해서는 김경림, 「1920년대 電氣事業 府營化運動」 『白山學報』 46, 1996 ; 김제정, 「1930년대 초반 京城지역 전기사업 府營化 운동」 『韓國史論』 43, 2000 ; 김승, 「1920년대 부산의 電氣府營운동과 그 의미」 『지역과 역사』 32, 2013를 참조할 것.

47) 『朝鮮新聞』, 1924년 3월 28일자.

하운동을 전개했다.[48] 1926년부터 부산, 신의주, 진남포 등의 전기요금이 대구보다 저렴해지게 되었는데, 전기사업에 대한 불만이 확대·고조되었고 대구부협의회와 상업회의소를 중심으로 1927년 부영화론이 공론화되었다.[49] 특히 1929년에는 조선인 7개 단체가 電氣料減下實現會를 조직하고 부민대회를 개최하여 요금인하를 요구했다. 요금인하운동은 자연스럽게 부영화론의 논의를 확산·증폭시켰다. 한편 김천에서는 1930년 9월 부족한 촉광으로 십만여 원을 부당하게 징수했다고 오구라 대흥전기 사장을 사기죄로 고소하기에 이르렀다.[50]

하지만 대구에서의 부영화 논의는 다른 도시들과 다른 양상을 보였다. 평양의 경우 공장에서의 전력수요가 급증함에 따라 정미업자들과 상업회의소, 평양번영회 등의 단체가 중심이 되어 요금인하운동과 부영화운동을 전개하여 실현시켰다.[51] 경성과 부산에서도 하마구치 내각의 긴축정책(기채 불인가 방침)과 총독부의 전력 통제정책에 따라 무산되긴 하지만, 전기사업 부영화가 결정되었다. 반면에 대구에서의 부영화운동은 결국 실패로 돌아갔다. 후술하겠지만, 오구라는 1921년부터 22년까지 상업회의소 회두를 역임했으며, 물러나서는 선남은행의 대주주이자 중역인 장직상을 회장(1925~1928)으로 밀어 그 영향력을 유지했다. 당시 대구상업회의소는 오구라로 대표되는 소위 '전기파'들의 세력이 강했기 때문에, 오구라는 자금력과 조직력으로 상업회의소의 '부영화론'을 무력화시킬 수 있었다.

반면에 1920년대 후반에서 30년대 초반에 걸쳐 격렬한 요금인하운동과 부영운동이 일어났던 함흥에서는 전기부영이 부회를 통과했다.[52] 같은

48) 『동아일보』, 1925년 7월 7일자.
49) 앞의 김희진 논문, 46~52쪽.
50) 『동아일보』 1930년 9월 27일자.
51) 평양의 전기부영화운동에 대해서는 위의 김경림 논문을 참조할 것.
52) 함흥에서의 전기부영운동에 대해서는 김윤정(「1930년대 함흥부회와 전주부회의 구성과 활동」 『사림』 60, 2017)이 부회 활동을 중심으로 간략하게 언급하고 있다.

회사이면서도 대흥전기의 요금이 대구보다 함흥이 높았던 것도 한 원인일 것이다. 1927년 5월 18일 함흥에서는 전기문제로 시민대회가 개최되어 발전소 이전과 요금인하, 전기공영의 내용을 담은 결의문이 채택되었다.[53] 시민대회는 실행위원을 선정하고 대흥전기 본점과 함흥지점에 요구조건을 제출하고 요구를 관철시키기 위해 체신국에 진정하는 등 전기문제를 공론화시켰다. 이후 함흥에서는 부영운동이 함흥수력전기회사 반대운동과 결합되어 한층 격렬한 양상을 보인다.

1929년 4월 함흥수리조합은 설립인가를 받아 1930년에 완공되었다. 수리조합 설립에 조선인들이 반대했고, 건설과정에서 수리조합 감독이 조선인을 살상하는 사건이 발생하는 등 수리조합은 조선인들의 원성을 샀다.[54] 수리조합이 완공되자 오구라는 관개용수 취입구에 수로를 설치해 그 낙차를 이용한 수력전기회사를 수립할 계획을 세웠다. 오구라는 11월 22일과 25일 사이토 총독의 비서관을 지냈던 중의원 의원 모리야 에이후(守屋榮夫[55])를 만나 설립될 전력회사의 주식을 양도하고, 중역에 선임한다는 조건으로 발전소 설립에 진력해 줄 것을 의뢰했다.[56] 모리야는 11월 27일 조선총독부 출장소를 방문하여 총독부시절부터 알고 있던 야마모토 사이조(山本犀藏) 체신국장을 만나 함흥수력전기 설립에 대해서 간담했다. 이후 모리야는 함흥수리조합의 수리권을 확보하기 위해 함흥의 '오구라

53) 『동아일보』 1927년 5월 23일자.

54) 西條晃, 「1920年代朝鮮における水利組合反對運動」, 『朝鮮史硏究會論文集』 8, 1971.

55) 모리야는 1919년 조선에 부임하여 총독비서관, 서무부장을 역임했다. 총독부 재임 시절 '모리야 정치'라고 불릴 만큼 사이토 총독의 '문고리 권력'으로 막강한 영향을 행사했다. 내무성 사회국 사회부장을 끝으로 관직에서 물러나 1928년 중의원선거에 출마하여 당선되었다. 중의원에서는 '조선통'으로 활약하면서 조선문제에 깊숙이 관여하고 있었다. 모리야에 대해서는 松田利彦, 「朝鮮總督府官僚守屋榮夫と「文化政治」 - 守屋日記を中心に -」, 松田利彦·やまだあつし編, 『日本の朝鮮·台湾支配と植民地官僚』, 思文閣出版, 2009를 참조할 것.

56) 「守屋榮夫日記」 1930년 11월 22일·25일자(일본국문학연구자료관소장 「守屋榮夫關係文書」).

파'인 마쓰무라 에이사부로(松村榮三郎[57])로 하여금 동 조합의 조합장 홍성연과 접촉하여 교섭하게 했다. 교섭이 결말이 나지 않자 모리야가 직접 홍성연을 만나 부조합장 김하섭, 아쓰미(渥美義胤)에게 만사를 일임하기로 합의했다. 12월 17일 오구라는 '이틀 전의 성과'를 기뻐하고 모리야에게 감사를 표했다. 같은 날 오구라는 야마모토 체신국장을 방문하여 앞으로의 진력을 부탁했다.

모리야와 마쓰무라의 교섭·중재가 성과를 발휘하여 이듬 해 1월 10일 함흥수리조합장 홍성연과 히다 겐지로(肥田玄次郎) 외 3명 사이에 취입구의 수리권을 7만원에 양도하는 계약이 성립되었다.[58] 계약 성립이 알려지자 함흥상공회는 1월 15일 평의회를 개최하여 수리권이 일개 업자에게 양도되는 것은 묵시할 수 없고, 신회사 설립을 반대한다고 결의하면서 함흥전기부영기성회를 조직하였다. 기성회에서는 부윤, 도지사, 체신국에 진정하고 수리권자와 수리조합 사이의 계약내용을 조사하기로 결정했다.[59] 1월 18일 함흥상공회와 상업회의 주최로 함흥전기부영문제유지간담회를 개최했다. 간담회에서는 대흥전기의 부당한 이익추구를 비판하는 한편, '오구라파'와 제휴한 자를 '府民의 公敵'이라고 규탄하고 전기부영을 결의했다.[60] 1월 21일 1000여 명의 군중이 참여한 함흥시민대회가 개최되어 전기부영안을 결정했다.[61] 기성회는 1월 28일 하야시 료사쿠(林良作), 시

57) 마쓰무라는 1922년 함남상공주식회사를 설립하여 사장에 취임했다. 이후 함남도 평의회 의원, 함흥부협의회 의원을 역임했다(畑本逸平編, 『(咸鏡南道)事業と人物名鑑』, 咸南新報社, 1927, 86쪽).

58) 1931년 1월 12일자 모리야 앞 마쓰무라 에이사부로 서한(위의「守屋榮夫關係文書」86-359-13). 『釜山日報』에 따르면 취입구 수리권을 양도받은 사람은 히다 이외에 모리야, 마쓰무라 에이사부로라고 한다(「咸興水組水利權に絡み咸興電氣府營問題起る」『釜山日報』 1931년 1월 20일자).

59) 「咸興水組水利權に絡み咸興電氣府營問題起る」『釜山日報』 1931년 1월 20일자 ; 「咸興電氣의 府營을 決議 新會社設立에 對하야 期成會側은 絕對反對」『매일신보』 1931년 1월 19일자.

60) 「咸興商工商業兩會が檄文を府民に飛ばし」『釜山日報』 1931년 1월 22일자.

노사키 신(篠崎新), 채용묵, 이희섭 등 위원을 상경시켜 전기부영을 총독부 내무국에 진정하는 한편 오구라에게 장문의 서면을 발송해서 반성을 촉구했다.[62] 2월 5일에는 제2회 시민대회를 개최하고 起債문제, 전기권회수문제 및 전기매수문제에 대한 내무국, 체신국과의 교섭 경과를 보고했다.[63] 상황이 악화되자 마쓰무라는 2월 1일 오구라에게 다음과 같은 서한을 보냈다.

> 물론 起債 불인가는 명백하지만 한번 府에서 어쩔 수 없이 부영방침을 결정하게 되면 우리들의 出願은 영구히 저지될 것이기 때문에 이 언저리를 충분히 고찰한 후에 조속히 모리야씨가 내무국장에게 의뢰하도록 조치해 주시길 바랍니다. 지사, 내무부장, 부윤 가운데 누군가가 가까운 시일 안에 본부에 출두하여 그 진의를 확인할 것입니다만, 만약 진의와 관계없이 진정위원의 보고대로 (총독부가 기채 인가를) 언명하면 성가신 문제가 될 것입니다. 만약 또 기채 불인가 방침을 명시하면 그것으로 일단락됨과 동시에 반드시 조정안이 나타날 것이기 때문에 그 때까지 빨리 모리야씨에게 의뢰하셔야 합니다. 이 방법은 특히 긴급을 요합니다.[64]

진정위원이 상경하여 내무국에서 전기부영에 필수불가결한 기채 발행을 허가했다고 시민대회에서 보고하자 마쓰무라는 이마무라 다케시(今村武志) 내무국장과 친분이 있는 모리야 의원을 움직여 이를 저지하도록 오구라에게 요청했다. 마쓰무라의 편지를 받은 오구라는 모리야에게 조속히 내무국장에게 조치를 취해 줄 것을 의뢰했다.[65] 이후 마쓰무라는 전기부

61) 『동아일보』 1931년 1월 25일자.
62) 『釜山日報』 1931년 2월 4일자.
63) 『동아일보』 1931년 2월 7일자.
64) 1931년 2월 1일자 오구라 앞 마쓰무라 서한(「守屋榮夫關係文書」 86-355-18).이 편지는 1931년 2월 4일자 모리야 앞 오구라 서한에 첨부되어 있음.

영이 불가능하고 수지가 맞지 않는다고 기성회에 주장에 반박하는 성명을 발표하였고, 이에 대해서 기성회는 다시 재반박을 하는 등 전기부영을 둘러싼 찬성파와 반대파 사이의 치열한 공방전이 전개되었다. 기성회는 이용자에게 전횡적인 태도를 취하고 조선질소로부터 전력을 받아 중간에서 막대한 폭리를 취하면서 함흥의 공익에 조금도 기여하지 않는다고 대흥전기를 맹렬히 비판했다.[66] 이러한 전기부영운동에 편성하여 5월에 처음으로 실시된 함흥부회 선거에서 전기부영을 지지하는 인사가 다수 당선되었다.[67] 같은 해 10월 함흥부회에서 전기부영안이 제출되어 출석위원 24명 중 21명의 다수로 채택되었다.[68] 일단 전기부영파가 승리한 것으로 보인다.

하지만 민정당 내각의 긴축정책(기채 불인가 방침)과 총독부의 전력 통제정책에 의해 전기부영운동은 결국 좌절된다. 조선총독부가 설치한 조선전기사업조사위원회에서 공영론이 불리하다고 답신하고 새로 부임한 체신성 출신의 '민영우위론자'인 이마이다 기요노리(今井田淸德) 정무총감이 공영을 반대했던 것이다.[69] 이후 정무총감이 전기공영반대를 공표했음에도 불구하고 함흥부회는 다시 전기부영을 채택하는데 1933년 정무총감이 실현불가능을 재차 성명하자 부의원 7명이 사표를 제출하는 등 전기부영을 둘러싼 진통은 계속되었다.

이처럼 함흥에서는 전기부영운동이 오구라의 함흥수력발전회사 설립과 결부되면서 오구라와 대흥전기에 대한 반대운동은 격렬한 양상을 보인다. 오구라는 중앙의 유력정치인(모리야), 조선총독부(내무국장), 함흥의

---

65) 1931년 2월 4일자 모리야 앞 오구라 서한(위의 「守屋榮夫關係文書」86-355-18). 참고로 모리야와 이마무라는 동향이자 이마무라는 모리야의 2高, 동경제대 선배다.

66) 「咸興電氣府營 問題に關して(상,중,하)」『釜山日報』 1931년 3월 3일·4일·5일자.

67) 앞의 김윤정의 논문, 283쪽.

68) 『京城日報』 1931년 10월 9일자.

69) 이에 대해서는 吳鎭錫, 『한국근대 電力産業의 발전과 京城電氣(株)』, 연세대박사학위논문, 2006를 참조할 것.

'오구라파'(마쓰무라)와 결탁하여 수리조합의 수리권을 매수하여 수력발전회사를 설립함으로써 자신의 이익을 극대화하려 하였다. '政經官유착'을 통한 '식민지개발'의 전형이라고 볼 수 있겠다. 이에 대해 함흥의 상공업자들은 전기부영기성회를 조직해 조선총독부, 척무성 등에 진정하는 한편, 시민대회를 개최하여 공익을 무시하고 사리사욕을 채우려는 오구라와 대흥전기를 성토하고 전기부영을 주장했다.

이렇듯 조선총독부는 '1지역1사업'주의에 입각하여 지역전기회사의 독점을 인정해 주고 있었는데, 높은 가격, 저질의 서비스, 불친절 등이 전력수요자, 소비자 사이의 불만이 커지고 전국 각지에서 전기요금인하운동이나 공영화운동과 같은 사회운동으로 비화하자 대책마련에 나섰다. 체신국장이 직접 나서서 전력업계가 공공적 사명을 자각해 공급방법과 조건, 요금제동 등의 개선에 자발적으로 노력해 주도록 당부했다. 나아가 체신국은 1920년대 중반부터 소규모 사업자가 난립한 상태로는 전력개발이 어렵다는 판단아래 새로운 전력정책을 수립하기 위해 1930년에 조선전기사업조사위원회를 설치했다.[70] 조사위원회에서는 조선에서 발전, 송전, 배전의 통제를 촉진하기 위해 발전소는 민영, 송전로의 간선은 국영, 지선은 민영, 배전사업은 점차 통일하여 조선을 도 단위로 구획하여 분할하여 민영화시킨다는 방침을 세웠다. 조선총독부가 '一道一社'주의를 내걸고 배급통합을 추진하자 오구라는 기계적, 획일적인 통제를 반대하고 南鮮 6도를 1구역으로 통제하여 전 조선을 4대 구역, 즉 북선, 서선, 중선, 남선에 점차 합동 통일하는 방안을 주장하였다.[71]

---

70) 조선총독부의 전력통제정책 수립과정에 대해서는 김제정, 「1930년대 초반 京城지역 전기사업 府營化 운동」『韓國史論』 43, 2000 ; 吳鎭錫, 『한국근대 電力産業의 발전과 京城電氣(株)』, 연세대박사학위논문, 2006, 4장1절 참조.

71) 앞의 『大興電氣柱式會社沿革史』, 148쪽.

3) 조선총독부의 전기통제정책과 오구라

오구라는 조선총독부의 배전통합정책에 적극적으로 협력했다. 오구라는 조선총독부가 조선 남부의 전력공급과 일원적 배전통합을 위해 설립한 조선전력에 참가했다. 조선전력은 일본의 5대 전력회사인 일본전력연맹이 반액을 출자하고 나머지 절반은 조선의 중소 전기회사가 출자하여 1935년 설립된 국책회사였다. 조선전력은 석탄의 품질저하와 공급부족으로 발전에 지장이 발생해서 일본의 5대 전력회사와 조선의 전력회사 사이에 격렬한 대립이 발생하였다. 5대 전력회사는 조선전력에서 손을 떼고 1939년 1월에 오구라가 조선전력의 사장을 맡아 그 재건에 힘썼다.[72] 아울러 총독부의 강력한 전력통제방침에 따라 1935년 대흥(대구), 朝鮮瓦斯(부산), 대전, 남조선(군산)의 4사의 사장이 부산에 회동하여 합병에 동의하고, 여기에 목포전등, 천안전등도 합류하였다. 합동전기의 사장과 본점 위치 선정을 둘러싸고 부산 대 대구, 가시이 겐타로(香椎源太郎, 朝鮮瓦斯 사장) 대 오구라의 맹렬한 항쟁이 전개되었다.[73] 특히 본사설치 문제를 둘러싸고 분규가 계속되어 해결될 기미가 보이질 않자 본점 결정을 체신국에 일임하게 된다. 결국 1937년 3월 대흥전기, 朝鮮瓦斯, 대전전기, 남조선전기 등 남선지역 6개 전기회사가 합동하여 자본금 2168만원의 남선합동전기주식회사가 창립되어 본점을 경성에 두고 가시이가 회장에, 오구라가 사장에 각각 취임했다. 자본금 1000만원의 서선합동전기 취체역사장에 취임했던 가시이가 사회적인 명성이나 재력면에서는 유리했지만, 함남과 전남에도 지반을 가지고 있던 오구라가 사실상 주도권을 장악했다고 할 수 있겠다. 실제로 남선합동전기의 주식 중 오구라와 그 계열회사가 7

---

72) 조선전력에 대해서는 정안기, 「1930년대 朝鮮型特殊會社, 「朝鮮電力(株)」의 연구」 『동방학지』 170, 2015를 참조할 것.

73) 「南鮮合同電氣柱式會社社長 小倉武之助氏」 『朝鮮公論』 改卷1-1, 1942.2, 92쪽.

만주로 2위인 朝鮮瓦斯의 이시쓰 류스케(石津龍輔)계(1만주)나 3위인 가시이(6천주)보다 압도적인 우위를 보이고 있다.[74] 나아가 오구라는 2년간 함북합동전기회사 사장을 겸하다가 1939년 함남합동전기와 함북합동전기가 통합되어 북선합동전기가 성립하자 그 초대 사장에 취임해 '조선의 전기왕'이 되었다. 중일전쟁이 발발하자 오구라는 제20사단의 뒤를 쫓아 산해관에서 하북, 산서 깊숙이 전기사업을 확장했다.[75] 남선합동전기가 조선전력으로부터 전기를 공급받게 되자 불필요하게 된 기존의 화력발전 설비를 중국 북부로 옮겨 풍부한 석탄자원을 이용한 화력발전에 착수했다.[76] 태평양전쟁이 발발하면서 일본군이 서서히 철수하자 중국에서의 전기사업을 접게 되었다.

5. 금융업으로 진출

동창인 노구치의 제의로 오구라는 금융업에 진출한다. 1912년 9월 설립된 선남상업은행이 경영부진에 빠지자 노구치는 오구라에게 은행을 인수하자는 제의를 하였고 오구라는 노구치, 동창이자 아이치은행 두취인 와타나베 요시로(渡辺義郞)와 공동으로 1918년 선남은행을 매수했다. 전체 주식 6000주 가운데 노구치가 1800주, 오구라가 1000주, 아이치은행이 900주를 매수했다. 은행장에는 오구라가, 이사에는 노구치, 우치다 로쿠로(內田六郞), 마쓰키 마쓰이치로(松木曾一郞), 이병학, 장직상 등이 취임했고 실질적인 경영은 아이치은행에서 파견된 지배인이 맡았다. 선남은행은 제1차 세계대전이 발발하자 조선은행으로부터 자금을 받아 무리하게 영업을 확장하다가 1920년부터 시작된 전후 불황으로 경영위기에 봉착했

74) 「南鮮合同電氣 資本金五千万圓」『釜山日報』1937년 3월 13일자.
75) 앞의 『小倉家傳』, 184쪽.
76) 「火力設備を移し 南鮮電の北支進出」『木浦新報』1938년 2월 9일자.

다. 1924년 협의 끝에 대흥전기 주식과 노구치와 와타나베가 가지고 있던 선남은행 주식을 맞교환하여 오구라가 단독으로 경영하는 것으로 결말이 났다. 처음에는 예금인출도 있었지만 전기회사의 集金을 부지런히 선남은행에 예금하였고 전기 주식을 은행에 불입하는 등 '희생적으로' 예금 지불에 지장이 없도록 했다.[77] 1924년 8월 말에는 410,202원이었던 예금이 1924년 말에는 351,965원으로 감소했다가 1925년 말에는 764,395원으로 1년 사이에 2배 이상 증가했다. 한편 같은 시기에 대출고는 756,739원(일본인 : 730,386 조선인 26,352)에서 947,831원(일본인 : 915,526 조선인 : 32,304)으로 증가했다.[78] 1년 사이에 일본인 대출액이 약 185,000원 증가했다. 회고와 통계를 종합해보면 1924년 가을에 주식양도와 인수가 이뤄졌던 것으로 보인다. 1925년 2월 선남은행을 대흥전기의 경영에 이관한다는 조사서가 분실되면서 오구라 사장 배격운동이 발발하여 오구라는 배임 혐의로 고소를 당했다. 이후 대흥전기(3600주)가 선남은행의 최대주주가 되었다. 선남은행과 대흥전기의 유기적인 결합으로 선남은행은 대흥전기의 예금으로 안정적으로 경영할 수 있었을 뿐만 아니라 대흥전기는 통영전기를 비롯하여 지역전기회사를 공격적으로 합병할 때 선남은행으로부터 안정적으로 자금을 대출할 수 있었다. 처음에는 전기회사가 선남은행을 구했지만, 나중에는 은행이 전기회사를 후원해서 대흥전기의 지역확장을 원조했던 것이다.[79]

1927년 금융공황 이후 조선총독부는 이듬 해 신은행령을 공포해서 지방은행의 통폐합정책을 추진하였다. 조선총독부는 조선인 은행의 말살, 통폐합정책을 강행했다. 조선인은행에 일본인 중역을 진입시켜 경영권을 장악했다.[80] 1920년 장길상이 세운 경일은행(자본금 200만원)은 금융공황

77) 앞의 『米坂回顧』, 45쪽.

78) 정병욱, 『한국근대사기초자료집7 일제하의 금융』, 국사편찬위원회, 2016, 250쪽.

79) 앞의 『米坂回顧』, 46쪽.

80) 정태헌, 「조선총독부의 慶尙合同銀行 경영권 장악 과정과 일본인은행으로의 흡수」

이후도 140만주로 감자(1929년)하고 경영 위기를 돌파하기 위해 지점을 확대하고 일본인이 경영하는 경상공립은행을 합병하는 등 나름 발전하고 있었다.[81] 하지만 조선총독부는 경상공립은행을 매수하는 과정에서 조선은행의 자금을 대출하고 대신에 동 은행 출신 마루야마 마사오(丸山正雄)를 전무취체역으로 취임시킬 것을 종용하여 마루야마가 1930년 10월 전무취체역에 취임하였다.[82] 1931년에 접어들어 조선은행의 경일은행에 대한 관치금융의 경영권 간섭압력이 거세졌고, 상담역으로 경일은행에 관여하고 있었던 오구라는 이 틈을 타 1931년 7월 최대주주인 장길상의 주식 1만 2천주를 시세보다 높은 가격으로 매입하여 경일은행의 소유자가 되었다. 1933년 12월 선남은행은 경일은행과 합동하여 대구상공은행(자본금 100만원)으로 재출발하였다. 군소은행에 지나지 않았던 선남은행이 조선총독부의 비호아래 규모가 큰 조선인 은행을 합병했던 것이다.

한편, 조선총독부는 조선은행의 자금융통을 줄여 1928년 7월 조선인이 설립한 대구은행과 경남은행을 합병시켜 자본금 225만원의 경상합동은행을 출범시켰다. 대구은행의 합병은 경영성과를 고려하지 않았다는 점에서 경제적 요인 보다는 경제 외적 요인에 의해서 이뤄졌다. 실질적으로 총독부가 은행 경영을 장악하여 일본인 은행에 흡수하기 위한 사전포석이었다.[83] 조선은행은 1930년 9월 경상합동은행에 저리융자를 해주는 대신에 조선은행 출신 야마다 나오히데(山田直秀)를 상무로 취임시켜 경영에 관여하였다. 이후 최대주주가 잇따라 교체되었는데, 오구라는 1939년 최대주주인 閔丙壽로부터 주식을 매입하여 절대적 최대주주가 되었다. 오구라는 전기사업에서 얻은 막대한 이익을 이용하여 선남은행에 이어 조선인 은행인 경일은행, 경상합동은행마저 장악하여 대구 금융계에서 절대적인

『한국사학보』 40, 2010.

81) 김일수, 『근대 한국의 자본가』, 계명대학교출판부, 2009, 176쪽.

82) 『동아일보』 1930년 9월 4일자.

83) 한상인, 「일제강점기 대구지역 일반은행의 존재 양상」 『한일경상논집』 75, 2017.

영향력을 행사했다. 그러나 조선총독부는 보다 철저한 은행통폐합정책을 추진하여 조선은행의 알선으로 1941년 8월 대구상공은행은 상업은행에, 같은 해 10월 경상합동은행은 한성은행에 합병되고 만다. 미즈타 나오마사(水田直昌) 재무국장의 의사를 반영하여 조선은행이 오구라가 소유하고 있는 대구상공은행의 주식을 매수하기로 결정되었다. 오구라에게 이 결정을 전달한 조선은행 부총재 기미지마 이치로(君島一郎)는 "오구라씨는 조선의 사업가 대부분이 조선총독부관계자이지만 자신만은 그렇지 않기 때문에 앞으로 잘 부탁한다고 이야기했다. 이것은 本意일 테지만 오구라 씨의 종래 수법일 것이다. 어차피 그는 구식 사업가이다"라고 인상을 1941년 8월 20일자 일기에 적고 있다.[84] 기미지마는 총독부와 유착하여 자신의 이익을 극대화하려는 오구라를 '구식 사업가'라고 비판했던 것이다. 이로써 오구라의 '은행왕국'은 좌절되지만 대구상공은행은 불입금의 3배에 팔려 주주와 중역들에게 불입금을 분배했다.

선남은행과 경일은행을 합병시킨 후 오구라는 더욱 더 사업의 다각화를 꾀했다. 1934년 5월 오구라는 자본금 30만원의 대구증권회사를 설립했다. 울산, 고성, 제주 등 우량전기회사의 주식에 적극적으로 투자하여 많은 수익을 거뒀으며 투자한 대구상업은행의 배당 수익을 올렸다. 1934년 12월 오구라는 대구증권회사의 자매회사인 자본금 50만원의 대광흥업주식회사를 설립했다. 설립 후 반년 만에 자본금은 100만원으로 증가했다. 대광흥업주식회사는 대구상공은행, 대구증권, 함남전기, 북선합동전기 등에 투자했다. 오구라는 은행에 이어 증권회사, 투자회사를 설립하여 대흥전기의 지역전기회사 합병에 필요한 재원을 조달했다.

84) 「君島一郎日記」1941년 8월 20일자(東京大學法學部附属近代日本法政史料センタ-原資料部소장 「君島一郎關係文書」).

6. 지역사회에서의 활동

1893년 잡화상과 의약품을 판매하는 일본상인 2명이 대구에 진출했다. 청일전쟁 중에 일본군대를 따라 10여 호의 상인이 대구에 진출하였는데 1904년에 철도공사장이 대구에 설치되면서 일본인 이주자가 급증했다. 1904년 8월 대구일본인거류회가 설치되고 1906년 9월 일본거류민단법이 대구에도 실시되어 일본인들의 법적 자치활동을 허용하였다. 같은 해 12월 대구이사청은 대구일본인상업회의소의 설립을 추진하여 일본인들은 일본정부의 강력한 뒷받침을 받아 상권을 확장하기 시작했다. 오구라는 전술한 바와 같이 부동산업과 고리대업을 통해 단시일 내에 부를 축적하고 이용익 관찰사 배척운동을 전개하는 한편, 상업회의소 의원에 당선되고, 달성공원기성회 간사(회장 이와세 시즈카 岩瀨靜)에 선임되어 대구지역의 유력자로 부상하였다. 이후 거류민단장, 상업회의소 회장을 역임하는 등 대구일본인사회에 막강한 영향력을 행사한 이와세 시즈카의 브레인으로 활약했다.[85] 이와세는 박중양 관찰사 서리가 대구읍성의 성벽을 허물 의사가 있다는 것을 전해 듣고 극비리에 부산에서 인부를 고용하여 성벽을 파괴했다. 이와세 등은 성벽 철거 과정에서 나온 토사로 북문 주변의 저습지인 도원동을 매립하고 그 자리에 유곽을 설치할 계획을 세웠다. 정부의 지휘를 받지 않고 독단적으로 벌인 성벽 파괴에 대해서는 정부로부터 불인가 명령이 내려졌고, 가와이 아사오(河井朝雄)를 비롯한 반이와세파도 성벽철거 및 유곽설치에 맹렬히 반대했다. 1906년 10월 대구성벽 철거와 대구역과 연결될 수 있는 시가지 도로의 개설을 논의하기 위해 대구도로위원회가 구성되어 오구라는 동문위원에, 이와세는 서문위원에, 가와이는 남문위원에 각각 위촉되었다. 대구도로위원회에서는 성벽철

85) 앞의 『大邱物語』, 191쪽. 대구의 이와세파와 반이와세파 대립에 대해서는 앞의 김일수 논문을 참조할 것.

거와 유곽설치, 그리고 대구역 위치를 둘러싸고 이와세파와 반이와세파 간에 격렬한 대립이 발생했다.[86] 북문 주변의 토지를 대량으로 구입한 오구라 등은 대구역의 위치가 북문 밖에 세워지도록 맹렬히 로비하여 관철시켰다. 이에 대해 상권 위축을 우려한 가와이를 비롯한 남문위원들이 맹렬히 반발했던 것이다. 대구역이 북문 밖에 결정됨으로써 오구라는 막대한 시세차익을 얻었을 것이다. 경제력을 바탕으로 이후 오구라는 대구민단 의장을 비롯하여 대구부협의회 의원(1916.4~1919.10), 경북도회 의원, 대구상공회의소 초대 회장을 역임하는 한편, 대구이사청, 복심법원, 보병 80연대, 대구의전, 세무감독국 유치에 힘쓰면서 재조일본인들의 권익 보호에 앞장섰다.

특히 오구라는 일본군 병영의 대구 유치운동에 앞장섰다. 대구에는 조선파견혼성여단 사령부가 설치되었는데, 신해혁명 발발 이후 조선에 상주하는 2개 사단 설치문제가 부상했다. 2개 사단 증설문제로 사이온지 내각이 무너지는 등 우여곡절을 거치고 1915년 6월 오쿠마 내각은 제36회 제국의회에서 2개 사단 증설을 실현시켰다. 육군 수뇌부는 조선사단 병영배치안이 누설되면 조선에서 토지매수로 지가가 폭등할 것을 우려하여 철저히 비밀에 부치고 있었는데[87], 2개 사단 증설이 현실화되자 재조일본인들은 상업회의소를 중심으로 여단본부 유치전을 치열하게 벌였다.[88] 오구라는 전기사업을 독점한다는 비난과 질투를 완화하기 위해 대구여단설치기성회 회장에 취임하여 후보지 선정을 둘러싸고 대전과 치열한 유치경쟁을 펼쳤다.[89] 오구라는 자비를 털어서 1915년 7월 19일 대구를 출발하

86) 앞의 김일수의 논문, 271-273쪽.

87) 「朝鮮師団兵営配置図送付ノ件」, アジア歴史資料センタ-, C03022374700, 陸軍省-密大日記-T4-1-9(防衛省防衛研究所).

88) 병영유치운동에 대해서는 이형식, 「朝鮮憲兵司令官 立花小一郎과 '무단통치':『立花小一郎日記』을 중심으로」『민족문화연구』 57, 2012 ; 이민성, 「1910년대 중반 조선 주둔 일본군 군영 배치계획과 軍營 유치운동의 양상」『한근근현대사연구』 83, 2017를 참조할 것.

여 8월 초까지 동경에 머무르며 육군성의 오시마 겐이치(大島健一) 차관, 야마다 류이치(山田隆一) 군무국장, 참모본부의 오노 미노부(尾野実信) 참모본부 제1부장을 만나 진정했다.[90] 또 데라우치 조선총독도 4번 정도 만나서 진정했다. 처음에는 대전이전이 기성사실처럼 굳어졌으나 오구라를 비롯한 대구 재조일본인과 조선인 상공인들이 연합하여 로비운동을 전개한 결과 대구에 보병 제80연대가 배치되게 되었다. 오구라가 주도한 연대 유치운동이 성공하자 후보지의 지가가 상승했을 것이고 이 때문인지 오구라에 대한 배격은 완화되었다고 한다.

오구라는 연대본부를 대구에 유치하는 데 성공한 이후 대구 경제계에서 막강한 영향력을 발휘했다. 1915년 공포된 조선상업회의소령에 의하여 조선인상업회의소와 일본인상업회의소가 통합되자 오구라는 1915년부터 1918년까지 대구상업회의소 특별위원을 역임했고 1921년 제4대 상업회의소 회장(1921~1922)에 취임했다. 오가라는 회장 시절 1920년 9월 東門町에 공설시장을 설립하고 1921년에는 사설중앙염가시장을 설치했고 서문시장을 현재의 대신동으로 이전하는 등 문화정치를 내세워 사회정책적인 측면에서 많은 사업을 벌였다.[91] 물러나서는 선남은행의 대주주이자 중역인 장직상을 회장(1925-1928)으로 밀어 그 영향력을 유지했다.[92] 1929년 상업회의소 회장 선거에서는 오구라가 이끄는 '전기파'와 미곡·정미업자인 하마사키 기사부로(濱崎喜三郞)가 이끄는 '비전기파'가 치열한 각축전을 벌이고 있었다. 대구전기, 대흥전기, 선남은행의 주주이거나 중역을 겸임하고 있는 평의원은 '전기파'에, 전기 '부영화'와 전기인하운동에 적극적이었던 상공인은 '비전기파'에 투표하였다.[93] 결국 중립파인 오

89) 앞의 『大興電氣株式會社沿革史』, 12쪽.

90) 앞의 『米坂回顧』, 52쪽.

91) 앞의 『대구상공회의소70년사 상권』, 450~453쪽.

92) 위의 책, 461쪽.

93) 이에 대해서는 앞의 김희진의 논문, 27~29쪽 참조.

구치 하지메(小口肇)가 당선되었다. 하지만 상업회의소 안의 '오구라파'와 '비오구라파'의 극심한 대립, 갈등은 1930년대가 되면 오구라의 일방적인 승리로 끝난 것으로 보인다. 1930년 11월에 발포된 조선상공회의소령에 의해 대구상업회의소가 대구상공회의소로 개편되는데 오구라는 1931년부터 1940년까지 10년간 대구상공회의소 회장을 역임했다. 이 기간 동안 南鮮사단설치, 대구의학전문학교설치, 조선미곡옹호, 세무감독국유치, 경북교통망촉진, 鐘淵가방직공장 대구유치, 남선합전본사유치, 대구비행장설치 운동을 전개했다.[94] 대흥전기가 공격적으로 지역전기회사를 인수 합병하고 경일은행, 경상합동은행마저 장악하여 대구 금융계에서 절대적인 영향력을 행사함으로써 오구라는 대구 지역사회에서 독보적인 지위를 구축했다.

7. 조선문화재 수집과 귀환

오구라는 사업도 순조롭게 발전해 경제상의 여유가 생겨 1921년부터 조금씩 미술골동품을 수집하기 시작하였다고 한다.[95] 오구라는 미술골동품을 수집한 동기를 1939년 고미술 잡지 『茶わん』에 「조선미술의 애착」이라는 글에서 다음과 같이 밝히고 있다.

> 일본과 밀접한 관계가 있는 조선문화는 일본문화를 연구하는 데 필수불가결한다고 믿고 있습니다. 그런데 신라의 발굴품이 당시 일본 그 외에 散逸되는 것이 많아 경주의 관문인 대구에 산일하는 미술품의 얼마는 저지해 당시의 문화를 마음으로 모집하기 시작했던 것입니다. 1922년, 23년경부터입니다. 이때부터 빠지게 되어 임나, 그 외 것을 수집하게 되어 오늘에 이른 것입니다.[96]

94) 田中市之助, 『躍進之朝鮮全鮮商工會議所発達史顧』, 釜山日報社, 1936, 25~26쪽.
95) 앞의 『米坂回顧』, 68쪽.
96) 小倉武之助, 「朝鮮美術への愛着」 『茶わん』 105, 1939,

오구라가 미술골동품에 관심을 갖게 된 것은 조선에서의 '발굴붐', '도굴붐'과 무관하지 않을 것이다. 1920년대 들어와 양산 부부총(1920), 경주 금관총(1921), 달성군 고분(1923) 등에서 많은 수의 화려한 유물이 출토되면서 고적조사에 대한 관심을 일반인에까지 퍼지게 되었다.[97] 특히 금관총에서는 엄청난 유물이 출토되어 연일 신문에 보도되었다. 금관총 발굴을 계기로 이전부터 자행되어 왔던 도굴을 더욱 조장시켜 1923년부터 1924년까지 낙랑고분군이 대규모로 도굴되어 수백의 고분이 파괴되었다.[98] 1923년경에는 오구라가 살고 있는 대구 달성공원 일대의 고분군이 도굴되어 완전히 파괴되었다. 조선총독부의 긴축재정으로 고적조사사업이 축소됨에 따라 고적의 파괴와 도굴이 횡행하게 되었다.[99] 1924년부터 1926년까지 평양 부근 낙랑 고분 500-600기가 도굴되었고, 1927년 여름에는 양산 고분이 도굴되었고, 1930년 여름에는 창녕 고분, 가야 고분이 파괴되어,[100] 우가키 총독도 이러한 도굴이 조선통치의 일대오점이라고 탄식할 정도였다.[101]

이처럼 오구라는 이러한 '발굴붐', '도굴붐'에 자극받아 미술골동품 수집을 개시하여, 가야, 신라, 낙랑관련 유물을 수집할 기회를 잡을 수 있었을 것이다.[102] 오구라는 1920년대 초반부터 출토품, 도굴품 등을 사들이기 시작했는데, 쇼와시대에 들어서서 본격적인 '골동붐'이 일어나 입수경쟁이 치열해지자 풍부한 자금과 대흥전기의 지점, 출장소를 이용하여 막대한 유물을 수집하였다. 전기사업합병에 의한 정복욕과 마찬가지로 골동품 수집이 오구라의 가장 큰 취미가 되어 우키요에, 불상, 불화 등 수집품

97) 황수영편, 『일제기문화재피해자료』, 국외소재문화재재단, 2014, 31쪽.
98) 梅原末治, 『朝鮮古代の文化』, 圖書刊行會, 1972, 12쪽.
99) 앞의 『일제기문화재피해자료』, 40쪽.
100) 藤田亮策, 「朝鮮古跡研究會の創立と其の事業」 『青丘學叢』 6, 1931.
101) 앞의 『朝鮮古代の文化』, 21쪽.
102) 앞의 『千葉のなかの朝鮮 - 歩いて知る朝鮮と日本の歴史』, 147쪽 ; 정규홍, 『유랑의 문화재』, 학연문화사, 2009, 310쪽.

의 시가가 80만 엔이라고 전해졌다.[103)]

한편, 1931년 오구라는 동경에 대흥전기출장소와 사택을 짓고 그곳에 수장고를 만들어 조선에서 입수한 귀중한 출토품의 일부를 보관했다고 한다. 동경으로 운반한 발굴품을 우에노에 있는 국립박물관에 가지고 가서 담당직원에게 심사를 청해서 국보, 중요미술품으로 지정받기도 했다.[104)] 1943년 8월 오구라는 조선총독부 박물관에 染付盌 23점, 청자상감명문 잔 1점, 금동관 잔편, 銅印 4점 등 총 52점 1,151 엔에 상당하는 유물을 기증했다.[105)] 오구라는 자신의 컬렉션 중 극히 일부분을 총독부에 기증하여 조선총독부의 환심을 사려했던 것으로 보인다.

이후 오구라는 일본의 패전으로 40년 여간 살았던 조선을 떠나게 된다. 오구라는 경성, 대구에 있던 컬렉션을 모두 포기하고 동경에 남아 있던 유물로 재단법인 오구라컬렉션을 만들었다고 회고하고 있다.[106)] 오구라는 과연 경성, 대구에 보관하고 있던 막대한 컬렉션을 모두 포기하고 귀환한 것일까? 군정청은 1945년 8월 9일로 소급하여 일본인들의 재산을 동결하고 일체 재산의 매매, 권리 이양을 금지한다는 것을 포고하였다. 또 귀환할 때에는 현금 소지를 1,000원으로 한정하고 수하물도 휴대 가능한 보따리 정도로 제한했다.[107)] 오구라는 군정청 포고에 당황했을 것이다. 오구라는 지금까지 수집했던 막대한 귀중품과 미술품을 일본으로 밀반출하기 위해 동분서주했다. 고미술품의 일부는 과수원을 하는 최창섭에 맡겨 훗날을 도모했고,[108)] 컬렉션의 일부는 대구부에 헌납하기도 했고, 8.15 이후의 혼란한 틈을 타서 지금까지 수집했던 귀중품과 미술품을 재빨리 일

103) 「街頭人物論 小倉武之助」『朝鮮行政』 19-1, 1939, 101쪽.
104) 앞의 『小倉家傳』, 199~200쪽.
105) 앞의 『일제기문화재피해자료』, 55~56쪽.
106) 앞의 『米坂回顧』, 68~69쪽.
107) 「군정청 8월 9일로 소급하여 일본인재산 동결」『매일신보』 1945년 10월 5일자.
108) 앞의 『유랑의 문화재』, 400쪽.

본으로 반출하려 하다가 저지되기도 했다.[109] 오구라는 군정청 포고가 있은지 불과 1주일도 안 되어 300톤의 '작은' 배에 몸을 싣고 1만 엔을 휴대하고 조선을 몰래 급히 떠났다.[110] 1945년 12월 부산의 '3거두' 혹은 '4거두' 소리를 듣던 가시이, 오이케 쥬스케(大池忠助), 하자마 후사타로(迫間房太郞) 등이 주식, 채권, 보험증서 등을 숨겨 일본으로 밀항을 시도하다가 해안경찰에 체포된 것과 비교하면 매우 발 빠른 '밀항'이었다.[111] 『小倉家傳』에서는 300톤을 '작은' 배라고 했지만 300톤 규모의 배라면 급히 처분한 재산과 적지 않은 조선문화재를 실을 수 있었을 것이다. 조선은행에서 일본의 제일은행 앞으로 송금한 수표의 일본 도착이 10일 늦어지는 바람에 수취가 불가능하여 사실상 조선에서 40년간 쌓아온 막대한 재산을 상실한 오구라는 특별한 수입도 없이 조선에서 밀반출한 골동품을 팔아 생활을 연명했다. 동경에서 가옥을 구입하고, 자녀 부부의 유학비용의 절반을 부담했다고 한다.[112] 1956년에 조선에서 가져온 골동품은 나라시노(習志野)에 건설한 창고에 수장하고 그곳에 재단법인오구라컬렉션보장회를 설립하고 회장에 취임해 유유자적한 생활을 보내다가 94세의 일기로 사망했다.

8. 맺음말

본고에서는 단편적인 언급은 있었지만 본격적인 연구가 없었던 '조선의 전기왕'으로 불렸던 오구라 다케노스케의 조선에서의 자본축적과정, 기업활동, 지역사회와의 관계, 그리고 문화재 수집에 대해서 다뤘다. 지바의 유력 정치가의 장남으로 태어난 오구라는 동경제국대학을 졸업한 후

109) 「최종교 예술과장의 담」 『동아일보』 1945년 12월 27일자.
110) 앞의 『小倉家傳』, 188쪽.
111) 이연식, 『조선을 떠나며』, 역사비평사, 2012, 88~89쪽.
112) 앞의 『小倉家傳』, 203쪽.

일본우선회사에 취업하는 등 전도유망했지만 아버지와 함께 뇌물의혹사건에 연루되면서 집안이 경제적으로 몰락하고 자신은 금고형을 받게 되었다. 정치적, 경제적으로 몰락했던 오구라는 동경제대 선배인 오쿠라의 도움으로 조선에서 재기의 기회를 노렸다. 러일전쟁 직전에 경부철도에 입사해서 경부철도의 급료를 종자돈으로 고리대업과 부동산업에 투자하여 巨利를 얻고 전기사업에 진출했다. 오구라가 단시간에 부동산업에서 막대한 이득을 얻었던 것은 식민지권력의 비호가 있었기 때문이다. 오구라는 '대구개발' 정보를 미리 취득하여 앞으로 상승할 토지를 미리 헐값에 구매했다. 당시 일본인의 토지 취득은 불법이었지만 통감부와 한국주차군의 비호 아래 불법, 비법을 가리지 않고 토지를 집적하여 재산을 축적했던 것이다. 식민권력과 밀착한 재조일본자본가의 전형적인 자본축적과정이라고 할 수 있겠다.

오구라는 1909년 지역자본가들과 공동으로 전기사업을 출원해서 조선총독부로부터 허가를 얻어 대구전기회사를 설립했다. 1918년에는 회령전기를 설립하고 같은 해 함흥전기를 합병하여 대흥전기를 설립하고 사업규모를 확대했다. 제1차 세계대전 이후 '전기붐'이 중소도시로 확대되자 오구라는 지역 금융업에도 진출하여 선남은행·대구상공은행의 두취에 취임하여 풍부한 자금력을 기반으로 지방의 전기회사를 공격적으로 흡수·합병했다. 오구라가 지역전기회사를 단시일 내에 합병할 수 있었던 것은 자금력(지역독점사업인 전기사업의 높은 수익과 금융업 진출) 이외에도 광주전기에서 보이는 것처럼 인허가권을 쥐고 있는 식민권력과의 유착관계에 힘입은 바가 컸다.

한편 '1지역1사업'의 독점적인 전기회사 운영에 대해서는 '부영화'운동 및 요금인하운동이 전개되었는데 전기부영문제는 대구와 함흥이 다른 양상을 나타냈다. 오구라는 대구에서의 '부영화론'을 자금력과 조직력으로 무력화시킬 수 있었지만 함흥에서는 전기부영운동이 함흥수력발전회사 설립과 결부되면서 대흥전기 반대운동이 격렬하게 전개되었다. 오구라는 중앙의 유력정치인(모리야), 조선총독부(내무국장), 함흥의 '오구라파'(마쓰무라)와 결탁하여 수리조합의 수리권을 매수하여 수력발전회사를 설립함으로써 자신의 이익을 극대화하려 하였다. 이에 대해 함흥의 상공업자들은 전기부영기성회를 조직해 조선총독부, 척무성 등에 진정하는 한편, 시민대회를 개최하여 전기부영을 주장하여 부회에서 통과시켰지만 민정당 내각의 긴축정책과 총독부의 전력 통제정책에 의해 전기부영운동은 결국 좌절된다.

또한 오구라는 1920년대의 '발굴붐', '도굴붐'에 자극받아 미술골동품을 수집하기 시작하여 가야, 신라, 낙랑관련 유물을 공격적으로 사들여 조선 제일의 컬렉터가 되었다. 오구라는 재산동결과 현금소지를 제한하는 군정청 포고가 있은 지 불과 1주일도 안 되어 300톤의 '작은' 배에 몸을 싣고 조선을 떠나면서 조선문화재를 '밀반출'하여 1956년에 재단법인오구라컬렉션보장회를 설립했다.

이처럼 본고에서는 대구지역의 유력 자본가인 오구라에 주목하였다. 마지막으로 선행연구에서 다뤘던 다른 재조일본인자본들가와의 차이점을 언급하면서 글을 마무리하겠다. 먼저 동경제대 농학부를 졸업한 가다 나오지를 제외하고 재조일본인자본가들의 대부분은 사회적 지위가 낮고 변변한 학력을 가지고 있지 못했던 데 반해 오구라는 비록 몰락한 집안이지만 지바의 유력 가문 출신이고 동경제대 법학부 졸업이라는 가장 강력한 학력자본의 소유자였다. '벼락부자'를 꿈꾸면서 조선으로 건너온 '맨주먹부대'(一旗組)들과 비교하면 제국대학을 졸업한 신뢰하고 검증가능한 인물이었던 것이다. 오구라는 조선총독부, 조선은행, 식산은행, 동척 등 식민지통치기구의 요직에 있던 선후배, 동기 등 법학부의 인적 네트워크를 이용하여 전기사업권 획득, 전기회사합병, 보조금 획득, 자금융자 등 조선에서의 기업활동에 유리한 고지를 점할 수 있었다. 오구라는 조선에서의 '官經癒着', 정경유착의 전형적인 사례라고 할 수 있겠다. 다음으로 오구라는 지역사회(대구)에서 절대적인 영향력을 행사했다. 러일전쟁 중에 대구에 정착했던 오구라는 부동산업과 고리대업을 통해 단시일 내에 부를 축적하고 전기회사, 증권회사, 투자회사를 설립하고 금융업에도 진출하여 대구 경제계를 장악했다. 대구민단 의장을 비롯하여 대구부협의회 의원, 경북도회 의원, 대구상공회의소 회장을 오랜 기간 역임하면서 공원조성(달성공원), 연대본부유치운동, 의학전문학교유치운동, 사단유치운동, 鐘淵紡績공장유치운동, 비행장설치운동 등을 주도적으로 추진하는 등 도시개발과 지역개발에 힘썼다. 타 지역 재조일본인들과는 비교할 수 없을 정도로 막강한 영향력을 배경으로 오구라는 대구에서의 '전기부영화운동'을 무력화시킬 수 있었다.

초출일람

이 영 ▣ 왜구 最極盛期의 始期 및 특징에 관한 한 고찰

「왜구 최극성기의 시기(始期) 및 특징에 관한 한 고찰」『한일관계사연구』81, 2023

조혜란 ▣ 일본 무로마치 막부의 외교적 해명에 등장하는 逋逃와 고려 말 왜구

「일본 무로마치 막부의 외교적 해명에 등장하는 포도(逋逃)와 고려 말 왜구」『한국중세사연구』70, 한국중세사, 2022.

한윤희 ▣ 여말선초 피로인 송환에 관한 한 고찰

「여말선초 피로인 송환에 관한 한 고찰 - 〈今川了俊의 송환 배경='경제적 수익 목적' 설〉에 대한 비판적 검토」『일본연구』36, 중앙대학교 일본연구소, 2014.

송종호 ▣ 정종 원년(1399) 藤時羅老 왜구 집단의 투항과 오에이(応永)의 난

「정종 원년(1399) 등시라로(藤時羅老) 왜구 집단의 투항과 오에이(応永)의 난 - 왜구 투항에 관한 '조선 조정의 회유책'론에 대한 비판적 검토 -」『韓日關係史硏究』84, 한일관계사학회, 2024.

윤성익 ▣ 후기왜구와 을묘왜변

「'後期倭寇'로서의 乙卯倭變」『한일관계사연구』24, 한일관계사학회, 2006 ; 「1555년 '을묘왜변 제주대첩'에 관하여 - 달량왜변과의 차별성 및 을묘왜변의 실행 주체 -」『한일관계사연구』83, 2024.

이수열 ▣ 16세기 동아시아해역의 군수물자 유통

「16세기 동아시아해역의 군수물자 유통 - 일본열도와 왜구 -」『한일관계사연구』71, 한일관계사학회, 2021.

이근우 ▣ 『해동제국기』의 일본국·유구국 지도에 대하여

『해동제국기』의 일본국·유구국 지도에 대하여」『한일관계사연구』59, 한일관계사학회, 2018.

나행주 ▣ 한반도제국과 왜국의 사신외교

「한반도제국과 왜국의 사신외교 - 백제·신라의 대왜외교의 형태와 그 특징 -」『한일관계사연구』 56, 한일관계사학회, 2017.

정순일 ▣ 신라국 집사성첩에 보이는 해민의 이동 실태와 도해 허가 문서

「신라국 집사성첩에 보이는 해민의 이동 실태와 도해 허가 문서」『사총』 105, 고려대학교 역사연구소, 2022.

이세연 ▣ 9세기 일본 사료 속의 울릉도·細羅國

「9세기 일본 사료 속의 울릉도·細羅國」『한일관계사연구』 69, 한일관계사학회, 2020.

이세연 ▣ 중세 일본의 신국사상과 한반도

「중세 일본의 신국사상과 한반도」『청람사학』 32, 2020.

고은미 ▣ 宋代 동전의 유출과 일본선 입국제한령

「宋銭の流出と「倭船入界之禁」」『史学雑誌』 123-6, 2014.

윤한용 ▣ 引付의 소송 외 기능을 통해 바라본 執權政治의 구조

「引付の訴訟外機能から見た執権政治の構造」『東京大学史料編纂所研究紀要』 22, 2012.

김상준 ▣ 新井白石의 對朝鮮聘禮改革의 意圖

新稿

김연옥 ▣ 19세기 중엽 막부의 '해군' 교육 도입 논의와 인식

「19세기 중엽 막부의 '해군'교육 도입 논의와 인식 - 나가사키 '해군' 전습을 중심으로 -」『동양사학연구』 132, 동양사학회, 2015.

서경순 ▣ 일본수산지의 편찬 배경과 과정에 대하여

「일본수산지의 편찬 배경과 과정에 대하여」『수산경영론진』 51-2, 한국수산경영학회, 2020.

서민교 ▣ 1890년대 초 청일전쟁 개전 직전의 일본의 국내정치와 이토 히로부미

「1890년대 중일전쟁기 일본의 국내 정치와 외교」, 강성학 편저, 『용과 사무라이의 결투-중(청)일전쟁의 국제정치와 군사전략』, 리북, 2006.

정애영 ▣ '병합사안'을 통해본 한국병합 인식

「'병합사안'을 통해 본 한국병합 인식-나카이 기타로(中井喜太郎)를 중심으로-」『한일관계사연구』 27, 2007.

이형식 ▣ '조선의 전기왕' 오구라 다케노스케(小倉武之助)와 조선사회

「'조선의 전기왕' 오구라다케노스케(小倉武之助)와 조선사회」『동양사학연구』 145, 동양사학회, 2018.

저자약력

이영

고려대학교 중국어문학과를 졸업하고 일본 동경대학 총합문화연구과 대학원 지역문화 전공과정에서 석사와 박사학위를 취득하였다. 방송통신대학교를 2024년 8월에 정년퇴직하였으며 주로 일본 중세사 그중에서도 남북조 내란과 고려말 왜구에 관하여 연구해왔다. 주요 연구 성과로는 『倭寇と日麗関係史』(東京大學出版會, 1999년 11월, 2011년 11월, 혜안에서 『왜구와 고려 - 일본 관계사』로 번역 출판), 『잊혀진 전쟁, 왜구 - 그 역사의 현장을 찾아서』(에피스테메, 2007년), 『팍스 몽골리카의 동요와 고려말 왜구』(혜안, 2014년) 『황국사관과 고려말 왜구』(에피스테메, 2015년) 등이 있다.

고은미

고려대학교 동양사학과를 졸업하고 일본 도쿄대학 대학원 인문사회계연구과에서 일본중세사 전공으로 석사와 박사학위를 취득하였다. 현재 성균관대학교 동아시아학술원 부교수로 재직 중이다. 주로 일본중세사 및 10~14세기 동아시아교류사에 관심을 갖고 연구와 교육을 하고 있다.
본고와 관련된 연구 성과로는 「전근대 동아시아의 무역과 화폐」(『역사와 현실』 110, 2018), 「동전을 중심으로 본 전근대 동아시아의 화폐」(『사림』 68, 2019)가 있다.

김상준

고려대학교 사학과를 졸업하고 일본 교토대학 대학원 문학연구과에서 일본근세사 전공으로 석사학위를 취득하고 박사과정을 수료하였다. 현재 고려대학교 사학과에서 강의를 하고 있고, 국사편찬위원회에서 일본초서사료 강의를 하고 있다. 주로 일본 근세사, 근세 한일관계사, 쓰시마번의 번정에 관심을 갖고 연구와 교육을 하고 있다. 주요 연구 성과로는 『근세 한일관계사료집 야나가와 시게오키 구지기록』(공역, 동북아역사재단, 2015), 『일본문화사전』(공저, 고려대학교 일본학연수센터, 2008), 『近世対馬宗氏の朝鮮外交交渉権の確立過程』(석사학위논문) 등이 있다.

김연옥

동국대 사학과를 졸업하고 서울대 동양사학과에서 석사학위를 취득하고, 일본 도쿄대 인문사회계연구과에서 일본근대사 전공으로 석사와 박사학위를 취득하였다. 현재 육군사관학교 군사사학과 부교수로 재직 중이며, 일본사학회 편집위원장을 맡고 있다. 주로 메이지유신 이행기 정치사회변혁, 군대문화에 관심을 갖고 연구와 교육을 하고 있다.
주요 연구 성과로는 「長崎海軍傳習再考」(『日本歴史』, 日本歴史學會, 814, 2016), 『청일·러일전쟁을 어떻게 볼 것인가』(살림, 2015), 『간도출병사』(경인문화사, 2019), 『일본 해군의 한반도 기지 건설』(역사공간, 2021) 등이 있다.

나행주

건국대학교 사학과를 졸업하고 일본 와세다대학 대학원 문학연구과에서 일본고대사 전공으로 석사와 박사학위를 취득하였다. 현재 건국대학교 사학과 강의교수로 재직 중이며 한일관계사학회 회장을 맡고 있다. 주로 일본고대사, 고대한일관계사, 동아시아 고대의 정치문화에 관심을 갖고 연구와 교육을 하고 있다.
주요 연구 성과로는 『왜 일본에 사무라이가 등장했을까』(자음과 모음, 2012), 『소가씨 4대』(살림출판사, 2019), 『일본 고중세사』(공저, 한국방송통신대학교출판문화원, 2018), 『역주 일본서기』(공저, 동북아역사재단, 2013) 등이 있다.

서경순

한국방송통신대학 일본학과 졸업, 동 대학원 일본언어문화학과에서 석사학위를, 국립부경대학교 사학과에서 박사학위를 취득하였다. 현재 동 대학 사학과 강의교수로 재직 중이며, HK연구교수를 겸임하고 있다. 한국여성독립운동연구원과 부산초량왜관연구회에서 활동하고 있다. '근대한일수산사'를 중심으로 연구를 진행하고 있다.
주요 연구 성과는 『한국수산지』 1~2권(공동 번역, 산지니, 2023), 『환동해의 중심 울릉도·독도』(공저, 도서출판 지성人, 2023), 『울릉도·독도의 인문과 자연』(공저, 도서출판 지성人, 2024), 「일타해진공 1~2탄」(유튜브 홍보영상물, 한국해양진흥공사, 2023) 등이 있다.

서민교

고려대학교 사학과를 졸업하고 동 대학원 동양사(일본사) 석사과정을 수료한 후, 일본 히도츠바시대학교 대학원에서 석사와 박사과정을 수료했다. 주로 근대 일본의 군대와 전쟁에 대해서 연구를 하고 있으며, 근대 한일관계, 근대 동아시아국제관계에 대해서도 관심을 갖고 강의와 연구를 병행하고 있다.
주요 저서로는 『일본근세근현대사』(공저, 방송통신대학교 출판문화원, 2015), 『地域の中の軍隊 7 ―帝国支配の最前線 - 植民地』(공저, 吉川弘文館, 2015), 번역서로는 『일본근현대사를 어떻게 볼 것인가?』(어문학사, 2013) 등이 있다.

송종호

서울대학교 경영학과, 한국방송통신대학교 일본학과를 졸업하고, 한국방송통신대학교 대학원에서 일본중세사 전공으로 석사학위를 취득했다. 중세한일관계사 및 일본

중세사에 관심을 갖고 연구하고 있다.
주요 논문으로는 「무라이 쇼스케(村井章介)의 境界人論 및 그 倭寇 연구 체계에 대한 비판적 검토」(『한국중세사연구』 46, 2016), 「조선초 왜구의 퇴조와 조선 조정의 '회유책'에 대한 비판적 검토 - 1396년(태조 5년) 나가온 왜구 집단의 투항과 김사형의 이키·대마도 정벌군 출진 간의 인과관계를 중심으로 -」(『韓日關係史研究』 78, 2022), 「고려말-조선초 대마도와의 통교 공백기(1369~1397)의 배경 및 양상 - 이마가와 료슌(今川了俊)의 대마도에 대한 영향력을 중심으로 -」(『韓日關係史研究』 82, 2023) 등이 있다.

윤성익

경희대학교 사학과를 졸업하고 동 대학 대학원에서 석사와 박사학위를 취득했다. 국내의 여러 대학에서 강의 및 연구 활동을 하다가 일본 도쿄대학교에서 외국인 연구원으로 잠시 머물렀다. 현재는 경희대학교에서 강의 중이다. 주 연구 분야는 왜구를 중심으로 한 동아시아 관계사이며, 최근에는 근대 동아시아의 번역 문제나 역사 인식과 관련된 주제에도 관심을 쏟고 있다.
주요 저서로는 『명대 왜구의 연구』(경인문화사, 2007), 『왜구, 그림자로 살다』(세창출판사, 2021), 『을묘왜변과 제주대첩』(공저, 제주특별자치도 제주연구원, 2022) 등이 있다.

윤한용

고려대학교 사학과를 졸업하고 동 대학 대학원을 거쳐 도쿄대학 대학원 인문사회계 연구과에서 석사학위를 취득하였으며, 동 연구과에서 박사과정을 수료하였다. 가마쿠라 막부의 정치구조 해명에 힘을 기울였다. 방송통신대학교 일본학과 강사와 튜터로 활동하였다.
주요 연구 성과로는 「得宗専制期における評定 : 寄合との関係を中心に」(『史学雑誌』 114(12), 2005), 「引付制から見た北条時宗政権の権力構造」(『中世政治社会論叢』, 東京大学大学院人文社会系研究科·文学部日本史学研究室, 2013) 등이 있다.

이근우

서울대학교 동양사학과를 졸업하고, 한국학대학원 사학과에서 석사 박사학위를 취득하였으며, 교토대학 일본사교실에서 다시 박사과정을 수료하였다. 현재 부경대학교 사학과 교수로 재직 중이며, 주로 대마도를 중심으로 한 한일관계사 및 문화사와 관련된 연구를 진행하고 있다.
주요 연구성과로는 『고대왕국의 풍경』(2006), 『부산 속의 일본』(2012), 『역주속일본기1~4』(2009~2016), 『역주영의해』 상·하(2014) 등이 있다.

이세연

한양대학교 사학과를 졸업하고 고려대학교 대학원 사학과에서 석사학위를, 도쿄대학 대학원 총합문화연구과에서 석사 및 박사학위를 각각 취득하였다. 현재 한국교원대학교 역사교육과 부교수로 재직 중이다. 전사자 추도, 원령 진혼을 주요 연구 주제로 삼고 있다.
주요 연구 성과로는 『사무라이의 정신세계와 불교』(혜안, 2014), 『변경과 경계의 동아시아사』(공저, 혜안, 2018), 『요괴』(공저, 역락, 2019) 등이 있다.

이수열

일본 와세다대학교 일본사학과를 졸업하고 와세다대학 대학원 문학연구과와 규슈대학 대학원 비교사회문화연구과에서 일본근현대사 전공으로 석사와 박사학위를 취득하였다. 현재 한국해양대학교 국제해양문제연구소 HK교수로 재직 중이다. 주로 일본근현대사상사, 동아시아 해양사, 글로벌 히스토리 등에 관심을 갖고 연구와 교육을 하고 있다.
주요 연구 성과로는 『일본지식인의 아시아 식민지도시 체험』(선인, 2018), 『동아시아 해역의 해항도시와 문화교섭 Ⅰ·Ⅱ』(편저, 선인, 2018), 『한국 선원의 역사와 문화』(공저, 역락, 2023) 등이 있다.

이재석

고려대학교 사학과를 졸업하고 일본 교토대학 대학원 문학연구과에서 일본고대사 전공으로 석사와 박사학위를 취득하였다. 현재 한성대학교 크리에이티브 인문학부 교수로 재직 중이며 일본사학회 회장을 역임하였다. 일본고대사의 연구를 바탕으로 고대한일관계를 포함한 고대 동아시아사에 관심을 갖고 있다.
주요 연구 성과로는 『일본서기 한국관계기사(Ⅰ~Ⅲ)』(공저, 일지사, 2002~2004), 『고대 한일관계와 일본서기』(동북아역사재단, 2019) 등을 비롯해 다수의 논문이 있다.

이형식

고려대학교 동양사학과를 졸업하고 동경대학 인문사회계연구과 일본사연구실에서 석사와 박사학위를 취득하였다. 현재 고려대학교 아세아문제연구원 교수로 재직 중이다. 주로 조선총독부, 재조일본인, 조선군을 중심으로 한 식민지 정치사에 관심을 가지고 연구하고 있다.
주요 연구 성과로는 『朝鮮總督府官僚の統治構想』(吉川弘文館, 2013), 『齋藤實·阿部充家왕복서한집』(아연출판부, 2018), 『守屋榮夫關係文書 : 모리야 에이후 관계문서』(아연출판부, 2021) 등이 있다.

정순일

고려대학교 역사교육과를 졸업하고, 같은 대학 대학원 사학과에서 석사학위를 취득하였다. 와세다대학교 대학원 문학연구과에서 박사학위를 받은 후, 고려대학교 역사교육과 부교수로 재직 중이다. 일본 고대사 및 동아시아 해역사를 연구하고 있다.
주요 연구 성과로는 『九世紀の来航新羅人と日本列島』(勉誠出版, 2015), 『바다에서 본 역사』(공역, 민음사, 2018), 『古代日本対外交流史事典』(공저, 八木書店, 2021), 『東アジア的世界分析の方法—〈術数文化〉の可能性—』(공저, 文学通信, 2024) 등이 있다.

정애영

고려대학교 사학과 졸업 후 일본 도쿄도립대학 대학원에서 일본근대사를 전공하였고 일본근대 내셔널리즘 사상을 중심으로 연구하고 있다. 고려대학교, 광운대학교, 한국방송통신대학교에서 일본근대사, 한일관계사, 동아시아 근대사 등을 강의하였다.
주요 연구 성과로는 「'병합사안'을 통해 본 한국병합 인식 – 나카이 기타로(中井喜太郎)를 중심으로 –」(『한일관계사연구』 27, 2007) 등이 있다.

조혜란

한국방송통신대학 및 동 대학원 일본언어문화학과를 수료했다. 『일본 중세의 내전과 왜구』로 석사학위를 받았다. 조선 초 대마도와 왜구에 관심을 갖고 연구하고 있다.
주요 연구 성과로는 「일본 무로마치 막부의 외교적 해명에 등장하는 포도(逋逃)와 고려 말 왜구」(『한국중세사연구』 70, 한국중세사학회, 2022) 등이 있다.

한윤희

한국방송통신대학교 일본학과를 졸업하고 한국외국어대학교 일본학과에서 석사학위를 취득하였다. 성균관대학교 사학과에서 박사과정 수료 후 육아에 전념하다가 2020년부터 다시 연구를 시작하였다. 주로 고려 말·조선 초 왜구 문제를 둘러싼 동아시아 국제관계에 관심을 가지고 연구하고 있다.
주요 연구 성과로는 「조선 초 피로인 송환에 관한 한 연구 – 나카무라 히데다카(中村栄孝)의 〈해구(海寇)에서 해상(海商, =평화로운 통호자)으로의 전환〉설을 중심으로 –」(『군사』 118, 국방부 군사편찬연구소, 2021), 「조선 초 쓰시마(對馬)·이키(壱岐)·히젠(肥前)지역의 피로인 송환에 관한 한 고찰 – 1400년대 피로인 송환자(=일본의 통교자)의 증가 배경과 관련하여 –」(『동아시아 문화연구』 88, 한양대학교 동아시아문화연구소, 2022), 「다나카 다케오(田中健夫)의〈14~15세기 왜구의 변질〉설에 관한 검토」(『일본연구』 61, 중앙대학교 일본연구소, 2024) 등이 있다.

이영 교수님 정년 퇴임을 축하드립니다!

김윤정(방송통신대학원 2.5기)

아직 청년 같은 패기와 열정을 지니신 교수님의 퇴임이 믿어지지 않는다. 2013년 가을에 입학하여 그동안 뵈었던 교수님은 열정과 의욕이 넘치는 교수님이셨다.

면접에서 처음 뵈었을 때 퉁명하시고 무섭다는 인상이었으나 여러 해 교수님을 뵈면서 투박함 뒤에 가려진 교수님의 여리고 순수한 성정을 느낄 수 있었다.

일주일에 두 번, 오프라인 수업으로 일본의 역사와 지역을 스터디하면서 그동안 접해보지 못했던 일본에 대해 많은 공부를 했다. 발표 준비가 부족할 때는 따끔하게 혼을 내기도 하셨지만 그건 그만큼 학생들을 사랑하시는 교수님의 방식이었다고 생각한다.

'발표를 할 때는 가르친다는 생각으로 꼼꼼하게 자료를 찾으라' 고 지도하셨는데, 그런 시간들을 통해 공부가 얼마나 재미있는지를 알게 되었고, 정말 학업을 한다는 느낌이었다. 이후 어떤 책을 읽더라도 모르는 지명이나 사건이 나오면 확인하는 습관이 생겼다. 어떻게 보면 나의 독서방법까지 바뀌었다고 할 수 있겠다.

이영 교수님, 하면 또 답사를 빼놓을 수 없다. 스터디를 통해서 배운 역사의 유적지를 찾아가는 답사는 교수님의 탁월한 기획력과 추진력 덕분에 일반적으로는 가기 어려운 답사지가 대부분이었다.

'아는 만큼 보인다' 고 하시며 답사 전에 꼭 답사지를 발표시키셨는데, 발표 준비가 다소 부담이 되기도 했지만 역시 다녀오고 나면 기억에 남는 답사가 되곤 했다. 걸어 다니는 것이 아니라 뛰어다니시는 교수님을 따라다니다 보면 하루에 2만 보는 기본. 더 많이 보여주고 가르쳐주고자 하시는 열정 때문에 한밤중에도 뛰어다니는 일이 여러 날 있었다. 답사하며 들려주시는 역사 이야기, 인생 이야기 속에는 흥미진진함과 감동이 있다.

이영 교수님의 방통대 대학원에 대한 강한 열정과 애정 덕분에 일본언어문화학과가 거듭 발전해 왔다고 생각한다. 내가 알고 있는 교수님은 오로지 학문밖에 모르는 교수님, 열정이 넘치는 교수님이시다. 안식년으로 미국에 계실 때에도 한 번도 빠지지 않고 수업에 참여하여 지도해 주셨다. 그러한 교수님의 책임감과 애정에 깊이 감사드린다.

퇴임 후에도 일본 관련 연구와 답사를 이끌어 주셨으면 하는 바람과 함께 교수님의 건강과 문운(文運)이 장구하시길 빌어본다.

이영 교수님, 정년 퇴임을 진심으로 축하드립니다!!

이영 교수님 퇴임 기념 논총 발간에 즈음하여

이헌섭(대학원 7기)

"역사는 발로 하는 학문이다."
늘상 이렇게 말씀하셨습니다.
역사는 관념이 아니라 현장에 있는 것이라고…
들판을 헤집고 옛길을 더듬다 보면
역사가 말을 걸어오는 그런 순간이 온다고…

막막하던 그곳에 길이 생기고
이윽고 먼 빛이 보였으리니
당신께서는 그 길을 따라 학문을 일으키고
그 빛을 지향으로 삼아 제자를 키우셨습니다.

우공(愚公)이 산을 옮기듯
홀로 등불을 켜고 길을 만들어 오셨기에
고독과 열정을 기억하는 후학과 제자들이
그 길을 따라 걷기를 다짐하며
정년을 맞이하신 이영 교수님께
삼가 존경의 뜻을 담아 자그마한 정성을 드립니다.

*이영 교수님의 정년퇴임을 기념하여 기획한 논문집과 저서 발간에 정성을 표해주신 분들입니다. 후의에 감사드립니다.
(가나다 순, 경칭 생략)

강또라 김경옥 김윤정 김지영 김정임 김은주 나선우 문길주 박경희 박영철 박현희 배은희 서경순 송종호 성지연 이준수 이헌섭 윤기원 임지연 정인봉 정은순 조혜란

■ 저자소개
이 영 방송통신대학교 일본학과 교수
고은미 성균관대학교 동아시아학술원 부교수
김상준 고려대학교 사학과 강사
김연옥 육군사관학교 군사사학과 부교수
나행주 건국대학교 사학과 강의교수(한일관계사학회 회장)
서경순 국립부경대학교 사학과 강의교수
서민교 동국대학교 대외교류연구원책임연구원
송종호 방송통신대학교 대학원(한일관계사학회 연구이사)
윤성익 경희대학교 강사
윤한용 전 방송통신대학교 강사
이근우 부경대학교 사학과 교수
이세연 한국교원대학교 역사교육과 부교수
이수열 한국해양대학교 국제해양문제연구소 HK교수
이재석 한성대학교 크리에이티브 인문학부 교수
이형식 고려대학교 아세아문제연구원 교수
정순일 고려대학교 역사교육과 부교수
정애영 방송통신대학교 강사
조혜란 방송통신대학교 대학원
한윤희 성균관대학교 대학원

동아시아 해역과 교류의 역사

초판 인쇄 2024년 10월 15일
초판 발행 2024년 10월 25일

편 자 이 영
펴낸이 신학태
펴낸곳 도서출판 온샘

등 록 제2018-000042호
주 소 서울시 용산구 한강대로62다길 30, 204호
전 화 (02) 6338-1608 팩 스 (02) 6455-1601
이메일 book1608@naver.com

ISBN 979-11-92062-45-7 93910
값 60,000원